MW01633505

Fernando Ortiz

Contrapunteo cubano del tabaco y el azúcar

Barcelona **2021**
linkgua-digital.com

Créditos

Título original: Contrapunteo cubano del tabaco y el azúcar.

© 20019, Red ediciones S.L.

e-mail: info@linkgua.com

Diseño de cubierta: Michel Mallard.

ISBN rústica: 978-84-9007-109-0.
ISBN ebook: 978-84-9953-832-7.

Sumario

Presentación

La vida

Fernando Ortiz nació en La Habana, Cuba, el 16 de julio de 1881; falleció el 10 de abril de 1969 en la misma ciudad.

Cuando solo tenía dos años fue enviado a Menorca con sus abuelos maternos. Con veinte años regresó a Cuba y aceptó un cargo diplomático que le condujo de nuevo a Europa, esta vez para ejercer como cónsul cubano en La Coruña, Génova y Marsella.

De ideario democrático, ingresó en el Partido Liberal en 1915. Pero el progresivo retroceso de los líderes del partido hacia postulados más conservadores, posicionó a Ortiz en el ala más izquierdista del Partido Liberal y, en consecuencia, en el centro de los ataques del conservadurismo que se había instalado en sus propias filas. En 1931, ante el creciente número de políticos del Partido Liberal que mostraba su apoyo al dictador Gerardo Machado, rompió definitivamente con sus antiguos compañeros de militancia y se exilió a Estados Unidos, en donde empezó a difundir sus denuncias contra la grave situación en que se hallaba Cuba bajo la tiranía del gobierno de Machado.

Hizo notables estudios sobre la cultura afrocubana y la tradición insular, y sus ensayos sobre la presencia de África en Cuba son claves para cualquier estudios del género: *Los negros brujos* (1906), *Los negros esclavos* (1916), *Los bailes y el teatro de los negros en el folclore de Cuba* (1951) y *Estudios etnosociológicos* (1991). Otras obras suyas destacadas son *Hampa afrocubana* (1906 y 1916), *Glosario de afronegrismos* (1924), *Contrapunteo cubano del tabaco y el azúcar* (1940), *Los instrumentos de la música afrocubana* (1952-1955) e *Historia de una pelea cubana contra los demonios* (1959).

La presente edición

La presente edición se basa en la segunda que fuera preparada por el autor: *Contrapunteo cubano del tabaco y el azúcar*, Dirección de Publicaciones, Universidad Central de Las Villas, 1963, págs. 538.

Para B. A.

Introducción. Bronislaw Malinowski

Conocido y amado a Cuba desde los días de una temprana y larga estancia mía en las islas Canarias. Para los canarios Cuba era la «tierra de promisión», adonde iban los isleños a ganar dinero para retornar a sus nativas tierras en las laderas del Pico de Teide o alrededor de la Gran Caldera, o bien para arraigarse de por vida en Cuba y solo volver a sus patrias islas por temporadas de descanso, tarareando canciones cubanas, pavoneándose con sus modales y costumbres criollas y contando maravillas de la tierra hermosa donde señorea la palma real, donde extienden su infinito verdor los cañaverales que dan el azúcar y las vegas que producen el tabaco. Después de iniciar de tal manera mis contactos con Cuba desde mi primera juventud, fui también ligado a ese país andando el tiempo, al conocer el nombre de Fernando Ortiz así como su obra sociológica. Sus investigaciones acerca de las influencias africanas en Cuba, sus estudios de los aspectos económicos, sociales y culturales que ofrecen los recíprocos influjos entre los africanos y los latinoamericanos, me impresionaron siempre como una obra modelo.

Así, pues, cuando al fin me encontré personalmente con Fernando Ortiz durante mi primera visita a La Habana, en noviembre del año 1929, fue para mí a la vez de provecho y de placer si abusé de su tiempo y paciencia más allá de lo permitido por un conocimiento casual. Como era de esperar, con frecuencia discutimos los dos sobre esos interesantísimos fenómenos sociales que son los cambios de cultura y los impactos de las civilizaciones. El doctor Ortiz me dijo entonces que en su próximo libro iba a introducir un nuevo vocablo técnico, el término transculturación, para reemplazar varias expresiones corrientes, tales como «cambio cultural», «aculturación», «difusión», «migración u osmosis de cultura» y otras análogas que él consideraba como de sentido imperfectamente expresivo. Mi respuesta desde el primer momento fue de entusiasta acogida para ese neologismo. Y le prometí a su autor que yo me apropiaría de la nueva expresión, reconociendo su paternidad, para usarla constante y lealmente siempre que tuviera ocasión de hacerlo. El doctor Ortiz amablemente me invitó entonces a que escribiera unas pocas palabras acerca de mi «conversión» terminológica, y ello fue el motivo de mis presentes párrafos.

Acaso nada haya tan engañoso en las labores científicas como el problema de la terminología, del *mot juste* para cada concepto; el problema de hallar una expresión que se ajuste a los hechos y que por tanto sea un instrumento útil para el pensamiento en vez de un obstáculo para la comprensión. Es obvio que reñir por meras palabras solo significa despilfarrar el tiempo; sin embargo, no es tan obvio que el diablejo de las obsesiones etimológicas con frecuencia juega malas pasadas a nuestro estilo, o sea a nuestros pensamientos, cuando adoptamos un vocablo que contenga en sus elementos integrantes o en su significación radical ciertas sugerencias semánticas falsas y desviadoras de las cuales no podemos librarnos, confundiendo así el verdadero sentido de un concepto dado que por interés científico debiera ser siempre preciso e inequívoco.

Consideremos, por ejemplo, la palabra *acculturation*, que no hace mucho comenzó a correr y que amenaza con apoderarse del campo, especialmente en los escritos sociológicos y antropológicos de los autores norteamericanos. Aparte de su ingrata fonética (suena como si arrancara de un hipo combinado con un regüeldo), la voz *acculturation* contiene todo un conjunto de determinadas e inconvenientes implicaciones etimológicas. Es un vocablo etnocéntrico con una significación moral. El inmigrante tiene que «aculturarse» (*to acculturate*); así han de hacer también los indígenas, paganos e infieles, bárbaros o salvajes, que gozan del «beneficio» de estar sometidos a nuestra Gran Cultura Occidental. La voz *acculturation* implica, por la preposición *ad* que la inicia, el concepto de un *terminus ad quem*. El «inculto» ha de recibir los beneficios de «nuestra cultura»; es «él» quien ha de cambiar para convertirse en «uno de nosotros».

No hay que esforzarse para comprender que mediante el uso del vocablo *acculturation* introducimos implícitamente un conjunto de conceptos morales, normativos y valuadores, los cuales vician desde su raíz la real comprensión del fenómeno. Sin embargo, lo esencial del proceso que se quiere significar no es una pasiva adaptación a un standard de cultura fijo y definido. Sin duda, una oleada cualquiera de inmigrantes de Europa en América experimenta cambios en su cultura originaria; pero también provoca un cambio en la matriz de la cultura receptiva. Los alemanes, los italianos, los polacos, los irlandeses, los españoles, traen siempre cuando transmigran a los pueblos de América algo de sus propias culturas, de sus alimentos, de sus melodías populares, de sus musicales genios, de sus lenguajes, costumbres, supersticiones, ideas y temperamentos característicos. Todo cambio de cultura, o como diremos desde ahora en lo adelante, toda transculturación, es un proceso en el cual siempre se da algo a cambio de lo que se recibe; es un «toma y daca», como dicen los castellanos. Es un proceso en el cual ambas partes de la ecuación resultan modificadas. Un proceso en el cual emerge una nueva realidad, compuesta y compleja; una realidad que no es una aglomeración mecánica de caracteres, ni siquiera un mosaico, sino un fenómeno nuevo, original e independiente. Para describir tal proceso el vocablo de latinas raíces trans-culturación proporciona un término que no contiene la implicación de una cierta cultura hacia la cuál tiene que tender la otra, sino una transición entre dos culturas, ambas activas, ambas contribuyentes con sendos aportes, y ambas cooperantes al advenimiento de una nueva realidad de civilización.

Léase el excelente análisis dado por el doctor Ortiz (Capítulo complementario II). Él señala clara y convincentemente cómo hasta los primeros pobladores ibéricos de Cuba, los que arribaron a poco del descubrimiento por Cristóbal Colón, no transplantaron a esa isla antillana su cultura española tal como ella era, en bloque, completa e intacta. El doctor Ortiz muestra cómo la nueva selección de aquellos pobladores según sus móviles y propósitos ya los cambiaba por el acto mismo de su transmigración al Nuevo Mundo. La constitución de la nueva sociedad era determinada desde su origen por el hecho de que los colonos pasaban por la criba de sus propios anhelos, de los diferentes motivos que los arrancaban de su patria, llevándolos a un otro mundo donde iban a vivir. Hubo gentes las cuales, como los *Pilgrims Fathers* de la América anglosajona, no solamente aspiraban a otra tierra para reencender en ella la paz de sus hogares, sino que tenían profundas razones para abandonar sus patrios lares.

Sería tan absurdo pretender que los españoles llegados a Cuba devinieron «aculturados», o sea asimilados, a las culturas indias, como lo sería sostener que ellos no recibieron de éstas muy evidentes y positivos influjos. Bastará leer la presente épica del tabaco y el azúcar para comprender cómo los españoles adquirieron de los indios uno de esos básicos elementos de la nueva civilización, que ellos iban a desarrollar en Cuba durante los cuatro siglos de su dominación, y cómo el otro de ambos elementos fue importado por ellos a esta isla de América desde la otra banda del Océano. Hubo un cambio de importantes factores: una transculturación de la cual fueron sus fuerzas determinantes principales, así el nuevo hábitat como las viejas características de ambas culturas, así el juego de los factores económicos peculiares del Nuevo Mundo como una nueva reorganización social de trabajo, capital y empresa.

Continuad leyendo la exposición del doctor Ortiz y veréis cómo las oleadas de las culturas mediterráneas (genovesa, florentina, judía y levantina) trajeron todas ellas algo propio al toma y daca de la transculturación. Y cómo también llegaron a Cuba los negros, primero desde la misma España que ya antes del descubrimiento de las Indias Occidentales contaba con grandes masas de negros africanos, y luego directamente de varios pueblos de África. Y así, siglos tras siglos, sucesivas avenidas de inmigrantes, franceses, portugueses, anglosajones, chinos... hasta la reciente arribada de españoles después de la última guerra civil y de alemanes allí refugiados al huir del hitlerismo. El autor de este libro nos indica cómo en todos esos casos debemos estudiar ambos lados del contacto y considerar ese fenómeno integral como una transculturación, o sea como un proceso en el cual cada nuevo elemento se funde, adoptando modos ya establecidos a la vez que introduciendo propios exotismos y generando nuevos fermentos.

Mi completa conformidad con Fernando Ortiz puedo acreditarla, con la bondadosa venia de los lectores, citando aquí algo por mí publicado anteriormente. En varias ocasiones he insistido en afirmar que el contacto, choque y transformación de las culturas no puede concebirse como la completa aceptación de una cultura dada por cierto grupo humano «aculturado». Escribiendo de los contactos entre europeos y africanos en el Negro Continente, he tratado de señalar cómo las dos razas

se sostienen con elementos tomados así de Europa como de África... de ambos acervos de cultura. Al hacerlo así, ambas razas transforman los elementos que reciben prestados y los incorporan a una realidad cultural enteramente nueva e independiente.[1]

También sugerí entonces que el resultado del cambio de culturas no puede considerarse como una mezcla mecánica de elementos prestados.

Los fenómenos de los cambios de cultura son realidades culturales enteramente nuevas, las cuales han de estudiarse en su propio sentido. Además, los típicos fenómenos de los cambios culturales (las escuelas y las minas, los templos negros y los tribunales de nativos, las tiendas de abarrotes y las plantaciones agrarias), todos ellos experimentan las contingencias de las dos culturas cuyas influencias los flanquean como si se extendieran a uno y otro lado a lo largo de su formación y desarrollo. Es cierto que esos típicos fenómenos sociales dependen de los intereses, de las intenciones y del impacto de la cultura occidental; pero ellos también se determinan por la realidad cultural de las reservas africanas. Por lo tanto, observamos una vez más cómo hemos de considerar al menos tres fases en esa constante interacción entre las culturas europeas y africanas. Los procesos de cambios que de ella resultan no pueden ser afirmados y preconcebidos por muy cuidadoso que fuere el escrutinio de los ingredientes en las dos culturas progenitoras. Aún si conociéramos todos los «ingredientes» que han de contribuir a la formación de una escuela o de una mina, de una iglesia de negros o de un tribunal de indígenas, no podríamos prever ni predecir cuál habría de ser el desarrollo de la nueva institución, pues las fuerzas creadoras de tal institución y determinantes de su curso y desenvolvimiento no son «prestadas» sino que nacen en la entraña de la misma institución.[2]

Bien claro queda, pues, con estas citas cuán plenamente concuerda mi modo de pensar con el análisis hecho por Fernando Ortiz en el presente volumen. Y no necesito añadir que estoy orgulloso de ello.

---

1 En *Methods of Study of Culture Contact in Africa. Memorandum XV, International Institute of African Languages and Cultures*, 1938, pág. XVII.

2 *Ibídem.*, pág. XXIV.

Con esto creo haber respondido ya al deseo que me fue expresado por el doctor Ortiz. Ahora sería por mi parte tan impertinente como es innecesario hacer comentarios acerca del valor y los méritos del presente libro. Cualquier lector inteligente advertirá bajo la externidad de un brillante escrito de ensayista, de un fascinador juego de vocablos y de una ingeniosa exposición de contrastes y semejanzas en este *Contrapunteo*, lo mucho de sólida labor científica y de penetrante análisis social que se contiene en las páginas de la obra. Con un lenguaje claro y vivido, con una documentación tan consciente como falta de pedantería, el doctor Ortiz nos da primeramente una definición iniciadora de lo que él significa por «contrapunteo» entre el azúcar y el tabaco. Después se ocupa de traducir sus brillantes frases en datos concretos y descriptivos. Ahí vemos cómo las condiciones ecológicas de Cuba hacen de esa isla la tierra ideal para el azúcar y el tabaco. Este último punto, en verdad que no necesita de documentación ni de especiales argumentos: las palabras Cuba y La Habana son sinónimas con las glorias, virtudes y vicios del fumador. Todos sabemos que el lujo, la golosina, la estética y el snobismo de fumar tabaco, están ciertamente asociados con estas tres sílabas: La Habana.

El autor después nos da una breve reseña de la química, de la física, de la técnica y del arte en la producción de aquellos dos productos comerciales. Como corresponde a un verdadero «funcionalista», buen sabedor de que la estética y la psicología de las impresiones sensoriales deben ser tenidas en cuenta junto con el hábitat y la tecnología, el doctor Ortiz pasa a estudiar las creencias, supersticiones y valores culturales que rodean así las sustancias como las acciones de fumar y de endulzar. Con vena volteriana, el autor se extiende acerca de la supuesta malignidad y satanismo que acompaña a la diabólica yerba. La hierática y mística cualidad del tabaco es un tema sobre el cuál este libro será de especial valor para el antropólogo.

Pasando una vez más a lo que ocurre con esos dos consabidos productos vegetales, el autor refiere la diferencia entre la artesanía con que el tabaco debe ser tratado en sus procesos de cultivo, cosecha, selección y manufactura y la rudeza agraria, industrial, mecánica y mercantil que es propia del azúcar. Nos acercamos más al suelo de Cuba, y conocemos así los vegueros y tabaqueros como los esclavos y peones que trabajan en los cañaverales y los ingenios. Para todos los amantes del buen tabaco y para quienes han endulzado su vida con el azúcar de Cuba, esos íntimos panoramas de los paisajes cubanos donde nacen aquellos productos despertarán un vivo interés personal. En esos pasajes descriptivos del cultivo del tabaco, de las técnicas de su labranza, de su corta, de su cuidado y de su final preparación, se encontrará mucho encanto de narración y de análisis así como importantes informaciones, que intrigarán a los profesionales de la antropología y de la economía y fascinarán al lector profano.

Fernando Ortiz pertenece a esa escuela o tendencia de la ciencia social moderna que ahora se apellida con el nombre de «funcionalismo». Él se percata tan claramente como cualquiera, de que los problemas económicos y ecológicos del trabajo y de la técnica son los fundamentales de las industrias aquí tratadas; pero el autor también se da plena cuenta del hecho de que la psicología del fumar, la estética, las creencias y los sentimientos asociados con cada uno de los productos finales aquí tratados son factores importantes de su consumo, de su comercio y de su elaboración. Leyendo los párrafos referentes al fino arte de la manufactura tabaquera, a la personal devoción de los vegueros y los tabaqueros en la constante faena de escogida y rebusca para dotar de sensual belleza al objeto material que satisface el hábito, casi el vicio, del fumador apasionado, yo recordaba una y otra vez la mejor definición que se ha dado de la belleza: «La beauté n'est que la promésse du bonheur» (Stendhal).

Como buen funcionalista que es, el autor de este libro acude a la historia cuando ésta es indispensable. Sus capítulos sobre los distintos tipos de explotación territorial, según se refieran al azúcar o al tabaco; sobre las diferencias en los regímenes del trabajo, por artesanos libres, esclavos o trabajadores contratados, y, finalmente, los relativos a las diversas implicaciones políticas de una y de otra industria, están todos escritos así desde un punto de mira histórico como desde uno funcional. Varios de los más fundamentales datos históricos han sido mucho más ampliamente documentados en los importantes capítulos adicionales comprendidos en la segunda parte del libro.

En relación a los aspectos políticos inherentes al problema temático de este libro, el doctor Ortiz se abstiene de toda afirmación inoportuna. Sin embargo, yo espero, desde ese punto de vista, que el libro será traducido al inglés y leído por los estudiantes, los políticos y, claro está, por el gran público de los Estados Unidos de Norteamérica. Fernando Ortiz, cubano de cuna y de ciudadanía, se siente justamente orgulloso del papel que su patria ha desempeñado en la historia del azúcar, por la magna producción de sus ingenios, y en la del fumar, por crear en sus vegas el mejor tabaco del mundo. El autor nos recuerda que fue un personaje tan culminante como el mismo Cristóbal Colón quien de Cuba sacó el tabaco para regalárselo al mundo y quien trajo el azúcar a estas islas antillanas. Descubre después la marcha triunfal del tabaco por toda la extensión del globo terráqueo y fija la profundísima influencia ejercida por el azúcar en la civilización de Cuba, principalmente quizás por haber motivado la importación desde el África de muy numerosas y continuadas cargazones de trabajadores negros esclavizados. Y también señala el autor cómo a través del tabaco y del azúcar los destinos de Cuba han sido muy tupidamente entretejidos con la trama de sus relaciones con los pueblos extranjeros.

En ambos aspectos principales de su producción económica, Cuba deviene actualmente más y más encadenada a los Estados Unidos. Los trastornadores acontecimientos que ahora ocurren en Europa, motivan que tal entrelazamiento se haga todavía más estrecho y más exclusivo. Pero las mismas reflexiones que hacíamos más arriba, al analizar el fenómeno de la transculturación, pueden ser aquí repetidas si las trasponemos a otro campo un tanto diferente. La interdependencia es mutua. Cuba, junto a México, es el más próximo de esos pueblos latinoamericanos donde la «política del buen vecino» debería ser establecida con toda la inteligencia, previsión y generosidad de que son ocasionalmente capaces los estadistas y hasta los magnates financieros de los Estados Unidos.

En las prolongadas conversaciones que yo tuve con don Fernando llegamos a meditar por qué existen grandes instituciones norteamericanas de enseñanza e investigación en China, en Siria, en el Bósforo o en las orillas del Pacífico y no en los países de la América Latina. Si algunas de las grandes y riquísimas fundaciones culturales de los Estados Unidos quisieran contribuir a la creación de sendos institutos de investigaciones económicas y sociales en estos países, ello podría hacer mucho, muchísimo, por la mejor comprensión mutua y la mayor cooperación económica entre las diversas naciones de este hemisferio. Si yo puedo ver clara y rectamente estos problemas, Cuba es en esto el punto sobresaliente de la América Latina, el más adecuado para constituir allí un *clearing house* de informaciones, ideas, influjos y movimientos culturales que sean expresivos de buena voluntad y de efectiva inteligencia mutua.

El presente libro es una obra maestra de investigación histórica y sociológica, tan magistralmente condensada y documentada como libre de toda erudición pedante y estéril. Ciertamente que varias de sus secciones, y hasta muchos de sus párrafos, podrían ser usados como cartas de rumbos para emprender sendos trabajos de investigación en el campo de la etnografía. Quienes trabajen en esos Institutos de Investigaciones Económicas y Sociales, cuya creación Fernando Ortiz propuso en el VIII Congreso Científico Americano recientemente tenido en Washington (mayo de 1940) y esta asamblea acordó recomendar unánimemente, y de manera particular en el instituto nacional correspondiente a Cuba, bien podrían iniciar sus actividades con asuntos tan profundamente complejos y significativos como éstos del azúcar y del tabaco en la economía, etnografía, sociología, presente y devenir del pueblo cubano. Como un plano para desarrollar el trabajo de tales investigaciones el presente libro es un ideal. Con esas faenas científicas de búsqueda y análisis de las objetivas realidades con que se manifiestan los complejos fenómenos sociales de los pueblos, la inteligencia entre las Américas habría de ser más perfecta y mayor y más fecunda la simpatía de los norteamericanos por Cuba, la más importante y cercana de sus buenas vecinas insulares de la América Latina. Es obvio que aquí, como en toda fase o fenómeno de transculturación, también habrían de ser recíprocas las influencias y comprensiones como lo serían los beneficios.

Bronislaw Malinowski

Yale University, julio, 1940.

Contrapunteo cubano del tabaco y el azúcar

Hace siglos que un famoso arcipreste de buen humor, poeta español de la Edad Media, dio personalidad al Carnaval y a la Cuaresma y los hizo hablar en buenos versos, poniendo sagazmente en los decires y contradecires del coloquio y en los episodios de la satírica contienda sus contrastes éticos y los males y los bienes que del uno y de la otra le venían a los mortales. Con tal diálogo alegórico el clérigo Juan Ruiz escribió la *Pelea que uvo don Carnal con doña Quaresma*, en un *Libro de buen amor*, ganando resonancia perdurable para su nombre y para el arciprestazgo de Hita, cuya fama solo se cuenta por la recibida de aquel genial cantor de serranillas amorosas y de toda laya de trovas desenfadadas y agudas.

Acaso la célebre controversia imaginada por aquel gran poeta sea precedente literario que ahora nos permitiera personificar el moreno tabaco y la blanconaza azúcar, y hacerlos salir en la fábula a referir sus contradicciones. Pero careciendo nosotros de autoridad, así de poeta como de clérigo, para sacar personajes de la fantasía y hacerlos vivir humanas pasiones y sobrehumanos portentos, diremos tan solo, sin versos y en prosa pobre, los sorprendentes contrastes que hemos advertido entre los dos productos agrarios fundamentales de la historia económica de Cuba.

Tales contrastes no son religiosos ni morales, como eran los rimados por aquel genial presbítero, entre las pecaminosas disipaciones carnavalescas y las regeneradoras abstinencias cuaresmales. Tabaco y azúcar se contradicen en lo económico y en lo social, aun cuando los moralistas rígidos también se han preocupado un tanto de ellos a lo largo de su historia, mirando con iracundia al uno y con benevolencia a la otra. Pero, además, el contrastante paralelismo del tabaco y el azúcar es tan curioso, al igual que el de los personajes del diálogo tramado por el arcipreste, que va más allá de las perspectivas meramente sociales para alcanzar los horizontes de la poesía, y quizás un vate quisiera versarnos en décimas populares la *Pelea de don Tabaco y doña Azúcar*. Al fin, siempre fue muy propio de las ingenuas musas del pueblo, en poesía, música, danza, canción y teatro, ese género dialogístico que lleva hasta el arte la dramática dialéctica de la vida. Recordemos en Cuba sus manifestaciones más floridas en las preces antifonarias de las liturgias, así de blancos como de negros, en la controversia erótica y danzaria de la rumba y en los contrapunteos versificados de la guajirada montuna y de la currería afro-cubana.

Un romance castizo a lo añejo o unas vernáculas décimas guajiras o acurradas, que tuvieran por personajes contradictores el varonil tabaco y la femenina azúcar, podrían servir de buena enseñanza popular en escuela y canturrias, porque en el estudio de los fenómenos económicos y sus repercusiones sociales, pocas lecciones han de ser más elocuentes que las ofrecidas en nuestra tierra por el azúcar y el tabaco en sus notorias contraposiciones.

El contraste entre el tabaco y el azúcar se da desde que ambos se juntan en la mente de los descubridores de Cuba. Cuando, a comienzos del siglo XVI, ocurrió la conquista del país por los castellanos que trajeron al Nuevo Mundo la civilización europea, ya la mente de estos invasores era impresionada fuertemente por dos yerbas gigantes. A la una, los mercaderes venidos del otro lado del océano la contaban ya entre las más fuertes tentaciones de su codicia; a la otra, ellos la tuvieron como el más sorprendente hallazgo del descubrimiento y como peligrosa tentación de los diablos, quienes por tan inaudita yerba les excitaban sus sentidos como un nuevo alcohol, su inteligencia como un nuevo misterio y su voluntad como un nuevo pecado.

De la producción agraria e industrial de esas yerbas prodigiosas saldrían los intereses económicos que los mercaderes extranjeros habrían de torcer y trenzar durante siglos en nuestra patria para ser hilos de su historia, motivos de sus personajes y a la vez sostenes y ataduras de su pueblo. Tales son la yerba del tabaco y la yerba del azúcar. El tabaco y el azúcar son los personajes más importantes de la historia de Cuba.

Azúcar y tabaco son productos vegetales del mismo país y del mismo clima; pero su distinción biológica es tal que provoca radicales diferencias económicas en cuanto al suelo requerido, a los procesos de cultivo, a los del aprovechamiento fabril y a los de la distribución comercial. Y las sorprendentes diferencias entre ambas producciones se reflejan en la historia del pueblo cubano desde su misma formación étnica hasta su contextura social, sus peripecias políticas y sus relaciones internacionales (véase Capítulo adicional I).

Lo más expresivo de nuestra historia económica es en realidad ese contraste multiforme y persistente entre las dos producciones que han sido y son las más características de Cuba, fuera de la breve y transitoria época de comienzos del siglo XVI, cuando imperaban la minería aurívora de los conquistadores y los yucales y hatos pecuarios para producir los casabes y tasajos con que se avituallaba las expediciones de los adelantados. Así en lo interno como en lo externo, estudiar la historia de Cuba es en lo fundamental estudiar la historia del azúcar y del tabaco como los sistemas viscerales de su economía.

Y aun para la historia universal de los fenómenos económicos y de sus reflejos sociales, pocas lecciones habrá más fecundas que las del azúcar y del tabaco en Cuba. Por la claridad con que a través de ellas se pueden apreciar las causas económicas y los efectos sociales, y porque en pocos pueblos se habrá dado como en el nuestro esa maravillosa e infrecuente coordinación de vicisitudes históricas, y ese contraste radical, ese paralelismo constante entre dos órdenes simultáneos de fenómenos económicos, los cuales manifiestan a lo largo de su desarrollo caracteres y efectos muy antitéticos, como si por un profesor sobrenatural fueran dispuestos adrede en el laboratorio geográfico de Cuba para dar las más patentes demostraciones de la trascendencia de la economía básica de un pueblo en su incesante devenir.

El planteamiento y la divulgación de este profundísimo contraste que existe entre el azúcar y el tabaco, desde su misma naturaleza hasta sus derivaciones sociales, pueden brindar alguna nueva sugestión para el estudio económico de Cuba y de sus peculiaridades históricas. Aparte de ofrecer algunos curiosos y originales fenómenos de transculturación, de esos que son de tanto interés como actualidad en la ciencia sociológica contemporánea (Capítulo adicional II).

Tabaco y azúcar son ambos productos del reino vegetal que se cultivan, se elaboran, se mercan y al fin se consumen con gran deleite en bocas humanas.

Además, en la producción tabacalera y en la azucarera pueden advertirse los mismos cuatro elementos: *tierra, máquina, trabajo y dinero*, cuyas variantes combinaciones constituyen su historia. Pero, desde su germen en la entraña de la tierra hasta su muerte por el consumo humano, tabaco y azúcar se conducen casi siempre de modo antitético.

La *caña de azúcar* y el tabaco son todo contraste. Diríase que una rivalidad los anima y separa desde sus cunas. Una es planta gramínea y otro es planta solanácea. La una brota de retoño, el otro de simiente; aquélla de grandes trozos de tallo con nudos que se enraízan y éste de minúsculas semillas que germinan. La una tiene su riqueza en el tallo y no en sus hojas, las cuales se arrojan; el otro vale por su follaje, no por su tallo, que se desprecia. La *caña de azúcar* vive en el campo largos años, la mata de tabaco solo breves meses. Aquélla busca la luz, éste la sombra; día y noche, Sol y Luna. Aquélla ama la lluvia caída del cielo; éste el ardor nacido de la tierra. A los canutos de la caña se les saca el zumo para el provecho; a las hojas del tabaco se les seca el jugo porque estorba. El azúcar llega a su destino humano por el agua que lo derrite, hecho un jarabe; el tabaco llega a él por el fuego que lo volatiliza, convertido en humo. Blanca es la una, moreno es el otro. Dulce y sin olor es el azúcar; amargo y con aroma es el tabaco. ¡Contraste siempre! Alimento y veneno, despertar y adormecer, energía y ensueño, placer de la carne y deleite del espíritu, sensualidad e ideación, apetito que se satisface e ilusión que se esfuma, calorías de vida y humaredas de fantasía, indistinción vulgarota y anónima desde la cuna e individualidad aristocrática y de marca en todo el mundo, medicina y magia, realidad y engaño, virtud y vicio. El azúcar es ella; el tabaco es él... La caña fue obra de los dioses, el tabaco lo fue de los demonios; ella es hija de Apolo, él es engendro de Proserpina...

Para la economía cubana, también profundos contrastes en los cultivos, en la elaboración, en la humanidad. Cuidado mimoso en el tabaco y abandono confiante en el azúcar; faena continua en uno y labor intermitente en la otra; cultivo de intensidad y cultivo de extensión; trabajo de pocos y tarea de muchos; inmigración de blancos y trata de negros; libertad y esclavitud; artesanía y peonaje; manos y brazos; hombres y máquinas; finura y tosquedad. En el cultivo: el tabaco trae el veguerío y el azúcar crea el latifundio. En la industria: el tabaco es de la ciudad y el azúcar es del campo. En el comercio: para nuestro tabaco todo el mundo por mercado, y para nuestro azúcar un solo mercado en el mundo. Centripetismo y centrifugación. Cubanidad y extranjería. Soberanía y coloniaje. Altiva corona y humilde saco.

La mata del tabaco y la caña del azúcar son dos yerbas gigantes, dos vegetales igualmente cultivables en Cuba, ambos con insuperable adaptación climática y ecológica al país. El territorio de Cuba en sus diversas zonas tiene las mejores tierras para los cultivos de ambas plantas. Y lo mismo ocurre con el clima al combinarse con la química del suelo.

Como quiera que todos los azúcares son iguales, hay que referir las peculiaridades cubanas para el azúcar. El clima cañero es el determinado por las líneas isotérmicas de los 60° más que por la simple referencia intertropical. Puede decirse, en términos generales, que la amplia zona azucarera del mundo se da entre los 22° de latitud Norte, como a la altura de La Habana y los 22° de latitud Sur, por la de Río de Janeiro. Todas las Antillas están en esa faja geográfica; pero Cuba, por su posición al borde septentrional de aquélla y por su aprovechamiento de los vecinos fríos invernales ofrece mejores ventajas que las otras islas. En ninguna otra parte del mundo el Sol, la lluvia, la tierra y las brisas trabajan más de consuno para hacer azúcar en esos pequeños ingenios naturales que son los canutos de las cañas. La estación cálida y lluviosa es muy favorable al rápido crecimiento de la caña y en Cuba hay mucha lluvia. Si «la caña prepara su azúcar con el sudor de sus hojas», como decía Álvaro Reynoso, digamos que las lluvias torrenciales son las que traen a la caña el tesoro de calorías con que la regala su padre, el Sol. Cuando éste se enfurece y mengua la lluvia, la caña queda raquítica y empobrecida. Por otra parte, la suave estación invernal, sin heladas pero con rachas frías, apura la cristalización de las sacarosas y asegura en Cuba el ritmo de la vegetación para las cañas, el de su crecimiento y de su madurez. La naturaleza en Cuba ha dado a la *caña de azúcar* un perfecto ciclo anual para su cultivo y beneficio, el cual constituye un verdadero privilegio cubano. Para el tabaco cubano, siendo éste el mejor del mundo, no hay por qué analizar las ventajas del suelo y del clima; basta señalar la excelencia de la planta para inferir la de sus medios naturales de producción.

Del tabaco habano cantó Narciso Foxá, un buen poeta, diciendo que es:

Don especial a Cuba concedido.

La *caña de azúcar* y la mata de tabaco son yerbas típicamente tropicales, esquivas al frío con ardores de lujuria, abandonadas al desarrollo pródigo en tallos y hojas, gustosas de «irse en vicio», como dice el guajiro. Precisamente en su «vicio» está su valor humano. Viciosas para disfrute del hombre, pero sin entregarle, como hacen otras plantas subyugadas, la potencia de su reproducción.

La caña y el tabaco no concentran toda su riqueza en espigas y mazorcas, como el trigo y el maíz, empenachados como conquistadores afanosos de linaje. Ni como la yuca o la papa, humildes terruñeras, ocultan su riqueza bajo tierra como en botijas avaras. Pero para la planta de trigo, de maíz, de yuca o de papa, su consumo humano es su destrucción definitiva. Cada una de esas plantas al dar su provecho al hombre le da también su vida y su posteridad. Si el hombre quiere que se reproduzca la planta que ahora expolia, para que le dé utilidades futuras tiene que renunciar forzosamente a parte de sus beneficios, tiene que ahorrar unos granos de la espiga o de la mazorca, unos trozos del cangre o unas tuberosidades de las raíces, y solo por ellas el milagro creador podrá repetirse en el porvenir. No sucederá así con la *caña de azúcar* ni con la mata de tabaco, las cuales, mucho más generosas, en cada planta aseguran para el hombre, a la vez que todo el provecho, su ilimitada continuidad.

La caña y el tabaco portan su apetecida riqueza consigo de tal manera que pueden ofrendarla como presente sin privarse de ninguna de las raíces y semillas que son las que habrán de perpetuar la posibilidad de sus favores. La caña, después de dar su jugoso tronco a la industria sin desperdiciar uno solo de sus atesorados canutos, seguirá retoñando de su misma fecunda cepa y reproduciendo sus ricos tallos, año tras año, mientras la ayuden la tierra y el Sol. El tabaco, después de dar cada mata su aromático follaje al cosechero sin perder ni una sola hoja, le ofrecerá también la miríada de sus semillas para asegurar la repetición de sus dones al año venidero. La diferencia entre ambas plantas estará en que la caña rebrotará de lo hondo por sus mismas raíces, mientras el tabaco renacerá por las simientes que él brinda en lo más alto de su ser (Capítulo ad. III).

El tabaco nace, el azúcar se hace. El tabaco nace puro, como puro se fabrica y puro se fuma; para lograr la sacarosa, que es el azúcar puro, hay que recorrer un largo ciclo de complicadas operaciones fisioquímicas, solo para eliminar impurezas de jugos, bagazos, cachazas, defecaciones y enturbamientos de la polarización.

El tabaco es oscuro, de negro a mulato; el azúcar es clara, de mulata a blanca. El tabaco no cambia de color, nace moreno y muere con el color de su raza. El azúcar cambia de coloración, nace parda y se blanquea; es almibarada mulata que siendo prieta se abandona a la sabrosura popular y luego se encascarilla y refina para pasar por blanca, correr por todo el mundo, llegar a todas las bocas y ser pagada mejor, subiendo a las categorías dominantes de la escala social.

«En una misma caja no hay dos tabacos iguales; cada tabaco puro sabe distinto», suelen decir los fumadores expertos; mientras todos los azúcares puros tienen idéntico sabor.

El azúcar no huele; el tabaco vale por su olor y ofrece al olfato una infinidad de perfumes, desde el aroma exquisito del cigarro puro habano, que produce embriaguez olfativa, hasta las apestosas *tagarninas* de las tabacaleras foráneas, que prueban hasta dónde pueden envilecerse las aberraciones del gusto humano.

Diríase que hasta para el tacto y la vista tiene el tabaco satisfacciones. ¿No pasa el fumador su mano, como en caricia, sobre las opulentas «brevas» o «regalías» de una recién abierta caja de habanos? ¿Acaso el cigarro y el cigarrillo no son para el fumador que los manosea y entretiene con delicadeza en sus dedos y labios, una catarsis de sus tensiones nerviosas? ¿Y qué se dirá del tabaco que se masca o del que se toma en polvo? ¿No producen placeres táctiles a sus gustadores? Y para la vista, ¿no es a veces el cigarro que se fuma por el mozalbete un símbolo gozado de su anticipada hombría? Y ¿qué es el tabaco en ocasiones sino un signo jerárquico de clase, por la ostentación de una categoría suprema de marca y *vitola*? A veces nada menos que una «corona de corona». Además, los poetas fumadores han cantado el éxtasis contemplativo que experimentan siguiendo con la vista y la fantasía el humo azuloso que sube, como si el tabaco, al morir por el fuego como un endemoniado, su espíritu, ya purificado y libre, ascendiera al cielo escribiendo con hieráticos signos de nube inefables promesas de redención.

Mientras el azúcar tienta a uno solo de los sentidos, el del gusto, el tabaco no solo se saborea con agrado: también se huele, se palpa y se mira. Salvo para el oído, el tabaco provoca estímulos y placeres por todas las vías sensoriales.

Del azúcar se asimila todo, del tabaco mucho se exhala. El azúcar va glotonamente paladar abajo hasta las profundidades de las entrañas digestivas para dar vigores a la fuerza muscular; el tabaco va picarescamente paladar arriba hasta los meandros craneales en busca del pensamiento. *Ex fumo dare lucen*. No en vano el tabaco se condenó por satánico, por muy peligroso y pecador.

El tabaco es innecesario para el ser humano y el azúcar es indispensable para su organismo. Sin embargo, el superfluo tabaco llega a motivar un vicio que atormenta si no se satisface y el necesario azúcar se resigna con menor dificultad a aludir su presencia.

El tabaco contiene un tóxico: la *nicotina* (Capítulo ad. IV); el azúcar porta nutrimentos: los carbohidratos. El tabaco envenena, el azúcar sostiene. La nicotina excita la mentalidad, inspirándola diabólicamente; el exceso de glucosa en la sangre alela el cerebro y hasta provoca el embrutecimiento. Ya solo por esto sería el tabaco un liberal reformista y el azúcar un retardatario conservador, pues bien se dijo hace un siglo en Inglaterra que los *whigs* son casi demonios y los *tories* son casi imbéciles.

El tabaco es una planta medicinal; así fue considerada por los indios como por los europeos. El tabaco es narcótico, emético y antiparasitario. Su principio activo, la nicotina, se usa como antitetánico, contra la parálisis de la vejiga y también como insecticida. Antaño fue empleado para los más extravagantes remedios, según el padre Cobo, «para curar infinitas enfermedades, aplicado en hoja verde y seca; en polvo, en humo, en cocimiento y de otras maneras» (Capítulo ad. V). El folklore cubano aún conserva algunos de esos remedios en la curandería casera. El rapé se usó hasta como dentífrico. Con ese destino a comienzos del siglo XIX en La Habana se fabricaba y exportaba para Inglaterra un rapé de muy acre sabor, denominado *Peñalvar*, compuesto de polvos de tabaco y de cierta tierra rojiza. En todo tiempo la virtud más encomiada del tabaco fue la de ser sedativo, y se tuvo como una medicina del ánimo. Por esto, si antaño se ahumaban ritualmente con tabacos los ídolos salvajes en las cavernas para aplacarles sus furias por el incienso de la adulación, hogaño se sahúma con tabaco el espíritu propio en el antro del cráneo para calmarle sus congojas y avivarle sus ilusiones.

También el azúcar es medicinal y hasta elemento constitutivo de nuestro organismo fisiológico, llegándose a determinar dolencias mortales así por su carencia como por su exceso en nuestra vida orgánica. Por esto y por su escasez, el azúcar y el tabaco se vendían hace siglos en las tiendas de los boticarios. Pero a pesar de su vieja camaradería en la farmacopea, el tabaco y el azúcar fueron siempre apartados. El tabaco tuvo un vicio de origen para los moralistas y fue por ellos maldecido y condenado por los reyes, tanto como exaltado por los médicos.

El tabaco es, sin duda, maligno; de esa familia peligrosa y prolífica de las solanáceas. Ya por el viejo mundo eurásico las solanáceas inspiraban terrores, torturas, visiones y fantasías. La mandrágora producía locuras, ensueños y afrodisíacos. La atropa dio su nombre a una de las Parcas. La belladona daba pecaminosas y negrísimas profundidades de infierno a las pupilas de las hermosas. El beleño era el veneno narcótico de la literatura clásica. Las varias dativas proporcionaban alcaloides, que los indios del Asia como también los de América empleaban en sus ritos, magias y crímenes. En este Mundo Nuevo esa familia de plantas malditas se regenera. Si la dativa todavía aquí enajena diabólicamente, inspirando los delirios místicos de aztecas, quichuas, zuñis, algonquinos y otros indígenas, ya América pagó con creces su deuda de pecado, regalando a la humanidad otras plantas, también solanáceas pero honradotas y suculentas, como la *papa*, que hoy se cosecha por el mundo más que el trigo del pan; el *tomate*, la «manzana de amor» de los franceses, cuyo jugo es como el vino revitalizador de hoy día; y el *pimiento*, rey de las especias, que por todo el orbe lleva al condimento de los manjares el ardiente y vitaminoso estímulo del Sol tropical de América.

Pero además de esas plantas ejemplares, de frutos nutritivos, caseros y conservadores, las solanáceas de América echaron por el mundo al picarón de la familia, al tabaco, sin fruto ni comida, torcido y con humos, vago y sin otro oficio que el de tentar a los espíritus. Bien se dieron cuenta los moralistas de Europa de la malicia de aquel irresistible tentador indiano. Quevedo decía en España que «habían hecho más mal con meter acá los polvos y el humo que el rey católico a Colón y a Cortés». Pero fue aquélla la edad picaresca y nada se logró para atajar al indianejo tabaco, que, como *El diablo cojuelo*,[3] se fue corriendo por el mundo porque en todo él encontró ansia de ilusiones y tolerancia de picardías.

El tabaco llegó en Europa a las peores vilezas, a ser cómplice delincuente, a ser criminal. En el siglo XVIII fue general el temor de ser envenenados mediante polvos ponzoñosos mezclados con el rapé. «Rapé perfumado era a veces el recipiente de veneno», dice el cronista del tabaco Fairholt. «En 1712, el duque de Noailles presentó a la Delfina de Francia una caja de rapé español, regalo que la complació en extremo. El rapé estaba cargado de veneno, y a los cinco días de estarlo inhalando, murió la Delfina, quejándose de un agudo dolor en las sienes. Esto produjo gran excitación y grandes temores de aceptar un polvillo, por una parte, y de ofrecerlo, por otra. Fue creencia que dicho rapé envenenado era usado en España y por emisarios españoles para deshacerse de oponentes políticos, y que igualmente lo usaban los jesuitas para emponzoñar a sus enemigos. De ahí que se le llamara "rapé de los jesuitas". Por mucho tiempo persistió el temor.» En 1851 el tabaco fue asesino. El conde de Bocarme fue ejecutado en Mons por envenenar a un cuñado valiéndose de la nicotina, que del tabaco fue expresamente extraída.

Como para aumentar la malignidad del tabaco ahí está ese virus o ultravirus especial que, cobijándose en su planta, le produce la terrible enfermedad llamada *mosaico*. También en la *caña de azúcar* se da un *mosaico*; pero el del tabaco es debido al primero de los virus filtrables, no tan solo por haber sido descubierto antes que los otros, en 1857, sino por ser el más infeccioso de todos ellos. Resiste como un demonio al éter, al cloroformo, a la acetona y a otros enemigos semejantes sin perder su infectividad. Tiene algo diabólico ese virus del mosaico del tabaco. Sus procederes parecen sobrenaturales. Aún no se sabe si es molécula viva, por donde comienza la escala de la vida, o si es tan solo una macromolécula de proteína cristalizada. Como si tuviera una doble personalidad, el virus es inerte como el agua destilada, inofensivo como un ángel mientras no conoce al tabaco; pero apenas penetra en éste se torna vivaz y maligno como la peor ponzoña, como el diablejo retozón en una sacristía. Diríase que es en la esencia del tabaco donde el virus encuentra esa

---

3   Véase la edición de Linkgua, Barcelona, 2021. (N. del E.)

malignidad que abigarra a la planta, vistiéndola como máscara de *diablito* o arlequín. Apenas una partícula infinitesimal del satánico virus se comunique con el protoplasma del tabaco, se despertará su malicia, inficionará toda la planta sana y se reproducirá por millones incontables, quedando en pocos días infecta y destruida por la virosis toda una cosecha. Como si las virulencias del tabaco fuesen las más terribles, los indios al dormir en parajes de alimañas venenosas, solían poner tabaco cerca de sí, para defenderse de ellas, pues, como decía el padre Cobo, «tiene gran enemistad contra las fieras y sabandijas ponzoñosas» y las ahuyenta como un conjuro.

Ahora, a la malignidad tradicional del tabaco se le está atribuyendo otra mucho más cruel: la de poder causar el cáncer por medio de los alquitranes que de él son extraídos. Un médico argentino (doctor Ángel H. Roffo) untó esos alquitranes en la piel de unos conejitos y como consecuencia se produjo el cáncer «en todos los casos». No fue así con los alquitranes destilados del tabaco habano, pero aun con éstos se causó el cáncer en la mitad de los experimentos.

Por otra parte, los científicos siguen estudiando la posibilidad de que el cáncer sea producido por un ultravirus, o sea, por una de esas proteínas-virus que aun siendo complejos químicos se conducen con actividad vital, multiplicándose en contacto con ciertos organismos vivos, regenerándose y muriendo como seres vivientes. Un sabio (doctor W. W. Stanley), que tiene su fama por haber aislado algunos virus en forma cristalina, cree que, sean o no causa del cáncer los virus ultramicroscópicos, ellos son la clave de las irritaciones en los tejidos y en ellos hay que buscar los factores directivos del proceso vital en todas las células, normales o cancerosas. Lo enigmático de esta horrible dolencia, que parece consistir en un desordenado rebrotar de células vivas fuera de los hereditarios ritmos estructurales, lo no menos enigmático de ese ultravirus del mosaico tabaquero, que también se muestra como la inopinada revitalización de unas moléculas que de pronto pierden su inercia, se animan con el tabaco y se reproducen y proliferan hasta lo inverosímil llevando los gérmenes de la vida, hacen que en la naturaleza del tabaco se tenga un nuevo misterio. ¿Habrá un algo esencial en el tabaco que sea el supremo estimulador de la vida, capaz de hacer que las células se proliferen locamente y que las moléculas inertes adquieran el don vital de la reproductividad, así como con su humo los espíritus extenuados o mortecinos se reaniman para seguir viviendo con reganada plenitud? (Capítulo ad. VI).

En el tabaco hay siempre algo de misterio y sacralidad. El tabaco es cosa de gente grande, responsable ante la sociedad y los dioses. Fumar el primer tabaco, aun cuando sea a hurtadillas de los padres, es como un rito de *passage*, el rito tribal de iniciación a la plenitud cívica de la varonía, como una prueba viril de fortaleza y dominio ante las amarguras de la vida, sus candentes tentaciones y el humo de sus ensueños. Los indios jíbaros de Sudamérica usan precisamente el tabaco en su fiesta kusupani, celebrada para la iniciación de los jóvenes en la edad viril. Entre ciertos indios de América, como los jíbaros, y algunos negros de África, como los bantú, el espíritu del tabaco es masculino y tan solo los hombres pueden cultivar la planta y prepararlo para los ritos. El azúcar, en cambio, no es cosa de hombres sino de niños en su más inconsciente puericia, algo que se da por las madres a sus hijitos apenas paladean, como un simbólico augurio de dulzura para su existir. «Con azúcar o miel, todo sabe bien» rezaba un viejo refrán.

El tabaco tuvo siempre arrogancia; fue gala de conquistadores de Indias, luego camarada de navegantes en sus travesías del mar, de soldados veteranos en remotas guerras, de indianos enriquecidos, de magnates infatuados, de negociantes opulentos, y llegó a ser estímulo y signo de todo hombre capaz de comprarse un goce individual y ostentarlo retadoramente contra los convencionalismos sofrenadores del placer.

En el torcido, el fuego y las humosas volutas del tabaco hubo siempre algo de revolucionario, algo de retorcimiento bajo la opresión, de ardimiento destructor y de elevación liberadora en el azul de las ilusiones. Por esto el recíproco ofrecimiento del tabaco es un fraterno rito de paz, como el juramentado cruce de sangres entre salvajes amigos o el de las salvas de artillería entre buques de guerra. En el instante de encontrarse por vez primera Europa con América ésta le ofreció tabaco en señal de amistad. Cuando Cristóbal Colón, el día 12 de octubre de 1492, pisó primero la tierra americana en Guanahaní, los indios de esta isla lo saludaron con un rito ofertorio, brindándole tabaco: «Unas hojas secas que debe ser cosa muy apreciada entre ellos porque ya me trajeron en San Salvador dellas en presente». Dar unas hojas de tabaco o un cigarro que fumar era un gesto de paz y de amistad entre los indios de

Guanahaní, entre los taínos y entre algunos más del Continente. Tal como se acostumbra hoy día entre los blancos de las naciones civilizadas. Fumar en la misma pipa, aspirar el rapé de una misma tabaquera, brindarse mutuamente cigarros, son ritos de amistad y comunión como beber de un mismo vino o partir un mismo pan. Así es entre indios de América, blancos de Europa y negros de África.

El tabaco es cosa hombruna. Sus hojas son vellosas, como trabajadas y oscurecidas al Sol, y su color es el de la suciedad. El cigarro, torcido y envuelto en su capa o picado y humeando en la pipa, es siempre fanfarrón y majadero, como un ¡ajo! de insulto y desafío que surge erecto de la boca. Por excepción fumaron antaño sus tabacos vegueros las mujeres campesinas de Cuba, que compartían con sus hombres los placeres y labores de la vida rústica, y no pocas que en las ciudades conservaban con cierta reserva doméstica las costumbres rurales. Y era entonces muy corriente entre las mujeres criollas de los países tabacaleros. También fumaron tabaco por toda Europa ciertas tonudas y voluntariosas señoras aristocráticas en sus intimidades libertinas. Por el año 1602 en Inglaterra ya hasta las damas fumaban en pipa. Y en Francia fumaban las hijas del rey Sol, aun cuando Luis XIV repugnaba el tabaco. La costumbre se propagó pero decayó más tarde y solo quedaron fumando en pipa las campesinas de ciertos países. En las clases altas persistieron en fumar puros habanos algunas señoras, pero ello fue excentricidad muy comentada como rasgo varonil. Ahora, en esta época que atenúa el dimorfismo social de los sexos, fuma la mujer quizás tanto como su rudo compañero. Pero, aún hoy día, ella se limita a fumar cigarrillos, que son los niños de los cigarros, embriones de masculinidad, muy envueltitos con papeles finos y boquillitas de oro y hasta muy olorosos, dulzarrones y corrompidos como mancebos afeminados. Las mujeres que hoy fuman cigarrillos recuerdan a los abates enamoradizos del siglo XVIII que aliñaban sus polvos de rapé con almizcle, ámbar, vinagrillos y otras fragancias extravagantes. No fuman ellas los cigarros *puros*, puros de sustancia y de nombre, tales como fueron creados por los indios cubanos, en su originaria simpleza, en su natural desnudez y sin las mixtificaciones, mejunjes, envolturas, perfumes y afeites de una civilización estragada. El cigarrillo ha sido y es arma sutil y agilísima de la esgrima amorosa. Como antaño el abanico, el impertinente, la sombrilla y el pañuelo. A mediados del siglo pasado se escribía que «siguiendo la costumbre de todas las criollas de las colonias americanas, les gusta el fumar y ofrecen el cigarrillo en las visitas. Tiene el cigarro entre ambos sexos su lenguaje de cortesía y de favor. En una mujer, por ejemplo, es un acto de política el encender el cigarro y ponérselo en la boca» (Alcide D'Orbigny y Jean-Baptiste Benoît Eyriès, *Viaje pintoresco a las dos Américas, Asia y África*, Barcelona, 1842, tomo I, pág. 64). Este ademán de audaz cortesía era una estocada a fondo hasta el corazón si no era parada a tiempo con dureza de broquel. Hoy día el juego del cigarrillo no cuenta en sus suertes eróticas con tan formidable golpe y aquél es *flirt*, más floreo ingenioso de pasatiempo que arte serio de valentía.

El tabaco puro se fuma con «los cinco sentidos» y con meditación, que es el hervor de las sensaciones al trocarse en fuerza de pensamiento y humo de ideales; pero el cigarrillo se fuma «sin sentir», es más bien un hábito acomodaticio, que la mujer traduce en moda y frívola coquetería.

Si tabaco es varón, azúcar es hembra. Las hojas de sus cañas son lampiñas y, aun cuando tostadas al Sol, son siempre claras; todo el proceso azucarero es un continuo aderezo y aseo para limpiar el azúcar y ganarle la albura. El azúcar ha sido siempre más golosina de mujeres que apetencia de hombres. Estos suelen desdeñar lo azucarado, como tentación indecorosa, por la aparente feminidad de toda dulcedumbre. Pero es verdad que si en el tabaco las mujeres se aproximan a los hombres fumando los cigarrillos, que son los hijos del cigarro puro, los hombres a su vez se acercan a las mujeres en el consumo del azúcar, no saboreando dulces, almíbares ni confituras, sino tragando alcoholes, que son los hijos de los azúcares despreciados.

En el azúcar no hay rebeldía ni desafío, ni resquemor insatisfecho, ni suspicacia cavilosa, sino goce humilde, callado, tranquilo y aquietador. El tabaco es audacia soñadora e individualista hasta la anarquía. El azúcar es prudencia pragmática y socialmente integrativa. El tabaco es atrevido como una blasfemia; el azúcar es humilde como una oración. Debió de fumar tabacos el burlador Don Juan y de chupar alfeñiques la monjita doña Inés. También saborearía su pipa Fausto, el inconforme sabio, y sus grajeas Margarita, la dulce devota.

Los caracterólogos hallarán en el azúcar a un *pícnico*; en el tabaco a un *leptosoma*. Si el azúcar fue apetencia de Sancho, el villano glotón, el tabaco pudo serlo de Don Quijote, el hidalgo soñador. Fue muy pobre Sancho para hartarse de azúcar; fue muy caro el tabaco para llegar a tiempo a La Mancha y poder deleitar a su empobrecido caballero; pero es verosímil pensar que el uno se habría dado hartazgo de pasteles y que el otro habría visto fantasmas y endriagos en las bocanadas del fumar. Y si Don Quijote hubiere topado con un fumador echando humo, habría tenido la más endemoniada de sus aventuras, como cuentan que la corrió en 1493 uno de los descubridores del tabaco, cuando al fumar uno de Cuba en su casa de Ayamonte fue tomado por un poseso del diablo y perseguido por los familiares de la Santa Inquisición, intolerantes de otros humos que no fueran los del incienso, los de las hogueras y los de su entonces empinadísimo ministerio.

Los psicólogos pensarán que el azúcar tiene alma objetiva, actualista y extraversa y que la del tabaco es subjetiva, ultraísta e intraversa. Quizás Nietzsche pensó que el azúcar es dionisíaca y el tabaco apolíneo. Aquélla es madre de alcoholes que dan la sacra euforia. En los humosos espirales del tabaco hay ilusivas bellezas e inspiraciones de poema. Quizás el viejo Freud llegó a pensar si el azúcar es narcísico y el tabaco erótico. Si la vida es una elipse con sus dos focos en el vientre y el sexo, el azúcar es comida y subsistencia y el tabaco es amor y reproducción.

Por su cuna, azúcar y tabaco fueron igualmente paganos y lo son todavía por su sensualidad. En ambos la paganía es remota, aun cuando no los conocieron los antiguos dioses y pueblos del Mediterráneo, que tomaron vino y pan en sus orgías, misterios y comuniones. Jehová prometió a su pueblo escogido una tierra de leche y miel, no de tabaco y azúcar. No conocieron azúcar ni tabaco los hebreos. Ni Jesucristo y los apóstoles, ni los fieles cristianos. Estos aprendieron de los árabes el gusto del azúcar en las cruzadas a Jerusalén, en las islas musulmanas de Chipre y Sicilia, en la morisca huerta valenciana o en la moruna vega granadina. La Edad Media de los pueblos blancos no conoció el tabaco, pero sí el azúcar. El Arcipreste de Hita pudo hartarse de golosinas azucaradas. Por el siglo XIV ya él escribía (*Libro de buen amor*, estrofa 1337):[4]

---

4   Véase la edición de Linkgua, Barcelona, 2021. (N. del E.)

Sabed que tod' açucar ally anda baldonado:
Polvo, terrón e candy e mucho del rrosado,
Açucar de confites e mucho del violado
De muchas otras guisas, que ya he olvidado.

Pero el travieso eclesiástico no supo del tabaco ni del fumar.

Los cristianos descubrieron el tabaco entre los indios del Nuevo Mundo, primero en Cuba, luego en las demás Antillas y en las tierras de Costa Firme (Capítulo ad. VII). Ya en las postrimerías del siglo XV, al abrirse la Edad Moderna, ¿no comenzó ésta con el descubrimiento de un Nuevo Mundo por los blancos de Europa?

Tal parece que el tabaco vivió oculto, ejercitando sus potencias en la selva de un mundo ignoto, hasta que la civilización estuvo preparada para recibir sus estimulaciones con la llegada del renacimiento y del racionalismo (Capítulo ad. VIII).

El tabaco es «la planta amable que da el humo, compañero del hombre», dijo el cubano José Martí. Y ya con su compañía constante de todas horas, hasta en las solitarias y nocturnas, las horas de las misteriosas fecundaciones humanas, el hombre halló en él consuelo del ánimo, impulso del pensamiento y escala de la inspiración. Para Martí el tabaco fue en la historia «consuelo de meditabundos y deleites de soñadores arquitectos del aire». América sorprendió a Europa con el tabaco, ingenio que fabricaba castillos en el aire, y el siglo XVI fue la época de las Utopías, de las ciudades de humo.

El humo del tabaco esparció por el Mundo Viejo el hálito de un nuevo espíritu, meditador, crítico y rebelde. Al fin, los humos de los tabacos indianos pudieron más con avivar las mentes pensadoras que los humos de las hogueras inquisitoriales con perseguirlas sin piedad.

Azúcar y tabaco fueron hijos de las Indias; pero aquélla nació en las de Oriente, éste en las Occidentales. La una tuvo su nombre del sánscrito, el otro conserva todavía su nativo nombre salvaje. Creían en las Indias de allende que el azúcar les vino, como regalo de los dioses con el rocío de los cielos, para sustancia nutridora de goces de la carne, que luego baja a la tierra y en ésta queda absorbida tras la desintegración pútrida de la materia. Creían en las Indias de aquende que el tabaco surgía del suelo por el espíritu de las cavernas y, quemándose en boca humana, se disipaba en trances inefables, elevando su esencia volátil como un mensaje a los dioses sidéreos.

No obstante que ambos frutos vinieron de pueblos infieles, el azúcar jamás fue maldecida y sí saboreada siempre como ambrosía; y el tabaco fue reputado como arte infernal y perseguido sañudamente hasta con la excomunión y la horca. Bien lo saben los diablos, quienes para engañar a los ingenuos pusieron a menudo en su tabaco algo de sabor azucarado y de exótico perfume. Vainillas, mostazas, anises, alcaraveas y hasta melados de caña dulce, que era disfrazar la diablura del tabaco con capa santa de dulzor. Sobre todo en aquellos tabacos inferiores, de escasa potencia tentadora, que todos rechazarían por reconocidamente «infernales» si no se disimularan con sabor gazmoño, suave y dulzaino, y con olor innatural que pueda ser tomado como de santidad. Así hicieron antaño los demonios para los fumadores noveles y remisos, con la rama torcida en cuerda para las pipas, con el polvo rapé para las narices; hoy lo hacen con los cigarritos para las mujeres. Perfumes de virtud, sabores de santimonia, perversiones movidas por el dinero o inspiradas por Plutón.

En el fumar de un tabaco hay una supervivencia de religión y magia: las de los *behíques* cubanos. Por el fuego lento que lo quema es como un rito expiatorio. Por el humo ascendente a los cielos parece evocación espiritual. Por el aroma, que encanta más que el incienso, es como un sahumerio de purificación. La sucia y tenue ceniza final es una sugestión funeraria de penitencia tardía. Fumar un tabaco es elevar suspiros de humo a lo ignoto, anhelando un consuelo pasajero o una ilusión aunque huidiza que entretenga la espera. Por eso fue dicho que el tabaco es «el anodino de la pobreza» y enemigo de los sinsabores.

Tome un poco de tabaco,
Se le quitará el enojo

Así hacía decir Lope de Vega a un personaje español por él creado en el acto III de *La mayor desgracia de Carlos V.* «A mal dar, tomar tabaco», dijo el caduco refrán, para expresar la calma esperanzada que baja al ser humano cuando el humo de su tabaco llega a lo alto. Es el tabaco, según cantó el poeta cubano Federico Milanés:

La hoja aromosa que del hombre, cura
Resuelta en humo suave, el fosco hastío.

Porque, como escribió Jorge Sand: «Acalla el dolor y puebla la soledad de mil imágenes graciosas».

Hasta en la manera de encender el tabaco hay como una litúrgica iniciación del misterio; bien sea con el eslabón que golpea el pedernal para sacarle una chispa de candela, o con la cerilla de fósforo inflamable, cuya cabecita irritada estalla en fuego. Más cera han hecho gastar los demonios para las minúsculas cerillas que se inflaman en sus ritos del tabaco, que los dioses para los cirios que alumbran sus cultos en los altares. El maquinismo va extinguiendo ahora las centenarias tradiciones litúrgicas, introduciendo profanos mecheros de resortes para el fumador y luces eléctricas para el templo; pero aún sobrevive en ambos la oscilante llama de fuego que enciende, ilumina y quema como el espíritu. Nada de ritualidad se observa en el consumo del azúcar.

El azúcar es producto de obra humana, pero puede consumirlo una bestia; el tabaco es bruto y natural, pero destinado por Satanás al uso exclusivo del ser que se dice rey de la Creación, quizás por creerse la postrera de las criaturas y la única que puede pecar.

Alguien puede creer que, debido a ese trasunto diabólico del tabaco, los eclesiásticos no fueron dados a su goce ni a su granjería, aun cuando, naturalmente, no rechazaran los diezmos y primicias de los vegueríos cuando antaño se los recaudaban los diligentes diezmeros. Debe de haber habido clérigos dueños de vegas.

A mediados del siglo XIX escribió Fairholt que ciertos excelentes tabacos de La Habana destinados a la gente de Iglesia estaban fabricados por frailes (*Ob. cit.*, pág. 217). Así los hacían ellos en los conventos, como los soldados en sus cuarteles y los porteros en sus zaguanes, como una complementaria «busca» económica por medio del trabajo casero y «a ratos perdidos». Pero no sabemos que en Cuba los curas hayan tenido tabaquería ni fábricas de cigarros entre sus muchos bienes terrenales, aun cuando sería imprudente

40

negar su participación en tales negocios, y más aún en estos tiempos de recónditos anonimismos en las compañías mercantiles, los cuales permiten las cómodas y escondidas inversiones por medio de títulos al portador de las grandes empresas tabacaleras. Si los clérigos no tuvieron vegas no fue por espanto del diablo, ni puede decirse que fue por alejamiento de los mundales atractivos del comercio ni por repugnancia a tener esclavos y tratarlos al uso del país. Consta que desde los primeros tiempos del siglo XVI los clérigos tuvieron siempre por estas islas copia de negros esclavos a su servicio y para sus negocios, en ocasiones «más negros y granjerías que los seglares», según decían en 1530 los licenciados Espinosa y Zuazo, quejándose de ello al rey. Y no hay duda de que hubo clérigos colonos de caña y hasta hacendados de plantaciones, abiertamente y sin rebozo, pues varios ingenios azucareros tuvieron aquí los jesuitas, con sendas dotaciones de negros esclavos, arreados a toque de campana y a cuerazos de mayoral. De todos modos, los clérigos pronto se reconciliaron con el tabaco y hasta las fábricas habaneras hicieron exquisitos puros habanos especialmente destinados a la gente de Iglesia, como también los torcieron para la Casa Real (Capítulo ad. IX).

Si al propagarse los azúcares éstos pudieron ser en todas partes equivalentes en dulzor, nunca pudo darse por el mundo un tabaco con las excelencias del de Cuba, ni con la insuperable fama del puro habano. Por eso canta del tabaco, en forma de adivinanza, la copla popular de Andalucía:

En La Habana fui nacido
Y en el mundo conocido.
(Capítulo ad. X.)

La azucarería alcanzó pronto la unanimidad genérica del producto por la identidad universal de los resultados industriales. Casi todas las plantas tienen azúcar, algunas en abundancia como las cañas, las remolachas y otras más; hay muchos países que las siembran y varios procesos para extraerles sus jugos y de éstos sus cristales más o menos refinados; pero al final no hay más que un azúcar. Todas las sacarosas son iguales. Aun en el *cañal* (Capítulo ad. XI) cada especie de caña se reproduce invariablemente todos los años, no solo por el retoño anual de las macollas de una misma cepa, sino por el recrecimiento de unas mismas cañas, al retoñar sus propios canutos si son soterrados en las resiembras. En tal reproducción de la caña no hay engendro, cruce genético ni variedad posible. Pero, de todos modos, cualesquiera que sean las variedades extractivas iniciales de las cañas, acaban siempre reduciéndose a la unidad de la sustancia producida.

En el tabaco la uniformidad nunca se tuvo ni se tendrá. Son pocas las variedades botánicas que tienen nicotina; pero aun dentro de cada variedad y aun en el mismo tabaco, cada vega, cada cosecha, cada planta, y cada hoja, tiene su calidad singular. Y haciéndose la reproducción de las plantas de tabaco por medio de semillas, numerosísimas en toda mata, no es raro que en cada cosecha surjan variedades, hijas de los infinitos cruzamientos y mestizajes, de las selecciones que hacen los codiciosos cuidados del cosechero y de las misteriosas mutaciones y los caprichos cromosómicos de la naturaleza. Y cada hoja de tabaco es distinta de las otras, según los besos que le diera el Sol. Uno de los mayores y más difíciles empeños de vegueros y tabaqueros, es mantener siempre en su acreditado tabaco la invariación de una buena calidad ya lograda. La variedad infinita y constante, espontánea o provocada, es el secreto de la tabacalería para su riqueza o para su ruina, según la estime el gusto del fumador. Nada de esto preocupa al sembrador ni al moledor de cañas dulces, pues sabe que en definitiva todas las sacarosas son idénticas, masas amorfas, igualmente granuladas, sin clases ni distinción.

El sabor, el color y el olor del cigarro depende no tan solo de que sea hecho de verdadero tabaco, sino de que éste sea *habano* (el mejor del mundo); de la región que lo produjo (Vueltabajo, Semivuelta, Vueltarriba, Partidos, etc., si es de Cuba, o de Virginia, de Java, de Sumatra, de Turquía, de Egipto... o de casa de los demonios), del año de su cosecha, del abono que se dio a la vega, de las condiciones de su cultivo, de sus fermentaciones, de su *pilón*, de sus escogidas, de su *enterciado*, de sus hojas, de su capa, de su tripa, de su *liga*, de su torcido, de su humedad, de su *vitola*, de su envase, de su transporte transmarino, de la manera de encenderlo y del modo de fumarlo; en fin, de todos y cada uno de los muchos pasos de su vida, desde la mata que da la hoja hasta el fumador que la reduce a cenizas y humo. Por esto en la industria tabacalera hay *escogedores* y *rezagadores*, que por el tacto, la vista, el olfato y el sabor van distinguiendo y seleccionando las hojas y los tabacos, como los catadores de vinos hacen con los caldos fermentados de la vid. Para cualquiera de los productos tabaqueros se requiere una selección constante del tabaco empleado. En el tabaco, desde que se siembra en la vega hasta que se fuma todo es una serie de incontables *escogidas* y *rezagos*. En el tabaco cubano sus condiciones geoquímicas se complementan con las agrícolas e industriales. El cultivo del tabaco es el más técnicamente cuidado que se hace en Cuba y es uno de los más difíciles del mundo. Desde que se siembra sus diminutas semillas hasta que se presenta el producto acabado en el mercado, la característica fundamental de todos los procesos, que llegan a alcanzar la cifra de *noventa y dos operaciones distintas*, es la selección (García Galló, pág. 32).

Solamente por sus colores la nomenclatura cubana del tabaco para la fuma es tan abundosa como la de los antropólogos para las razas humanas. La coloración de las vitolas, como la de las mujeres, no es un simple problema de *brunettes* y *blondes* o de rubias y trigueñas. Así como el cubano distingue en las mujeres desde la negra retinta hasta la blanca dorada, con una larga serie de pigmentaciones intermedias y entremezcladas, y las clasifica a la vez según sus colores, atractivos y rangos sociales, así conoce también los tipos de los tabacos *claros, colorado-claros, colorados, colorado-maduros, maduros, ligeros, secos, medios-tiempos, finos, amarillos, manchados, quebrados, sentidos, broncos, puntillas* y otros más hasta los botes y colas, ya en la inferior «clase social» de los tabacos, que van solamente a las masas humildes de la picadura.

En Cuba la producción del tabaco fue de artesana maestría y aún lo es en buena parte, pese al maquinismo. Los escogedores de tabaco torcido, por su técnica, conocen y preparan *¡sesenta y ocho tonalidades distintas de color!* atendiendo al matiz que se refleja en el fondo de cada hoja de capa! (García Galló, pág. 84).

No es de extrañar, pues, que por esos mundos haya tabacólogos tan atrevidos e interesados como ciertos raciólogos de estos tiempos, quienes, so pretexto de defender las condiciones del tabaco según los egoísmos y banderas de sus países, han creado razas, ligas, nombres y marcas de vitolas tan fantásticas y artificiales como las mitológicas razas inventadas por los racismos del día. Y ahora van de tal modo en aumento las razas de tabaco, así como sus mezclas y sus adulteraciones, que ya fuera de Cuba hay cigarros híbridos, de mestizajes inconfesables y hasta sin tabaco alguno, y el habano de abolengo tiene que renegar continuamente de las infinitas y abominables bastardías que le usurpan la legitimidad de su nombre puro.

Por tener todos los azúcares purificados un gusto igual, han de ser consumidos siempre con la adición de otras sustancias que les dan otros sabores. Nadie, sino los niños impetuosamente golosos, se atreven a comer azúcar solo. Los infelices hambrientos sí se han contentado con ingerirlo diluido en agua; los libertadores mambises en la manigua a veces bebían *canchánchara* y los esclavos tomaban guarapo junto a los trapiches, como ahora los cubanos en miseria compran con un kilito un vaso de zumo de caña dulce para llenarse el vientre y apaciguar sus vitales apetitos. Cuando se masca en trozos la caña pelada y se le sorbe el jugo, ya en éste hay mezcla de sabores, como ocurre en el melado y en la burda *raspadura.* Desde que los árabes con su alquimia los traen a nuestra civilización occidental, ya el «alçucar», como aún se decía en reales cédulas sobre cosas de América, aparece empleado en jarabes, *almíbares, alfajores, alfandoques, alfeñiques, almojábanes* y *alcorza* siempre con sabores agregados.

El tabaco es altivo; va al consumo solo, por lo que tiene de propio valor, sin compañías ni disfraces. Siempre aspira a ser puro o a pasar por tal. El azúcar sola empalaga y repugna, por eso necesita compañía y va como encubierta o con chaperón. Necesita otra sustancia mediadora que le facilite un sabor alcahuete. Y ella paga el favor que se le hace por éste al mermar el fastidio de su empalago propio con lo apetitoso del sabor ajeno, a su vez encubriéndoles a otros sabores sus insipideces, amarguras y desazones con el disimulo de su dulzura. Mestizaje de sabores.

Ese contraste sustancial del azúcar y el tabaco se realza todavía a lo largo de su desarrollo agrario, industrial y mercantil por el amorfismo de la una y el infinito polimorfismo del otro.

El azúcar es común, informal e indistinta. El tabaco es siempre distinguido, todo clase, forma y dignidad. El azúcar es siempre masa informe, como caña, como guarapo, como meladura y, luego, ya como azúcar, en panes, terrones, granos o polvos, y así en el saco como en la azucarera, y cuando es absorbida en el jarabe, la compota, la conserva, el confite, el caramelo, el helado, el pastel u otras confecciones de repostería. El tabaco es bueno o malo, pero busca siempre individualidad.

A veces, aun cuando se procure la semejanza y hasta la confusión entre tipos diversos, el irreducible individualismo del tabaco se resiste a ello y juega tretas burlonas a los productores maliciosos. Cuando en el siglo pasado se fabricaban cigarros puros en Sevilla con tripa de Virginia y capa de La Habana, para el mercado español y en contra de Cuba, los exigentes fumadores, dice Fairholt, advirtieron a simple vista una diferencia inesperada entre la de una y otra manufactura, consistente en que la capa de los tabacos habanos estaba enrollada de derecha a izquierda y en los peninsulares iba de izquierda a derecha. Casi valía decir que los habanos eran izquierdistas y eran derechistas los sevillanos. Quizás continúe esa distinción.

El mejor fumador busca el mejor habano, el mejor habano la mejor *capa*, la mejor *capa* la mejor hoja, la mejor hoja el mejor cultivo, el mejor cultivo la mejor semilla, la mejor simiente la mejor vega... Por eso la agricultura del tabaco exige tanta meticulosidad; al revés de los cañaverales, que piden poca atención. El veguero debe cultivar su tabaco no por plantaciones, ni siquiera mata por mata, sino hoja por hoja. No está el buen cultivo del buen tabaco en que la planta dé más hojas, sino en que éstas sean mejores. En el tabaco lo principal es la calidad; en el azúcar la cantidad. El ideal del tabacalero, así del cosechero como del fabricante, está en la distinción; que lo suyo sea único, lo *mejor*; el ideal del azucarero, así del cultivador como del hacendado, está en que lo suyo sea lo *más*; más caña, más rendimiento, más guarapo, más bagazo, más tacho, más centrífuga, más polarización, más sacos y más indiferencia de calidad para acercarse, a través de las refinerías, a un simbólico 100 % de química pureza, donde se pierde toda distinción de oriundez y de clases; y donde la madre remolacha y la madre caña son olvidadas en la idéntica blancura de sus hijos, por la igualdad química y económica de todos los azúcares del mundo, los cuales, si son puros, por igual endulzan, alimentan y valen.

El consumidor de azúcar ni sabe ni pregunta de dónde es la que toma; ni la escoge, ni la prueba. El fumador busca específicamente *un tabaco, ital o cual tabaco!*; el goloso se contenta simplemente con pedir *iazúcar!*, sin artículos, pronombres ni adjetivos que precisen una determinación. Cuando por su refinamiento los azúcares alcanzan los altos grados de sacarosa y pureza química, ya no son distinguibles entre sí, ni en los laboratorios más preparados. Todos los azúcares serán iguales; todos los tabacos son diversos. Para el goloso no hay azúcares distintos; para el fumador no hay dos tabacos iguales.

El azúcar es, en rigor, un solo producto. Es cierto que de la caña se extrajeron siempre, además de la sacarosa cristalizada, el alcohol, el aguardiente o el ron. Pero éste fue un artículo meramente complementario y ya no es azúcar, así como ya no es tabaco la nicotina que de éste se extrae. Por todas las Antillas se destiló el alcohol de las malezas y se hicieron licores. Aquí fue el *aguardiente de caña*, el *eau de vie* de las Antillas francesas, el *rhum* de Jamaica, el *bitter* de Trinidad, el Curazao, etc. El alcohol fue, sobre todo, cargamento de ida para los barcos negreros con el cual se compraban los esclavos, se cohechaban los tiranuelos de la costa y se corrompían y desintegraban las tribus africanas. De ese alcohol de sabor fuerte y color acaramelado que se fabricaba en las Antillas para los negreros, del azúcar con que ellos se avituallaban junto con los tasajos, bacalao y demás salazones y conservas para las largas travesías, y de los limones que embarcaban los barcos veleros para impedir a bordo las epidemias de escorbuto, surgió espontáneamente una bebida compuesta, típica de los buques de la trata.

De antiguo era popular en Cuba esa bebida hecha con aguardiente de caña. «Una buena dosis de aguardiente de caña, medio vaso, con azúcar, un poco de agua y entonada con unas ramitas de hierba buena y una rajita de limón. Se estuvo bebiendo *drake* hasta 1800 y pico, en que fue desplazado por el ron de Cuba y la ginebra de Holanda» (Federico Villoch, «La boca del Moro», *Diario de la Marina*, 28, octubre, 1940). Esa bebida antecesora del ron y del *daiquirí*, que utilizaba las virtudes del limón se llamaba con el nombre de Drake por aquel audacísimo marino británico que saqueó por la costa oriental de Cuba, el cual en la historia de España pasa como «el gran pirata» y como «el gran almirante» en la del pueblo inglés, asegurándose que «de su breve estancia en la isla dejó el uso de una bebida con el nombre de *drake*» (Villoch, *Ibidem*). Después esa bebida compuesta fue reemplazada por el *Daiquirí* también alcohol de caña, o sea ron, limón y azúcar, descubierto en la campaña de Santiago de Cuba en 1898 por los marinos y soldados norteamericanos, quienes la popularizaron con el nombre de *Daiquirí* que es el del puerto donde aquéllos desembarcaron y la bebieron.

Pero el ron no influyó en las directrices de la economía social de Cuba más que las maderas de corazón, las corambres, los mariscos y otros productos secundarios. Es también verdad que el antiguo hacendado fabricaba azúcares de clases diversas, tales como azúcar *mascabado*, azúcar de *pilón*, azúcar *prieto*, azúcar *blanco*, etc. Pero estos azúcares no eran sino el mismo producto extraído de las cañas, según el grado de perfección logrado en su único proceso fabril, dentro del mismo ingenio, según su mejor cristalización y su mejor pureza.

En cambio, el tabaco desde que aparece en la historia como un valor mercantil presenta formas diversas, las cuales se fabrican de manera distinta. En el campo industrial del tabaco se han dado seis productos característicos. El primero, fue el que en Cuba llamamos *tabaco* por antonomasia y por riguroso purismo histórico, pues así era como los indocubanos lo llamaban. El *tabaco* propiamente dicho, consiste, como en tiempo de los indios, en una porción variable de hojas secas de tabaco, llamadas de *tripa*, enrolladas y envueltas en otra hoja llamada *capa*, constituyendo todas un paquetico de forma aproximadamente bicónica o cilíndrica, de uno a dos centímetros de grosor y de 10 a 20 de largo, con puntas en los extremos. En esta forma fue como descubrieron el tabaco los castellanos, denominándolo popularmente cigarro.

Además de los tabacos o cigarros, hubo y hay otros productos de la misma planta, a saber: *Andulo* o tabaco para mascar; *Tabaco torcido*, para mascar o fumar en pipa; *Picadura* o sea tabaco muy picado para ser fumado en pipa o envueltos en hojitas; *Cigarrillos* que no son meros diminutivos o «tabaquitos» sino cigarros de hojas o picaduras envueltos en papel; y *Rapé*, o tabaco en polvo fino. Estos productos de la industria tabaquera no representan fases sucesivas de un mismo proceso fabril. Todos estos productos son distintos y para fabricarlos el tabaco se somete desde el primer momento a un tratamiento diverso según lo que se quiera producir. También digamos que el tabaco se exporta, además, *en rama* para su elaboración en el extranjero, con perjuicio del crédito comercial cubano. En este caso, el tabaco queda reducido a una materia semi elaborada, casi a una materia prima, como el azúcar en crudo que compran las refinerías extranjeras para servir a negocios extraños, sin pleno beneficio de Cuba. Modernamente se ha creado un nuevo tipo de producto nacional del tabaco, el *tabaco despalillado*, o sea la hoja desfibrada por la barata mano de obra de la infeliz obrera cubana, para ser exportada y vendida a las fábricas del extranjero, que así se ahorran la diferencia de los jornales y, como si fueran *refinerías de tabaco*, se benefician del insuperable producto de Cuba, privando a este país del provecho económico de su elaboración fabril.

De cualquier manera, en el proceso agrario, industrial y mercantil del tabaco todo es cuidado, separación, minucia, escogida y diversidad; va de las variedades botánicas a los incontables tipos comerciales para complacer las mejores individuaciones del gusto de las personas. En el proceso productor del azúcar todo es tosquedad, mescolanza, trapiche, molida, fusión y unidad; va de la masa botánica a la masa químicamente uniforme para satisfacer las mayores y más comunes apetencias del paladar humano.

El consumir tabaco, o sea el *fumar*, es un acto personal de individualización. El consumir azúcar no tiene nombre específico, es un acto común de la gula. Por esto, el *fumador* está en el vocabulario; pero no existe el *azucarador.*

El cultivo del tabaco requiere atenciones delicadísimas en todo momento; no puede dejarse, en el grado que la *caña de azúcar*, al propio impulso natural. «Quien más chiquea al tabaco ese es quien mejor lo cultiva», le decía un veguero al naturalista Miguel Rodríguez Ferrer. Y el apóstol de las libertades de Cuba, José Martí, exaltaba la inagotable devoción del veguero, consagrado a cuidar cada mata de tabaco «con sus manos piadosas, del Sol excesivo, del grillo rastrero, del podador burdo, de la humedad putrefactora». Diríase que el tabaco requiere el mimo amoroso y solícito del hombre trabajador; y que la caña crece sola y a su albedrío, permitiendo al hombre meses de holganza. ¿Quién enseñó a los agricultores tabacaleros de Cuba esas minuciosas operaciones? ¿Serían los *behíques* de los indios quienes irían descubriendo los misterios del cultivo de la planta, de sus curanderías y hechizos? Su cultivo es el más técnicamente cuidado que se hace en Cuba, uno de los más difíciles del mundo. En todas las épocas, el cultivador ha procurado mejorar las virtudes de la planta con vista a un mejor rendimiento en calidades, deleites y dineros.

48

El tabaco se siembra cada año. La misma caña ofrece varias cosechas; si la tierra es buena y virgen, hasta quince cortes. Humboldt dijo en 1804 que en un ingenio de Matanzas había cañaverales que aún producían después de cuarenta y cinco años de sembrados.

La siembra del tabaco es operación complicada; se hace primero en semillero de simientes bien seleccionadas y, al brotar las matas, se trasplantan éstas a la vega, donde han de tener su desarrollo y cosecha. La siembra de la caña no es por simiente sino por trozos de su tallo. Esto ha hecho que la selección del tabaco indígena haya sido constante, facilitada por la enorme cantidad de semilla que tiene cada planta, y practicada cada año por el veguero, que empíricamente separa en cada cosecha la semilla de las mejores matas para hacer los nuevos sembradíos. A Cuba vienen a buscar buena semilla desde el extranjero. En cambio la *caña de azúcar* tiende a hacerse invariable, pues, su reproducción se obtiene por simple retoño del tallo, sin que medien las semillas para el cruce de las variantes. Por esto, al mejorar las plantaciones para su mayor resistencia a los parásitos y su mayor rendimiento en sacarosa hay que acudir a la importación de variedades extranjeras, como la *Cristalina*, la de *Tahití*, la de *Cinta*, la *de Natal*, la *P. O. J. 2725*, etc.

Para el tabaco, desde hace tiempo se juzgan indispensables el regadío y los abonos químicos, que reclaman nuevos trabajos a los vegueros. Y el regadío ha de hacerse pulverizando el agua muy finamente para que no arrastre las semillas. Y el abono ha de ser muy estudiado y medido por un buen dietista del tabaco. En los cañaverales cubanos el regadío es raro y reciente, y los abonos, cuando se emplean, son groseros y descuidados.

El cultivo del tabaco tiende a obtener y aprovechar solo las hojas, en variedades y colores múltiples; su industria consiste en manipularlas, preparándolas en diversas formas para ser quemadas y reducidas a humo. Cada hoja de tabaco vale por su tamaño, su aroma, su consistencia, su contextura y su color. Para obtener las mejores calidades existe toda una técnica, más empírica que científica y muy guiada por el genio individual. No hay por qué explicarla ahora; pero recordemos una de sus prácticas más curiosas, la de cubrir las vegas enteras con cobertizos de palma o con inmensos toldos, a manera de mosquiteros, de una tela blanca llamada *cheese-cloth*. En esas vegas entoldadas se atenúa la luz solar y se aclara el color de las hojas.

Pensemos que las matas de tabaco de esas vegas evitan coquetamente el Sol, no exponiéndose a él sino bajo velos como las damas bellas que, temerosas de perder la blancura de su cutis, se cubren con sombreros, tocas y sombrillas. Así se producen en las mejores vegas, que pueden pagarse tales lujos, esas hojas rubias preferidas por ciertos mercados extranjeros, sobre todo en esa Alemania tan apasionada ahora por apariencias nórdicas y sus rubicundeces. Acaso sea ahora peligroso observar que esa práctica agrícola, aunque original de Cuba, puede sin reparo tildarse de indiscutiblemente judaica y *marxista*, pues la inició en los vegueríos cubanos aquel gran tabacalero que fue don Luis Marx.

Del tabaco se arrojan los tallos y hasta las fibras; el tabaco se *despalilla* y solo vale de él la pulpa de las hojas. Solamente para el polvo rapé se empleaban los palillos; pero verdad es que ello fue con engaño, pues también se solían moler los recortes y sobras de las fábricas de tabaco y no pocas inmundicias, hasta las picaduras de los «cabos de tabaco» y colillas arrojadas por los fumadores. El industrialismo del día también aprovecha los tallos del tabaco para mixturas, betunes, aceites y mejunjes de la química; pero en el tabaco lo esencial y noble es la hoja. El cultivo de la caña procura los mejores tallos que son los que cargan más y mejor jugo, y las hojas se desprecian y quedan en el campo. También las hojas y los bagazos se utilizan ahora en varios usos como piensos, abonos, combustibles, celulosas y otras maravillas de la industria contemporánea; pero todo son *by-products*, subproductos, segundones de la primogenitura azucarera extraída de los canutos.

La cosecha de la caña es *el corte* de los tallos; la cosecha del tabaco es *la corta* de las hojas. A la hora de la *corta* ésta requiere nuevos talentos para que sea oportuna, ni temprana ni tardía, sin esperar a que el tabaco haya cambiado de verde en amarillo, pues entonces ya habrá perdido mucho de su peso, de su calidad, de su sabor y de su aroma. Y habrá que dejar pasar las lluvias para que el tabaco no reverdezca. Y habrá que hacer la corta en menguante, según los viejos vegueros, para que no se piquen las hojas si se cortan en Luna creciente. Y se cortarán a mano, con una herramienta afilada como un bisturí, las hojas que estén maduras, dejando más días en la mata las aún verduscas. Primero se cortarán las hojas de arriba, que el Sol hizo madurar temprano; después las otras, que fueron sombreadas por las superiores. La planta sigue produciendo hojas. Del trozo de tallo que resta a flor de tierra salen retoños que crecen rápidamente y producen nuevas hojas, ahora más puntiagudas, que son las *capaduras*. Otros retoños rebrotan y son los *mamones*.

Las hojas si son para *tripas*, se cortarán por *mancuerdas*, o *mancuernas* como aquí decimos, parejas unidas entre sí por un trocito de tallo, que es donde se dan los cortes. Pero si las hojas son para *capas* entonces habrá que cortarlas con mayor cuidado, una a una, y luego con hilo se ensartarán de dos en dos. Cada mata de tabaco produce cuatro, cinco, seis, siete o más de estas parejas de hojas, pues se le cortan todas ellas a la mata, dejándole tan solo un tronquito muy corto y sin hoja alguna. Las hojas se depositan con cuidado en el suelo, como en el regazo materno, antes de salir a sociedad con el hombre y caer en sus manos para arder y consumirse con su fuego. La corta de las hojas no se hace a cualquier hora sino al mediodía, con el rigor del Sol, para que éste, una vez cortadas y tendidas en el suelo boca abajo, o colocadas en tendales, las marchite con su último beso y el calor las seque algún tanto y les quite humedad. En cambio, antaño fue costumbre trabajar algunas noches en las vegas para recoger los bichos *cachazudos* o para más propiciar las siembras y las cosechas. José Aixalá, con su romántica imaginación y sus recuerdos del tiempo viejo, nos dice cómo entonces se trabajaba con hachones encendidos y cómo esas noches el veguerío vueltabajero evocaba con visión diabólica la «Marcha de las antorchas» de Meyerbeer. Acaso fue herencia de los indios, quienes a la luz de sus *cuabas* realizarían un rito agrario para las deidades del tabaco, que moraban en las tenebrosidades subterráneas. Después de terminada la corta con ese rito de noche o día, de sombra o luz, el veguero con gravedad irá alzando del suelo, una a una, todas las hojas y poniéndolas sobre su brazo izquierdo, como de bracete las sacará del campo para la casa de labor.

En los cañaverales, el corte no tiene una época tan precisa de tiempo ni tan caprichosa de hora; a veces espera meses, a veces más de un año y siempre se hace a luz de Sol jornalero. Y el corte no es con una cuchilla delicada para que la sajadura sea breve y limpia, sino a machetazos, con la *mocha*, como para abatir con furia a un enemigo. Y tampoco es hoja a hora sino cercenada la caña de cuajo, «a rente de la soca» y caída de un solo golpe, con un solo quejido.

La caña arde a veces en los campos formando terribles incendios, pero aún después puede ser cortada y molida, pues por el fuego no pierde enseguida su jugo. El tabaco nunca se quema en las vegas sino, ya seco, en las escogidas o en la boca del fumador; y al quemarse nada queda de provecho, tan solo cenizas tenues que desaparecen al menor soplo.

Las exigencias del cultivo del tabaco han impuesto (imposición económica de las más trascendentes) que el tabaco no sea cultivado en plantaciones extensas como los cañaverales de los ingenios, sino en pequeñas sementeras, como plantíos hortelanos. Cada uno de estos plantíos de tabaco llamóse, y aún debiera llamarse, *tabacal*; pero más bien conserva el nombre castizo de vega, con que se distinguieron los terrenos bajos en las riberas de los ríos, los cuales fueron preferidos para el tabaco por ser más fértiles, regaderos y resguardados; y ahora *veguerío* es el conjunto de las vegas de una comarca.

Y cada vega es un núcleo agrario por sí, donde comienza y acaba todo el ciclo agrícola del tabaco. Todos los procesos ulteriores de la producción tabacalera han de serle extraños. La vega es independiente, no es como el cañaveral y la colonia cañera, que están subyugados a la elaboración industrial y al tráfico mercantil del azúcar hasta el último momento. La vega no está sometida a una instalación mecánica para alimentar sus fauces tal como una colonia cañera está estrujada por la estructura arácnida del ingenio. En la tabacalería no hay *centrales*.

Con el corte de la caña termina la faena del cañicultor. Este la alza, la tira hasta la romana que mide su peso, y toda su producción se convierte en una cifra que le dice las arrobas entregadas y en un vale que le ofrece su pago. Pero con la corta de las hojas de las matas de tabaco no pueden cesar los cuidados del veguero. Ahora se redoblarán, exigiendo más fina pericia. El secado de las hojas obligará también a manipulaciones delicadas y pacientes. Y de nuevo habrá que depender de las veleidades climáticas y meteóricas y de las condiciones de las horas. El *enmatulado*, por ejemplo, tendrá que hacerse de madrugada y en tiempo propicio, pues una temperatura nociva podría envilecer toda la cosecha. Las hojas de tabaco pasarán entonces por tres fases: en los *cujes*, en los *pilones* y en los *tercios*, y en todas ellas el tabaco se curará o fermentará más o menos, según la calidad y el jugo de las hojas y el auxilio que les presten; y del cuidado y acierto de esa cura dependerán mucho las buenas condiciones del producto en aroma, en sabor, en vista, en elasticidad y en combustión...

El cosechero visita a diario su tesoro; primero, para tocar las hojas y apreciar al acto su grado de sequedad; después, para olerlo y saber por el olfato su condición. Si se reseca el tabaco puede al tocarse ser reducido a polvo. Y de ahí la afanosa tarea del cosechero en mantener las hojas con la flexibilidad necesaria. Así esperan el *pilón*, que se hace amontonando las hojas del tabaco, una a una y unas sobre otras, en formaciones rituales y con muchas precauciones, para hermosear y uniformar el color de la hoja, destruirle el exceso de sustancia resinosa, atenuarle su amargor, y afinarlas de modo que las hojas sean más flexibles y como de seda.

Y luego a *despalar*, a quitarle a cada hoja de tabaco la porción de tallo que le quedaba. Y así pasará a los rigores de la escogida, donde al tabaco, después de libertarlo de toda atadura en el *deshile*, hay sin vacilar que «sacarle las tripas» y separarlas de las capas, que son como fletes del tabaco. Operaciones delicadas a cargo generalmente de mujeres, *abridoras, rezagadoras* o *apartadoras* y *repasadoras*. Y, por fin, a reclasificar las hojas, según fueren *tripas* o *capas*, en *gavillas, manojos, matules* y *tercios*, ya preparados y en orden para el mercado industrial. Bien puede, pues, decirse que en el cultivo y cosecha del tabaco de Cuba, el esfuerzo humano es el elemento de mayor valor, por la gran variedad de energías especializadas, físicas y mentales, que deben ser combinadas para el mejor resultado, como si se tratara de producir una obra de arte, la maravilla de una siempre variante y armoniosa sinfonía de aromas, sabores y estímulos.

Así *escogida* la cosecha tabacalera, o mejor dicho, escogida cada hoja de cada mata de cada vega, saldrá el tabaco de su ciclo agrícola para la industria, el comercio y el placer; saldrá, como escribió Martí: «a ocupar artesanos, a enriquecer mercaderes, a entretener ocios, a distraer penas, a acompañar pensamientos solitarios».

Antaño se hacía la escogida del tabaco en rama por el mismo veguero. Ya antes de la guerra de independencia de 1895 comenzó a dividirse el trabajo y la escogida se hizo en los centros urbanos próximos a los vegueríos, donde era más fácil y más barato hallar los locales adecuados y la mano de obra. Y en eso también distínguese la producción del tabaco de la azucarera. Esta no reconoció otros centros de población que el *batey*, formado junto a la máquina, y el puerto de embarque, crecido junto a los almacenes. La tabacalería, en cambio, da vida a las escogidas en las poblaciones rurales. Guanajay, Pinar del Río, Consolación y otras poblaciones pinareñas, y, después, Artemisa, Alquízar, San Antonio de los Baños, Santiago de las Vegas y Bejucal, han sido centros de escogidas para la Vueltabajo; Camajuaní, Remedios y otros, para la Vueltarriba.

En los cañaverales y en los ingenios, nada de *escogida*. Todas las cañas van juntas a la estera y al trapiche y todos los jugos se confunden en un mismo guarapo, en unos mismos tachos, en unas mismas centrífugas, en unos mismos cristalizadores y en iguales sacos.

Pero si las operaciones de la cosecha y escogida del tabaco son lentas y parsimoniosas, las de la caña exigen siempre la rapidez. Las cañas han de molerse apenas cortadas, porque si no su jugo merma, fermenta y se echa a perder. Esta condición de la caña es de enormes consecuencias sociales e históricas. Las cuadrillas de obreros que cortan no pueden ser las mismas que hagan, poco después, la molida y cocción de la misma caña. En el tabaco, como en el trigo, las operaciones agroindustriales son sucesivas a lo largo de un ciclo. Los mismos labriegos pueden realizar, una tras otra, varias fases del trabajo. En la caña no ocurre así. El descuido que ésta permite en sus campos, se trueca en premiosidad apenas la mutilan para robarle su savia, y no tolera el abandono. La caña cortada dura pocos días sin que comience a fermentar y pudrir. Las operaciones del corte, tiro, molienda, decantación, cocido, purga y cristalización tienen que hacerse teóricamente una tras otra pero sin descanso; pero prácticamente son todas ellas simultáneas en la vida de los ingenios. Mientras unos cañaverales se cortan, otros son ya convertidos en sacos de azúcar. Y todo a la carrera. Desde que el machete o mocha «tumba la caña» hasta que se cierra el envase del azúcar, solo media muy breve tiempo, pocas horas. La zafra de un ingenio por la gran cantidad de sus cañas dura meses, pero la «zafra» de caña es siempre veloz. Por eso la zafra requiere forzosamente la cooperación simultánea de numerosos trabajadores por un breve período. El apremio con que tiene que ser molida la caña después de cortada y el período fatal y lo más corto posible que la zafra requiere, crearon la necesidad de acumular muchos brazos disponibles, baratos y estables, para un trabajo que es discontinuo y cesa con la estación industrial. Concentración intermitente de braceros abundantes y baratos: he ahí un factor fundamental de la economía azucarera cubana. Y no habiendo en Cuba brazos suficientes, hubo durante siglos que buscarlos fuera, en número, baratura, rusticidad y permanencia convenientes. De ahí, pues, que aquella premiosa condición agroquímica de la cañicultura haya determinado fundamentalmente toda la evolución demogénica y social de Cuba. Principalmente a esta condición de la producción azucarera debiéronse la trata negrera y la esclavitud hasta época muy tardía.

No fue, pues, el latifundio el que causó la gran población negra de Cuba, como erróneamente ha sido dicho, sino la carencia de brazos indígenas, de indios y de blancos, y la dificultad de traerlos de otra parte del globo que no fuese África, en igualdad de condiciones de baratura, permanencia y sumisión. El latifundio no ha sido en Cuba sino una consecuencia de la ganadería y luego del azúcar y de otros factores concomitantes, lo mismo que lo fue la población negra. Uno y otra han sido efectos, casi paralelos, de unas mismas causas fundamentales, sobre todo el azúcar, y no es la población africanoide una consecuencia precisa del latifundio. Ya hubo abundancia de negros en Cuba cuando las tierras sobraban y el latifundio azucarero no existía como fenómeno económico trascendente.

El transporte del azúcar se hace siempre a granel y con el máximo posible de peso y volumen. Desde el campo va como caña en la carreta, en el ferrocarril o en la estera del trapiche; como guarapo o meladura corre fluido por una inmensa red de canales, tuberías, bombas, pailas y tachos; y luego, ya como azúcar turbinada, se reparte en sacos de 13 arrobas que ponen a dura prueba la potencia muscular de los robustos cargadores en los carretilleos, entongues y estibas. El transporte del tabaco es siempre de cuidado y por cargas más reducidas. Por los vegueríos es a pie o a caballo, y en el trabajo de escogidas y fábricas se hace a mano, en *matules, mancuerdas, gavillas, cujes, tareas, ruedas, mazos, cajetillas* y *cigarros*. El *tercio*, que es la máxima carga del tabaco en rama, jamás llega al peso abrumador de un saco de azúcar.

Si la producción azucarera es toda a granel, la del tabaco, desde las parejas de hojas *ensartadas* o *mancuerdas* y los *matules* de las vegas hasta la última presentación al consumidor en la tienda, va pasando por una larga serie de ataduras, empaques y presentaciones. Y todas ellas imprecisas de medida, irregulares y cambiantes según las comarcas y las calidades de su contenido.

A la escogida llegan las hojas de tabaco en atados llamados *matules*; pero el *matul*, si es de capas, será un atado de 420 hojas, y si es de tripas ya no será un paquete determinado por la cantidad de sus hojas, sino por su peso bruto que será de unas 3 libras. De las escogidas las hojas de tabaco saldrán en *gavillas, manojos* y *tercios*; pero tampoco en éstos habrá exactitud de medidas.

La *gavilla*, si es un atado de *tripas*, será sin conteo de las hojas y solo por su peso; o, si es conjunto de *capas*, comprenderá unas capas contadas; pero aun así, su número variará entre 35 y 60, según fuere su clase y la meticulosidad de los *engavilladores*. El *manojo* tiene cuatro *gavillas* atadas por los *manojeadores* con fibra de *guana* o *seibón*, o de una planta indostánica e innecesaria para el *manojeo* en Cuba, que el comercio nos ha entremetido desde el extranjero. Y con los *manojos* los *enterciadores* forman los *tercios*.

En Cuba el tabaco en rama se empaca en *tercios*. El *tercio* es un fardo bien apretado de hojas de tabaco, hecho con *yaguas* (láminas flexibles que salen del tallo de las palmas reales) y atado con soga de *majagua* en forma que pueda desatarse con facilidad. La vieja práctica de los trajinantes árabes y andaluces dividió la carga de una acémila en dos partes llamadas *tercios*, porque los dos fardos se terciaban sobre la bestia de carga, y así esa unidad de porteo, juntamente con su denominación, nos vino de España y fue aplicada en Cuba a las recuas cargadoras del tabaco en rama desde las vegas a las escogidas y de éstas a la ciudad. De allí nos vino el fardo y su nombre y no de los tres *enterciadores* que generalmente efectúan el *enterceo*, como supone la etimología popular de esa palabreja; tan vieja que ya la usó por el siglo XVI el sabichoso cura Juan de Castellanos en una de sus elegías (*Elegía* XIII, canto II).

Pero el tercio de rama no contiene una cantidad fija de tabaco, ni por el número y tamaño de las hojas, ni por su volumen, ni por su peso, ni por su calidad. José Comallonga en sus *Lecturas agrícolas* dice que «un tercio pesa más o menos un quintal y medio», o sea alrededor de 150 libras; «siendo siempre este peso variable con la calidad del tabaco enterciado». Además, el tercio no siempre se determina por el peso. Si el tercio es de tripas, no tendrá sus hojas contadas porque tampoco las tienen las gavillas que contiene ni se cuentan los manojos; y ese tercio, sin conteo, se distinguirá solo por su peso. Pero éste no será seguro. Generalmente tendrá unas 120 libras netas de tabaco, 125 libras si es de rama cosechada en Semivuelta, y hasta 150 libras si es de tabaco de Remedios; pero si el tercio es de la preciosa rama que se da en las vegas finas de Vueltabajo, entonces ya el peso no será lo principal y el tercio será por manojos, como si fuese de rama de capas. Si el tercio es de capas, entonces tendrá por lo general 80 manojos o sean 320 gavillas, sin que se sepa el número de hojas que éstas encierran, pues ello depende de su calidad. En rigor, pues, el tercio no es una exacta unidad de medida para el tabaco en rama. Solo puede expresar una aproximación de volumen, de cantidad, de especie y de peso; pero no indica con precisión ninguno de tales factores. Y si, por otra parte, se tiene en cuenta la gran variabilidad de las calidades, puede decirse que el comercio del tabaco en rama carece de métrica.

Al revés, en la producción azucarera todo está metrificado, casi siempre por *standards* de valor universal: medidas de superficie para los cañaverales, de peso para las cañas y los azúcares, de presión para los trapiches, de vacío para bombas y tachos, de capacidad para los guarapos y las melazas, de calor para los hornos y los hervores, de viscosidad para los puntos en las cristalizadoras, de luz para las polarizaciones, de mermas para los transportes, de algebraica proporción para las extracciones, los rendimientos y la economía de cada trámite del proceso agroindustrial, según los análisis de una prolija contabilidad. Y, además cronometría en todas las faenas para exigir a su hora la ejecución del trabajo necesario, computación del tiempo invertido para conocer su valor, teneduría exacta para los cálculos de los promedios y de la participación porcental del colono en los azúcares producidos, y atención diaria a los precios cotizados en las bolsas nacionales y extranjeras.

La campana, que sometió la vida social a un horario preciso cuando tañía las cuatro horas canónicas en los conventos medievales y que más tarde picó los cuartos de la vela marinera en las naves de las Indias, fue la que inició también en tierras de América la cronometría del trabajo, tocando los cuartos para las mudas de las dotaciones esclavas en los ingenios del azúcar. La campana tañida en el batey para los esclavos se rompió en el ingenio *La Demajagua*, el 10 de octubre de 1868, tocando a rebato por la libertad del pueblo cubano;

pero fue sustituida por el pitazo de vapor o eléctrico que ahora en el batey llama a los obreros estridentemente, como el chiflido de un monstruoso mayoral de acero.

Nada parecido en el tabaco. El tercio, más que una verdadera medida cúbica o de peso para el negocio, es un empaque cómodo para la carga y el almacenaje del tabaco en rama. Y, fuera del tercio, la producción tabacalera se efectúa sin otra medida que la simple numeración de las respectivas unidades. Su agricultura solo cuenta número de matas, hojas, mancuerdas, cujes, matules, gavillas, manojos y tercios. Su industria cuenta número de cigarros, mazos, ruedas y millares. Y el tiempo en las vegas no se cuenta sino por el Sol. El tabaco no se cultiva ni cosecha por jornadas a la campana, sino por estaciones y lunas, lluvias y secas, resoles y nublados, al capricho de los meteoros y sin otro ritmo que el de las constelaciones zodiacales. En las tabaquerías el tiempo tampoco se cuenta, pues a menudo trabajan los tabaqueros a destajo. En fin, el tabaco se fuma para «matar el tiempo», para suprimirlo; o lo que es igual, para que pase «sin medida» ni sentir. También los valores de calidad que se estiman en el tabaco carecen todos de metrificación. Los colores, los aromas, los gustos, la humedad, la madurez, los torcidos, las vitolas, todo lo que en cada tabaco determina su individualidad se aprecia empíricamente por los sentidos desnudos, sin instrumento auxiliar de precisión, salvo alguna *vitola* muy rara a cargo de un mal torcedor *bonchero*, que se somete a *cartabón* o *cepo*. Al pequeño aparato de madera con el cual los torcedores inhábiles escantillan la longitud y el grosor de ciertas vitolas desusadas se le dijo *cartabón*, tomando el vocablo del arte sutorio; y se le llamó corrientemente *cepo* porque su figura recuerda la del instrumento de prisión y tortura que era aquí frecuente en los tiempos de la esclavitud.

Esta falta de métrica tabacalera motiva una curiosa consecuencia de ética mercantil. Si el tabaco en hoja no tiene medida, desmesurada ha de ser también la agudeza de los cosecheros y mercaderes que con él trafican. En esos negocios del tabaco en rama no hay cotización oficial que venga hecha desde una bolsa y desde el extranjero, ni uniformidad de tipos, ni de composición química, ni de volúmenes, ni de peso. De ahí que la compraventa del tabaco tenga que ser objeto de muy expertas negociaciones personales para apreciar las condiciones complejísimas de la mercancía negociada, amén de las generales del mercado.

No hay trato más propicio que el tabacalero para el fraude sutil. De ahí que el buen nombre personal de los tratantes, nacido de las experiencias pasadas, sea una condición casi indispensable para poder seguir año tras año en el negocio y prosperar. La honradez en el trato es, pues, condición usual del negocio tabacalero, no ya por virtud sino por una inteligente y tan elemental conveniencia que convence al más malicioso. Así como el desarrollo del comercio y del crédito desde el siglo XVI hizo necesario exaltar como virtud primordial la del cumplimiento de los pactos y del pago exacto de los préstamos y sus intereses a su vencimiento. Tal fue el motivo aguzador de esa moralidad *puritana*, característica de cierta burguesía protestante, y así puede decirse que ocurrió en el negocio agrario del tabaco. José Aixalá, en unos interesantes *Recuerdos tabacaleros del tiempo viejo* (*Horizontes*, La Habana, agosto de 1936), escribió hace poco este cuadrito típico del viejo Vueltabajero:

> Aún alcancé a los negros de carretilla con una sola rueda, que los jueves, a la salida del tren de Villanueva para Batabanó, iban cargados de sacos de onzas de oro, cuyas talegas se desembarcaban en Punta de Cartas, Bailén y Cortés, y eran llevadas sobre arria por los vegueríos, dejando en cada vega el importe de su cosecha.

En la vega la malicia comercial fue penetrando por la usura, que agobiaba al veguero obligándole a trabajar por el *truck system*, sometido a refaccionistas que lo exprimían.

Cuando el tabaco entra en la gran circulación mercantil ya se encanalla sin rebozo y acude al engaño para asegurar el mayor precio con el menor costo. Apenas el tabaco aparece en el comercio de Europa ya se adultera. Especialmente el *tabaco habano*, en cigarros y picaduras, a causa de su exquisitez, de su gran fama, y de su elevado costo en los mercados extranjeros, ha sido siempre víctima de toda suerte de falsificaciones. El negocio del azúcar, en cambio, ha sido siempre transido de corrupción desde el peso de la caña, falseado en la romana próxima al cañaveral, hasta las mermas del peso y de polarización que con engaño formula el comprador al almacenista en el puerto que embarca, y el refinador que en el extranjero blanquea y revende. El azúcar fue siempre negocio de escrituras, pagarés, libranzas sobre el extranjero y litigiosos empapelamientos en los tribunales cubanos; mientras el tabaco era negocio de onzas de oro sonante pagadas a mano, y de mantenimientos fiados por un simple tendero rural. El trato del azúcar fue escrito en el papel, el del tabaco fue dejado a la palabra. Sin embargo, el azúcar alardea de orden y al tabaco se le achaca relajación; pero ya se dijo que la una es conservadora y el otro es liberalote, y cada cual arrastra sus vulgares prejuicios, encomios y disfavores.

Diríase que el trabajo del azúcar es un oficio y el del tabaco es un arte. En aquél predominan máquinas y braceros, en éste siempre se exige la pericia individual del artesano. Para su aprovechamiento, el tabaco es solo hoja; el azúcar es solo tallo. Y de esa elemental diferencia entre una hoja blanda y un tallo duro provienen las mayores divergencias de sus respectivas industrias, con notables repercusiones socioeconómicas. Para la cosecha del tabaco basta, pues, una cuchillita con que cortar el pedúnculo de la hoja; aun sin cuchilla, con las manos solamente, también se le puede separar de la mata con suavidad. Para la zafra de la caña es preciso un largo y afilado machete o *mocha* que a rudos tajos la corte de la cepa, la deshoje y la divida en trozos.

Todas las operaciones del tabaco se realizan sin maquinaria, solo con el complejo aparato del cuerpo humano, que es el *ingenio* tabaquero. Cortadas las hojas a mano y una a una, la vega rinde su cosecha al veguero y de las manos de éste pasa la rama a otras manos, y de mano en mano llega al almacén y a la fábrica, donde otras manos la elaboran, convirtiéndola en tabacos torcidos o cigarrillos que irán a consumirse en otra mano, la del fumador. Toda la tabacalería es manual; el cultivo y la cosecha, la industria y el comercio, y hasta el mismo consumo.

Para la industria del tabaco bastan manos delicadas, de mujer o de hombre, que manipulen las hojas y las corten con una ligera *chaveta*; para la industria del azúcar las manos humanas no pueden ellas solas trabajar las cañas, las cuales, leñosas y resistentes, requieren grandes molinos y presiones para entregar el tesoro de sus jugos. En el tabaco, unas pequeñas y suaves manos; en el azúcar, una grande y potente maquinaria.

En rigor, así el goce del tabaco como el del azúcar no se logran sino tras una serie de complicadas operaciones, desde la cosecha de las plantas hasta la boca en que aquéllos se consumen. También el tabaco tiene que pasar como el azúcar por episodios físico-bioquímicos, de cortes, mojas, oreos, fermentos, prensados y combustiones; también como el azúcar requiere fuego encendido para provocar el proceso extractor, y arroja desecho de despalillos y cenizas, que son como sus bagazos y cachazas. Pero los trabajos del azúcar son machetazos, trituraciones, prensados, hervideros, centrifugaciones vertiginosas e incesante trasiego y traqueteo y los del tabaco son todos manejos delicados y mimos acariciadores, «como si cada planta fuera delicada dama», al decir de José Martí.

Por esto en el tabaco el trabajador es por lo general más fino de modales y de intelecto. Y suele ser más individualizada y distinguida su persona; así en el veguero como en el escogedor, y en quien lo tuerce y conforma. En el negocio del tabaco cada individuo tiene una reputación propia, como una «marca de trabajo», y un valor personal económicamente cotizable. Así como hay vegueros y escogedores de fama por su especial competencia, ahí hay tabaqueros torcedores con capacidad singularizada en la manufactura de ciertas *vitolas*, obteniendo por ello mejores salarios. Se dice que cierto grado de habilidad depende del largo de los dedos y de su sensibilidad táctil, en lo cual el tabaquero cubano de color aventaja al de otros países, según se corre. Es posible que eso sea una distinción *racial* de orden somático; pero falta su comprobación científica para saber si es un efecto de herencia o simplemente individual y por hábito y educación. Un periodista francés escribió que los tabacos habanos debían el secreto de su excelencia a que eran torcidos por bellas mulatas sobre sus muslos desnudos. Rumor de picardía, que debió nacer de la fama de los antiguos tabacos vegueros, los cuales torcían las *monteras* planchando con sus manos las hojas sobre su pierna derecha, tal como aún hoy hacen las obreras en ciertas operaciones de escogida.

El secreto está sobre todo en la individuación del artesano. Del tabaquero ha dicho quien lo fue y ahora es catedrático:

Este oficio no solo requiere aprendizaje y práctica sino aptitud y don natural. Quien carezca de esto y de gusto no pasará de ser un simple *brevero*. El tabaquero bueno es un artista. La variedad en la forma, el tamaño y la mano de obra crea diversas categorías de tabaqueros, desde los llamados *primeros tabaqueros* hasta los que hacen *brevas* o *londres*. El nivel más bajo es el *bonchero*, que trabaja a molde (García Galló, *El tabaquero cubano*).

Si en la Edad Media hubiese habido tabaqueros, éstos habrían tenido gremio y sociedad secreta como los francmasones. Por la fama diabólica de las hojas de su manufactura y por su régimen cerrado de aprendizaje y graduación. El artesanado tabaquero tuvo un aprendizaje de tres a cuatro años; aún hoy lo tiene limitado a un 2 % de los compañeros. El buen tabaquero es un «maestro». El tabaco es en cada paso la obra de un tabaquero, el azúcar es producto de todo un ingenio.

Por esto también, la división del trabajo es distinta en la fábrica de azúcares que en la de tabacos. En el ingenio de hacer azúcar se requieren muchos obreros, repartidos entre las muy distintas operaciones industriales que son necesarias desde que la caña cae en la estera de entrada a los trapiches hasta el momento que sale el azúcar de las centrifugadoras para los sacos que la envasan. En el azúcar unos obreros atienden a los hornos, otros a la molida, otros al guarapo, otros a las alcalizadoras, otros a los bombeos, otros a los filtros, otros a los tachos, y, así sucesivamente, de operación en operación, a lo largo del proceso azucarero, cada operario cuida de una exclusiva labor. Ningún obrero en el ingenio puede él solo hacer de la caña el azúcar; pero cada tabaquero puede hacer él solo de la hoja el tabaco. Un mismo tabaquero trabaja en la elaboración de cada tabaco desde su principio, al cortar con la chaveta la rama para la tripa, hasta su fin, al tornear con los dedos la perilla de su capa. Y un fumador cualquiera puede hacerlo también, como hace el veguero con las hojas que le da su vega, para su propia fuma. O bien puede cortar la hoja de tabaco, secarla, hacerla picadura, introducirla en la pipa o enrollarla en un papel, luego prenderle fuego y fumarla a su placer. En el ingenio trabajan muchos en operaciones combinadas y sucesivas que conjuntamente producen el azúcar en gran cantidad. En la tabaquería trabajan muchos operarios en labores individuales pero idénticas, que sumadas producen gran suma de tabacos. La fabricación azucarera es por faena colectiva; la fabricación tabaquera es por trabajos individuales.

También es individual el consumo del tabaco y para ello se prepara durante su fabricación; pero no es así en el azúcar. Un tabaco o un cigarrillo para cada fumada de un fumador. Un fumador no fuma dos cigarros a la vez. El tabaco, aun en las grandes fábricas, sale de las tabaquerías dispuesto exclusivamente para el consumo singular; singular por la porción, por la forma y por el consumidor potencial. No así el azúcar, que se envasa y consume a granel. Y aun cuando modernamente se presenten ciertos azúcares refinados en forma de *cuadritos*, equivalentes a los *terrones* irregulares en que se rompían los *panes*, no es a modo de raciones individuales, sino más bien como pequeñas dosis de azúcar granulado, como *cucharadas sin cuchara*, de las cuales el consumidor cada vez emplea una o varias y sin escogerlas, según fuere su necesidad.

El azúcar nace sin apellido propio, como esclava. Acaso sea conocida por aquél que le preste su amo, el de la plantación o del ingenio; pero en su proceso económico nunca se apartará de su típico descaste igualitario. Tampoco tiene nombre. Ni en el cañaveral, donde no es sino caña; ni en el trapiche, donde solo es *guarapo*; ni en el tacho, donde no es más que *meladura*. Y cuando en el vértigo de las turbinas empiece a ser y tener nombre de *azúcar*, ya no pasará de ahí. Será como decirle *mujer*; pero solo *mujer*, sin apellido de linaje, ni de bautismo, ni de guerra, ni de amor. El azúcar muere como nace y vive: anónima; como avergonzada de vivir sin apellido, arrojada a un líquido o a una masa batida donde se diluye y desaparece como predestinada al suicidio en las aguas de un lago o en los turbiones de la sociedad.

El tabaco desde que nace ya es y se llama *tabaco*. Así lo llamaron los españoles con vocablos de los indios, así lo llama hoy el mundo, así se llama siempre. Es *tabaco* en la planta, en la hoja, en la elaboración y en el momento que se consume en cenizas y humaredas. Además, el tabaco tiene siempre apellidos; el de su pueblo, que es la vega; el de su edad, que es la cosecha; el de su escuela, que es la escogida; el de su pandilla, que es el tercio; el de su regimiento, que es la fábrica; el de su empresa famosa, que es la enseña comercial, y el de su *vitola*, que es su figura y su *corbata*. Y tiene ciudadanía que ostentará con orgullo si es la cubana.

En un tiempo el tabaco se expendía mucho en paquetes de picadura. Entonces una petaca llena de tabaco picado era como una azucarera para el azúcar en grano, de donde el consumidor tomaba lo que apetecía; pero ello ha caído casi totalmente en desuso y el fumador prefiere que la picadura se la sirvan ya preparada y envuelta en esas porciones singulares y dosificadas como los «cuadraditos» del azúcar, que se denominan *cigarrillos*. También el polvo de rapé se conservaba a granel, como el azúcar, en pequeños recipientes portátiles; pero ya pasó esa moda india que no ha de volver.

El tabaco nace para caballero, y en su desarrollo económico va a cada paso ganándose títulos y distinciones por su color, su olor, su sabor y su combustión, hasta alcanzar la aristocrática individualidad de la *vitola*, la *marca* y el *anillo*. Todo tabaco quiere buenas formas y distinguida figura, raza y abolengo, nobleza de maneras y vanagloria de blasón. Y si el tabaco es habano puede ostentar *coronas, cetros, regalías* y hasta título *imperial*.

La *vitola* es del tabaco «su figura». No es solo, como asegura la Academia de la Lengua, «la medida con que por su tamaño se diferencian los cigarros puros». No es tanto expresión de tamaño como de forma. En su origen ese vocablo, sacado de la jerga marinesca como muchos otros del lenguaje hispánico de América, significó el modelo por el cual en los arsenales se escantillaban las piezas para los ensambles en la arquitectura naval. También fue plantilla para calibrar las balas en las maestranzas; pero es más que todo eso la *vitola* del tabaco. Es forma, figura y plantilla; pero es más que un simple alineamiento de geometría. La *vitola* comprende un sentido de postura social. Es forma del tabaco, pero al escogerla para sí, en ella busca el fumador un trazo de su propia compostura. Si es figura del cigarro es también su *figurín*, y pasa a serlo del sujeto que lo disfruta como un gesto o figurería de su personalidad. El tabaco tiene siempre un tanto de figurero. La *vitola* es plantilla calibradora, pero en el fumador es también un rasgo de individualidad asertiva, como un modal *plantillero*.

La *vitola* del tabaco es parte acentuadísima de la *vitola* del fumador. *Vitola* es carácter que figurativamente se pasa de un diseño métrico a ser connotación de orden humano; y se dice *vitola* por traza, por facha o apariencia de una persona. El tabaco y el ser humano tienen respectivas vitolas y la *vitola* del uno busca su homóloga en el otro. «Dime qué *vitola* fumas y te diré quién eres.»

En la *vitola* del habano que fuma ostentosamente Winston Churchill, de viejo conocedor de La Habana, hay una fachada de imperio. Si el tabaco reclama siempre su *vitola*, que es su facha; todo fumador, hasta el más humilde, halla en el fumar una actitud fachendosa. Y ¡qué gran variedad! En la colección de vitolas que posee una fábrica de La Habana, reproducidas en modelos labrados en madera, se pueden contar hasta 996 distintos tipos de cigarros puros o tabaco. ¡Qué faena para el psicólogo que las quiere traducir en términos de caracterología humana!

Hoy día se aplica enormemente el vocablo *vitola* al anillo (adorno circular de papel que llevan los puros en el centro de su figura). Y como consecuencia se dice vitolfilia, a la afición a coleccionar vitolas o anillos de cigarros. (Arte que trata del conocimiento de los anillos de cigarros y modo de coleccionarlos.) Y *vitolfílico*, «relativo a la vitolfilia». Es un error; la *vitola* es la figura del tabaco puro, el *anillo* es solo como su *corbata* de linaje.

El tabaco lleva orgulloso, hasta que muere, el *anillo* de su marca; solo en el fuego del sacrificio quema su individualidad y la hace cenizas para ascender a la gloria. Hay fumador que apura su rico tabaco sin quitarle el *anillo* a veces (en España es anilla) indicador de la regalía de su marca, así como el buen bebedor añade mucho a su goce si el añejo vino de su copa se escancia de una botella vieja y virgen, coquetamente empolvada y con carta de oro que acredite la vetusta aristocracia de su cosecha y de sus bodegas nativas.

En su afán de individualidad, el tabaco se adorna. Hasta con anillo que ostenta la efigie del personal consumidor a que va destinado: a veces un Napoleón Tercero, un Lord Byron, un Bismarck, un Príncipe de Gales o un personaje de moda, o un tonto cualquiera que al mismo tiempo que la aspiración del humo del tabaco satisfará la de ser adulado, que es aspiración de más sutil veneno y lleva a más peligrosos desvaríos.

El tabaco busca el arte; el azúcar lo evita. En La Habana el comercio del tabaco vendido en cajas y cajetillas ha creado una tradición de arte en los dibujos, coloridos y estampados, que es mundialmente reconocida como característica por su anacronismo, su estilo, su pompa y sus folklóricas animaciones. En Cuba y fuera, los curiosos han hecho colecciones de vistosas *marcas* y *cajetillas* como de sellos de correo, postales, y figuras de celebridades. Esa afición se llama *Vitolfilia*, con cierta impropiedad pues la *vitola* del tabaco distintivo no es el *anillo* que rodea en su centro. Hasta la industria de las cerillas de fósforos con que aquí se encienden los habanos, ha buscado el arte para el adorno de sus pequeños envases de bolsillo.

A veces, para aumentar su congénita categoría con apariencias decorativas y ser signo inequívoco de encubrimiento, gusta el tabaco de adornarse con las galas naturales y exóticas de las ricas maderas de Cuba y encerrarse en cajas de lujo, como en bella carroza de ceremonia, para subir a los palacios de la realeza o de la aristocracia sibarita. Y aun el tabaco que va torcido en cuerda y sin *vitola* o partido en confusa picadura, ha solido buscar la pipa airosa, adornada con pinturas y relieves esculpidos en ámbares, ébanos y marfiles, o moldeados en finas terracotas y porcelanas. Hasta el mismo puro tabaco torcido se ha solido fumar aparatosamente, puesta su perilla en una boquilla o en una pipa. No aquí en Cuba, donde esa moda parecería profanación de lo más indígena y autóctono que nos queda, sino por naciones de Europa cuando eran admisibles las pompas barrocas y la fuma de un rico puro era un alarde de opulencia, como los bastones de indiano carey con puños y regatones de oro repujado.

No fue ésta la única coquetería del tabaco. Cuando hace más de un siglo estuvo de moda tomarlo en polvo a pulgadas, absorbiéndolo narices arriba, el tabaco pidió auxilio al arte para hacerse perdonar la innegable suciedad de tales maneras. Tomar rapé fue entonces tanto como un vicio, repugnante pero a la moda y traído de lejanas tierras, como una droga exótica de grandes virtudes y hasta con gala de aristocracia y finura. El tabaco al ser introducido en Francia fue llamado «Yerba de la reina». Ya el primer cronista de Indias, el capitán don Gonzalo Fernández de Oviedo y Valdés, señaló la manera peculiar de fumar tabaco que tenían en la isla Española los caciques y principales, o sean los *taínos*, y parece que hubo en ello una costumbre de aristocracia.

Los polvos de tabaco fueron para los cortesanos, señorones y clérigos de antaño, en Europa, un hábito de gran distinción social, como el de llevar en el séquito sendos negritos esclavos, monos, loros y guacamayos. Los elegantes enriquecieron las *tabaqueras* del rapé con miniaturas, camafeos y piedras preciosas, convirtiéndolas en joyas finísimas, como los pañuelos de encajes con que se limpiaban las huellas mocosas de aquel vicio incivil. El estadista inglés Petersham tuvo una tabaquera distinta para cada día del año. Con el mismo criterio de aristocracia que los cortesanos del rey Sol, los negros bantú del África del Sur adornan sus diminutas polveras de tomas individuales de rapé, forrándolas a costa de gran paciencia con abalorios multicolores. Las vitrinas de los museos de arte y de costumbres lucen ahora esas *tabaqueras* lujosas de los magnates de Europa y de los de África, como bellas crismeras del diabólico culto. Tal ocurre también, con las colecciones de pipas, boquillas, cigarreras, petacas, tenacillas, fosforeras, encendedores, ceniceros y demás accesorios del fumar, que abarcan a los pueblos del mundo entero. Recordemos aquellas antiguas copas o braserillos manuales, de bronce, cobre o azófar, y en América frecuentemente de plata, que usaban nuestros abuelos sobre las mesas de sus atavíos sino por el arte y el lujo con que se le enriquece y adorna pequeñas ascuas de carbón donde encendían los tabacos.

El tabaco revela su individualismo presuntuoso no solo por sus atavíos sino por el arte y el lujo con que los enriquece y adorna para acrecentar su distinción. El azúcar no busca el arte, ni para su envase ni para su consumo. Ayer se metía en burdos bocoyes y cajas de madera sin estilo ni carácter: hoy va por esos mundos con tela de saco, como con sayal de anacoreta. Ni formas, ni figuras, ni colores, fuera de la simpleza en geometría y colorines de los confines y caramelos. El azúcar adopta la forma de su continente, bocoy, caja, saco o azucarera; en cambio, en el tabaco es el envase el que se ajusta más y más al producto contenido, llegando a veces a ser singular, tan solo para un cigarro. Así con esas cajitas que encierran nada más que un tabaco, como los ataúdes que son para un solo cuerpo incinerable y esas envolturas metálicas para cada cigarro, como la armadura de un guerrero. O esos modernísimos estuches transparentes de *cellophane* a través de los cuales cada tabaco luce su especial *vitola* y su peculiar colorido maduro, a la vez que disimula sus deficiencias sustanciales y fabriles, como una bailadora lasciva muestra a través de sus velos sus apetitosas curvas y su seductora piel de canela, mientras esconde sus rasgos ingratos.

El azúcar está en la cuna, en la cocina y en la mesa de comer; el tabaco en la sala, en la alcoba y en la mesa de escribir. Con el tabaco se trabaja y se ansia; el azúcar es reposo y satisfacción. El azúcar es matrona utilitaria, el tabaco es galán de ensoñaciones. El azúcar es inversión, el tabaco es diversión; el azúcar va al cuerpo como ingestión, el tabaco va al espíritu como catarsis. Aquélla provoca bondad y provecho, éste quiere belleza y personalidad.

El tabaco es un don mágico del salvajismo; el azúcar es un don científico de la civilización.

El tabaco fue de América llevado; el azúcar fue a la América traído. El tabaco es planta indígena que los europeos llegados con Colón descubrieron, precisamente en Cuba, a comienzos de noviembre del año 1492; la *caña de azúcar* es planta aquí extranjera y lejana que del Oriente fue llevada a Europa y a las Canarias y de allí la trajo Colón a las Antillas, en 1493. En Cuba el tabaco fue hallado con sorpresa; pero el azúcar fue introducido con propósito planeado.

Refiérese, no sabemos con qué fundamento, que Colón, al retornar de su segundo viaje, llevó semillas de tabaco a Andalucía y también lo hizo luego el catalán fray Ramón Pané, y que allá las sembraron sin éxito. Parece que fue el doctor Francisco Hernández de Toledo quien lo dio a conocer científicamente, un medio siglo después, en un informe a su rey don Felipe II, que lo había enviado a México a estudiar la flora de ese país. El tabaco se propagó, más que por una promoción codiciosa, por la propaganda espontánea y subversiva de las pícaras tentaciones. El tabaco fue deleite del pueblo antes que de los magnates. Su propaganda fue folklórica y espontánea, más que calculada y mercantil. Los marineros fueron los que lo extendieron por los puertos de Europa en las formas que ellos usaban en las navegaciones, o sea para mascar, o para fumarlo en pipa. Los cortesanos de Europa lo fueron conociendo, después, por los indianos repatriados.

El azúcar tardó siglos y hasta milenios para salir de la India asiática, pasar a la Arabia y al Egipto, correrse por las islas y costas del Mediterráneo hasta las del Océano Atlántico y las Indias de América. Desde que unos aventureros lo descubren en Cuba pasan pocas décadas y ya el tabaco está extendido, no solo por las Américas, cuyos indios lo usaban en varias maneras antes de llegar los españoles, sino por Europa, África y Asia, hasta las lejanías de Moscovia, las Kimbambas y el Japón. Ya en 1605 el sultán Murad tuvo que prohibir con sanciones crueles la propagación del tabaco en Turquía y el emperador de los nipones tuvo que reducir las tierras que se habían dedicado a su cultivo. Todavía hoy muchos pueblos carecen de azúcar; pero casi ninguno de tabaco o de algo que lo sustituya, aunque sea con indignidad. El tabaco es hoy la planta más cosmopolita, más que el trigo y el maíz. Hoy día el mundo vive y sueña envuelto en las azulosas espirales del humo que evocaba a los viejos dioses cubanos. A esa divulgación del hábito de fumar ha contribuido mucho la isla de Cuba no solo por la autoctonía del tabaco y de sus ritos, sino por la insuperable excelencia de su producto universalmente reconocido por los fumadores buenos, y por la circunstancia de haber sido el puerto de La Habana el más frecuentado de las Indias occidentales por todos los marinos de antaño. Todavía decir *un habano*, es decir *el mejor tabaco del mundo*. Y de ahí que, por lo general, en países lejanos de las Antillas, el nombre geográfico de *La Habana* fuera hasta hace poco más conocido que el de *Cuba*.

La economía del azúcar fue desde sus inicios siempre capitalista, no así la del tabaco. Así lo apreciaron exactamente, desde los primeros días de la explotación económica de estas Indias Occidentales, Colón y sus sucesores en el poblamiento. Aparte de la fertilidad de la tierra y del régimen climático, la eficaz producción del azúcar exige siempre tierras extensas para plantaciones, potreros, bosques y reservas, es decir, magnitudes que tienden a ser latifundiarias. Y como decía el cronista Oviedo: «aparejo grande de las aguas» y disposición de «muy grandes boscajes de leña para tan grandes y continuos fuegos», y, además, «mucha costa e valor del edificio e fábrica de la casa en que se hace el azúcar e de otra grande casa en que se guarda». Y luego hacían falta gran copia de «carretas para acarrear la caña al molino e para traer leña e gente continua que lave el pan (de azúcar) e cure e riegue las cañas». Aun todo esto no bastaba, hacía falta la fuerza de trabajo que en aquella época equivalía a una inversión de dinero en la compra de esos aparatos automotores que se llamaron «esclavos», de los cuales decía Oviedo: «es menester tener a lo menos, continuamente ochenta a cien negros e aún ciento e veinte e algunos más para que mejor anden aviados» y, además otra gente, «oficiales e maestros que hacen el azúcar». Y para alimentar todo este gentío, otra mayor inversión, la cual, según Oviedo, exigía «allí cerca (del batey) un buen hato o don de vacas de mil o dos mil o tres mil dellas que coma el ingenio». Por esto, concluía razonadamente el cronista: «el que es señor de un ingenio libre e bien aviado está muy bien e ricamente heredado». No se hizo azúcar con sembradío de plantas sino de *plantaciones*; no se cultivaron cañas sino *caña-verales*. No se estableció la industria para el consumo particular ni doméstico, ni siquiera para el local, sino para la producción mercantil en gran escala y de exportación ultramarina (Capítulo ad. XII).

El tabaco nace hecho; es regalo de la naturaleza al hombre, cuyo trabajo en el tabaco es manual y solamente selectivo. El azúcar no nace hecha; es regalo que a sí mismo se dan los hombres por el esfuerzo creativo de su trabajo. El azúcar ha sido siempre fruto del *ingenio*, del cerebral y del mecánico. En el azúcar lo ingenioso está en la elaboración humana y mecánica para crear. En el tabaco está más bien en la selección personal de lo ya naturalmente creado.

De las hojas del tabaco, que inventa y regala la naturaleza, el rústico sabedor escoge la preferible y, con un simple juego de sus manos para enrollarla, ya fuma un tabaco quizás insuperablemente exquisito. Con solo las manos, sin herramientas, máquinas ni capital, se puede obtener el mejor tabaco del mundo; pero no se puede lograr azúcar, ni del peor.

No hay industria azucarera sin maquinarias, sin aparato de *ingenio* para estrujar las cañas y sacarles el zumo dulce que luego rendirá su sacarosa. El ingenio será una india *cunyaya* o un simple rodaje de dos cilindros movidos por fuerza de hombre o de animal, o será un titánico sistema de molinos, ruedas, engranajes, bombas, tachos, calderas y hornos movidos por agua, animales, vapor o electricidad; pero será siempre máquina, esencialmente una palanca que oprime. El azúcar se hace por el hombre y a la fuerza. El tabaco lo da la naturaleza por su voluntad.

Es posible para el guajiro aislado hacer alguna azúcar sacando el guarapo a las cañas con la presión de la *cunyaya*, esa simple máquina de palanca única propia de los indios, más simple aún que el *cibucán* con que éstos prensaban las yucas. Probablemente con la *cunyaya* india se sacó el primer guarapo en América, el de las cañas que sembró en La Española don Cristóbal Colón. Pero con tan rudimentario instrumento era imposible organizar una producción de valor comercial. Ya en La Española los primeros pobladores buscan y logran trapiches de moler cañas movidos por fuerza de agua o por fuerza animal.

Es verdad que esas máquinas de moler, ya conocidas en Europa antes del descubrimiento de América, eran todas de madera, inclusive las mazas del trapiche. La extracción de guarapo no pasaba del 35 % de la caña, ni el rendimiento de azúcar excedía del 6 %. Pero en la fabricación del azúcar la máquina de prensar fue siempre tan esencial como las pailas para la cocción y los demás recipientes para las defecaciones de las cachazas y las decantaciones de las mieles.

Durante siglos el azúcar se fabricó en esos *cachimbos* (Capítulo ad. XIII). Cuba llegó a tener el año 1827 más de mil ingenios. La escasa capacidad de los molinos era la que determinaba su poca expansión territorial. Por esa época, los numerosos ingenios de Matanzas, por ejemplo, tenían un promedio de solo 5 caballerías de cañaverales y otras 23 de monte para leña y reservas. Para un buen ingenio bastaban unas 30 caballerías.

En 1820 llega a Cuba la máquina de vapor y se inicia una revolución industrial. La máquina de vapor todo lo cambia en el ingenio. El proceso de la penetración del vapor en la azucarería es paulatino; dura más de medio siglo, desde que el vapor se apodera en 1820 de los trapiches cubanos, hasta 1878 en que se aplica al último trámite fabril, o sea a las turbinas o centrífugas purgadoras. Ya en el ingenio de fines del siglo decimonono todo es mecánico, nada se hace a mano. Todo en aquel organismo es nuevo. La vertebración sigue la misma, pero sus aparatos, articulaciones y vísceras se han adaptado a nuevas funciones y magnitudes. Por el vapor no solo todo se hace nuevo en la maquinaria del ingenio; también todo se hace grande. La mayor potencia energética del vapor va imponiendo el incremento de la capacidad trituradora de los trapiches, y, sucesivamente, la de todos los demás aparatos de la elaboración sacarífera. Pero solo en el último tercio del siglo XIX el ingenio cubano iniciará ese intenso crecimiento que lo llevará a las grandes magnitudes de estos días.

El ingenio cubano, pese a la transformación total de su maquinaria ya movida a vapor, tarda en crecer en su capacidad productiva, así en sus aparatos como en su agro. Todavía en 1880 la extensión territorial del ingenio no es enorme. En esa fecha, cada ingenio de la provincia de Matanzas, por ejemplo, tiene un promedio de 49 caballerías en total, con solo 23 caballerías sembradas de cañaverales. Ese retraso en el crecimiento territorial del ingenio, a pesar de las posibilidades que ya tenían las maquinarias de vapor, no se debió tanto a las revueltas y guerras que intranquilizaron la vida colonial y asolaron muchos campos durante largos años, como a la dificultad económica que se tuvo para el desarrollo del transporte por máquina de vapor, o sea por ferrocarril. El camino de hierro fue introducido en Cuba hace más de un siglo, en el año 1837, antes que en España y por una sociedad de hacendados criollos; pero es después de la revolución de los diez años cuando se inventan los raíles de acero y éstos se abaratan, sí, la vía férrea comienza a ser aplicable en gran escala a los ingenios, no solo extendiéndose las líneas desde el batey hasta los terrenos sembrados de cañaverales, sino conectando los trapiches y zonas cañeras entre sí y con los puertos de almacenaje y exportación. A partir de esa época, las líneas del ferrocarril se extienden sin cesar hacia la caña y la apresan como tentáculos de una inmensa araña de acero. El ingenio crece en tamaño, va a surgir el magno latifundio. Ya en 1890 hay en Cuba un ingenio, el «Constancia», que produce zafra de 135.000 sacos de azúcar, entonces la mayor del mundo.

La máquina triunfa totalmente en el proceso fabril del azúcar. De él han desaparecido las faenas manuales casi en absoluto. El maquinismo ha sido allí de tanta trascendencia que ha provocado la transformación íntegra de la estructura industrial, territorial, jurídica, política y social de la economía azucarera de Cuba, mediante una serie coordinada de fenómenos todavía no bien apreciados en la sociología cubana.

En el siglo XX la producción sacarífera llega en Cuba al máximum del proceso histórico de su industrialización, si bien aún no ha terminado de recorrer todas las fases necesarias para su perfecta integración evolutiva. El maquinismo, llegado a Cuba en el siglo decimonono con la máquina de vapor, ya en ese siglo fue imponiéndose y creando el *central*; pero es en este siglo XX cuando la máquina ha originado el típico ingenio presente, el *supercentral*. Este ingenio supercentral ha sido el imperativo económico del maquinismo, del cual ha derivado toda una serie fenoménica de hechos que, por su intrincado entretejimiento y por la relación de causas y consecuencias, no se suelen ver con precisión ni analizar debidamente. Baste aquí decir que los principales fenómenos característicos de la presente industria azucarera cubana, como igual ocurre en mayor o menor grado en las otras Antillas, y como acontece en parte en otras industrias análogas, son los siguientes: *maquinismo, latifundismo, colonismo, trata de braceros, supercapitalismo, ausentismo, extranjerismo, corporativismo* e *imperialismo*.

El *maquinismo* es lo que ha permitido y exigido aumentar el radio de los ingenios. Antes el ingenio se extendía hasta donde lo permitía el tiro de las carretas; ahora, con las máquinas locomotoras, el radio de extensión de un ingenio solo se mide por el precio del transporte. Sabido es que en Puerto Rico se muele caña cortada en la isla de Santo Domingo y llevada por mar al trapiche. El gran molino y el gran ferrocarril han crecido juntos y ambos han hecho necesaria la mayor plantación y de ahí la exigencia de más extensas fincas para los cañaverales. Este fenómeno fue el que produjo la ocupación de muchas tierras vírgenes sobre todo en las provincias de Camagüey y Oriente y el desplazamiento del centro agrario de Cuba. Estas ciclópeas maquinarias y estos enormes tentáculos ferroviarios, que han convertido a los ingenios en monstruosos pulpos de hierro, han ido exigiendo tierras y más tierras para satisfacer la voracidad implacable de los grandes trapiches con cañaverales, potreros y montes.

Tras del maquinismo vino el magno *latifundismo*, o sea el aprovechamiento de una enorme extensión de tierra por un solo señorío privado. El latifundismo fue la base económica del feudalismo y a menudo lo ha estado reproduciendo. Toda la Edad Moderna, especialmente desde el siglo XVIII, ha luchado por la libertad del hombre, desligándolo de la tierra; por la libertad de la tierra librándola de la tiranía monopolista del hombre. Hoy el fenómeno tiende a repetirse intensamente en las Antillas y un día volverán las leyes agrarias para la desamortización de las tierras acaparadas por las *manos muertas*. El latifundismo agrario es ahora una fatal consecuencia del presente fenómeno universal de la concentración capitalista. La industria requiere cada día más y más medios de producción, y la tierra es de éstos el más importante.

El ingenio ya es algo más que una simple *hacienda*; ya en Cuba no hay verdaderos *hacendados*. El central moderno no es una simple explotación agraria, ni siquiera una planta fabril con la producción de sus materias primas al lado; hoy es todo «un sistema de tierras, máquinas, transportes, técnicos, obreros, dineros y población para producir azúcar»; es todo un organismo social, tan vivo y complejo como una ciudad o municipio, o un castillo baronial con su comarca enfeudada de vasallos, solariegos y pecheros. El latifundio no es sino su base territorial, su masa afincada. El ingenio está vertebrado por una económica y jurídica estructura que combina masas de tierras, masas de máquinas, masas de hombres y masas de dineros, todo proporcionado a la magnitud integral del enorme organismo sacarífero.

Hoy día el latifundio azucarero no exige ya la contigüidad de las parcelas territoriales o fincas que integran su unidad económica. Generalmente se compone de un fundo nuclear donde está el batey industrial, a modo de villa metropolitana y de numerosas tierras periféricas, adyacentes o lejanas pero unidas por ferrocarril e intervenidas como propias, formando todo un imperio con colonias subyugadas, cubiertas de cañaverales y montes, con sus caseríos y aldehuelas. Y todo ese inmenso territorio señorial apenas está sometido a un régimen especial de derecho público; en él rigen las normas de la propiedad privada. El poder dominico manda en el inmenso fundo tal como si éste fuera solamente una pequeña *estancia* o un *sitio*. Todo allí es privado: el dominio, la industria, el batey, las casas, los comercios, la policía, el ferrocarril, el puerto... Hasta el año 1886 lo eran también los brazos trabajadores, tenidos entonces como cosas poseídas por derecho de compra y en propiedad.

El latifundio azucarero motiva grandes fenómenos agrosociales, como el acaparamiento de tierras que no se cultivan y permanecen baldías; la escasez de cultivos huertanos o de frutos que serían complementarios del sistema básico de producción de azúcar, que es la razón de ser del latifundio, pero que se evitan para intensificar la explotación económica mercantil; la depreciación de las tierras dentro de la zona monopolizada por el ingenio y que éste no necesita, etc.

Dentro del sistema territorial del ingenio, la libertad económica experimenta graves restricciones. No hay fincas pequeñas, ni viviendas, que no pertenezcan al dueño del ingenio; ni arboleda de frutales, ni huertas caseras, ni tiendas, ni talleres, que no sean del señorío. El pequeño propietario cubano, independiente y próspero, constitutivo de una fuerte burguesía rural, va desapareciendo; el campesino se ha proletarizado, es un obrero más, sin arraigo en el suelo y movedizo de una zona a otra. Toda la vida del latifundio está ya transida de esa objetividad y dependencia, que son las características de las sociedades coloniales con poblaciones desvinculadas.

En Cuba se han achacado al hecho económico del latifundio consecuencias que no son suyas, como la de la importación de braceros baratos y, especialmente, de color. Antes se trajeron africanos esclavos, después jornaleros haitianos y jamaiquinos. Pero esta inmigración, que envilece el tipo de los jornales para todo el proletariado de Cuba, baja el nivel de vida de la sociedad cubana y desequilibra sus componentes raciales, retrasando la fusión nacional, no es consecuencia del latifundio. La trata de negros esclavos o braceros nunca ha sido ni es un fenómeno social subsiguiente al latifundio, una consecuencia del acaparamiento de tierras. Uno y otro fenómeno económico son esencialmente idénticos: concentración de tierras y concentración de braceros, y ambos obedecen a la concentración capitalista derivada de la industria, especialmente cuando el maquinismo ha exigido más tierra para las plantaciones que consume, más brazos para cosecharlas, y, otra vez, en una progresión interminable, más máquinas y más dinero. La tierra y el bracero, como la máquina misma, no son sino medios de producción que se concentran por lo común simultáneamente, pero a veces su concentración es sucesiva. Cuando en Cuba sobraban tierras y las máquinas eran débiles, ya había en el negocio azucarero las concentraciones de esclavos traídos de África; no había entonces latifundio que influyera en ello (Capítulo ad. XIV). Después la máquina, al prosperar en poder por medio del vapor, fue concentrando alrededor de sí misma más y más cañaverales y éstos a su vez exigieron más y más brazos, que se suplieron por la inmigración blanca y por el crecimiento natural de la población. Pero cuando el ritmo del incremento azucarero fue más rápido que el demogénico y se crearon grandes ingenios, *centrales* en dilatadas tierras vírgenes, allí hubo que instalarlo todo de nuevo: máquinas, plantaciones y... población. Fue la ocupación precipitada de grandes y nuevas comarcas de Camagüey y Oriente, aparte de otras consideraciones económicas secundarias como el tipo de jornales, lo que hizo renacer la *trata de negros*, ahora contratados en peonaje mísero como antaño comprados en esclavitud desamparada. En Puerto Rico el latifundio ha venido después de la gran expansión demográfica; y, por haber allí una población blanca densísima y en mísera condición, no se han necesitado jornaleros baratos de las otras Antillas.

En la industria del tabaco sucede precisamente lo contrario. Fue industria sin máquinas. Antes, solo se empleaban muy pocos y simplísimos aparatos manuales en torcer el tabaco de cuerda o en moler el tabaco a polvo o hacerlo picadura. Aun los mayores eran rodajas insignificantes. Todavía puede verse en la llamada «Quinta de los Molinos» de La Habana la mísera corriente de agua que movía unos molinillos, que le dieron el nombre, con que antaño se preparaban los polvos de tabaco para la exportación. Después de la fabricación del rapé, y de las picaduras, fue en la del cigarrillo donde entró la máquina; pero durante siglos se hizo a mano, en tareas caseras. Para el tabaco la máquina no llega con el vapor, sino muchos años después que se inventan los *trenes jamaiquinos* (en España le dicen *jamaicanos*) para los trapiches de ingenios y éstos se implantan en Cuba.

El azúcar es siempre arraigo. Donde se siembran los cañaverales allí se quedan y duran por varios años, alrededor de una maquinaria fabril, permanente e inmobiliaria. Los cañaverales son grandes *plantaciones* y el ingenio es una gran *planta*. El tabaco es traslaticio. Las simientes se siembran en semillero, luego se trasplantan y mudan de lugar, a veces hasta de vega, y al año termina el ciclo tabacalero con la cosecha; nada queda en el campo y la vega hay que volverla a plantar.

La contratación agraria del tabaco suele ser a breves términos, su aparcería puede ser anual; la del azúcar requiere largos años, según dure la cepa de la caña para los sucesivos cortes de las zafras, hasta que aquélla se convierta en *caguazo* improductivo.

Sin larga inversión de dineros en duraderas plantaciones y potentes prensas, nunca pudo haber ingenio ni otros azúcares que los de la miel trabajada por las comunistas abejas en sus colmenas. La economía del tabaco pudo ser limitada a una agricultura hortelana en la veguita y a unas manos hábiles que supieran torcerlo o picarlo para su fuma en puros, en cigarros o en pipa. Para poderse propagar los azúcares se necesitaron muchos progresos en los secretos de la alquimia, en las potencias de la mecánica, en los altos bordos de la navegación, en las colonizaciones tropicales, en la trata de los braceros esclavos, y, sobre todo, en la acumulación de capitales y en la organización bancaria. Para propagar el tabaco bastó que los navegantes y mercaderes fuesen regando por el globo unos puñados de semillitas, las cuales por su pequeñez cabían doquiera, hasta ocultas en la pacotilla de un grumete.

Pueden comprenderse fácilmente las grandes trascendencias sociales del tabaco y del azúcar en Cuba, derivados de las diferentes condiciones de sus respectivos cultivos. Hay un notable contraste entre la explotación de la vega productora del tabaco y la de la hacienda azucarera, sobre todo del ingenio moderno. Al tabaco se debe en Cuba un género de vida agrícola peculiar. No hay en las vegas ni vegueríos la gran concentración humana que en los bateyes azucareros. Ello se debe a que el tabaco no requiere maquinaria alguna; no necesita ingenios ni voluminosas elaboraciones físico-químicas, ni sistemas ferroviarios de transporte. La *vega* es un vocablo de la geografía, el *ingenio* es una voz de la mecánica.

En la producción del tabaco predomina la inteligencia; ya hemos dicho que el tabaco es liberal cuando no revolucionario. En la producción del azúcar prevalece la fuerza; ya se sabe que es conservadora cuando no absolutista.

La producción del azúcar, repitamos, fue siempre empresa de capitalismo por su gran arraigo territorial e industrial y la magnitud de sus inversiones permanentes. El tabaco, hijo del indio salvaje en la tierra virgen, es un fruto libre, sin yugo mecánico, al revés del azúcar, que es triturada por el trapiche. Esto ha tenido enormes consecuencias económicas y sociales.

Ante todo, el cultivo del tabaco se hizo en las tierras mejores, sin supeditarse a la indispensable inamovilidad de una gran planta industrial, que seguía *plantada* aún después de haberse empobrecido por ella todas las tierras a la redonda. Esta creó el *ingenio*, que antaño fue cuando menos un caserío y hoy día es una ciudad. La vega no pasó nunca de ser un *sitio* rural, como una huerta. La vega no formó latifundios y fomentó la pequeña propiedad. Para el ingenio se requería una hacienda; para la vega bastó una estancia. Los dueños de ingenio se llamaron *hacendados* y moraron en las ciudades; los de las vegas quedaron en *vegueros, monteros, sitieros* o *guajiros* y no salieron de los bohíos.

El cultivo del tabaco requiere un ciclo anual de constante trabajo, realizado por un personal muy perito y especializado. El tabaco se fuma mucho para *matar el tiempo*, pero en la tabacalería no hay *tiempo muerto* como acontece en el azúcar. Esto y la circunstancia de ser la vega un fundo pequeño, han hecho que el veguero se pegue a su tierra, como el estanciero de antaño, y que la explotación agrícola pueda ejecutarse con pequeños núcleos familiares. Solo cuando esto no puede lograrse se requieren los braceros, pero en pequeños grupos, nunca en las cuadrillas y centenares de trabajadores que exigen los cañaverales. La *vega*, repetimos, es vocablo de simple topografía; la *colonia* es voz de compleja ordenación político-social.

También por tales causas, si bien en los tiempos de esclavitud los negros esclavos se emplearon como peones, el núcleo veguero fue siempre libre y blanco. Así, el tabaco como el azúcar se entrelazan con las *razas*. El tabaco es un tesoro legado por el indio, apreciado y recogido enseguida por el negro, pero cultivado y explotado por el blanco. Al tabaco ya los indios lo cultivaban en huertos como «muy sancta cosa», al decir de Oviedo, y distinguiendo la variedad suave y hortense, según Cobo, de la silvestre y más fuerte. Los blancos le conocieron pero no lo estimaron enseguida, ni adquirieron pronto su hábito. «Es cosa de salvajes.» Los cronistas no lo fuman, y algunos abominan de él. Benzoni contaba que el olor del tabaco le era tan pestilente que él salía corriendo para no sufrirlo. Cuando ya en el segundo cuarto del siglo XVI Las Casas escribe su *Apologética historia de las Indias*,[5] señala como notable el haber conocido «un español casado y honrado en esta isla, que usó tomar los tabacos y el humo dellos, como los tomaban los indios, y decía que por el gran provecho que sentía, por ninguna cosa los dejaría».

Fueron los negros de La Española quienes pronto apreciaron los méritos del tabaco indígena, y no solo adoptaron de los indios su hábito de fumarlo, como dice Benzoni, sino que fueron ellos los que primero lo cultivaron en las haciendas de sus amos. Dicen que les «quita el cansancio», refiere Oviedo. Pero aún seguía despreciado por los pobladores. «Es cosa de negros.»

En Cuba debió de suceder lo mismo; el tabaco fue «cosa de indios y de negros» y más tarde afición de blancos, que subió desde lo bajo de la sociedad hasta las clases altas. Pero ya mediado el siglo XVI, en La Habana, donde cada año se reunían las flotas de España y de allí salían en conserva para atravesar el océano, el tabaco fue objeto de granjería y eran precisamente los negros quienes hacían el negocio. La codicia del blanco se impuso y las autoridades dictaron ordenanzas discriminatorias prohibiéndole al negro que siguiera vendiendo tabaco a las flotas. El negro ya no pudo vender ni cultivar tabaco sino para sí; el negro no podía ser comerciante. Y desde entonces el cultivo y granjería del tabaco fue privilegio económico del blanco.

---

5 Véase la edición de Linkgua, Barcelona, 2021. (N. del E.)

El azúcar fue mulata desde su origen, pues en su producción fundiéronse siempre las energías de blancos y negros. Aun cuando fue Colón quien trajo a las Antillas las primeras cañas de azúcar desde Canarias, el azúcar no era un fruto español, ni siquiera de Europa sino oriundo de Asia, de donde la fueron extendiendo por el Mediterráneo los árabes y los moros. Y éstos para el cultivo de la caña y extracción de su dulce jugo tuvieron siempre que contar con esclavos y siervos bien robustos, los cuales, así en Portugal, España y Sicilia de Europa, y en la Mauritania y Egipto de África, como en la Arabia, Mesopotamia, Persia y el Indostán del Asia, fueron por lo común braceros negroides, de esa gente oscura que desde los tiempos de la prehistoria penetró en dicha larga faja de territorio supratropical y le dio su permanente color moreno, de esa misma gente que en la Edad Media la invadió de nuevo con las oleadas de los musulmanes, que para los negros jamás tuvieron repelentes prejuicios de racismo. Y a la isla de Cuba, y acaso a la misma Española, llegaron juntos de allende el negro esclavo y la *caña de azúcar*. Y desde entonces el brazo del negro y el azúcar de caña son dos factores de un mismo binomio económico en la ecuación social de nuestro país (Capítulo ad. XIV).

Durante siglos, en el ingenio el trabajador fue exclusivamente negro; con frecuencia eran «de color» hasta los mayorales. Así en los campos como en la casa de calderas, salvo los maestros de azúcar y el grupo de la administración. Hay que llegar al cese de la esclavitud, a las inmigraciones de braceros peninsulares después de la Guerra de los diez años, y a la instauración del sistema agrario de las colonias, para encontrar agricultores blancos en los cañaverales de los ingenios cubanos.

El siglo XIX fue señalado en Cuba por la transformación del régimen del trabajo, mediante la supresión de la trata negrera y, mucho después, por la abolición de la esclavitud y su sustitución por el salariado. La abolición fue proclamada por los cubanos en revolución secesionista contra la metrópoli; después por ésta, en 1880-1886. El cese de la trata coincidió con la introducción de la máquina de vapor, que aumentó la capacidad de los ingenios y la producción de azúcar, y el cese de la esclavitud (1880) fue simultáneo por el arribo de los raíles de acero y la extensión de los ferrocarriles, que ampliaron el agro de los ingenios. Entonces hicieron falta braceros baratos, y España, a medida que se acababan las posibilidades de la trata clandestina y no teniendo otros obreros esclavos que traer, ni más chinos ni yucatecos, importó trabajadores blancos de sus propias tierras europeas. Y así fue disminuyendo la proporción negra de la población cubana. En el actual reparto de la población de color por el territorio cubano, puede observarse la mayor densidad negra en las viejas comarcas azucareras; no en las tabacaleras, las cuales fueron pobladas con preferencia por blancos inmigrantes canarios y antiguos guajiros. Para el tabaco se atrajo la población blanca y libre mientras para la caña se importó la negra y esclavizada. Y de ahí también que no se den en el cultivo del tabaco las invasiones inmigratorias de simples jornaleros, y, menos aún, las de los haitianos y jamaiquinos que fueron promovidas para abaratar el corte de los *cañales*.

Conviene advertir que si esto ocurre en Cuba no fue lo mismo en otros países, como por ejemplo en Virginia, cuya economía inicial fue basada por sus conquistadores en el tabaco. En Virginia, entonces colonia inglesa, al iniciarse las siembras de tabaco por los colonos, se utilizan exclusivamente esclavos para los cultivos; esclavos blancos y negros, si bien preferentemente «de color».

Esto se debió a que las siembras tabacaleras se comenzaron no como en Cuba donde usaban ya los indígenas, como cultivo doméstico u hortelano, sino con el régimen extensivo de las plantaciones. Y esto ¿por qué? Porque la siembra de tabacales allá en Virginia fue desde sus comienzos un negocio formado para la exportación transatlántica de sus productos y el máximo logro mercantil; es decir, fue desde sus inicios una empresa capitalista. Por eso en las colonias angloamericanas no hubo vegueríos ni preocupaciones individuadoras de la hoja tabaquera. Allí el capitalismo dominó la producción del tabaco desde el principio, y fue enseguida a conseguir cantidad más que calidad, y la organización del trabajo fue también más cuantitativa y extensiva que de *escogidas* y artesanos. Además, allí no se pensaba entonces en torcer tabacos ni en fabricar *puros* que eran desconocidos, sino tan solo en hacer mucho tabaco en andullos para mascar, en cuerda para pipas y luego en polvo para sorber. Para tales burdas producciones industriales no eran precisas las sutilezas artesanas del tabaquero torcedor. Por eso en Inglaterra y sus colonias americanas el tabaco fue «cosa de indios y negros» y durante siglos fue sintéticamente simbolizado el negocio, compraventa y expendio de tabaco por un *indio-negro*, es decir por una figura de facciones y atavíos pero con epidermis morena de esclavo africano.

Por esto también, el tabaco lejos de fomentar en Virginia la pequeña finca y el veguerío, fue causa de un creciente apetito de tierras, y los colonos cultivadores de tabaco con esclavos se fueron extendiendo en busca de nuevas y extensas tierras y más hacia el Oeste, agrandando el territorio y empujando sus fronteras. Ahí es evidente que el latifundio no causó la esclavitud negra, más bien fue la existencia de los esclavos y la posibilidad de aumentarlos la determinante de la creación de los latifundios para los cultivos tabacaleros. Fue la potencia de la esclavitud, que en definitiva era una manera del capitalismo, adueñado de los grandes medios de producción que eran las dotaciones esclavas, la que buscó unas correspondientes magnitudes territoriales e hizo que el cultivo del tabaco, en Cuba intensivo, hortelano, libre y burgués, en Virginia fuese desde su origen extensiva plantación, de esclavitud y capitalismo.

También ha de decirse que si el azúcar se unió con el negro no fue en realidad por la *raza* de éste ni por causa de su pigmentación, sino tan solo porque negros fueron durante siglos los más numerosos, robustos, baratos y posibles esclavos a cuyo cuidado estuvo su cultivo en toda América. Cuando no hubo negros, y hasta conjuntamente con los negros, las plantaciones tuvieron esclavos de otros *razas*, como berberiscos, moros y mulatos. La plantación no estaba casada precisamente con el negro sino con el esclavo. El azúcar fue esclavitud, el tabaco fue libertad. Y si en las plantaciones tabacaleras de Virginia hubo con los esclavos negros otros que eran blancos, comprados en Inglaterra y pagados con fardos de tabaco, en las fincas azucareras de las Antillas británicas hubo esclavos negros y también esclavos blancos, irlandeses condenados por Cromwell, y hasta ingleses vendidos cada uno al precio de unas 1.550 libras de azúcar, o como hoy diríamos, a cambio de unos cinco sacos de azúcar por cada inglés. En Cuba esto no se dio. Quizás hubo aquí algún esclavo blanco, y sobre todo blanca, en los comienzos de la colonización pero no después, y si es cierto que hubo mulatos casi blancos en estado de esclavitud, en todo tiempo la blancura de piel fue en Cuba signo y vía de emancipación.

Tocante al trabajo, es también muy característica del azúcar y de mucha trascendencia social la intermitencia de las faenas en campos y bateyes. La zafra no es continua y si antes duraba casi un semestre, ahora no suele pasar de cien días, y aun de menos en estos tiempos de zafras legalmente restringidas. Todo el resto del año es *tiempo muerto*. Entonces los braceros de las inmigraciones golondrinas, que vinieron a Cuba para la zafra, se van del país con sus ahorros y el proletariado nativo sufre larga desocupación temporal e incesante inseguridad. Gran parte de la masa obrera de Cuba ha de vivir todo el año de sus jornales ganados en solo tres o cuatro meses, y todo el pueblo se resiente de este régimen estacional del trabajo, reduciéndose a una población empobrecida, con dieta insuficiente y desvitaminada, a base de arroz, frijoles y raíces que no la nutren y la entregan desarmada a la uncinariasis, a la tuberculosis, o la anemia, al paludismo y demás dolencias que la rinden. No ocurría así en igual grado con el tabaco, donde las faenas agrarias e industriales requieren un trabajo más continuo; pero ya todo va siendo para nuestra desventura igualmente poco nutridor.

Ese necesario apego del veguero sobre el agro tabacal, esa constante atención al Sol y a los meteoros, y esa minuciosidad manual que requiere el cultivo, han impedido la extensión de las vegas, las plantaciones de tabaco en gran escala, con enormes capitales invertidos y sometidas a cultivadores forasteros. González del Valle escribe que no es conocido «el caso de un solo americano u otro extranjero que se haya enriquecido cultivando tabaco en Cuba, habiendo perdido los extranjeros la mayor parte si no todo el capital». Hay terratenientes extranjeros, pero no son ellos los vegueros, salvo algunos españoles, quienes se naturalizan pronto por su fácil adaptabilidad al ambiente cubano. El tabaco ha sido siempre más cubano que el azúcar. Ya se dijo que el tabaco es indígena de este Nuevo Mundo y el azúcar vino del Mundo Viejo.

En el azúcar el predominio extranjero siempre fue notable y en el presente es casi exclusivo. El tabaco ha sido siempre más cubano que el azúcar por su nacimiento, por su espíritu y por su economía. La razón es obvia. El azúcar siempre ha exigido mucho capital; hoy día una enorme fortuna. Hace un siglo se podía tener un ingenio bien equilibrado con un capital de 100.000 pesos; ahora solamente la planta industrial vale más de un millón. Además, desde que los ingenios se instalan en América, todos sus elementos, salvo la tierra, hay que traerlos de países ultraoceánicos. Las máquinas, los trabajadores, los dineros que invertir, todo hay que importarlo y esto implica aún mayor necesidad de gran capital. Si la industria azucarera es capitalista desde su inicio, a medida que mejora la técnica mecánica, al llegar la máquina de vapor, se requieren más costosos trapiches, más cañaverales, más tierras, más esclavos, más inversiones y reservas; en resumen, más y más capital. Toda la historia del azúcar en Cuba, desde su primer día, es la lucha por la traída del capital foráneo y su injerencia primordial en la economía insular. Y precisamente, no del capital español sino del más extranjero: del genovés, del alemán, del flamenco, del inglés y del yanqui, desde los días del Emperador Carlos V con sus banqueros los Fúcares hasta estos modernos días del «buen vecino» y los financieros de Wall Street.

Aun en la época de mayor esplendor para el patriciado de los terratenientes cubanos, que en los ingenios ganaron, a veces improvisadamente, fabulosas fortunas y regios títulos de nobleza, el azucarero experimentó siempre cierta supeditación extranjera. Porque aquí no se consumían los azúcares y éstos habían de ir en crudo a los mercados de afuera, donde monopolizaba su comercio la garra de los refinadores, sin cuya intervención aquéllos no podían entrar en el consumo mundial. El hacendado del azúcar necesitó al gran refaccionista y éste al potentado banquero. Aún no mediado el siglo XVI, ya los azucareros piden dinero prestado a los tratantes de Sevilla y a los reyes, y no solo para seguir el negocio de los ingenios, sino hasta para poderlos establecer. También por esto, el azúcar fue extranjerizo; por ser inevitablemente capitalista y necesitado de fiadores y banqueros que aquí no abundaban y los que había no eran sino agentes de los tratantes de Cádiz o de los refinadores ingleses, quienes facilitaban las maquinarias y refacciones pero imponían, con sus anticipos y usuras, sus condiciones y precios desde Londres y Liverpool y, luego, desde Nueva York. Cuando la condesa de Merlin escribió su *Viaje a La Habana*,[6] ya muy entrado el siglo XIX, se asombraba de que el interés cobrado por los comerciantes prestamistas a los hacendados cubanos fuese del 30 % al año, mejor dicho, del dos y medio mensual.

---

6 Véase la edición de Linkgua, Barcelona, 2021. (N. del E.)

Ya después de la Guerra de los diez años, cuando el progreso de la técnica metalúrgica impone los *centrales* de grandes trapiches y extensas ferrovías, el capital necesario para un ingenio es enorme, fuera de las posibilidades del individuo. De ahí surgen tres consecuencias económico-sociales: el renacimiento del *colonato* para el cultivo, la compañía industrial y mercantil *anónima* y la *injerencia directa del capitalismo extraño* en el dominio y personal gobierno de los ingenios. Por fin, a causa de la depresión de los negocios después de la gran guerra, del capitalismo industrial y mercantil se ha pasado al *supercapitalismo* bancario o financiero, que hoy constituye la plutocracia extranjera que gobierna la vida económica de Cuba. De todo ello se ha derivado a su vez la mayor dependencia del colono cañicultor, que en Cuba es donde gana su parte con menor equidad (según Maxwell), su progresiva desaparición y, en fin, la proletarización total de los ingenios del campo al batey, donde impera un procónsul ejecutivo como delegado del poderío lejano e imperial. El extranjerismo de la industria azucarera en Cuba es tal que sobrepasa al que ella tiene en Puerto Rico, isla sometida a la soberanía de los mismos Estados Unidos.

El extranjerismo del ingenio no solo es externo, sino interno. Tiene una integración *vertical*, como hoy se dice. No solo es extranjera la intervención de las entidades azucareras, ejercida allá en Estados Unidos, desde ese centro de irradiación de potencia crematística que se ha dado en llamar Wall Street, sino que suele ser extranjera la nacionalidad de la persona jurídica señora del ingenio. Es extranjero el banco que financia las zafras, extranjero el mercado consumidor, extranjero el personal administrativo que se establece en Cuba, extranjera la maquinaria que se implanta, extranjero el capital que se invierte, extranjera por adueñamiento foráneo la tierra misma de Cuba enfeudada al señorío del ingenio, y extranjeras, como es lógico, son las grandes utilidades que emigran del país para enriquecimiento de extraños. Aún más, extranjero ha solido ser en ciertos supercentrales hasta el trabajador, traído a Cuba por una nueva manera de trata, desde Haití y Jamaica, o por inmigración libre, desde las aldeas españolas.

Ese extranjerismo se agrava por el *absentismo*. Ya hubo hacendados ausentes hace un siglo, los cuales vivían la *buena vida* en La Habana, dejando los *cachimbos* a sus administradores. Pero desde 1882, cuando un norteamericano, Atkins, compró el ingenio «Soledad» y fue el primer hacendado yanqui de Cuba, el absentismo fue más extenso, más permanente, más lejano, más extranjero y, por tanto, de más nociva trascendencia social para el país.

Antaño el absentismo del azucarero era a veces atenuado periódicamente por la herencia, la cual, al morir el hacendado, devolvía esa riqueza acumulada a la sociedad cubana, por medio de sus hijos y herederos nativos. Ahora no ocurre así, pues el hacendado, si puede seguirse llamando tal al ente jurídico dueño del ingenio, nace ausente y nace extranjero, y hasta carece de herederos si es una *anónima* corporación. La gran masa de capital indispensable para los supercentrales no pudo hallarse en Cuba y el impulso del capitalismo productor no pudo ser refrenado internamente. Así la industria azucarera fue extranjerizándose y pasando a manos anónimas, corporativas, lejanas, deshumanizadas, prepotentes y de muy escurridiza responsabilidad.

En 1850 el comercio de este país con los Estados Unidos ya es mayor que el mantenido por ella con su metrópoli hispana y los Estados Unidos asumen definitivamente su condición geográfica natural de mercado consumidor de la próxima producción cubana, pero también sus privilegios de metrópoli económica. Ya en 1851, el cónsul general de Estados Unidos en La Habana escribe oficialmente que Cuba es una dependencia económica de Estados Unidos aun cuando políticamente siga gobernada por España. Desde entonces el azúcar norteamericano mandó en Cuba y sus aranceles fueron aquí más influyentes que las constituciones políticas, como si todo el territorio de nuestra patria fuese un inmenso batey y *Cuba* solo el nombre simbólico de un gran central dominado por una corporación extranjera de accionistas sin nombre.

Y aún hoy día y cada vez con mayor apremio, el problema inmediato de la hacienda cubana consiste en lograr que el fisco obtenga sus ingresos tomándolos directamente de las fuentes de riqueza y de sus utilidades, sin eximir las extranjeras, en vez de seguir con esos impuestos indirectos que gravan al pueblo cubano y lo esquilman. Cuba no será en verdad independiente sin que se libre de esa retorcida sierpe de la economía colonial que se nutre de sus campos, pero estrangula a su gente y se enrosca en la palma de nuestro escudo republicano, convirtiéndola en un signo del dólar extranjero.

No sucedió así con el tabaco, ni en la vega ni en la industria. El cosechero del tabaco fue un guajiro modesto que no tuvo que comprar máquinas, sino

escasos aperos y a quien bastaban los recursos propios o los parcos abasteci-
mientos del bodeguero local. Si el hacendado tuvo fortunas, títulos de nobleza,
oficios gubernativos, cultura refinada y, a veces, afán de progreso, el veguero
no pudo pasar de campesino humilde, rústico y rutinero. Si el hacendado
tuvo en Cuba ferrocarriles antes que los hubiera en España, y en La Habana
teatro opulento, con ópera y drama que no desmerecían de los de Madrid, el
veguero siguió en su caballejo por el monte y puso sus expansiones en los
gallos, canturrias y zapateos.

En el tabaco la producción ha sido más personal y su trabajo tuvo patriar-
calismo y familiaridad. El azúcar fue industria anónima, labor multitudinaria de
dotaciones de esclavos o de cuadrillas de jornaleros, arreadas por los mayorales del capital. El tabaco ha creado clase media, burguesía libre; el azúcar ha
creado clases extremas, esclavos y amos, proletarios y hacendados. «No hay
pueblo en La Habana; no hay más que amos y esclavos», decía de su patria
hace un siglo la condesa de Merlin. Pero la misma escritora observó que «el
guajiro prefiere vivir con poco con tal de vivir con libertad». En el ingenio hubo
el hacendamiento y la servidumbre del feudo y señorío; en las vegas hubo la
hacendosidad libre del humilde villanaje. La vieja aristocracia colonial de Cuba
fue casi siempre ennoblecimiento titular del hacendado enriquecido con trapiches y esclavos. Títulos de azúcar, señoríos negros. Ya decía el desenfadado
arcipreste de Hita (*Ob. cit.*, estrofa 491):

Sea un ome nescio et rudo labrador,
los dineros le facen fidalgo e sabidor,
cuanto más algo tiene, tanto es más de valor,
el que non ha dineros, non es de sí señor.

Fácil es comprender cómo la unidad social productora del azúcar (*ingenio y
plantación*), además de su carácter capitalista, tenía que participar de cierto
carácter feudalesco y señorial. Bien lo decía otro clérigo poeta, Juan de
Castellanos, en unos de los millares de sus famosas *Elegías*:

Un ingenio es un gran heredamiento.

Pero también decía de los ingenios:

Destos cada cual es un señorío.

El *colonato*, que se introduce en la economía azucarera para ocupar una posición de clase intermedia, no pasa de ser un personaje de transición, elocuente por lo que significa y expresa cuando entra en escena y cuando de ella se va (Capítulo ad. XV).

La ausencia de maquinaria y la brevedad del fundo hicieron antaño que en la tabacalería fuese menos apremiante el dinero en grandes cantidades. El historiador Pezuela decía del tabaco, en la segunda mitad del siglo XIX, cuando el maquinismo era ya incontenible en la industria sacarífera: «Además de su superioridad reconocida sobre los demás productos de la Isla, asegura el porvenir del tabaco la ventajosa circunstancia de que no necesita de una fortuna ya adquirida para explotarlo. Sin tenerla, ya no puede emprenderse la de un ingenio, ni aun la de un cafetal. Un corto peculio y la resolución de trabajar garantizan la adquisición y fomento de una vega». Esta circunstancia si no impidió en el tabaco los esquilmos crueles de la usura, sí hizo innecesarios los fenómenos de régimen y de concentración capitalista en las épocas y grados en que los ha experimentado la industria sacarífera de Cuba.

En la industria tabacalera es ya al mediar el siglo decimonono cuando la gran máquina penetra en ella. Para torcer el tabaco de cuerda o moler el tabaco a polvo, o hacerlo picadura, las máquinas eran elementales, como la rueca, y aun todo esto se hacía también a mano y por el pequeño industrial. Después la máquina llega para el cigarrillo, para la picadura, el enrolle y el envase. Hoy día la máquina de hacer cigarrillos es una maravilla de precisión. Ya en 1853 se estableció en La Habana una cigarrería con máquina de vapor, por don Luis Susini, la cual llegó a producir 2.580.000 cigarrillos al día. Por otra parte, el ferrocarril, que es la gran máquina del transporte terrestre, fue aproximando las vegas a La Habana y facilitó las compras de las ramas sin necesidad de corredores e intermediarios, por más que éstos no fueron del todo eliminados. Hoy día ya hay máquinas de torcer tabacos puros, inventadas y empleadas en los Estados Unidos; pero el proletariado cubano aún resiste su implantación en este país.

La dependencia bancaria y de extranjería que siempre ha sufrido la industria azucarera cubana, ha contribuido a que ésta se haya distinguido también del tabaco por sus tratos con los gobiernos y sus políticas fiscales.

El tabaco cubano hubo de luchar siempre más que el azúcar con el fisco y sus gravosos sistemas de monopolios, estancos, tarifas y restricciones de toda laya. El azúcar, que fue artículo de lujo, lo es hoy de necesidad; el tabaco, que fue necesidad religiosa y médica, ha pasado a ser, si así puede decirse aunque con paradoja, «un lujo vulgar». Y esto explica en cierto aspecto las feroces acometidas del fisco al tabaco, que se han manifestado con restricciones a su cultivo, a su industria y a su comercio, y con una gran variedad de tributos. El cultivo del tabaco cubano fue durante siglos objeto de numerosas disposiciones reales y gubernativas de sentido contradictorio: prohibitivo, restrictivo, permisivo, pero raras veces estimulador.

Ya por el siglo XVI, cuando el tabaco comienza a ser buscado en América por los ingleses, franceses y holandeses, o sea por los contrabandistas extranjeros, el rey Felipe inicia las restricciones legales para su siembra y comercio. En 1606 se prohíbe por diez años el cultivo del tabaco en Cuba y demás islas y países de Tierra Firme. En 1614 se levantó la inicua prohibición permitiéndose la siembra, pero ordenando que todas las cosechas se enviaran a Sevilla y condenando al contraventor con ¡pena de la vida!

A medida que fue extendiéndose el consumo del tabaco cubano, éste interesó al fisco y fue objeto de estancos y monopolios, desde el creado por Real Cédula de 11 de abril de 1717 hasta el más extenso, el de 1740, cuando a Martín Aróstegui se le dio el monopolio no solo del comercio del tabaco, sino de todo el comercio de la isla. Por algo las primeras rebeliones armadas que hubo en Cuba fueron las de 1717, 1721 y 1723, producidas por los vegueros y frailes atropellados contra ese régimen atroz de abusivos privilegios y consentidos contrabandos. Más de un siglo duraron esos monopolios comerciales, tan corrompidos como corruptores; pero, aún después de establecida la libertad mercantil en 1817, las vicisitudes fiscales de los impuestos nacionales y extranjeros sobre el tabaco han atormentado sin cesar su producción y su comercio.

Nos permitimos indicar al lector que puede hallar más datos acerca de los factores del desarrollo histórico y social del tabaco en la economía de Cuba en el capítulo XVII de nuestra obra *Historia de una pelea cubana contra los demonios* (La Habana, 1960), publicada por la Universidad de Santa Clara. Dicho capítulo, referente al tabaco, se titula *Un nuevo demonio entra en la historia de Remedios y en la del mundo.*

En cambio para el azúcar todo fue favor y privilegio. No había mediado el siglo XVI y ya se contaba en Cuba con el dinero de las arcas reales para plantar ingenios, con exenciones de embargos y con la merced gratuita de la tierra, que entonces sobraba y se quería poblar. En 1517, apenas transcurridos cinco años de conquistada la isla, ya los hacendados de Cuba obtienen de los reyes *la primera moratoria* para sus deudas. En 1518, por Real Cédula del 9 de diciembre, el tesoro real emprende funciones de banco agrícola para quienes en La Española establecieren ingenios de azúcar, prestándoles «ayuda de la real hacienda» y suspendiéndoles deudas. Y no cesaron los privilegios (Capítulo ad. XVI).

Por todos los gobiernos coloniales fueron prestados los dineros, mercedadas las fincas, talados los montes, traídos los maestros de «manificar» azúcar, suspendido el almojarifazgo, olvidadas las alcabalas, consentidos los contrabandos, moratoriadas las deudas, tendidos los ferrocarriles, hechos los empréstitos, concertados los tratados, rendidos los monopolios, amenguada la religión, tolerados los herejes, reprimidas las libertades cívicas, tiranizado el pueblo y postergada la independencia. Y para los ingenios millares y millares de infelices fueron muertos o esclavizados: negros del África, cobrizos del Yucatán y amarillos de la China. Para el medro del azucarero poblaciones enteras fueron raptadas, corrió tanta sangre como guarapo, y todas las *razas* sufrieron rebenque, cepo y calabozo.

Aún hoy día la economía nacional de Cuba está supeditada a la producción de azúcares y éstos son protegidos con preferencia constante, aun cuando los ingenios ya no son cubanos y a cambio de retributivos beneficios arancelarios otorgados por Cuba a importaciones extranjeras.

Al caer el siglo XIX ya el capitalismo va invadiendo más y más la tabacalería, introduciendo innovaciones en sus cultivos, industrias y comercios y en todos sus engranajes. Hasta en el dominio de la tierra, el capitalismo ha ido acaparando las vegas. En la última quincena de años más de 11.200 propietarios vegueros se han visto reducidos a unos 3.000. Los vegueros desaparecen y el guajiro se proletariza, desnutre y languidece en miseria, presa de parásitos intestinales y sociales. El régimen económico del tabaco se va acercando al tradicional del azucarero, uno y otro por igual estrangulados desde lejos y desde cerca por tentáculos impíos.

El tabaco sale y entra; el azúcar entra y sale... y queda afuera. Todo el desarrollo histórico del tabaco en Cuba, por su indigenismo, por su excelencia y por otros factores colaterales, tiene un sentido económico centrípeto. Va esa mercancía de Cuba hacia afuera y su producción tiene que esforzarse por salir y buscar el consumo allende, pero el provecho ingresa y aquí se liquida. En cambio, el negocio azucarero de Cuba, por el exotismo de su oriundez, por su antecedencia europea y por su extranjerismo capitalista, tiene un sentido económico centrífugo. Viene del extranjero hacia adentro, es el mercader del consumo foráneo quien se esfuerza por penetrar en Cuba y fomentar aquí la barata producción; pero el dominador no es cubano y dispondrá el provecho muy lejos de aquí. Y para ello el azúcar presionará hasta la tiranía toda nuestra historia, poniendo en ella una constante angustia de opresión y fuerza, sin traernos robustas instituciones de enseñanza, de parlamento y de civilidad. Es el azúcar la que trae los esclavos, la que conquista La Habana en 1762, la que en Londres impone su abandono en 1763, la que fomenta la trata, la que se burla de sus prohibiciones, la que le roba a Cuba sus libertades en todo el siglo decimonono, la que forja y mantiene su estado de coloniaje y de supeditación económica. Dicho sea por sus directrices primordiales, en Cuba el azúcar ha sido fuerza exógena, de afuera hacia adentro para luego sacar fuerza opresiva y de extracción; mientras el tabaco ha sido fuerza endógena, del país hacia el exterior para luego meter: fuerza expansiva y de integridad. La parábola económica del azúcar es curva que penetra en Cuba pero tiene fuera su inicio y su fin; la línea parabólica del tabaco nace en Cuba, se desarrolla por el extranjero y retorna al país. Y por esto, la economía tabacalera ha sido siempre más cubana y hasta más habanera, más gobernada desde la misma capital de la isla, mientras la economía azucarera jamás ha sido regida por los cubanos sino por extranjeros ausentes y casi siempre anónimos y desconocidos, ausentes y ocultos en la sombra.

El tabaco siempre ha sido dominado económica y políticamente por el poder interno; quien ha mandado en Cuba ha gobernado, bien o mal, sobre el tabaco. El azúcar, al contrario, ha sido gobernada por una fuerza extranjera superimpuesta al poder insular. Toda la historia de Cuba, y más cuando mayor ha sido la riqueza de la producción cubana, desde los días de la conquista al día que corre, ha estado sometida primordialmente a ese poder azucarero y extraño. En los siglos de la colonia, ese poder azucarero que ha sido y es el impositivo de la economía antillana, no residía realmente en Madrid, ya que la monarquía española no fue, desde el mismo siglo XVI, sino el aparato jurídico que a cambio de la cómoda y pingüe sustentación parasitaria de sus burocracias dinásticas, nobiliarias, militares, clericales y administrativas, mantenía sobre los pueblos peninsulares y americanos el orden público y la explotación de sus gentes con regímenes de absolutismo feudalesco, mientras abandonaba la iniciativa y el imperio económico al capitalismo mercantil, industrial y financiero de los más avisados países de Europa: de Génova, de Ausburgo, de Flandes, de Londres y, ya en el siglo XIX, de Nueva York. De igual manera, después los hijos de Cuba Libre a veces nos hemos podido preguntar si nuestros funcionarios y políticos republicanos están al servicio de nuestro pueblo o al del azucarero incógnito, como si aquéllos fueran simples guardas jurados del gran batey cubano a las órdenes de una empresa extraña.

En conclusión, desde el mismo origen de la producción sacarífera, en el siglo XVI, toda la historia de Cuba se entreteje alrededor de la foránea dominación azucarera, la cual siempre ha exigido el predominio de sus intereses lucrativos y lejanos sobre los nacionales del país. Por esto el cubano tabaco ha aguantado el gravamen de tributos de exportación, cobrados al salir de Cuba para provecho del tesoro insular, mientras que el extranjerizado azúcar siempre se ha resistido con éxito, hasta estos tiempos excepcionales que ahora van corriendo, al pago de impuestos aduanales de salida a favor de la hacienda cubana, aun en las épocas, que hoy parecen fabulosas, cuando el lucro anual para el azucarero pasó del 100 % del gran capital invertido en tierras, ingenio y plantaciones. En la historia colonial de Cuba el azúcar fue absolutista español, el tabaco fue libertador mambí. El tabaco ha influido más a favor de la independencia nacional. El azúcar ha significado siempre intervención extranjera. Pero ya hoy día (1940), por desventura todo lo va igualando ese capitalismo, que no es cubano, ni por cuna ni por amor.

Se advertirán también estos serios contrastes políticos observando los comerciales.

Los comercios del tabaco y el del azúcar nacieron y se desarrollaron de muy distinta manera. Se distinguen el tabaco por su individualidad y el azúcar por su amorfismo. Cinco factores influyen decisivamente en la historia y vicisitudes comerciales del tabaco, a saber: a) el tabaco es un artículo de placer y vicio, una mercancía de lujo, como el vino espumoso; b) el tabaco habano es producto de una indisputable, insuperada e insustituible individualidad, como el vino de Champaña); c) sin embargo, el uso del tabaco está sometido al capricho, la moda y la deformación de los gustos; d) no obstante su carácter accesorio y frívolo, su consumo es tan universal como si fuese de primera necesidad; y e) el tabaco es objeto fácilmente gravable con impuestos. Sobre estas condiciones peculiares, que no concurren en el azúcar, se ha ido tejiendo toda su historia de apetencias, fábulas, vicios, anatemas, medros, empresas, prohibiciones, tarifas, tributos, fraudes, coqueterías, ensueños y maldiciones.

Desde sus comienzos, el azúcar tuvo una *economía dirigida*, el tabaco tuvo una *economía espontánea*. El azúcar fue manipulación de experta alquimia; el tabaco fue tradición del folklore.

Cuando Cristóbal Colón trajo a estas Indias cisatlánticas las primeras cañas de azúcar obedeció a un plan económico meditado; fue para sembrarlas, molerlas y sacarles azúcar con que comerciar y obtener gran lucro. Cuando el almirante descubrió el tabaco y lo llevó a los reyes no pensó en obtener medros, ni en cultivos, ni en manufacturas, ni en mercado a la otra banda del océano. Cuando se pensó en hacer comercio del tabaco y comenzó su explotación industrial hacía ya mucho tiempo que había muerto Colón. El azúcar fue siempre una empresa seriamente premeditada, una inversión para el enriquecimiento y por toda la vida; el tabaco fue solo una huerta aventurera y siempre azarosa como de travesura para la mejor disipación de una hora.

Fue Colón quien exportó los primeros tabacos y quien importó las primeras cañas. El tabaco salió de Cuba al retorno de su primer viaje, las cañas entraron en las Antillas al volver el almirante en su viaje segundo. Pero el tabaco fue solo como curiosidad exótica, junto con los indios, los *guanines*, las piñas, los casabes, los maíces, los boniatos, las tunas, las cotorras, los guacamayos, las *jamacas*, las *naguas*, los *dujos*, las *guaizas*, los *cemís* y las *caratonas* de sus misterios. Y la cañaduz se trajo como una ya bien conocida y segura fuente de riquezas, junto con los trigos, las hortalizas, los frutales mediterráneos, los caballos, los toros, los corderos y chivos, los cerdos y las aves corraleras.

Hasta entrado el siglo XVI el tabaco era desconocido en Europa; no era deseado ni siquiera había un interés económico en hacerlo desear, y nadie pensó que se pudieran establecer fábricas para elaborarlo por millares ni tiendas donde se pudiera distribuir con negocio. En cambio, el azúcar ya era golosina tan apetecida como la pimienta, la canela y las demás especias, y su demanda excedía a toda ponderación; ya en Europa se había experimentado crisis y altibajos en la producción del azúcar y en sus precios, y la dificultad no estribaba en propagar su consumo sino en poderla producir en tierras feraces y en abundancia para hacerla abaratar. El tabaco es una apetencia económica postcolombina: el azúcar es anterior a Colón.

Apenas los españoles van organizando la economía colonial de las Antillas ya las naves cargan azúcares en sus tornaviajes, junto con el oro, las perlas, el palo santo, los corambres y la *cañafístola* (Capítulo ad. XVII). Y no se registran cargas de tabaco. El azúcar formaba cargazones, el tabaco no salía de las pacotillas. Desde comienzos del siglo XVI se demandaba azúcar y aquí había muy poca que ofrecer (Capítulo ad. XVIII).

En cambio, si aquí escaseaba el azúcar, abundaba el tabaco junto a los bohíos de los indios y en los conucos de los negros, donde lo iban cultivando para su consumo propio; pero todavía no se pensaba en organizar su granjería. El azúcar fue gran negocio de mercaderes y cargazones; el tabaco pequeña ganancia de marineros, que lo llevaban en vejigas de cochino.

Algunos han creído posible presentar una evolución de los usos del tabaco desde el rapé a la pipa, de la pipa al cigarro y del cigarro al cigarrillo; pero si esta escala morfológica es muy sugestiva y puede ser aparente en ciertos países de Europa, no creemos que pueda aceptarse como universal y menos en los pueblos de América. A España, por ejemplo, debió de llegar antes que todo el *puro*, descubierto en 1492, y acaso la mascada y el rapé. La pipa históricamente debió de pasar el Atlántico varios lustros después, al ser conocida en Tierra Firme. No puede decirse si entre los indios americanos el tabaco en polvo fue primero que el tabaco en humo; y no se sabe si la pipa, por su adelanto técnico, fue antecedida por el cigarro, así el de hojas de tabaco enrolladas en otra de la misma planta como el compuesto de tripa de tabaco en una capa de diferente vegetal.

Es verosímil que el típico tabaco, torcido y envuelto en capa de su misma hoja para encenderlo por un extremo y sorberle el humo por el otro fue llevado a España por las descubridoras carabelas de Colón; pero esa manera de consumir tabaco tardó en extenderse más que la mascada y los polvos para la medicina. Los españoles mascaron la hoja estimulante de los indígenas de Cuba, así como luego hicieron con la coca de los indios del continente del sur. La fuma del tabaco fue menos hacedera. Requería una pipa o el arte de torcer las hojas, a manera de *mosquetes*, como decía fray Bartolomé de las Casas. Y, además, exigía fuego con frecuencia y adminículos para encenderlo.

El uso del tabaco fue extendiéndose entre los marineros de la carrera de Indias, quienes lo llevaban en polvo para las narices y sobre todo torcido en cuerda o prensado en panes para mascar y fumarlo en pipa, que así era como podía fumarse con seguridad en las travesías del mar. Y la gente marinera lo introdujo en sus países de origen. Ya al mediar el siglo XVI, la mágica planta de los *behíques* taínos había tentado y rendido a los españoles de vida regalada, quienes lo tomaban «en polvo» y «en humo».

En España ha estado muy descuidada la historia del tabaco hasta que hace poco se ha publicado la muy erudita y documentada obra de José Pérez Vidal, titulada *España en la historia del tabaco* (Madrid, 1959). La recomendamos al lector muy especialmente por sus referencias al tabaco de Cuba en el ambiente español.

Aún se suele atribuir la invención del tabaco rapé al Gran Prior de Francia, quien aspiró los polvos por casualidad y gustó de sus efectos; por eso, se dice, el tabaco se llamó también *herbe du Grand Prieur*. Pero es bien sabido que los polvos de tabaco, solos o mezclados con otros más tóxicos, ya se usaban ritualmente por los sacerdotes indios de América antes que por los sacerdotes católicos de Europa, sin rito y por sensualidad. Quizás aquel dignatario de la iglesia galicana fue quien, sin inventarlo, lo propagó en Francia; pues el tabaco en polvo fue en aquellos tiempos un vicio muy clerical, acaso por estimarlo de mayor encubrimiento que el fumar. Por algo el padre Bernabé Cobo, jesuita muy entendedor de tales cosas, decía que el aspirar tabaco por la nariz fue invento hipócrita de los españoles para «tomarlo con más disimulo y con menos ofensión de los presentes». Brunet, por su parte, refiere que fueron los sacerdotes quienes más usaron el rapé en España al ser allí introducido. Los clérigos se dieron tanto al «tomar tabaco y sorber chocolate» llegados de las Indias, que *El diablo cojuelo*, diablejo al fin, se mofaba de haber triunfado en ellos mediante las tentaciones de las deidades indianas. Quevedo satirizaba a todos los fumadores y los llamó *tabacanos* (Capítulo ad. XIX) y rendidos a los demonios.

Aun cuando la costumbre de fumar, adquirida por los descubridores de América y los navegantes que les siguieron, debió de iniciar la divulgación del tabaco por Europa, ésta debióse primordialmente a las virtudes medicinales que se atribuían a dicha planta como a mágica panacea más que a sus propiedades gustativas y estimulantes. En el año 1560, hallándose afligido con varias úlceras un paje de la reina Catalina de Médicis, el embajador de Francia en Portugal, Juan Nicot, mandó traer algunas plantas de tabaco, y aplicadas que fueron sus hojas sobre las úlceras del paje, sanó éste como por ensalmo, con rapidez inconcebible, y de ahí vino la reputación medicinal del tabaco más allá de Portugal y España. Se dice que fue Sir Walter Raleigh, un conquistador inglés, quien lo presentó en la corte de Londres. Allí hubo profesores del arte de fumar como del arte danzario y fue moda hacer en público bellos anillos y espirales de humo con la maestría con que hacía sus pasos y mudanzas el perfecto bailarín. En 1599 una libra de buen tabaco cubano costaba en Inglaterra más de $ 120. Por 1612, John Rolfe, el marido de la famosa india Pocahontas, llevó semillas de tabaco antillano a Virginia y de allí exportaron las cosechas para Europa, ya en competencia con España y roto su monopolio.

La Casa de Contratación de Indias trató de organizar la granjería transatlántica del tabaco. Del 20 de octubre de 1614 es la primera Real Cédula regulando el tabaco de Cuba. Las primeras exportaciones que se conocen de tabaco registradas en La Habana datan de 1626 (Capítulo ad. XX). Pero no fueron las primeras cargas de tabaco cubano que pasaron el Atlántico, ni consta si el exportado fue torcido, picado, en rollo, en polvo o en rama para ser elaborado por las cigarreras de Sevilla o consumido por los herejes luteranos.

Con el siglo XVII el tabaco ya está arraigado en las costumbres europeas. Theniers en sus cuadros realistas pinta fumadores holandeses que gozan con sus pipas.

Por todas las tierras se sembraron semillas de tabaco y nacieron plantas que en suelos extraños dieron hojas de insólitos sabores y aromas. Y así habida la hoja, en todas partes se pudo preparar a mano el tabaco para la fuma.

En Cuba el tabaco se fue torciendo caseramente para el consumo interior de sus pobladores, que de la cultura indígena tomaron con entusiasmo ese elemento estimulador; pero el cigarro puro y torcido, el verdadero *tabaco* de los indocubanos, tal como fue descubierto y como aún se entiende al decir *un habano*, tardó más en exportarse y ser frecuente fuera de aquí. La gente de mar no podía usarlo cómodamente en sus navegaciones. Y fuera de Cuba no había torcedores expertos que supieran prepararlo, torcerlo, enrollarlo y revestirlo de su capa, cortada con esa justeza y finura de estilo tan genuinas del tabaquero habano como la maestría del sastre londinense.

Tras de muy pintorescas y contradictorias vicisitudes por todos los pueblos se llega a fumar tabaco. Muy pocos fuman cigarros puros; los más lo fuman en pipas, mascan andullo y lo absorben en polvo por las narices. En Europa fuera de España apenas se conocía el cigarro puro, que no fue extendiéndose grandemente hasta la mitad del siglo XIX. Pero aún a mediados de ese siglo el puro no es popular y en Inglaterra se publica un pequeño libro el año 1840 en el cual se ve la enseña comercial de un tendero de tabacos consistente en tres manos unidas a un solo brazo, de las cuales la primera lleva en el pulgar un poco de rapé, la segunda una pipa y la tercera una mascada de tabaco, y debajo se leen estas líneas:

Los tres a una misma causa servimos:
Yo tomo rapé, yo fumo y yo masco.

Durante siglos, solo por España se consumía bastante el tabaco típico de los indios de Cuba. *Tubano* fue el nombre que los cultos quisieron darle al indio tabaco, aludiendo a su forma tubular (Capítulo ad. XXI). Pero el vocablo cultista no prosperó y fue preferido el folklórico de *cigarro*, apodado así enseguida porque su figura, su tamaño y su color recordaban a ciertos insectos o cigarrones de la campiña andaluza. Luego le dijeron puro, por antonomasia, para distinguirlo del cigarrillo, de ese cigarro empequeñecido, enteco y pobretón, sin tripa ni capa, relleno de picaduras sin pureza y vestido con camisilla de papel. Nunca fue vulgar, ni aun en España, la fuma de los cigarros habanos. Siempre fueron caros y España tuvo largos siglos de penuria, aun bajo las fastuosidades de los Habsburgos, cuando echó flor la literatura picaresca.

Debió de ser en esa típica picardía donde nació el cigarrillo. No fue en casa de Monipodio ni por el ingenio de un Rinconete, porque Miguel de Cervantes lo contara. Ni fue en Turquía donde se inventó el *cigarrillo*, como algunos han querido sostener. Consta que por el siglo XVII ya en España se introdujo la práctica de hacer cigarrillos con picadura envuelta en papel, llamados por esto *papeletas, papeletes, papelotes* y *papelillos*. Algún indiano en miseria debió recordar los cigarros de los indios, hechos de tripas envueltas en una capa de maíz o de plátano, y acudió a las hojas más flexibles y corrientes en la vida cotidiana de las ciudades españolas, a las hojas de papel. Por su camisa de papel el cigarrillo es hijo de la ciudad, como una travesura de sus pilletes y vagabundos.

El cigarrillo de papel si se originó en Cuba, fue invento del esclavo. Mas parece que nació en Sevilla, por el ingenio de un picardo quien, como el sabio de la fábula, fue feliz «recogiendo las hojas que otro arrojó». El *pitillo* fue creación del colillero. Simbiosis del tabaco rico con la miseria hampona. La picadura evoca la picardía y en todo cigarrillo parece haber algo de encubrimiento y contrabando. Y fuera de España el cigarrillo se apicaró más, hasta afeminarse, convertirse en *cigarrette* y como amaricado ganarse la camaradería de las mujeres. Y allá en Turquía se pringó con tales aliños que perdió su hombruno vigor indiano y salió, como un eunuco, a buscar fortuna por los harenes del mundo. Fue allá en la tierra musulmana donde surgieron para el tabaco las mezclas infieles que la tabacología mundial conoce con el nombre de *harman*, palabra del turco. Pero el indiano, el clérigo, el militar y el funcionario de España, aquí enriquecidos, conservaban en sus retiros peninsulares el tan caro como prestigioso vicio de fumar *habanos*, que de Cuba se hacían enviar.

Fue más que mediado el siglo XVIII, después de conquistada La Habana por los ingleses en 1762, cuando el tabaco habano salió a su vez a conquistar el mundo. Entonces salen los puros habanos de Cuba para Inglaterra en las rojas casacas de los oficiales británicos, y para Norteamérica con los militares yanquis que en la plaza habanera mandaron los regimientos coloniales, aquéllos que pronto, en 1776, harían la independencia de su país. Después de esa fecha histórica para Cuba ya el tabaco va extendiéndose fuera de España. En 1788 se estableció la primera fábrica de tabacos puros en Hamburgo por H. H. Schlottmann, y por 1793 ya están generalizados por toda Alemania. El filósofo Kant por 1798, en su *Anthropologie*, todavía emplea el vocablo español *zigarro*. Ya en el siglo XIX las intervenciones armadas de España por las tropas napoleónicas y wellingtonianas, y más tarde aquella de los Cien mil hijos de san Luis, son las que propagan el tabaco habano por las naciones de sus respectivas oriundeces. Así como fue en las nevadas trincheras de la guerra de Crimea donde se popularizó el uso de los cigarrillos entre los soldados, quienes los llevaron consigo al retorno de la campaña. Al cigarrillo lo apadrinaron el mendigo, el soldado y, al fin, el obrero; la pipa fue marinera, labriega y pastorial. El tabaco puro ha sido signo de sacerdocio, cacicazgo, señorío y burguesía.

En estos tiempos de ahora, cuando el capitalismo todo lo influye, apura, deforma y monetiza, el cigarrillo está imperando por razones de economía. Ha conquistado a la mujer, al proletariado y a buena parte de la clase media. Hasta los potentados se aficionan a su modesta significancia, dejando los tabacos de *vitola* para las fatuidades de la riqueza. El tabaco resulta muy costoso, es muy grande y duradero. Hoy no hay tiempo para fumarlo con todo el solaz que requiere; en los apremios de la vida cotidiana muchas veces habría necesidad de arrojarlo apenas comenzado a fumar; y eso sería despilfarro insoportable. El cigarrillo es corto y más rápido de consumir, por lo cual en trances tales se puede tirar sin daño ni pena, pues cuesta poco y se pierde casi nada. Se va al cigarrillo por complejo económico, por la creciente monetización del tiempo y por la proletarización del lujo de fumar.

Nos cuentan que en la moderna URSS, sus practicismos económicos hacen fabricar cigarrillos que en su longitud son mitad *boquilla* y mitad *picadura*; así se economiza para el consumo la mitad del tabaco picado, que no se fuma y ha de arrojarse al suelo, como se hace en todos los países, despreciando esos restos del cigarrillo como una *colilla* o basura. En España los pobres usan la *capada* o sea aprovechan los restos de las *colillas* y *cabos* de tabaco para rehacer nuevos *pitillos*. El hombre del pueblo, dice Pérez Vidal (pág. 118), quiere fumar él su cigarro, que bastante le cuesta, no que éste se le fume solo. Además, el fumador pobre tropieza con que, en los *pitillos* «de hebra», no puede emplear el más sutil recurso de economía tabaquera: el del *capado*. Por eso prefiere el cigarrillo *al cuadrado* sin engomar. Al rehacerlo, lo *capa*; es decir, le resta una pequeña cantidad de picadura, que guarda y une a la que ha ido restándole a los otros, para formar uno o dos cigarrillos más en cada paquete. Es una manera de economía ahorradora, una especie de contrabando; la que inspira también al *colillero*, que hace y vende nuevos *pitillos* hechos con esos restos de los *cabos* de tabacos y cigarrillos que se arrojan sin fumar. Hasta en La Habana la producción de cigarrería ya ha superado a la tabaquera.

Como era lógico, ya desde 1762 y 1776, pero sobre todo después de 1825 y 1826, cuando el tabaco pudo exportarse libre de trabas gubernativas, se inició en Cuba una gran corriente comercial de tabaco hacia Estados Unidos, Inglaterra y Alemania, así en rama como elaborado. En 1849 la exportación de rama se había triplicado. Se asegura, ya desde mediados del siglo pasado, que el crecimiento de la exportación muchas veces ha influido en la desviación de los buenos métodos de cultivo, procurándose obtener hoja grande y abundante más que aromática y bien coloreada; o sea cantidad más que calidad. ¡Prostitución del mercantilismo! Es ya la influencia del capitalismo industrial que tiende a convertir la tabacalería en una producción cuantitativa y amorfa, con las tradicionales apariencias de calidad y selección. ¡Taumaturgia del dinero! ¡Milagrería del capital! Vienen a la memoria las reflexiones y experiencias de Juan Ruiz (*Ob. cit.*, estrofas 493 y 494), el sacerdote juglar: «Yo vy allá en Roma do es la Santidad» cómo «el dinero, no solamente compraba Paraíso y ganaba salvación», también «fazie verdat mentiras o mentidas verdades». En Roma, donde está la «Santidad», como en la isla de Cuba, donde la santidad escasea, esos prodigios y transmutaciones de los hechos y las mercancías son consecuencia muy natural «de la propiedad que'l dinero ha», como escribiera el mismo perspicaz arcipreste en uno de sus versificados análisis psicosociales.

También se debe a las crecientes concentraciones del capitalismo financiero, a sus tentáculos imperialistas y a sus contubernios con los fiscos y los gobernantes que los manejan, si ya el azúcar como el tabaco están enredados por igual en la misma trama de tratados, monopolios, reciprocidades, aranceles, cuotas, restricciones agrarias, estabilizaciones, *carteles*, *trusts* y demás artimañas legislativas con que desde ha muchos años se fue ahogando por esos mundos el liberalismo, sustituido por una impositiva intervención directa del Estado en la vida económica nacional, establecida a manera de socialismo cojo y bizco a medias y unilateral, sin propósito equitativo ni provecho popular.

El capitalismo también va acercando los fenómenos industriales del tabaco a los del azúcar, aproximándolos a ambos en una creciente extranjerización, abrumadora para Cuba. Si el azúcar fue siempre económicamente predominio extranjero y redujo la participación cubana a lo indispensable, a su producción como materia prima, así se está ahora procurando que ocurra con el tabaco. Con la Guerra de los diez años (1868-1878) la producción tabacalera sufrió en Cuba profundamente. Por esa época buena parte de las vegas estaban en el Departamento Oriental, donde fue la rebelión separatista. Era famoso el tabaco de Yara, que se daba por las vegas del Cauto, y también el de Mayarí. Por eso se explica que la Guerra de los diez años acabase con muchas siembras de tabaco. Es también de esa época turbulenta la creación de un centro operante de la extranjerización de nuestra industria tabaquera en el vecino islote de Cayo Hueso, que los angloparlantes dicen *Key West*.

Como refiere Gerardo Castellanos G. (*Motivos de Cayo Hueso*, pág. 180), ya desde 1831 había en Cayo Hueso un núcleo de tabaqueros cubanos, apenas unos cincuenta. Hace un siglo que allí tenían una fabriquita, *chinchal* cubano, los hermanos Arnao, con dieciséis operarios. Pero fue al estallido de la Guerra de los diez años cuando numerosos tabaqueros cubanos, perseguidos en La Habana y sus comarcas aledañas, huyeron al peñón vecino, secular refugio de los expatriados de Cuba. Las pasiones políticas, por entonces vivísimas, fueron causa de que dos fabricantes de tabaco de La Habana, uno valenciano, don Vicente Martínez Ibor y otro cubano, don Eduardo Hidalgo Gato, creyesen útil salir de la colonia y arraigar en ciudades de La Florida, creando allí la industria de la fabricación de *tabacos* con materias primas y obreros expertos sacados de Cuba. Tampa, Ibor City, Cayo Hueso y hasta Nueva York fueron refugios de tabaqueros cubanos y españoles en busca de libertades políticas y de ventajas en sus salarios. Las continuas crisis de la vida cubana aumentaron los contingentes de operarios en las fábricas floridanas, y ellos fueron lejos de Cuba los principales sostenedores de las conspiraciones separatistas. Así el capitalismo montó sus fábricas en el extranjero y se llevó de Cuba el tabaco, los tabaqueros y los salarios. Así se ha ido descubanizando económicamente el tabaco en su fase industrial.

En esto fue aquí muy notable su contraste con el azúcar. El azúcar ha sido siempre en la economía de Cuba *materia prima*. Aquí nunca se ha podido refinar libremente para la exportación y como un producto terminado para el consumo ultramarino. Tiempo hubo cuando en Cuba no se refinaba el azúcar ni para el consumo interior y muchos de nuestros azúcares, que se llevaban *crudos*, nos los reexpedían después de *refinado* y, naturalmente, con un sobreprecio ganado por las refinerías extranjeras.

El tabaco, en cambio, fue siempre cultivado y completamente torcido en fábricas de Cuba y exportado para el consumidor extranjero como declarado producto del país y marcando ostentosamente su procedencia, mercantilmente cotizable, de genuino *habano*. Ya hoy no es siempre así. En el extranjero se fabrican tabacos que se venden como habanos, a veces con escasa o ninguna rama de Cuba, y se quiere que la industria aquí se vaya reduciendo meramente a lo agrario, o sea al cultivo de la hoja y acaso a la labor del despalillo. Esto se agrava con las crecientes importaciones en Cuba de cigarrillos hechos fuera del país, con tabaco extranjero y con sabores también extraños. Y este proceso de extranjerización no ha cesado. El maquinismo y el capitalismo financiero, que no son cubanos, lo fuerzan más y más, manteniendo a Cuba en la condición económica colonial, que ha sido la característica de su historia desde que el genovés Cristóbal Colón pensó el primer plan de economía para las Antillas españolas hasta hoy día en que los extranjeros siguen pensando por nosotros los últimos planes que hemos de seguir. Vuelven a la memoria las agudezas satíricas (*Ob. cit.*, estrofa 510) del gran poeta de la Edad Media hispana:

En suma te lo digo, tómalo tú mejor:
El dinero, del mundo es grand rrebolvedor,
Señor faze del syervo e del syervo señor,
Toda cosa del siglo se faze por su amor.
Por dineros se muda el mundo e su manera.

Tabaco y azúcar han tenido relaciones diversas con sus trabajadores.

El azúcar prefirió los brazos esclavos, el tabaco los hombres libres. El azúcar a la fuerza trajo negros, el tabaco estimuló la voluntaria inmigración de blancos.

Para la producción del azúcar se concentran la agricultura y la industria en un mismo lugar, creando esa compleja institución económico-social que es el *ingenio*, compuesta de la gran plantación de los cañaverales, de la enorme fábrica con sus maquinarias de prensado, evaporación, cristalización, centrifugación y transporte, y del núcleo urbano, caserío o ciudad, que es el *batey* con sus barracones, viviendas, talleres, almacenes, establos y otros servicios. En cambio, para la producción tabacalera se separan la agricultura y la industria; aquélla quedó siendo campesina y ésta siempre fue urbana y con preferencia habanera. Por esto, si al mejor tabaco en rama se le dice *vueltabajo*, por el nombre de una gran marca, al mejor tabaco torcido en todo el mundo se le llama *habano*, por el nombre de una gran ciudad. La *tabaquería* es una simple y cambiadiza localización callejera; el *ingenio* alcanza la categoría de un complejo y permanente accidente geográfico.

A causa de la forzosa concentración de agricultura e industria en la producción azucarera, el ingenio ha requerido siempre grandes dotaciones de braceros. Antaño éstos no se conseguían sino mediante la esclavitud de negros traídos de África, pues en Cuba pronto no hubo más indígenas a quienes subyugar. Hay que pasar la Guerra de los diez años (1868-1878), para que el trabajo azucarero desde 1886 sea del todo sin esclavos. En cambio, en la producción tabacalera el cultivo fue hortelano, hecho en los pequeños sitios de las vegas; con tierras ubérrimas y con pocos trabajadores, los cuales no solían exceder del grupo familiar. Por eso, el guajiro trabajador de las vegas fue preferentemente blanco y libre, aparte de algún esclavo negro, sobre todo ya en el siglo XIX, para ciertas labores de peonaje auxiliar.

La industria del tabaco fue organizada en la ciudad, promovida por los mercaderes y exportadores. Puede decirse que en la economía del tabaco cubano hubo en ella mercaderes antes que fabricantes; mientras que en la economía del azúcar antillano, aun cuando fue creada por el afán comercial de los pobladores, antes tuvo que establecerse el ingenio agroindustrial y luego organizarse el negocio exportador.

Primeramente los tabacos se torcieron por los tabaqueros en sus casas, individualmente, como labor secundaria de sus ordinarios quehaceres; o bien en pequeños *chinchales* o talleres artesanos, como aún los vemos para el consumo local en La Habana y en el mismo Nueva York (Capítulo ad. XXII). De estos tabaqueros, solitarios o en pequeños grupos, pasaban los mazos de tabacos torcidos a los comerciantes embarcadores, quienes los compraban, los clasificaban por sus tamaños y vitolas, los envasaban para la exportación y los expedían bajo la unidad y garantía de una exclusiva marca comercial. Algunas de esas marcas tienen más de un siglo y los fabricantes, o simples exportadores *marquistas*, han tenido siempre varias marcas para responder no solo al interés de la fábrica, sino al de los numerosos compradores de ultramar. Como se advierte, el capitalismo penetra en la economía tabacalera, como en otras muchas, por el comercio. Al principio la producción es casera, al capricho del artesano quien vende su producto al marquista. Será tiempo después cuando, al aumentarse el proletariado, nacerá el taller de tabaquería, la fábrica con galeras y el capitalismo industrial tabaquero.

Surgieron las fábricas de tabacos y cigarrillos con multitud de obreros sentados, o los talleres, ya en pleno siglo XIX. Por esto los tabaqueros, como los cultivadores de las vegas, fueron en su mayoría hombres libres, aun cuando también hubo algunos esclavos adiestrados y arrendados por sus amos para trabajar con la chaveta. Los exportadores o fabricantes de tabaco pretendieron contar con trabajadores sujetos a servidumbre y, por tanto, muy baratos y manejables; pero, siendo incompatible la esclavitud con el trabajo individualmente especializado, cuidadoso y fino que el tabaco exige, se aspiró a que fuesen tabaqueros los presos de las cárceles y presidios, los *siervos de la pena*, para quienes, obligados a encierro las labores de tabaquería eran muy acomodadas por su condición sedentaria. Si los talleres de los penales aún se denominan *galeras*, recordando las naves donde trabajaban los galeotes forzados al remo, también las actuales *naves* de las fábricas de tabacos en Cuba se siguen llamando *galeras* por evocación de las originarias tabaquerías carcelarias. Pero no era posible que los reclusos proporcionaran suficientes y capaces torcedores de tabacos y fue indispensable acudir al mercado del trabajo libre y asalariado. En cambio, en la fabricación de cigarrillos, menos especializada y cuidadosa, el trabajo penitenciario duró mucho más, hasta nuestros tiempos. Curioso es observar cómo a la vez que se aprovechaban los presos se utilizaban los soldados, condenados a la holganza en la reclusión cuartelera. En 1863 en La Habana hacían cigarrillos para sus 36 cigarrerías, 700 soldados y 350 presidiarios.

Al principio el laboreo de tabaquerías y cigarrerías estuvo en manos de la gente de color, de los libertos y de los chinos. Cosa natural si se atiende a que los oficios manuales o viles no eran muy del agrado de los blancos, por los prejuicios medievalescos que entonces eran muy arraigados y aún no son del todo desvanecidos. Los vegueros fueron predominantemente blancos; los tabaqueros fueron en su mayoría de color. Pero los fabricantes de tabacos fueron por lo común españoles arraigados en Cuba, con preferencia catalanes, asturianos y gallegos. Se dice que fueron los meticulosos chinos quienes organizaron las escogidas y la clasificación de los tabacos por multiplicación de sus colores.

Andando el tiempo, aumentada en Cuba la población blanca, cesada la trata esclavera y crecido el proletariado de los blancos y mestizos criollos, las fábricas de tabacos continuaron con obreros de todas las gentes y procedencias.

En la tabaquería hubo pocos extranjeros, casi todo quedó entre cubanos y españoles; no así en la azucarería que trajo copia de africanos y chinos para la faena bracera, franceses para la química y anglosajones para la mecánica, amén de los *peninsulares*, que antaño eran en Cuba los amos del país. Gaspar Manuel Jorge García Galló piensa que «en proporción al momento de la producción, viven más cubanos del tabaco que de la caña» («El tabaquero cubano», *Lyceum*, vol. I, pág. 76).

Si la sensual azúcar requiere rudo empeño de hombres para su laboreo, que es pesado, el viril tabaco exige manos delicadas, de mujer o de femenina figura, para su trato liviano. Antaño los tabacos para la fuma del guajiro veguero eran «elaborados por su mujer, por su hija o por su querida», como observó la condesa de Merlin. Y en las vegas, despalillos, fábricas y picaduras hay obreras. En Cuba es popular la *despalilladora* y en España la Carmen fue *cigarrera*. Fue al acabarse la guerra diezañeja, en 1878, cuando la mujer por primera vez entró como obrera en una fábrica de La Habana; fue en la cigarrería «La Africana». Antes la mujer envolvía y empaquetaba a mano los cigarrillos, trabajando en su casa; desde entonces entró abiertamente en el proletariado fabril. Es muy significativa esta coincidencia cronológica. Al agonizar la esclavitud, la codicia industrial ya no puede contar con esclavos; pero no se conforma con el salariado libre de los hombres y crea el proletariado femenino, que es más barato.

Pero en el azúcar no trabaja la mujer salvo algunas morenas llevadas a la siembra y al corte de la caña por la esclavitud, el hambre y las ventajas económicas de su recia musculatura; por su milenaria vida agrícola en África, donde en ciertas regiones que surtieron de esclavos a los tratantes los campos se siembran y cultivan a *coa* por las mujeres; y quizás por ciertas características de diformismo sexual que los antropólogos dicen haber advertido en algunas *razas* negras.

En el tabaco y el azúcar los trabajadores han tenido conflictos y rebeldías con los amos y patronos. Contra lo que generalmente se cree, las huelgas empezaron en estas Indias apenas los blancos de Europa comenzaron a sojuzgarlas. En 1503, antes de colonizarse Cuba, ya el gobernador Ovando se quejaba en la isla Española de los *alzamientos de indios* y *de negros*, los cuales se negaban al trabajo forzado y sin provecho propio. En el ingenio del almirante don Diego Colón, ya hubo en 1522 una sublevación de sus trabajadores (Capítulo ad. XX III). Y en Cuba, conquistada a partir de 1512, desde que se estableció la esclavitud hubo rebeliones contra ese régimen de labor. En 1538 los esclavos saquearon La Habana, junto con los corsarios franceses que la acometieron por el mar.

Como es fácil suponer, los trabajadores del azúcar así como los del tabaco han tenido siempre con sus amos y patronos intereses contrapuestos. En estas décadas últimas, cuando el maquinismo y el creciente influjo y concentración del capitalismo financiero van sintetizando e igualando los problemas del trabajo en todas las producciones, las demandas obreras en el azúcar y el tabaco han sido más semejantes que en pasadas épocas, cuando ambas estructuras industriales eran más diferentes entre sí.

En una y otra industria se han discutido tratos, jornales, horarios, accidentes, licencias, retiros y condiciones materiales y sanitarias. Pero, de todos modos, son notables las diferencias en la historia de los conflictos del trabajo con el azúcar y con el tabaco, a consecuencia del distinto régimen empleado en una y otra producción.

El azúcar fue producción de fundo y deudo, que hizo siervos; el tabaco lo fue de huerta y villa, que reconoció franquías.

Refiere Álvaro Reynoso que en los primitivos ingenios cubanos los esclavos vivían en bohíos, en esas chozas rústicas que se heredaron de los indios taínos; pero que al aumentar la población negra en Cuba y repetirse los alzamientos y cimarronerías, las dotaciones de esclavos fueron obligadas a vivir en *barracones*, encierros a modo de cárceles. Aún se pueden ver algunas de esas grandes prisiones azucareras, con una sola puerta y pequeñas, altas y enrejadas ventanas, donde fuera de las faenas se acorralaba a los esclavos, hombres, mujeres y niños, a los contramayorales, y hasta a los chinos semiesclavos y sus cuadrilleros. Hubo ingenios que tuvieron su castillo y su fuerte; torreones y fortines en sus bateyes y soldados privados y mercenarios para defenderlos contra las rebeliones de la fuerza popular. En las vegas fueron las tropas gubernativas las que, «a nombre del orden», alguna vez quemaron los bohíos indefensos del cultivador infeliz.

El campesino trabajador del tabaco luchó contra gabelas, monopolios y abusos restrictivos de la producción. El azucarero, no. El obrero del azúcar, por su parte, tuvo que luchar en los ingenios, almacenes y muelles por reducir el peso de sus cargas máximas, hoy el saco de 325 libras. El obrero del tabaco no tuvo ese agobio.

El tabaquero, por el carácter individual de su labor y de su producto, tuvo siempre derecho a la *fuma* para sí, o sea a una cantidad de tabacos de los por él elaborados, de los cuales podía apropiarse para su propio consumo. Acaso la *fuma* se originó de un antiguo régimen de retribución del trabajo de los *torcedores*. Cuenta Exquemelin por el año 1684, refiriéndose al famoso tabaco de La Habana, que los que enrollaban los cigarros, o sea los tabaqueros que los torcían, los *torcedores* se quedaban como precio de su labor con el 10 % de las hojas que recibían. Como se comprende fácilmente, esos antiguos *torcedores* no trabajaban a jornal ni a precio alzado por cantidad de producción, sino, al estilo de los molinos de los ingenios, iban «a la parte», recibiendo la materia prima que cada cultivador o fumador les llevaba para ser convertida en tabacos torcidos con la *vitola* a su gusto. Acaso ese sistema de retribuir la manipulación industrial del tabaco no se aplicó solamente a los tabacos torcidos, como cigarros, sino que también fue propio de los tabacos torcidos en cuerda o preparados en panes, y, quizás, también se aplicaba en los «artificios» o «ingenios» de moler tabaco o hacer rapé.

Esa forma porcentual de retribución, teniendo el tabaquero que devolver en materia elaborada el 90 % del peso de la materia prima que recibiera para elaborar, era propio de la industria doméstica de los artesanos, aseguraba contra hurtos y desperdicios al dueño de las hojas escogidas, le evitaba los anticipos de pagos y la inversión de dineros; pero le imponían al trabajador el gravamen de tener que convertir la cantidad de tabaco elaborado con que él era pagado bien a moneda o a otros productos necesarios para su consumo, aparte de proporcionarle el gustazo de una buena «fuma». Además, por tal causa, casi todo ese 10 % de tabaco por lo general entraba en la circulación mercantil de manera gravosa para el tabaquero quien, si bien podía saborear los tabacos para su fuma, para subsistir tenía que vender el resto de los tabacos por él ganados. Cabe, pues, presumir que de ese 10 % de productos que se entregaba al torcedor como precio de su trabajo, doméstico, debió de sobrevivir la *fuma*, cuando el trabajo del torcedor dejó de ser doméstico y pasó a las galeras o fábricas y su retribución se fue organizando en mayor escala, pagándose en dinero, por millares de cigarros producidos. Después, al convertirse aquél en trabajador para un patrón y asalariado y retribuido en dinero, quiso conservar para sí algo de aquella ventaja personal de poder fumar de los propios tabacos hechos por él, y se debió de pactar la *fuma* del torcedor. Con esto se evitaba, además, que por medios inaceptables y clandestinos los tabaqueros fumadores, todos lo eran, se hicieran de su fuma con las hojas que recibían para sus tareas y originasen así constantes y penosas controversias con los patronos, trastornadoras del trabajo en los talleres. Aun con este nuevo régimen, la fuma, considerada por algunos acá como una gratuidad inevitable llegó a tener valor económico cotizable. Los tabaqueros vendían sus fumas en el mercado callejero y los fabricantes, por su parte, las calcularon como una porción del precio del trabajo que era pagada en especie. Y por esta fuma contractual, imputada al costo del trabajo, hubo a veces acres controversias y huelgas. Nada semejante ocurre con el azúcar, fuera de la caña que en los cortes y carretas chupan ocasionalmente los cortadores. No hubo ni hay una *chupa* contractual en los ingenios, análoga a la *fuma* de las tabaquerías. Y si el obrero del batey quiere endulzar su café con azúcar, la ha de comprar en la tienda como otro artículo cualquiera de su consumo. En los viejos ingenios, tan solo a los colonos se acostumbraba remitirles algunos sacos de azúcar para su uso personal, de los que se elaboraban con más «turbinado» para el consumo del batey; pero, aun así, su precio se cargaba en la correspondiente cuenta para su pago cuando llegaba la liquidación de la zafra.

La historia del trabajo en Cuba fue hasta el último tercio del siglo XIX casi totalmente la historia de la esclavitud rural. Contra la opinión, aún muy generalizada, de que el negro aceptaba pasivamente su servidumbre, están en cada siglo las reiteradísimas noticias de los alzamientos y *palenques* de negros cimarrones y hasta de los suicidios colectivos a que acudían los infelices esclavos en su desesperación. Tuvieron fama los mandingas por suicidarse en grupo, libertándose así del trabajo y burlando al amo con su huelga eterna y su inacabable cimarronería por el otro mundo. Aquellos infelices, *apalencados* bajo tierra en las tumbas, creían que resucitaban en carne y espíritu allá en sus pueblos nativos del África. Y los amos crueles los mutilaban, aun después de muertos, y les perdían algunos miembros vitales de sus cuerpos, para que así aquéllos no pudieran resucitar sino mutilados, sin piernas, sin testículos o sin cabeza, y por eso los vivos renunciaran a suicidarse ante ese nuevo terror desesperante, aunque mitológico como una ultramundana pena del infierno.

Las huelgas de los ingenios y de los cafetales fueron las rebeldías de los negros esclavos. Algunas de las grandes sediciones de esclavos fueron presentadas por las mismas autoridades como verdaderas revoluciones sociales planeadas para la liberación del trabajo azucarero. Al cesar los esclavos, el proletariado rústico que los sustituyó fue generalmente quieto, antes y después de la última revolución para la independencia, la cual no tuvo el mismo sentido social que la de 1868 con la abolición de la esclavitud. No solo el guajiro de las labranzas y los cortadores de las zafras, sino también los operarios de las máquinas, participan del carácter fundamentalmente rural del proletariado azucarero, más disgregado, menos leído y menos dispuesto a la organización colectiva, permanente y dirigida. Solo en el siglo XX, ahora que los ingenios son ciudades con cientos de pobladores en sus bateyes, aparecen en la masa obrera fabril, menos campesina que antes, la conciencia de su clase, el esfuerzo de su organización y el impulso de las reivindicaciones.

El cultivador de tabaco, por ser campesino blanco, libre y en general afincado en su propiedad o aparcería, aun cuando fue montuno no fue *cimarrón* ni formó *palenques*, pero sí tuvo rebeliones como las ocurridas en los vegueríos habaneros durante el siglo XVIII, ferozmente reprimidas por la gobernación militar. Pero estas violentas rebeldías no fueron por inconformidades de esclavitud ni de salarios en la fase obrera del proceso productor, sino por abusos ocurridos en fase más avanzada, en la comercial, en impuestos y diezmos, impulsados por frailes refaccionistas de los vegueros y negociantes de contrabandos. Y si repercutían en el trabajo era porque la faena agraria, tal como se efectuaba, venía a recibir su remuneración en el momento comercial de la compra-venta de la cosecha ya obtenida. Nada de esto se vio en el azúcar, donde no hubo huelgas de pequeños colonos cuando éstos surgieron al mediar el siglo XIX, sino el juego de la competencia libre para ellos donde ésta se podía realizar o la sumisión inevitable al central.

En la ciudad, el tabaquero, que antaño no trabajó por horario sino a destajo, discutió el precio de sus labores por unidades, ruedas o millares producidos, y no por jornales, horas y turnos, como hizo el azucarero.

El siglo XIX no pasó sin luchas y quebrantos para la industria tabacalera. La condición del tabaco, como artículo llamado de lujo pero a la vez equiparable a los de necesidad por la enorme extensión y magnitud de su demanda, lo hace muy susceptible de ser gravado en todas las naciones con pesadísimos impuestos de consumo, de exportación y de importación. Especialmente estos últimos con frecuencia pasan en mucho del valor originario del tabaco, sobre todo si es elaborado. Esa creciente escala de tarifas aduaneras ha repercutido en Cuba, en más de una ocasión inesperadamente, ocasionando crisis dolorosas y en todo tiempo alterando los mercados y trastornando las manufacturas. Como percusión interna de esas trabas a la exportación, con frecuencia se han producido crisis de desempleo entre los tabaqueros cubanos, amén de acres contiendas entre éstos y los patronos por motivos de la retribución. Por ejemplo, ya en 1856 hubo en La Habana numerosos tabaqueros sin ocupación, debido a que en 1855 se exportaron, aparte de mucha rama, nada menos que 356.582.500 cigarros puros o tabacos torcidos, la exportación mayor que se ha hecho por Cuba, con motivo de que el mercado de Estados Unidos quiso estar relleno antes de que se produjera, el 3 de marzo de 1857, una gran subida a los derechos aduanales. Las emigraciones de tabaqueros cubanos a Cayo Hueso pueden en gran parte adscribirse durante la segunda mitad del pasado siglo a las reacciones defensivas de los tabaqueros perseguidos en La Habana por sus ideas liberales, antiesclavistas o separatistas, y oprimidos por el fabricante, que a sus recursos económicos unía su armamento fusilero de voluntario español. Cayo Hueso y Tampa fueron «campamentos civiles» de la revolución nacional, como dice Castellanos. Martí dijo de Cayo Hueso que era «riñón criollo, donde de todas las angustias de la vida surgían las sublimidades de la esperanza». Allí «Martí visitó las fábricas, ocupó sus tribunas y contagió a los tabaqueros con su elocuencia de fuego» (García Galló). Y los tabaqueros emigrados «contribuyeron abiertamente con el 10 % de su salario semanal para la revolución». Fue un diezmo sacro pagado al altar de la patria. Por eso, según Tesifonte Gallego, el capitán general Salamanca tramó intrigas tendientes a «destruir los centros tabacaleros de Cayo Hueso y Tampa, para aniquilar la organización rebelde».

También en el siglo XIX hubo grandes huelgas de tabaqueros. Aún hoy puede decirse que la relación entre patronos y obreros tabaqueros es constantemente de las más polémicas en el régimen del trabajo cubano. Ello se ha debido, sin duda, a que en la tabaquería no penetró tanto el esclavo; al carácter manual y cubano del trabajo; a las constantes alteraciones de los precios en los mercados extranjeros, variadísimos y lejanos, fuera de las cotizaciones públicas y del conocimiento de los operarios; y sobre todo, a una conciencia de clase proletaria más prontamente adquirida por los tabaqueros.

En todo esto ha tenido que influir mucho una costumbre típica de las tabaquerías cubanas, ocasionada por la diferencia del trabajo industrial, que es todo mecánico en el azúcar y todo manual en el tabaco. En el azúcar, las faenas industriales, desde la estera, el trapiche y los hornos hasta los tachos, las centrífugas y los envases, han de ejecutarse de pie, dispersos, y andando de un lado a otro en medio de un ruido diabólico. Los obreros en el ingenio apenas pueden hablarse, ni tampoco oírse.

La *lectura* no cabe en los ingenios de azúcar, en cuya casa de calderas no se pueden escuchar voces humanas. Ya ni se oyen las rítmicas canciones de trabajo con que antaño los esclavos daban ímpetu y ritmo a sus faenas en los trapiches, en las fornallas, en los entongues y en las bagaceras. Hoy día el ingenio es un monstruo mecánico que al moverse produce una ensordecedora sinfonía de rodajes, prensas, bielas, engranes, émbolos, pistones, válvulas, centrífugas y acarreos, con escapes de vapor que parecen rugidos de fiera y con silbidos estridentes como de sirenas enfurecidas.

En el tabaco, en cambio, la galera del taller puede permanecer silenciosa si se acalla el vocerío de las conversaciones. El manipuleo del tabaco se hace por los torcedores sentados en sendas mesas, unos junto a otros, como escolares que hacen repaso de sus libros en el colegio. Por esto ha sido posible establecer en las tabaquerías una costumbre tomada de los refectorios de los conventos y de las prisiones, cual es la de la lectura en alta voz para que la oigan todos los operarios mientras dura su tarea en el taller.

El azúcar se produce por una orquestación de máquinas ruidosas; el tabaco se elabora en silencio o con palabra libre. El azúcar se hace con ritmo colectivo; el tabaco con melodía individual. El azucarero industrial tiene trabajo muy movido, rudo, ensordecedor y rutinario; el tabaquero en la fábrica hace su labor sentado y con el goce y provecho de hablar y de oír.

Se dice que la lectura a los tabaqueros fue introducida, ya muy mediado el siglo XIX, en las dos galeras de presos cigarreros que había en el Arsenal de La Habana; y de allí la *lectura* pasó a los talleres de tabaquerías. Se cuenta por el reverendo Manuel Deulofeu que donde por primera vez se estableció permanentemente la lectura en el taller, como institución obrera de la tabaquería, fue en la villa de Bejucal por el año 1864. Y él recuerda el nombre de su primer lector, Antonio Leal, en la galera de la fábrica de Viñas. Parece que también fue en Bejucal, en la fábrica de Facundo Acosta, donde el lector de tabaquería leyó primero en tribuna. Quizás no sea posible precisar dónde nació y dónde fue establecida la *lectura* tabaqueril. Pero es seguro que no fue capricho ni mera imitación el establecimiento de la lectura en los talleres, sino propósito bien meditado de propaganda social. Hubo campaña para establecer esa costumbre, presentándola como imitación de los civilizadores y democráticos «salones de lectura pública», que estuvieron en boga en los Estados Unidos. Así propugnó la lectura tabaquera el semanario proletario *La Aurora*, de La Habana, en 1865, apenas esa revista se fundó; así la defendieron los liberales en un editorial de *El Siglo* (25 de enero de 1866), de La Habana, «La lectura en las tabaquerías», recordando cómo en el extranjero eran frecuentes las lecturas públicas pagando los oyentes al lector; así se oyó en aquel país al eminente novelista Carlos Dickens leyendo sus propias obras y a muchos lectores sin personalidad que leían libros ajenos. «¡Pagar por oír hablar, pagar por oír leer!», exclamaba muy pesimista el escritor de *El Siglo*. Pero su desconfianza fue infundada y en las tabaquerías se leyó cada día y los artesanos pagaron por oír leer. En La Habana la lectura se introdujo en las tabaquerías el año 1865, a impulsos de Nicolás Azcárate, el liberal cubano. Fue la fábrica «El Fígaro» la primera que permitió la lectura en los talleres, siguiendo al siguiente año en la fábrica de don Jaime Partagás. Pero es indudable que desde muchos años antes la había recomendado el viajero español Salas y Quiroga, al escribir sus observaciones sobre los cafetales de Cuba, en cuyas escogidas pidió que se introdujera pero donde nunca se estableció.

Por medio de la *lectura* en alta voz el taller de la tabaquería ha tenido su órgano de propaganda interna. La primera lectura que se dio en una tabaquería de La Habana fue la de un libro titulado *Las luchas del siglo*. Fue simbólica. La mesa de lectura de cada tabaquería fue, según dijo Martí, «tribuna avanzada de la libertad». Cuando, el año 1896, Cuba se agita revolucionariamente contra el absolutismo borbónico y guerrea por su independencia, un bando gubernativo del 8 de junio de 1896 hace callar las tribunas tabaqueras. No pocos de sus lectores llegaron a ser líderes de la política proletaria, si bien algunos acabaron en desertores cuando no en traición pagada.

Fue por esta más aguda sensibilidad política de los obreros del tabaco, unidad a otras concausas, que ha podido notarse en Cuba el extraordinario fenómeno de dos transmigraciones contradictorias y paralelas, de una emigración, la de obreros tabaqueros cubanos para trabajar en el exterior, al propio tiempo que una inmigración, la de brazos extraños para la industria azucarera del país. Mientras los obreros cubanos tenían que emigrar de su patria para poder trabajar, otros, extranjeros, venían a ella para trabajar y poder subsistir.

Por la lectura se explica también que los tabaqueros sean en Cuba los primeros trabajadores cubanos que se han asociado con fines clasistas. Ya en 1865, un tabaquero, Saturnino Martínez, fundó el semanario *La Aurora*. Fueron tabaqueros los que fundaron ese mismo año la «Sociedad de Socorros Mutuos de Artesanos de La Habana», la «Fraternal de Santiago de las Vegas» y la «Sociedad de Artesanos de San Antonio de los Baños». En 1878 y 79 establecieron en La Habana el «Gremio Obrero» y el «Centro de Artesanos», y en 1885 el «Círculo de Trabajadores». En 1878 los escogedores crearon su gremio, cuyos famosos estatutos escribió el ya citado político Nicolás Azcárate. En 1892 los obreros tabaqueros organizaron y celebraron el primer congreso obrero, no sin provocar persecuciones. Fue el tabaquero cubano quien apoyó con más denuedo y persistencia la acción revolucionaria de José Martí para la independencia de Cuba. De Cayo Hueso y metida en un tabaco que elaboró Fernando Figueredo, gran ciudadano, general y tabaquero, fue que llegó a La Habana en 1895 la orden de la revolución por la independencia nacional. Para el poeta la flor del tabaco evoca la «estrella solitaria» de la bandera nacional; es una estrella de cinco puntas, corola blanca y de rojizos bordes.

Aún hoy día la «Sociedad de Torcedores» es de la más antiguas y arraigadas entre las organizaciones del proletariado cubano. En la época presente la instrucción se ha difundido mucho entre los obreros de Cuba; un tiempo los tabaqueros fueron los «doctores» del proletariado cubano. Y los lectores fueron «graduados de taller», según Martí. Como éste les dijo a los tabaqueros de Tampa, en su famoso discurso revolucionario del 26 de noviembre de 1891, ellos trabajaban «con la mesa de pensar al lado de la de ganar el pan». Y habló de «aquellas fábricas que son como academias con su leer y su pensar continuos, y aquellos liceos donde la mano que dobla en el día la hoja de tabaco, levanta en la noche el libro de enseñar». Trabajador de hojas de tabaco y de hojas de libro. Así era el tabaquero. Aún él es en Cuba el obrero «iluminado», con «un barniz intelectual que lo hace sentirse superior en ese aspecto a los demás obreros. De ahí que él se permita hablar de todo y dar su opinión en todo» (García Galló). Discutidor y polemista. Algunos creen que por su intelectualismo y tradición romántica, «no acaba de comprender las nuevas ideas de la lucha de clases» o si las comprende no se acomoda a la disciplina requerida por su estrategia. Pero es seguro que en el tabaquero hay siempre un inconforme, que razona y pide renuevo del modo de vivir.

Para las fábricas cigarreras de España, junto con los tabacos de La Habana, sus puros, cigarros, picaduras y sus rapés, fue la *lectura* en los talleres, donde fueron *lectoras* las encargadas de esa supervivencia del iluminismo. En La Coruña, San Sebastián y otras galeras españolas hubo típicas *lectoras*, que sirvieron a Emilia Pardo Bazán para la protagonista de su novela *La tribuna*.[7]

En los tiempos que corren, el maquinismo, que mucho tiempo ha penetró en la cigarrería y que ya quiere expulsar al torcedor, se ha entrometido también en la típica lectura. Por 1923 se introdujo la audición por radio en la fábrica «Cabañas y Carvajal». El lector se colocaba los auriculares y retransmitía al taller las noticias. Por 1936 convivían aún la radio y el lector; pero ya la máquina está venciendo al lector de tabaqueros por medio de la radiofonía que le comunica por los aires la lectura. Mas no es ya la típica *lectura* noticiera y de textos selectos y expresamente votados por los tabaqueros en cada galera, como una *escogida* más de su arte. Y así en la tribuna ya desierta y solo ocasionalmente ocupada, no se leen libros nuevos ni disertaciones polémicas. Se calla el lector compañero y lo sustituyen los locutores anónimos. Y por los aires llega al taller un pésimo *rebujo* de los más bajos rezagos mentales, aunque envuelto en música, como los tabacos peores se suelen encubrir con vistoso papel de estaño por sus apariencias de rica plata.

Cuba tuvo dos orgullos paralelos, síntesis de este curiosísimo contraste, el ser el país que producía el azúcar en más cantidad y el tabaco en más calidad. El primero fue desvanecido; el segundo nadie se lo puede quitar.

Ya se ha visto cómo el tabaco y el azúcar han contrastado siempre hasta que las máquinas y el capitalismo financiero han ido aplanando sus diferencias, deshumanizando sus economías y equiparando más y más sus problemas.

---

7 Véase la edición de Linkgua, Barcelona, 2021. (N. del E.)

Pero adviértase también que si el azúcar y el tabaco tienen contraste, jamás tuvieron conflictos entre sí. Tuvo y tiene el azúcar de caña muy agria controversia con el de remolacha (Capítulo ad. XXIV), lucha desesperada de la *sugar-cane* y la *beet-sugar*; hay una guerra mundial que ya pasa de un siglo, la «Guerra de los dos azúcares», como hubo la «Guerra de las dos rosas». Tuvo y tiene el legítimo tabaco de Cuba su brega furiosa con el tabaco extranjero y más con aquél que le bastardea su nombre (Capítulo ad. XXV), la pelea del *habano* contra la *mabinga*; hay una guerra universal de los tabacos que dura siglos como la hubo y habrá entre los hombres. Pero entre azúcares y tabacos jamás hubo enemistad.

No hay, pues, para los versadores de Cuba, como habría querido aquel arcipreste apicarado, una *Pelea de don Tabaco y doña Azúcar*, sino un mero discreteo que debiera acabar, como los cuentos de hadas, en casorio y felicidad. En la boda del tabaco con el azúcar. Y en el nacimiento del alcohol, concebido por obra y gracia del espíritu satánico, que es el mismo padre del tabaco, en la dulce entraña de la impurísima azúcar. Trinidad cubana: tabaco, azúcar y alcohol.

Acaso canten un día los vates del pueblo de Cuba cómo el alcohol heredó del azúcar las virtudes y del tabaco las malicias; cómo del azúcar, que es masa, tiene las energías y del tabaco, que es selecto, la inspiración; cómo el alcohol, hijo de tales padres, es fuego, fuerza, espíritu, embriaguez, pensamiento y acción.

Y con el alcohol en las mentes terminará el contrapunteo.

Transculturación del tabaco habano e inicios del azúcar y de la esclavitud de negros en América

I. Del «contrapunteo» y de sus capítulos complementarios

El *Contrapunteo cubano del tabaco y el azúcar* es un ensayo de carácter esquemático. No trata de agotar el tema, ni pretende que las señaladas contraposiciones económicas, sociales e históricas entre ambos grandes productos de la industria cubana sean todas tan absolutas y tajadas como a veces se presentan en el contraste. Los fenómenos económico-sociales son harto complejos en su evolución histórica y los múltiples factores que los determinan los hacen variar grandemente en sus trayectorias, ora acercándolos entre sí por sus semejanzas como si fuesen de un mismo orden, ora separándolos por sus diferencias hasta hacerlos parecer como antitéticos. De todos modos, en lo substancial se mantienen los contrastes tales como han sido señalados.

Las ideas contenidas en este *Contrapunteo cubano del tabaco y el azúcar* y los hechos en que aquéllos se apoyan podrían ser acompañados de una amplísima y sistemática documentación distribuida en notas. La índole de este trabajo nos excusará si no la hemos aportado a estas páginas. Sin embargo, hemos traído a este volumen multitud de datos y documentos, glosados a nuestro pobre entender. Estos forman dos grupos: uno de Transculturación del tabaco habano y el otro acerca de los Inicios del azúcar y de la esclavitud de negros en América.

Estas adiciones al *Contrapunteo* están numeradas e indicadas en el texto de éste y en sus lugares oportunos. Son a modo de capítulos complementarios al mismo; con tema propio y sustantivo, pero relacionados con ciertos aspectos fundamentales del *Contrapunteo* y convenientes para el lector que quiera ahondar en ellos.

Los temas de dichos capítulos adicionales son los que diremos a renglón seguido, agrupándolos por sus asuntos.

TRANSCULTURACIÓN DEL TABACO HABANO

II. Del fenómeno social de la «transculturación» y de su importancia en Cuba.

   III. De las semillas del tabaco.

   IV. De la poca nicotina del tabaco cubano.

   V. De las noticias que dio un jesuita acerca del tabaco y sus virtudes.

   VI. Del tabaco y el cáncer.

INICIOS DEL AZÚCAR Y DE LA ESCLAVITUD DE NEGROS EN AMÉRICA

II. Del fenómeno social de la «transculturación» y de su importancia en Cuba

Con la venia del lector, especialmente si es dado a estudios sociológicos, nos permitimos usar por primera vez el vocablo *transculturación*, a sabiendas de que es un neologismo. Y nos atrevemos a proponerlo para que en la terminología sociológica pueda sustituir, en gran parte al menos, al vocablo *aculturación*, cuyo uso se está extendiendo actualmente.

Por *aculturación* se quiere significar el proceso de tránsito de una cultura a otra y sus repercusiones sociales de todo género. Pero *transculturación* es vocablo más apropiado.

Hemos escogido el vocablo *transculturación* para expresar los variadísimos fenómenos que se originan en Cuba por las complejísimas transmutaciones de culturas que aquí se verifican, sin conocer las cuales es imposible entender la evolución del pueblo cubano, así en lo económico como en lo institucional, jurídico, ético, religioso, artístico, lingüístico, psicológico, sexual y en los demás aspectos de su vida.

La verdadera historia de Cuba es la historia de sus intrincadísimas transculturaciones. Primero la transculturación del indio paleolítico al neolítico y la desaparición de éste por no acomodarse al impacto de la nueva cultura castellana.

Después, la transculturación de una corriente incesante de inmigrantes blancos. Españoles, pero de distintas culturas y ya ellos mismos *desgarrados*, como entonces se decía, de las sociedades ibéricas peninsulares y transplantados a un Nuevo Mundo, que para ellos fue todo nuevo de naturaleza y de humanidad, donde tenían a su vez que reajustarse a un nuevo sincretismo de culturas. Al mismo tiempo, la transculturación de una continua chorrera humana de negros africanos, de razas y culturas diversas, procedentes de todas las comarcas costeñas de África, desde el Senegal, por Guinea, Congo y Angola, en el Atlántico, hasta las de Mozambique en la contracosta oriental de aquel continente. Todos ellos arrancados de sus núcleos sociales originarios y con sus culturas destrozadas, oprimidas bajo el peso de las culturas aquí imperantes, como las cañas de azúcar son molidas entre las mazas de los trapiches. Y todavía más culturas inmigratorias, en oleadas esporádicas o en manaderos continuos, siempre fluyentes e influyentes y de las más varias oriundeces: indios continentales, judíos, lusitanos, anglosajones, franceses, norteamericanos y hasta amarillos mongoloides de Macao, Cantón y otras regiones del que fue Imperio Celeste. Y cada inmigrante como un desarraigado de su tierra nativa en doble trance de desajuste y de reajuste, de *desculturación* o *exculturación* y de *aculturación* o *inculturación*, y al fin de síntesis, de *transculturación*.

En todos los pueblos la evolución histórica significa siempre un tránsito vital de culturas a ritmo más o menos reposado o veloz; pero en Cuba han sido tantas y tan diversas en posiciones de espacio y categorías estructurales las culturas que han influido en la formación de su pueblo, que ese inmenso amestizamiento de razas y culturas sobrepuja en trascendencia a todo otro fenómeno histórico. Los mismos fenómenos económicos, los más básicos de la vida social, en Cuba se confunden casi siempre con las expresiones de las diversas culturas. En Cuba decir siboney, taíno, español, judío, inglés, francés, angloamericano, negro, yucateco, chino y criollo, no significa indicar solamente los diversos elementos formativos de la nación cubana, expresados por sus sendos apelativos gentilicios. Cada uno de éstos viene a ser también la sintética e histórica denominación de una economía y de una cultura de las varias que en Cuba se han manifestado sucesiva y hasta coetáneamente, produciéndose a veces los más terribles impactos. Recordemos aquél de la «destrucción de las Indias», que reseñó Bartolomé de las Casas.

Toda la escala cultural que Europa experimentó en más de cuatro milenios, en Cuba se pasó en menos de cuatro siglos. Lo que allí fue subida por rampa y escalones, aquí ha sido progreso a saltos y sobresaltos. Primero fue la cultura de los *siboneyes* y *guanajabibes*, la cultura paleolítica. Nuestra edad de piedra. Mejor, nuestra edad de piedra y palo; de piedras y maderas rústicas sin bruñir, y de conchas y espinas de peces, que eran como piedras y púas del mar.

Después, la cultura de los indios *taínos*, que eran neolíticos. Edad de la piedra con pulimento y de madera labrada. Ya con los taínos llegan la agricultura, la sedentariedad, la abundancia, el cacique y el sacerdote. Y llegan por conquista e imponen la *transculturación*. Los siboneyes pasan a siervos *naborias* o huyen a las serranías y selvas, a los *cibaos* y *coanaos*. Luego, un huracán de cultura; es Europa. Llegaron juntos y en tropel el hierro, la pólvora, el caballo, el toro, la rueda, la vela, la brújula, la moneda, el salario, la letra, la imprenta, el libro, el señor, el rey, la iglesia, el banquero... Y un vértigo revolucionario sacudió a los pueblos indios de Cuba, arrancando de cuajo sus instituciones y destrozando sus vidas. Se saltó en un instante de las soñolientas edades de piedra a la edad muy despertada del Renacimiento. En un día se pasaron en Cuba varias edades; se diría que miles de «años-culturas» si fuere admisible una tal métrica para la cronología de los pueblos. Si estas Indias de América fueron Nuevo Mundo para los pueblos europeos, Europa fue Mundo Novísimo para los pueblos americanos. Fueron dos mundos que recíprocamente se descubrieron y entrechocaron. El contacto de las dos culturas fue terrible. Una de ellas pereció, casi totalmente, como fulminada. Transculturación fracasada para los indígenas y radical y cruel para los advenedizos. La india sedimentación humana de la sociedad fue destruida en Cuba y hubo que traer y transmigrar toda su nueva población, así la clase de los nuevos dominadores como la de los nuevos dominados. Curioso fenómeno social éste de Cuba, el de haber sido desde el siglo XVI igualmente invasoras, con la fuerza o a la fuerza, todas sus gentes y culturas, todas exógenas y todas desgarradas, con el trauma del desarraigo original y de su ruda transplantación, a una cultura nueva en creación.

Con los blancos llegó la cultura de Castilla y envueltos en ella vinieron andaluces, portugueses, gallegos, vascos y catalanes. Pudiera decirse que la representación de la cultura ibérica, la blanca subpirenaica. Y también desde las primeras oleadas inmigratorias arribaron genoveses, florentinos, judíos, levantinos y berberiscos, es decir, la cultura mediterránea, mixtura milenaria de pueblos y pigmentos, desde los normandos rubios a los subsaharianos negros. Mientras unos blancos trajeron la economía feudalesca, como conquistadores en busca de saqueo y de pueblos que sojuzgar y hacer pecheros, otros, blancos también, venían movidos por la economía del capitalismo mercantil y aun del industrial que ya alboreaba. En varias economías que llegaban, entre sí resueltas y en transición, a sobreponerse a otras economías también varias y mezcladas, pero primitivas y de imposible adaptación a los blancos de aquel ocaso de la Edad Media. El mero paso del mar ya les cambiaba su espíritu; salían rotos y perdidos y llegaban señores; de dominados en su tierra pasaban a dominadores en la ajena. Y todos ellos, guerreros, frailes, mercaderes y villanos, vinieron en trance de aventura, desgajados de una sociedad vieja para reinjertarse en otra, nueva de climas, de gentes, de alimentos, de costumbres y de azares distintos; todos con las ambiciones tensas o disparadas hacia la riqueza, el poderío y el retorno allende al declinar de su vida; es decir, siempre en empresa de audacia pronta y transitoria, en línea parabólica con principio y fin en tierra extraña y solo un pasar para el medro en este país de Indias.

No hubo factores humanos más trascendentes para la cubanidad que esas continuas, radicales y contrastantes transmigraciones geográficas, económicas y sociales de los pobladores, que esa perenne transitoriedad de los propósitos y que esa vida siempre en desarraigo de la tierra habitada, siempre en desajuste con la sociedad sustentadora. Hombres, economías, culturas y anhelos todo aquí se sintió foráneo, provisional, cambiadizo, «aves de paso» sobre el país, a su costa, a su contra y a su malgrado.

Con los blancos llegaron los negros, primero de España, entonces cundida de esclavos guineos y congos, y luego directamente de toda la Nigricia. Con ellos trajeron sus diversas culturas, unas selváticas como la de los siboneyes, otras de avanzada barbarie como la de los taínos, y algunos de más complejidad económica y social, como los mandingas, yolofes, hausas, dahomeyanos y yorubas, ya con agricultura, esclavos, moneda, mercados, comercio forastero y gobiernos centralizados y efectivos sobre territorios y poblaciones tan grandes como Cuba; culturas intermedias entre las tainas y las aztecas; ya con metales, pero aún sin escritura.

Los negros trajeron con sus cuerpos sus espíritus, pero no sus instituciones, ni su instrumentario. Vinieron negros con multitud de procedencias, razas, lenguajes, culturas, clases, sexo y edades, confundidos en los barcos y barracones de la trata y socialmente igualados en un mismo régimen de esclavitud. Llegaron arrancados, heridos y trozados como las cañas en el ingenio y como éstas, fueron molidos y estrujados para sacarles su jugo de trabajo. No hubo otro elemento humano en más profunda y continua transmigración de ambientes, de culturas, de clases y de conciencias. Se traspasaron de una cultura a otra más potente, como los indios; pero éstos sufrieron en su tierra nativa, creyendo que al morir pasaban al lado invisible de su propio mundo cubano, y los negros, con suerte más cruel, cruzaron el mar en agonía y creyendo que aún después de muertos tenían que repasarlo para revivir allá en África con sus padres perdidos. Fueron los negros arrancados de otro continente como los blancos; pero aquéllos fueron traídos sin voluntad ni ambición, forzados a dejar sus antecedentes costumbres tribales para aquí desesperarse en la esclavitud, mientras el blanco, que de su tierra salía desesperado, llegaba a las Indias en orgasmo de esperanzas, trocado en amo ordenador. Y si indios y castellanos en sus agobios tuvieron amparo y consuelo de sus familias, sus prójimos, sus caudillos y sus templos, los negros nada de eso pudieron hallar. Más desgarrados que todos, fueron aglomerados como bestias en jaula, siempre en rabia impotente, siempre en ansia de fuga, de emancipación, de mudanza y siempre en trance defensivo de inhibición, de disimulo y de aculturación a un mundo nuevo. En tales condiciones de desgarre y amputación social, desde continentes ultraoceánicos, año tras año y siglo tras siglo, miles y miles de seres humanos fueron traídos a Cuba. En mayor o menor grado de disociación estuvieron en Cuba así los negros como los blancos. Todos convivientes, arriba o abajo, en un mismo ambiente de terror y de fuerza; terror del oprimido por el castigo, terror del opresor por la revancha; todos fuera de justicia, fuera de ajuste, fuera de sí. Y todos en trance doloroso de transculturación a un nuevo ambiente cultural.

Después de los negros fueron llegando judíos, franceses, anglosajones, chinos y gentes de todos los rumbos; todas ellas a un *nuevo mundo*, y todas de paso, a un proceso de transplantación y reforma más o menos hirviente.

Entendemos que el vocablo *transculturación* expresa mejor las diferentes fases del proceso transitivo de una cultura a otra, porque éste no consiste solamente en adquirir una distinta cultura, que es lo que en rigor indica la voz anglo-americana *aculturation*, sino que el proceso implica también necesariamente la pérdida o desarraigo de una cultura precedente, lo que pudiera decirse una parcial *desculturación*, y, además, significa la consiguiente creación de nuevos fenómenos culturales que pudieran denominarse de *neoculturación*. Al fin, como bien sostiene la escuela de Malinowski, en todo abrazo de culturas sucede lo que en la cópula genética de los individuos: la criatura siempre tiene algo de ambos progenitores, pero también siempre es distinta de cada uno de los dos. En conjunto, el proceso es una *transculturación*, y este vocablo comprende todas las fases de su parábola.

Estas cuestiones de nomenclatura sociológica no son baladíes para la mejor inteligencia de los fenómenos sociales, y menos en Cuba donde, como en pueblo alguno de América, su historia es una intensísima, complejísima e incesante *transculturación* de varias masas humanas, todas ellas en pasos de transición. El concepto de la *transculturación* es cardinal y elementalmente indispensable para comprender la historia de Cuba y, por análogas razones, la de toda América en general. Pero no es ésta la ocasión oportuna para extendernos en ese tema.

Sometido el propuesto neologismo, transculturación, a la autoridad irrecusable de Bronislaw Malinowski, el gran maestro contemporáneo de etnografía y sociología, ha merecido su inmediata aprobación. Con tan eminente padrino, no vacilamos en lanzar el neologismo susodicho.

III. De las semillas de tabaco

Hasta en la cantidad excepcional de semillas que ofrece el tabaco hay algo de maravilloso. Esa fue una de las causas de su rápida extensión por todos los continentes, una vez que los castellanos hallaron tal planta en América y cayeron ante sus tentaciones.

Las semillas de la planta del tabaco son numerosísimas y muy diminutas. En una onza de peso caben de 300.000 a 400.000. Con una onza de semillas se podrían teóricamente reproducir más de 300.000 plantas. Cada planta de tabaco puede dar hasta un millón de semillas, según William George Freeman. Cada una de estas semillas podría producir otro millón de ellas. Si no hubiera factores que se opusieran a la germinación de tanta simiente, en pocas generaciones toda la superficie de la tierra estaría cundida de matas de tabaco.

IV. De la poca nicotina del tabaco cubano

Creemos que ha de ser oportuna esta ocasión para rectificar otro error
comente sobre el tabaco de Cuba, al cual se atribuye excesiva nicotina,
siendo precisamente lo contrario. Desde mediados del siglo XIX Schloesing
había descubierto que el tabaco de Cuba es el que tiene menos nicotina (T.
Schloesing, *Investigaciones acerca del tabaco*. En *Documentos relativos al
cultivo del tabaco*, recopilados por Álvaro Reynoso, La Habana, 1888, tomo I).
Schloesing, a quien algunos han llamado «el químico del tabaco», autoridad
forzada para quienes desean conocer los análisis químicos del tabaco, de sus
cenizas y de su humo, dijo:

Que el tabaco fermentado contiene menos nicotina (C_{10} H_{14} N_2), que el tabaco
sin fermentar de la propia vega; y que las cantidades de amoniaco y de nicotina
están en proporción inversa, pues los mejores tabacos tienen más amoníaco y
menos nicotina.

El tabaco Habano contiene, generalmente, 2 % de nicotina y 0,87 % de amoníaco.
El Kentucky, 6,09 % de nicotina y 0,33 % de amoniaco. El Virginia, 6,90 % de
nicotina y 0,15 % de amoníaco.

Modernamente se han ratificado los descubrimientos de Schloesing. La muy
importante revista médica *The Lancet*, de Londres, ha publicado datos concluyentes a ese respecto. En el número publicado en abril de 1912, consta que
en los experimentos que se hicieron con distintas clases de tabacos, incluso
con el llamado «Caporal», francés sin nicotina (desnicotinado artificialmente),
se comprobó que el tabaco torcido de La Habana tiene 0,64 % de nicotina; el
«Caporal» desnicotinado artificialmente, 0,60 %; el «Caporal» corriente, 2,60
%; los cigarrillos de Virginia, 1,40 a 1,60 %; los cigarrillos turcos, 1,38 %; los
egipcios, 1,74 % y los tabacos torcidos ingleses, 1,24 %. Está evidenciada la
escasísima toxicidad del tabaco torcido de La Habana si se le compara con
todos los demás.

La revista citada dice textualmente:

If nicotine is the substance to be avoided in tobacco, it would appear that the
Havana cigar gives advantages on that head. It is somewhat surprising to find

that cigars, which are generally looked upon as a strong form of smoking, cointain a smaller percentage of nicotine than smoking mixtures or even than some cigarettes; in fact, a brand of *Havana cigar* yielded only as much nicotine as a cigarette called «nonnicotinic». Pipe mixtures contain the largest amount of nicotine (2.40-2.85 per cent), Egyptian and Turkish cigarettes come next (1.38-1.74), Virginian cigarettes showing similar figures (1.40-1.60) while a British cigar contains even less (1.24 per cent) and a *Havana cigar* the least of all (0.64 per cent). The cigarette, whether Egyptian, Turkish of American, yields the least amount of its total nicotine to the smoke formed, while the pipe yields a very large proportion (in some cases between 70 and 80 per cent) of its nicotine to the smoke reaching the mouth of the consumer. Analysis of cigar smoke gives figures midway between the two. It should be observed, however, that though the cigarette smoke, according to these experiments, offers the least objections from the point of view of nicotine, there are indication of other products (referring to furfural) being present in cigarette smokes, and which cannot be dismissed harmless. It has to be remembered also that it is so often the cigarette smoker who is guilty of excess. On several instances the analysis was repeated and the results obtained were very consistent.

(*The Lancet*, april 6th, 1912.)

Se han reportado análogos resultados acerca de la proporción subpromedial de la nicotina en el tabaco de Cuba, según algunas investigaciones realizadas por los doctores Irving S. Wright y Dean Moffat, de Nueva York, y publicadas en el *Journal of the American Medical Association*.

Los doctores Wright y Moffat acusan a la nicotina, y no al óxido de carbono u otros constituyentes del tabaco a los cuales ha sido costumbre responsabilizar hasta hace poco, como el componente nocivo. Apuntan también que la cantidad de nicotina en una clase dada de tabaco propiamente dicho o en forma de puro o cigarrillo, no es la cuestión vital, sino «cuál es la cantidad realmente absorbida por las membranas mucosas y paredes alveolares en la corriente sanguínea». Ellos citan algunos ejemplos: el «tabaco cubano tiene 1,5 % de nicotina»; el tabaco de Maryland tiene 2 %; el tabaco de Virginia, 6 %; el tabaco de Kentucky, 8 % (Publicado por la revista *Ultra*, de La Habana, en su número 19, de enero de 1958, pág. 69).

Los promedios de nicotina observados en el tabaco de Cuba varían en pequeñas fracciones, según los experimentos; pero todos coinciden en demostrar la excepcional y extrema posición del tabaco cubano en ese aspecto.

Por otra parte, no son inoportunas las siguientes consideraciones respecto a este tema, recogidas por la Comisión Nacional de Propaganda y Defensa del Tabaco Habano:

Hay que tener en cuenta, que la cantidad de nicotina está en razón inversa de la cantidad de amoníaco; es decir, de las substancias que le dan al tabaco su aroma peculiar. Se observa que el tabaco de La Habana, que es el que tiene menos nicotina, según los análisis demuestran es el que tiene mayor cantidad de amoniaco, o sea, de las esencias que dan al tabaco su perfume y sabor insuperables. Refiriéndonos a esta alcalinidad, o proporción de amoníaco, tenemos que el tabaco torcido de La Habana tiene 1,13 % de amoníaco; el torcido de Inglaterra, 0,63 %; los cigarrillos de Virginia, 0,07 %; el «Caporal» francés, 0,25 %; el «Caporal» desnicotinado artificialmente, 0,05 %; el cigarrillo turco, 0,06 %, y el egipcio, 0,15 %.

Por lo demás, no hay que referirse solo a la nicotina cuando se habla de los perniciosos efectos del humo del tabaco. En la revista *The Lancet* de agosto de 1912, se cita el caso de muchachos intoxicados al tratar de fumar un pedazo de caña seca; y aquí no se puede hablar de nicotina para explicar el envenenamiento producido, que se debió, indudablemente, a otros productos de la combustión, cuya absorción produjo esos perniciosos efectos.

Nos estamos refiriendo a un aldehído llamado furfurol, irritante, como todos los aldehídos, y que se encuentra con mayor abundancia en ciertos cigarrillos extranjeros muy conocidos, sin que por eso deje de estar presente en menor cantidad en el humo de la pipa y de los tabacos torcidos fuera de Cuba.

Sin copiar la tabla en que han sido anotados los resultados de los distintos experimentos, podemos afirmar que el tabaco torcido de La Habana prácticamente no contiene furfurol, comparándolo con todos los tabacos extranjeros preparados para ser fumados en pipa, y con los cigarrillos de igual procedencia, donde se encuentra el irritante furfurol en cantidades muy considerables.

Además, hay médicos que afirman que las enfermedades de la garganta, achacadas por tantas personas al humo del tabaco, no se deben a la nicotina, que en sí tiene cierta toxicidad, indudablemente; pero que se encuentra en tan pequeñísimas cantidades en el humo del tabaco, que casi no puede ser considerada como nociva, sino a las propiedades irritantes del citado aldehído llamado furfurol, el cual, al ponerse en contacto con las delicadas mucosas de la garganta, produce las distintas enfermedades que ésta sufre y que se le atribuyen a la nicotina.

Se ha comprobado que el humo del cigarrillo es el más nocivo, porque en él no se quema solo tabaco, sino también el papel en que éste viene envuelto y los distintos productos (caldos, vaporizaciones, azúcar, aromas, etc.), con que casi todos los fabricantes en el extranjero preparan el tabaco para sus cigarrillos, complicando así el problema y haciendo llegar a la garganta y a las vías respiratorias diferentes y extrañas materias más o menos dañinas, y en mayor o menor cantidad.

En la preparación del cigarrillo cubano no se emplean materias ajenas al tabaco natural de ninguna clase; se hace solo con simple tabaco habano, que no tiene furfurol, y que, además, tiene menos nicotina que los tabacos cosechados en todos los otros países.

De todo lo expuesto, y con vista de los experimentos hechos por los laboratorios ingleses, es necesario deducir la siguiente conclusión: *el tabaco de La Habana es el mejor del mundo.*

Esto no obstante, no ha cesado la opinión adversa al tabaco en general. Aún hace pocos lustros que un galeno francés dedicó a los incontables y terribles males, dolencias, inmoralidades, degeneraciones, ruinas y catástrofes que, según él, son motivados por la *Nicotinna tabacum*, un voluminoso libro (*Le Tabac*, con un subtítulo horripilante, París, 1898), escrito con todo aparato médico y sociológico. Después de leerlo, la famosa y despiadada diatriba que escribiera el rey inglés James I contra el tabaco parece un modelo de ecuanimidad.

V. De las noticias que dio un jesuita acerca del tabaco y sus virtudes

El padre Bernabé Cobo, de la Compañía de Jesús, consignó las siguientes noticias acerca del tabaco en las Indias, en su obra *Historia del Nuevo Mundo*, la cual fue escrita por las postrimerías del siglo XVI y publicada el año 1890 en Sevilla. Estas noticias constituyen un capítulo del tomo I, págs. 402 a 405. Dice el texto del padre Cobo:

Muy conocida es ya la planta del Tabaco no solo en las Indias, sino también en Europa, a donde se ha llevado desta tierra y es muy estimado, por sus muchas y excelentes virtudes.

Crece uno y dos estados en alto, más o menos, según la fertilidad de la tierra donde nace. Echa una vara o tallo derecho tan grueso como el de la mostaza, redondo, verde, velloso y áspero. Las hojas en una misma mata son desiguales, unas mayores que otras, porque, cuanto más altas, son menores; las mayores que yo he visto tienen tres palmos de largo y dos de ancho; son al talle de las hojas de los bledos, verdes, vellosas, algo grasas y pegajosas. Cuando va madurando esta planta, echa de la mitad del vástago para arriba muchas ramas, con que se viene a hacer copada como la mata de la mostaza. En su cumbre nacen unas florecicas de figura de campanillas, mayores que la flor del jazmín, unas rosadas y otras blancas. Su semilla es la menor que yo he visto de cuantas plantas conozco: son unos granitos redondos, pardos, metidos en unas cabezuelas como de amapolas, tan pequeños, que un grano de mostaza tiene por tres o cuatro dellos.

Hállanse dos diferencias de *Tabacos*, uno, hortense, que es el que aquí he pintado, y otro, salvaje, que nace en lugares incultos, el cual no crece tan alto ni produce tan grandes hojas, pero es de más fuerte y eficaz virtud que el hortense.

Es el *Tabaco* caliente en tercero grado, sirve para curar infinitas enfermedades aplicado en hoja verde y seca, en polvo, en humo, en cocimiento y de otras maneras. Puesto un saquito de Tabaco sobre la cabeza o en el almohada, provoca a sueño. Tiene gran enemistad contra las fieras y sabandijas ponzoñosas; por lo cual cuando los indios duermen de noche en partes que las hay, ponen esta yerba alrededor de sí, con que ningún animal venenoso les empece.

A la raíz del tabaco silvestre llaman los indios del Perú, *Coro*, de la cual usan para muchas enfermedades. Contra la detención de orina dan a beber en cantidad de dos garbanzos de sus polvos en un jarro de agua muy caliente, en ayunas, por tres o cuatro días. Tomados estos polvos en moderada cantidad por las narices, quitan el dolor de cabeza y jaqueca y aclaran la vista; y el cocimiento desta raíz hecho con vino, echando en él un poco de Sal de compás y azúcar candi, lavándose con él a menudo los ojos, quita las nubes y cualquier paño o carnosidad, y los deja limpios. Bebida de ordinario el agua desta raíz, vale contra los dolores de bubas; mezclados los polvos con miel de abejas y aplicados calientes, quitan cualquier dolor frío.

Finalmente, son innumerables las curas que se hacen con las raíces y hojas del *Tabaco*. Pero el modo más general de tomarlo, es en humo; la cual costumbre se les pegó a los españoles de los indios de la Isla Española, en la cual los caciques y más principales usaban tomarlo desta manera; metían sus hojas, después de secas y curadas, en unos palillos huecos curiosamente labrados para este efecto, y encendiéndolo por una parte, por otra bebían su humo.

Al principio del descubrimiento deste Nuevo Mundo tomaron de aquellos indios esta costumbre algunos pocos españoles, y después se fue extendiendo tanto, que no hay parte ahora en todas las Indias donde no haya muchas personas que tomen tabaco en humo; y es tanto el gusto que tienen en esto, que hay muchos hombres que mientras no duermen no dejan pasar un cuarto de hora de día ni de noche sin estarlo tomando, y se olvidan de lo que han de comer y beber, y no de traer consigo el tabaco. Lo cierto es que a los que lo usan sin orden y moderación, les causa muchos males, como inflamaciones del hígado, riñones y muy agudos tabardillos; mas tomado en ocasiones de necesidad, aprovecha contra cualquiera empachamiento de estómago, deshace las crudezas dél, le da calor y ayuda a la digestión.

Aunque los indios, de quien se tomó esta costumbre de tomar *Tabaco*, lo usaban solamente en humo, han inventado los españoles otro modo de tomarlo más disimulado y con menos ofensión de los presentes, que es en polvo, por las narices; el cual hacen y aderezan con tantas cosas aromáticas como clavos, almizque, ámbar y otras especies olorosas, que dan de sí gran fragancia. Tomado desta manera cuando es menester descargar la cabeza, divierte los corrimientos délla, sana los reumas y hace otros saludables efectos.

Solo quiero contar aquí una cura maravillosa que yo vi, hecha con *Tabaco* en polvo, en un religioso conocido mío, al cual le nació en un carrillo un granito de carne muy blanda tan grueso como un garbanzo, y poco a poco fue creciendo hasta que se hizo del tamaño de un real de a ocho. Púsose en manos de cirujanos, para que lo curasen, los cuales cortaron con una navaja aquella carne que sobresalía, como quien rebana un poco de pan. Con dolores intensísimos del paciente hiciéronle dos veces esta cruel cura, porque una vez cortado aquel lobanillo, volvió a crecer. Vile después al cabo de algunos años bueno y sano, aunque con la señal de las curas pasadas, y preguntándole yo con qué había sanado tan perfectamente, me respondió que solo con tomar por las narices un poco de *Tabaco* en polvo, cuando sentía que de la cabeza le bajaba el corrimiento; porque lo echaba de ver muy sensiblemente con una comezón como si por allí descendiera una hormiga o otro animalejo de los que nos causan comezón, y que sentía que, en tomando el *Tabaco*, acudía el corrimiento a las narices.

De otra yerba llamada *Topasayri* hacen otros polvos en el Perú para estornudar, que son más eficaces para esto que los del Tabaco. Y mucho más fuertes que los unos y los otros, son unos polvos blancos de cierta planta que venden en la plaza de México los indios herbolarios.

Es tanta la cantidad de *Tabaco* que se gasta en las Indias y se lleva a España, que hay provincias que todo el trato y granjerías de sus habitadores es cultivarlo y beneficiarlo; y tienen más precios los de unas partes que los de otras. En la Nueva España es famoso el de Papantla, y en este reino del Perú el de Jaén de Pacamoros. El instrumento en que los indios de la Isla Española tomaban el Tabaco en humo se decía tabaco, el cual nombre dieron los españoles a esta yerba y con él se ha quedado hasta hoy. En la lengua general del Perú se llama *Sayri*, y en la mexicana *Picietl.*

El padre Cobo parece haber tomado algunas noticias del tabaco, de la manera de fumarlo que tenían los indios y de cierto instrumento que éstos usaban, en las obras de Gonzalo Fernández de Oviedo. En cuanto a la manera de fumarlo su dicho resulta algo confuso, pues no se deduce si todos los indios lo fumaban o solo los principales, en la forma peculiar que ya había escrito Oviedo.

VI. Del tabaco y el cáncer

La noticia de esta recién imputada malignidad del tabaco ha sido dada hace meses por una revista publicada en Washington con el título de *Science News Letter.* El relativo suelto dice así:

> El tabaco contiene alquitrán que puede causar el cáncer, según hallazgo del doctor Ángel H. Roffo, de Buenos Aires (Argentina). Algunos de los alquitranes que extrajo del tabaco causaron el cáncer cuando los untó en la piel de unos conejillos, en proporción de 100 %.
>
> Los alquitranes más activos como causas del cáncer se obtuvieron de tabacos turco, egipcio, de Kentucky y torcido. Los alquitranes de tabaco habano, italiano, paraguayo, de Alemania y de Salta, no eran tan activos; pero aun éstos produjeron el cáncer en el 50 % de los animales de ensayo.
>
> El doctor Roffo calcula que la generalidad de los fumadores en diez años aplica más de ocho cuartos de galón de alquitrán de tabaco a los tejidos que tapizan su aparato respiratorio.

El supuesto descubrimiento del doctor Roffo no ha sido todavía consagrado por el mundo científico, el cual necesita, antes de pronunciarse, de una experimentación concordante más general, repetida y controlada. En los días de esta edición del presente libro, aún la medicina moderna sigue esa investigación acerca de la influencia frecuente del tabaco en la producción del cáncer. Esta no debe cesar hasta su conclusión científica definitiva.

En tanto, los fumadores no harán mal en preferir el tabaco cubano, que hasta en esto resulta de mejor categoría, al tabaco turco, al egipcio y al kentuckniano, de viejo tenidos aquí por infernales y ahora acusados por ser su peligrosidad patógena doble que la amenazante en el puro tabaco habano. Tratándose de cuestiones de tabaco siempre hay un misterio diabólico. Y, como dice el pueblo: ¡el diablo son las cosas!

VII. De cómo el tabaco fue descubierto en Cuba por los europeos

¿Quién fue el descubridor del tabaco? No se sabe. Como tampoco se conoce quiénes descubrieron el fuego, la rueda, el cero aritmético, la escritura, la pólvora, etc. Aun los descubrimientos modernos son con frecuencia discutidos. No se sabe en verdad si el teléfono fue inventado en los Estados Unidos por el escocés Graham Bell o en La Habana por el italiano Antonio Meucci. Sin duda que el descubrimiento del tabaco, es decir, el de su existencia, de sus efectos y de sus usos, ha sido producto de un procedimiento muy complejo y dilatado mediante la cooperación de aportes individuales y colectivos.

Al tabaco se le ha dado a veces un origen sobrenatural, como ha ocurrido casi siempre con los inventos de los pueblos primitivos. Los indios winnebago de Norteamérica sostienen que la semilla del tabaco fue dada por Dios al primer hombre para que, echada al fuego, los espíritus mensajeros subieran las plegarias a los cielos en las ondas de humo (Ellen Emerson, *Indian Myths*, Londres, 1884, pág. 128).

También se ha dicho que ya en el Paraíso Terrestre hubo tabaco y hasta se sostiene que esa fue precisamente la planta «del bien y del mal», «el árbol de la fruta prohibida», por donde comenzó la tentación al «pecado original», cometido por la primera pareja salida a sociedad (C. Johnston, *Travels in Southern Abyssinia*, Londres, 1844, vol. II, pág. 92). Pero acerca de esto no se tienen datos seguros ni que procedan de otra fuente que no sea la folklórica. Y nada se dice de ello en el sagrado libro del pueblo hebreo. Ni siquiera se sabe dónde estuvo el Edén, pues no cuidaron de referirlo los autores del Génesis, cronistas del primer descubrimiento del Primer Mundo. No fueron pocos los que buscaron el Paraíso Terrenal por tierras de ese continente que va de uno al otro polo, como si fuera la espina dorsal del mundo. Así hicieron los aztecas, según fray Bernardino de Sahagún (*Ob. cit.*, tomo I, pág. 10),[8] quien lo comentaba: «En venir hacia el mediodía a buscar el Paraíso Terrenal, no erraban, porque opinión es de los que escriben que está debajo de la línea equinoccial; y en pensar que es algún altísimo monte tampoco yerran, porque así lo dicen los escritores, que el Paraíso Terrenal está debajo de la línea equinoccial y que es un monte altísimo que llega su cumbre cerca de la Luna. Parece que

---

8 Véase la edición de Linkgua, Barcelona, 2021. (N. del E.)

ellos, o sus antepasados, tuvieron algún oráculo cerca de esta materia, o de Dios, o del demonio, o tradición de los antiguos que vino de mano hasta ellos». También Cristóbal Colón lo fue buscando ansiosamente por estos países del *Orbe Novo* y alguna vez creyó que estaba en él o en sus tierras aledañas. Pero, sin duda, no lo encontró. Ya lo habrán averiguado probablemente en el Archivo de Indias y quizás tendríamos hasta una copia del acta por la cual don Cristóbal tomaría posesión de la Tierra de Adán a nombre de los Reyes católicos, como entonces se estilaba, con la espada en alto, dando mandobles al más famoso de los árboles, gritando tres veces con voz retadora: «¡Esto es mío!...» y desafiando a quien osara contradecir tan dominico alarde.

De esta creencia de Cristóbal Colón se hicieron eco sendos cronistas de Indias y escritores de teología, tratando de poner en acuerdo la geografía científica y la tradición bíblica. Acaso el más entusiasta de éstos fue aquel don Fernando de Montesinos, que en la dedicación del gran *auto de fe* de 1640, celebrado en Lima, dijo que el más importante *auto de fe* tuvo lugar en América cuando Dios, como «Primer Inquisidor», castigó la apostasía de Adán y Eva en el Paraíso. Nada menos que dos tomos enteros fueron especialmente escritos para demostrar que en las Indias Nuevas estuvo el Edén. Los escribió el célebre jurisconsulto indianista licenciado don Antonio de León Pinelo y lo tituló precisamente *El Paraíso en el Nuevo Mundo* (con el subtítulo de *Comentario apologético, Historia natural y peregrina de las Indias occidentales, islas y Tierra Firme del mar Océano.* En Madrid, 1656). En esta eruditísima obra se dedica un tomo a refutar las diversas teorías acerca de la geografía del Edén y otro tomo a probar la tesis de su localización en América. León Pinelo, de estirpe judía y empapelado por judaizante en los tribunales de la Inquisición, acudió a todas las fantasías del misticismo judeocristiano. En un mapa de América del Sur que acompaña la obra, esa parte del mundo es denominada *Contineus Paradisi* y en su centro está señalado el jardín del Edén, *Lours Voluptatis*, regado por los cuatro grandes ríos Amazonas, Argentino o de la Plata, Orinoco y Magdalena. Además, allí están pintados dos árboles, el *Arbor vitae* y el árbol *Boni et Mali.* En ese mapa mitológico se halla indicado hasta el lugar de donde zarpó el Arca de Noé en ocasión del Diluvio. Para León Pinelo la fruta prohibida, que daba el Árbol del Bien y del Mal, era el plátano. No sabemos por qué. Ya se ha comentado que para la escuela psicoanalítica en ello pudo haber una transposición de sentido fálico; pero esa inferencia nada añade a la realidad histórica.

La cuestión del origen paradisíaco del tabaco queda, pues, *sub judice* y hemos de conformarnos con lo acreditable por los medios documentales que sean de autoridad menos controvertible.

También se sostuvo que el tabaco fue conocido por el viejo mundo eurásico antes de que don Cristóbal Colón hiciera su primera visita a este otro mundo cisatlántico. Algunos creyeron encontrar antecedente del tabaco en ciertas plantas estupefacientes que usaron los antiguos, los antiguos de allá al igual que los antiguos de aquí; o en algunos sahumerios de yerbas olorosas con los cuales allí honraban a sus dioses, tan propicios como todos los gobernantes a los efluvios del halago humano. Otros varios, sabedores de que el tabaco se fuma desde hace siglos por los países orientales, se permitieron inferir que tal planta aromática era allí autóctona, aun cuando no la hubieren conocido los europeos. La bibliografía sobre tal tesis es nutrida, pero ineficaz. Ya no se puede dudar de que el tabaco fue, junto con la sífilis, el regalo de América más universalmente aceptado por la humanidad. Ya no hay quien sostenga la teoría del origen extra americano del tabaco. Con razón la califica de «herética» Jerome E. Brooks, en su muy erudita *Introduction* a la voluminosa obra titulada: *Tobacco, its History Illustrated by The Books, Manuscripts and Engravings in the Library of George Arents, Jr.* (edición de 700 ejemplares, a $ 75.00 el tomo, que se está haciendo en Nueva York, 1937, 4 vols.). En esta obra los curiosos más exigentes podrán estudiar la copiosa bibliografía y orientarse hacia más profundas investigaciones.

A la agudeza sociológica de Brooks (Loc. cit, pág. 91) se debe un argumento fortísimo que comprueba la autoctonía americana del tabaco, cual es el derivado de la observación de que el tabaco, el cual constituye uno de los elementos más primitivos y característicos de las mitologías y ritualidades religiosas en numerosos pueblos de América, no entra en ningún mito cosmogónico ni rito sacramental de un solo pueblo que no sea americano. Ciertas alusiones folklóricas del tabaco en conexión con la tradición bíblica, que se han recogido en Abisinia, son indudablemente injertos hechos ha pocos siglos en aquel tronco milenario, por un fenómeno de fácil sincretismo cultural, de *transculturación* tratando de cristianizar el uso del paganísimo tabaco y hacerlo

138

adoptable por ciertos fanatismos eclesiásticos del viejo mundo. Conociendo el arcaísmo que en todos los pueblos es propio de los ritos religiosos (dados siempre a las lenguas muertas, a las palabras y signos crípticos, a las fórmulas indescifrables y a los gestos hieráticos de sentido simbólico y casi siempre desvanecido); ese argumento acerca de la oriundez americana del tabaco es de gran peso, máxime cuando viene apoyado por decisivos documentos de la historia escrita.

El tabaco es, pues, una planta genuina de América. La hubo desde los tiempos precolombinos en ambas Semiaméricas, en la del Norte como en la del Sur, y si no fue oriundo de estas Antillas a ellas tuvo que ser traída desde el continente inmediato. La falta de tabaco silvestre en el suelo cubano quizás permita alzar la hipótesis de que el tabaco no sea planta autóctona de su abundosa flora, sino traída a Cuba desde ultramar. Si así fue, por el modo de usarlo que tenían los indios cubanos, distinto al de los indios de Norteamérica, habría que presumir que el tabaco procede de la cultura de los indios aruacas o taínos, quienes al llegar los navegantes castellanos hacía tiempo que habían invadido a Cuba y poblado su región oriental, donde dominaban a los otros indios que eran los siboneyes, arcaicos y salvajes. De todos modos, el tabaco es indio y consta que en Cuba fue donde lo descubrió la civilización occidental de los blancos, aun cuando varios autores contradigan esta opinión.

Ya aparece el tabaco en lo primero que se escribe sobre el descubrimiento, o sea en el *Diario* que Cristóbal Colón fue redactando en las mismas carabelas a medida que ojeaba las páginas geográficas de la nueva verdad por él encontrada. Y, luego, no hay cronista de las Indias que no mencione la sorprendente costumbre de sus indígenas.

En el libro que originó el nombre de América también se halla la primera mención impresa del uso específico del tabaco en esta parte del mundo como vomitivo. Así puede verse en la famosa *Cosmographiae* de Martín Waldseemüller, quien refirió las exploraciones de Americo Vespucci (*Cosmographiae Introductio*, St. Dié, 1507). En esta narración aparece una referencia al hábito de ciertos íncolas de las nuevas Indias de llevar en la boca, bajo sus carrillos, una yerba que mascaban, como hacían los bueyes al rumiar. Esta indicación no es una prueba plena del uso del tabaco; pero parece señalarlo. Idéntica alusión se hace en *Il Libretto*, la primera colección de viajes de América, en el texto de la expedición realizada por Pedro Alonso Niño y Cristóbal Guerra los años 1499 y 1500 en Cumaná, costa de Venezuela. Si estas referencias son al uso de mascar de tabaco, ésta de *Il Libretto* antecedió en la imprenta a la de Vespucci (Brooks, *Ob. cit.*, vol. I, pág. 190).

En el mismo siglo XVI, un autor inglés sostuvo que Colón vio por vez primera el tabaco entre los nativos de la isla de San Salvador, la primera tierra americana por él descubierta, y que estos indios lo fumaban formando una especie de embudo con una hoja de palma (acaso quería decir una yagua) y colocando en él las hojas secas de tabaco, a las cuales aplicaban fuego para inhalar su humo (Lobel en su *Novum Stirpia Adversaria*, apéndice de su obra *History of Plants*, 1576). En cuanto al hallazgo del tabaco por Colón en la isla Guanahaní o San Salvador, bien pudo ser; pero no puede aceptarse la descripción de ese embudo de palma ni la realidad allí de ese modo de fumar tabaco. El botánico inglés debió de escribir de oídas y se confundió oyendo que ciertos indios fumaban hojas de tabaco enrolladas o metidas en una hoja de otra planta, como habremos de ver más adelante. Sobre todo debió de confundirse con los datos que leyó en la obra *La Cosmographie Universelle*, de T. Thevet, que se había publicado el año anterior. Este autor estuvo en Brasil por el año 1555 y al regresar a Europa describió el *petum* o tabaco y la manera de consumirlo que tenían aquellos indios. En su obra aparece un dibujo de tabacos de tamaño erróneo (figura 1). Es fácil comprender que con esta figura de Thevet debió de ocurrir lo mismo que con las de otros autores de la época que se dirán, o sea que los dibujantes europeos al trazar el diseño en Europa sin tener el auxilio de fotografías y guiándose tan solo por el escrito del autor y, cuando más, por algún croquis inexperto, no lograron sino una interpretación aproximada pero errónea, sobre todo en cuanto a las proporciones. Así aconteció al editarse en Europa ciertas obras como la de Oviedo, la de Benzoni, la de Labat, la de Charlevoix y las de varios más. En algunos casos, la fantasía de los artistas ultratlánticos, aplicada a las cosas de América por ellos no vistas y tan solo conocidas por los relatos de los viajeros, produjo obras tan curiosísimamente extravagantes, que sería de interés un estudio de esas refracciones experimentadas por la imaginación de los artistas europeos al penetrar con la mente en un medio por ellos no presenciado y de diferente densidad cultural. A ese grupo de figuraciones deformes corresponden los monstruosos tabacos diseñados por el ilustrador de la obra de Thevet, aun cuando en ellos está cumplido su elemento constitucional o sea el de una «hoja de palma» enrollada para contener otras de tabaco. Todo lo cual confundió fácilmente a Lobel.

El historiógrafo cubano Antonio Bachiller y Morales, en su obra *Cuba primitiva* (La Habana, 1883, pág. 269),[9] al tratar del vocablo *Exuma* dice: «Isla de las Bahamas en donde el almirante Colón vio el tabaco que hoy conoce todo el mundo». Bachiller alude a un episodio ocurrido a Colón el día 15 de octubre de 1492, del cual trataremos en breve. Y, después de Bachiller, un norteamericano, J. B. Thacher (*Christopher Columbus, His Life, His Work, His Remains*, etc., Nueva York, 1903, vol. I, pág. 560, n. 4), dijo también que esas hojas que Colón vio en la islita de Exuma eran «sin duda» de tabaco.

Se ha sostenido que el tabaco fue descubierto por Cristóbal Colón en la misma isla Guanahaní o de San Salvador, donde el genovés topóse con el Nuevo Mundo. Uno de los autores en esto más asertivos es Jorge A. Lines, un ilustradísimo etnólogo de Costa Rica. Se funda en la interpretación de unos textos del diario del almirante. Dice Lines así:

El primer contacto de los españoles con el tabaco tuvo lugar el mismo día del descubrimiento de América. Los nativos llamaban aquella pequeña isla adonde aportaron las carabelas Guanahaní, la que luego Cristóbal Colón bautizó con el nombre de San Salvador. Al arribar allí las naos, los nativos huyeron despavoridos a los bosques, pero luego fueron acercándose cautelosamente, cuando el almirante y sus capitanes estaban en la playa con los flamantes pendones de Castilla, ya tomando posesión de la isla, con mucha formalidad, en nombre de los augustos Reyes católicos, don Fernando y doña Isabel. Solo había hombres entre aquellos grupos de nativos, todos completamente desnudos, de buena estatura, pintarrajeados, en pleno son de guerra y listos a defenderse, blandiendo sus azagayas: pero los temerosos indios súbitamente creyeron ver en los conquistadores a personas venidas del cielo, y como a tales, como a seres sobrenaturales, les mostraron sumisión, y abandonando su actitud bélica, iniciaron francas

---

9   Véase la edición de Linkgua, Barcelona, 2021. (N. del E.)

relaciones amistosas al colmarlos de todo género de atenciones, y ofrecerles presentes de todo cuanto bueno poseían.

Figura 1. Los indios del Brasil fumando tabaco. Grabado reproducido de la *Cosmographie* de Thevet. Se ve un indio tomando las hojas de la mata de tabaco o *petum*; otro indio preparando el rollo de tabaco y dos más que ya están fumando. Se advierte igualmente la fantasía del dibujante, así en cuanto a la planta como a las proporciones de los rollos para fumar.

En relación con estas ofrendas, extractamos las siguientes líneas del diario de derrotero de Colón:

Lunes 15 de octubre:

...y estando a medio golfo destas dos islas... fallé un hombre solo en una almadía, que se pasaba de la isla Santa Marta a la Fernandina, y traía un poco de su pan,

142

que sería tanto como el puño, y una calabaza de agua, y un pedazo de tierra bermeja hecho en polvo y luego amasada, y unas hojas secas que debe ser cosa muy apreciada entre ellos porque ya me trajeron en San Salvador dellas en presente...

Estas «hojas secas» a que hace mención el almirante, y que los indios le obsequiaron en San Salvador o Guanahaní, el mismo día de su llegada, el viernes 12 de octubre de 1492, son sin duda alguna los rollos de tabaco, ya secos, que como cosa sagrada, de gran mérito para ellos y de uso generalizado en toda América, les ofrendaron los nativos a los hijos del Sol en su primer encuentro.

(Jorge A. Lines, *Sukia: Tsúgür o Isogro.* En *Anales de la Sociedad de Geografía e Historia de Guatemala*, 1937.)

Acerca de este episodio en la isla de San Salvador, del cual no consta otra mención que esta brevísima del almirante, el *Diccionario Espasa* inserta un párrafo lleno de confusas inexactitudes, lo que importa señalar, por lo consultado que es el diccionario, a falta en español de otro tan voluminoso, y por lo muy incorrectos que suelen ser sus artículos sobre Cuba y su historia.

Ciertamente, aquel ofrecimiento de yerbas de los indios de San Salvador era un ritual saludo de paz que hacían los sorprendidos indígenas de este lado del Atlántico a los inesperados indígenas de las costas fronteras. Fue un rasgo típicamente indio y aun diríamos que taíno o aruaca, pues aún ahora, según refiere el marqués de Wavrin (*Ob. cit.*, pág. 377), cuando dos de ellos se encuentran, su mutua salutación consiste en darse recíprocamente sendos puñados de coca, la yerba mágica; e igualmente ocurre con el cambio de tabaco.

La teoría del hallazgo del tabaco en Guanahaní es muy verosímil; pero acaso no baste para poder tenerla por definitiva. No era el tabaco la única yerba seca que aquellos indios podían apreciar, ni dice el *Diario* de Colón[10] que las hojas estuviesen torcidas o en rollo, detalles que las habrían identificado como tabaco de fuma. Por otra parte, ese párrafo del almirante fija su atención en el hecho de que aquel indio, solitario en su canoa (que él llamó almadía, pues la voz india canoa aún le era desconocida), no traía otras vituallas que

---

10 Véase la edición de Linkgua, Barcelona, 2021. (N. del E.)

«un poco de su pan, que sería tanto como el puño y una calabaza de agua» y además «un pedazo de tierra bermeja, hecha en polvo y después amasada y unas hojas secas»... Esto hay que interpretarlo en la complejidad de sus elementos. Estos son: a) un viaje que por ser a remo y entre cayos bien pudiera ser largo; b) gran escasez de alimentos; c) unas yerbas muy apreciadas; y d) una poca tierra rojiza «hecha polvo y después amasada». Todo esto parece señalar que las «hojas muy apreciadas» pudieran ser de tabaco (aun cuando sin ser ello seguro) y que así esas hojas como la masa bermeja constituían el medio que tenía aquel indio para sostenerse mucho tiempo apenas sin comer más que un poco de casabe. Los indios de gran parte de la América Meridional solían de viaje no llevar otro «matalotaje» que unos polvos de semillas u hojas de ciertas plantas estimulantes, como la *Erythroxylon coca*, la *Banisteria caapi* y otras varias que más adelante se dirán. «Los indios pueden recorrer grandes distancias sin otro mantenimiento». Véase lo que acerca de los indios guahíbos, del Orinoco, dice E. A. Wallace (*Timehri, Demerara*, 1887, diciembre, pág. 317). Estos polvos, que amasados llevaba el indio, debían de ser de esa condición estimulante y por su índole podían entrar en ese grupo cultural que hoy se diría el «complejo del tabaco», como luego se verá mejor.

Además, hay que convenir en que si esas apreciadas hojas secas eran realmente del tabaco, el almirante lo vio pero no lo descubrió, pues descubrir no es solo ver sino «echar de ver»; es manifestar lo cubierto, oculto o ignorado, es venir en conocimiento de una cosa que estaba desconocida. Y don Cristóbal no supo lo que era el tabaco, ni conoció sus cualidades y uso principal de fumarlo, hasta la noche del lunes, día 5 de noviembre de 1492, o en la mañana del siguiente, cuando se lo mostraron Luis de Torres y Rodrigo de Jerez, quienes por su parte ya lo habían descubierto, del día 2 al día 5 de dicho mes, al ir a explorar tierra adentro de Cuba por encargo de Colón.

Antes de este día, ni Colón ni los castellanos «echaron de ver» lo que era el *tabaco*. Copiamos a continuación el texto del padre Bartolomé de las Casas, glosando el *Diario del almirante don Cristóbal Colón*, en el cual se describe el descubrimiento del tabaco en la isla de Cuba.

En el capítulo XLV de la *Historia de las Indias* de aquel famoso fraile, referente a lo ocurrido el viernes día 2 de noviembre de 1492 en el viaje del descubrimiento, estando el almirante en el río y puerto de Mares, en la isla de Cuba, o sea probablemente en la actual bahía de Manatí o Sabanalamar, se dice así:

Con esta opinión que tenía de que aquella tierra era firme y reinos del Gran Khan o confines dellos, para tener alguna noticia y haber lengua dello, acordó enviar dos hombres españoles, el uno se llamaba Rodrigo de Xerez, que vivía en Ayamonte, y el otro era un Luis de Torres, que había vivido con el Adelantado de Murcia, y había sido judío y sabía hebraico y caldeo, y aun, diz que, arábigo. Con éstos invió dos indios, uno de los que traía consigo de Guanahaní, el otro de aquellas casas que estaban en aquel río pobladas. Dióles de los rescates, sartas de cuentas y otras cosas para comprar de comer, si les faltase, y seis días de término para que volviesen. Dióles muestras de especería para cognoscerla, si alguna por el camino topasen. Dióles instrucción cómo habían de preguntar por el Bey de aquella tierra, y lo que le habían hablar de parte de los reyes de Castilla, como inviaban al almirante para presentarle sus cartas y un presente que le inviaban, y para tener noticia de su Estado y tener amistad con él y ofrecerle su favor y buenas obras para cada y cuando dellas se quisiese aprovechar, y para tener certidumbre de ciertas provincias y puertos y ríos de que el almirante tenía noticia, y cuánto distaba de allí.

El día 3 de noviembre de 1492, sábado, y el día 4, domingo, se entretuvo el almirante tratando con los indios y cazando en las tierras ribereñas del puerto de Mares.

En el siguiente capítulo XLVI de dicha obra de Las Casas, se dice así:

Lunes, en la noche, tornaron los dos indios que con ellos fueron de la tierra adentro, bien doce leguas, donde hallaron una población de hasta cincuenta casas, diz que, morarían mil vecinos, porque les parecía que vivían muchos en una casa; y esto asaz es clara señal de ser gente humilde, mansa y pacífica.

Y luego se continúa lo que sigue:

Hallaron estos dos cristianos por el camino mucha gente que atravesaban a sus pueblos, mujeres y hombres, siempre los hombres con un tizón en las manos y ciertas hierbas para tomar sus sahumerios, que son unas hierbas secas metidas en una cierta hoja, seca también, a manera de mosquete hecho de papel, de los que hacen los muchachos la pascua del Espíritu Santo, y encendida por la una parte dél por la otra chupan, o sorben, o reciben con el resuello para adentro aquel humo, con el cual se adormecen las carnes y cuasi emborracha, y así diz que no sienten el cansancio. Estos mosquetes, o como los llamaremos, llaman ellos tabacos. Españoles cognoscí yo en esta isla Española, que los acostumbraron a tomar, que siendo reprendidos por ello, diciéndoles que aquello era vicio, respondían que no era en su mano dejarlos de tomar; no sé qué sabor o provecho hallaban en ellos.

De todo esto parece bien claro que Rodrigo de Xerez y el judío Luis de Torres descubrieron el tabaco un día, el 2, el 3, el 4 o el 5 de noviembre de 1492, en las tierras próximas al puerto de Mares o Manatí en la isla de Cuba.

Con razón, pues, J. Alden Masón (*Use of Tobacco in Mexico and South America*, Chicago, 1924, pág. 3), escribió que los europeos tuvieron el «primer contacto» con el tabaco en la isla de San Salvador; pero que el «uso del tabaco» fue hallado «en lo que aún es su principal imperio, en Cuba».

La interpretación que dio el cronista Herrera al correspondiente texto del almirante acerca de este episodio es mera confusión. No menciona el *tabaco* y alude tan solo a que los emisarios de Colón hallaron «por el camino mucha gente que cada uno llevaba un tizón en la mano para encender fuego y perfumarse con algunas yerbas que llevaban consigo» (*Década I*, capítulo IV).

Además, en cuanto al tabaco ocurre lo que con muchos de los descubrimientos hechos en estas Indias y con el de la América misma, los cuales en rigor solo fueron «descubrimientos» para los blancos de Europa, pues antes ya habían sido realmente descubiertos por los cobrizos aborígenes de aquel país. El tabaco, como la quina y la coca, como el maíz, el tomate, la papa, la papaya, el pimiento, la yuca, el boniato, el cacao, el maní, el marañón, el aguacate, la piña o ananá, y otros productos naturales y agrícolas, los cuales hoy constituyen quizás la mayor parte de la alimentación vegetal del mundo, fueron «descubrimientos» hechos por la inteligencia de los indígenas americanos siglos y milenios antes que los «echaran de ver» los indígenas europeos.

No hace mucho que un antropólogo escribía, para demostrar cuán complejos son los fenómenos de la cultura y cuán inextricable es la cooperación de todas las razas a la obra del progreso humano, que la presente esplendorosa civilización europea está basada no solo en una herencia de milenarios aportes egipcios, asirios, hebreos, arábigos, indostánicos, chinos y otros del Mundo Viejo, sino también de los indios de América. Dos de las presentes bases alimenticias de Europa, el maíz y la patata, son de oriundez indiana, como lo es también, y precisamente de Cuba, «su fundamental y más difundida forma de placer, o sea ese suave narcótico que ha hecho para que la humanidad se conforme consigo misma más que cualquier otro procedimiento conocido por ella en los últimos cinco mil años, es decir, el tabaco».

América con razón ha sido denominada *Nuevo Mundo*. Dos veces ha sido «mundo nuevo». Primero, con sentido muy propio, cuando al permitirlo la estabilización climática del orbe, después de los períodos glaciales, la invadieron unas ramas de gente que, a juzgar por sus genealogías lingüísticas, arrancaron de las regiones uralo-altaicas que hoy forman parte de la U.R.S.S., y llegaron por el camino transasiático hasta esos países, de igual manera que por el camino transeuropeo otras ramas de la misma troncalidad arribaron a las comarcas de España con esa lengua endiabladamente aglutinante, el vascuence, que es del linaje de las que aquí hablaron los pieles rojas, aztecas, quichuas, caribes, taínos y siboneyes. Entonces, en esos remotísimos tiempos primievales, sí que América era en verdad el *Nuevo Mundo*. Todavía no existían Colones, ni reyes católicos, ni papas, ni mesías, ni aun profetas, ni patriarcas, ni Abeles ni Caínes, a juzgar por la cronología hebraica que está basada en la bíblica, y según ésta ni siquiera Adán y Eva habían tenido el gozo del primer pecado ni perdido aquel inefable período de inocencia humana, el cual, según nos refiere un obispo metido en teologías como fue fray Bartolomé de las Casas, apenas pasó de seis horas, ¡nada más! Miles de años después todos los continentes estaban poblados de seres humanos en diferentes grados de civilización, aun cuando ignorándose muchos de ellos entre sí. Ya en todos ellos se había puesto la fe en sendos y divinos mesías, redentores venidos y por venir, cuando en el año 1492 de la era de Jesús, «El Redentor» adorado en varios pueblos de allende, esta tierra de aquende, el continente interpolar por ellos desconocido, fue por ellos descubierto y le dijeron Nuevo Mundo;

por lo magno de su hallazgo y lo sorprendente de su novedad. Por más que el llamado Nuevo Mundo era, en rigor, tan viejo como el otro aunque mejor conservado. Y aun cuando tal denominación tuviere un cierto tufillo de blasfemia, excusada por lo paladino de su sentido metafórico y por haberla escrito un sacerdote encumbrado, preceptor de príncipes, amigo de cardenales y corresponsal del Sumo Pontífice. Se cree que fue iniciativa del historiador y capellán Pedro Mártir de Anglería decir de las tierras aquí recién inventadas que eran *Orbe Novo*.

Ese apelativo tuvo fortuna. Era metafóricamente muy expresivo y había algún interés en mantenerlo. Así se podía explicar mejor la adjudicación de su soberanía hecha por el papa Alejandro VI (Rodrigo Borgia, el famosamente desprestigiado padrino de América), como si lo hallado por Colón fuese *res nullius*, tierras creadas y aún no dispuestas por el Creador, emergentes de los mares y sin señorío, como los islotes que a veces surgen en las crecidas de los ríos caudalosos. Y siendo de Otro Mundo había ocasión propicia para pretender que sus pobladores indígenas no eran descendientes de Adán como los seres humanos del Mundo Viejo, y podían por tanto ser tratados como brutos y subyugables sin piedad. Tan corrida fue, aun entre clérigos, la idea blasfema de no tener alma humana los indios de América, que un papa, Paulo Tercero, tuvo que dictar una bula para acabar con tamaña herejía, la cual se extendió entre los conquistadores codiciosos para acallar sus conciencias a manera de los racismos, igualmente infundados y anticristianos, que después se han propagado contra los negros, los judíos, los indostanes, los japoneses, los latinos y toda suerte de gente cuya supeditación se ha tratado de justificar.

América fue nuevo mundo o tierra virgen, sin ser conocida de hombre; pero no pudo serlo más de una sola vez. Mejor pudo decirse que este gran continente extendido entre los otros, vertical y medianero, era el *Último Mundo*, como hubo una *Última Thulé*: el mundo más remoto y desconocido de los demás, el que se pobló postrero desde el Oriente, el que desde Occidente se civilizó con retraso. América fue el *Mundo Tardío*, acaso tenga por destino ser un *Mundo Terminal*.

VIII. Del tabaco entre los indoantillanos

Los indios precolombinos de América usaban el tabaco de varias maneras. La mata de tabaco se aprovechaba toda ella, según sus varios usos: las semillas, las raíces, el tallo, las hojas y las flores. Pero las partes preferidas eran las hojas y, después, el tallo, como ocurre hoy día. Por el estado en que consumían el tabaco pueden reconocerse cinco maneras principales: a) en rama o sea en hojas al natural o secas; b) en pan, masa o pasta de hojas; c) en líquido, en cocimientos, tisanas y unturas; d) en polvos molidos; y e) en humo de sus hojas. Digamos que lo usaban en *rama, masa, líquido, polvos y humo.*

Estas cinco maneras daban origen a varias modalidades secundarias. Así, valgan estos casos como ejemplos, el tabaco en rama, o sea en hojas, se usaba ritualmente como símbolo de amistad y comunión mediante la simple entrega de unas hojas secas que hacía el oficiante del rito al comunicante; o bien las hojas, enteras o picadas en trozos, se aplicaban como un emplasto sobre el cuerpo del paciente; y también ocurría que las hojas del tabaco se empleaban como amuletos o espanta-diablos, ya colocándolas bajo de la almohada al dormir, según refiere el padre Bernabé Cobo; o simplemente llevándolas el marido junto al pecho para que no sufra su hijo aún en el vientre materno, como cuenta el padre Bernardino de Sahagún. También se empleaban mucho las hojas secas para quemarlas sobre ascuas, haciendo simples fumigaciones o sahumerios a modo de incensaciones curativas o propiciatorias.

Si el tabaco era utilizado como *líquido,* con sus cocimientos luego se comía con fines terapéuticos, o bien se mascaba solo para extraerle el jugo bajo el molino dentario e ingerirlo con la saliva.

Si el tabaco era utilizado como *líquido,* con sus cocimientos se enjuagaban la boca, o lavaban las cavidades nasales, o los ojos, o el cuerpo entero, o su interior, tomándolo como clister o bebiéndolo como tisana. Así curaban el mal aliento, los reumas y «corrimientos» de las narices, las cataratas, la retención de orina, el «empachamiento» del estómago, cualquier «dolor frío» y otras muchas enfermedades. Sobre todo, lo emplearon los españoles en cocimiento contra los «dolores de bubas», o sea contra la sífilis; la cual, hallada en América a la vez que el tabaco, era entonces muy extendida y virulenta entre los conquistadores infectos.

Si el tabaco se empleaba en polvo era para esparcirlo por el aire con el objeto de ahuyentar «la cosa mala»; o para taponar las narices impidiendo las hemorragias y los «corrimientos»; o para absorberlo por la vía nasal, en cuyo caso los polvos se hacían menudísimos, moliendo solo los tallos resecos de la mata y las nervaduras o *palillos* del follaje, o bien haciendo picadura fina de la masa o pulpa seca de las hojas.

Si el tabaco se consumía en *humo*, éste se quemaba como sahumerio para que se elevara a los númenes o espantara a «los malos elementos», o impregnara a los enfermos; o bien se inhalaba por multitud de procedimientos que iremos refiriendo (libre aspiración, embudos, tubos, cigarros, cigarrillos, pipas, etc.) y bien por las narices, por la boca o por ambas vías y, probablemente, hasta por la vía trasera.

Además, por cada uno de estos métodos la sustancia del tabaco se consumía *sola* o *mezclada* con otras yerbas o sustancias de diversa índole, según los efectos fisiológicos que se deseaban, tales como lograr un simple placer gustativo, una mera estimulación nerviosa, una intoxicación delirante, un vomitivo, un purgante, u otros usos medicinales, mágicos o religiosos.

Por la manera instrumental como se administraba el tabaco, ésta era *absorbente* o *expelente* o *mixta*, según que su uso principal fuese el aprovechamiento interno en el cuerpo humano del sujeto que lo empleaba o su aplicación fuese externa en otra persona o en otro objeto, o de ambos modos. Así, la mascada servía para el propio mascador, quien tragaba la saliva nicotinada o bien aquélla era escupida por el behíque sobre el tumor de un enfermo para que actuara en éste como emoliente. El rapé se absorbía narices adentro por el propio individuo que era gustoso de ello, u otro se lo soplaba narices arriba mediante un tubo para que «le llegara a los sesos» y «perdiera el sentido». El humo uno lo fumaba chupándolo por la boca para que penetrara los meandros de sus vías respiratorias, o simplemente aquél se expelía del cigarro para que se impregnara de su hálito mágico algún paciente; o inhalándolo y exhalándolo sucesivamente por un mismo sujeto se realizaba como el ciclo ritual de una acción fumigadora; etc.

Eran, pues, y aún son muchas, y a veces nada simples ni elementales, las técnicas de los indios para el tabaco. Con estos antecedentes bien se comprenderá que el tabaco se tenía entre los indios como una medicina. No hay cronista ni viajero de Indias que no aluda a estas virtudes prodigiosas de la planta nicotiana.

No era la medicina exclusivamente lo que motivaba entre los indios el empleo del tabaco. O, por lo menos, ese móvil, real o supuestamente utilitario, venía siempre embebido por los conceptos y ritos religiosos, como era natural en aquella cultura de los indios, donde la medicina todavía no había sido separada de la religión por el racionalismo experimental. Dicho lo que antecede como líneas generales para facilitar el estudio, trataremos de explicar la significación del tabaco entre los indios, ajustándonos a los datos históricos y a los etnográficos. Trataremos principalmente en nuestro trabajo del tabaco entre los indios antillanos, o mejor dicho, entre los taínos o aruacas que dominaban casi todas las islas del Mediterráneo americano cuando llegó Cristóbal Colón. Dicho sea de una vez, no consta que usaran del tabaco los indios aborígenes, los arcaicos o pretaínos, conocidos generalmente, por *cibaos, siboneyes, guanajabibes*, etc., si bien sería infundado sostener que ignoraban la existencia de esa planta y de sus múltiples aplicaciones. En nuestra investigación rara vez hemos de referirnos a los usos del tabaco entre los indios de la América del Norte porque, aun cuando muy extendido entre ellos, sus costumbres al parecer no influyeron en las islas antillanas y no mucho en las técnicas y en la difusión del tabaco.

Creemos útil recopilar aquí los textos de los cronistas e historiadores de Indias concernientes al tabaco. Su lectura y cotejo ayudarán a dilucidar algunos problemas oscuros; pero tendrán que ser acompañados por algunas glosas y por referencias de etnografía comparada, sin las cuales algunas interpretaciones de los textos habrían de ser difíciles.

Comencemos por el padre Ramón Pané, generalmente llamado Pane. Este se refiere en varias ocasiones de su famosa *Relación*[11] al uso del *tabaco* entre los indios de la Española, pero él no empleó este vocablo. En el capítulo XI, titulado *De lo que aconteció a los cuatro hermanos cuando iban huyendo de Yaya*, aparece el primer mito relacionado con el tabaco.

Yaya fue un hombre a quien quiso matar su hijo *Yayael* (¿mito del Edipo freudiano?); pero el padre se le anticipó, matando al hijo y metiendo en una

____

11 Véase la edición de Linkgua, Barcelona, 2021. (N. del E.)

güira, o calabaza, con agua sus huesos, los cuales allí se convirtieron en peces. Un día, hallándose *Yaya* por sus conucos o sembradíos, entraron en su casa cuatro hermanos (¿los cuatro puntos cardinales?), hijos de un solo parto de una mujer *Itiba Yahuvava*. De pronto llega *Yaya* y a los cuatro gemelos se les cae al suelo la calabaza con los pececitos nacidos de los huesos de *Yayael*, derramándose tanta agua que llenó la tierra. Y así se creó el mar poblado de peces. Huyendo los cuatro hermanitos llegaron a la puerta del patriarca *Basamanaco* (o *Ayamaco* o *Bayamanicoel*). Dice textualmente la versión de fray Pané:

Estos, tan luego como llegaron a la puerta de *Basamanaco* y notaron que llevaba cazabí, le dijeron: *Ayacavo Guarocoel*, que quiere decir: «Conozcamos a nuestro abuelo». Entonces *Dimivan Caracaracol*, viendo delante a sus hermanos entró a su casa para ver si podía hallar algún *cazabí*, que es el pan que se come en aquel país. *Caracaracol*, entrando en casa de *Ayamanaco*, le pidió *cazabí*, que es el mencionado pan; éste se puso la mano en la nariz y le echó en la espalda una «mucosidad llena de *cohoba*», que había mandado hacer aquel día.

La *cohoba* es cierto polvo que ellos toman algunas veces para purgarse y para otros efectos que después se dirán. Toman éste con una caña, medio brazo de larga; ponen un extremo en la nariz y otro en aquel polvo, y así lo aspiran por la nariz y les hace purgar grandemente.

De este modo les dio por pan aquella mucosidad, en vez del pan que hacía, y se fue muy indignado porque se lo habían pedido. *Caracaracol*, después de esto, volvió a sus hermanos y les contó lo que le había sucedido con *Bayamanicoel*, y cómo le había echado una mucosidad en la espalda, la que le dolía fuertemente. Entonces, sus hermanos le miraron la espalda y vieron que la tenía muy hinchada; creció tanto aquella hinchazón que estuvo a punto de morir, por lo que procuraron cortarla y no pudieron; mas, tomando una hacha de piedra, se la abrieron y salió fuera una tortuga viva, hembra; entonces edificaron una casa y llevaron a ella la tortuga. De esto yo no he sabido más; poco vale lo que llevo escrito.

(Transcripto de la *Historia del almirante don Cristóbal Colón por su hijo don Fernando*, Madrid, edición de 1932, tomo II, pág. 51.)

En otra edición española de la *Historia del almirante don Cristóbal Colón*, la hecha en Madrid el año 1892 (tomo I, pág. 292) en vez de «mucosidad llena de *cohoba*» se dice: «él se echó la mano a la nariz y le tiró una calabaza en las espaldas que estaba llena de cogioba». La palabra mucosidad parece expresar mejor la realidad, pues se refiere, como hoy diríamos, a «moco lleno de polvos de tabaco». Las ediciones italianas dicen: *Si mife mano al najo e gittó un guanguaio dalle spalle pieno di Cogiola che aveva fatto far quel dì*. Según el texto del padre Pané, copiado por Pedro Mártir de Anglería (*Década I*, libro IX, capítulo V), ese humor sucio y lleno de tabaco de *Bayamanicoel* (o *Basamanaco* o *Ayamanaco*) engendró en la espalda del primogénito de *Dimivan* (a) *Caracaracol* (probablemente El Roñoso o El Sifilítico) una mujer en la cual los cuatro hermanos gemelos tuvieron hijos e hijas. Una especie de mito de Eva, naciendo del costado del hombre, mezclado con un mito parecido al del diluvio, con el patriarca Noé y sus hijos repobladores del mundo. En este mito indoantillano la malignidad erótica y genésica no está en una serpiente sino en esos polvos de *cohoba*, los cuales, penetrando en la carne de *Caracaracol*, engendran la hembra o la tortuga, que en el folklore primitivo es símbolo también genésico, como la culebra bíblica.

Podría tratarse también de un rito histórico agrario. El diluvio desbordado puede significar la tempestad o el huracán y sus estragos; la huida de los cuatro gemelos de su patria es la transmigración de una tribu en busca de subsistencia; la petición de *casabí* evoca una iniciativa agrícola; el lanzamiento de la mucosidad con polvos mágicos, la lesión dolorosa en la espalda y la hinchazón consiguiente son un mito de siembra y trabajo; el hacha de piedra es emblema del rayo que en las Antillas desata las lluvias; la tortuga hembra es símbolo de tierra húmeda; y la construcción de la casa es la sedentariedad agraria, la estabilidad de habitación y el establecimiento de la nueva población después de la odisea transmigratoria de los cuatro hijos de *Itiba Yahuvava*.

Fray Ramón Pané era un «pobre eremita de la O. de San Jerónimo», de los primeros frailes que fueron a la Española a evangelizar a los indios, y no hay que fiarse demasiado de lo que él dice. El mismo de sí escribía: «Me persuado a que trabuco las cosas y pongo primero lo que había de ser lo último y al fin lo primero, pero todo lo que confusamente escribo lo cuentan ellos así». No es de extrañar. De una parte, fray Pané era lego, persona «simple», que no hablaba bien la lengua castellana por ser catalán de nación, ni tampoco la de los indios, según fray Las Casas (*Apologética*, capítulos CXX, CLXVII y CLXXVIII). Y de otra parte, por la confusión y absurdidez con que suelen manifestarse los mitos, hasta los cristianos, pero sobre todo en los pueblos todavía cercanos al período primario de la evolución religiosa, cuando todo flota sobre ese magma conceptual que hoy se significa etnográficamente por el vocablo *mana*, tomado de los polinesios, y que en Cuba se conserva en el folklore más vulgar con los africanoides de *cocorícamo, merequetén, timba, sumba*, etc. (Vide Fernando Ortiz, *El cocorícamo y demás conceptos teoplásmicos del folklore afrocubano*). Además, el escrito original de fray Pané se ha perdido y las referencias, transcripciones y traducciones del mismo tienen muchas variantes en cuanto a las voces indias que en él se recogieron.

Si no se tuviese amplia y cierta noticia del carácter sacro del tabaco entre los indios taínos, seguramente que por sus cualidades estimulantes y tóxicas, tal como ha ocurrido análogamente con el vino, el opio y otras materias estupefacientes aprovechadas por las religiones, comprenderíamos por este mito el carácter de trascendencia sobrenatural atribuido a los polvos de *cohoba*.

Algunos han visto en el uso religioso del tabaco por los indios, sobre todo por el fumar, como una ofrenda propiciatoria a los dioses, una adulación a la Omnipotencia para sacarle favores y aplacar sus iracundias, o como un rito de magia operante, tal como el incienso que se quema en los templos y liturgias de varias otras religiones. Otros lo han interpretado como una manera de ahuyentar los malos espíritus, así como una fumigación sanitaria para expulsar los bichos inmundos y peligrosos para la salud. Las tres interpretaciones son valederas y acaso puedan unirse a una nueva, que es concordante y que parece fundamental. El humo del tabaco venía a ser como una forma visible del espíritu o potencia sobrenatural, del maná misterioso, potente y fecundante. El humo era la muy sutil y fugaz materialización de esa fuerza del tabaco que se manifiesta en los fenómenos estimulantes y narcóticos, en los medicinales y en los genésicos que le eran atribuidos por la magia.

Tal fuerza mágica se atribuye al humo del tabaco que los indios jíbaros para citar a los hechiceros de una tribu a una reunión lanzan al aire bocanadas de humo a la vez que suenan las maracas sagradas... y les envían mensajeros (Wavrin, *Ob. cit.*, pág. 488). Del carácter sagrado del tabaco dice Oviedo:

154

Esta hierva tenían los indios por cosa muy presciada, y la criaban en sus huertos e labranzas para el efecto que es dicho; dándose a entender que este tomar de aquella hierva e zahumerio no tan solamente les era cosa sana, pero muy sancta cosa.

(*Ob. cit.*, tomo I, pág. 131.)

Entre los indios de América, donde el tabaco se originó, y entre los negros africanos que lo adoptaron con prodigiosa rapidez, suele el tabaco ser propio de los hombres, ser masculino su espíritu y no poder plantarlo las mujeres. Por ejemplo, entre los indios ñapo y los jíbaros el tabaco es usado solamente por los hombres: para las mujeres es tabú (Wavrin, *Ob. cit.*, pág. 591). Igual acontece en otros pueblos indios, y aun de América, con el *ñopo*, la coca, el haschish, el opio y otros intoxicantes y narcóticos. En algunos casos, las sustancias estupefacientes son monopolio de los sacerdotes y hechiceros, debido a que sus efectos así como las posesiones de los espíritus y diablos, cuando no son controladas por la clase sacerdotal pueden ser peligrosas para el orden político establecido. El éxtasis místico, en el cual habla un ser sobre-humano, ha sido siempre un fenómeno temible y muy vigilado. Lo emplean en humo, en cocimiento, en polvo, en mascadas, etc., en los ritos fecundantes de la mujer, de los animales y de los campos. Se aplica el tabaco en los ritos nupciales, sahumando con él a la novia; en los agrarios, impregnando con su humo las semillas y esparciéndolo por las siembras. También fumigando los enfermos y los niños o haciéndolo ingerir. En algunas tribus fuman hasta los niños de pecho.

En pueblos, como eran los indios cubanos, tan dados a los cultos fálicos, a las ceremonias eróticas y a las propiciaciones sexuales, acaso el tabaco o cigarro por su forma pudo tener también un simbolismo priápico y ser el humo y la picadura como figuraciones de la potencia seminal que penetra, fecunda y anima la vida en todas sus manifestaciones.

Esta teoría parece reforzarse recordando una de las maneras peculiares de fumar que tenían los indios, expeliendo el humo como un chorro que salía con fuerza de la punta del mismo cigarro, como una sacripotente eyaculación fluídica de un cilindro fálico, a la cual era fácil atribuir una eficacia fecundante. Ya volveremos a referirnos a ella.

En México, entre los aztecas, el tabaco era empleado por *Tlaloc*, el dios de las aguas, quien al fumarlo y lanzar el humo a lo alto creaba la neblina productora de la lluvia que fecundaba la tierra; y, a la vez, era el tabaco el vestido de *Ciacouatl*, la «diosa de la tierra», o la «culebra que es mujer», según fray Bernardino de Sahagún. De la cual refiere fray Mendieta «que unas veces se tornaba culebra y otras veces se transfiguraba en moza muy hermosa y andaba por los mercados enamorándose de los mancebos y provocábalos a su ayuntamiento, y después de cumplido los mataba». Es decir, era diosa del amor, Afrodita azteca, que se vestía o transustanciaba con el tabaco, la fuerza fecundante emanada del dios *Tlaloc*. Todo ello un mito agrosexual. Bien pudieron, pues, los indios taínos, como los mexicanos, fumar el tabaco encendido con el fuego dentro de la boca y exhalando el humo con fuerza hacia lo alto. Como si fuere un chorro de lava en ebullición salido de la entraña incandescente del volcán por el erecto cono montañés y llevando hacia los cielos en su penacho de humos la esencia de la lluvia que daría fertilidad de madre a la tierra. Un completo ciclo mítico: la tierra, serpiente hembra y lujuriosa, que se viste de vegetación y se impregna de tabaco, tabaco que luego se quema por el dios de los engendros, quien lo fuma y hace nubes en los altos montes y las trueca en las aguas que penetrarán en la tierra y en su entraña crearán los frutos para el mantenimiento de los seres humanos.

Esta teoría del carácter fálico y genético del tabaco y sus ritos está secundada por las consideraciones de Werner Wolf acerca de ciertos mitos y liturgias de los mayas que este autor analiza al estudiar el *Codex Troano*, y a las cuales nos referiremos más adelante.

En cuanto a la voz *cohoba* del texto de fray Pané, es también la empleada por Las Casas, López de Gomara y otros cronistas, según veremos. Es posible que el vocablo tuviera que ser pronunciado con la hache aspirada, sonando algo semejante a *cojoba*, por lo cual en dos anteriores ediciones españolas de la *Relación* de Pané (las de 1747 y 1892) se estampa *cogioba*. Pero esta forma parece estar influida por la grafía italiana del más antiguo texto que se conserva del escrito de fray Pané (incluido en la edición de 1665 en Venecia de la citada obra de Fernando Colón), de la cual han sido sacadas todas las demás

156

reproducciones. Por otra parte, es admisible que la voz sonara en lengua india como *cooba*, «con la primera sílaba luenga», como entonces solía decirse, y que la hache de la aspiración fuese contagiada por la palabra castellana *cohobar* que, derivada (como *al-cohol*) del vocabulario árabe de la alquimia, aún corre por España y sus diccionarios con el sentido de «destilar repetidas veces una misma sustancia»; y de la cual, a su vez, debió de derivarse por la picaresca germanía la voz *coba*, que es la insistente jerigonza o palabrería engañosa de un individuo sobre otro.

Casi es ocioso señalar aquí el error de atribuir la voz *cogioba* a una simple ortografía italiana de la voz árabe *qasabah*, «caña o pipa». Conviene, sin embargo, señalar tal opinión (Leo Wiener, *Africa and the Discovery of America*, Filadelfia, 1920, vol. I, págs. 105 y sigs.), que niega el origen americano del tabaco y lo atribuye al África y a los árabes. Esta teoría no tuvo acogida; pero importa indicarla.

Fray Pané vuelve a tratar de la *cohoba* en el capítulo XV, referente a las prácticas médicas de los *buhuitihu*, que Oviedo llamó *buhití* y ahora decimos *behíques*, o sean esos personajes indios que asumen conjuntamente las funciones de sacerdotes, médicos y agoreros. Dice así el ermitaño autor del primer estudio sobre la religión en América:

Cuando alguno está enfermo, le llevan el *buhuitihu*, que es el médico; éste es obligado a guardar dieta, lo mismo que el doliente, y a poner cara de enfermo, lo cual se hace así para lo que ahora sabréis. Es preciso que el médico se purgue también como el enfermo, y para purgarse toma cierto polvo llamado *cohoba*, aspirándolo por la nariz, el cual les embriaga de tal modo que luego no saben lo que se hacen, y así dicen muchas cosas fuera de juicio, afirmando que hablan con los *cemíes* y que éstos les han dicho de dónde provino la enfermedad.

Vuelve, en fin, fray Pané a referirse a la *cohoba* en su capítulo XIX sobre la consagración de los *cemíes*. Dice así:

Cómo hacen y guardan los cemíes de madera o de piedra. Los de madera se hacen de la siguiente manera: Cuando alguno va de camino y le parece ver algún árbol que se mueve hasta la raíz, aquel hombre se detiene asustado y le pregunta quién es; el árbol responde: «Trae aquí un buhuitihu; él te dirá quién soy». Aquel indio, llegado al médico, le dice lo que ha visto. El hechicero o brujo va luego a ver el árbol de que el otro le habló, se sienta junto a él y hace la *cohoba*, como arriba hemos dicho en la historia de los cuatro hermanos. Hecha la *cohoba*, se levanta y le dice todos sus títulos como si fueran de un gran señor, y le dice: «Dime quién eres, qué haces aquí, qué quieres de mí y por qué me han hecho llamar; dime si quieres que te corte, o si quieres venir conmigo, y cómo quieres que te lleve; yo te construiré una casa con una heredad». Entonces, aquel árbol o *cemí*, hecho ídolo o diablo, le responde diciendo la forma en que quiere que lo haga. El brujo lo corta y lo hace del modo que se le ha ordenado, le edifica su casa con una posesión, y muchas veces al año le hace la *cohoba*, cuya *cohoba* es para tributarle oración, para complacerle, para saber del *cemí* algunas cosas malas o buenas, y también para pedirle riquezas.

Cuando quieren saber si alcanzarán victoria contra sus enemigos, entran en una casa en la que no penetra nadie sino los hombres principales; su señor es el primero que comienza a hacer la *cohoba* y toca un instrumento. Mientras éste hace la *cohoba* ninguno de los que están en su compañía habla hasta que éste ha concluido. Después que acaba su discurso, está algún tiempo con la cabeza baja, y los brazos encima de las rodillas; luego alza la cabeza mirando el cielo y habla. Entonces, todos contestan a un tiempo con voz alta, y luego que han hablado todos para darle gracias, les cuenta la visión que tuvo embriagado con la *cohoba* que tomó por la nariz y se le subió a la cabeza; dice haber hablado con los *cemíes*, y que los indios conseguirán victoria; que sus enemigos huirán; que habrá una gran mortandad, guerras, hambres u otras cosas tales, según él, que está borracho, quiere decir. Júzguese cómo tendrán el cerebro, pues dicen que han visto las cosas con los cimientos hacia arriba, y que los hombres caminan con los pies mirando al cielo. Esta *cohoba* se la hacen no solamente a los *cemíes* de piedra y de madera, mas también a los cuerpos de los muertos, según arriba hemos dicho.

En esta relación de fray Pané la *cohoba* es un polvo fino, aspirado por la nariz mediante esa caña, cañuela de carrizos, cálamo o cánula, «medio brazo de larga» o «larga como un jeme» a que se refirieron también Oviedo, Las Casas y, antes que todos, el mismo don Cristóbal Colón. Dice éste en su *Diario*, según las palabras que su hijo Fernando transcribió textualmente en su *Historia del almirante don Cristóbal Colón* (Ed. de Madrid, 1932, tomo II, pág. 28):

Comenzando por las divinas, copiaré aquí las mismas palabras del almirante como las dejó escritas: «Idolatría u otra secta no he podido averiguar de ellos, aunque todos sus reyes, que son muchos, tanto en la Española como en las demás islas y en la Tierra Firme, tienen una casa para cada uno, separada del pueblo, en la que no hay más que algunas imágenes de madera hechas en relieve a las que llaman *cemíes*. En aquella casa no se trabaja para más efecto que para el servicio de los *cemíes*, con cierta ceremonia y oración que ellos hacen allí como nosotros en las iglesias.

En esta casa tienen una mesa bien labrada, de forma redonda, como un tajador, en la que hay algunos polvos que ellos ponen en la cabeza de dichos *cemíes* con cierta ceremonia; después, con una caña de dos ramos que se meten en la nariz, aspiran este polvo. Las palabras que dicen no las sabe ninguno de los nuestros. Con estos polvos se ponen fuera de tino, delirando como borrachos».

El Abad Pedro Mártir de Anglería tuvo, sin duda, a su vista esos escritos de fray Ramón Pané y de don Cristóbal Colón, de quien fue amigo y admirador, tanto que de él tuvo carta fechada el año 1494 en la Isabela, población de la Española. Pedro Mártir escribió lo que sigue acerca de la *cohoba*:

Cuando los caciques desean consultar al *cemí* acerca de los resultados de alguna guerra, o respecto de las cosechas, o de su salud, penetran en el bohío consagrado al dios y absorben por las narices la *cohoba*, que así llaman a la planta, que produce el enajenamiento del ánimo, con lo cual al instante deliran. Divagan y gritan, que tanto la casa como los objetos que contiene dan vueltas, y que los hombres caminan con la cabeza en tierra, y los pies en dirección opuesta. Tal es la fuerza de ese polvo de *cohoba* que, tomado, anula inmediatamente toda facultad y sensación. Así que ha desaparecido la pasajera locura, cabizbajo y las manos en las rodillas, atónitos permanecen poco tiempo en esa posición, y al fin, aletargados, levantan la cabeza, cual si despertasen de un pesado y profundo sueño, y dirigiendo los ojos al cielo, cuentan cuanto les ha comunicado el *cemí*.

(*De Orbe Novo*, Ed. de París, 1857, pág. 84. Párrafo traducido por A. Reynoso.)

Más preciso que los citados textos es otro de fray Bartolomé de las Casas, quien tuvo a la vista el *Diario del almirante*, vivió más que éste por las Antillas y conoció más íntimamente a varios pueblos de indios y sus costumbres. He aquí la narración de Las Casas:

Ya dijimos arriba cómo en esta Isla tenían ciertas estatuas aunque raras, en éstas se cree que a los sacerdotes que llamaban *behíques* hablaba el diablo, y también los señores y reyes cuando para ello se disponían, de manera que aquéllas eran sus oráculos; de aquí procedía otro sacrificio y ceremonias que ejercitaban para agradallo, que él debía habellos mostrado. Este se hacía por esta manera: Tenían hechos ciertos polvos de ciertas yerbas muy secas y bien molidas, de color de canela o de alheña molida; en fin, eran de color leonada. Estos ponían en un plato redondo, no llano sino un poco algo combado o hondo, hecho de madera, tan hermoso, liso y lindo, que no fuera muy más hermoso de oro o de plata; era cuasi negro y lucio como de azabache.

Tenían un instrumento de la misma madera y materia, y con la misma polideza y hermosura; la hechura de aquel instrumento era del tamaño de una pequeña flauta, todo hueco como lo es la flauta, de los dos tercios de la cual en adelante se abría por dos cañutos huecos, de la manera que abrimos los dos dedos del medio, sacando el pulgar, cuando extendemos la mano. Aquellos dos cañutos puestos en ambas a dos ventanas de las narices y el principio de la flauta, digamos, en los polvos que estaban en el plato, sorbían con el huelgo hacia dentro, y sorbiendo recibían por las narices la cantidad de los polvos que tomar determinaban, los cuales recibidos salían luego de seso cuasi como si bebieran vino fuerte, de donde quedaban borrachos o cuasi borrachos.

Estos polvos y estas ceremonias o actos se llamaban *cohoba*, la media sílaba luenga, en su lenguaje; allí hablaban como en algarabía, o como alemanes confusamente, no sé qué cosa y palabras. Con esto eran dignos del coloquio de las estatuas y oráculos, o por mejor decir del enemigo de la naturaleza humana; por esta manera se les descubrían los secretos, y ellos profetaban o adevinaban, de allí oían y sabían si les estaba por venir algún bien, adversidad o daño. Esto era cuando el sacerdote solo se disponía para hablar y que le hablase la estatua;

pero cuando todos los principales del pueblo para hacer aquel sacrificio, o lo que era (que llamaron *cohoba*) por permisión de los *behíques* o sacerdotes, o de los señores, se juntaban, entonces verlos era el gasajo. Tenían de costumbre, para hacer sus cabildos y para determinar cosas arduas, como si debían de mover alguna de sus guerrillas, o hacer otras cosas que les pareciesen de importancia, hacer su *cohoba*, y de aquella manera embriagarse o cuasi. Y esta manera de consultar, bien llenos de vino y embriagados o cuasi, no fue la primera en éstos, porque según Herodoto en el libro I, y Estrabón en el fin del libro XV, los persas, cuando habían de consultar de cosas grandes y de grande importancia, la usaron, porque nunca lo hacían sino mientras comían y bebían y estaban de vino bien cargados, y aquel consejo y las determinaciones que dél sacaban decían ellos ser más firmes que las que con la sobriedad y templanza eran deliberadas. Yo los vi algunas veces celebrar su *cohoba*, y era cosa de ver cómo tomaban y lo que parlaban. El primero que la comenzaba era el señor, y en tanto que él la hacía todos callaban; tomada su *cohoba* (que es sorber por las narices aquellos polvos, como está dicho, y tomábase asentados en unos banquetes bajos, pero muy bien labrados, que llamaban *duhos*, la primera sílaba luenga), estaba un rato la cabeza a un lado vuelta y los brazos puestos encima de las rodillas, y después alzaba la cara hacia el cielo hablando sus ciertas palabras, que debían ser su oración a Dios verdadero, o al que tenían por dios; respondían todos entonces cuasi como cuando nosotros respondemos Amén, y esto hacían con grande apellido de voces o sonido, y luego dábanle gracias, y debían decille algunas lisonjas, captándole la benevolencia y rogándole que dijese lo que había visto. (*Apologética*, capítulo CLXVI.)

Ya con lo que antecede se ve cuán errado estaba el padre Cobo al decir que

aunque los indios, de quien se tomó esta costumbre de tomar *tabaco*, lo usaban solamente en humo, han inventado los españoles otro modo de tomarlo más disimulado y con menos ofensión de los presentes, que es en polvo, por las narices; el cual hacen y aderezan con tantas cosas aromáticas como clavos, almizque, ámbar y otras especies olorosas, que dan de sí gran fragancia. Tomado desta manera cuando es menester descargar la cabeza, divierte los corrimientos délla, sana los reumas y hace otros saludables efectos.

(Padre Bernabé Cobo, *Historia del Nuevo Mundo*, Sevilla, 1890, tomo I, pág. 404.)

Que los indios en general empleaban el tabaco en polvo parece ser indudable.

Referente al empleo de la *cohoba* en la medicina de los *behíques* o *bohitis*, como les dice Francisco López de Gomara, quien también los apellida «sacerdotes del diablo», escribe este capellán historiador:

Tienen grande autoridad, por médicos y adivinos con todos, aunque no dán respuesta ni curan sino a gente principal y señores.

Cuando han de adevinar a lo que les preguntan comen una yerba que llaman *cohoba*, molida o por moler, o toman el humo della por las narices, y con ellos salen de seso y se les presentan mil visiones. Acabada la furia y virtud de la yerba vuelven en sí. Cuentan lo que han visto y oído en el consejo de los dioses, y dicen que será lo que Dios quisiere: empero, responden a placer del preguntador, o por términos que no les pueden cojer a palabras, que así es el estilo del padre de mentiras.

Para curar algo, toman también aquella yerba *cohoba*, que no la hay en Europa; enciérrame con el enfermo, rodeándolo tres o cuatro veces, echan espumajos por la boca, hacen mil visajes con la cabeza y soplan luego el paciente y chúpanle por el tozuelo, diciendo que le sacan por allí todo el mal. Pásanle después muy bien las manos por todo el cuerpo, hasta los dedos de los pies, y entonces salen a echar la dolencia fuera de la casa, y algunas veces muestran una piedra o hueso o carne que llevan en la boca y dicen que luego sanará, pues le sacaron lo que causaba el mal; guardan las mujeres aquellas piedras para bien parir, como reliquias santas...

(*Hispania Victrix. Historia general de las Indias*, Ed. de Biblioteca de autores españoles, tomo XXII, pág. 173.)[12]

De este texto de López de Gomara, que alude al uso de «comer» la *cohoba* «molida o por moler», acaso se infiera que los indios antillanos, además de tomar las hojas de la planta nicotiana en ahumadas y en polvos, solían mas-

---

12 Véase la edición de Linkgua, Barcelona, 2021. (N. del E.)

carla, uso que también se extendió entre los blancos europeos y mantienen todavía ciertos países y gentes. Esta aplicación de la *cohoba* para «comer» da más verosimilitud a la opinión de Sven Loven (*Origins of the Tainan Culture West Indies*, Gotemburgo, 1935), quien afirma, tras de una breve disquisición lingüística, que la voz taina *cohoba* significó primitivamente «mascar» y no una planta.

Según Sven Loven, lo primero debió de ser mascar el tabaco y luego aprendieron a sorberlo en polvo y por los tubos nasales. Los indios caribes de las Antillas no empleaban el tabaco en polvos sino en mascadas, con excepción de sus *piayes* o hechiceros que lo fumaban en cigarros. Los caribes preparaban las hojas secas de tabaco humedeciéndolas con agua del mar y enrollándolas en cuerda, tal como después los europeos prepararon las hojas de tabaco, en esa forma de rollos que recibió el nombre de andullo, de la jerga marinera, donde tal palabreja significaba un rollo de tejido que se ponía en las jaretas y motones para suavisar el roce.

Los referidos textos de Cristóbal Colón y de Bartolomé de las Casas están corroborados en parte y además ampliados por el cronista Oviedo, quien escribió de manera bien precisa.

He aquí el texto referente al tabaco, tomado de la gran obra del primer cronista de Indias, oficialmente nombrado como tal por el rey de España, el capitán don Gonzalo Fernández de Oviedo y Valdés, titulada *Historia general y natural de las Indias, islas y Tierra Firme del mar Océano* (primera parte, libro quinto, capítulo I, pág. 130). La primera parte de esta obra, donde por su autor en 1535. En la edición de la obra total Historia, el año 1851, en está el capítulo que copiamos, fue publicada texto que aquí damos ha sido transcripto de debida al cuidado de la Real Academia de la Madrid:

Usaban los indios desta isla entre otros sus vicios uno muy malo, que es tomar unas ahumadas, que ellos llaman tabaco, para salir de sentido. Y esto hacían con el humo de cierta yerba que, a lo que yo he podido entender es de calidad de beleño; pero no de aquella hechura o forma, según su vista, porque esa hierva es un tallo o pimpollo como quatro o cinco palmos o menos de alto y con unas hojas anchas e gruesas, e blandas e vellosas, y el verdor tira algo a la color de las hojas de la lengua de buey o buglosa (que llaman los hervolarios e médicos).

Esta hierva que digo en alguna manera o género es semejante al beleño, la cual toman de aquesta manera: los caciques e hombres principales tenían unos palillos huecos del tamaño de un xeme o menos de la groseza del dedo menor de la mano, y estos cañutos tenían dos cañones respondientes a uno, como aquí está pintado (lámina 1.ª, figura 7.ª) e todo en una pieza. Y los dos ponían en las ventanas de las narices e el otro en el humo e hierva que estaba ardiendo o quemándose; y estaban muy lisos e bien labrados, y quemaban las hojas de aquella hierva arrebujadas o envueltas de la manera que los pajes cortesanos suelen echar sus ahumadas: e tomaban el aliento e humo para sí una o dos o más veces, quánto lo podían porfiar, hasta que quedaban sin sentido grande espacio tendidos en tierra beodos o adormidos de un grave o muy pessado sueño. Los indios que no alcanzaban aquellos palillos, tomaban aquel humo con unos cálamos o cañuelas de carrizos, e aquel instrumento con que tomaban el humo, o a las cañuelas que es dicho llaman los indios tabaco, e no a la hierva o sueño que les toma (como pensaban algunos). Esta hierva tenían los indios por cosa muy preciada, e la criaban en sus huertos e labranzas, para el efecto que es dicho: dándose a entender que es tomar de aquella hierva e zahumerio no tan solamente les era cosa sana, pero muy sancta cosa. Y assi como cae el cacique o principal en tierra, tómanle sus mugeres (que son muchas) y échanle en su cama o hamaca, si él se lo mandó antes que cayese; pero si no lo dixo e proveyó primero, no quiera sino que lo dexen estar assi en el suelo hasta que se le passe aquella embriaguez o adormecimiento. Yo no puedo pensar qué placer se saca de tal acto, si no es la gula del beber que primero hacen que tomen el humo o tabaco, y algunos beben tanto de cierto vino que ellos hacen, que antes que se zahumen caen borrachos; pero quando se sienten cargados e hartos, acuden a tal perfume. E muchos también sin que beban demassiado, toman el tabaco, e hacen lo que es dicho hasta dar de espaldas o de costado en tierra, pero sin vascas, sino como hombre dormido. Sé que algunos chripstianos ya lo usan, en especial algunos que están tocados del mal de las búas, porque dicen los tales que en aquel tiempo que están assi transportados no sienten los dolores de su enfermedad, y no se paresce que es esto cosa sino estar muerto en vida el que tal hace; lo qual tengo por peor que el dolor de que se excusan, pues no sanan por eso.

Al presente muchos negros de los que están en esta cibdad y en la isla toda, han tomado la misma costumbre, e crian en las haciendas y heredamientos de sus amos esta hierva para lo que es dicho, y toman las mismas ahumadas o tabacos; porque dicen que, quando dexan de trabajar e toman el tabaco, se les quita el cansancio.

Aquí me paresce que quadra una costumbre viciosa e mala que la gente de Tracia usaba entre otros criminosos vicios suyos, segund el Abulensis escribe sobre Eusebio «De los tiempos» (Abulensis, libro II, capítulo 168), donde dice que tienen por costumbre todos, varones e mugeres, de comer alrededor del fuego, y que huelgan mucho de ser embriagos, o lo parescer; e que como no tienen vino, toman simientes de algunas hiervas que entre ellos hay, las quales echadas en las brasas, dan de sí un tal olor que embriagan a todos los presentes, sin algo beber. A mi parescer esto es lo mismo que los tabacos que estos indios toman.

Figura 2. Reproducción exacta del dibujito que trae la obra de Oviedo (Edición de la R. Academia de la Historia de Madrid, 1851, tomo 1) del aparato inhalador de tabaco que usaban los indios de la Española.

Oviedo apoyó su escrito con un dibujo que aparece en una lámina, como apéndice del tomo I de la citada edición académica de su obra. (Véase la figura 2 aquí reproducida.)

La narración de Oviedo ha sido puesta en duda varias veces. Wiener negó la posibilidad de que tal aparato existiera (*Ob. cit.*, tomo I, pág. 107).

Recientemente, en La Habana, un médico tan acucioso como el doctor Benigno Souza se ha mostrado incrédulo en cuanto al consabido instrumento (doctor Benigno Souza, «Historias y leyendas en torno al tabaco», *Diario de la*

Marina», La Habana, 1938). Si este aparato es tal como se figura en el dibujo de la obra de Oviedo y se transporta en rigurosa escala proporcional a otro dibujo de las dimensiones que ese cronista señala, o sea a las de un jeme de largo, como se ve en el croquis que se acompaña (véase la figura 3), «tendremos que las dos patas de la Y vendrían a quedar, no entre los dos huecos de la nariz, separados por delgado tabique, sino que vendrían a parar al medio de los dos cachetes del indio en cuestión, y del simple examen de tal aparatico se desprende que no se puede haber metido a la vez las dos ramas de la Y, que forman el dibujo de Oviedo un ángulo de casi 45°, por los dos agujeros de la nariz, no ya de las de un indio, sino aun por las de un gigantesco gorila». Además, piensa el doctor Souza que no es verosímil que se absorbiera el humo por las narices y no por la boca.

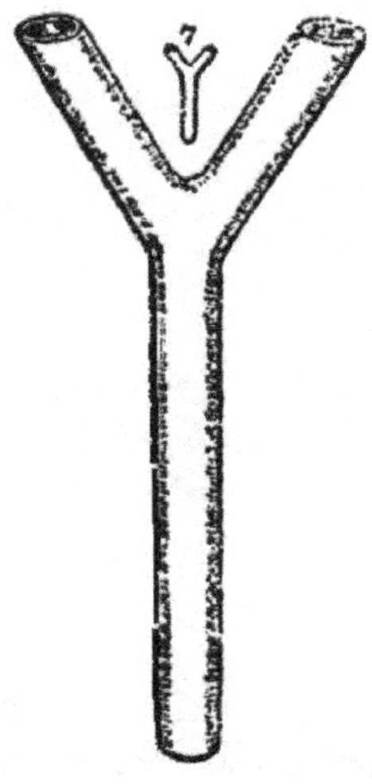

Figura 3. Dibujo que ilustra el artículo *Historias y leyendas* en torno al tabaco del doctor Benigno Souza, referente a las proporciones inverosímiles del tubo bifurco descripto por Oviedo.

El uso por los indios de ese sencillo aparato, que no es sino un inhalador tubular nasal, está sin embargo comprobado, no solo por el dicho Oviedo, en ello bien preciso, sino por lo que dicen Cristóbal Colón y el mismo Bartolomé de las Casas. Este en una parte se refiere al tabaco torcido que vio en los indios, y en otra también describe precisamente el consabido instrumento «del tamaño de una pequeña flauta», todo hueco, y con «cañutos huecos» que se abrían «de los dos dedos tercios de la cual en adelante»... «de la manera que abrimos los dos dedos del medio, sacando el pulgar cuando extendemos la mano». El mismo Las Casas sigue explicando cómo ambos cañutos se ponían «en las dos ventanas de las narices» y el «principio de la flauta, digamos, en los polvos que estaban en el plato», sorbían hacia dentro y «sorbiendo recibían por las narices la cantidad de polvos».

Lo que sí hay que admitir es que el dibujo de Oviedo, por sus proporciones equívocas, confunde más que aclara. No hay que aceptar como exactas las proporciones que ofrecen algunos dibujos de la obra de Oviedo, así en cuanto al «cañuto de dos cánones» como en cuanto a otras varias figuras de bohíos, palmas y demás que ilustran su erudita historia. Un simple examen de los dibujos basta para comprenderlo así. Estas incorrecciones en general son en buena parte explicables porque los grabados fueron ejecutados en Europa por diseñadores que no habían visto las cosas objeto de los dibujos que aspiraban a ser descriptivos; pero en cuanto al discutido aparato esta explicación no parece del todo justificadora. Si Oviedo trazó un esquema que guiase al artista europeo, a él mismo debió de deberse el craso error. Es éste tan burdo que provoca muy despectivos comentarios, como los hechos contra Oviedo por Souza, Reynoso, Ernst y otros, sin excluir al mismo Bartolomé de las Casas, que de la probidad del primer cronista de Indias tuvo un pésimo concepto. Ernst dice que Oviedo «no vio fumar a los indios con tal aparato». Álvaro Reynoso pensó que Oviedo fue embustero.

Para explicarnos la causa de ese indudable error hemos tratado de encontrar dónde fue iniciado. Si aceptamos como fehacientes ciertos datos gráficos reiteradamente calificados de «fiel reproducción» por el doctor A. Ernst («On the Etymology of the Word Tobacco», *The American Anthropologist*, Washington, 1889, vol. II, pág. 133), habrá que advertir que al insertarse en dicha edición un dibujo facsímil del discutido aparatito inhalador, ya se cometió el error de darle proporciones también equivocadas, en este caso extensivas probablemente al grosor de la pared tubular. El dibujo publicado en la edición de 1547, según Ernst es diverso del de la edición de 1851.

Parece, pues, asegurado que las figuras ilustrativas del aparatito consabido en las obras de Oviedo son equivocadas; pero el error en sus descripciones métricas no quiere decir que el citado aparato bifurco no existiera. Con esta reserva expresa hay que aceptar lo dicho por Cristóbal Colón, Pané, Oviedo, Las Casas y Gomara.

Además, aún existen en la realidad algunos de esos indios aparatos de fumar. Un ejemplar auténtico lo encontramos en Port-au-Prince, Haití, en una vitrina de su museo de historia (véase la figura 4). El ejemplar es exacto y completo, con el tamaño que observaron los cronistas, sus tubos, su bifurcación, sus adornos y una figura decorativa, muy expresivamente tallada, representando un ente sobrenatural.

Figura 4.

Según se ve por los textos del almirante, de fray Pané, de Las Casas, de Oviedo y de López de Gomara, había dos clases de cálamos para tomar *cohoba*, unos en forma de un solo tubo o cánula y otros rematados en dos tubos o ramas en forma de horquilla. Con entrambos aparatos, *cañuelas* o *palillos*, según Oviedo, indistintamente los indios absorbían por sus narices «con el huelgo» el humo de las hojas que estaban quemándose adrede, a modo de inhalación nasal, y también aspiraban el polvo. Pero nos parece que esto último era lo más típico o frecuente, y solo a esta costumbre de aspirar o sorber polvo refieren Colón y Las Casas el uso del aparatito en cuestión.

Ernst acepta de Oviedo la existencia entre los indios del tubo inhalador en forma de Y; pero sostiene que no servía para fumar o sea para inhalar humo (A. Ernst, *Ob. cit.*, pág. 134).

Algunos textos, que pudiéramos calificar de etnografía comparada, vienen a confirmar decididamente lo dicho por Oviedo y otros cronistas en cuanto a los cañutos inhaladores de polvos o humos, sin excluir los tan discutidos tipos bifurcos. Estos datos tienen valor más significativo al referirse a indios étnica o geográficamente relacionados con los taínos antillanos y sus países de procedencia.

Refiere La Condamine, hablando de ciertos indios de Sudamérica ligados étnicamente con los indoantillanos:

Los omaguas usan mucho dos plantas; una llamada por los españoles floripondio, cuya flor tiene la forma de una campana vuelta; la otra es conocida con el nombre de curupá en la lengua omagua. Ambas son purgantes. Por medio de ellas estos pueblos consiguen una borrachera que dura veinticuatro horas, durante las cuales ven las más extrañas visiones. Toman también el curupá reduciéndolo a polvo, como nosotros sorbemos el tabaco; pero con mayor aparato. Se sirven para ello de una caña dividida en dos ramas que tienen la figura de Y. Se insertan cada rama en una ventana de la nariz, y aspiran con violencia, haciendo una mueca muy ridícula al juicio del europeo que quiere relacionar todo a sus costumbres.

(M. de la Condamine, *Relation abregée d'un voyage fait dans l'interieur de l'Amerique meridionale*, París, 1745, pág. 73.)

Este texto del siglo XVIII no puede ser más claro y concluyente. Otros varios textos permiten corroborar por completo el anterior. Refiere el marqués de Wavrin (*Moeurs et coutumes des indiens sauvages de l'Amerique du Sud*, París, 1937, pág. 154), que en ocasión de una entrada de los civilizados en tierra de los indios guarahibos, al huir estos fueron halladas junto a los hogares ciertas largas y finas cañas agujereadas a lo largo, que los indios habían abandonado a toda prisa mientras las estaban usando. Se observó después que esas cañas tenían en su interior restos de cenizas, y alguno, que por curiosidad aspiró por la nariz su contenido, sintió los mismos efectos excitantes que con el *yopo*. Los indios habían estado absorbiendo esas cenizas para prepararse a combatir. En español a tal sustancia se le llamaba también *llopa* y en el reino de Nueva Granada la voz *enllopado* quería decir «borracho». Estas cañas eran simples aparatos inhaladores monotubulares, tales como los emplean aún hoy los esquimales.

Entre los indios de Sudamérica son muchos y muy variados los tipos de inhaladores bitubulares y bifurcos. Daremos cuenta de algunos de éstos, con su representación gráfica indudable.

En Tiahuanaco (Bolivia) fue hallado un curioso y arcaico aparato ahorquillado de ese género. Está hecho con un hueso de llama, muy pulido y decorado externamente con incisiones de indescifrados simbolismos. Su tamaño es de 5 pulgadas de longitud y de una pulgada y media de ancho en el extremo de la bifurcación. Como se advierte, esta parte del aparato es aplicable a las narices humanas. Actualmente está en el museo de la Universidad de Berlín (Joseph D. McGuire, *Pipes and Smoking Customs of the American Aborigens, based on Material in the U. S. Nat. Museum*, Annual Report Smithsonian Inst. for 1897, Washington, 1899, pág. 365).

Max Uhle, que fue el descubridor de este ejemplar (véase figura 5, n.º 1 y 2), lo considera prehistórico. Sus dibujos que en parte pueden tomarse como la estilización de sendos animales, una serpiente y un pequeño cuadrúpedo, en cada extremidad de la bifurcación, «representan una supuesta vitalidad en el polvo que ha de inhalarse». Esto parece concordar con la creencia hallada por Humboldt entre los indios otomacos, quienes «no podían tomar su polvos sin los tubos», lo cual demostraba que éstos eran parte integral de la ritualidad mágica. Max Uhle opina que igual ocurría entre los indios al oriente de los Andes. Esta indispensabilidad de los tubos inhaladores para la eficacia sacramental del rito fumigatorio dependía del simbolismo sobrenatural de las figuras puestas en aquellos aparatos y también de las materias de que estaban constituidos y de las ceremonias mágicas con que habían sido preparados.

Los indios llevarían consigo esos tubos de absorber tabaco para las ocasiones mágicas, como también se colgaban del cuello los tubos hechos de huesos de muertos y preparados como flautas o pitos para sacar de ellos, cuando necesitaban de su sobrenatural auxilio, la sonoridad que evocaba la sacra vitalidad del espíritu del hombre a quien perteneció el hueso.

170

En esas figuraciones simbólicas contenidas en los tubos inhaladores habría de hallarse alguna interpretación de la fuerza misteriosa, sacripotencia o *mana* que se inhalaba con los polvos o humos y se expelía con las ahumadas, mucosidades y vómitos. Al igual que en ese tubo bifurco de Tiahuanaco sucedía con los «cañutos de humo» que para fumar usaban, adornados de dibujos y colorines, los indios aztecas. Lo mismo ocurre por analogía con las figuras que «adornan» las pipas en todos los países, así las rectas como las acodadas. Particularmente con las cabezas y figuras «grotescas» que son tan frecuentes en esos aparatos de fumar, como en las llamadas cazuelas de los indios taínos: figuras que se califican con frecuencia de «caricaturas» y que no son en rigor sino estilizaciones fantásticas con que el artista trata de representar, a veces genialmente, los seres inefables y misteriosos de un mundo sobrenatural. Esta originaria tendencia, que en cierto sentido pudiera decirse «animista» porque «animaba» los utensilios rituales con entidades mitológicas, se descubre donde el uso del tabaco es solo un rito religioso y mágico; luego se extiende y perpetúa ese «animismo» por su originario sentido tradicional y, cuando éste se desvanece, aún sigue por estética, servida y estimulada por el lujo ostentoso de un rango social y por las astucias de la codicia mercantil. En definitiva, esa originaria «animación» simbólica de los tubos inhaladores ayuda a explicar la tendencia universal de los fumadores a individualizar los tabacos, cigarros, pipas, tabaqueras y demás adminículos del fumar, por tradición heredada de los indios. Por otro lado, no era indiferente que el aparato inhalador de la sacripotencia fuese hecho de una cañuela cualquiera o de un hueso de aura tiñosa, ave que frecuenta los cadáveres, o sean los muertos, o de un pajarraco cualquiera que visite las nubes. A esos elementos tenían que atribuirse eficacias operantes.

Este aparato bifurco de Tiahuanaco, en fin, conviene según Max Uhle con la noticia de que los antiguos peruanos usaban tabaco (*sairi*) en polvos, transmitida por Garcilaso en sus *Comentarios reales* (parte I, libro 2, capítulo 25).

Abundan las pruebas de la real existencia de esos tubos bifurcos inhaladores en Sudamérica. Max Uhle («A Snuffing-Tube from Tiahuanaco», *Bulletin of the Free Museum of Science and Art of the University of Pensylvania*, Filadelfia, 1898, vol. I, págs. 159 a 177) recogió varios tipos procedentes del río Ucayali, de Chanchamayo (ahora en el Museo de Berlín), de los Tecunas del Amazonas (en el Museo de Munich), etc., los cuales reproduce y comenta George A. West («Tobacco Pipes and Smoking Customs of the American Indians», *Bulletin of Pub. Museum of the City of Milwaukee*, Milwaukee, 1934, vol. XVII, parte 2.ª, lámina 12). Véanse los tipos en la figura 5, números 3 a 7, que aquí reproducimos.

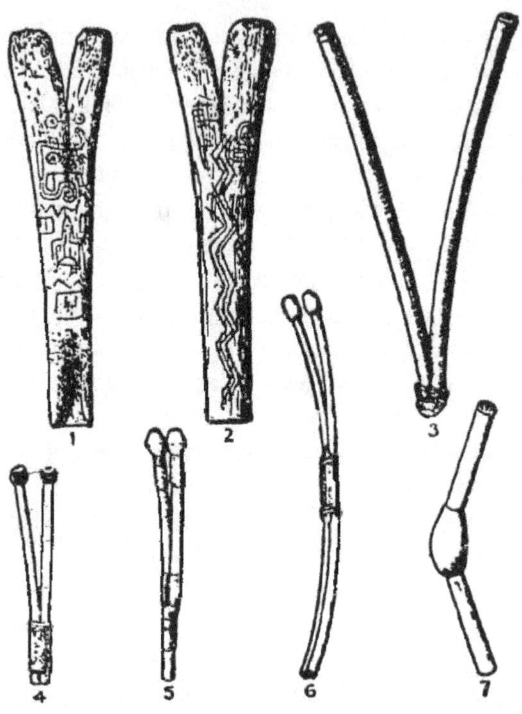

Figura 5. Varios tipos de tubos inhaladores usados por los indios de Sudamérica.

1 y 2. Tipo bifurco hallado en Tiahuanaco.

3. Tipo angular de Chanchamayo, Perú.

4. Tipo bitubular de los indios purina, del río Purus.

5. Tipo bifurco de los indios otomacos, del río Orinoco.

6. Tipo bitubular de los indios tecunas del río Amazonas.

7. Tipo angular de los indios muras en el río Amazonas.

Todos estos tipos se hallan en sendos museos etnográficos de Berlín y Munich, según especifican Uhle y West en sus obras.

Las tribus aruacas de los ríos Purus usaban también esos tubos en horqueta (J. B. Steere, *Narrative of a visit to Indian tribes of the River, Brasil*, Rep. of the U. S. Nat. Museum for 1901, Washington, 1903, pág. 371). Los indios del territorio Cayari-Uaúpes conservan los polvos de coca en pequeños recipientes de conchas marinas y los absorben a través de unas cánulas ahorquilladas (T. Koch-Grünberg, *Zwei Jahre unter den Indianern Reisen in Nordwest Brasilien*, Berlín, 1910, vol. I, pág. 323).

Alejandro de Humboldt descubrió cómo los indios otomacos tomaban unos polvos de semillas de *niopo* mezclados con harina de casabe y polvos de cal, obtenida de cierta concha, y tostados en un *burén*, con cuya pasta hacen unas bolas. Para usarlo, dice Humboldt, se pulveriza la pasta y se colocan los polvos en un plato de 5 a 6 pulgadas de diámetro; entonces el otomaco, sujetando el platillo con su mano derecha, inhala los polvos de *niopo* por su nariz a través de una horquilla de huesos de pájaro, de unas 7 pulgadas de largo, colocando las dos extremidades de aquélla en los orificios nasales (A. von Humboldt, *Personal narrative of travels to the equinoctial regions of America*, Londres, 1852, vol. II, pág. 505). Con esto Humboldt confirmaba el dato aportado un siglo antes por el padre Gumilla, quien refería la embriaguez de los otomacos con los polvos de *yupa* y caliza, inhalados por las narices, si bien no aludía al instrumento ahorquillado (*Ob. cit.*, I, pág. 181).

Los indios del Orinoco y sus afluentes también aspiraban los polvos del narcótico *niopo* por medio de un hueso bifurco de gallinazo, o sea del «aura tiñosa», que decimos en Cuba. Dice el texto alusivo «luego que pusieron el *niopo* pulverizado en un plato de barro, tomólo el dueño de la casa con una mano, cogió con la otra un hueso de gallinazo, a través del cual aspiró por las narices una buena cantidad de aquellos polvos. A fin de que éstos le produjeran una voluptuosidad mayor, se tendió el indio en el suelo y se embriagó con ellos» (Alcide D'Orbigny y Jean-Baptiste Benoît Eyriès, *Viaje pintoresco a los dos Américas, Asia y África*, Barcelona 1842, tomo I. pág. 63).

Los indios mauhé usan también los polvos de *paricá*, absorbiéndolos individualmente por la nariz mediante dos cánulas formadas de dos plumas de buitre, atados con un hilo (H. W. Bates, *The Naturalist on the Amazonas*, Londres, 1892, pág. 169). Véase la figura 6, representando el inhalador de polvos de forma bifurca, usado por los indios guahíbos de Venezuela (*British Museum-Handbook to the Etnographical Collection*, Oxford, 1910, pág. 278).

Estos tubos dobles o bifurcos, observa Sven Loven, se encuentran en las tierras tropicales de Sudamérica en conexión con la absorción de polvos de piptadenia para ceremonias de alucinación. Sven Loven opina que esos tubos bifurcos para inhalar polvos con el objeto de experimentar visiones son un elemento cultural que de Sudamérica, y por la vía del río Orinoco, llegó a Haití. Probablemente esto ocurrió a través de la isla de Trinidad, dice, donde es común el uso de rapé con dicho fin.

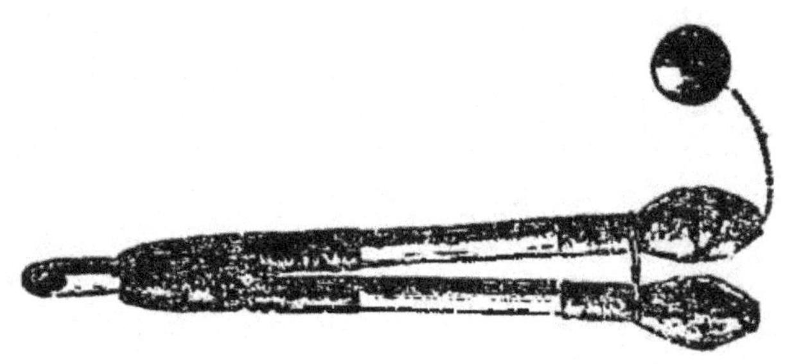

Figura 6. Aparato bitubular para absorber polvos narcóticos, actualmente usado por los indios guahíbos, de Venezuela. Ejemplar en el British Museum (véase *Handbook to the Ethnographical Collections*, 1910, figura 252,2).

Entre ciertos antiguos indios de la actual Costa Rica, los llamados huetares, muy relacionados por su cultura típica con los taínos antillanos, también se usaba tomar el tabaco molido en polvo por medio de unas pipas con tubos dobles, según señala Jorge A. Lines (*Sukía: Tsúgur o Isogro*, Loc. cit., pág. 426).

174

Se ha intentado clasificar morfológicamente esos aparatos inhaladores en tres tipos: los *bifurcos*, como los descriptos por Oviedo, Las Casas y otros en las Antillas recién pobladas, y por Max Uhle en Sudamérica, tales la figura 2 y la 5 (1 y 2); los *bitubulares*, como, por ejemplo, los números 3, 4 y 6 de la figura 5; y los *angulares*, como el número 7 de la figura 5. Según Max Uhle, los tipos bifurcos han sido encontrados en las regiones más apartadas entre sí, precisamente en la periferia de la zona de los polvos inhalados, o sea en la Española, en el Orinoco y en Tiahuanaco.

Los indios taínos de las islas Antillas difieren un tanto de los otros indios de las cuencas del Orinoco y de Cayari-Uaúpes en que sus tubos bifurcos inhalantes no eran hechos con huesos de animales. Las Casas dice que vio los tubos hechos de madera; Oviedo cita unos «cálamos o cañuelas de carrizo» y unos «palillos huecos»; Colón y Pané se refieren a una caña. La técnica de los taínos era, pues, algo más adelantada.

Alguna vez hemos visto un dibujo moderno representando el citado aparato ahorquillado para «hacer la *cohoba*» en manos de un indio fumador, de manera que las puntas de las horquillas estaban en las narices y en el otro extremo aparecía un «cigarro torcido» o «tabaco», como hoy diríamos, echando humo. En ese dibujo se figuraba, pues, el cañuto de dos ramas a que se refieren los cronistas, como una «boquilla» nasal para fumar cigarros. Esa concepción es puramente imaginativa, sin base alguna para que se tenga por aceptable pero sigue corriendo por los campos de la imprenta.

Otra figura disparatada que también se ha solido dibujar es la de representar al indio teniendo en su boca la rama larga de la Y fumando a la vez sendos cigarros colocados en los brazos del instrumento.

En cambio, son muy ciertas otras variantes maneras de utilizar el citado instrumento o de sustituirlo con analogía. Entre los indios del río Tiquié se estilaba poner una de las ramas de la horqueta en una ventana nasal y la otra en la boca, y en esa posición, por un simple resuello hacia dentro, se hacía llegar el polvo hasta las más internas membranas mucosas de la nariz (Poch-Grünberg, *Zwei Jahre*, vol. I, pág. 324, figura 203).

Los indios piro, del Perú oriental, fuman el tabaco en pipa y también lo usan en polvo. Secan las hojas al fuego y las pulverizan entre las palmas de las manos, tomando el polvo así producido por medio del aparato angular llamado *colipa*, en forma de V y hecho por la unión de dos huesos de ave. Uno de sus extremos está decorado con dibujos simbólicos y en él se mete el polvo mientras el otro extremo se coloca en una abertura de la nariz para que otra persona, soplando fuertemente, le haga pasar las partículas de tabaco a lo más intenso de la cavidad nasal. Otro aparato análogo usan los piro, de tamaño más pequeño para uso de un solo individuo, el cual mete un extremo en la nariz y el otro en la boca, soplando él mismo para proyectarse el rapé hacia adentro. Además de aspirar polvos de tabaco, los piro cuando van de caza emplean ese aparato para absorber el polvo de las semillas tostadas de la planta *acacia niopo*, para aclarar la visión y estar más alertas y tanta fe ponen en esto que se lo dan también a los perros (W. C. Farabee, *Indian Tribes of Eastern Perú*, pág. 56).

Entre los indios guahíbos (J. Crévaux, *Voyages dans l'Amérique du Sud*, París 1883, pág. 550) también es usual la inhalación de polvos de *yupa* o *paricá*, pero esos indios tienen dos procedimientos para tales ritos. Por uno de ellos, el polvo, situado en un depósito formado por una concha univalva cubierta con piel de murciélago, se absorbe por un aparato compuesto de dos huesos de ave puestos en horquilla; una rama se introduce en la boca y la otra en la nariz y en esa posición se sopla. Este método, dice Crévaux, es el empleado por los «egoístas». Los indios «sociables» usan dos tubitos unidos en forma de X, y dos amigos, después de cargar las cañitas con polvos, soplan al mismo tiempo en las sendas cañas para las narices del prójimo, sirviéndose así recíprocamente (ver figura 7). Entre los indios mura del bajo Amazonas, los polvos de *paricá* se inhalan también por la nariz y por medio de unos tubos, pero las cañitas que se utilizan no son bifurcas sino rectas y el rito se practica por parejas; un indio sopla su contenido en las narices del otro, mientras simultáneamente recibe igual carga de polvos y así quedan intoxicados los dos (H. W. Bates, *The Naturalist on the Amazon*, Londres, 1892, pág. 169). Estas variantes tipológicas diversas del método de los taínos son más simples y revelan tipos inhaladores antecedentes del de las Antillas y descrito con detalle por los cronistas, aun cuando con el error gráfico de la obra de Oviedo, que ha sido señalado por Benigno Souza.

Otro autor cubano de gran mérito, Álvaro Reynoso, ya había negado el dicho de Oviedo. Para Reynoso dicho cronista confundió en una dos costum-

bres de los indios, la de tomar el humo de tabaco y la de inhalar por las narices
ciertos polvos que les producían desvarío. Según Reynoso:

> Es patente que Oviedo no pudo nunca ver ni español ni negro fumar por la nariz
> los tabacos ni menos hacer cohobas. Los vería fumar por la boca, como desde
> entonces se acostumbra, y jamás sorbieron por la nariz polvos excitantes para
> proporcionarse una locura pasajera, que les preparase a entrar en relación con
> *cemís*.

Reynoso, refiriéndose al texto de Las Casas acerca de las hojas enrolladas
como «mosquetes» que los indios fumaban, añade:

> La relación de Las Casas es puntual. Los siboneyes fumaban por la boca, como
> todos los demás indios, y es de admirarse el cuidado con que llevaban un tizón
> en la mano para volver a encender el tabaco, si éste se apagaba. Los españoles
> que adoptaron las costumbres de los indios, por fuerza fumaron desde el prin-
> cipio por la boca. Oviedo (libro V, capítulo II) se ha complacido en imaginar una
> descripción completamente inexacta.
> (Álvaro Reynoso, *Agricultura de los indígenas de Cuba y Haití*, París, 1881, págs.
> 72-73.)

Reynoso es duro contra Oviedo:

> La falta voluntaria a la verdad por Oviedo es tanto más inexplicable, cuanto que,
> como él dice, muchos españoles y negros fumaban en su tiempo, y por tanto no
> lo hacían por la nariz ni tampoco para emborracharse hasta caer por tierra. Como
> se verá, después, en otro lugar concluye este cronista por no saber lo que dice.
> Al aire libre no se hubiera podido fumar. Suponiendo que la operación se hiciera
> en un aposento, quemando el tabaco se esparciría el humo por toda la pieza y se
> encontraría el individuo en una atmósfera desagradable. Pero el tubo en medio
> del humo para aspirarlo por la nariz, a menos de no ayudarse con las manos para
> taparla, es operación muy incompleta, sin contar que el humo iría mezclado con
> el aire. La borrachera producida por el tabaco es tan desagradable, que nadie
> fumaría si los efectos del primer tabaco se repitiesen continuamente. Aún des-

pués de haber adoptado esta costumbre, cada uno busca la clase de tabaco que mejor le place, según sus gustos y temperamento para no emborracharse. Pero ¿para qué discurrir acerca de una costumbre que no ha existido nunca ni aun en la sana mente de su autor?

(*Ob. cit.*, pág. 74.)

Figura 7. Aparato doble para inhalar polvos narcóticos, usado por parejas y simultáneamente, entre ciertos indios, según Crévaux.

Reynoso fue un tanto injusto. No parece existir una razón para suponer que Oviedo mintiera. ¿Por qué iba a mentir en cuestión tan desinteresada? También dijo lo mismo en otras palabras López de Gomara, si bien éste pudo estar influido por Oviedo, a quien sigue en repetidos casos.

Para Reynoso no había duda de la existencia del instrumento ahorquillado para aspiraciones nasales. El conocía el dato de los omaguas, tomado de La Condamine.

178

En nuestros días hay, pues —escribió Reynoso— aún indios que hacen una especie de *cohoba*, valiéndose del mismo instrumento que usaban los indígenas de Cuba y Haití.

La impugnación de Oviedo por Reynoso se basa en otros argumentos. Su tesis tiene dos extremos, ambos muy respetables y verosímiles, a saber: 1.º Lo que el indio absorbía por sus narices, mediante el consabido aparatito tubular no eran humos sino polvos; 2.º La planta que producía las ahumadas que los indios fumaban por la boca, preparando sus hojas en rollos apretados, era distinta de la planta cuyos polvos aspiraban por las narices.

Parece que alguien, aun sin haber leído a Reynoso, hubo de tomarse el trabajo de experimentar y deducir la imposibilidad de fumar con ese instrumento en forma de Y (A. Ernst, «On the Etymology of the Word Tobacco», *The American Anthropologist*, 1889, vol. II, pág. 134).

A primera vista parece poco importante —dice Reynoso (*Ob. cit.*, pág. 72)— que nos detengamos para averiguar si los indios fumaban por la boca o por la nariz. Sin embargo, merece este asunto aclararse; porque el falso relato de Oviedo ha hecho que se confundan dos usos diferentes haciendo de ellos una sola y misma costumbre, y estableciendo además identidad entre dos diversas plantas. Según Oviedo, los indios de estas tierras fumaban por la nariz, cuando en verdad lo hacían por la boca. Lo que sorbían por la nariz eran unos polvos excitantes, distintos del tabaco y cuya operación tenía algo de religioso entre ellos. Entiéndase bien —añade Reynoso— que son polvos naturales lo que sorbían por la nariz y no el humo de las yerbas quemadas.

El único cronista que dice cómo los indios absorbían humo por las narices es Oviedo. López de Gomara no hace sino tomar el dato de éste. Los demás que tratan de esas inhalaciones nasales narcóticas y dicen haberlas visto, se refieren a la aspiración de polvos, llamados *cohoba*. Así se ve en Cristóbal Colón, Ramón Pané, Bartolomé de las Casas y Pedro Mártir de Anglería. De modo que la imputación de error a Oviedo, hecha por Reynoso, no parece baladí. Oviedo no tiene un testigo en su apoyo, salvo el recusable de Gomara, de quien se dice que jamás estuvo en las Indias. Su dicho no sería mentira, pero sí confusión.

Reynoso piensa, además, que «aunque el tabaco se fume y también se tome en polvo por la nariz, en ninguno de los dos casos produce los efectos que refieren los cronistas» (*Ob. cit.*, pág. 75). Es indudable que los efectos de esos polvos eran intoxicantes y narcóticos, produciendo efectos catárticos, además de otros, visionarios, glosolálicos y adivinatorios, como ocurría antaño en los estados de posesión de los endemoniados que se condenaban a morir en la hoguera por la Santa Inquisición; o como en los trances de mediumnidad espiritista que acontecen hogaño con gran frecuencia, menor escándalo y ya sin castigo; y como en esas idénticas escenas de histerismo hipnótico que suceden en los santuarios de los afrocubanos y de ciertas sectas protestantes, cuando a los creyentes, así blancos como negros, les «baja el santo» al conjuro rítmico de los tambores sagrados o de las salmodias al órgano. Acaso no sea fútil recordar que para hacer *cohoba* y provocar sus enajenantes efectos, los indios también tocaban un tambor, según fray Pané. Todos los cronistas están contestes en señalar esas excitaciones causadas por la *cohoba*. Colón dice que los indios en trance tal se ponen «fuera de tino»; Anglería escribe que «al instante deliran»; Las Casas que «salían luego de quicio»; Gomara que la yerba «mucho encalabria y quita el sentido», etc. Pero es de interés advertir que los cronistas no precisan claramente los efectos catárticos ni visionarios cuando se refieren a la fuma de tabacos, es decir, no a la acción de los polvos sino a la de las ahumadas; salvo Oviedo y Gomara quienes parecen estar en esto equivocados. El mismo Oviedo, como luego se verá, al narrar la fiesta de un cacique chorotega, habla de la fuma de tabacos torcidos como de un placer, tal como hoy se acostumbra en todo el mundo.

Esto parece dar base seria a la opinión de Álvaro Reynoso, quien creía que la *cohoba*, absorbida en polvos, y el *tabaco*, absorbido en humos, eran dos plantas diferentes.

¿Qué planta es la *cojoba*? —se pregunta Reynoso (*Ob. cit.*, pág. 80), y luego se responde—: No será difícil determinarla, porque conocemos varias que pueden presentar las propiedades excitantes indicadas por Las Casas; pero para no exponernos a incurrir en errores, esperaremos hacer algunos experimentos acerca de este particular.

Las importantes observaciones de La Condamine, no solo esclarecen este asunto, sino que además podrían servir de fundamento para notables deducciones.

Este viajero se refirió a las plantas llamadas floripondio y curupá. Y añade Reynoso,

Martius (*Etnographie*, tomo I, págs. 441, 631) ha ilustrado esta materia y clasificado las plantas que sirven para estos usos. Son la *Mimosa acacioides* (pág. 441) y la *Acacia niopo* (pág. 631). Sin proponernos estudiar las plantas usadas por los indígenas del Nuevo Mundo para delirar momentáneamente, creemos útil, sin embargo, mencionar tres muy notables. En el Perú el *Carapullo* (Frezier, *Relation du voyage de la mer du Sud aux cotes de Chili et du Perou*; París, 1716; pág. 213), y en México el *Coatixoxouhqui* y el *Peyotl* (fray Bernardo de Sahagún, *Historia general de las cosas de Nueva España*, publicada en México, 1829; tomo III, pág. 241).

Ya Bernardo de Vargas Machuca, en su obra de 1599 *Milicia y descripción de las Indias* (Ed. de Madrid, 1892, vol. II, pág. 81),[13] decía refiriéndose a los indios y a lo despacio que era «reducirlos a policía y cristianidad» que «es gente en general que se emborracha con *chicha* de maíz, azua o pulcre, que son las bebidas que usan en los tres reinos. Mascan *hayo* o *coca*, y *jopa* y *tabaco*, con que pierden el juicio, y entonces les habla el diablo». Como se advierte, ese autor unía la coca, la *jopa* y el *tabaco* para explicar el fenómeno de la ilusión sobrenatural. El padre Bernabé Cobo decía que «de otra yerba, llamada *Topasayri* hacen otros polvos en el Perú para estornudar, que son más eficaces para esto que los del *tabaco*. Y mucho más fuertes que los unos y los otros son unos polvos blancos de cierta planta que venden en la plaza de México los indios herbolarios» (padre Bernabé Cobo, *Historia*, tomo I, pág. 404).

Sahagún es muy expresivo en cuanto a esas plantas de México, que él titula «hierbas que emborrachan». «Hay una hierba, dice, que se llama *coatl*

---

xoxouhqui, y cría una semilla que se llama *ololiuhqui;* esta semilla emborracha y enloquece. Dánla por bebedizos para hacer daño a los que quieren mal, y los que la comen paréceles que ven visiones y cosas espantables; dánla a comer con la comida, o a beber con la bebida de los hechiceros, o los que aborrecen a algunos para hacerles mal. Hay otra hierba, como tunas de tierra que se llama *péyotl.* Los que la comen o beben ven visiones espantosas, o de risas; dura esta borrachera dos o tres días, y después se quita. Es como un manjar de los chichimecas, que los mantiene y da ánimo para pelear y no tener miedo, ni sed, ni hambre, y dicen que los guarda de todo peligro. Hay otra hierba que se llama *tlápatl,* cría unas cabezuelas sin espinas, como limones; tiene la cáscara verde, tiene las hojas anchuelas, las flores blancas, tiene la semilla negra, y hedionda y quita la gana del comer a los que la comen, y emborracha y enloquece perpetuamente. El olor también de ella es dañoso como la misma semilla.»

En cuanto a México, el doctor Ignacio Alcocer añade a esas plantas, que titula «sedantes», otras más, como «la variedad de los hongos tóxicos conocida con el nombre de *xochinanácatl,* de uso cotidiano entre los sacerdotes primitivos para provocar alucinaciones con los que creían comunicarse con sus divinidades; el *ololiuhqui,* la variedad llamada también *cohuatlxoxouhqui,* cuyas semillas tomadas en ciertas dosis, era un magnífico antigotoso y a dosis exageradas enloquecía como la marihuana o cáñamo indiano; el *tolohuatzín* o *tolatzin* estramonio que... todavía forma parte muy importante del botiquín de las médicas empíricas o viejas hierberas que lo usan para provocar demencias encargadas por celos y venganzas...» Y, además, el tabaco, que solía usarse mezclado con cal (Apéndice a B. de Sahagún, *Historia general de las cosas de Nueva España,* Edición de México, 1938, tomo III, pág. 378).

Modernamente J. Alden Masón (*Use of Tobacco in México and South America,* Field Museum of Natural History, Chicago, 1924, pág. 13), estudiando el uso del tabaco ha escrito que el tomar tabaco en polvo, o sea *rapé,* es común entre los indios de las regiones centrales y septentrionales de Sudamérica. Y que allí, así como la coca se toma siempre en combinación con un álcali, así el rapé, o *niopo* o *iopo,* se hace con polvos de *Acacia* o *Mimosa,* de harina de yuca y de conchas marinas, y se absorbe por las narices con unos tubitos bifurcos o dobles.

182

Puede ahora añadirse que el *ñopo* o *yopo* en uso por las tribus indias de los llanos y vegas del Orinoco, o sea los guahíbos, los guayaveros, los piapocos, y otros, consiste en polvos del fruto de cierto árbol mezclados con un algo de ceniza (marqués de Wavrin, *Moeurs et coutumes des indiens sauvages de l'Amerique du Sud*, París, 1937, pág. 154). M. E. de Ribero refiere cómo los guahíbos y chiricoas llevan siempre los polvos de yopa como «el único malotaje» (En la Colección de Memorias Científicas, 1857, tomo I, págs. 103 y 104).

Los polvos de *parica*, que toman los indios mure del bajo Amazonas, se extraen de las semillas de *parica-wva*, una especie de *inga*, que algunos indios brasileños suponen servir de albergue a los espíritus de los muertos (Karsten, *Ob. cit.*, pág. 172).

Los efectos excitantes del *niopo, ñopo* o *vopo* eran realmente extraordinarios. «El *niopo* siempre obra como espasmódico y soporífero; pues, a veces, escita a los indios de tal modo que les dura la borrachera muchos días. Entonces se matan y despedazan entre sí, siendo muy común ver cargado el río de cadáveres de resultas de estas orjías» (Alcide D'Orbigny y Jean-Baptiste Benoît Eyriès, *Ob. cit.*, pág. 63).

Según Filippo Salvadore Gily (*Saggio di Storia Americana*, Roma, 1780, vol. II, pág. 103) los *piayes* o sacerdotes de los indios otomacos del Orinoco usan polvos de tabaco para comunicar con el mundo sobrenatural y poder profetizar; pero Sven Loven advierte que esto debe ser un error de Gily, pues éste no conoció a los otomacos y el padre Gumilla (*Historia natural, civil y geográfica de las naciones situadas en las riberas del río Orinoco*, Barcelona, 1791, tomo I, pág. 204) especifica que sus polvos rituales eran de *yopa*. Digamos también que, según Max Uhle (Loc. cit., pág. 165), el polvo de *niopo* tiene olor similar al del tabaco, lo cual contribuye a explicar su sustitución o intercambio según los casos.

Y no olvidemos la *coca* y la *marihuana*, que conocieron los indios y cuyos efectos aún ahora son harto lamentados por la extensión de su uso entre cierta gente de las grandes ciudades. Y no termina aquí la posible relación de las plantas estimulantes de América. Pero con estos datos no se prueba cuál planta fuese la *cohoba*.

No fue, pues, el alemán Hartwich el primero que negó la identidad de la *cohoba* con el tabaco (*Die Menschlichen Genussmittel*, Leipzig, 1911), como supuso Brooks, sino Reynoso un autor cubano. Todavía años después, en 1916, un etnógrafo norteamericano, Safford («The Identity of *Cohoba, the Narcotic Snuff of Ancient Haiti*», *Journal of the Washington Academy of Sciences*, 1916, vol. VI, pág. 547; y Proc. of the Nineteenth International Congress of Americanists, Washington, 1917, pág. 27), sostuvo la misma opinión de Reynoso, sin referirse a ésta ni conocerla. Sostiene Safford que los taínos no empleaban polvos de tabaco para sus adsorciones nasales sino polvos de *piptadenia peregrina*. Según Safford, *cohoba* es el vocablo usado por los indios de la Española para los mismos polvos intoxicantes de *pipradenia peregrina*, que en el Brasil se decían *paricá*, en el Orinoco y el Marañón *yupa* o *ñopa* y *curupa* o *curuba*. Y aún añade que polvos de especies vegetales muy cercanas eran empleados por los indios de la Argentina con el nombre de *sebil*, y por los quechuas con el de *huilca*. Sin embargo, asegura Sven Loven que tales vocablos no significan una planta bien determinada sino un concepto genérico, así como las actuales voces *polvo* o *rapé* no quieren expresar exclusiva y precisamente «tabaco molido». Dice Safford que la *piptadenia peregrina* crece en la flora de Haití, de Puerto Rico y de otras Antillas y en las regiones del Orinoco y del Amazonas; pero Sven Loven observa que no se sabe si la planta es precolombina en aquellas islas y que los cronistas no la mencionaron en forma alguna.

Es opinión de Safford, coincidente con la de Reynoso, que los efectos fisiológicos experimentados por la inhalación de los misteriosos polvos de los sacerdotes taínos no pueden obtenerse con los de tabaco y es por tanto inevitable acudir a los polvos de piptadenia. Sin embargo, este argumento no es del todo convincente.

Como indica Sven Loven, los polvos estimulantes de piptadenia se hacen moliendo las semillas y no las hojas, como dicen los cronistas de Indias para la *cohoba*. Además, la piptadenia es una mimosácea, no una solanácea; un arbusto, no una mata. Y el color de sus polvos era gris (Koch-Grünberg, *Ob. cit.*, pág. 323) y no del color moreno o «leonado» o de canela o de alheña molida, a que alude Las Casas (*Apologética*, pág. 445). Nos resulta a nosotros realmente extraño, dice Sven Loven, ese efecto alucinatorio atribuido a los polvos de tabaco. Pero, él añade, hay que pensar que el tabaco de las Antillas era mucho más fuerte que el actual. El padre Cobo también aludía, ya en su

184

tiempo, a un tabaco salvaje, «de más fuerte virtud que el hortense». Además, advierte Sven Loven, los polvos de tabaco los preparaban mezclándolos con agua salada y cal, facilitándose así sus efectos narcóticos.

Muy importante nos parece una observación de Sven Loven, quien asimismo explica los efectos intensos de narcotismo que el tabaco producía en los taínos, aludiendo a los ayunos previos con que se preparaban para los ritos, a sus inclinaciones muy supersticiosas y a que ellos creían ciegamente en tales experiencias visionarias. En ese respecto, la inhalación de los polvos de tabaco acompañada de ayunos debilitantes y sugestivos ritualismos debía producir, aparte de sus efectos fisiológicos naturales, ciertos «reflejos condicionados», como hoy se diría. Algo análogo a lo que se observa actualmente en Cuba y en Haití en relación con los fenómenos de posesión de «santos» en las religiones africanoides, y en los trances de mediumnidad espiritista. Unas personas caen enseguida en estado de posesos mientras otras tardan o resisten sin rendirse, pese a todas las invocaciones, pases, ritos y toques de tambor. Hay en esta suerte de fenómenos psíquicos ciertas favorables predisposiciones e idiosincrasias individuales, que mediante la práctica reiterada y la sugestión colectiva se suelen extender fácilmente a un grupo social humano.

Expresamente Stoll cree que la *cohoba* es tabaco, en apoyo de Sven Loven (Stoll, *Suggestion und Hypnotismus in der Volker Psychologie*, 1904, pág. 134). De todos modos, no se debe rechazar en absoluto la posibilidad de la hipnosis alucinatoria provocada por la absorción nasal de polvos de tabaco, y hay que esperar a la directa experimentación científica antes de fallar la controversia.

En la poca leída *Apologética historia* de fray de Las Casas hay un olvidado texto tocante a los indios de Cuba que parece de importancia para dilucidar esta cuestión de la *cohola*. Bartolomé de las Casas da a entender que en la isla de Cuba los indios cubanos usaban polvos de *coca*, de esa misma planta de la que hoy se extrae la *cocaína*, el alcaloide que se emplea por la medicina en inyecciones como anestésico de las membranas mucosas y que por la gente viciosa se absorbe en polvos como un rapé trastornador. Véase este curioso texto de Las Casas referente al uso de la coca por los indios cubanos como un estupefaciente habitual en sus ritos visionarios:

Otro sacrificio, rito o devoción también tenían, y éste era grande ayuno, y comenzó en ellos desta manera: Refiere fray Ramón el ermitaño, que arriba dijimos cuando hablamos de los dioses desta Isla (la Española) que vino a ella cinco años antes que yo, que había fama y credulidad en esta Isla, que cierto cacique y rey dellos hizo cierta abstinencia al Señor Grande que vive en el cielo, del cual se debía el conocimiento u opinión que un Dios del cielo en los demás derivase; el abstinencia fue que seis o siete días estaban encerrados sin comer cosa alguna, sino cierto zumo de yerbas para no del todo desfallecer, con el cual zumo también el cuerpo se lavaban; y debían tener virtud aquellas yerbas, como la yerba del Perú que llaman coca y las otras de que trata Plinio, y arriba hicimos dellas mención. Durante aquel ayuno, con flaqueza de la cabeza les venían o les aparecían ciertas formas o imaginaciones de lo que deseaba saber, o, a lo que es de creer, que el demonio se las ponía y pintaba por los engañar, porque dado que el primer cacique o señor o señores que aquel ayuno y abstinencia inventó o principió, le hiciese por devoción del Señor que está en el cielo, y a él quisiese o entendiese pedir que le dijese o respondiese a lo que deseaba, empero los que después la prosiguieron, debíanla de hacer en honor de los cemíes, o ídolos o estatuas o de aquel que con ellas del conocimiento del verdadero Dios desviarlos trabajaba, el cual poco a poco algo en este caso siempre con ellos ganaba, como les faltase, según muchas veces se ha dicho, gracias y doctrina.

Esto se puede argüir por los que fuimos primero en la isla de Cuba de los vecinos della y de la ceremonia que usaron alcanzamos. En aquella Isla era extraño el ayuno que algunos hacían, principalmente los *behíques*, sacerdotes o hechiceros, y espantable; ayunaban cuatro meses, y más, continuos, sin comer cosa alguna, sino solo cierto zumo de yerba o yerbas, que solamente para sustentarlos que no muriesen bastaba, de donde se colige que debían ser de grandísima virtud aquellas yerba o yerbas, mucho más que de las que Plinio (libro XXV, capítulo 8.º), ya arriba referimos, habla. Y ésta es la misma coca que en las provincias del Perú es tan preciada, como parece por testimonio de religiosos y de indios que han venido del Perú, que la vieron y conocieron en la dicha isla de Cuba, y en mucha abundancia. Macerados, pues, y atormentados de aquel cruel y asperísimo y prolijo ayuno, que no les faltaba sino expirar, decíase que entonces estaban dispuestos y dignos que les apareciese y ver la cara del *Cemí*, que no podía ser otro sino el demonio; allí les respondía e informaba de lo que le pre-

guntaban, y lo que más él para engañarlos les añadía, todo lo cual después a la otra gente los *behíques* denunciaban y persuadían. Solamente aqueste indicio y engaño de idolatría, y no otro que alcanzáramos, había en la isla de Cuba, porque ni ídolo, ni estatua, ni otra cosa que a idolatría oliese hallamos.
(*Apologética*, capítulo CLXVII.)

Y de éstas traigo por testigo a Plinio, el cual de la yerba spartania dice ser utilísima, de que usan los scitas; trayéndola en la boca, ni hambre ni sed no sienten. Los mismos efectos afirma que produce la que llaman también los scitas hippice, las cuales tienen también la misma eficacia, según él, en los caballos. Refiere más destas dos yerbas, los scitas sustentarse doce días sin comer ni beber. Ciertamente más admirable es lo que dice aquí Plinio que, no lo creen algunos, traer la coca en la boca por el bien que sienten venirles los indios, y así de que no por vicio, sino por grande utilidad que della reciben los que no lo creían convencidos.
(*Ibidem*, pág. 181.)

Sea cual fuere la interpretación que se dé a ese texto de Las Casas, parece poderse inferir de él que los indios de Haití y los de Cuba usaban tomar unos polvos muy estimulantes distintos a los del tabaco, con los cuales Las Casas no los confunde y ni siquiera los compara. Además, ya se ha dicho cómo diversos indios de Sudamérica tomaban polvos de ciertas plantas que no eran la *Nicotiana tabacum* ni otras de sus especies familiares, y precisamente mediante el tubo ritual en forma de Y. Y dichos casos indianos son muy expresivos por lo idéntico de la técnica, de la función y del propósito religioso.

Hoy ya es una opinión decidida que «la costumbre de aspirar rapé estaba asociada al principio con otras plantas que no eran el tabaco; muchas clases de rapé no se hacían con la hoja de aquél», y que tal costumbre se practicaba en la cuenca del Amazonas, Antillas, Perú y México (R. U. Sayce, *Primitive Arts and Crafts*, Cambridge, 1933, pág. 199).

Brooks opina que el tomar los polvos narcóticos fue corriente en las Antillas como en Sudamérica; pero que fue más raro utilizar para ello los polvos molidos del tabaco. Es notable, ha dicho el doctor Louis Lewin (*Les paradis artificiels*, trad. fr., París, 1928, pág. 352), cómo en el uso del tabaco, así como en el de la coca y del betel, los pueblos hayan descubierto «por instinto» un medio para fortalecer su efecto, realmente el más eficaz a ese fin, o sea la adición de un álcali que libere el principio activo, o sea la nicotina.

Acaso sea también significativo observar cómo muchos pueblos africanos, que debieron recibir de América el uso del tabaco a través de los europeos de las factorías, durante el siglo XVI, acostumbran mezclar el tabaco con alguna ceniza o polvo calizo. Y cómo hasta los negros africanos, esclavos y residentes en Sevilla, según refería el doctor Monardes en 1575, también usaban tomar polvos que los volvían estupefactos. Brooks infiere de esto que los negros debieron de aprender de los indios no solo a tomar tabaco sino a mezclarlo con excitantes o a inhalarlo tan profundamente que les ocasionara esos mismos fenómenos extásicos que experimentaban los indios, según los cronistas. Brooks recuerda que el médico español Monardes también alude al uso indio de tomar polvos de tabaco con otros de ciertos caracoles calcinados. También recuerda cómo Américo Vespucci en 1499, durante su segundo viaje a las nuevas Indias, vio mascar tabaco amasado con otros polvos, en la isla de Margarita.

En México el tabaco llamado *picietl* era de frecuente uso mezclado con polvos calizos. Fray Bernardino de Sahagún, al tratar del vendedor de tabaco en el mercado, dice: «El que vende *piciete* muele primero las hojas de él, mezclándolas con una poca de cal, y así mezclado, estriégalo muy bien entre las manos... algunos lo hacen del incienso y puesto en la boca hace desvanecer la cabeza o emborracha: hace también digerir lo comido, y hace provecho para quitar el cansancio» (Bernardino de Sahagún, *Historia general de las cosas de Nueva España*, México, tomo III, pág. 78). El tabaco en México, dice el doctor Ignacio Alcocer, «mezclado con cal era una especie de panacea que abundaba por todos los mercados de la tierra, envuelto en hojas de mazorcas» (Apéndice a Sahagún. *Ob. cit.*, tomo III, pág. 379).

Se advierte también esa mezcla del tabaco con otros polvos o sales en los casos en que se toma en infusiones. Los indios del Putumayo preparan el tabaco haciendo una infusión de hojas con las cuales mezclan las sales de potasa sacadas de las cenizas de la cáscara de cierta palma. Forman así una pasta muy densa que guardan en pequeños recipientes para tomarla en porciones que se meten en la boca cuando llega la ocasión (Wavrin, *Ob. cit.*, pág. 494).

Brooks (*Ob. cit.*, tomo I, pág. 19) opina también que los polvos de *cohoba* debieron de ser una mezcla de tabaco con otra sustancia de mayor toxicidad.

No debe, pues, excluirse la posibilidad de que los polvos de la *cohoba* que tomaban los indoantillanos contuvieran algo más que polvos de las hojas que hoy decimos de *tabaco* y que éstos fuesen mezclados con otras sustancias que aumentaban su poder hipnótico o estimulante. Sobre todo con polvos calcinados de conchas o caracoles. Ya nos hemos referido varias veces a su empleo por indios de sendas oriundeces. Al uso de polvos de concha calcinados que empleaban ciertos indios ya aludía el doctor Monardes en el siglo XVI. Los indios otomacos, según el padre Gumilla (*Ob. cit.*, tomo I, pág. 181) usan absorber los polvos de ciertos caracoles tostados al fuego, mezclados con *yupa*. Lo mismo fue observado por Crévaux (*Ob. cit.*, pág. 550) entre los indios guahíbos, que toman polvos de caracoles calcinados, los cuales conservan en una vasija hecha de un caracol (*Bulinus*). Otras citas análogas podrían aquí ser dadas.

Creemos que quizás no sea ocioso advertir la aproximación fonética y acaso semántica entre la voz *cohoba* y el vocablo indio *cobo*, que aún se usa en la zoología y en el lenguaje popular de Cuba para significar cierto gran caracol marino del cual se hacen bocinas o trompas. El *cobo* tuvo gran importancia en la mítica y en las prácticas religiosas de los indios taínos, y entre sus antecesores, los siboneyes, fue empleado frecuentemente como material para hacer utensilios, tales como vasijas, punzones, gubias, raspadores, etc. En Cuba hubo una «cultura de concha»; y el *cobo* tuvo un «complejo cultural». El *cobo* era, pues, una sustancia arcaica para los taínos y de sentido mitológico muy pronunciado, ligado, a nuestro modesto juicio, con la interpretación religiosa de ese gran fenómeno meteorológico del trópico que es el huracán. ¿Sería, pues, inverosímil el empleo por los indios del *cobo* molido en polvos calizos para ser absorbido con el propósito de asimilar su potencia sobrenatural? ¿No serían polvos de *cobo* o *cooobo* («la media sílaba luenga», como diría Las Casas) los polvos calizos que, según los autores citados solían unirse a los de tabaco, intensificándoles sus efectos fisiológicos, aparte de responder a fines mágicos?

Piénsese también que el *cobo* pudo ser vasija arcaica para los ritos de la *cohoba*, donde se depositaban los polvos misteriosos para aspirarlos y las hojas balsámicas para quemarlas; y que el *cobo*, siendo de tamaño pequeño, pudo servir también como *pipa*, o sea un recipiente lleno de yerbas en lenta combustión, cuyo humo se absorbiera por un orificio abierto en el extremo puntiagudo de la espira o eje de la concha. Hemos visto hace algunos años, pero no recordamos dónde, un viejo dibujo figurando un mísero negro esclavo que fumaba su tabaco en una pipa así construida, de una pequeña concha univalva; prueba de que no es meramente imaginativa o hipotética la idea de una tal pipa concoidea.

Además, pero esto se verá en un estudio ajeno a estas anotaciones, parece posible conectar en un mismo complejo de cultura religiosa al huracán, dios del aire, a la concha marina o *cobo* que, amén de otras peculiaridades, parece evocar su ruido, y al tabaco, sobre todo mezclado con polvos de *cobo*, que se eleva por los aires con el humo, forma visible de la fuerza mítica, *mana* o *cemí*, sutil e intocable, y que penetra en el mundo del dios *Huracán* llegando a él con sus ondas y nubes.

El dios azteca de las lluvias, *Tlaloc*, fuma tabaco, lanzando los vientos y las nubes por su boca (J. D. McGuire, *Ob. cit.*, pág. 365).

A los dioses del agua o *Tlaloques* le sacrificaban en «los montes altos» varios niños de teta que tuviesen «dos remolinos» en el pelo de su cabeza, pues «eran más agradables sacrificios a estos dioses, para que dieran agua en su tiempo» (Sahagún, *Ob. cit.*, tomo I, pág. 119).

Entre los indios del moderno México se conserva esta «íntima conexión entre el humo del tabaco y las lluvias». Aquéllos envían ritualmente bocanadas de humo a los cuatro puntos cardinales en sus prácticas mágicas para hacer llover (J. A. Masón, *Ob. cit.*, pág. 8).

Por otra parte, en varios pueblos indios de Sudamérica las conchas marítimas eran molidas y reducidas a polvos con el fin de ser sacrificadas a las fuentes de agua dulce para evitar la sequía. Las conchas eran las «hijas del mar» y la mar «madre de las aguas» (Karsten, *Ob. cit.*, págs. 384 y 385).

Además, tomar polvos y, mejor, humos de tabaco y polvos de *cobo* era como una comunión con el dios Huracán, transustanciado en las dos especies del polvo de las profundidades marinas y del humo con colores de nube.

190

La misma raíz idiomática aparece en otros elementos de la mitología taina como *cobo, jobo, caoba, coaibai* («lugar de los muertos»), *cacibajagua* («gruta de donde salían los seres humanos»), etc., pero sería inoportuno extraviarnos ahora en una tal digresión.

Nos inclinamos a creer que la confusión surgida en los cronistas entre los polvos de la *cohoba* y los polvos del tabaco nació de que unos y otros debieron de ser aspirados por las narices, bien juntos o separadamente; y de que siendo en los casos vulgares y semiprofanos absorbidos sin ceremonia y a pulgaradas, en cambio lo eran mediante el tubo bifurco en las liturgias de sus sagrarios o solemnidades tribales por sus *caciques* y *behíques*, que eran sus autoridades civiles y eclesiásticas. Naturalmente, los polvos de tabaco producían diferentes efectos según fuesen aspirados solos, como se hizo con el rapé, o mezclados con otras sustancias molidas. Y esto último es lo más verosímil que ocurriera en las ocasiones solemnes y rituales para unir en la eficacia mágica las virtudes estimuladoras del tabaco, expresadas simbólicamente por las volutas de humo que se elevaban a los dioses, con las misteriosas potencias de otras sustancias alcaloides, evocadoras de seres sobrenaturales.

Otro texto de Las Casas, referido a veces como simple dato de la terapéutica indocubana, puede darnos también alguna luz. La bibliografía médica de los siglos XVI y XVII acerca del tabaco es muy nutrida y no es para traerla a estas notas ni en breve resumen. Pero no es impropio referir otro uso que los indios tenían del tabaco, como vomitivo, y no solo empleado entre sus medicamentos sino en sus costumbres y ritualidades religiosas. Estimamos que este texto ilumina mucho en cuanto al significado mágico-religioso de los ritos del tabaco, inclusive los del fumar. Reproducimos de la *Apologética historia de las Indias* de Bartolomé de las Casas, lo que sigue:

Tenían otro uso nuestros indios, que parecía vicio, pero no por vicio, sino por sanidad lo hacían, y éste fue que acabando de cenar (cuya cena era harto delgada), tomaban ciertas yerbas en la boca, de que arriba dejimos parecer a las hojas de nuestras lechugas, las cuales primero las marchitaban al fuego y envolvíanlas en una poca ceniza, y puestas como un bocado en la boca sin tragallo, les revuelve el estómago e idos al río, que siempre lo tenían cerca, les provocaba echar lo que habían cenado, y después de lavados volvíanse y tornaban a hacer colación; y como todo el comer dellos fuese siempre de día y de noche, tan poco y de pocas cosas, parece claro que no lo hacían por glotonía, sino por hallarse más ligeros y vivir más sanos. No lo hacían así algunos, al menos uno conocí yo, de los nuestros españoles, y aun era harto persona honrada, del cual se decía que tomaba las mismas yerbas y hacía el efecto de los indios, por tornar otra vez a cenar. Destos eran de los que por hartar su gula dividieron la tragantonería en cuatro miembros: el almuerzo, yantar, cena y compensación o colación, según decimos.

(*Apologética*, capítulo CCIV.)

Este uso del tabaco como emético recuerda la costumbre de ciertos patricios romanos «tragantones», quienes después de llenos y ahítos en sus banquetes salían unos momentos al *vomitorium* y, metiéndose los dedos en la boca, provocaban con las náuseas la expulsión de la comida indigesta, para poder tornar a comer.

Indudablemente, el tabaco es un muy efectivo emético. Los monteros de Cuba solían mezclar un cocimiento de hojas de tabaco con azúcar para vomitivo. Los efectos eméticos del tabaco son tales que «puestas las hojas machacadas sobre una herida, pronto se sienten efectos tóxicos de náusea con vomitivos y postración» (J. M. Dalziel, *The Useful Plants of West Tropical Africa*, Londres, 1937, pág. 430). Por lo cual los negros de la costa de Guinea usan el tabaco en su medicina como catártico. Acaso les fue transmitido ese uso por los indios o por los negreros, o lo aprendieron por experiencia eventual. Pero entre los indios estos eméticos a que se refiere Las Casas, aparte de su efecto inmediato de alivio, tenían un sentido de ritualidad religiosa y mágica. Véase este otro texto de Las Casas, referente a ciertos indios de Tierra Firme:

Si el dolor es liviano, tomaban los médicos ciertas yerbas en la boca y ponen los labios en el lugar del dolor, y de ahí chupan con fuerza hacia sí, y dan a entender que atraen o sacan el mal humor; salen luego de casa con ambos a dos carrillos como llenos del mal humor, y escúpenlo fuera y maldícenlo muchas veces, y afirman que luego el enfermo será sano, porque con aquel chupar fue de las venas el mal desarraigado. Pero si el mal es recio, como de calenturas grandes o de otra enfermedad grave, de otra manera lo curan: Va el Piacha y visita el enfermo, lleva en la mano un palillo de cierto árbol, que él conoce aprovechar para causar vómito, y échalo en una escudilla o vaso de agua que se empape, y siéntase cabe el enfermo, afirmando que el demonio tiene en el cuerpo, al cual luego todos creen y ruéganle todos los deudos, que pues así es que le ponga remedio; él lame y chupa todo el cuerpo del enfermo diciendo ciertas palabras entre dientes, con lo cual dice que atrae de los tuétanos el demonio que está dentro, toma luego el palillo que está empapado en agua y con él se refriega luego los paladares hasta el gallillo, y de allí lo mete al garguero y se provoca a vómito, y echa de sí cuanto ha comido. Da grandes suspiros, ya tiene temblores, ya se hace estremecer con voces, ya da grandes gemidos como si fuese un toro que lo agarrochasen con muchos tiros; córrenle del pecho gotas de sudor por dos horas, de la manera que corren por las canales las gotas de agua lluvia, con otros tormentos que allí por esta causa padece. Preguntándole nuestros religiosos que por qué se causaba tanto dolor y angustia en aquella medicina, respondía que todo aquello era menester para sacar el demonio de los meollos de los huesos del enfermo, con aquellas palabras que constriñen los demonios, y con aquel chupar y trabajos que allí padecía.

Después que el Piacha de este modo era macerado y afligido revesaba cierta cantidad de flema espesa, y en medio de ella una cosa redonda y muy negra, y estando el Piacha medio muerto, a una parte, apartaban de la flema aquello negro y salían fuera de casa dando voces, y lanzábanlo cuanto podían lejos, reiterando estas palabras muchas veces: *Mayto, noroquián, Maytonoroquián*, que quiere decir: «El demonio arriedro vaya de nosotros, arriedro vaya de nosotros»; todas estas cosas concluidas, tenían por cierto el enfermo y todos familiares y deudos que había de sanar del todo muy presto».

(*Apologética*, capítulo CCXLV.)

Ya en la relación de fray Pané se hacía mención de esos vomitivos rituales entre los indios de la Española. Véase lo que aquél decía:

Cuando alguno está enfermo, le llevan el *buhuitihu*, que es el médico; éste es obligado a guardar dieta, lo mismo que el doliente, y a poner cara de enfermo, lo cual se hace así para lo que ahora sabréis. Es preciso que el médico se purgue también como el enfermo, y para purgarse toma cierto polvo llamado *cohoba*, aspirándolo por la nariz, el cual les embriaga de tal modo que luego no saben lo que se hacen, y así dicen muchas cosas fuera de juicio, afirmando que hablan con los *cemíes*, y que éstos les han dicho de dónde provino la enfermedad.

Más adelante añade fray Pané:

Estando ya solos, toman algunas matas del *gueyo*, anchas, y otra hierba, envuelta en una hoja de cebolla, media cuarta de larga; la de las matas de *gueyo* es la que toman todos comúnmente; amasada con la mano la reducen a pasta, y luego se la ponen en la boca por la noche, para vomitar aquello que han comido, a fin de que no les haga daño. Entonces comienzan a entonar el canto mencionado, y tomando una antorcha beben aquel jugo Hecho esto lo primero, después de poco tiempo se levanta el *bühitihu*, va hacia el enfermo, que está solo en medio de la casa, como se ha dicho, le da dos vueltas, como le parece; luego se lo pone delante, le toma por las piernas, le palpa los muslos y de allí hasta los pies; después, tira de él fuertemente, como si quisiera arrancar alguna cosa; va a la puerta de la casa, la cierra, y habla diciendo: «Vete luego a la montaña, o al mar, o donde quieras», y da un soplo como si despidiese una paja; vuelve de nuevo, junta las manos, cierra la boca; le tiemblan aquéllas como si tuviese frío, se las sopla, aspira el resuello, como cuando chupa la médula del hueso, y sorbe al enfermo por el cuello, el estómago, la espalda, las mejillas, el pecho, el vientre y por otras partes del cuerpo. Hecho esto comienza a toser, y a poner mala cara, como si hubiese comido alguna cosa amarga, escupe en la mano y saca lo que ya hemos referido que se puso en la boca en su casa, o por el camino, sea piedra o hueso o carne, como ya es dicho.

López de Gomara también alude a esos vómitos (*Ob. cit.*, pág. 173):

Entrados —dice— en el templo gomitaban metiéndose un palillo por el garguero, para mostrar al ídolo que no les quedaba cosa mala en el estómago.

Se han encontrado en Cuba por M. R. Harrington algunos bastoncillos curiosos con figuras mitológicas, que los indios usaban para provocarse los vómitos en ciertos ritos. Son los que Harrington denominó *swallow sticks* y que nosotros nos permitimos traducir libremente por «espátulas vómicas» (véase M. R. Harrington, *Cuba antes de Colón*, trad. española; y Fernando Ortiz, *Historia de la arqueología indocubana*, tomo II, La Habana, 1936). Esto nos lleva a considerar el sentido religioso de esos provocados vómitos como ritos expurgatorios y sus relaciones con el tabaco.

Bien sabido es hoy día por los etnógrafos que el vómito es en muchos pueblos primitivos una manera de confesión de los pecados, de expulsión de los males, de purgación de la conciencia, de «limpieza» interior. Citemos los estudios de Raffaele Pettazzoni acerca de este tema (*La confessione dei peccati*, Bolonia, 1929). Y el de Frazer (*Taboo and Perils of the Soul*, Londres, 1922).

La confesión de los pecados adopta diversos tipos, concomitantes o sustitutivos. Generalmente, en los pueblos de civilización atrasada, la confesión de los pecados, aparte de la forma auricular y oral, se acompaña con formas simbólicas complementarias, tales como abluciones, baños, aspersiones, sangrías, fricciones, combustiones, fumigaciones, vómitos, amenazas, ensalmos, conjuros, amuletos y brujería. Hay que ahuyentar «la cosa mala». Los católicos tienen para esto las santiguadas, el agua bendita, los escapularios, las medallas, las promesas, los votos, los relicarios y los exorcismos, amén de las oraciones y letanías, con fórmulas fijas de reminiscencias mágicas. Todas estas prácticas lústrales son morfológicamente distintas pero funcionalmente homogéneas, tendientes todas ellas a un efecto eliminatorio, tanto o más a una catarsis del espíritu que a una medicación corporal.

Según dice Sir James G. Frazer, en las bajas culturas «la violación del tabú, o sea el pecado, es concebido como algo casi físico, una especie de sustancia mórbida que se fija en el cuerpo del pecador, del cual tiene que ser expulsada por medio de la confesión, a manera de un purgante espiritual» (*Taboo and Perils of the Soul*, pág. 214). Entre los salvajes, sigue diciendo Frazer, «el pecado pesa en el estómago más que en la conciencia».

Es solamente con el progreso del filosofismo metafísico cuando las grandes religiones precristianas van añadiendo al efecto catártico de la confesión de los pecados el elemento penitencial y ético (Asiria y Egipto) y luego el de la contrición regeneradora (Judaísmo y Cristianismo), aparte del permanente interés político de la captación de los secretos por la clase sacerdotal, mantenido por ésta, como un poderoso *instrumentum regnum* y un gran rodaje del aparato de gobernar.

En los textos transcriptos de Las Casas y de Pané ya vemos aludidos algunos de esos métodos depurativos, tales como el vómito, las fricciones, los tirones, los soplidos, los resuellos, las succiones, las toses, las escupiduras y las conminaciones imprecatorias. Todavía se encuentran más formas lustrales en otros textos de los cronistas. Las Casas señala la importancia del lavado para los indios y no solo por aseo personal sino precisamente como limpieza de la conciencia. Dice así de las rutinas terapéuticas aplicadas a la persona enferma:

> ...la lavaban, porque por principal medicina usaban lavar los enfermos, aunque quisieran expirar, con agua fría; lo cual hacían por la continua costumbre que tenían cada hora, estando sanos, por la limpieza lavarse, o por superstición, creyendo que el agua tenía virtud de limpiar los pecados y dar sanidad corporal... Otra manera tenía de curar los enfermos los desta Isla (La Española); ésta era que los sacerdotes o hechiceros, que arriba dijimos llamarse *behíques*, les tomaban los brazos desde los hombros con ambas manos, estregándolos y soplando, y lo mismo las piernas, y por todo el cuerpo, cuasi como que con aquel estregar y soplar echasen el mal fuera, y esto creo hacían entender a la simple gente, y por ventura decían algunas palabras llamando al demonio, con quien debían tener hecho pacto...
>
> Hacían una cerimonia como penitencia cuando se hallaba haber ofendido en algún pecado, y esta era que iban al río y se desnudaban y lavaban todo. Creían... que las aguas tenían virtud de quitar o lavar los pecados... tan frecuentes y espesas veces se lavaban todos, no solo cuando estaban sanos, pero cuando estaban enfermos y como primer remedio y último... Y en esta isla e islas fue muy ejercitada y frecuentada esta cerimonia y uso. Si sentía el pecador que su pecado era grande, tomaba por penitencia y remedio quemar los vestidos que a la sazón tenía cuando lo cometió.
>
> (*Apologética*, capítulos CCIV y CLXXXII.)

Era un curanderismo sagrado, una lustración sacramental de untos y soplos, como los catálogos usan al imponer el crisma que purifica y consagra; era como un exorcismo, como un conjuro de los ordenados por la Iglesia contra el diablo; y para que nada faltare, aparte de cierta diferencia en la liturgia, hasta el diablo hablaba, como le sucedió varias veces en América con los padres exorcistas y bien lo sabía fray Bartolomé de las Casas, que era obispo y además dominico y amigo de la Santa Inquisición. Oviedo también dice:

> He notado que los indios, cuando conocen que les sobra la sangre, se sajan por las pantorrillas y en los brazos, de los codos y hacia las manos, en lo que es más ancho encima de las muñecas...

Es decir, los taínos empleaban las sangrías como un expulsivo. Y el mismo López de Gomara (*Ibidem*, pág. 173), además de aludir a los vómitos provocados por las susodichas espátulas, hace una más amplia relación de los métodos del behíque hechicero, como sigue:

> Para curar algo toman también de aquella yerba *cohoba* que no la hay en Europa; enciérranse con el enfermo... echan espumajos por la boca, hacen mil visajes con la cabeza, y soplan luego al paciente y chúpanle por el tozuelo (la cerviz), diciéndole que le saca por allí todo el mal. Pásale después muy bien las manos por todo el cuerpo hasta los dedos de los pies, y entonces sale a echar la dolencia fuera de casa, y algunas veces muestra una piedra o hueso o carne que lleva en la boca, y dice que luego sanará, pues le sacó lo que causaba el mal.

En esta relación ya vemos cómo «la cosa mala» expelida por el doliente a fuerza de ensalmos, masajes, sacudidas, succiones y ahumadas, los *behíques* la han fijado simbólicamente en la materialidad de una piedrezuela que ellos simulan haberle extraído al paciente.

> El pecado, que es el objeto de tales prácticas, lo que puede ser destruido con el fuego, lavado con el agua, expelido con el vómito, expulsado con la sangre, etc., es concebido como algo dotado de consistencia sustancial; o en otros términos, es el mal sentido como experiencia dolorosa y objetivado en la noción de una fuerza-sustancia que la produce.
> (R. Pettazzoni, *Ob. cit.*, pág. 53.)

Todos esos ritos lústrales de magia operante y terapéutica coinciden con los del tabaco. Se ven en ellos la misteriosa *cohoba*. Y la otra planta que ahora se cita en estos textos de Pané, aparece en las diversas traducciones consultadas como el *gueyo*, la *giogia* y el *digo*, lo que prueba cuán dudosa es su nomenclatura y cuán excusado ha de estar quien tradujo a su vez esas voces por «la planta tabaco, *nicotiana tabacum*», como hizo el cubano doctor Ernesto López en su valiosa monografía «Medicina de los siboneyes» (*Revista Cubana*, La Habana, tomo VII, 1888, págs. 193 y sigs.). Esa planta, *gueyo* o como fuese su nombre, era sagrada y figuraba en la cosmogonía de los indios así como en sus ritos vomitorios. Por estas consideraciones pensó el médico López:

Para vomitar empleaban una mezcla de tabaco y una especie de cebolla machacados, y añade el hermano Román Pané que con el mismo fin usaron una yerba sagrada que llamaban *gueyo*. Tal vez esta planta no sería otra que el *tabaco*, que es vomitivo y no purgante.

La planta sagrada cuyo uso enseñó Bohíto II, se nombra *gueyo*; ahora bien, como sabemos que de todos los vegetales que conocían los indios al descubrirse la América, era el tabaco el más importante por sus diversas propiedades, y como se dice además que se empleaba en las prácticas religiosas, bien pudiera ser que *gueyo* fuera el nombre sagrado de la planta, o la planta viva, mientras que por tabaco designasen las hojas secas de esta yerba destinadas a quemarse, así como el instrumento con que aspiraban su humo, y por último *cojoba* era la bebida hecha con zumo de las hojas verdes de tabaco, que ofrecían a los cemíes para tenerlos propicios, y que con tanta frecuencia figuraba en sus prácticas religiosas y médicas. Debían también usar el *tabaco* como sudorífico, puesto que goza de esa propiedad casi a la misma dosis en que es vomitivo.

(*Ibidem*, pág. 206.)

Acaso el doctor Ernesto López tuviera razón; sin embargo, nos inclinamos a dudarlo porque hemos encontrado ese mismo vocablo *güeyo*, en la forma gráfica inglesa, *weya*, para indicar cierta yerba o alga usada por los indios con el tabaco. Entre los indios de las Guayan as el tabaco suele ser mascado, para lo cual se mezcla con ciertas cenizas de gusto salado que se obtienen de una especie de alga (*Mourera fluvialis*, Aubl.) que recogen junto a las cascadas de los ríos, llamada por los indios *weya*, etc. (W. E. Roth, *An Introductory Study of the Arts, Crafts, and Customs of the Guiana Indians*, Annual Report Bureau of American Ethnology. XXXVIII, Washington, 1924, pág. 242).

Fuera de esto lo que fuere, en todos los usos rituales del tabaco se observa una práctica compleja de purificación, por *asimilación* de la potencia sacra, *mana* o *cemí*, de la planta y por *eliminación* o *expulsión* de algo desde lo interior del ser humano. El humo, el polvo y el cocimiento son actos de lustración interna por el contacto con el divino *mana* del tabaco. Con ellos se provoca el aumento de la saliva que se escupe como un mal, el vómito que limpia el estómago, y la secreción de las mucosidades nasales o sean los «corrimientos de la cabeza», como entonces se decía. El mismo humo cálido, que se aspira por la boca y se expele por la nariz o por la boca misma, después de haber sahumado el interior, y la mascada de hojas que se arrojan después de haberles sacado su esencia, también son ritos purificadores de extracción de «la cosa mala». Todos estos son ritos lústrales, catárticos o expurgatorios, muy frecuentes entre los indios de toda la América.

Mayas, aztecas, incas, chibchas, arauacas y muchos otros pueblos indios conocían la confesión oral y simbólica y la practicaban con tanto celo que al llegar los cristianos y conocer que éstos también se confesaban en ocasiones, dieron aquéllos en pedir ese sacramento con tal fervor que los misioneros no tenían tiempo para contentarlos; y ello dio lugar a grandes abusos, como refieren diversos eclesiásticos de la época. Véanse, por ejemplo, los sendos capítulos dedicados por fray Gerónimo de Mendieta en su *Historia eclesiástica indiana* (México, 1870),[14] a «algunas maneras de confesión vocal que los indios tuvieron en su infidelidad y cómo les cuadró la confesión sacramental de la Iglesia». Estas confesiones de los indios eran bien advertidas por los misioneros que los cristianizaban y si algunos las creían invenciones diabólicas, otros, particularmente los jesuitas, las interpretaban como «en parte ha sido providencia del Señor permitir el uso pasado para que la confesión no se les haga dificultosa» (Acosta, *Historia natural y moral*, V, 25).[15] Tan arraigadas

---

14 Véase la edición de Linkgua, Barcelona, 2021. (N. del E.)

15 Véase la edición de Linkgua, Barcelona, 2021. (N. del E.)

fueron esas confesiones pagadas que se practicaban siglos después de predicado el cristianismo, y aún hoy se hallan supervivencias de ellas bajo la superficial catolización de las masas indias.

No vamos a extendernos con prolijos aportes; pero diremos que en los ritos confesionales seguidos antiguamente por los indios de las más altas civilizaciones americanas se observan prácticas relacionadas con polvos de conchas marinas y mezclas de polvos de tabaco, ni cocimiento, ni humo y ni polvos, con varias plantas, con quema de yerbas olorosas y resinas balsámicas, con aspirar humaradas, con escupir premeditadamente, etc.

El cocimiento de tabaco era bebido por los indios caribes como medio de purificación, según el padre Lafitau (*Moeurs des Savages Amériquains*, tomo I, pág. 298). Lo mismo ocurre entre los numerosos pueblos indios del Perú Oriental y de la región amazónica (Karsten, *Ob. cit.*, págs. 322 y 323). Cuando los indios de Yucatán cometían algún pecado creían que por ello les venían las enfermedades y para evitarlo se confesaban públicamente con el sacerdote o con sus padres, o con sus cónyuges, según refiere fray Diego de Landa (*Relación de las cosas de Yucatán*, 7.ª ed., México, 1938, pág. 121).[16] En la fiesta *emku* o «bajada de Dios», que celebraban los indios yucatecos en ocasión del «rito de pasaje» de la infancia a la adolescencia, una vez celebradas varias ceremonias lústrales con los niños y hecha su confesión; «tras esto iban los demás ayudantes del sacerdote con un manojo de flores y un humazo que los indios usan chupar y amagaban con cada uno de ellos nueve veces a cada muchacho y después dábanles a oler las flores y a chupar el humazo» (Landa, *Ob. cit.*, capítulo XXVI, pág. 720).

Mendieta refiere cómo los indios de México se confesaban y acudían al misionero desde muy largas distancias para que los asistiera con la magia de su confesión.

Hasta los niños que apenas tienen siete años, estando enfermos, luego dicen a sus padres que los lleven a la iglesia a confesar. Cosa maravillosa es y para bendecir a Dios, que apenas le ha dado la calentura o dolor de cabeza al indio, cuando ruega a sus deudos que lo lleven.

---

16 Véase la edición de Linkgua, Barcelona, 2021. (N. del E.)

(*Ob. cit.*, pág. 283.)

Del mismo fray Mendieta es este otro párrafo «el médico que era llamado para curar el enfermo, si la enfermedad era liviana, poníanle algunas yerbas o cosas que usaba por remedios; pero si la enfermedad era aguda y peligrosa, decíale: tú algún pecado has cometido. Y tanto le importunaba y angustiaba con repetírselo, que le hacía confesar lo que por ventura muchos años antes había hecho. Y esto era tenido por principal medicina; echar el pecado de su ánima para la salud del cuerpo» (*Ob. cit.*, pág. 281).

Para fray Mendieta ese rito expurgatorio de las confesiones paganas debió ser aún más portentoso cuando los indios lo completaban con mascadas de tabaco y absorción de sus polvos o fumadas, pues dice aquél:

> También usaban alguna manera de comunión o recepción de sacramento, y es que hacían unos idolitos chiquitos de semilla de bledos o cenizas, o de otras yerbas, y ellos mismos se los recibían, como cuerpo o memoria de sus dioses. Otros dicen que a una yerba que dicen *picietl* y los españoles llaman tabaco, la tenían por cuerpo de una diosa, que nombraban *Ciuacouati* (Al margen de la página se añade: «culebra hembra»). Y a esta causa, puesto que sea algo medicinal, se debe tener por sospechosa y peligrosa.
>
> (*Ob. cit.*, pág. 108.)

De este párrafo parece poder deducirse que de *picietl* o tabaco los indios aztecas hacían «idolitos chiquitos» que «ellos mismos se los recibían como cuerpo o memoria de sus dioses». Es decir, una sagrada eucaristía de tabaco. Los mexicanos practicaban mucho esos ritos teofágicos que tanto sorprendieran a los clérigos españoles por su equivalencia con la comunión eucarística de los católicos.

También era muy frecuente la confesión de los pecados en el antiguo Perú, particularmente en la región del Cuzco, desde donde se extendió quizás cuando el Cuzco devino el centro unificador de los incas. El *ichuri*, o sea cierto agorero o sacerdote, confesaba a todas las personas de su *ayllu* o comunidad. El penitente llevaba consigo polvos de varios colores, como polvos de conchas marinas (*mullu*), de cinabro (*paria*) y ciertos polvos verdes (*llaxa*), así como *coca, chicha* (cierta bebida alcohólica), grasa animal y panes de maíz. Según Molina, los polvos de conchas que el penitente llevaba eran de diversos colores y también numerosos granos de maíz. Estos multicolores granos de maíz y conchitas marinas eran reducidos a polvos por el mismo confesor quien, sentado en tierra ante el confesante, tomaba los polvos y los ponía sobre una piedra entre ambos. Entonces el penitente, después de una invocación a las montañas, los valles y las aves voladoras, confesaba todos sus pecados en alta voz, teniendo en la mano derecha un anillo o una bolita de polvos de concha. Al terminar la confesión, el *ichuri* le fijaba la penitencia al pecador y le presentaba la piedra con los polvos multicolores que tenia encima, para que el penitente los soplara y dispersara, o bien los soplaba antes de confesar, según Molina: «El jefe o *Huillac uma* en el templo y teniendo en una mano un mazo compuesto de heno, flores y hierbas olorosas, declaraba sus pecados al ser supremo (*Illa Tici Viracocha*), y, después, suplicando al dios que el humo llevase consigo sus pecados; y con igual objeto lanzaba las cenizas a un arroyo». Esta manera de confesión era también usada por las más humildes personas, si bien para éstas se unía la confesión ante el *ichuri* y éste aprovechaba la confesión auricular para después ordenar la obediencia al jefe y otros preceptos del orden político y social. El término corriente para decir «confesor» era el vocablo *ichuri*, y este vocablo procede de *ichu* o *hichu* que significaba «paja, yerba, o junco». *Ichuri* quiere decir «el que usa paja», siendo ésta empleada en ciertas operaciones que ejecutaba el confesor, según R. Pettazzoni, *Ob. cit.*, 122. (Véanse, Pablo José de Arriaga, *Extirpación de la Idolatría del Perú*, Lima, 1621, pág. 29; Antonio de la Calandra, *Crónica moralizada de la O. de San Agustín en el Pirú*, Barcelona, 1639, vol. II, capítulo 12, pág. 376; Cristóbal de Molina, *Relación de las fábulas y ritos de los Ingas*, Lima, 1916; pág. 35; Bernabé Cobo, *Historia del Nuevo Mundo*, Sevilla, 1895, tomo IV, pág. 113; Fernando de Santillán, *Relación del origen, descendencia, política y gobierno de los Incas*, Madrid, 1879, pág. 36; Arzobispo Pedro de Villagómez, *Carta pastoral de exhortación e instrucción contra las idolatrías de los indios del Arzobispado de Lima*, Lima, 1649, fol. 43; y sobre todo un Anónimo Jesuita, *Relación de las costumbres antiguas de los naturales del Pirú*, Madrid, 1879, pág. 166.)

Refiriéndose a los ritos del *ichuri*, concluye Pettazzoni:

Esta dispersión de los susodichos polvos, que encuentra analogías en los usos rituales de la confesión entre ciertos negros del África Oriental y en el acto de arrojar ciertas piedrecitas y conchillas, según los indios aurohuaca y los ijca, es manifiestamente uno de los ritos de carácter eliminatorio con los cuales se acompaña la confesión en los pueblos primitivos.
(*Ob. cit.*, pág. 124.)

López de Gomara (*Ob. cit.*, pág. 173) alude a un método usado por las indias ancianas para sus curanderías, que se equipara casi al del tabaco:

Muchas viejas eran médicas, y echaban las medecinas con la boca por unos cañutos.

Entre estos tubos de la terapéutica india y los tubos, tubanos, cánulas, cañutos o inhaladores de los ritos tabaqueros, ¿cuál será su diferencia fundamental?

El tabaco era un complejo de ritualismo mágico-religioso. Podrá tener interpretaciones como ofrenda deprecatoria a los dioses, como simple procedimiento estupefaciente del iniciado y como ritualidad estimuladora de las lluvias; pero lo fundamental en el complejo cultural del tabaco entre los indios parece haber sido su magia purificadora, sus estimulaciones mentales y sus efectos sedativos y catárticos, así para las actitudes místicas como para las tensiones nerviosas. La mera enunciación de esta teoría sobre la catarsis psíquica, fisiológica y religiosa por la planta nicotiana indica cuán complicado fue en la cultura de los indocubanos el fenómeno del tabaco, que hoy día ha pasado a ser mucho más simplificado en su transculturación por los pueblos blancos.

Tratemos ahora con más detalle de las técnicas antillanas del uso del tabaco y preferentemente de las maneras de fumarlo.

Se fumaban *tabacos* o cigarros puros, no solo en Cuba, sino en las demás Antillas, en Centroamérica y en las regiones del norte y del centro de la América Meridional. Pero, según concluye Sven Loven: «El uso de fumar tabacos alcanzó entre los taínos una extensión enteramente distinta que entre las razas indias de las costas atlánticas y tropicales de Sudamérica».

La arqueología antillana apenas cuenta con los precolombinos utensilios de fumar. La materia fácilmente perecedera de su construcción (de vegetal o de hueso) no les permitió sobrevivir mucho a los indios que las usaron. Los de estas islas no emplearon en el fumar ni la piedra ni el barro, pues no tuvieron *pipas*.

Nada dicen a ese respecto ni Colón ni los cronistas, quienes si lo hubiesen observado lo habrían referido, tan sorprendidos como lo fueron por los «mosquetes» cigarros. Sin embargo, acaso la negativa acerca de las pipas merezca alguna excepción, aun cuando muy rara, presentada al parecer por la arqueología. Krieger ofrece una figura representando un tubo de barro con incisiones procedente de la provincia de Monte Cristi (Herbert W. Krieger, *The Aborigines of the Ancient Island of Hispaniola*, Am. Report of the Smithosonian Institution, 1929, pág. 473, lámina 15, n.º 2). Krieger dice que tal objeto es de «uso indeterminado». Acaso sea una sencilla pipa tubular o, mejor dicho, un corto cilindro de barro hueco de poco espesor (de algo más de una pulgada de largo y de poco menos de una de diámetro), dentro del cual podían meterse hojas de tabacos y ser fumadas así. Pero no puede darse por asegurada esta hipótesis.

Tampoco los arqueólogos han encontrado, que sepamos, figura alguna de taínos fumando el típico *tabaco*; pero nos permitimos copiar unos dibujos del ya referido ensayo de Jorge A. Lines sobre los sacerdotes o *sukias* de los indios huetares de Costa Rica (véanse las figuras 8, 9, 10 y 11). Esos grabados representan algunas estatuitas arqueolíticas, de las que se hallan profusamente en los cementerios de los huetares y representan sacerdotes en cuclillas ejecutando el rito de fumar un tabaco.

Los indios huetares o güetares en la época de la conquista se extendían por el territorio de la actual Costa Rica, desde la región de Nicoya, en la costa del Pacífico, hasta el mar de las Antillas. Clasificados entre los pueblos de cultura chibcha, por sus artes y costumbres se relacionan muy singularmente con los taínos de las Antillas. Y muy en particular por su conocimiento del tabaco, cultivado por ellos y fumado en esa forma tan típica que decimos del «tabaco» o «cigarro puro», según los precisos datos que nos legó Oviedo, como habremos de ver más adelante. Así pues, esta referencia al tabaco entre los huetares es muy pertinente y casi forzosa.

Se desconoce dónde tuvo origen geográfico la planta del tabaco y lo mismo ocurre en cuanto a los tipos morfológicos de usarlo, respecto de lo cual se han dado varias opiniones. Unos piensan que primero fue usado el tabaco en polvo, luego en pipas, después en cigarro y más tarde en cigarrillo. Pero no parece aceptable esta escala morfológica.

Montandon sugiere que la pipa antecedió al tabaco o cigarro (*Traité d'Ethnologie Culturelle*, París, 1934, pág. 287). En ella se encenderían y fumarían ciertas hojas secas de tabaco. El cigarro es para él un perfeccionamiento; cuando se tenían hojas enteras, en éstas se enrollaban las otras formando como un paquete cilíndrico y éste se colocaba por uno de sus extremos en la pipa. Y, después, con la mejora técnica en hacer los cigarros, ya la pipa o portacigarro no era necesaria y el cigarro se fumó solo. Esta teoría de Montandon parece estar contradicha por otras observaciones. Así puede deducirse de una simple y primaria manera de fumar tabaco que tuvieron ciertos indios del Darién, según la refiere Lionel Wafer en la relación de sus *Travels in the Isthmus of Darien* (1699). Dice que las hojas del tabaco eran debidamente secadas y curadas por los nativos y que entonces:

...extendiendo dos o tres hojas una sobre otra las van enrollando, dejando un pequeño hueco. A su alrededor van enrollando nuevas hojas, apretándolas bien, hasta que el rollo es tan grueso como su muñeca, con un largo de dos o tres pies. Su manera de fumar cuando están varios indios juntos, es la siguiente: Un muchacho enciende el extremo de un rollo, que arde como un tizón, humedeciendo las partes próximas para que no ardan muy rápidamente. Pone el extremo en su boca, y sopla el humo a través de todo el rollo sobre el rostro de todos los concurrentes, aunque sean dos o tres cientos. Después, sentándose de la manera usual sobre sus piernas, con sus manos mantenidas juntas hacen una especie de túnel alrededor de sus bocas y narices, dentro del que reciben el humo que se van soplando, aspirándolo con fuerza hasta quedar sin aliento, para luego devolverlo, sintiendo en ello una gran satisfacción.

Este modo de fumar a que se refiere Wafer es muy peculiar. Como se advierte de su descripción, el «muchacho enciende el extremo de un rollo, que arde como un tizón, humedeciendo las partes próximas para que no ardan muy rápidamente», es decir, sin formar llama y poco a poco. «Pone el extremo en su boca» (ese extremo encendido)... «y sopla el humo a través de todo el rollo, sobre el rostro de los concurrentes...». Aquí tenemos una especial manera de fumar, que pudiera denominarse *expelente* o *exhalante*, en vez de la más conocida y común, que es *absorbente* o *inhalante*. En esta manera expelente, el fumador en rigor no fuma, tan solo sopla el humo, el cual sale por la punta sin fuego del tabaco con cierta fuerza que le imprime el soplo de la expiración, con el objeto de que el humo así disparado aproveche a otro individuo o sirva a otro propósito. Es un fumar binario, en vez de la manera solitaria, que es la corriente. En ésta lo importante es absorber el humo del tabaco que se expele después de utilizado por el mismo fumador. Acaso pueda decirse, desde el punto de vista del aprovechamiento del humo, que hay una tercera manera de fumar, de carácter mixto, que absorbe y expele, por la cual primero aprovecha el humo el fumador y luego lo despide de su boca, no como la exoneración de un desperdicio sino con cierto especial propósito, lanzándolo hacia un objeto o un individuo, por ejemplo, para influir sobre él a distancia y mágicamente mediante las virtudes prodigiosas del tabaco, o enviando la humareda hacia lo alto para una ritualidad religiosa, o por simple juego de la fantasía que se deleita artísticamente en las inefables figuraciones plásticas que forman las musas con sus raudales de humo. Esta forma mixta de fumar debió de ser muy practicada entre los indios cubanos, particularmente por sus sacerdotes y magos y luego pasó a los fumadores sibaritas, a los meditabundos y a los vanidosos, los cuales en el tabaco buscan algo más que el deleite sensorial, una catarsis de sus tensiones psíquicas, una estimulación de sus pensamientos o una expansión de su personalidad.

Esta rara manera exhalante de fumar es aún practicada por ciertas tribus indias del continente americano. Y se conserva en las arcaicas prácticas religiosas de los negros de Cuba. De lo cual parece fácil deducir que ese modo de fumar era entonces un rito de sahumerio o limpieza, trabajado por un sacerdote sobre un paciente, y que fue practicado entre los indios de Cuba de donde lo tomarían en los primeros tiempos los negros africanos, los cuales se ligaron mucho con los indios taínos por sus culturas semejantes y por su común sufrimiento.

Se ha querido ver en esta forma de fumar el origen del *tabaco* puro (F. W. Fairholt, *Tobacco. Its History and Associations*, Londres, 1859, pág. 214). Pero no creemos que sea indispensable ese tipo previo de cigarro para llegar hasta el tipo que en Cuba descubrió Colón y describió Las Casas; si bien parece bastante significativo para desvirtuar la hipótesis de Montandon.

Recientemente se ha combatido la tradicional teoría de la cubanidad del tabaco (Herbert J. Spinden, *Tobacco is American*, Nueva York, 1950). Dicho arqueólogo (págs. 24 a 31 y 80) cree que la voz tabaco no es indígena de las Antillas, sino de Venezuela, Colombia y Nicaragua. Piensa que en las islas al *tabaco* debió decírsele *seini* (parecida a *tsema*, *shema*, de los indios arauacas de Sudamérica) o guico. Oviedo, que al parecer publicó el primero la voz *tabaco*, la adscribió a la isla de Haití o Española. Spinden también (pág. 221) cree que probablemente el cigarro enrollado en hojas siguió al uso de las pipas o cigarrillos tubulares. Era difícil, dice, en los tabacos primitivos encontrar hojas suficientemente grandes y resistentes para hacerlas servir de *capa* de un cigarro de *puro tabaco*. Pero el uso de solo una o varias simples hojas enrolladas como *capa* del cigarro, ligadas o no con hilos, fibras o *cabuyas*, es proceso de mucha más simple factura y avío que los tubos de hojas de maíz o labrados trabajosamente en canutos de madera o caña, bifurcos y con figuras para sus ceremonias y magias. Las costumbres campesinas y populares en Cuba han formado siempre el *tabaco puro* para uso cotidiano en su fumar con simples y mañosas manipulaciones, aun cuando no con la pericia estética que luego se alcanzó en las vitolas de las fábricas de marcas. Las hipótesis de Spinden parecen muy forzadas y no suficientes para borrar la creencia tradicional de que la voz *tabaco* era de uso indio antillano cuando llegó Colón. Si el vocablo fue nacido en este archipiélago o traído consigo por los indios araucas (siboneyes o taínos) o por algunos otros de los varios lenguajes indios que se hablaban en estas islas, es otra cuestión que también está por dilucidar.

El vocablo *tabaco* como *cigarro puro* traído así como tal planta, pudieron venirnos al Caribe con los meridionales arauacas, que fueron unos de sus pobladores prehispánicos; ello parece probable. Siglos antes de Colón ya había dioses fumando tabaco esculpido en Bolivia, en la Puerta de Sol, de Tiahuanaco. Pero es sobradamente sutil la suposición (Spinden, 80) de que *por primera vez* trajeron a La Habana la voz *tabaco*, tomándola de las islas

Guanajas, del mar de Honduras, aquellos españoles que en 1516, de allí cautivaron indios como esclavos y descubrieron los *pavos* de Indias, que en Cuba, y solo en este país, decimos *guanajos*.

Según J. Alden Masón, es verosímil otra evolución tipológica del fumar tabaco. Para él lo primero fue el *tabaco* o *cigarro puro*, consistente en unas hojas de tabaco envueltas en otra de la misma clase; después el *cigarrillo*, de tabaco envuelto en una hoja de otra planta; y, luego, la *pipa tubular* y, más tarde, la *pipa acodada*. Pero, como el mismo Masón observa, no hay evidencia histórica de que tal haya sido la seriación evolutiva de los modos típicos de fumar.

La evolución morfológica del uso del tabaco es compleja y no parece que ya se tengan datos concluyentes para trazarla con seguridad. No hay que olvidar que la potencia o sustancia misteriosa del tabaco se ingería de cuatro maneras: mascando, en polvo, en líquido y en humo. Pero recuérdese también que, además de estas maneras absorbentes de usar el tabaco, en los Titos del fumar se contaba la forma exhalante.

Y aun puede decirse que esa manera expelente o comunicante, por la cual un oficiante comunicaba las virtudes del tabaco a otro sujeto receptivo, se empleaba también con el tabaco en rama, en pasta, en polvo y en estado líquido. Y para cada una de aquellas maneras se crearon técnicas y variantes que no fueron necesariamente seriales o sucesivas. Probablemente, estas diversas maneras de usar el tabaco, y hasta las variantes de los tipos específicos dentro de cada manera, no aparecieron unas tras otras, en una secuencia determinada. Las más debieron de surgir independientes, en pueblos apartados y en ocasiones inconexas, y el azar de los contactos transmigratorios las difundiría a regiones extensas o las restringiría a comarcas reducidas. Si bien tampoco esa difusión es indispensable en cada caso. En ésta como en casi todas las cosas que forman la cultura humana, pueden seguir debatiéndose los partidarios de la aparición de unas mismas cosas por invenciones independientes debidas al genio humano en lugares y momentos distintos y los sostenedores de la difusión por el mundo de cada invento originario, único pero transmigrado de pueblo a pueblo a través de las tierras y los tiempos. Con esta prevención, recojamos algunas hipótesis sobre los varios modos de absorber el tabaco y sus posibles conexiones sucesivas.

Puede pensarse que probablemente el uso del tabaco entre los indios comenzara por la comida o ingestión de un pan o masa de pulpa de hojas de tabaco, como simple magia terapéutica a manera de rito teofágico, como fue observado en México por fray Gerónimo Mendieta. Pero en cuanto a los indios antillanos no hay antecedentes de esa aplicación del tabaco. Estos acaso comenzaron su aprovechamiento de dicha planta por la toma de cocimientos o infusiones de esa yerba.

Esas infusiones de tabaco, antes de que fuesen consideradas como un proceso meramente terapéutico y químico, fueron tenidas, sin duda, como un procedimiento mágico de transfusión de la potencia sacra que se hallaba en la planta al cuerpo del paciente. Los conquistadores españoles observaron en varios indios suramericanos algunos ritos de teofagia y necrofagia, mediante los cuales los creyentes absorbían para hacerlas suyas asimilándolas ciertas sustancias divinas o de los cuerpos humanos antepasados. Así un historiador dice que: «De las canillas de piernas y brazos hacen flautas; éstas traen los grandes capitanes al cuello. Y donde comen carne humana, muelen los huesos y los beben con *chicha*» (Vargas Machuca, *Milicia y descripción de las Indias*, vol. I, tomo 8, Madrid, 1892, pág. 268). La toma de infusiones de tabaco estuvo muy generalizada entre los indios y la absorción del líquido por las narices subsistió conjuntamente con la del humo. Así se observa todavía entre los indios jíbaros (M. de Wavrin, *Ob. cit.*, pág. 487). Aparte del efecto purificante de la infusión del tabaco por su simple contacto en lo interior del cuerpo humano, hay que advertir sus efectos intoxicantes que provocaban los delirios, los cuales eran muy importantes como fenómenos de contacto con lo sobrenatural y los sacerdotes cuidaban de aprovecharlos. Todavía hoy en la Guayana Inglesa, el aspirante a brujo o hechicero tiene que someterse a un largo y penoso noviciado de ayunos, vida solitaria en los bosques como los anacoretas, y a la habitual ingestión de largos tragos de una infusión de jugo de tabaco diluido en agua, la cual procura una insania transitoria (E. Thurn, *The Indians of Guiana*, pág. 334). Además para pensar que los indios usaron primeramente del tabaco en cocimiento o infusiones hay que tener en cuenta que éstas actuaban como eméticos de efectos medicinales, los cuales fueron interpretados como fenómenos mágicos de purificación; la yerba contenía una misteriosa potencia que hacía expeler el daño que se hallaba en las entrañas, dejándolas limpias de todo mal. De la comida, los cocimientos y los vomitivos se pasó fácilmente a la mascada, absorbiendo la saliva saturada de nicotina, mediante la cual se experimentaban los efectos sedantes y estimulantes que suelen obtenerse con el tabaco; los cuales en algún modo son también expulsivos de cierto malestar nervioso. Y averiguadas las peculiares virtudes purificadoras del tabaco, las adsorciones de sus polvos y sus humos, sobre todo esta última manera, fueron nuevos perfeccionamientos mágicos de los arcaicos y rústicos procesos de limpieza obtenidos por los vomitivos y las mascadas, más sutilizados, revestidos de más pura ritualidad y emblemismo, y de acción más trascendente.

Ya consignamos la opinión de Sven Loven referente a la prioridad de la mascada sobre las demás formas de absorber las esencias del tabaco. La forma expelente de fumar acaso fue una derivación, que pudo realizarse por el tubo canular, por el cigarro puro individual, y hasta por esa forma, diríamos más violenta, que citó Wafer y a la que ya aludimos. Esta debió de ser ulterior derivación, mezcla de tubo canular y de cigarro puro individual, realizada por medio de un rollo de hojas «tan grueso como la muñeca, con un largo de dos o tres pies», propia para grandes ceremonias colectivas, donde se practicaría la manera expelente de fumar. Estos cigarros, con un orificio central a todo lo largo, recuerdan ciertos cigarros o *cherutos* fabricados en algunos países con una pajilla en el centro; pero nunca en Cuba cuyos indios no conocieron esos tipos de la morfología tabaquera ni sus posibles antecesores.

Por otra línea morfológica se pudo pasar mejor de la absorción de polvo y líquido a la pipa. Los hechiceros de los indios mapo, echando atrás su cabeza, toman por la nariz infusiones de tabaco valiéndose del grande y curvo pico de un tucán, el cual utilizan como una cuchara muy adecuada por su forma para facilitar esa operación (Wavrin, *Ob. cit.*, pág. 591).

Roth (Loc. cit., pág. 247) refiere cómo los indios makusi toman una infusión de agua y polvos de pimientos. Para ello se emplea una calabaza o güira prolongada y cortada en forma parecida a la de una pipa (figura 12) llamada *kassakra*. La güira se llena del líquido picante (*capsicum*) y al sujeto pasivo de este rito comunicante se le mete por la nariz el extremo del pedúnculo para que absorba el contenido. Parece fácil comprender cómo, para poder inhalar el humo de hojas encendidas, el tipo morfológico de ese aparato destinado a absorber el líquido se trueca en pipa de fumar, una vez descubierta la técnica de hacerlo de barro o de madera muy dura, es decir de un material prácticamente incombustible.

Figura 8. Estatuilla de piedra, de un suida fumando con la mano derecha (Colección de J. A. Lines, Costa Rica).

Figura 9. Estatuilla pétrea de un suida fumando con la mano izquierda (Colección de J. A. Lines).

211

Figura 10. Figurilla de piedra de un sukia huetar, en éxtasis contemplativo, con el tabaco fuera de la boca. Notable por su actitud. Es la estatuilla india de «El Pensador» (Colección de J. A. Lines).

Figura 11. Estatuilla de piedra, figurando un sukia fuma un tabaco sujeto ambas manos (Colección J. A. Lines).

Los indios taínos de las Antillas también conocían otra manera de componer las hojas de tabaco: el cigarrillo. A la manera de hacer un tabaco torcido para fumar, envolviendo unas hojas de tal planta en otra hoja de planta diversa, alude Las Casas, quien describe los *tabacos* como mosquetes o tubos cilíndricos hechos de una hoja de árbol, llevando cierta yerba en su interior. He aquí su texto:

> En esta isla Española y en las comarcanas tenían otra manera de yerba como propias lechugas, y ésta secaban al Sol y al fuego, y hacían de unas hojas de árbol secas un rollete, como se hace un mosquete de papel, y metían dentro una poca de aquella yerba y encendían el mosquete por una parte, y por la otra sorbían o atraían el humo hacia dentro en el pecho, lo cual les causaban un adormecimiento en las carnes y en todo el cuerpo, de manera que ni sentían hambre ni cansancio, y estos mosquetes llamaban tabaco, la media sílaba luenga. Algunos de nosotros afirman el traer estas gentes aquella yerba en la boca ser más por vicio y mala costumbre o por imaginación que tienen que les hace provecho que no porque en la verdad así sea, pero esto juzgan por no tener noticia de algunas yerbas que hacen los mismos efectos y tienen la misma eficacia.
> (Las Casas, *Apologética historia*, pág. 181 de la edición de Madrid, 1909.)

Aquí tenemos la descripción precisa de la manera absorbente de fumar por medio del cigarro o tubo de hojas de tabaco torcidas. Con el cigarro o *tabaco* se pudieron, pues, usar ambas maneras: la *inhalante* y la *exhalante*.

Con igual o mayor precisión recuerda ese modo de *hacer tabacos* envueltos en una hoja de maíz (planta indígena en las Antillas) con referencia a los indios de la Española, el milanés Girolamo Benzoni, quien estuvo por estas Indias de 1541 a 1556; inclusive cerca de un año en la villa de San Cristóbal de La Habana por 1544, poco después de haber sido ésta saqueada y casi del todo destruida por un corsario francés. Benzoni refiere cuán estimadas son en la Española por los indígenas y los negros esclavos ciertas hojas en forma parecida a las del nogal pero mayores.

Cuando esas hojas están en sazón —dice Benzoni— las cogen de la mata, las atan en manojos y las suspenden cerca del fuego en su hogar hasta que están bien secas; y cuando desean usarlas toman una hoja de la espiga de su grano, y poniendo una de aquellas otras dentro de ésta, las enrollan juntas como en un canuto; entonces le pegan fuego por un extremo y poniéndose el otro en la boca, aspiran a través de eso, con lo cual el humo así aspirado penetra en la boca, la garganta y la cabeza, y lo retienen así tanto como pueden, porque haciéndolo encuentran cierto placer, y tanto se llenan con ese humo cruel, que pierden el sentido. Y algunos hay que toman tanto humo, que caen a tierra como si fueran muertos, y permanecen la mayor parte del día o de la noche sin sentido. Algunos hombres hay que se conforman con absorber de ese humo solo hasta sentir algún devaneo, pero nada más. Vean cuán pestífero y malhado veneno del diablo es esto.
(Girolamo Benzoni, *La Historia del Mondo Nuovo*, Venecia, 1572, libro I, fol. 54.)

Benzoni (de cuya obra escrita en italiano, digámoslo de paso, no hay todavía una traducción española, aunque sí las hay latina, francesa, alemana, flamenca e inglesa; sin duda que a causa de insertar algunos hechos y juicios contrarios a los españoles y a sus clérigos) añade a continuación del texto por nosotros traducido que en lengua de México esa yerba se llamaba *tabaco*. El viajero italiano sin duda tomó el vocablo del uso corriente que ya tenía entonces entre los españoles de toda la América, pero ni es mexicana la palabra, ni así se llamaba, *tabaco*, en ninguno de los idiomas hablados en Nueva España, fuera del empleado por los españoles, quienes incorporaron muchas veces a su vocabulario aquellas voces indias con que los indígenas antillanos denominaban las cosas que los conquistadores descubrían, como *cacique, juracán, yuca, jamaca, mamey, naguas* y algunas más.

El autor mexicano Antonio Chavero da esta conclusión: «Tabaco es nombre de las islas, introducido aquí por los españoles» (en *México a través de los siglos*, Barcelona, pág. 305).

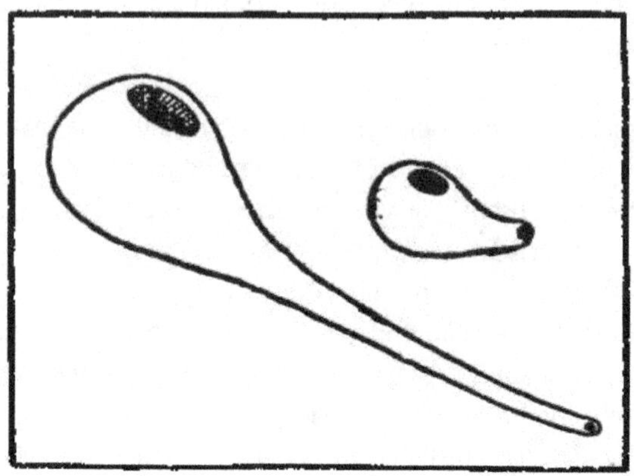

Figura 12. Calabazas o güiras para inyectar jugo de pimientos en las narices, usadas por los indios makusi. Según Roth.

El texto de Benzoni no puede ser más expresivo. Dos de esos tabacos pueden estar representados en un dibujo (véase figura 13) de su obra, donde se ve un *behíque* tratando a un enfermo y otro con un tubo cilíndrico, como eran los mosquetes, ante un paciente que yace sin sentido, teniendo a su lado otro objeto de forma análoga al citado, pero con líneas que simulan un torcido. Por figuras de tabacos han sido éstas señaladas, si bien habrá que aceptarlas con alguna reserva, por su forma imperfecta y por la falta de humo que sería característica. Hay que tener en cuenta, no obstante, que estos dibujos, como los de la *Historia* de Oviedo, fueron trazados y grabados en Europa, sin presencia de los escritores, varios años después, acaso sin esquemas siquiera y solo siguiendo las parcas indicaciones de los textos y la imaginación del artista europeo que no conoció de *visu* algunos de los objetos que él quería representar gráficamente. En los dibujos de Benzoni eso es común; en los de Oviedo lo es también para los árboles o viviendas que no se vieron en España. Véase la figura 14, de la obra de Benzoni, y las de Oviedo, referentes a algunos árboles, y nótese la falta de proporciones y de precisión en sus líneas. Y

214

relaciónese esto con la observación hecha más atrás en cuanto a la figura 1, tomada de la obra de Thevet.

Figura 13. Tratamiento curativo entre los indios de la Española, según grabado de la obra de Girolamo Benzoni. En esta composición figuran, al parecer, dos tabacos: uno junto al enfermo del primer término y otro en la mano y boca del behíque medicinante. Al fondo se ve otro behíque asistiendo a un enfermo tendido en una jamaca.

Si en Cuba hubo esos cigarros, o «grandes cigarrillos», hechos de tripa de tabaco envuelta en hojas de maíz, que Las Casas y Benzoni conservaron entre los indios antillanos, aquí pronto debieron de extinguirse, acaso en el siglo XVI con los mismos indios, y fueron reemplazados totalmente por el típico *cigarro puro*, todo él hecho de hojas de tabaco. Cuando en el siglo XVIII la factoría habanera quiere aumentar los artículos de su producción tabaquera, se propone hacer tabacos «de hoja de maíz», manda a buscar torcedores a Centroamérica porque en Cuba *no había obreros que supieran hacer tales cigarros* «como en Guatemala» (Expediente en el Archivo Nacional de La Habana).

Figura 14. Arboles frutales de las Indias Occidentales, según dibujo de la obra de Girolamo Benzoni. Cualquiera puede advertir lo totalmente imaginario de esas figuras de mamey, guayabo, guanábano y plátano.

Esta manera de fumar tabaco envuelto en hoja de otra planta, que es la forma típica antecesora de los cigarrillos, se extendía entre los indios de los pueblos ribereños del mar Caribe. En México principalmente aún se conserva ese tipo de cigarro envuelto en hoja de maíz, si bien su contenido suele ser el peyote y no el tabaco; y por esto algunos han opinado erróneamente que si el tabaco o cigarro puro procede de Cuba, el cigarrillo es de oriundez exclusivamente mexicana.

En el Brasil también se usaba el cigarro en esa forma, pero enrollado en un tubo de palma, según escribió el padre Thevet, el ex-fraile carmelita, que allí pasó el año 1555 y que se atribuyó a sí mismo, probablemente con razón, el haber introducido el tabaco en Francia, como unos diez años antes que Nicot (A. Thevet, *La Cosmographie Universelle*, París, 1575, libro XXI, vol. II, fol. 926).

216

Thevet dice que los indios en Brasil secan las hojas de *petun* y «envuelven una cantidad de ellas en una hoja de palma muy grande haciendo un rollo del tamaño de una vela; después poniéndole fuego por un extremo absorben el humo por la boca y lo devuelven por la nariz, para que atraiga y haga destilar los humores superfluos del cerebro; además hace parar la sed y el hambre durante algún tiempo y por eso lo usan ordinariamente; aún hablando con vosotros, absorben el humo y luego siguen hablando y vuelven a recomenzar de tal guisa más de doscientas veces; les sirve mucho para yendo a la guerra poder obviar los vapores y demás inconvenientes que pueden presentarse en los caminos; también usan el *petun* las mujeres, pero con menos frecuencia».

Thevet en su *Cosmographie* insertó un dibujo (figura A, página 155) que ya hemos reproducido. El dibujo es erróneo en sus proporciones, pero expresa la forma de una hoja de palma, o *yagua*, enrollada y conteniendo tabaco para fumar. Un texto casi igual se contiene en otra obra del mismo autor protestante (*Les singularités de la France Antarctique*, Amberes, 1558, Ed. de París, 1878, pág. 157). Con frases análogas describe la manera de fumar el *petun* el francés J. de Léry (*Histoire d'un voyage fait a la Terre du Bresil autrement dit Amerique*, Rochelle, 1578). En 1587 se explica la costumbre de fumar que tienen los indios brasileños, de la misma manera, por el portugués Gabriel Soares de Sousa (*Tratado descriptivo do Brasil em 1587*, Río de Janeiro, 1879, capítulo 164). Todavía en la actualidad ciertos indios de Sudamérica, que se mantienen en estado muy atrasado de cultura, conservan ese estilo de fumar el tabaco, enrollando sus hojas secas en otra de planta distinta. Así se refiere de los indios del Río Negro y del Alto Orinoco, quienes envuelven el tabaco en una finísima capa arrancada de la corteza de un árbol llamado *tabari*. Los indios napo fuman el tabaco envuelto en una hoja de maíz o también en alguna corteza fina. Los indios colorado lo enrollan en hojas de maíz o de plátano (M. de Wavrin, *Ob. cit.*, pág. 152). Lo mismo se estila entre los indios de las Guayanas, quienes emplean para envolver sus cigarros hojas de *kakaralli* o *cakarilli* o *sacupaya* (*Lecythis oleracea*) o de *manicole* (*Euterpe oleracea*) o de *Couratoria guianesis*, según E. F. Im Thurn (*Among the Indians of Guiana*, Londres, 1883, pág. 46) y W. E. Roth (*An introductory study to the arts, crafts, and customs of the Guiana Indians*, Annual Report Bureau of American Ethnology. XXXVIII, 1916-1917, Washington, 1924, pág. 241).

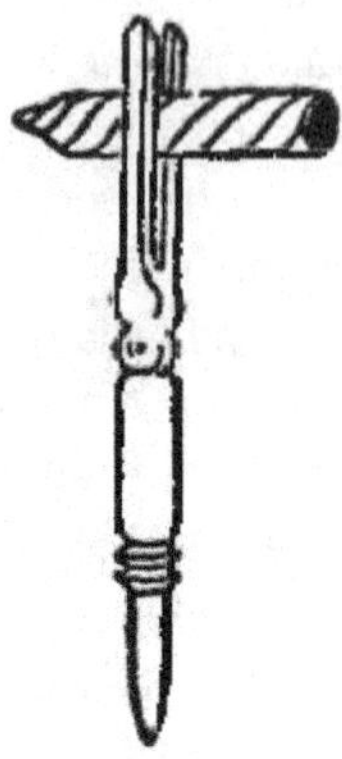

Figura 15. Aparato portatabaco, usado para fumar en ceremonia por los actuales indios uaupes. El aparato tiene dos pies de largo y se utiliza para sujetar el tabaco y pasarlo de boca en boca a que cada cual sucesivamente dé su fumada. Cuando no se fuma, el aparato se clava en tierra hasta que se recomienza a fumar. Según A. R. Wallave.

Algunas de esas cortezas, o «capas», requieren una elaborada preparación previa para alcanzar la flexibilidad necesaria, y entre los indios uaupes el cigarro es sostenido, mientras se fuma en las festividades, por medio de unas tenacillas rituales que recuerdan esas otras tenacillas de oro o plata que para sujetar los cigarrillos adoptaron los elegantes, los curas y las mujeres, con el fin de evitar mancharse los dedos con el humo del continuo fumar (véase figura 15).

Es seguro que esos rollos de hojas secas de tabaco que fumaban los indios no tuvieron todo el «acabado» que después se le dio en Cuba a los cigarros puros, mediante una hoja de «capa» bien escogida por su contextura, entereza, color y calidad, bien cortada con la «chaveta», bien enrollada alrededor de las hojas de «tripa», y delicada y geométricamente emperillada y sujeta a una «*vitola*» o estilo de elegantes perfiles. En sus orígenes el fumador rústico no tuvo siempre a su alcance hojas enterizas y secas pero flexibles, o sean «capas» adecuadas con que sujetar y revestir las hojas torcidas de manera permanente para que el cigarro así formado no se descompusiera en las manos mientras duraba su fuma.

Con frecuencia las hojas de tripa, malamente envueltas, tendrían que ser atadas con hilos para que se mantuviesen apretadas de modo que no ardieran sino paulatinamente y que entre ellas circulara el humo para ser aspirado en bocanadas, o exhalado en chorro sobre el prójimo. También tenemos antecedentes indios de esos cigarros o tabacos torcidos «que son del tamaño de un xeme, e delgados como un dedo, e son de una cierta hoja arrollada e atada con dos o tres hilos de cabuya delgados». Así los describe textualmente Gonzalo Fernández de Oviedo, cuando historia una gran fiesta que el cacique chorotega Nambí, de Nicoya, en tierras de Nicaragua, celebró en honor de los caudillos españoles el 19 de agosto de 1529 (*Historia general y natural de las Indias*, libro XLII, capítulo XL). Así, pues, debió de ser el primitivo envoltorio de hojas de *nicociana* que hicieron los indios para fumar sin rito sacerdotal. Y ese rollo manual de hojas, sencillo producto de la técnica rústica del indio selvático y que fue sustitutivo del canuto inhalador ritual, denominado *tabaco*, como dice Oviedo en un lugar de su historia, pudo recibir también igual denominación por evidentes analogías, como el propio Oviedo lo afirma en otro lugar de su misma obra.

Cabe admitir también que del originario tubo inhalador monotubular se pasó a otro tipo para facilitar la absorción de sustancias mezcladas o sea el constituido en un tubo adecuado para contenerlas, bien por su mayor consistencia, como una caña o una hoja de yagua, por ejemplo, como la usaron los *mambises* cuando carecían de cosa mejor para el caso. O en ocasiones por ser incombustible o al menos algo resistente a la combustión, tal como un tubo hecho de concha o de hueso. De estos tubos se tienen antecedentes en las historias de Yucatán y de México. Refiere Oviedo que en 1518, cuando Juan de Grijalva estuvo de correría y rescate por las costas de Yucatán, fue obsequiado varias veces por caciques con sahumerios y ahumadas. He aquí un caso:

Este indio era viejo... e echó muchos perfumes a los ydolos que dentro en esta torre estaban, e decia a altas voces cierto cantar, en un tono igual, e dio al

capitán e a los otros chripstianos sendas cañas, que en poniéndoles fuego se quemaban poco a poco, como *pivetes*, e daban de sí muy suave olor.
(*Historia general y natural de las Indias*, libro XVII, capítulo IX.)

En otra ocasión posterior el jefe indio hizo sentar a Grijalva capitán general, y a los suyos en sendos *bihaos*, ciertas hojas anchas tendidas en el suelo a modo de alfombras, como para honrarlos:

> Y el general con los que el indio principal señaló sentados, dio éste al general e a cada uno de los chripstianos que estaban sentados un cañuto encendido por el un cabo, que son fechos de manera que después de encendidos poco a poco se van gastando e consumiendo entre sí hasta se acabar ardiendo sin alear llama, asi como lo suelen hacer los *pivetes* de Valencia, e olían muy bien ellos y el humo que dellos salía; e hacían señas los indios a los chripstianos que no dexasen perder o passar aquel humo, como quien toma tabaco.
> (*Ob. cit.*, libro XVII, capítulo XIV.)

Todavía más adelante Oviedo informa que el indio:

> ...dio sendos sahumerios al capitán e chripstianos principales (e *pivetes*), como los que se dixo de suso que se avia hecho en las primeras vistas. Y el general mandó al capellan de la armada que dixesse missa... y quando se comentó truxeron una caçuela de barro con ciertos sahumerios de buena olor, y pusiéronla debaxo del altar, y otra tal en medio del espacio que quedaba entre el sacerdote e la gente.
> (*Ob. cit.*, libro XVII, capítulo XV.)

Pivetes en lengua de Valencia tanto dice como *pebete*, o sea «pasta hecha con polvos aromáticos, regularmente en forma de varilla, que encendida exhala un humo muy fragante». *Pebete*, dice Covarrubias, es «una vírgula aromática conficionada de polvos odorosos, que encendida echa de sí un humo odorífero». Por el siglo XVI era lujo frecuente perfumar las alcobas. A ello alude el pícaro

Guzmán de Alfarache,[17] refiriéndose a las estratagemas de una alcahueta: «Bien pudiera estar la cama hecha, el aposento lavado, todo perfumado, ardiendo los *pebetes* y los pomos vaheando, el almuerzo aderezado y puestas a punto otras cosas de regalo» (Mateo Alemán, *Ob. cit.,* Parte primera, libro I, capítulo II). A Quevedo debemos una original comparación de *pevete* con ciertas salchichas que «parecían de dedos de negros» (*Obras satíricas*, Madrid, 1911, pág. 59).

También Las Casas se refiere a este episodio de Grijalva, como sigue:

Ofreciéronle unas mantas de algodón de colores, todo con grande placer y alegría, como si fueran sus propios hermanos, y entre otros regalos, que suelen hacer a los huéspedes como ya tenemos experiencia, dieron a cada español un cañuto encendido, lleno de cosas aromáticas, muy odoríferas, a la manera de unos mosquetes hechos de papel, de los cuales traen hacia sí el humo con el resuello, y sáleles por las narices.

(*Historia de las Indias*, capítulo CXII.)

En relación con México también aparecen los *pivetes*, si bien el hecho de que se trate de «cañutos muy pintados y dorados» sugiere la idea de que se trate de tubos incombustibles o poco menos.

Si Las Casas comparó los tabacos a los *mosquetes* y otros los compararon con los *pebetes*, Landa al verlos recordó los humazos que se estilaban por su tierra en ciertas travesuras juveniles. Humazo es «El humo que sale del papel doblado y retorcido... Lo usan los muchachos pajes, echando al que está dormido el humo del papel en las narices para que despierte» (*Diccionario de autoridades*). Refiere el picaresco Estebanillo que cuando estaba durmiendo la borrachera «los soldados unas veces me despojaban sin ser enemigos, y otras me daban humazo sin ser atalaya». La comparación, como se ve, no era desatinada.

Narrando el capitán Bernal Díaz del Castillo la magnificencia del emperador azteca Montezuma, al tratar de la solemnidad de sus comidas, dice así:

---

17 Véase la edición de Linkgua, Barcelona, 2021. (N. del E.)

También le ponían en la mesa tres cañutos muy pintados y dorados, y dentro traían *liquidambar* revuelto con unas yerbas que se dicen tabaco; y cuando acaban de comer, después que le habían cantado y bailado, y alzada la mesa, tomaba el humo de uno de aquellos cañutos, y muy poco, y con ello se dormía. (Bernal Díaz del Castillo, *Verdadera historia de los sucesos de la Conquista de la Nueva España*, capítulo XCI.)

El mismo autor refiere en otro lugar el comercio que se hacía en el gran *tatelulco* o mercado de la ciudad de México, y entre las cosas que allí se mercaban vio «unos cañutos de olores con *liquidambar* llenos de *tabaco*», o sean iguales o análogos a los que acostumbraba fumar Montezuma después de cada comida (Capítulo XCII).

También fray Bernardino de Sahagún en su *Historia general de las cosas de Nueva España* (1576) anota el uso por los mexicanos de ciertos tubitos con hierbas aromáticas, entre los cuales estaba el *tabaco*. Asimismo se refiere al *picietl* fray Toribio de Benavente o Motolinía (*Historia de los indios de Nueva España*, capítulo XV),[18] diciendo que con esa «yerba medicinal» los indios adormecían o entumecían a las serpientes bravas y ponzoñosas». *Piciete* decían algunos, castellanizando el vocablo, como puede verse en el mismo Sahagún y en las *Décadas* de Antonio de Herrera.

Los textos de fray Bernardino de Sahagún son de mucho interés para nuestro tema. Por ellos vemos que el mismo uso ritual que se hacía en Yucatán, según Landa, de los perfumes de las flores y de la inhalación de humaradas de plantas olorosas, se practicaba también en México. Sahagún especialmente se refiere en varios lugares de su obra a las «cañas de humo» que los aztecas acostumbraban fumar, así los señores como los pobres, si bien de clases distintas. En los convites de los señores, dice Sahagún:

Para este propósito juntaban mucha copia de comida, y mantas y maxtlates, y flores y cañas de humo, para que todos sus convidados tuviesen copiosamente todo lo necesario y no recibiese afrenta ni vergüenza el señor del convite, sino que recibiese gloria de la orden y de la abundancia de todas las cosas que se

---

18 Véase la edición de Linkgua, Barcelona, 2021. (N. del E.)

habían de dar... Todas estas cosas hacían los servidores y oficiales, aquéllos que dan las cañas de humo y las flores, y la comida; y aquéllos hacen el cacao y lo levantan al aire, y dan a los que han de beber; y también hay personas diputadas para el servicio particular de los convidados. Esto acontece entre los señores y principales, y mercaderes, y hombres ricos.
(*Ob. cit.*, I, pág. 358.)

En otro lugar añade Sahagún:

El señor tenía aparejado plumajes y mantas, y *maxtles* y otras joyas para dar a los convidados, a cada uno según su manera de dignidad, para entrar en la fiesta y en el baile, a todos daba plumajes y joyas y atavíos para el baile, y a su hora daba comida a todos los convidados, muchos platos y diferencias de guisados, y muchas maneras de tortillas muy delicadas, y muchas maneras de cacaos en sus jícaras, muy ricas, y a cada uno según su manera. También les presentaba *cañas de humo* de muchas maneras en sus platos y muchas maneras de flores, muy preciosas; y después de todo esto muchas mantas ricas y muchos *maxtles* ricos, a cada uno según su persona, y a cada uno ponían en su aposento muy adornado, y muy poblado de sillas que ellos usaban y de esteras, todo nuevo, donde estaba el principal y todos los que habían venido con él para acompañarle.» (*Ob. cit.*, II, pág. 324.)

Así convidaban los potentados, obsequiando, además de otros dones, sendas «cañas de fumar» de calidades exquisitas, muy adornadas, como veremos; «pero la gente baja y pobre hace sus convites como pobres y rústicos, que tienen poco y saben poco, y dan flores de poco valor y dan *cañas de humo* que ya han servido otra vez» (I. pág. 359). Puede entenderse que éstos aprovechaban de nuevo las cañas usadas, rellenándolas de nuevo; o bien que brindaban a los convidados «cañas de humo» ya en parte consumidas en otras ocasiones, de la misma manera que un pobrete de nuestros días brindara a sus amigos, no con cigarros o tabacos aún sin encender, sino ya en parte fumados o sea con «cabos de tabaco».

Refiere Sahagún, como ya se ha visto, que había varias clases de «cañas de humo». El erudito fraile da esta descripción de las «cañas de humo», refiriéndose a los que las venden en el mercado público:

El que vende cañutos para chupar humo, primero corta las cañas y las desnuda o monda de las hojas, limpiándolas muy bien, y muele el carbón molido, o bien emblanquecidos con la greda que les echan y después algunos los pinta y otros los hace dorados; algunos de éstos son llanos, que no llevan pintura, y muy largos, bien embarrados con el carbón molido, o bien emblanquecidos con la greda que les echan encima del carbón, o muy relucientes con el oro con que los doran; otros hay que tienen pintura encubierta, que no se ve, sino cuando se van gastando con el fuego; otros están jaspeados, otros hay donde están pintadas flores, pescados, águilas, etc. Unos se hacen para venderlos en el *tiánquez*, los cuales son comunes y mal hechos, y se les cae fácilmente el carbón con que están embarrados.
(Tomo III, México, 1938, pág. 72.)

Como se desprende de este párrafo, había «cañas de humo» de factura vulgar destinadas a ser vendidas en el mercado y otras de hechura casera, compuestas por sirvientes o esclavos conocedores de ese arte particular y de sus refinamientos decorativos que solo podían permitirse los señores opulentos. Las «cañas de humo» se distinguían por los colores y figuras que ostentaban, por las sustancias aromosas que contenían y por sus varios tamaños, todo lo cual era capaz de satisfacer de diversa manera el gusto sensual del fumador, según los propósitos de éstos al fumar y sus recursos económicos.

Como se deduce por los dichos de Sahagún y de Gomara, las «cañas de humo» eran generalmente decoradas. Primero con una capa negra de carbón molido y luego por encima de ésta, repintadas y «emblanquecidas con greda», o «muy relucientes con el oro que los doran», o con símbolos de «flores, pescados, águilas, etc.» o «jaspeados», que bien pudo ser imitación de la piel de tigre, o más trabajados aún, con una «pintura encubierta que no se ve sino cuando se va gastando con el fuego».

No queda bien claro en el texto de Sahagún, pero parece entenderse que al acercarse el calor de la combustión por el interior del canuto a la parte que contenía los dibujos, se secaba la humedad que mantenía los encubridores polvos adheridos a la pared exterior del tubo, no combustible, y que entonces iban apareciendo los adornos pintados, probablemente con cierto simbolismo augural de orden religioso o mágico. Y es verosímil que esa diversidad de colores y alegorías correspondiera a los diferentes usos rituales de las «cañas de humo» según las ocasiones, los propósitos y la categoría o condición social de las personas.

El doctor Francisco Hernández de Toledo, enviado por Felipe II a estudiar las riquezas botánicas de México, en su obra impresa en 1615, aludió a esos tubos mexicanos, identificándolos con los tabacos antillanos. Escribió lo siguiente:

Llaman *tauacos* en la ysla Española a ciertos pedaços huecos de caña, de palmo y medio de largo, que por defuera están vntados con polvo de carbón y por dentro llenos de tauaco, líquidámbar (o *xochiocotzol*).

(F. Hernández, *Cuatro libros de la naturaleza y virtudes medicinales de las plantas y animales de la Nueva España*, Ed. de Morelia, 1888, pág. 136.)

Hernández califica de tabacos ciertos tubos de caña usados en la Española. No habiendo estudiado en las Antillas, pues solo fue a México, es probable que ese dato sea erróneo en cuanto a la tipología antillana se refiere, pero no en cuanto al nombre de *tabacos*. Por Las Casas se sabe que en Haití se fumaban el prototípico cigarro puro hecho todo él de hojas de tabaco (capa y tripa) y también otros parecidos, formados por una «hoja de árbol seca», probablemente un pedazo de *yagua*, con yerbas dentro. A unos y otros, en su *Apologética*, Las Casas comparó a los *mosquetes*; pero no consta que, además, hubiese en la Española otro tipo formado de «pedamos huecos de caña», untados y pintarrajeados como los «cañutos de humo» típicos de México. De todos modos, el informe de Hernández confirma los demás datos de México sobre esos tubos de fumar.

Dice José Antonio Saco que «a usos profanos aplicóse el tabaco entre los aztecas, pues en los banquetes de México ofrecíase a los hombres convidados en forma de cigarros introducidos en tubos de plata o de carey, o en cañutos, mezclados con sustancias aromáticas» (tomo III, pág. 207).

Ignoramos la fuente de esos datos referentes a los tubos de *plata* o de *carey.* Dice Saco que se trataba de «cigarros introducidos en tubos», lo cual nos da la idea de que estos tubos eran a manera de pipas unitubulares o, como se dice comúnmente *boquillas* o *embocadura.* En cuanto a la profanidad de tales tabacos, más parece que no dejaban de ser religiosos por cuanto eran ceremoniales y significativos.

Sin duda, en la variedad, la calidad y el mérito de las «cañas de humo» entraba en mucho la condición aromática de su contenido. Parece que eran un rito de purificación por la vía del olfato, absorbiendo el perfume para que obrara en la mente, como hoy se inhala un tubito de benzedrina para avivar la ideación. Las «cañas de humo» se usaban con flores fragantes, con tabaco que es yerba aromática y con otras sustancias bienolientes.

Al referirse a los personajes de ciertos rituales, dice Sahagún, que «siempre traían unos sartales de flores y unas guirnaldas de flores; también traían sus rodelas de flores y sus cañas de humo, que andaban oliendo y chupando» (II, pág. 379).

Y reseñando otros ritos con el sujeto destinado a personificar el dios *Tezcatlipoca,* dice Sahagún que se le enseñaba a «que supiere tomar y traer las cañas de humo y las flores, según se acostumbra entre los señores y palacienos; y enseñábanle a ir chupando el humo y oliendo las flores, yendo andando, como se acostumbra entre los señores y en palacio» (I, pág. 134).

Las «cañas de humo» eran indudablemente para fumar. Sahagún dice que en los banquetes de los mercaderes: «Habiendo comido tornaban a lavar las manos y las bocas; luego salían por su orden las jícaras de cacao, que llamaban *teotecómatl,* y luego ponían una jícara delante de *Xiutecutli* que es el fuego y otra delante de *Yiacatecutli,* dios de los mercaderes, y daban luego a todos los convidados a cada uno su *teotecómatl;* a los postres daban cañas de humo para chupar» (II, pág. 361). Igual dice que ocurría al final de otros convites: «les ponían delante sus jícaras de cacao y bebían, y luego les ponían delante las cañas de humo para chupar» (II, pág. 349). Y, sin duda, las fumaban con fruición, pues al decir de Sahagún, en tales convites «parecía como niebla el humo que había» (Sahagún, tomo I, pág. 326).

Pero las «cañas de humo» eran a la vez «cañas de perfumes». Unos servidores, dice, «metían los perfumes en las cañas» (I, pág. 359). Dice que ciertos esclavos para el sacrificio los ataviaban antes de matarlos, con vestidos lujosos, sartales y rodelas de flores, «y sus cañas de perfumes, que andaban chupando» (I, pág. 370). Sahagún usa ambas denominaciones como sinónimas (II, pág. 153). Aun en el caso de ser su uso para oler y difundir su fragancia como un incienso, y aparentemente no para chupar. A veces las susodichas cañas, aunque servían para «chupar», se utilizaban como *pebete* para que su aroma llegara al dios que se quería adorar. Dos cañas de perfumes ardiendo «ponían los mercaderes ante el atambor y el *tepomaztli* en sus fiestas al dios *Huitzilopochtli*» (II, pág. 366).

Esas «cañas de humo» o «cañas de perfumes» ¿contenían realmente tabaco? Ya hemos visto que López de Gomara escribió afirmativamente. En Bernardino de Sahagún no hay tanta precisión. En su descripción de las «cañas de humo», concluye diciendo que «hay muchas maneras de estos cañutos y se hacen de muchas y diversas maneras de hierbas olorosas, molidas y mezcladas unas con otras, con que los tupen muy bien de rosas de especies aromáticas, del betún llamado *chapopotli*, y de hongos, de rosa llamada *poyamatli* y de otras» (*Ob. cit.*, III, pág. 72). Como se ve, Sahagún habla genéricamente de «hierbas olorosas», pero ahí no especifica el tabaco, ni por este vocablo ni por los corrientes entre los aztecas.

Esas «hierbas olorosas» que se mezclaban en las «cañas de humo» eran, sin duda, muchas. En el mismo Sahagún podemos encontrar algún dato. «Hay otra, dice, que se llama *tlalpoyomatli*; esta hierba tiene las hojas cenicientas, blandas y vellosas; hácense en ella flores; por su olor, hacen de ella perfumes para meter en los cañutos de humo; difunde su olor lejos» (*Ob. cit.*, tomo III, pág. 270). Otra yerba aromática cita Sahagún. «Hay otra, dice, que se llama *quauhyayaual*; tiene las ramillas larguillas y verdes hacia las extremidades, las hojas delgadas, redondillas; la hierba se muele seca, y es buena para sahumerio» (*Ob. cit.*, tomo III, pág. 252). En los cañutos de humo solían entrar ciertas resinas. No sabemos si el *copal*.

Hay otros árboles, dice Sahagún, de los cuales *mana* aquella resina blanca que se llama *copal*, que es el incienso que ofrecían a sus dioses. Mucho de ello se vende ahora en los *tiánquez*, porque es muy bueno para muchas cosas y es medicinal; hácese en las provincias de Tepequacuilco, de Youala y de Couixco.

Hay otra manera de árboles que llaman *ocotzoquiauitl*; son altos y gruesos, y tienen las hojas como alisos; *mana* de ellos una resina; de ellos hacen las cañas de humo que chupan (*Ob. cit.*, tomo III, pág. 222).

Esta resina llamada por su raíz específica *ocótzol, cózotl* y *ocozol*, según la vacilante ortografía de los castellanos, y a veces xochiocózotl, es el bálsamo muy fragante y pegajoso exudado por el tronco y las ramas del *ocozol*, árbol americano de la familia de las amentáceas. Esa resina aromática es la misma con que los mayas se perfumaban, llamada *itztahte* (Landa, *Ob. cit.*, capítulo XXXI) y a la cual los españoles denominaron *liquidambar.* El *ocótzol* entraba en dichos cañutos como una de esas «rosas de especies aromáticas con que los tupen muy bien», al decir de Sahagún. Para mayor claridad digamos que *xochil* o *sutchil* significa «flor o flor aromosa», y que *ocótzol* quiere decir «resina pegajosa».

Sahagún se refiere también al «betún llamado *chapopotli*». Es el asfalto o *chapapote,* que decimos en Cuba, con esa misma voz mexicana y no caribe, como erróneamente dice el *Diccionario* de la Academia. El mismo Sahagún nos lo describe así: «El *chapopotli* es un betún que sale de la mar, y es como pez de Castilla, que fácilmente se deshace, y el mar lo echa de si, con las ondas, y esto ciertos y señalados días, conforme al creciente de la Luna; viene ancha y gorda a manera de manta, y ándanla a coger a la orilla los que moran junto al mar. Este *chapopotli* es oloroso y preciado entre las mujeres, y cuando se echa en el fuego su olor se derrama lejos. Hay dos maneras de este betún, el uno es del con que se mezcla la masa o la resina olorosa, que se mete en los cañutos con que dan buen y trascendente olor» (*Ob. cit.*, tomo III, pág. 72).

La otra manera de dicho betún, dice Sahagún:

Es el pez que mascan las mujeres, llamado *tzictli*, y para que la puedan mascar mézclanla con el *axin*, con el cual se ablanda; de otra manera no se puede mascar, antes se deshace, y por la mayor parte suélenla mascar las muchachas y mozas que ya son adultas, y las que ya Son mujeres; pero no la mascan todas en público, sino las solteras y doncellas, porque las casadas y viudas puesto caso que las masquen, pero no en público, sino en sus casas; y las que son públicas mujeres sin vergüenza alguna la andan mascando, en todas partes, en las calles, en el *tiánquez*, sonando las dentelladas, como castañetas. Las otras mujeres que no son públicas si lo mismo hacen, no dejan de ser notadas de malas y ruines mujeres por aquello. La causa porque las mujeres mascan el *tzictli* es para echar la reuma y también porque no les hieda la boca, o porque el mal hedor de su boca que ya tienen no se sienta, y por aquello sean desechadas. Los hombres también mascan el *tzictli* para echar también la reuma, y para limpiar también los dientes; empero hácenlo en secreto. Y los que son notados de vicio nefando y sin vergüenza, lo mascan y tiénenlo por costumbre andarla mascando en público; y los demás hombres si lo mismo hacen nótanlos de sométicos. Este betún mézclase con el *copal*, o incienso de la tierra, y con la resina odorífera y así mezclado hace buenos sahumerios.

(*Ob. cit.*, tomo III, pág. 72.)

Es también de interés para esta investigación sobre el tabaco esa descripción del *tzictli*. Recuérdese el uso y abuso de mascar *chiclet* tan frecuente en la actualidad en el pueblo de los Estados Unidos. Costumbre de origen indio, sin duda, como la de mascar coca en la América del Sur, y como la de mascar tabaco o andullo lo es en gran parte de ambas Américas.

Sahagún dice también que en la masa o resina olorosa de las «cañas de humo» de los aztecas solían entrar además ciertos hongos. ¿Cuáles eran? Los aztecas los llamaban *teomanácatl* (III, pág. 230) o *nanácatl*, los comían «dos o tres no más», y los usaban en los peculiares y arruinadores convites que daban los mercaderes.

La primera cosa que se comía en el convite, eran unos honguillos negros que ellos llaman *nanácatl*, (que) emborrachan y hacen ver visiones, y aún provocan a lujuria; esto comían antes de amanecer, y también bebían cacao antes de amanecer, aquellos honguillos (los) comían con miel, y cuando ya se comenzaban a calentar con ellos, comenzaban a bailar, y algunos cantaban y algunos lloraban, porque ya estaban borrachos con los honguillos; y algunos no querían cantar, sino sentábanse en sus aposentos y estábanse allí, como pensativos, y algunos veían en visión que se morían, y lloraban; otros veían que los comía alguna bestia fiera, otros veían que cautivaban en la guerra, otros veían que habían de ser ricos, otros que habían de tener muchos esclavos, otros que habían de adulterar y les habían de hacer tortilla la cabeza, por este caso, otros que habían de hurtar algo, por lo cual les habían de matar, y otras muchas visiones que veían. Después que había pasado la borrachera de los honguillos, hablaban los unos con los otros acerca de las visiones que habían visto.

(II, pág. 367.)

El efecto alucinador de estos «honguillos» es precisamente el que solía atribuirse a los polvos de tabaco, por lo cual sería de interés identificar su naturaleza siendo ellos una de las sustancias que, mezcladas o no con el tabaco, era utilizada por los indios para conseguir sus visiones «sobrenaturales». *Nanácatl* parece voz genérica para significar hongos o setas, de la cual se derivan otras como *teononácatl*, *xochinanácatl*, «de uso cotidiano entre los sacerdotes primitivos para provocarse alucinaciones» (según el doctor Ignacio Alcocer. Consideraciones sobre la medicina azteca. Apéndice a Sahagún, Ed. cit., III, pág. 378) y varias voces más referentes también a hongos, tóxicos o inofensivos. Pero todavía debían entrar a veces en las «cañas de humo» otras varias hierbas olorosas que no cita Sahagún.

Sahagún no precisa, pues, que el *picietl* o *piciete*, como él dice, fuese una de las yerbas aromáticas que entran en las mezclas de los «cañutos de humo». Sin embargo, es indudable que así era, según el preciso dicho de Bernal Díaz del Castillo, el de Francisco Hernández de Toledo, etc. Pero si no precisa Sahagún la concurrencia del *picietl* en los cañutos de humo, no por eso puede presumirse que no reconociera en éstos la presencia del tabaco. «Cañas de humo que se llaman *yetlalli* dice Sahagún al referirse a las que emplean en ocasión de las bodas. Uno de los traductores de Sahagún (Rémi Simeón) transcribió ese vocablo *yetlilli*, de *yetl*, «tabaco», y *tlilli* «color negro» (Sahagún, Ed. de 1938, tomo II, pág. 153). Cuando acababan los grandes banquetes de los mercaderes, se recogían los manjares, bebidas y «cañas de humo» que no se habían consumido, y se enterraban las cenizas y sobrantes de la comida en el medio del patio, diciendo estas palabras: «Aquí hemos plantado *uitzli yietl*; de aquí nacerá la comida y bebida de nuestros hijos y nietos; no se perderá» (Sahagún, tomo II, pág. 368).

Sin duda, puede advertirse alguna confusión en los historiadores sobre los términos mexicanos para el tabaco. El mismo Sahagún parece distinguir entre los vocablos *piciete* y *yietl*, aplicándolos a yerbas diferentes. Para cierta enfermedad, dice Sahagún, «se ha de echar el *piciete* molido y mezclado con la hierba llamada *yietl*, y con sal todo caliente» (*Ob. cit.*, tomo III, pág. 99). Acaso una y otra voz se aplicaran a las diferentes especies de tabaco o a la misma planta según las diferentes formas de su empleo. Parece indicarnos lo primero el doctor Ignacio Alcocer, quien al referirse al tabaco entre los aztecas dice que del tabaco eran «sus variedades principales *picietl* y *cuáuhyetl*». Según el autor mexicano Antonio Chavero, al tabaco «los mexica le llamaban *yetl* cuando era de hoja larga; *picietl* al de hoja pequeña, y *cuáuhyetl* al menos fino y cimarrón» (*México a través de los siglos*, Barcelona, pág. 305). La voz *yietl* parece ser la radical que se usaba para componer variantes del tabaco por las formas de su uso. Al dios *Opochtli*, que era uno de los *Tlaloques* o númenes del agua, le ofrecían «flores y cañas de humo que llaman *yietl*» (Sahagún, *Ob. cit.*, tomo I, pág. 39). ¿Eran estas cañas *yietl* dedicadas a *Opochtli* de un tipo peculiar así llamado? ¿O era este vocablo de significación genérica?

En México, además de esas típicas «cañas de humo», se fuma el tabaco en otras formas. Dice Chavero:

> Fumándolo de dos modos los mexica, o arrollando las hojas sobre sí mismas, y entonces le decía *pocyetl*, o desmenuzado y metido en unas cañas mezclado con otras yerbas olorosas como el *liquidambar* o *xochicocozotli*, a las cuales llaman *acayetl* (Chavero, tomo I, pág. 805).

A esta manera de fumar, la «caña de humo» y el típico «tabaco» o «cigarro-puro», habría que añadir el cigarro constituido por hojas de tabaco metidas, no en un cañuto o tubo de cañas, sino en un tubo formado por una hoja de ciertas plantas enrolladas y mantenida en su forma tubular mediante cordelitos o sutiles cabuyas. Y no sabemos su denominación en lengua.

¿Usaban el *picietl* aparte de las «cañas de humo»? Alcocer (Loc. cit., pág. 379), nos dice que:

> El tabaco, sus variedades principales *picietl* y *cuáuhyetl*, que lo fumaban, lo tomaban en rapé, lo aplicaban exteriormente contra todo dolor, principalmente sobre la encía en los dolores de muelas, como todavía lo suelen usar; lo bebían en cocimiento como antihelmíntico; lo mascaban y usaban de diversos modos

dizque para calmar la fatiga, aguantar el hambre, disipar la tristeza, soportar azotes y tormentos físicos y por último aplicaban con éxito en las heridas envenenada.

(*Consideraciones sobre la medicina azteca*, Apéndice a la ed. 1938 de Sahagún, *Ob. cit.*, tomo III, pág. 379.)

«Mezclado con cal, era una especie de panacea que abundaba por todos los mercados de la tierra, envuelto en hojas de mazorca, pues era tal el prestigio de esta mezcla, que los médicos indígenas más autorizados lo reputaban como el gran específico contra el cáncer o úlceras de aspecto canceroso. Su abuso provocaba una caquexia que los indios conocían con el nombre de *chachesin*, según Ximénez, y cuyo cuadro sintomático mucho tiene de lo que los médicos modernos llaman tabaquismo». El *picietl* era también un remedio mágico contra muchos males, que aquí no importa especificar (*Ibidem*, tomo III, págs. 92-95).

Además de esos usos del tabaco entre los aztecas, tenían otros más exclusivamente supersticiosos. Para evitar que se les apareciera de noche una estantigua, «los hombres (no las mujeres) se ponían en el seno chinas o *picietl*... para evitar el peligro del hijo que estaba en el vientre de la madre» (Sahagún, *Ob. cit.*, tomo II, pág. 33).

El tabaco era para los mexicanos un infalible antídoto contra todo género de sabandijas ponzoñosas. El *picietl* molido servía contra la picadura de alacranes y de serpientes (Sahagún, tomo III, págs. 210 y 204). Y con *picietl* se cazaban las culebras (*Ibidem*, pág. 202). Contra una serpiente monstruosa, llamada *aueiactli*, de diez brazas de largo y de mortal veneno, para prevenirse de sus peligros

los que conocen ya esta serpiente, llevan muchos papeles hechos como pelotas y llenos de *picietl* molido y tíranle con ellos o llevan unos jarrillos llenos de esta misma hierba, y tíranle con ellos, y como se quiebra el jarrillo y se derrama el *picietl*, con el polvo del *picietl* se emborracha y se adormece; y de que está adormecida, con un palo o vara larga métenla en la boca una manta en que va revuelta aquella hierba *picietl*, molida, y entonces pierde todo el sentido y así la matan (Sahagún, tomo III, pág. 207).

En el *picietl* había siempre un sentido de magia y religión. Ya hemos dicho cómo las «cañas de perfume» de los banquetes eran enterradas con las cenizas del sacrificio al llegar el alba, «a la hora que sale el lucero» (*Ibidem*, tomo II, pág. 368). El *picietl* era sustancia característica del oficio de los sacerdotes, quienes siempre la llevaban consigo. De cierto guardián del templo, dice Sahagún, que «andaba vestido con las vestiduras de los sacerdotes, que era un *xicollio* jaqueta y un calabazo lleno de *picietl*» (*Ob. cit.*, tomo I, pág. 240). En las ceremonias de investidura del cargo político supremo, «señor», o «rey» al decir de Sahagún, los altos sacerdotes, o «sátrapas», como les decía este fraile historiador, llevaban al electo «al *cu* de *Huitzilopochtli*, y delante del *cu* vestían al señor de las vestiduras con que los sátrapas solían ofrecer incienso a los dioses, que era una xaqueta de verde oscuro y pintada de huesos de muertos que es a manera de huípil de mujer llamábanle *xicolli*. Luego le ponían a cuesta colgada de las espaldas una calabazuela llena de *picietl*, con una manta verde oscura, atada a la cabeza, pintada de huesos de muertos y poníanle en la mano izquierda una talega con *copal* o incienso blanco; era también de lienzo verde oscuro y pintada de huesos de muertos; y calzábanle unas *cotaras* también verdes, oscuras, y poníanle en la mano derecha un incensario de los que ellos usaban, pintado de cabezas de muertos, y en el cabo del astil, llevaba colgados unos papeles como borlas» (*Ob. cit.*, tomo II, pág. 322). Véase lo que dice Sahagún de estas talegas sacerdotales (*Ob. cit.*, tomo I, pág. 146, copias y 151). El *picietl*, pues, formaba parte de la liturgia cotidiana del sacerdote azteca, junto con el *copal*, el *chapapotli*, el *hule* y otras sustancias gomosas y aromáticas, propias para sahumerios que se ofrecía al sacro numen así como el incienso y la mirra y ciertas plantas olorosas en los templos católicos.

Así el *picietl* como, en general, las «cañas de humo» o «de perfumes», eran en México una distinción de clase social, tal como se deduce de Oviedo y otros en relación con el fumar tabaco entre los indios de la Española, los huétares, etc. Y tal como Sahagún reconoce expresamente para cierta resina aromática denominada *teocotl*, de la que usaban solo por privilegio los señores y principales, no siendo lícito a los demás (*Ibidem*, tomo III, pág. 221). Las «cañas de humo» eran ofrenda a los dioses. Las mujeres se las ofrecían a la diosa *Toci* (Sahagún, *Ob. cit.*, tomo I, pág. 239). La sacerdotisa o sacristana encargada de proveer tales «cañas de humo» era llamada *Chíhuaquacuilli*, que recuerda los vocablos *Cihuacouatl*, nombre de la diosa Tierra y *quauitl*, que quiere decir «arbusto», o sea «arbusto de la diosa *Ciuacouatl*» acaso «mata de tabaco», pues ya se sabe que según Mendieta el tabaco era «el cuerpo» de esa deidad. También los fieles ofrendaban «cañas de humo e incienso» a Quetzalcóatl, dios del viento (Sahagún, *Ob. cit.*, tomo I, pág. 319). Al dios Mictlantecutli, que Sahagún llamaba «el diablo» los difuntos al llegar a su reino ultramundano le ofrecían manojos de teas y «caña de perfumes» (I, pág. 285). «Al tiempo de comenzar el areíto y ante todas cosas ofrecían flores y otras cosas al dios *Huitzilopochtli*, en su oratorio, en un plato grande de madera pintado, y después ofrecían en otras capillas de los ídolos, y a la postre ponían flores en el oratorio del que hacía la fiesta; y delante del atambor y *teponaztli* ponían dos cañas de perfumes ardiendo» (I, pág. 366). Las «cañas de humo» figuraban en otras numerosas ceremonias rituales como eran las bodas (I, pág. 253 y II, pág. 153) y otras que refiere Sahagún, y eran dones que los potentados hacían a los humildes, después de sus comilonas solemnes, para congraciarse con las deidades (II, pág. 379); «daban mantas a los servidores de la fiesta, que tenían cargo de dar la comida y bebida, y cañas de humo y flores, etc. y también daban *naguas* y *huípiles* a las mujeres que tenían cargo de hacer pan y comida y bebida, y también a todos los vecinos del barrio daban mantas» (I, pág. 199).

¿Cuál era la forma de esas «cañas de humo» de los aztecas? Ya vimos que eran de «muchas maneras». Sahagún, al hablar del gran mercado de México, lo repite, refiriéndose a «los que venden caña de humo de muchas maneras, y también aquí se vende *xochiocótzotl* y los platos para poner las cañas cuando se queman y otras maneras de vasos de barro...» (II, pág. 327). *Xochiocótzotl* era el bálsamo del *liquidambar* y los citados platos eran a modo de los que hoy se usan como ceniceros o colilleros y como sostenes de los cigarros encendidos mientras se están fumando. Así los usaban los aztecas en sus banquetes; «ponían luego cañas de humo con sus platos delante de cada uno de los convidados» (Sahagún, tomo I, pág. 356).

Los «cañutos para chupar humo» son de varios tamaños. Algunos son muy largos, según Sahagún. Pero no dice cuál fue la forma de esas «cañas de humo». Por las comparaciones que de ellas hacían los cronistas españoles eran como los *pebetes* o vírgulas odoríferas que en España se usaban. En las ilustraciones que acompañan el texto original de la *Historia de las cosas de Nueva España* de fray Bernardino de Sahagún, pueden verse ciertas figuras que acaso representen las «cañas de humo». En la lámina IV de los *Primeros memoriales* de Sahagún, reproducida como lámina n.º 1 del tomo I de la edición de México 1938, pág. 377, consta un cuadrete (izquierda superior) con una escena de sacrificio a *Huitzilopachtli* en las fiestas de *Panquetzaliztli*, de las cuales trata Sahagún en el libro II de su *Historia*. En ese cuádrete aparecen frente a la piedra del sacrificio los oficiantes llevando en la mano, el uno la típica bolsa de *picietl* y el otro un manojo de objetos cuya forma permite suponerlos «cañutos de humo». Son como varias cañas, de color amarillo oscuro, algo más de un codo de largas, y por uno de sus extremos de cada una de ellas sale como una lengua retorcida de color rojo, la cual puede representar a la vez la voluta del humo y el fuego ardiendo que la produce. Además, la postura del sujeto, la presentación de los cañutos y la ocasión de la ceremonia parecen convincentes de que se trata de «cañas de humo» de las empleadas en la ceremonia. En culto a *Huitzilopachtli* refiere Sahagún: «también ofrecían cañas de humo, en manojos de veinte, que allí se estaban humeando y quemando delante de la estatua, y el humo que salía estaba como niebla» (Sahagún, *Ob. cit.*, tomo I, pág. 340). Más arriba de esta figura hay otra de sacerdote con su bolsa de *picietl* en su mano derecha y un incensario en la izquierda.

En la parte inferior de esa lámina existe otro cuádrete. Representa una ceremonia litúrgica de las celebradas en *Atemoztli*, el 16.º mes del calendario azteca, consagrado a *Tlaloc* y a los *Tlaloques* o dioses de la lluvia. En ella aparece un sacerdote que parece serlo de *Tlaloc*, cuya imagen está en el altar y según se infiere de los datos que da Sahagún. En su mano izquierda lleva su típica bolsa de *picietl* y en la derecha un instrumento que parece ser la «tabla de las sonajas», propio de ese culto. Además, el tal sacerdote de *Tlaloc*, lleva en la cabeza una corona azul hecha a manera de cesta o «escriño», justa a la cabeza y ancha arriba, como diría Sahagún. Y en la boca sostiene un objeto en forma de tubo ligeramente embudado que puede estimarse como un cigarro para fumar.

Esto nos lleva a relacionar una famosa escultura de los indios mayas (reproducida de la obra del Abbé Brasseur de Bourbourg (*Recherches, sur les ruines de Palenque et sur les origines de la civilization du Mexique*, París, 1886, Lámina 24). Se trata de un relieve de un templo de Palenque que representa un sacerdote en función litúrgica, llevando en la boca el extremo de un objeto tubular de cuyo otro extremo salen ondas de humo. El tubo parece ser compuesto de cierta sustancia enrollada y atado por cordelitos, como se cuenta que eran algunos cigarros de los indios. El sacerdote viste una capa de leopardo u ocelote, cuyas manchas evocan las gotas de la lluvia. Su cabeza va adornada con un complejo de objetos, emblemáticos todos ellos y muy significativos. Primero, una cabeza de águila con orejas y anteojeras iguales a las del sacerdote. Las anteojeras son caracoles, símbolo marino de los seres y aguas del mar que el sacerdote y el águila en él personificada han de elevar a las regiones que esa ave frecuenta. Después una tortuga, animal de las aguas fluviales, de los ríos alimentados por las lluvias, y frente a ella una concha de tortuga, que puede ser la sonaja llena de piedrecitas con que se simulaba el trueno de las tormentas que traen los aguaceros, y, aún después, símbolos de llamas (los relámpagos), de otro carapacho sonajero, y ya cayendo de ondas de humo y de pequeñas esferas, como gotas de lluvia. En la misma cabeza del sacerdote hay todavía otros símbolos muy expresivos: una corona de hojas de tabaco y, colgando hacia atrás, una flor que bien puede representar también la de dicha planta nicotiana. Y en la cintura, una serpiente de dos cabezas, símbolo de la tierra. En la figura quedan aún otras alegorías que no podemos interpretar, pero las citadas bastan para suponer que el conjunto puede representar emblemáticamente al sacerdote oficiante de un rito de magia del humo del tabaco, que lo eleva a la región de las nubes cargadas de rayos y truenos, donde están las aguas dulces que han de caer en gotas para producir la lluvia y con ésta la vegetación.

Este rito maya, y sus emblemismos armonizan mucho analógicamente con los del azteca *Tlaloc*, que es a la vez el dios de las aguas fluviales y de las yerbas que nacen por las lluvias. A *Tlaloc* lo invocan diciendo, «señor de las verduras y frescuras, y señor del paraíso terrenal, oloroso y florido, y señor del incienso o *copal*» (Sahagún, tomo II, pág. 72), y también como: «señor de las verduras, y de las gomas y de las yerbas olorosas y virtuosas» (II, pág. 75). Por eso, repetimos, *Tlaloc* fuma tabaco y lanza de su boca las nubes de humo (T. D. McGuire, *Ob. cit.*, pág. 365) que se elevan a los cielos. Según Mendieta

(*Historia eclesiástica indiana*), la yerba del tabaco era tenida por «cuerpo de un dios a que se nombraba *Ciuacouatl*». Por otro nombre *chálchilmitlique*, que quiere decir «vestida de yerba aromosa» y era la mujer de *Tlaloc*, el dios que fuma. Además, en las liturgias para *Tlaloc* se tañía, además de la «tabla de las sonajas» y de otros instrumentos consistentes en incensarios sonajeros, que simbolizaban las nubes cargadas de fuego y de truenos, uno, también sonajero, formado de la «concha de tortuga» (Sahagún, *Ob. cit.*, tomo I, pág. 201) que era animal emblemático de las aguas de los ríos, crecidos por las lluvias de aquel dios.

¿En qué fase morfológica de la evolución de los modos de fumar pueden situarse esos tubos rellenos de polvos o picaduras de tabaco y otras sustancias análogas? ¿Provienen de un tipo anterior, por ejemplo, del tabaco puro, que para combinarse con ciertas sustancias más tóxicas o balsámicas tuvo que perder su fina envoltura homogénea y adoptar una más sólida y tubular? Así lo indica Brooks (*Ob. cit.*, pág. 15) al pensar que ese tipo de tubo lleno de tabaco debió de ser el paso intermedio entre el cigarro puro y la pipa. También Dunhill cree que después del cigarro advino la pipa (*The Pipe Book*, Londres, 1926, pág. 29). Pero no creemos que haya sido indispensable esa transformación.

¿O cabe otra hipótesis, la de que ese tipo tubular relleno de mixtura fue anterior al tabaco puro? Esta aproximación del cigarro-puro a la pipa tubular es muy sugestiva. Como decía el padre Labat, el cigarro-puro «es como una pipa natural que lleva consigo el tabaco y el instrumento para fumarlo» (*Ob. cit.*, tomo VI, pág. 321).

Por eso el tipo del tabaco-puro suele ser colocado, en una hipotética secuencia morfológica, antes o después de la pipa; pero esto no parece imprescindible. Más bien parece que del original tubo monocanular, inhalante o exhalante de polvos y humos de tabaco, se derivasen dos tipos: uno, que fue la «caña de humo», o sea el tubo incombustible lleno de tabaco, *cohoba* o bálsamos, como el usado por Montezuma, y por el cual se pudo llegar fácilmente a la pipa; y otro, que fue la simplificación rústica y profana del tubo, reduciéndolo todo él a un rollo de hojas de tabaco nada más, o sea al tabaco-puro que ha llegado a nuestros días.

Y aún habrá que tener en cuenta que entre el «cañuto de humo» o tubo natural y el «tabaco puro», simple rollo de hojas de tabaco, hay que situar el cigarro compuesto de un tubo artificialmente formado por una hoja enrollada y mantenida así mediante ataduras.

No creemos, pues, que se tenga la explicación segura de una evolución tipológica del fumar. Aparte de las consideraciones expuestas acaso se puedan intentar otras hipótesis. Digamos ante todo que no es necesario presuponer que la absorción del tabaco en polvo haya de haber precedido a la del tabaco en humo. Ni tampoco que la haya seguido. Son procesos distintos aun cuando de cierta analogía. El polvo fino es como un humo sólido que aún no se ha volatilizado; el humo es como un polvo tan molido y refinado que deja de ser tangible y pierde la gravedad. Tan sutil puede ser el polvo que sus efectos se asimilarán a los del humo. Probablemente polvos y humos por los indios se usarían sin diferencia. Consta un caso de ello. Cuando Cristóbal Colón durante su cuarto viaje, en 1502, recorría las costas de Tierra Firme por las proximidades del cabo Nombre de Dios, tuvo trato con ciertos indios. Estos, al ver que un escribano ponía unos signos misteriosos en un papel, creyeron que era cosa de magia y huyeron; pero deseando combatir tales hechizos, volvieron a acercarse a los cristianos y «derramaban por el aire unos polvos hacia ellos, y de los mismos polvos hacían sahumerios, procurando que el humo fuese hacia los cristianos» (Bartolomé de las Casas, *Historia de las Indias*, libro II, capítulo XXI).

Otro caso recogió Hariot en Norteamérica. «Usáronlo también los salvajes de Virginia, y en tan alta estima lo tuvieron, que pensaron que sus dioses recibían placer cuando se les ofrecía. Así fue que lo esparcían a puñados en el aire para libertarse de algún peligro; y en otros casos lo arrojaban de tiempo en tiempo en fuegos sagrados, ya majado, ya convertido en polvo» (Tomás Hariot, *De commodis ind. Virginide*, pág. 16. Cita de Saco, *Ob. cit.*, tomo III, pág. 207).

Tiene cierta equivalencia con el uso de los polvos y los humos de tabaco la práctica de esparcir por el aire, y particularmente sobre el paciente o sujeto pasivo de la operación mágica, el riego de una infusión de jugo de tabaco pulverizado. Así, el hechicero de los indios jíbaros al comenzar el tratamiento de un enfermo escupe sobre éste en finísima lluvia un buche de líquido que contiene zumo de tabaco, a la vez que agita alrededor del mismo un manojo de hojas mágicas como para espantarle los insectos y «la cosa mala» (Wavrin, *Ob. cit.*, pág. 486). Lo mismo hace el sacerdote jíbaro con sus ídolos al iniciar un rito; los rocía con una lluvia de jugo de tabaco que les echa con su boca, cargándolos con la potencia misteriosa de la sacralidad (Wavrin, pág. 492). Esta es operación muy corriente entre los hechiceros y la usan ciertos santeros afrocubanos, como los *Kimbisa*, para preparar los ídolos y adminículos de sus ritos, a quienes rocían con una compleja infusión de aguardiente, pimienta y otros ingredientes a la vez que los sahúman con humadas de tabaco.

Estos polvos y humos de tabaco eran equivalentes en su función mágica.

La absorción por los indios de los polvos por las narices bien pudo hacerse tomándolos aquéllos con los dedos, a pulgaradas, como luego acostumbraron los elegantes de las cortes europeas; o poniéndolos en un pequeño recipiente u objeto liso y llevando éste a la nariz, como hacen ciertos negros del Congo, que colocan su porción de rapé en la hoja de un cuchillo y de ahí la meten para adentro con el resuello. Pero, sin duda, el empleo de un tubo inhalador facilita la absorción; sobre todo en las ceremonias colectivas, de modo que cada tomador de polvos, uno tras otro ha de absorberlos de un recipiente común, donde aquéllos están preparados ya para el rito. Pero el tubo inhalador de polvos desempeña una función de carácter ritual. Mediante el tubo, los polvos consagrados y llenos de sacripotencia pasan a las narices del oficiante o del paciente sin que sean tocados por las manos de nadie; de manera que aquellos polvos no puedan ser profanados por ningún contacto impropio que logre desvirtuar la potencia mágica de su carga sobrenatural. Sin embargo, la iniciativa de un tubo para inhalar parece haber sido exigida por las circunstancias y conveniencias elementales cuando se trató de humos salientes de unas hojas ardiendo más que cuando de polvos secos de una sustancia inerte.

Se puede tomar rapé sin tubo alguno; pero sin un tubo conductor del humo no se puede fumar. Para poder fumar, o sea absorber el humo del tabaco que se está quemando, necesariamente hay que resolver este problema elemental: llevar el humo desde las hojas de donde sale al sujeto que ha de utilizarlo, separando, no obstante, al fumador del fuego que produce el humo lo suficiente para que aquél no se pueda quemar. Una separación y una unión, apartar el fuego del fumador, pero unirlos por el humo que de las hojas que aquél quema han de ir al fumador que lo absorbe. Lo esencial de todo aparato de fumar es ese conducto para el humo entre fuego y fumador. Hay una diferencia esencial entre el tabaco en polvo y en humo, que es la combustión. Esta da un mayor misterio al rito del tabaco, le añade el fuego como un nuevo elemento y, por medio del humo, permite un alcance más extenso, casi infinito y de muy sutil simbolismo, a sus aplicaciones mágico-religiosas. Si los polvos limitan su acción a ser absorbidos por la nariz y a producir efectos catárticos, de orden fisiológico y psíquico, los humos del tabaco también se inhalan, penetran por la boca en las entrañas y luego se expelen por la nariz o por la boca pudiendo imprimirles a plena conciencia cierta dirección hacia las cosas, o hacia los númenes en lo alto, y en columnas y volutas alegóricas, capaces de conducir un mensaje a lo invisible. Además, el procedimiento binario de fumar permite aún más amplitud a la acción del humo mágico, sobre todo para las aplicaciones médicas y colectivas. Por eso la combustión para utilizar el humo tuvo un mayor desarrollo que las otras maneras de aprovechar las potencias de dicha planta. El tabaco ha sido principalmente un rito por medio del humo. Es éste sobre todo el que le ha dado la característica de sutil diabolismo.

Lo más simple debió de ser el sahumerio, es decir, el uso del humo de ciertas yerbas para fines religiosos, mágicos y medicinales, tal como aún se estilan hoy día los inciensos, las fumigaciones y los pebeteros. Sustancias aromáticas o balsámicas como ofrenda o deleite; sustancias apestosas o acres para ahuyentar a los espíritus; sustancias de efectos estupefacientes para procurar su presencia; sustancias peculiares para influir en las enfermedades. En el humo, sobre todo, está la visible espiritualidad del sacro *mana* del tabaco. Con el humo se transmite la sacripotencia de la planta a las personas y a las cosas, envolviéndolas en ella. Si el objeto de la fumigación es temible, el humo lo aísla o desvanece su malignidad; si es inerte para una cierta función, el sahumerio lo vitaliza con un misterioso poder; si es propiciable, la ahumada establece con él un nexo mágico de comunicación.

Ya dimos un ejemplo del primer caso en lo ocurrido a los castellanos con los indios de Nombre de Dios, cuando éstos les enviaban polvos y humos para destruir las supuestas hechicerías de los primeros. Tenemos un ejemplo del segundo caso en los hechiceros de los indios del Brasil, que con el humo del tabaco fumigaban las *tammaraka* o *maracas* para hacer con éstas sus adivinaciones, como refiere H. Staden (*N. Federmann und H. Stades Reisen in Südamerica*, 1529, bis 1555. Ed. de K. Klupfel, Stuggart, 1859, pág. 183). Y abundan los ejemplos del tercer caso, en los ya citados relatos de los cronistas, quienes atestiguan que los indios quemaban hojas de plantas aromáticas para halagar a sus ídolos e inclinarlos a su favor en los trances malos de la vida y en la satisfacción de sus necesidades económicas, de sus siembras y de sus cosechas.

Así, pues, los indios in *illo tempore* debieron de quemar hojas de tabaco para sus cultos religiosos, para sus magias operantes, agresivas o defensivas, y para sus ritos catárticos y purificativos. Y ya existente el rito de la sahumadera se pensó en lo de esparcir el humo por el rito colectivo y absorber la fragante humarada para la perfección interna del ser, así en lo corporal como en lo anímico, y para asimilarse la potencia sobrenatural contenida en el humo.

Fumar es tomar y echar humos o ahumadas. Para fumar, las yerbas humosas se encenderían puestas en un braserillo o recipiente y de allí se aspirarían los humos. Esta es la manera más simple de fumar. Es el sahumerio, análogo a la inhalación de polvos finísimos y de equivalencia operatoria.

Recordemos que en sus ritos inhalatorios los taínos usaban poner sus polvos en «un plato redondo, liso y lindo, que no fuera muy más hermoso de oro o de plata; era cual negro y lucio como de azabache» (Las Casas, *Apologética*, pág. 245). Y que algunos ídolos descubiertos por la arqueología antillana, que se encuentran en los museos, tienen sobre sus cabezas restos de esos platos para polvos. Acaso no era imprudencia excesiva si mostramos un plato de madera labrada, de forma análoga a la de esos rituales platillos, que fue hallado hace años en la Ciénaga de Zapata (Cuba), enterrado a bastante profundidad, y hoy en nuestro poder (figura 16). Análogos platillos de madera rituales se usan por ciertos indios del Orinoco, según Gilij (vol. I, pág. 202).

También Sahagún se refiere a ciertos platos usados en México con las «cañas de humo»; pero parece que tales platos no contenían sustancias combustibles ni olorosas, las cuales estaban solo en el interior de los «cañutos de humo»; y aquéllos eran a modo de «cigarreras» o «ceniceros» como los que hoy se usan para evitar que los cigarros en ignición manchen o quemen o para guardarlos para otra ocasión.

A esta forma simple de captar los humos que es el sahumerio, siguieron varios perfeccionamientos por la inventiva humana. Ante todo por un elemental criterio de economía: que el humo fuese lo más aprovechado posible. No siempre se podían tener a mano las hojas, las semillas, las resinas o las otras sustancias precisas para quemarlas y captarles el humo, y no se podía en cada caso prepararlas por medio de los tradicionales y solemnes ritos. La planta del sahumerio era una sustancia preciosa y se había de evitar su despilfarro.

Dos mejoramientos debieron de procurarse sobre todo. Uno, para captar más y mejor el humo; otro, para hacer más duradero el rito. Por lo primero se inventaron los aparatos de ahumar por inhalación o exhalación; por lo segundo las maneras de calmar y ordenar la combustión.

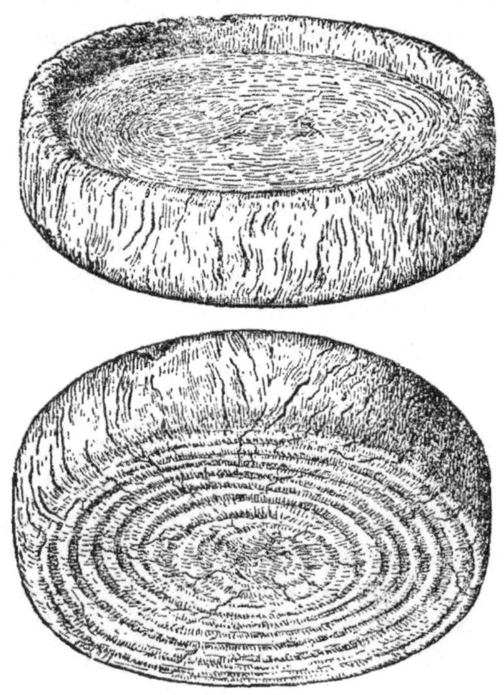

Figura 16. Parte superior y parte inferior de un plato de madera de guayacán (5 pulgadas de diámetro), muy pulido en su interior y grabado en su exterior, hallado hace años, a 2 o 3 metros de profundidad, en una zanja de la Ciénaga de Zapata (Cuba), hacienda «Buenaventura», sitio cercano a Venero Prieto. Acaso fuera un plato de los indios cubanos para usos religiosos (está en poder de F. Ortiz).

La sustancia ingerible, digamos el tabaco, se pondría en un recipiente cualquiera (concha, cáscara, calabaza, madera o cazuela) quemando sus hojas y produciéndose la ahumada, y de ahí la absorberían los oficiantes o pacientes del rito. Primero bastaría inclinarse sobre el humo y abrir la boca para inhalarlo profundamente, quizá procurando conducirlo por medio de un embudo formado ante la boca con ambas manos. Luego mediante una corteza seca de calabaza, güira o yagua y aplicando sobre el sahumerio su parte ancha para embudar el humo y aspirarlo por un orificio abierto en el extremo del pedúnculo; o utilizando los pueblos pescadores un embudo natural hecho de un gran univalvo (como por ejemplo un *Strombus gigans*) con la punta rota o perforada. Al fin, utilizando cualquier manera de canuto, sacado naturalmente de una caña, de una pluma, de un hueso largo o de una madera o piedra, por un trabajo especial de perforación.

Y ya con este tubo y puesta la hoja incandescente en una de sus extremidades, se tendría modo de expeler el humo sobre otros así como de absorberlo para sí.

Cabe pensar que el primer tubo inhalador de los polvos o los humos del tabaco consistiera en un trozo del tallo de esta misma planta. (Debemos esta valiosa sugestión al ingeniero cubano señor Francisco García y Álvarez Mendizábal, muy conocedor del cultivo del tabaco y de su correlativo folklore.)

El tallo de la mata de tabaco es recto y cilíndrico y con una médula blanca de poca consistencia, que algunos campesinos suelen llamar *pelusa*. Al resecarse la médula del tallo central, éste queda prácticamente hueco, con una corteza exterior de forma tubular. Y así la misma naturaleza de la mata de tabaco pudo proporcionar a los indios el primer aparato inhalador que éstos conocieron para absorber los humos de sus hojas quemadas o los polvos de sus hojas molidas. Este tubo inhalador prototípico debió luego irse sustituyendo con otro, imitador del primero, pero hecho de un material más duradero, pues el tabaco es mata anual y el tallo, aunque algo leñoso, es de materia poco consistente si no se la somete a cuidados especiales.

Es también muy verosímil que de la misma mata de tabaco se hicieran igualmente los típicos inhaladores bifurcos, aprovechando un trozo del tallo o de una rama que tuviera a uno de sus extremos una horquilla formada naturalmente por su bifurcación en dos pequeñas ramas, pues los tubos formados por estos dos ramales podían ser con facilidad comunicados internamente con el tubo del tallo o rama central, no habiendo nudo ni tabique que los separe. El autor de estas líneas así lo ha comprobado, construyendo él mismo uno de esos tubos monocanulares y otro ahorquillado con sendos trozos de ramitas de la *Nicotiana tabacum*, dándoles las mismas dimensiones que señala Oviedo, de un jeme de largo, y con dos cortos brazos que se abren para poder colocarse en las narices (figura 17).

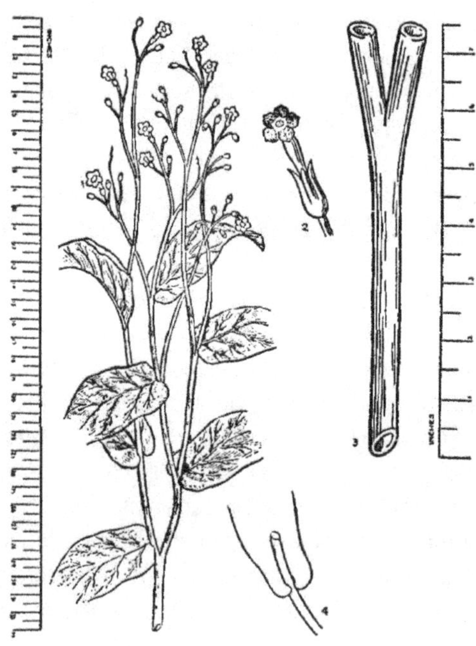

Figura 17.

1. Parte del ramaje superior de una mata de *Nicotiana tabacum*, del tamaño de treinta y tres pulgadas, que indica la escala. Véanse las varias bifurcaciones naturales que el ramaje presenta, contra lo que generalmente se cree.

2. Florecilla del tabaco.

3. Tubo bifurco, hueco y del tamaño de un jeme, indicado por la escala anexa, hecho por el autor con un trozo del mismo ramaje aquí dibujado.

4. Forma de inserción de las hojas de tabaco en el tallo (dibujo del natural. F. Ortiz).

Estas ramificaciones en las matas de tabaco son generalmente poco vistas porque los vegueros, al *repasar* las matas, suelen tener cuidado en arrancarlas con el objeto de que la planta crezca por sus hojas y no distraiga su savia en la formación de ramajes innecesarios para el aprovechamiento agrícola. De la misma manera que son poco conocidas las flores y semillas del tabaco; porque los vegueros las arrancan al *desbotonar* las matas para que éstas cesen de crecer y desarrollen más su valioso follaje.

Generalmente también los botánicos, si no han estudiado de *visu* la mata del tabaco, ignoran la existencia de esas ramificaciones típicas. En la edición XI de la *Encyclopaedia Britannica* se describe esa mata diciendo que consta de «a simple unbranched, cylindrical stem... terminating in a panicle of pink or rose colored flowers». Pero esa eliminación de las ramificaciones es errónea. Como decía con razón el padre Cobo: «cuando va madurando esta planta, echa de la mitad del vástago para arriba muchas ramas, con que se viene a hacer copada como la mata de la mostaza».

La aceptación de esta teoría de que el tubo inhalador bifurco tiene su prototipo en una horqueta formada naturalmente por el mismo tallo y dos ramas de una mata de tabaco, no altera las otras consideraciones en cuanto a los diversos usos de la planta, ni a las variantes morfológicas de los consabidos tubos inhaladores. Pero sí parece añadir peso a la tesis de la efectiva inhalación de polvos o humos de tabaco por las narices a través del ritual tubo bifurco. El empleo de la planta del tabaco para hacer de su tallo y ramas el ahorquillado aparato en cuestión, parece sugerir que también serían de tabaco los polvos por medio de aquél absorbidos. No iba a buscarse la mata de tabaco para hacer las horquillas sin tener ya antes un interés en la planta misma por los humos o polvos de sus hojas. La acción de inhalar el tabaco, en cualquier forma, debió de anteceder al aparato para efectuarla mejor.

También con un trocito del tallo de la mata de tabaco pudo hacerse el prototipo del tubo-cigarrillo, metiéndole por un extremo la picadura de hojas. Permite aventurar esta hipótesis el hecho de que a veces los muchachos campesinos de las vegas de Cuba juegan con «cigarritos» simulados construidos por canutillos hechos de tallos de mata de tabaco, rellenos con picaduras de sus hojas, y los fuman entre ellos. Pero no hay indicio de que los indios cubanos hicieran algo análogo. Sin embargo, recuérdense las «cañas de humo» que usaban los aztecas según Bernardino de Sahagún, que no eran sino tubos de caña con yerbas olorosas metidas en su interior; y podrá advertirse la gran analogía. Los «tubos de caña» bien podían ser tubos de tallo de tabaco y rellenos de tabaco, donde las matas de tabaco abundaban más que las cañas. Pero esto no pasa de mera hipótesis.

No es inverosímil suponer que el uso de esos tubos inhaladores tan simples, hechos de los tallos naturalmente bifurcos de la misma mata del tabaco, fue adoptado por los indios no tan solo por su facilidad de construcción, sino porque siendo aquéllos de la misma naturaleza que los polvos, no se perdería de éstos nada de su poder mágico al contacto de otra sustancia sino, al contrario, se acrecería su original sacripotencia. No hay duda de que los tubos inhaladores participaban de la sacralidad del rito como instrumentos del mismo, lo que puede comprenderse por el reconocido emblemismo mágico con que sabemos que a veces se les revestía, así por la materia de que estaban hechos (plumas de aves voladoras, huesos de animales, tallos de ciertas plantas, etc.) como por ciertas figuras con que se decoraban (animales sagrados, signos misteriosos, etc.).

Además, conviene recordar que antiguamente cierta clase de rapé se hacía en Cuba aprovechando para la molida los tallos de la mata de tabaco, los cuales una vez secos se endurecen y se dice que por esto proporcionaban unos polvos más finos y eficaces que los hechos de las hojas. Sea lo que fuere, esto permite pensar que igual hicieron los indios.

También cabe suponer que el tubo inhalador no fue en principio sino el mismo tubo o cánula empleado para sorber ciertos cocimientos de la curandería india, entre éstos las tisanas de tabaco. En la cultura de aquellos indios eran escasas las vasijas de cuello estrecho y largo para la conservación y fácil manejo de los líquidos, y que, sobre todo tratándose de bebidas ocasionales de la medicina y del rito, en no pocos casos había de ser más fácil el empleo de una cánula para sorberlas. Hoy día así se acostumbra en los hospitales para con los enfermos incómodos. Sin olvidar que el empleo de esa cánula sorbedora pudo convertirse también en requisito litúrgico. No tenemos antecedente que con precisión nos demuestre que así se bebían por los indios las infusiones de tabaco; pero no cabe duda de que era frecuente, por ejemplo, en los ritualismos de los indios mexicanos.

En ciertas ceremonias religiosas a la víctima destinada al sacrificio la embriagaban haciéndole beber una jícara con el «vino de la tierra» o pulcre, el cual después de ser ofrecido litúrgicamente a los cuatro vientos, se «bebía, no con la jícara sino con una caña hueca, chupando» (*Ob. cit.*, I, pág. 125).

En ocasión de la fiesta del dios del vino, ponían delante del ídolo una tinaja llena de pulcre, «con unas cañas con que bebían el vino los que venían a la fiesta» (Sahagún, *Ob. cit.*, tomo I, pág. 314).

Análogamente se procedía en el culto a *Huitzlopochtli* (I, 340). Refiere Sahagún que «hacían cierta ceremonia con el vino que llamaban *tecoctli*, al tiempo que habían de hacer sus oficios; de esta ceremonia era el principal *pachtecatl*: éste tenía cuidado de los vasos en que bebían los cantores, de traerlos y darlos y recogerlos, y de henchirlos de aquel vino que llamaban *tecoctli*, o *macuiloctli* y ponían doscientas y tres cañas, de las cuales sola una agujereada, y cuando las tomaban el que acertaba con aquella bebía él solo y no más» (*Ob. cit.*, tomo I, pág. 237).

En cierta ceremonia de sacrificio, después de matar al sacrificado y extraídole y puesto en una jícara el corazón para ofrendarlo al Sol, «otro sacerdote tomaba un cañuto de caña hueca y metíalo en el agujero por donde le habían sacado el corazón, y tiñéndola en sangre tornábala a sacar y ofrecía aquella sangre al Sol; luego venía el dueño del cautivo (del sacrificado) y recibía la sangre de éste en una jícara bordada de plumas toda la orilla; en la misma jícara iba un cañuto también aforrado con plumas; iba luego a andar las estaciones, visitando todas las estatuas de los dioses por los templos y por los calpules: a cada una de ellas ponía el cañuto teñido con la sangre, como dándole a gustar la sangre de su cautivo» (*Ob. cit.*, I, págs. 126 y 127).

Este cañuto «aforrado de plumas» no es sino un tubo aspirador, adornado emblemáticamente para una función litúrgica, tal como eran, aun cuando para ritos menos trascendentes, los cañutos o «cañas de humo», recubiertas de colores y figuras simbólicas, que los mismos aztecas usaban para fumar tabaco y otras sustancias olorosas. No parece, pues, excesivamente aventurado que el tallo de la mata de tabaco, cortado de su parte alta o bien de la baja y de mayor diámetro, fuese el tubo más propio para sorber las infusiones de *nicociana*.

Absorber la infusión o el humo desprendido del tabaco ardiendo, mediante una simple cañuela o tubo, pudo ser la primera forma, modificada luego para las ceremonias por la adopción de tubos dobles o de un tubo bifurco, lo cual requería la preparación especial de ese instrumento y la inversión en ella de un largo trabajo que era solo explicable por su importancia ritual. Ese tubo inhalador se mantenía en los templos y actos sagrados, por su arcaísmo. Esta mayor elaboración del tubo inhalador va al parecer contra el principio ahorrativo de economía; pero está compensada por una mejor adecuación del aparato a sus fines inhalatorios, ocupando ambas aberturas de la nariz en vez de una sola; por el elemento estético que suele unirse a toda ritualidad y a la emoción religiosa; y por la adición al tubo de ciertos elementos plásticos simbólica y mágicamente animistas. La diferencia de elaboración entre el inhalador monocanular y el bicanular es análoga en ese sentido a la que se ofrece entre una pipa moldeada en simple barro y adherida a una cañuela y la pipa esculpida en marfil con bellas figuras míticas y rematada con boquilla de ámbar. También puede notarse igual proceso en los cigarros tubulares de los aztecas; primero hechos de simples carrizos o acaso de tallos de tabaco, y luego hechos de cañutos de caña pulidos y adornados con pinturas y hasta preparados de cierta manera que al fumarse cambiara su decoración exterior. Por esta línea tecnológica, del simple tubo inhalador se pudo llegar directamente a la *boquilla* y a la *pipa* de fumar, así a la *tubular* como a la *acodada* o *angular*.

Otro apremio económico fue el de acomodar la combustión de la sustancia humosa para que no se precipitara y en breve concluyera en pavesas. Para esto, se descubrió que era eficaz apretar entre sí las hojas combustibles. Y hay cinco maneras de hacerlo: a) apretando las hojas en un pequeño recipiente o braserillo de una sola abertura; b) apretando las hojas, enrollándolas unas con otras de modo que formen una masa cilíndrica de varias hojas cubiertas por otra que las envuelva totalmente y a manera de una pared tubular; c) apretando las hojas según el método anterior, pero metiéndolas en un tubo de tallo de tabaco o de materia distinta y combustible; d) colocando las hojas de igual manera, pero en un tubo incombustible, y e) colocando las hojas apretujadas en un recipiente o braserillo e insertando en la parte inferior de éste un tubo inhalador.

Por el método a) el humo producto de la combustión se absorbería sin inhalador, simplemente ayudándose con ambas manos juntas en forma ahuecada o adoptando un instrumento inhalador. En relación con este tipo a) surge el aparato inhalador de modo independiente, y en sus varias formas de monotubular o bitubular, y de canular o cilíndrico, embudiforme o cónico y compuesto. Por el método b) la inhalación se lograba encendiendo el rollo de hojas por un extremo y aspirando el humo por el otro, de manera que éste pasara a lo largo y por el interior de la cubierta tubular. Es decir, que no se absorbía el humo tomándolo directamente del aire, ya formado y huidizo en el momento de iniciar su ascensión, sino aspirando el humo por una corriente de succión que, penetrando la masa de las hojas ardiendo por debajo de las llamas o ascuas de su zona incandescente, avivaba instantánea y pasajeramente la combustión y con ésta la producción de humo para inhalarlo en el momento mismo de ser producido. De esta manera el humo no pasaba siquiera por el aire exterior sino directamente del fuego a la boca, sin que se perdiera un hálito aromoso de su potencia sobrenatural. Economía de hojas, de trabajo, de fuego, de humo, de aroma y de sacripotencia. Por este método, además, se hacía posible indistintamente inhalar el humo para sí o exhalarlo, fumando con el fuego dentro de la boca cerrada, para proyectarlo hacia el exterior, hacia los próximos, las cosas o los dioses. Por el método c) la inhalación se hacía de igual manera, quemando las sustancias por un extremo del tubo y absorbiendo el humo por el otro. Por el método d) el proceso era el mismo, pero el tubo no se quemaba y podía utilizarse de nuevo. Y por el método e) se tenía una variante perfeccionada del anterior; se lograba una mejor forma de recipiente, más fácilmente llenable, de más cabida, más ancho y de más abertura para la combustión, y la ventaja de un tubo más estrecho y largo para su cómodo manejo. Y todo el aparato, por ser incombustible, se podía usar indefinidamente.

Del tipo a) no tenemos ejemplo, que sepamos. Pero es una simple variante, diríamos que un estrechamiento o empequeñecimiento del platillo usado en sus ritos por los *behíques* taínos y que éstos ponían ante su ídolo o en su cabeza.

El tipo b) ha sido de gran éxito, es el que hoy denominamos *tabaco*, o *tabaco-puro*, o *cigarro-puro* o, en fin, el *habano*. Su tipo era predominante en los pueblos indios de las Antillas y en la cuenca de los ríos Amazonas, Orinoco y Magdalena. Es el tipo más apropiado a la vez para fumar inhalante y el exhalante.

El tipo c) es el observado por los españoles en numerosos pueblos indios. Es el considerado como precursor del *cigarrillo*, que hoy se compone de picadura liada en un rollito de papel. Fue usado en los pueblos ribereños del Caribe y predominó entre los indios del Oeste de Estados Unidos, México y América Central.

En el tipo d) se pueden distinguir diversos subtipos según el material empleado para la construcción del tubo. El prototipo, repitámoslo, pudo ser un tubo hecho del tallo de la mata del tabaco; pero esto no pasa de ser una hipótesis. Si lo fue, pronto tuvo que ser descartado en la vida cotidiana por su mayor dificultad en hallarlo a mano y por la facilidad y conveniencia de susti- tuirlo por otro material más duradero y accesible.

Estos tipos b) y c) no solamente resolvían el problema económico de la combustión o fuma parsimoniosa, sino también el no menos económico de poder prescindir de receptáculos, platillos y cánulas inhaladoras. Cuando los indios no tenían a mano los cañutos para tomar humos o cuando, en las cos- tumbres cotidianas de su vida selvática, fuera de los fumadores sacros, nece- sitaban absorber el aromático y estimulante humo (*perfume*, le dice Oviedo) sin la religiosa y mágica ceremonia de las cánulas litúrgicas, entonces aquellos fumadores resolvieron simplemente su modo de fumar, enrollando con sus manos unas hojas de la planta aromática y envolviéndolas en otra hoja, bien de la misma planta o de alguna adecuada que estuviese más a mano, formando así como un tubo vegetal y combustible, por cuyo interior corría el humo de un extremo al otro extremo, desde el fuego a la boca. Es al referirse a las ceremonias de los *behíques* cuando Cristóbal Colón y los cronistas de Indias hablan de la *cohoba* y de las cánulas para tomar sus polvos o sus humos. Es narrando trances de viajes de los indios, en canoas o en marcha, cuando el almirante descubre las hojas de la planta y los rollos de éstas que se llamarán tabaco, portados por los indígenas. En tal manera el tabaco-cigarro vendría en cierto modo a ser un instrumento de uso ordinario, para realizar un rito religioso sin las solemnidades sacramentales del sacerdocio. También, repitámoslo, el tabaco-cigarro es el tipo más propio de fumar, a la vez para la inhalación y para la exhalación, aun en las liturgias mágico-religiosas.

El tabaco así usado por los indios caminantes, tal como fue descubierto por los españoles en Cuba, era sin duda un rito de protección, tal como los indios yucatecos solían usar de inciensos dedicados a los dioses durante sus viajes y en ocasión de éstos. «Eran tan dados a sus idolátricas oraciones, que en tiempo de necesidad hasta las mujeres, muchachos y mozas entendían en esto de quemar incienso y suplicar a Dios les librase del mal y reprimiese al demonio que ello les causaba. Y que aun los caminantes llevaban en sus caminos incienso y un platillo en que quemarlo, y así, por la noche, do quiera que llegaban, erigían tres piedras pequeñas y ponían en ellas sendos pocos de incienso y poníanles delante otras tres piedras llanas en las cuales echaban el incienso, rogando al dios que llamaban *Ekckuah* los volviese con bien a sus casas; y esto le hacían cada noche hasta ser vueltos a sus casas donde no faltaba quien por ellos hiciese otro tanto y aún más» (fray Diego de Landa, *Cosas de Yucatán*, México, 1938, pág. 122).

De todos modos es excesiva la afirmación de Sven Loven al asegurar que el arte de fumar había perdido totalmente entre los taínos, donde fue muy demótico, su carácter religioso esotérico. Más bien pudiera decirse que, además de sus usos litúrgicos y mágicos, el tabaco se popularizó pero sin perder su condición religiosa; de igual manera que, así entre los indios como entre los blancos, son muy frecuentes y populares los amuletos, idolillos, medallas y relicarios con huesos de santos, de guerreros o de animales, colgados del cuello y sin perder su significación religiosa; antes al contrario, extendiendo la eficacia misteriosa de las potencias sobrenaturales a todos los actos y momentos de la vida ordinaria.

El tipo d) es el «cañuto de humo» observado particularmente en México.

Este tipo d) representa en cierto modo la fusión del tubo inhalador mono-canular con el principio que crea los tipos b) y c), es decir el enrolle de las hojas en forma de varilla o bastoncillo y su revestimiento con una capa, corteza o carapacho exterior. Este tipo d), cuando está formado por cañas, como ocurría en los *acayetl* de México, viene a ocupar así una posición intermedia entre el tubo vegetal, hecho de hoja de maíz o de corteza de árbol, y el tubo incombustible, hecho de otro material. También pertenecen a este tipo d) los tubos hechos de barro o de piedra, que son los más conocidos y conservados de la llamada *pipa tubular*, como los presentados por Fewkes y Krieger y los de la Española, si bien en cuanto a éstos con cautelosa reserva. Esta zona de la *pipa tubular* se extendía entre los indios continentales desde los actuales Estados Unidos, más bien de su parte occidental hasta los de la región ístmica de Panamá.

Del tipo d) se originó un tipo compuesto, que luego se ha denominado *boquilla*, tubo incombustible que no se ha cargado de hojas ni picaduras, sino colocando a la boca del tubo el tabaco dispuesto según los tipos b) y c); así se tiene un tubo-cigarro o un tubo-cigarrillo, o sea una verdadera *pipa tubular* en la cual el tabaco queda afuera.

El tipo e) ha sido el de más éxito; es la *pipa*, mejor dicho, la *pipa angular* o *acodada*, con sus numerosos variantes y subtipos.

Debemos insistir en que estos tipos no son seriales, es decir que no significan un proceso de sucesivas transiciones morfológicas. Salvo el primero, el tipo a), que por su simpleza parece más arcaico y naturalmente prototípico, los demás han podido derivarse de varios modos. De toda suerte, esos problemas genéticos de la morfología tabacológica quedan aún por dilucidar definitivamente.

El deseo de aumentar los efectos del tabaco, mezclándolo con otras sustancias más excitantes, pudo satisfacerse por cualquiera de los cinco tipos de fuma que hemos señalado; en cada uno de esos métodos caben las mixturas. Sin embargo, parece que para obtener los fenómenos de estupefacción y medicina con mezclas de otras sustancias, a veces minerales, era más hacedero utilizar los otros procedimientos del tabaco en masa, en líquido o en polvo.

Hay que advertir, además, que así como en las Antillas se conocieron simultáneamente varias maneras de tomar tabaco, así ocurrió en mayor o menor grado en varios otros países.

La presencia en un mismo país de diferentes modalidades en el uso del tabaco probablemente significa la convergencia de diversos influjos exógenos en un mismo núcleo humano. Es decir, esos varios tipos de aplicación del tabaco pueden deberse a distintos fenómenos de difusión cultural y no al desarrollo de un tipo originario en otros de secuencia inevitable; pero, repitamos, no se puede formar una opinión segura.

Lo único seguro parece ser que, aun cuando simultáneamente se usaron por toda América algunas de las maneras diversas de tomar el tabaco con fines religiosos, ceremoniales, estupefacientes, médicos o simplemente gustativos y recreativos, pueden ser definidas en la compleja cultura del tabaco varias zonas territoriales, caracterizadas respectivamente por el instrumento o modo típico que en cada una de ellas prevaleció. Así fue compuesto un interesante mapa por el etnógrafo Wissler (figura 18) (Clark Wissler, *The American Indian*, 2.ª ed., Nueva York, 1922, figura 6). Faltaría señalar en esta geografía americana del tabaco las zonas donde se empleaban los polvos de sus hojas molidas y dónde se ingería esa planta en infusiones. Porque no parece prudente negar en absoluto la realidad entre los indoamericanos de la inhalación de polvos de tabaco, mediante tubos nasales o sin ellos y solos o mezclados, ni tampoco se ha de olvidar que aún existen pueblos indios los cuales usan el tabaco en cocimientos que preparan ritualmente y llevan consigo para sus ceremonias, como ocurre entre los aruacas de Colombia, según refiere Masón; entre los caribes, según Karsten, y en otras tribus de Sudamérica.

Acaso se pueda ahora intentar alguna conclusión en cuanto a la nomenclatura. Con lo ya dicho queda aclarado que la voz tabaco nada tiene que ver con *Tabasco*, ciudad de México; ni con Tobago, una de las Antillas menores. No se trata en ambos casos sino de ingenuas y falsas etimologías folklóricas, aun cuando fueron recogidas por autores de muchas campanillas.

Según Oviedo (Libro V, capítulo II) los indios llamaban *tabaco* indistintamente a los «palillos o cañutos de dos cañones» y a los «cálamos o cañuelas de carrizos»; o sea a los aparatos de inhalar polvos o humos, así a los monocanulares como a los bifurcados o ahorquillados, «e no la hierva o sueño que les toma (como pensaban algunos)». Pero en otro lugar (Libro V, capítulo V) el mismo cronista se refiere a los «cohóbas o ahumadas que los indios toman, que asimismo llaman *tabaco*, como atrás se dio en el capítulo II». Pero en ese lugar ya señalado, Oviedo también escribe: «unas ahumadas, que ellos llaman *tabaco*», y más adelante: «que toman el humo o tabaco», dando ambos vocablos por sinónimos. Esta es también la tesis del padre Bernabé Cobo: «El instrumento con que los indios de la Isla Española tomaban el *Tabaco* en humo, se decía tabaco, el cual nombre dieron los españoles a esta yerba y con él se ha quedado hasta hoy» (tomo I, pág. 405). Estos textos parece que reflejan un empleo de la voz *tabaco* en varias acepciones. ¿Cuál será la originaria?

Acaso el vocablo *tabaco* entre los taínos de las Antillas que descubrieron los españoles, tenía ya un sentido derivado y de lejana oriundez. La voz *tabaco*, según Max Uhle, parece proceder de *taboca*, palabra tupi que significa «cierta especie de carrizo o cañuela». Siendo así, dicho vocablo no sería propiamente taíno, pues provendría de los indios tupi del continente y por éstos transmitido a los aruacas y taínos. Según Ernst (Loc. cit.) *taboca* en lengua guaraní es «tubo, hecho de un hueso de tapir, que se usa para absorber ciertos polvos».

De todos estos antecedentes parece, sin embargo, poderse inferir con aproximación que *eohoba*, cualquiera fuese su sentido primitivo, era ya nombre taíno de una planta o, por lo menos, de los polvos de sus hojas o el de los polvos que con los de éstas solían ser mezclados y de la función, ceremonia o sacrificio de absorber las *polvaradas*; y que *tabaco* era el nombre del aparato tubular para aspirar sus polvos o sus humos y el de las humaradas que se absorbían con el resuello; y también, quizás con más exactitud, el nombre del rollete de hojas torcidas que hoy los cubanos llamamos *tabaco* por antonomasia y otros pueblos dicen *cigarro* o *puro*.

Convengamos ahora en que si la *cohoba* era una sustancia distinta de la *nicociana* y si el *tabaco* no era el nombre de una planta, sino el de un aparato de inhalar, resultará que no sabemos en definitiva cómo llamaban los indios taínos a la planta solanácea que hoy se denomina *tabaco*.

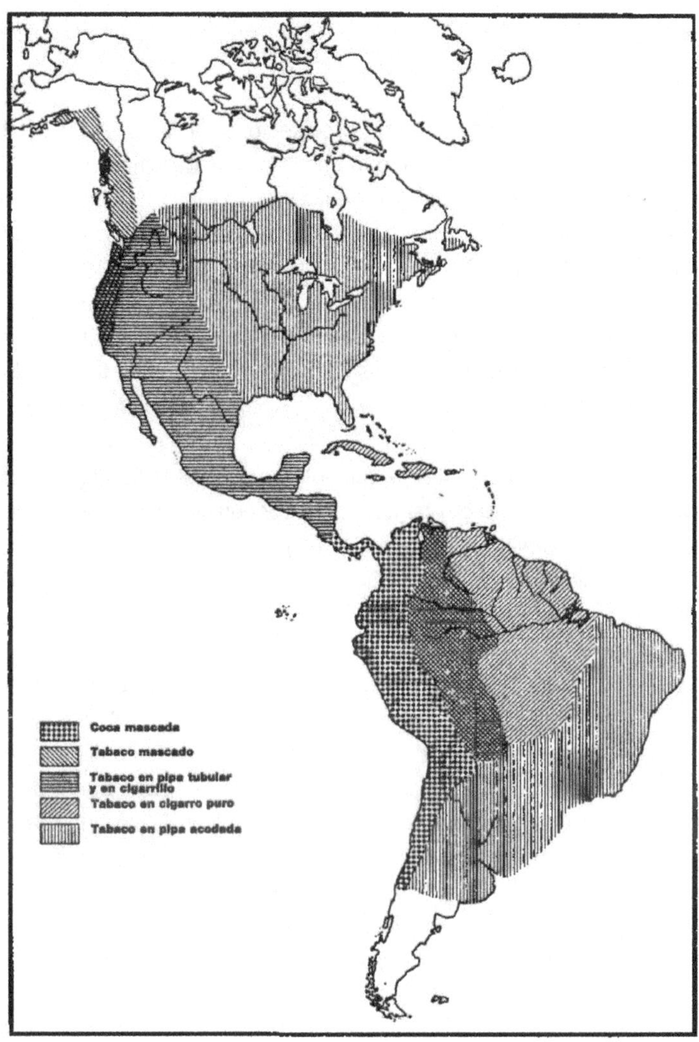

Figura 18. Mapa de la distribución de los usos de la coca y del tabaco entre los indios de América. Las zonas señaladas son, por su orden, las siguientes: Coca mascada, tabaco

mascado, tabaco en pipa tubular y en cigarrillo, tabaco en cigarro puro y tabaco en pipa acodada. Según Clark Wissler.

De todas maneras, el vocablo tabaco prevaleció para la planta y para el cigarro, quedando olvidados los sahumerios, las fumadas mágicas y la voz *cohoba* de los taínos, como también los demás vocablos de otros orígenes que para denominar la planta *nicociana* corrieron en aquellos siglos por las Indias y ciertos países de Europa. Cuando, ya en el siglo XVIII, Juan de Solórzano publica su tratado de *Política indiana* (Madrid, 1736) y emite su opinión acerca del régimen legal del uso del tabaco, después de citar sendos autores que estaban en contradicción, escribió estos párrafos (*Ob. cit.*, libro II, capítulo X, tomo I, pág. 102), en resumen:

> Y esto, que se ha dicho de la *Coca*, y que no se deben dar Indios forzados para plantarla y beneficiarla, se debe guardar y practicar con mayor razón en la cultura y beneficio de otra yerva que se comenzó a hallar en las Islas de Barlovento, y después ha cundido por las Indias Occidentales, y aun por las demás provincias del mundo: cuyo nombre es *Tabaco*, aunque otros la llaman Peto, otros Nicosio, y otros *Yerva Real*.
> (*De his, & alijs nominibus Tabaci, & corum causis vide omnino Antón de León.*)

Pero el nombre de *tabaco*, aplicado a lo que luego los españoles dijeron *puros* y *cigarros*, no fue acepción originada entre españoles. No cabe dudar de que fueron los mismos indios taínos de las Antillas quienes llamaron *tabaco* al instrumento canular de absorber el humo, según pretende Oviedo, y, de todos modos, al cigarro torcido que ha llegado a nuestros días, pues así lo asegura taxativamente el mismo Oviedo en un texto que por no referirse a los indios antillanos, salvo en una frase muy incidental, no fue muy aludido por los historiadores de las Antillas. Oviedo escribe así, textualmente, de la divertida velada que ofreció el cacique Nambi de Nicoya una noche veraniega de 1529. Damos el texto íntegro por su mucho interés para nuestro tema:

> Un sábado diez e nueve de agosto de mili e quinientos e veynte y nueve años, en la plaga de Nicoya, don Alonso, cacique de aquella provincia, por otro nombre

llamado Nambi, que en aquella su lengua chorotega quiere deçir perro, dos horas antes que fuese de noche, a una parte de la plaga començaron a cantar e andar un corro en un areyto hasta ochenta o çient indios, que debían ser de la gente común o plebes, porque a otra parte de la plaga mesma se sentó el cacique con mucho plaçer e fiesta en un duho o banquillo pequeño, e sus prinçipale? e hasta otros septenta ú ochenta indios en sendos duhos. E començo una moça a les traer de beber en unas higüeras pequeñas, como escudillas o taças, de una *chicha* o vino quellos haçen de mahiz muy fuerte e algo aseda, que en la color paresç caldo de gallina, quando en él deshaçen una o dos yemas de huevo. E assi cómo començaron a beber, truxo el mesmo caçique un manojo de *tabacos*, que son del tamaño de un xeme, e delgados como un dedo, e son de una çierta hoja arrollada e atada con dos o tres hilos de cabuya delgados: la qual hoja e planta della ellos crian con mucha diligencia para el efetto destos *tabacos*, y encendíanlas por el un cabo poca cosa, y entre sí se va quemando (como un pibete) hasta que se acaba de quemar, en lo qual tura un día: e de quando en quando metíanla en la boca por la parte contraria de donde arde, e chupan para dentro un poco espaçio aquel humo, e quítanla, e tienen la boca perrada, e retienen el resollo un poco, e despues alientan e sáleles aquel humo por la boca e las narices. E cada uno de los indios que he dicho tenia una destas hojas rehollada, a la qual ellos llaman *yapoquete*, y en lengua desta isla de Haytí o Española se dice *tabaco*. E continuando el beber yendo e viniendo indios e indias con aquel brevaje, a vueltas del qual les traían otras higüeras o taças grandes de cacao cogido, como ellos lo acostumbran beber (pero desto no toman sino tres o quatro tragos, e de mano en mano, otra de lis uno, quando de lo otro, entremedias tomando aquellas ahumadas, e tañendo con las palmas un atabal e cantando otros), estuvieron assi hasta más de media noche, que los más dellos cayeron en tierra sin sentido, embriagados, hechos euros. E cómo la embriaguez diferençiadamente obra en los hombres, unos paresçia que dormían sin se mover, otros andaban llorando, e otros gritando, e otros dando traspiés desatinados. Y estando ya en este estado vinieron sus mugeres e amigos o hijos, tomaron e llevaron a dormir; sus casas, donde se durmieron hasta otro día a medio día, o hasta la noche siguiente algunos, e más e menos, segund que avian cargado e partiçiparon de la beodera. (Oviedo, *Historia general y natural de las Indias*, Ed. de Madrid, 1855, vol. II, págs. 96-97.)

La descripción de Oviedo, aunque breve, es completa. Refiere las músicas, los bailes y los cantos, las continuas libaciones alcohólicas, las frecuentes tomas de chocolate (servido, como la *chicha*, en sendas jícaras), las «entremedias» fumadas de tabaco, el acomodamiento del cacique, sus principales y demás «gente distinguida» en sendos sillones o *dujos*, apartados de la gente plebeya... Diríase una «crónica de sociedad» como hoy se estila, si el lenguaje no acusara su época y si diera de los personajes sus nombres propios rebozados con adjetivos lisonjeros. También aquellos indios eran católicos, es decir, bautizados como tales pero de vida poco cristiana, igual que aún ocurre entre gentes y tiempos bien lejanos de aquella indiada neófita. Y si en la croniquita no hay alusiones a la elegancias de la concurrencia es porque el cronista ya tenía mentados en párrafos cercanos los «hermosos penachos e caigas» y los pintados «jubones muy abigarrados y de diversas labores e colores», que en festejos tales hacían lucir a los chorotegas «tan bien vestidos como quantos gentiles soldados alemanes o tudescos se pueden ataviar». Mientras en la «plaza de armas», y en el palacio del cacique se acogía a los invitados y el gentío se solazaba con los bailes, los areítos y la *chicha* de la «beodera», el espléndido anfitrión, don Alonso Nambi, obsequiaba a sus huéspedes españoles con sendos *tabacos*; de vitolas rústicas y con «anillos» de cabuya, pero verdaderos *tabacos*; tabacos-puros de hojas cuidadosamente cultivadas, de rico aroma y fino regalo, aun cuando les dijeran *yapoquetes* y no *tabacos*, ni éstos fuesen habanos de origen ni calidad. Y las palabras del cronista de aquel sarao de 1529 son terminantes: «en lengua desta isla de Haytí o Española se dice tabaco». Desta isla dice Oviedo porque allí estaba cuando escribió la historia que concluyó en 1548, poco antes de terminar él su agitada vida. También es preciso Bartolomé de las Casas: «estos mosquetes llamaban tabacos, la media sílaba luenga» (*Apologética*, página 181).

Si la voz *tabaco* aplicada al «puro» es de origen indiano, el vocablo *cigarro* es de origen español, nacido en España para significar el «puro tabaco torcido» descubierto entre los indios cubanos, el cual por su forma y colorido semejaba un gran «cigarro» o «cigarrón», muy abundante en las tierras de Andalucía. Y el vocablo *cigarro* de los andaluces fue el adoptado por los mercaderes de Sevilla y Cádiz, factores de los ingleses y franceses, los cuales lo transmitieron al resto de Europa. Cuando el dominico francés padre Labat se refiere en su obra a los *cigarros* que fumaban los españoles, los traduce por *cigales*, que quiere decir «cigarras». Es una tenue variante de esta versión etimológica española la indicada por Romey, según la cual los españoles indianos llevaron de retorno a sus países peninsulares las semillas de la mata *nicociana* y allí las plantaron en sus jardines, de adorno o para aprovechar sus hojas, torciéndolas y haciendo tabacos; y como los jardines se llamaban *cigarrales* y se compararon los tabacos procedentes de un cigarral con los de otro, vino en decirse cigarro (José Vilardebó, *El tabaco y el café*, La Habana, 1860). Esta etimología suele circular entre publicistas ajenos al castellano (Carl Werner, *A Texbook on Tobacco*, Nueva York, 1914, y W. W. Young, *The Story of the Cigarrette*, Nueva York, 1916); pero su tesis peca de rebuscadora e inverosímil y es innecesaria. Cigarral no se decía a los jardines de las casas españolas, sino que era y es término provinciano de Toledo, ni siquiera andaluz, referido a la huerta cercada y de recreación. Para nacer el vocablo cigarro basta la simple metáfora de comparar el tabaco, por su tamaño, figura y color, con ciertos insectos llamados cigarros o cigarrones, abundantes en las campiñas andaluzas y también por las Indias, a juzgar por fray Juan de Torquemada, quien dice de los indios de Honduras que «comían cigarros, hormigas aladas» y otras sabandijas (*Monarquía indiana*, parte I, libro III, capítulo XLI). Quizás de ese texto se derivó con error la atribución que se ha hecho a la lengua maya del vocablo cigarro (G. Montandon, *Traité d'Ethnologie Culturelle*, París, 1934, pág. 288).

Anotemos, en fin, que Oviedo, autor de una *Historia general y natural de las Indias*, donde trata mucho del tabaco y sus peculiaridades, nada dice de éste en el *Sumario de la natural historia de las Indias* que él mismo publicó por 1527 en Toledo, varios años antes de ver la luz en Sevilla (1535) y luego en Salamanca (1547) dos ediciones de la primera parte de su gran obra. Ya aludimos páginas atrás a las hipótesis de Spinden forjadas sobre este tema. Por otra parte Wiener (Loc. cit., capítulo I, pág. 114) ha pensado que este detalle del silencio de Oviedo es prueba indiciaría de que el tabaco no fue conocido *en América* (sic) sino tiempo después del descubrimiento. Pero esto solo demuestra que el *tabaco*, aun cuando alcanzó rápida divulgación y fue observado enseguida como curioso exotismo, no mereció de Oviedo la pronta atención que otras cosas de las descubiertas en el Nuevo Mundo, por no presentar entonces, en el primer tercio del siglo XVI, el gran valor económico que fue adquiriendo cuando tal costumbre de los indios fue pasando a los europeos de ultramar, creándose así un muy productivo tráfico mercantil.

IX. De la transculturación del tabaco

La historia del tabaco ofrece uno de los más extraordinarios procesos de transculturación. Por la rapidez y extensión con que se propagaron los usos de aquella planta apenas fue conocida por los descubridores de América, por las grandes oposiciones que se presentaron y vencieron, y por el radicalísimo cambio que el tabaco experimentó en toda su significación social al pasar de las culturas del Nuevo Mundo a las del Mundo Viejo.

Eso contribuyó a que se dijera repetidamente que en la naturaleza, vida y milagros del tabaco había mucho de diabólico. Graves teólogos así lo aseguraron y muchos que están bien impuestos de la demonología se sienten inclinados a admitir la intervención de las potencias infernales en las cosas del tabaco y en las peripecias de su historia. Hasta los modernos filósofos de la escuela de «as if» pueden quizás pensar en la hipótesis demoníaca como en una que es admisible, a falta de otra más experimentalmente demostrable, pues en la rapidísima y turbulenta expansión del tabaco por el mundo todo pasa «como si» el astuto Satanás le dirigiera. El tabaco «se regó por el mundo como la pólvora», dice un historiador. Como si el tabaco fuera una pólvora de los infiernos, que se inflama con el fuego pero que deflagra silenciosamente en los cráneos para mover a los espíritus. ¿A qué factores se debieron esos curiosísimos fenómenos de la difusión de la planta *nicociana*?

No se sabe cómo se originó el uso del tabaco y se ignora quién fuera su descubridor verdadero. También se desconocen los nombres de quiénes hicieron los descubrimientos del fuego, de la herramienta, del vestido, de la agricultura, de la domesticación, de la rueda, de la escritura... los más trascendentes en la cultura humana. No importa aquí discurrir sobre ello. Como ha dicho Lord Raglan: «Hacer una invención es por sí de poca importancia; para ser puesta en uso es preciso una sociedad en la cual haya medios y estímulos para su adopción» (*How came civilization?*, Londres, 1939, pág. 43). ¿Cuáles fueron, pues, los estímulos y medios que en la sociedad de los indios americanos, donde se originó el tabaco, dieron a su invención una vigencia funcional tan varia y perdurable?

Como en toda otra invención, unos factores tuvieron que ser naturales y otros sociales entrelazados íntimamente. Los factores naturales que originaron el aprovechamiento del tabaco por el hombre fueron las peculiares condiciones fisioquímicas de la planta y sus efectos fisiológicos en el organismo humano. Si el hombre comenzó y se habituó a utilizar el tabaco no fue por razón de alimento ni de economía, sino por la experiencia en sí de ciertos influjos producidos por la acción externa de dicha planta. Esos efectos fueron diversos y se pueden reducir a dos: al placer sensual y a la defensa terapéutica.

El tabaco gustaba a los sentidos y aliviaba las tensiones psíquicas. Además, el tabaco curaba males reales o imaginarios. Esos simples factores naturales bastan para explicar el uso del tabaco en cualquier pueblo, así primitivo como civilizado. Pero esos factores naturales no se presentaban entre los indios americanos de manera tan simple y clara, ni aislados en cada caso para su objetiva consideración. Esos motivos venían siempre encubiertos en un complejo de factores de diverso orden. Cuando el fumador actual se deleita y extasía con el tabaco, en ese goce tiene la razón determinante y casi siempre única de su individual acción de fumar. Puro hedonismo. Cuando el campesino cubano se aplica a las sienes una hoja de tabaco para ahuyentar un dolor, realiza un mero acto folklórico de curandería sin implicaciones extrañas. Puro utilitarismo. Pero cuando el indio empleaba el tabaco para hallar en él goce o medicina, estos móviles no se le ofrecían como tales, escuetos o desnudos, sino revestidos de gran complejidad.

Esos mismos estímulos del sensualismo y de la conveniencia médica, que para los indios brindaba el tabaco, no puede decirse que fueran meramente individuales. Para los indios, cualesquiera que fuesen las ventajas egoístas que esperaban de los usos del tabaco, éstos no eran sino fenómenos de relación, con su tribu y con las misteriosas potencias que la planta contenía. El tabaco provocaba al indio a actuar sobre éstas, y el grupo social, sabedor de su trascendencia tan benéfica como temible, gobernaba su uso para el interés colectivo. El tabaco era para el indio algo más que un placer; en alguna modalidad de su uso aquél nada tendría de placentero y sí de repulsivo. Fuera del mero móvil sensual, y aun en combinación con éste, el indio experimentaba el estímulo mágico-religioso que lo movía a usar el tabaco como captador de satisfacciones, como medicamento, como preventivo, como plegaria, como relación con lo sobrenatural. Y, simultáneamente, el indio sentía que en el uso del tabaco había una vinculación social. El tabaco no era un capricho; era casi siempre y en casi todo un deber, pues el individuo no podía emplear el tabaco sin cumplir con la tradición social, la cual determinaba las ocasiones y las ritualidades de su empleo. Si el acto individual de fumar tabaco pudo ocasionalmente ser libre, como es hoy el acto de implorar un favor de lo ignoto besando un relicario, no era indiferente la forma del rito, pues su eficacia exigía que se hiciera con previos requisitos, con determinados utensilios, a ciertas horas, con el cuerpo en expresiva postura y, a veces, tras de una indispensable y minuciosa preparación. No importa que el indio gozara con el uso del tabaco; ello no obstaba a que éste fuese una obligación social. Al indio le gustaba lo que hacía cuando fumaba ritualmente tabaco, si bien no lo hiciese precisamente solo porque ello le placiera. Y a veces el rito se cumplía sin agrado sensual, como en los eméticos. Pero generalmente, deber y placer se juntaban en el tabaco, como en las danzas y los canturreos de los areítos.

La religión es entre los primitivos «el cemento de su vida social», como ha dicho Malinowski, y el tabaco ligaba toda la vida individual del indio a la de su sociedad. El tabaco era el compañero inseparable del indio desde su nacimiento a su muerte; el indio vivía envuelto por los humosos espirales del tabaco, como la ceiba que es apretada por los bejucos. El tabaco era socialmente institucional. No solamente satisfacía ciertas apetencias individuales del indio sino también las de su grupo humano. En el pueblo indio el tabaco formaba parte integrante de su mitología, de su religión, de su magia, de su medicina, de sus ceremonias tribales, de su política, de sus guerras, de su agricultura, de su pesca, de sus estímulos colectivos, de sus costumbres públicas y privadas... El uso del tabaco o el manejo de su potencia no era superstición ni herejía, sino una institución religiosa, ortodoxa e inveterada. Los ritos del tabaco eran actos sociales y forzosos, en cuya realización, singular o colectiva, estaba interesado todo el grupo humano, el cual exigía su práctica en las ocasiones señaladas por la conciencia tribal y con las formas precisas y sacras, fijadas por la tradición.

Por ser una institución social, entre los indios el tabaco se enlazaba también con la vida económica. Como el canto o el baile, el tabaco entre ellos era parte de los ritos sacro-sociales que intervenían en la realización de las más importantes actividades económicas, como la comida, la caza, la agricultura, el tejido de una red o el labrado de una canoa; pero el tabaco por sí no era un fenómeno sustancialmente económico.

Entre los indios antillanos el tabaco era, sin duda, un elemento de su cultura en el que predominaba el sentido de lo sobrenatural. El tabaco impregnaba todo el sistema de sus liturgias mágicas y religiosas, como ya hemos señalado con buena copia de textos, datos y glosas (Apéndice). Por eso los conquistadores europeos, que eran cristianos, al advertir el carácter sagrado del tabaco formularon el concepto de su diabolismo. Al presenciar los clérigos católicos los para ellos extravagantes ritos de los *behíques* indios, en los cuales se hacía gran uso del tabaco, pensaron que siendo éste cosa religiosa pero no ortodoxa, todo lo que de sacro se le atribuyera obra sería con seguridad de la malicia de Lucifer. En los ritos mágico-religiosos de los indios, el tabaco era humo aromático que se elevaba a los númenes en holocausto o en emblemático mensaje del anhelo superador que movía a los creyentes, a manera del incienso que en los templos cristianos ahumaban los turiferarios; o era divina esencia que el practicante ingería, llevándola a sus interioridades viscerales para que impregnara hasta los más íntimos meandros de su ser con la virtud de una gracia purificadora, a modo del vino consagrado que se bebía para recibir el favor sacramental; o era *mana* o fuerza sacripotente que en bocanadas de humo se transmitía a distancia para los milagros de la magia operante, como el exorcismo que se esparce con hisopazos de agua bendita. Fray Gerónimo Mendieta, en su *Historia eclesiástica indiana*, dedica sendos capítulos a estudiar esas «anticipaciones» que tuvieron los indios americanos de los sacramentos eclesiásticos. Es de él la noticia de que entre los aztecas la yerba del tabaco se relacionaba con «alguna manera de comunión o recepción de sacramentos», y era tenida «por cuerpo de una diosa que se nombraba *Ciuacoualt*». Por nombre más completo, la diosa *Ciuacónatl-Couatlicue*, o también *Chalchilmitlicue*, la «diosa de la tierra», según el padre Sahagún (*Ob. cit.*, tomo V, pág. 147), la mujer de *Tlaloc*, el dios de las aguas, que cuando fuma para el cielo hace nubes. El jesuita José Acosta (*Historia natural y moral de las Indias*, Sevilla, 1590) al referirse al *teopatli* o «divino ungüento» de los aztecas, compuesto de tabaco machacado en un mortero con cenizas de araña, alacranes, salamandras y víboras, dice que fue invento del diablo para imitar los santos óleos que usan los sacerdotes católicos en sus sacramentos. Era ese mismo «dios de las lluvias» el que los indios simbolizaban con la cruz,

264

según vieron asombrados los españoles de Juan de Grijalva y en particular su capellán Juan Díaz, desde que llegaron a la isla de Cozumel, cuando fueron desde Cuba a sus primeras aventuras por Yucatán (Bartolomé Leonardo de Argensola, *Conquista de México*, capítulo III).

El tabaco era también sacramental de comunión que ligaba con vínculos de paz y solidaridad a los seres humanos entre sí y con los númenes, como el juramento con cambio de sangres y la bebida de vino en un mismo vaso. Acaso fuera ésta la más pura expresión de religiosidad en el sentido social del tabaco. Y también la más extendida, pues pudo ser observada entre los indios en relación con todos los usos del tabaco. Se cree que los indígenas de Guanahaní entregaron hojas de tabaco, simbólicas de amistad, a Cristóbal Colón en el primer acto de relación de América con Europa, el mismo día del descubrimiento. Ciertos indios de Sudamérica se ofrecen benévola y recíprocamente los jugos de tabaco, que llevan consigo en sendas jícaras. Otros se cambian mascadas de tabaco. Los chotoregas que citaba Oviedo, y probablemente los taínos en signo de buena voluntad obsequiaban a sus huéspedes con cigarros o tabacos puros. Los indios de Norteamérica solemnizaban sus tratados y alianzas fumando en una misma pipa, en el «*calumet* de paz».

Todos esas prácticas rituales de los indios evocaban comparaciones sacrílegas en los cristianos y éstos creyeron que aquéllas eran anticipadas maquinaciones de los diablos para engañar a los indígenas del Nuevo Mundo. Los clérigos españoles pensaron que el demonio, consciente de que un día había de ser predicada en América la religión del verdadero Dios, tomó la precaución de sugerirles a los indios ciertas creencias y liturgias, risibles y grotescas pero similares a las católicas, para que un día fueran aquellos confundidos y retrasado su acceso a la Iglesia, que era depositaría de la Verdad. Así el diablo tendría un aumento de sus ganancias, las cuales en la economía infernal, tan cuantitativa, ilimitable y fría como la del capitalismo humano, se significaban siempre por una mayor e incontable acumulación eterna de almas en las calderas del averno, como monedas fuera de circulación metidas en botijas de usura. Así interpretaron los sacerdotes católicos ciertos ritos y prácticas de sus colegas indios; tales, por ejemplo, la sacramental comunión que los aztecas hacían comiéndose a cierta deidad representada por un ídolo hecho de pan; la confesión de los pecados en sus formas auricular, eliminatoria y expiatoria; el éxtasis místico de la posesión sobrenatural; las adoraciones de imágenes y hasta el símbolo de la cruz y varias otras ritualidades vulgares como inciensos, aspersorios, etc. Era pues muy lógico que al observar los ritos americanos en relación con el tabaco, éstos fuesen considerados como inspiraciones de los demonios, quienes, además, se comunicaban con los indios en sus estados de trance o éxtasis, y hasta hablaban con los mismos clérigos españoles cuando éstos, al exorcizarlos con oraciones, santiguadas y rociaduras de agua bendita, los hacían salir huyendo del cuerpo del poseso, apestoso y dando bufidos «como un condenado». Pero, aún siendo así los blancos conquistadores no siempre resistían la tentación de consultar a los sacerdotes de los conquistados y experimentar sus portentosas prácticas, fuere por curiosidad o por pecaminoso sensualismo. Y, sobre todo por afán de esperanza cuando, ante un dolor pertinaz y fracasados ya los tratamientos médicos y las virtudes de los relicarios, oraciones y conjuros, los desesperados acudían a los artilugios de los hechiceros indios, entregándoles la futura seguridad mítica de sus almas a cambio de un alivio real a sus dolores presentes.

Todo creyente, y más si pontífice, afirma que su religión, cualquiera ésta sea, es «la única verdadera» y que toda otra creencia es mera superstición inspirada por los espíritus del mal. Todo sacerdote ingenuo ve un hechicero maldito en su colega de una religión rival. Los *behíques* eran magos infames y endiablados agoreros para los clérigos católicos, como éstos eran para aquéllos los brujos de los blancos, los cuales predecían los eclipses, hacían hablar a los papeles, disponían las victorias de los invasores ultramarinos y lograban la impunidad de sus crueles atropellos solo por lo inconstratable de su magia, que era la «más potente». En los ambientes de transculturación religiosa sobreviven por mucho tiempo como hechicerías los elementos de la religión vencida. Los dioses no mueren de repente. Aún hoy, entre los cristianos de Europa, perduran numerosísimas supersticiones de la paganía más remota, que se creen cosas de brujas y de magia negra. En las Indias, las creencias y liturgias de los nativos no podrían ser destruidas con la facilidad con que lo fueron sus ídolos; y los seres sobrenaturales de su mitología, ahora con nombres de santos o de demonios, estaban en constante actividad de apariciones, milagros y travesuras, y frecuentemente dialogaban con los nuevos conversos, con los infieles pertinaces y con los frailes catequistas, como se lee reiteradamente en los anales de las órdenes religiosas y en las relaciones de los misioneros. Aun en Cuba, en el año 1682, se dio el caso portentoso de un cura, párroco de San Juan de los Remedios y comisario del Santo Oficio, el cual por sus eficaces exorcismos logró expulsar «un demonio de los muchos que dijo tenía una negra criolla de esta Villa, llamada Leonarda... el cual dijo que se llamaba Lucifer», habiendo sido testigos de ello los dos alcaldes de la villa, según declararon bajo juramento y ante notario. Véanse nuestra *Historia de una pelea cubana contra los demonios* (La Habana, 1960), editada por la Universidad Central de Santa Clara.

Si el diablo no era entonces un personaje extraño en la vida cotidiana del español, tampoco lo fue por las Indias en esa época de profundo hervor místico, cuando a los indígenas se les quería hacer pasar de su religión a la de sus conquistadores. Y si los blancos en su catolicísima España, y aun en la misma Roma, estaban cundidos de brujas y de endemoniados, de astrólogos o estrelleros y de adivinos que, no obstante las excomuniones y los terrorismos inquisitoriales, solían ser consultados por los infelices y desesperados en los malos trances de fortuna, de enfermedad o de amor; así los blancos en estas regiones indianas no vacilaban en acudir a los *behíques* y a sus adoraciones, agorerías y hechizos cuando por su misteriosa eficacia pensaban lograr un provecho, un goce o un consuelo. Los europeos comenzaron a usar tabaco, a «beber» sus humos, a inhalar sus polvos, a «encantarse» con sus sahumerios y hasta a tragar sus cocimientos y vomitivos, a conciencia de que en ello había una práctica pecaminosa, una diversión de la ortodoxia, una herejía de las costumbres tradicionales, un atrevimiento responsable; en fin, la caída en una tentación satánica. Cuando fray Mendieta alude al tabaco como «manera de comunión o recepción de sacramento» del cuerpo de la diosa *Ciuacouatl,* dice de esa yerba del tabaco: «A esta causa, puesto que sea algo medicinal, se debe tener por sospechosa y peligrosa, mayormente viendo que quita el juicio y hace desatinar al que toma».

Para los castellanos y luego para los demás invasores de las Indias Occidentales, el tabaco no fue sino brujería, artilugio diabólico; pero esto no fue obstáculo para que ellos lo adoptaran. Acaso lo sacro y heterodoxo de sus prodigios fue el primer aliciente que tuvo el tabaco para los europeos que lo descubrieron. Sin duda, hubo siempre en toda magia una tentación, como en todo pecado un placer. Además, en la brujería del tabaco había algo de verdadero. El diablo no engaña bien sino con semi mentiras o, lo que es igual, con semi verdades. Los blancos cristianos advirtieron que, pese al trasunto infernal del tabaco y quizás por esa misma oriundez diabólica, con el uso de esas yerbas experimentaban ciertos efectos realmente gratos y benéficos: a veces se curaban de alguna dolencia y en otras ocasiones ganaban con el exótico hechizo el beneficio de una aliviadora ilusión; pero, además, siempre advertían alguna placentera satisfacción de sus sentidos y, sobre todo, una suave y deleitosa euforia del espíritu, como si transitoriamente entrara en posesión de éste un ángel misericordioso que inspiraba esperanza y resignaciones o un diablejo retozón que cosquilleaba el ánimo apático, reavivándolo a nuevas energías y audacias.

También, como sucede con toda gestión de proselitismo religioso cuando se une a propósitos políticos, los misioneros con frecuencia transigían con ciertas prácticas de los indígenas. Se destruían las formas más ostensibles e idolátricas de los cultos paganos, se quemaban sus imágenes, templos, libros y sacerdotes; pero se disimulaban ciertas ritualidades que podían interpretarse como ingenuos y alegóricos homenajes, rendidos con igual candor por los neófitos a las nuevas imágenes de la religión advenediza, tales como festejos, confesiones, penitencias, flores, perfumes, músicas, cánticos, danzas y demás.

Por otra parte, el originario carácter sagrado que tuvo el tabaco entre los indígenas pronto se fue atenuando entre sus nuevos y sensuales gustadores, los inmigrados de ultramar. Aun para los mismos indios la consideración ritual del tabaco no debió de ser la misma en las grandes ceremonias tribales y en los graves trances de la magia medicinal o adivinatoria que en las ocasiones frecuentes de la vida cotidiana, en las cuales el frívolo placer sensorial y estimulante del tabaco quizás predominaría en la motivación de su uso, práctica e inconscientemente sobre la significación metafísica de una liturgia. Entre los cristianos conquistadores, pese a su profunda impresionabilidad religiosa, pronto debió de menguar la primitiva excomunión en que tuvieron al tabaco a causa de la sobrenaturalidad satánica que le fue atribuida por el empleo que de él hacían los *behíques*, que eran los «sacerdotes del diablo». Según creían los conquistadores, el mismo vino, que profanamente se apodera de todo hombre que lo bebe y lo lleva a transportes misteriosos e inefables, por virtud de unas fórmulas mágicas del sacerdote católico se transustancia en sangre de Dios y esencia de gracia santificante. Y a pesar de tal credo, con el vino solían aquéllos pecar mucho en profanidad, buscando sensualmente goces y exaltaciones en aquel néctar alcohólico, a veces hasta la beodez, sin pensar en que una simple ritualidad sacramental de sus sacerdotes sublimaba ese mismo vino hasta lo absoluto. Y no repararon tampoco en pecar asimismo con el tabaco de las liturgias indias, dándose a su uso y hasta a su embriaguez para captar de aquél placeres sensoriales y psíquicas vigorizaciones, sin preocuparse de que algunos vocablos y pases esotéricos de los *behíques* convertían al tabaco en una infernal sustancia de cristiana abominación.

Cuando en las Antillas fueron quemados los santuarios, las imágenes, los adminículos del culto y hasta no pocos sacerdotes y magnates de los indios, y esto aconteció a poco del descubrimiento; y sobre todo cuando los indios antillanos se extinguieron, y esto también ocurrió en pocas décadas, el sentido religioso del tabaco se fue olvidando, se perdieron los ritos de la *cohoba*, los tubos inhaladores y los platillos para sus polvos, y cesaron las solemnes prácticas de la magia curativa, sobreviviendo solamente algunas aplicaciones individuales y tradicionales de sus fórmulas en el folklore. Sin embargo, el tabaco persistió y su uso extendióse más y más entre los nuevos pobladores antillanos. Ni aun entre los cristianos cesó la tentadora atracción del tabaco derivada de su diabolismo; pero para explicar la extraordinaria difusión del tabaco entre los blancos hay que considerar otros factores basados en los valores reales de dicha planta que los europeos estimaron adaptables a sus costumbres, en ciertas curiosas repercusiones sociales que pronto indicaremos y, sobre todo, en la nueva significación económica, comercial y tributaria, que el tabaco adquirió en la civilización propia de los blancos. El tabaco que, sobre su naturaleza físico-química y sus efectos fisiológicos individuales, tuvo entre los indoamericanos una original armazón social de carácter predominantemente religioso, adquirió entre los euroamericanos y luego en el resto de los pueblos una estructura de carácter principalmente económico, por un muy curioso, rápido y total fenómeno de transculturación.

El carácter originalmente religioso del tabaco determinó algunas particularidades de su transplantación desde la cultura indoamericana a la de los demás pueblos. El tabaco primeramente fue temido por los invasores de

América, o mirado con recelo. Esas prácticas misteriosas con yerbas y fuego, esos polvos que enloquecen, esas ahumadas que vivifican, esos vómitos que a la vez limpian al cuerpo y al alma, entonces son cosas que en los blancos de la cristiandad inspiran públicamente desconfianza, burla y rechazo, si bien en su secreta conducta el tabaco los atraiga y les haga pecar. El tabaco para ellos es *tabú*; es «cosa de salvajes» y «cosa de los demonios». Por eso se explica que cuando el uso del tabaco se fue extendiendo entre los nuevos pobladores de las Indias, lo hiciera primeramente no entre los de mayor rango social sino entre los ínfimos.

Fueron los negros, antes que los blancos, quienes adoptaron el uso del tabaco que vieron en los indios. Aquéllos convivían más con éstos, hasta el punto de que en ocasiones formaron causa común contra los blancos y se huyeron juntos a los montes para vivir en libertad. Los cronistas reflejan claramente esa extensión del hábito del tabaco entre los esclavos negros. En 1546 escribía Oviedo, en la Española: «Al presente muchos negros de los que están en esta ciudad y en la isla toda, han tomado la misma costumbre, e crían en las haciendas y heredamientos de sus amos esta hierva para lo que es dicho, y toman las mismas ahumadas o tabacos; porque dicen que, quando dexan de trabajar e toman el tabaco, se les quita el cansancio» (*Historia general*, tomo I, libro V, capítulo II, pág. 131).

No solo ocurrió así en las Indias sino entre los numerosos negros que por el siglo XVI habitaban en Sevilla. El doctor sevillano Monardes, en su famoso tratado de medicina indiana, alude al tabaco y no menciona su empleo por los blancos; pero sí refiere que los negros esclavos se habituaron tanto a la planta que con ella se emborrachaban e incapacitaban para el trabajo, por lo cual los amos les quemaban las hojas y matas de tabaco que les encontraban y los negros los sembraban de nuevo en los lugares desiertos y más inaccesibles. Monardes dice haber visto a los negros esclavos de Sevilla intoxicados por el tabaco y con los sentidos perdidos, tal como a los indios les ocurría. En España, dice Pérez Vidal (pág. 59): «Al revés que en los demás países europeos, la propagación del uso del tabaco en la sociedad española se produjo de *abajo a arriba*». El tabaco tuvo su primera acogida entre los esclavos y hombres de mar, como lo precisó fray Tomás Ramón (pág. 258): «Los *etíopes* que han ido destas partes a las Indias han tomado el mismo uso del tabaco, y los moros y esclavos que vienen acá en los baxeles lo usan mucho, porque les parece que con éste descansan y duermen, y reparan las fuerzas decaídas, y ya lo tienen por deleite». Según Juan de Castro (pág. 20) el tabaco fue tenido en principio por cosa muy vil y baja, y cosa de esclavos y bebedores de taberna y de gente de poca consideración. Reina Monge, (pág. 2) dice: «No hay cosa más soez que lo que el más vil esclavo empezó a introducir». Escribió Cárdenas (f. 164) «Díganlo los soldados y gentes de campo que duermen por esos suelos; sujetos a fríos y aguaceros y malas venturas, mediante el cual se alivian y descansan de sus trabajos, sufriendo con él, no digo yo las malas noches, pero la sed, hambre y cansancio, díganlo los indios y *negros mineros*, pues mediante él descansan y se preservan de que la frialdad de los metales no los engrase y penetre; díganlo, por concluir, toda esa gente que habita por todas estas costas y tierras calientes de las Indias, donde desde el menor hasta el mayor apenas puede vivir sin él...». El Tabaco era cosa muy de rufianes y perdonavidas; Ramón de la Cruz en su sainete *La botillería* (1766), inserta este diálogo entre un oficial y su sirviente:

Oficial: Di, muchacho, ¿quiénes son tantos matones como entran y salen aquí?
Mozo: ¿Señores? yo no sé: ellos vienen, juegan de largo, beben y fuman a destajo, galantean, no se les sabe el oficio a los más, y doy que pierdan hoy treinta duros, mañana los pagan, y traen sesenta que jugar.

Esto nos recuerda la figura y maneras del *negro curro* de La Habana. Aún en sus habladurías de jerigonza rebuscada. Sepúlveda, en su *Madrid viejo*, pone en solfa al currutaco. Si éste, que nunca hablaba como los demás mortales, necesitaba lumbre para su cigarro, se expresaba de esta forma:

—¿Tiene usarcé la dignación de comunicarme sus ardores fumacéricos para saciar mi apetito impúdico?

A lo que el otro, si era currutaco, debía contestar:

—Ya sabe usarcé que tengo el cofrecillo de sus mandatos a la zaga de mi obediencia.

(P. Vidal, pág. 121.)

Esto concuerda con la rapidez con que toda el África recibió el tabaco de los indios de América. Por el norte del África lo introdujeron desde Portugal en la primera mitad del siglo XVI; y los mercaderes judíos, extendidos por todo el Mediterráneo y particularmente por su ribera meridional, lo fueron propagando hasta los pueblos del Lejano Levante. Cuando R. Harcourt escribe su libro *A Relation of a Voyage to Gviana* (Londres, 1613), dice que el tabaco es objeto de gran consumo, «más que en parte alguna entre los turcos y en Berbería».

Más extraordinaria fue la difusión del tabaco por el África etiópica. El tabaco penetró en el continente negro y allí se extendió velozmente, no tan solo por las costas donde estaban las factorías de los mercaderes blancos sino hasta por todo su interior, pasando las semillas de la planta, al par que las del vicio, de tribu en tribu y de hechicero a hechicero, aún antes de que apareciera el mercader difundiendo el gustoso hábito para crear entre los negros la nueva necesidad de la cosa ajena y hacer de ésta una base del medro propio. Tan rápida fue la adopción del tabaco entre los negros de África que por los europeos de comienzos del siglo décimo séptimo aquella yerba se tuvo a veces como propia de los africanos, así de los *moors*, o sean las atezadas gentes de la Morería, como de los *black-amoors*, los moros-negros del África subsahariana. En un poema de Brathwait se le hace decir al poeta Chaucer, vuelto del Olimpo: *Yee, English Moors* («Vosotros, ingleses moros»), increpando así a los fumadores de Londres por su abandono a «la última moda introducida por los negros» (*late Negro's introduced fashion*). Y en Inglaterra fue enseña de las tiendas de tabaqueros la figura de un negrito, con un gran cigarro o tabaco que fuma en la boca o con un rollo de tabaco bajo el brazo, como se ve en algunas láminas de libros de costumbres de comienzos del siglo XVII.

Lord Raglan ha escrito que, habiéndose introducido el tabaco en África probablemente por los portugueses en la primera parte del siglo XVI, todas las tribus de Suráfrica que siglo y medio después visitaron los holandeses ya sembraban y fumaban tabaco. «Yo he visto», añade Raglan, «poblaciones negras en la frontera del Sudán hacia el Uganda cuya sola producción agraria era y había sido desde tiempo inmemorial el tabaco para el cambio y exportación» (*Ob. cit.*, pág. 68). Todavía el mismo sociólogo inglés dice algo más significativo en cuanto a la transculturación del tabaco de América en el continente africano: «No hay un solo elemento de cultura que se encuentre sin excepción en todos los territorios y pueblos del África negra, quizás con la única excepción del tabaco» (*Ob. cit.*, pág. 152). Otro etnógrafo inglés ha dicho: «En toda el África Central el tabaco crece en estado silvestre» (H. Ward, *Chez les Caníbales de l'Afrique Centrale*, París, 1910, pág. 270).

Las maneras típicas de tomar tabaco que tenían los indios se encuentran en África. En algunos casos con muy curiosas formas de transculturación. Así, por ejemplo, ya hemos indicado cómo los negros continúan mezclando los polvos de tabaco con algún álcali, para avivar los efectos de la nicotina, tal como hacían los indios. Los negros del Congo Central al preparar los polvos de hojas de tabaco secadas al fuego, las mezclan con las cenizas de cierta madera dura (H. Ward, *Ob. cit.*, pág. 271). En algunos países africanos las hojas de tabaco se saturan de orines antes de torcerlas para cigarros (H. Ward, *Ibidem*), con lo cual no hacen sino seguir una vieja práctica de los marineros, que ya en 1616 se recomendaba a los fumadores ingleses (Gervase Markham. Cita de Brooks, vol. II, pág. 15). Los orines sirven en la brujería africana, aun en Cuba, para ahuyentar «la cosa mala» y destruir la malignidad de los hechizos. En las pipas de fumar es donde el arte africano ha tenido amplio campo, no solo para satisfacción del gusto estético individual, sino para responder a la importancia social de la pipa colectiva. Cada tribu del África Central tiene una pipa de forma peculiar y distintiva (H. Ward, *Ibidem*).

Algún fenómeno de transculturación del tabaco entre los negros es particularmente muy interesante. En el África Central se ha encontrado un tipo original, muy primitivo e ingenioso de pipa de fumar, que no sabemos si se dio antes entre los indoamericanos. Según refiere H. Ward (Loc. cit.):

A veces el negro indígena hace una pequeña excavación en el suelo y deposita en ella un largo tallo de hierba, de manera que sus dos extremidades sobresalgan de los respectivos bordes del hoyo. El negro luego rellena de tierra la excavación, apisonándola, y retira suavemente el tallo de hierba de manera que al salir deja una especie de conducto hueco de forma curva en el espacio que el tallo ocupó.

En una de sus extremidades el negro coloca una hoja de tabaco con un tizón ardiente que la va quemando, y los fumadores, uno a uno se agachan y dan una chupada en el otro extremo de ese tubo subterráneo. Esta manera de fumar es la que practican los fumadores cuando van en excursión, evitando así tener que cargar el peso de una pipa y el de las hojas de tabaco, las cuales hallan doquiera fácilmente al alcance de sus manos.

Esta originalísima pipa subterránea del Congo Central parece ser invención o «reinvención» de los negros con elementos indianos. Este caso demuestra que lo elemental de la pipa no es el receptáculo para quemar el tabaco sino el tubo conductor del humo desde el fuego que lo produce hasta la boca, que tiene que estar apartada de éste para poder fumar; y que la economía de los primitivos sabe simplificar las maneras rituales de fumar, ajustándose a las circunstancias.

No es de extrañar que así ocurriera la transculturación indoafricana del tabaco, dada la proximidad del nivel de cultura de los negros, así de los indígenas de África como de los esclavizados en España y América, con el de la cultura de los indios taínos de las Antillas. La transculturación del tabaco desde el ambiente social de los indios hasta el de los negros africanos fue más fácil que entre indios y blancos. Como hemos dicho, el tabaco era en la cultura de las Indias una institución religiosa de múltiples expresiones; el complejo cultural y funcional del tabaco penetraba no tan solo la vida del indio como individuo sino también su vida en sociedad: su religión, su filosofía, su ciencia, su medicina, su arte, su política, su guerra, su agricultura, su familia, etc. No era así ciertamente con los negros y, menos aún, con los blancos, para todos los cuales el tabaco y sus usos eran cosas nuevas. Pero los negros, aun cuando en las Antillas carecían de los intrincados lazos sociales que tenían en sus pueblos originarios, estando aquí completamente desgarrados de su sociedad nativa y sin los vínculos y amparos de sus instituciones; no obstante, por su tradición cultural estaban más cerca de los indios taínos que de los blancos europeos. Y aun cuando los negros en África no conocían originalmente el tabaco ni el uso de fumar, pronto podían comprender, por fáciles analogías, su sentido religioso, su significado mágico, su interpretación como estupefaciente o estimulante de las posesiones sobrenaturales o como rito mágico de catarsis fisiológica y espiritual. Y si no incorporaron el tabaco a sus liturgias, lógicamente arcaicas y repelentes de toda innovación exógena, no tuvieron para aquél ninguna especial hostilidad. Para los negros esas hojas americanas que tal poder tenían y tal placer proporcionaban eran, sin duda, de una planta sobrenatural y portentosa, propia de una deidad exótica que ellos en África hasta entonces no habían conocido; pero que no era incompatible con los númenes de su propio panteón. Para los negros el tabaco no fue planta «de los demonios» como lo fue para los blancos. Por esto en algunas tribus africanas de hoy día, los etnógrafos han hallado ya realizados ciertos sincretismos religiosos del tabaco; aun cuando leves, sin que hayan pasado a ser elemento indispensablemente integrativo de sus instituciones tribales.

Los negros debieron de comprender más fácilmente que los blancos el sentido expurgatorio de los ritos indios del tabaco, porque entre ellos los ritos análogos de ese carácter no eran desconocidos. Entre los negros africanos había también esos ritos lústrales y confesionarios con exposición pública de pecados, bebida de bálsamos y lavatorios de «limpieza», con los cuales se relacionaban los sahumerios purificadores. Hoy no escasean las supervivencias folklóricas de esas creencias escatológicas en las costumbres de los afroantillanos. Por ejemplo, en la negroide isla de Guadalupe, durante los ritos pascuales de resurrección las mujeres y los niños se bañan en el mar, en los ríos y en las charcas, al sonar el primer repique de *Aleluia. ¡Gloria, gloria!*, gritan todos. Todo el mundo se agita y se persigue lanzándose unos a otros agua a la cabeza. ¿Por qué? Porque, dicen, ello es un medio fácil de evitar el ir a la iglesia para la confesión de sus pecados. Las abluciones del sábado de gloria, tomadas en el momento preciso de sonar las campanas, limpian las almas y ahuyentan o ahogan a los diablos que atormentan todo el año... (Therése Herpin, «Parques Tropicales», *Journal des Voyages*, 4 de abril, 1929).

En Cuba se conservan creencias análogas de origen negroide. Tales son las «limpiezas» o ritos expurgatorios de los negros yorubá; las abluciones con que en nuestros barrios populares se despide el año, el día 31 de diciembre, fregando suelos, paredes y objetos de la casa y arrojando a la calle el agua sucia, que se llevará consigo la «salación» o mala suerte; y otras prácticas de igual fundamento.

En algunas ceremonias de *limpieza* acostumbradas entre ciertos grupos afrocubanos de oriundez bantú se observa también un rudimento esencial de confesión expurgatoria. En las *limpiezas* de los brujos mayomberos se ofrece un gallo en holocausto a los númenes y después de «preparado» el animal, se pasa éste varias veces por todo el cuerpo y sobre la cabeza del oferente de modo que se impregne de su aura mala y se lo lleve consigo; y antes del sacrificio el paciente le abre el pico al gallo y con voz secreta deposita en él su mensaje a los dioses, diciendo cuál es su mal y cuál su causa conocida o sospechada, aun cuando ésta sea un pecado o acción reprobable del suplicante, y, al fin, le formula la petición o mensaje de su anhelo, su cura, su alivio o su perdón. En la Costa de Oro, la confesión es más paladina e imperiosa. Al ser decapitado el gallo del holocausto su cuerpo es arrojado al suelo por el brujo para ver si al acabar sus convulsiones agónicas queda pechuga arriba, significando así que el sacrificio es aceptado, o pechuga abajo si aquél no es bien recibido. En este caso el suplicante ha de repetir el sacrificio después de confesar públicamente sus pecados, como han de hacerlo todos aquéllos tocados por algún mal y necesitados de reconciliarse con los númenes (M. J. Field, «Some new shrines of the Gold Coast», *Africa*, Londres, 1940. n.º 2, pág. 144).

El autor de estas líneas, frecuentador de los sagrarios negros de Cuba para sus estudios etnográficos, hallándose cierta vez algo achacoso fue informado por la concomancia de un brujo *Kimbisa* de que el dolor era causado por *Nsambia Mpungo*, quien «estaba bravo» porque el enfermo le debía un sacrificio que hacía años le ofreció y ya tenía olvidado sin «darle cumplimiento». Y el informalote, remiso en su promesa y por eso víctima de la iracundia celeste, tuvo compungido que confesar a pico del gallo su pecado y sacrificándole socráticamente un gallo al Esculapio del congo panteón.

Los negros ñáñigos de Cuba tienen un rito que directamente se relaciona con el fumar o, mejor dicho, con uno de los conceptos de éste. Cuando el «diablito» se les acerca lo saludan soplando suavemente con su boca hacia lo alto, como si mandaran al cielo con su aliento un secreto mensaje o efusión de su alma. Tal cual hace el fumador, en su éxtasis, con el humo de su tabaco. Aquel rito es como un fumar sin humo. Es la transmisión ritualista de un hálito espiritual con sentido religioso, tal como el sacerdote echa su aliento sobre el niño al bautizarlo, para transfundir en él la esencia de su fe que alienta en su espíritu.

Los negros, aun los habitantes de África, no adoptaron con toda plenitud el carácter religioso del tabaco por ellos recién descubierto, de modo que pasara a formar parte de las mitologías que acompañaban a sus dioses. Así, por ejemplo, el cultivo del tabaco fue en África cosa exclusiva de los hombres, como lo fueron las demás labores agrícolas aprendidas de los blancos, mientras las mujeres eran las consagradas a los arcaicos cultivos de la tribu como en los tiempos remotos en que por ellas se inventó su agricultura. Tampoco en las prácticas rituales de los contemporáneos y actuales cultos afrocubanos interviene el tabaco como elemento fundamental. Los dioses negros de África no fuman, pero la fuerza del impulso sincretista, aun cuando apremiada por la mimética defensiva, ha hecho que el tabaco haya sido incorporado a los elementos instrumentales secundarios de su liturgia y de su magia. Los negros no recibieron de los indios sus ideas religiosas y entre las ritualidades de los blancos que ellos adoptaron no estaba, como es fácil comprender, ni una sola relativa al tabaco. El tabaco de los indios pasó, pues, a los negros sin repercusiones de sentido religioso y, por tanto, sin entrelazarse radicalmente con sus instituciones sociales. Sin embargo, el carácter tribal de los núcleos africanos facilitó a veces la adopción de ciertos usos también tribales que tenían los indios, como, por ejemplo, la «pipa colectiva», en la cual iban fumando sucesivamente todos los miembros de una reunión, pasándola de vecino a vecino, como signo de solidaridad comunal.

En las diversas supervivencias religiosas de los negros africanos en Cuba se usa el tabaco como instrumental. Entre los ñáñigos el tabaco se llama *endaba*. El tabaco constituye uno de los «derechos» o casos que se dedican y consagran a la potencia sobrenatural para los ritos de la consagración y luego se usa como sustancia que se echa en la comida para el convivio sacro. Además, el tabaco o *endaba* se emplea forzosamente para prender con él la pólvora de los trazos o firmas que en el suelo dibujan con yeso los ñáñigos, dentro y fuera de su templo *fambá*, para sus ritualidades mágicas. El tabaco, necesariamente un cigarro puro torcido, no un cigarrillo que resultaría heterodoxo, es empleado a manera de mecha. En esas y otras supervivencias religiosas africanas de La Habana el tabaco se emplea por los iniciados conjuntamente con el aguardiente hecho de *caña de azúcar*, con el vino seco, con el machete, con el incienso, con el agua bendita, con la pólvora y con la vela o cirio encendido, amén de otros elementos que no son de oriundez blanca como los citados. De esas cosas, el tabaco es de origen americano y los otros cuatro son de procedencia europea. Es indudable que unos y otros fueron llevados al África por los blancos, bien desde Cuba y demás centros negreros de las Indias o desde los puertos de Europa. Es, pues, seguro que el empleo de esos elementos es un transcultural sincretismo mágico-religioso entre las creencias de los blancos y los negros. Estos debieron observar, más o menos sorprendidos, el misterioso uso y efecto entre los blancos de sustancias tan poderosas como la pólvora (deflagración, fuego, humo, detonación, guerra); el aguardiente de caña (alcohol excitante hasta el paroxismo, extraído de las siembras más extendidas y trabajadas en estas islas de América por los blancos y sus esclavos); el vino seco (precisamente el vino seco, o sea «el más fuerte», bebida igualmente excitante, propia de los españoles soldados y mercaderes que dominaban en Cuba no solo a los negros sino a los blancos criollos, y de los extranjeros sacerdotes que con las muy elaboradas liturgias eclesiásticas adoraban y hacían adorar por todos hasta por los mismos soldados españoles una copa o cáliz de oro con vino que luego el oficiante bebía, como una sangre de sacrificio, comunión de juramentados); la vela encendida (instrumento de los sacerdotes o «brujos» de los blancos); y, por fin, el tabaco (rito de los indios aborígenes que éstos usaron como sahumerios, catarsis, ofrendas y mensajes y que aquellos africanos también vieron usar entre los españoles en sus actos cotidianos). Los negros debieron pensar que esas sustancias eran misteriosos elementos de potencia sacra, de las cuales los blancos sacaban mágicamente las fuerzas para su irresistible poderío. Fue, pues, lógico, que los negros pensasen que iguales beneficios podían obtener ellos mismos para sí, y llevados por un fácil sincretismo en los ritos propiciatorios a sus dioses hicieron intervenir el tabaco, el aguardiente, el vino seco, la pólvora y el cirio. De igual manera que adoptaron otros elementos rituales del catolicismo como la cruz, las imágenes, el incienso, el agua bendita, etc., también por sincretismo y por astucia mimética. Adviértase que salvo el tabaco, propio de los ritos indios, y el vino, consagrado por los católicos y acaso la vela, ni la pólvora, ni el aguardiente eran de significación litúrgica entre los blancos. Su transculturación por los negros no fue tan directa como en aquellas sustancias, ya de sentido sobrenatural, sino más elaborada por la gran consideración que los africanos debieron dar a su potencia hasta calificarla de sagrada y ritual. Acaso alguna circunstancia debió de aproximar la pólvora y el aguardiente a los actos religiosos de los blancos según eran vistos por los negros, pues, las salvas de pólvora con cañones y fusiles eran usuales entre los blancos católicos en ocasión de los grandes festejos de iglesia, y las borracheras, aun cuando no rituales, eran frecuentes y como obligadas entre los devotos blancos en las populares romerías, procesiones, domingos y otras «fiestas de guardar», como se ve en las crónicas de antaño y en las costumbres de los pueblos fanáticos de ahora. Nótese también que el tabaco no entra en los ritos afrocubanos como elemento sustancial y básico sino meramente como agregado o yuxtapuesto como fortificante.

Ese sincretismo pudo ocurrir ya en la misma África después del siglo XV, por influjo de los blancos que provocaron en los negros la imitación, o ya en Cuba. No hay elementos para saberlo. Sin embargo, en cuanto al uso del tabaco por los ñáñigos, como mecha encendida para prender la pólvora de los trazos, parece más verosímil que se iniciara su uso en Cuba. El tabaco torcido cigarro cubano ha sido siempre escaso y caro fuera del país, si bien su entrada en África, particularmente en los Calabares, pudo verificarse por los buques de la trata negrera que de Cuba iban hasta los estuarios de las factorías africanas. El empleo de tabaco como sustancia echada en la comida no puede extrañar, recordando que blancos y negros, antes más que ahora, solían mascar tabaco o andullo.

En la santería de los afrocubanos lucumí o yoruba se admite que fuman tabaco (llamado *acha*) algunas deidades, como *Changó*, *Ogún* y *Eleguá*, es decir, los númenes que manejan el fuego (los dioses de la guerra, del hierro y de la guardería defensiva contra «la cosa mala»). También en Haití el tabaco, el ron y la barra de hierro calentada al rojo son atributos de uno de los *ogúns*, llamado *Bedagri*. Pero aun en esos casos, el tabaco es una yuxtaposición secundaria y no el elemento esencial de un mito. No lo hay entre los yorubas, ni en el resto de África, ni en esta yerba se basan exclusiva o principalmente las actividades de ninguna deidad.

En Haití los negros conservan una curiosa superstición relativa al tabaco la cual puede ser quizá de origen indio. El tabaco sirve para ahuyentar a cualquier espíritu del mal; para ello basta con poner sobre la puerta del bohío un montoncito de semillas de tabaco. Para poder entrar el duende tiene previamente que cortar y apartar las semillas maravillosas. Pero éstas son numerosas y diminutas y los espíritus no saben contar más allá de nueve, por lo cual siempre se equivocan en la cuenta y ésta se repite una y otra vez hasta que, al llegar el alba, canta el gallo y el fantasma tiene entonces que volver a su sepultura (Zora Neale Hurston, *Tell my Horse*, Nueva York, 1938, pág. 61).

En las liturgias de la santería afrocubana el tabaco suele fumarse de un modo ritual muy peculiar y significativo. Ya encendido el tabaco se mete su extremidad encendida dentro de la boca y la cual se cierra momentáneamente sin que el fuego queme y el humo en vez de ser absorbido con la aspiración, es exhalado con fuerza con el aliento sin abrir la boca, saliendo impulsado por la punta fría y no candente. El humo sale así en columna como un chorro de vapor caliente que se escapa de una vasija cerrada con agua en hervor. Este es, sin duda, un rito arcaico de los indios cubanos, que los negros religiosos tomaron a éstos de su religión para la de ellos y que, precisamente por arcaico, se observa hoy día que persiste muy generalizado. También adoptaron esa ritual manera de fumar para afuera los adeptos a las prácticas mágico-religiosas *Kimbisa* y otras de los bantú en Cuba. Entre los *kimbisas* el tabaco se llama *ensunga* y, además de servir como ofrenda a las cazuelas, se fuma en honor de algunas deidades (no precisamente las mismas que en la santería lucumí) como *Madre de Agua, Siete Rayos* y otras, amén de la deidad suprema o *Nsambia*. A las cazuelas, o símbolo fetichista de los númenes, se las rocía con un mejunje llamado *chambra*, compuesto de azúcar, aguardiente, pimienta y varias yerbas, el tabaco entre ellas. Junto a la *cazuela* objeto del rito está un tabaco encendido y al iniciar la ceremonia todos los creyentes toman sucesivamente ese mismo tabaco y fuman con él, con la candela dentro de la boca, soplando el humo hacia el fetiche. Este extraño modo de fumar de los sacerdotes negros éstos lo copiaron de los ritos de los sacerdotes o *behíques* indocubanos y lo entremezclaban con sus liturgias con similares aplicaciones mágicas.

También facilitaron el paso del tabaco de los indios a los negros las circunstancias históricas y económicas que los aproximaban unos a otros no solo en sus culturas sino en su posición social con relación a los blancos, a los cuales ambos grupos étnicos tuvieron que someterse como dominadores comunes. No puede decirse que entre negros e indios no haya habido actitudes discriminatorias por sus diversas expresiones raciales. La historia social de América ofrece sobrados ejemplos de lo contrario; pero si con frecuencia indios y negros estuvieron separados a causa del diverso y contradictorio empleo social que el blanco les dio en ciertas ocasiones, no siempre pudo lograrse esta separación funcional, engendradora de prejuicios entre indios y negros, y no fue raro que unos y otros se juntaran contra una misma supeditación. Por esto, si para los negros el tabaco de los indios no fue «cosa de los demonios», tampoco fue «cosa de los salvajes». En cambio, entre los blancos donde abundaban los conquistadores, encomenderos y clérigos esforzados en humillar a los indios a una categoría infrahumana, era lógico que lo más típico de aquéllos y de sus costumbres fuese calificado despectivamente de «cosa salvaje», de cosa de brutos «sin razón, policía ni civilidad», solo inspirados malignamente por los demonios.

Acaso la concomitancia del tabaco con la sífilis, en sus cunas y en sus magias terapéuticas, facilitó su propagación entre los blancos indianos y luego entre los europeos y quizás también entre los negros africanos. Tabaco y sífilis se descubrieron conjuntamente en estas Indias Occidentales, y juntas fueron a España, acaso el mal antes que su alivio, y juntas se corrieron por toda Europa y los demás continentes. Sabido es que el aumento de dolencias venéreas produce un incremento en las neurosis y que éstas ocasionan a su vez una mayor preocupación por las prácticas mágicas y las brujerías. Así se han observado recientemente en las regiones de la Costa de Oro al ser penetradas por los blancos, quienes llevan consigo sífilis, alcohol, salarios, desvinculaciones y un profundo desajuste social al romper las vetustas tradiciones tribales (M. J. Field, «Some new shrines of the Gold Coast and their significance», *Africa*, Londres, vol. XIII, 1940, n.º 92, pág. 141). Ello puede aplicarse probablemente al aumento de tales usos heterodoxos del tabaco entre los pobladores de Indias y luego en Europa, en aquella época tan profundamente conmovida por guerras, trastornos económicos y otros flagelos de enfermedades y plagas, lo cual ocasionaba un desajuste individual y social, muy capaz de conturbar los ánimos más firmes y hacerles buscar alivio hasta en las potencias infernales.

De todos modos no tardaron mucho los blancos conquistadores de los indios en ser a su vez conquistados por el tabaco. Con razón éste ha sido calificado como «la yerba conquistadora» (A. Nezi, *L'erba conquistatrice*). Ya mediado el siglo XVI todavía se abominará pública y doctoralmente del tabaco. Fray Bartolomé de las Casas dirá que es un «vicio feo». Benzoni escribía que es un «pestífero y vicioso veneno del diablo». Fray Mendieta dirá que el tabaco es yerba «sospechosa y peligrosa», recordando cómo los aztecas hacían con ella «a manera de comunión», como con el «cuerpo de una diosa». Pero ya en esa época eran numerosos los pobladores cristianos que habían transigido con el tabaco y se habían aficionado a él hasta el punto de distinguir, escoger y comprar especies distintas, seleccionar semillas para sus cultivos y hacer de la planta prodigiosa de los indios un hábito cotidiano, una granjería provechosa y un gran comercio transmarino.

Al principio del descubrimiento deste Nuevo Mundo tomaron de aquellos indios esta costumbre algunos pocos españoles, y después se fue extendiendo tanto, que no hay parte ahora en todas las Indias donde no haya muchas personas que tomen tabaco en humo; y es tanto el gusto que tienen de esto, que hay muchos hombres que mientras no duermen no dejan pasar un cuarto de hora de día ni de noche sin estarlo tomando, y se olvidarán de lo que han de comer y beber, y no de traer consigo el tabaco. Lo cierto es, que a los que lo usan sin orden y moderación, les causa muchos males, como inflamaciones del hígado, riñones y muy agudos tabardillos; mas, tomado en ocasiones de necesidad, aprovecha contra cualquiera empachamiento de estómago, deshace las crudezas dél, le da calor y ayuda a la digestión.
(Padre Cobo, tomo I, pág. 403).

El mismo autor añade:

Muy conocida es ya la planta del tabaco no solo en todas las Indias, sino también en Europa, a donde se ha llevado desta tierra y es muy estimado por sus muchas y excelentes virtudes.

Y también:

Es tanta la cantidad de tabaco que se gasta en las Indias y se lleva a España, que hay provincias que todo el trato y granjerías de sus habitadores es cultivarlo y beneficiarlo; y tienen más preciso los de unas partes que los de otras.

Es probable que en América el uso del tabaco pasara de los indios a los blancos principalmente por las experiencias mágicas y medicinales que éstos recibieron de aquéllos en sus congojas y enfermedades y que luego les quedara el hábito de los polvos y del fumar como evocación del gusto gozado.

Oviedo escribía del tabaco en 1546: «Sé que algunos chripstianos ya lo usan, en especial algunos que están tocados del mal de las bubas, porque dicen los tales que en el tiempo que están assi transportados no sienten los dolores de su enfermedad, y no me parece que es esto otra cosa sino estar muerto en vida el que tal hace; lo cual tengo por peor que el dolor de que se excusan, pues no sanan por eso» (*Ob. cit.*, tomo I, pág. 131).

Los europeos irían a «consultarse» con los *behíques* en sus dolencias y desazones como todavía en estos tiempos van a la gitana a que les «diga la buenaventura», o al brujo africano para que les proporcione un *embó* mágico o el sortilegio de los caracoles de Ifá. Irían a escondidas a encontrar los *behíques*, a que les dieran de su *cohoba* o de su tabaco; acaso rezarían antes unos padrenuestros para que «su dios verdadero» no los castigara por el pecado que ellos iban a realizar, comunicándose con los dioses falsos...; pero iban. Y fuese adversa o favorable la experiencia de su paso inicial en los usos del tabaco, ya no se apartarían de éste; como el enfermo en mala enfermedad que comienza a tomar un narcótico por su analgésico y luego sigue con él, por su vicio, en buena salud. Los blancos se acercarían por primera vez al tabaco por anhelo supersticioso, pero después de la iniciación se quedarían «encantados» con él por el motivo sensual, por el placer gustativo y fisiológico, a la vez estímulo y sedante, que ellos derivaban del tabaco, especialmente del fumar.

Los castellanos en las Indias primero tomarían el heterodoxo tabaco a hurtadillas, y poco a poco fumarían con más soltura, como pecadillo excusable, como travesura moza y, al fin con desenfado. También los pobladores blancos sembrarían pronto el tabaco en los patios de sus casas y en las huertas de sus estancias, como hacían los negros en sus conucos de las haciendas, para tener siempre a su alcance esas hojas tan apetecidas.

En Europa el motivo mágico-religioso de los indios no pudo darse abiertamente entre los blancos y los que allí gustaron del tabaco lo hicieron realmente por el placer de su sensualidad excitada y aconsejados por quienes retornaban de América. Pero este motivo sensual no podía alegarse como justificativo de la introducción del tabaco en aquellas costumbres. Su sensualismo y su misteriosa acción sobre el espíritu se prestaban a los ataques de los que en el tabaco solo veían una tentación infernal, un nuevo pecado, un peligro para el alma pura y una manera atenuada de endemoniamiento por la perturbadora excitación de las mentes que causaban aquellos humos misteriosos, salidos de unas hojas negruzcas, traídas de un Mundo Nuevo y quemadas en un fuego sin llama como en un rito críptico. No era una fe en lo sobrenatural la que arrastraba allí a buscar el tabaco; al contrario, lo que éste tuvo de originariamente religioso ahora se aducía para combatirlo. Había necesidad de que otros motivos se pudieran alegar en público, en Europa más que en las Indias, para encubrir el fundamental motivo hedonístico que rápidamente propagaba el tabaco de los ritos indios entre las gentes cristianas. Por esto el tabaco aparece introducido en Europa por dos motivos, ostensivos e insistentes: el estético y el medicinal. Sobre todo por el medicinal que, a más de basarse en realidades o mitos de terapéutica, absorbía el motivo recreativo calificando de salutíferos los síntomas fisiológicos de los placeres sensoriales que el tabaco proporcionaba. Si, como se ha dicho, los partidarios que el tabaco tuvo en Europa se dividen en dos grupos, «hedonistas y panaceístas», fueron estos últimos los que proporcionaron las armas dialécticas pero fueron aquéllos los reales vencedores.

El paso del tabaco de las Indias a Europa fue un radicalísimo fenómeno de transculturación. El tabaco entre los blancos aún no era nada; había que transplantarlo a sus conciencias antes que a su suelo y a sus costumbres. Si el tabaco fue aceptado por los blancos con cierta clandestinidad, pronto trataron de razonabilizar su uso, no por sus verdaderos motivos, que trascendían a diabolismo y embrujamiento en aquella excitadísima época de luchas e intolerancias religiosas que fue el siglo XVI, sino por razones justificables en los moralismos y en las corrientes del Renacimiento. El tabaco fue allí presentado como una planta de belleza decorativa y de sorprendentes virtudes medicinales.

En Europa comenzó el tabaco siendo sembrado como planta ornamental. Sus hojas, grandes y hermosas «como de lechuga», agradaban a la vista. Pero convengamos en que su valor estético apreciable en los huertos y jardines no pasó del breve recinto de éstos. Las hojas del tabaco eran muy frágiles, marchitables, enfermizas, susceptibles a la descoloración; su planta era una mata anual, también delicada y quebradiza; y sus flores, pequeñas y pálidas, no competían con las rosas, clavellinas y demás bellezas tradicionales de los pensiles andaluces. Las líneas decorativas de las hojas del tabaco no pasaron de los jardines y huertas. No se perpetuaron por la arquitectura en los capiteles, como las hojas de la flora clásica; ni siquiera en Cuba, donde si es verdad que seguimos copiando cardos y acantos de Grecia sin homenaje patriótico a la autoctonía del tabaco y del maíz, tiempo hubo cuando aprovechábamos los motivos ornamentales de nuestra flora, como se hizo en la iglesia de San Ignacio de La Habana (hoy la catedral) al ser reconstruida en 1725 por los jesuitas, quienes imitaron en los fustes de sus columnas sin base las palmeadas hojas del papayo y en sus capiteles los penachos de las piñas cubanas (condesa de Merlin, *Viaje a La Habana*, edición de 1905, pág. 73). En España tampoco se reprodujeron las hojas de la *nicociana* en la lujosa ornamentación de los indumentos cortesanos, tal como hoy figuran en las bordadas casacas de los diplomáticos de Cuba. Si en España las matas de tabaco se cultivaron con cuidado, más que por su elemental estética fue por su exotismo y por las prodigiosas cualidades curativas de sus hojas aromáticas, tal como aún se acostumbra sembrar en los jardines españoles la albahaca, la hierbabuena, la ruda, el espliego o alhucema y otras plantas de semejantes aromas y virtudes.

En aquella época era frecuente el uso de fuertes aromas y sahumerios en la medicina casera. En *La Celestina*[19] de Rojas, la vieja protagonista cita estos medicamentos para curar el «mal de madre», a saber: «Todo olor fuerte es bueno, así como el poleo, ruda, exienjos, humo de plumas de perdiz, de romero, de moxquete, de encienso, recibido con mucha diligencia, aprovecha e afloxa el dolor, e buelve poco a poco la madre a su lugar».

Por la medicina el tabaco se recibió en Europa como una panacea, a la manera del remedio «cúralo-todo» que buscaban los alquimistas. En este aspecto, la excesiva apología de sus condiciones medicinales, que aproximaba la maravillosa mata de América a esa aspiración de la alquimia medieval tan sospechosa de herejía, debió de aumentar en algunos espíritus retardatarios, moralistas y ascetas, sus escrúpulos contra el tabaco. Pero de todos modos la «propaganda», como hoy se diría, se hizo atribuyendo a dicha yerba incontables condiciones terapéuticas; y aun cuando no cabe dudar de la posibilidad de algunas aplicaciones medicinales del tabaco, dada la farmacopea de aquella época, no es difícil comprender que en esa extraordinaria propaganda médica a favor del tabaco hubo mucho de «razonabilización», es decir, de justificación de un hecho por motivos ajenos a los verdaderos. El placer hedonista pedía el tabaco, el misoneísmo y la austeridad lo repelían; pero la medicina lo justificaba con sus propias razones y la sensualidad quedaba a salvo so capa de ciencia salutífera. Así el tabaco comenzó a penetrar y extenderse en las culturas europeas.

Si es sorprendente por lo espontánea, rápida y extensa, la difusión del tabaco por Europa y por el resto del planeta, no lo es menos por la tremenda lucha que tuvo que vencer. Los enemigos del tabaco lo combatieron con extremada virulencia, hasta con la pena de muerte; sus apologistas lo encomiaron atribuyéndole los más fantásticos méritos. La literatura en pro y en contra del tabaco fue abundantísima. Aún no ha cesado. Se cuentan por millares las papeletas bibliográficas en esa rama polémica de la *nicociana*, sin contar los sectores de la incesante publicidad en todos los idiomas sobre la naturaleza, el cultivo, la manufactura, el comercio, los impuestos, los aranceles, los monopolios, etc. No hemos de intentar aquí, ni siquiera compendiada, una historia del

---

19　Véase la edición de Linkgua, Barcelona, 2021. (N. del E.)

tabaco por las vías del mundo. Solo habremos de trazar un ligerísimo esquema sintético sobre la propagación del tabaco, marcando las líneas de sus rumbos sociales, tomando como trama fundamental la religiosa, con la cual el tabaco fue socialmente hallado en estas islas de América y luego acompañado por las demás tierras del orbe hasta que otros hilos de interés humano se le entretejieron y dieron al tabaco una urdimbre social totalmente diversa.

El mejor propagandista del tabaco fue el demonio; su mismo inventor, al decir de muy sesudos tratadistas de las cosas sobrenaturales de todos los mundos, así del Nuevo y del Viejo como del Otro. No son escasos los textos que se podrían aducir en apoyo del carácter demoníaco del tabaco, amén de las citadas opiniones de los historiadores de Indias, clérigos y muy sabedores de las tretas pérfidas del incansable enemigo del género humano. Hasta médico hubo, como Monardes, físico del Arzobispo de Sevilla y propagador de las maravillas terapéuticas del tabaco, que le atribuyó un origen infernal.

El maestro Covarrubias dijo sin vacilaciones: «El primero que descubrió la hierba del tabaco fué el *demonio*, haziendo tomarla a sus sacerdotes y ministros quando avian de profetizar lo que les consultavan, y el demonio les descubría lo que alcançava por congeturas mediante aquella qualidad atontados» (*Tesoro de la lengua castellana o española, v. Tabaco*). Fray Tomás Ramón asegura que los que toman tabaco en polvo «tienen algo de pacto con el implícito», o sea con el diablo. Juan de Cárdenas no sabe si el tabaco es hierba infernal o celestial. «Quando me pongo a imaginar quién aya sido el inventor de chupar este humo del *piciete*, supuesto que hasta oy author ninguno lo ha escripto, ni hecho mención dél, sospecho que algún ángel lo aconsejó a los indios, o algún demonio: que sea ángel está puesto en razón, porque él nos libra de tantas enfermedades, que verdaderamente parece medicina de ángeles; y que parezca ser remedio de demonios, también lo está, porque si nos ponemos a mirar al que lo está chupando, le veremos echar por boca y narices bocanadas de un hediondo humo, que parece un volcán o boca de infierno» (fol. 165).

El tabaco, se dice, bien pronto comenzó a tentar a los hombres. Acaso ya el primer hombre pecó por él. La iglesia abisinia sostuvo que si Adán cayó en pecado fue por la tentación del tabaco, a la cual no pudo resistir, y esta tradición fue popularizada en los púlpitos de Inglaterra (Brooks, pág. 8). Otra tradición de la iglesia griega dice que la más trascendente de las borracheras, la del patriarca Noé, fue motivada por el tabaco y no por el vino (G. Johnston, *Travels in Southern Abyssinia*, Londres, 1844, vol. II, pág. 92). Si el «árbol del bien y del mal» fue el tabaco, razón tuvo el almirante don Cristóbal Colón en buscar el Edén por estas tierras de las Indias Nuevas; pero la creencia más generalizada no está en favor de tales teorías y la humanidad va pensando que el mal y el bien están en todas las matas, que si hubo Paraíso estuvo en el mundo entero y que todo él hay que reconstruirlo si se le quiere encontrar y gozar de nuevo.

No más válida es la versión mitológica que del origen del tabaco dio un literato inglés, Richard Brathwait, en su obra *The Smoking Age* (Londres, 1617), quien dijo que *Tabaco* fue el nombre de un hijo ilegítimo de la diosa Proserpina, engendrado en su entraña por obra del dios Baco. Tabaco quiere decir «claramente»: Hijo de Baco, según la fantástica etimología del poeta. Aquel hijo natural del dios de la embriaguez luego de crecido fue desterrado del Olimpo y enviado a la tierra bajo la protección del dios de los infiernos, el poderoso Plutón. Este le dio un consejo: el de que buscara en el mundo para que lo asistieran a los hombres de ciencia por sus razones, a los abogados por sus argucias y a los poetas por sus fábulas. Y, según Brathwait, el dios Tabaco siguió aquel perspicaz consejo en su vida terrena y el mundo se convirtió en una inmensa tabacanal.

El tabaco vino a ser uno de los más amados, fecundos y universales estímulos del pensamiento y de la vida social. Ha dicho bien Gaspar Jorge García Galló (*Biografía del tabaco habano*, La Habana, 1959, pág. 206): «Una de las funciones más importantes del tabaco es brindar al fumador una compañía en la soledad». Compañía que, ya solo por serlo, es tentación creadora. El movimundano tabaco, en el pensar del hombre del Mundo Nuevo, hace a la vez la función social de Eva, que con su poma le trajo a Adán compañía de amor, creación y libertad, y la de la sierpe, cuyo fuego diabólico le encienden la mente y le eleva la fantasía hasta lo ultrahumano con sus bellos serpenteos de humo.

Apenas llega el tabaco a Europa su olor se toma por aroma o pestilencia, según los gustos, pero siempre como subida del infierno. En el primer ataque impreso que se hizo en Inglaterra contra el tabaco, en aquel libro *Work for Chimney-sweepers* (Londres, 1601), firmado seudónimamente por Philaretes y escrito, según se cree, por el obispo J. Hall, se atribuye al diablo la invención del tabaco como fruto y arma de su inhumana perversidad; así como, ya de antes, los cronistas y clérigos españoles le habían averiguado al demonio su treta del tabaco y sabían su origen maligno. Otro literato inglés, John Taylor (*The Nipping or Snipping of Abuses*, Londres, 1616) publicó el texto de la elocuentísima proclama que en el infierno dio Satanás a todos los demonios para que propagaran el tabaco en la humanidad. «Bebe y el diablo hará lo demás» decía una vieja canción; «fuma y el demonio estará contigo» podría también haberse dicho, porque tal se pensaba.

A esta oriundez infernal del tabaco puede atribuirse cierta persistente atmósfera o tufillo de pecado y malignidad que aún hoy lo acompaña, manteniéndolo apartado de ciertos contactos santimoniosos. Los cristianos, que en sus primeras centurias fueron sincretizando no pocas deidades y devociones del paganismo, no cuidaron de refundir en su santoral, aun cuando fuere por juego de analogías y simbolismos, todas las entidades numinosas con las cuales los indios relacionaban el tabaco, el maíz, la papa, la coca, la yuca y los demás elementos agrarios, meteóricos y narcóticos de su alimentación, de su sexualidad y de su medicina. La religión de los conquistadores, aun cuando en el siglo XVI seguía elaborando dogmas, no era ya tan fluida y plasmable como lo fue en su primer milenio; quizás no hubo tiempo todavía para que cuajaran en las tradiciones populares otras y nuevas personificaciones celestiales, ligadas a la mitología indiana; ni los siglos de la época poscolombina, que son de la edad de la imprenta, han permitido por su abundancia de letras continuar las ingenuas asimilaciones sincréticas de la alta Edad Media.

Tampoco hay en Cuba cofradías parroquiales de artesanos, como aún subsisten en las vetustas ciudades españolas la de San Isidro de los Labradores, San Crispín de los Zapateros y otras. Si las hubiera, quizás ya habría tenido La Habana una *Nuestra Señora de las Despalilladoras* o un *Santo Cristo de los Torcedores*, si bien aquéllas y éstos puedan invocar como suyas a la Virgen de la Soledad o a la Compañía y, en definitiva, a la criolla Virgen de la Caridad, ya que no pueden fiarse de la folklórica *Oración al Justo Juez*, que se tiene por algo herética. De todos modos, no se han dado todavía en las advocaciones populares, por ejemplo, una *Nuestra Señora del Tabaco* como dicen que hay una Nuestra Señora de la Palma; ni tampoco una *Santa Escogida*, aun cuando fuera tan imaginaria como son varias santas de las que han entretenido a los investigadores del folklore y a los eruditos padres bolandistas de Amberes en sus *Analectas* hagiográficas, en su *Acta Santorum*, que a veces fueron puestas en el Indice expurgatorio a pesar de ser obra de jesuitas. Y tampoco se observan titulaciones religiosas aplicadas a las marcas industriales de tabacos y cigarros. En España las cigarreras en algunas fábricas han declarado a ciertas Vírgenes como sus patronas celestiales, pero ninguna de sus advocaciones alude al tabaco (Pérez Vidal, pág. 280). Caso excepcional; en una fiesta folklórica de Arenys de Mar (Cataluña) dedicada a la Virgen Purísima, le llaman a ésta *Mare de Deu Fumadora* (Juan Amades, *Costumari català*, Barcelona, 1956, pág. 57). Este apartamiento completo de las católicas advocaciones en las cosas del tabaco no tiene otra explicación que la tradición latente de su originario diabolismo.

Se dirá que tampoco en los azúcares han aparecido esas advocaciones celestiales, y no se cuenta con un *Niño Jesús de los Cañaverales*, ni con una *Santa María de los Ingenios*, porque también la *caña de azúcar* es, como el tabaco, oriunda de infieles y llevada a los pueblos de la cristiandad por mahometanos, moriscos y judíos. Podrá achacarse a ello la ausencia de advocaciones religiosas azucareras; pero ese argumento no es válido. Las denominaciones católicas se dan mucho en Cuba en relación con el azúcar y con la toponimia de los fundos donde se asientan los ingenios. Muchos tienen nombre de santo, como «San Antonio», «Santa Lutgarda», «Santa Rosa», «Santa Marta», etc., unos por ser el antiguo título de la finca o hacienda, pero los más por voluntad y fe del dueño del ingenio, ya que la ley exige para su identificación territorial, comercial y jurídica que lleve un nombre y éste puede ser al capricho de su propietario, quien a veces quiere procurarse de tal manera la cooperación celeste, a manera de una comandita sobrenatural. Es verdad que, fuera de este detalle toponímico, toda advocación religiosa desaparece en el vocabulario azucarero; pero ello se debe a que los azúcares, siendo natural y mercantilmente indiferenciados, no han tenido necesidad de un nombre, ni religioso ni profano, que por su origen o fábrica los distinguiera en el mercado. Si hubiesen tenido necesidad de un nombre, nadie habría reparado en imponérselo de carácter religioso y habría habido *azúcares de Santa Rosa* y *mascabado del Buen Pastor* como hay numerosas denominaciones devotas para otros productos mercantiles de muy varia naturaleza, preferentemente alimenticios y medicinales. En el mundo comercial de los católicos, y con o sin conexión con los santuarios famosos, abundan las marcas santas o eclesiásticas, nacidas unas por ingenua devoción y otras por astuta propaganda de mercaderes. Recordemos que son populares en Italia los vinos de *Lacrima Christi*, en Francia los licores monásticos *Chartreuse* y *Benedictine*, y en España las monjiles «yemas de San Leandro»; así como han sido conocidos en el comercio habanero, no obstante sus matices de irreverencia, los «panes de San Francisco de Paula», las «tortillas de San Rafael», los «bocaditos de Santa Teresa», las «galletas de El Brazo de Dios Todopoderoso», los «palitroques de La Gracia de Dios Sempiterna» y las «aguas de Santa Rita», sin contar los «huesos de santo» que se comen a comienzos de noviembre y el «tocino de cielo» y el «Pío Nono» que son golosinas de cada día. No digamos los medicamentos con nombre de algún santo, aun cuando aquéllos carezcan de toda virtud. En La Habana hasta el «Sagrado Corazón de Jesús» es nombre de tienda de bebidas y café de nocherniegos. Si el tabaco no ha tenido marcas de tipo eclesiástico para sus vitolas y cigarrillos ha sido por las reminiscencias de su originario demonismo y no por simple reparo a su evidente sensualidad, no menor que la de aquellos caramelos, confituras y licores que tienen santería en sus nombres. Tenemos en Cuba un Santiago de las Vegas, ligado a nuestra historia tabacalera; pero ello no pasa de ser una mera circunstancia toponímica, como ocurre con el toledano Cristo de la Vega que inspirara al poeta Zorrilla.

No obstante su tradicional diabolismo, el tabaco fue cundiendo por Europa aun entre la «gente de capa prieta». Cuando el tabaco apareció en la cristiandad los tiempos de Asís habían pasado y doctrinaban los discípulos de Aquino, pero pronto serían las reformas de Lutero, de Trento V de Loyola. La iglesia de Asís no habría fumado el tabaco, la de Aquino lo toleró con filosofía, la de Loyola no tuvo reparo en consentirlo, defenderlo y explotarlo. A cada tiempo sus vivencias y sus ideas.

Acaso desde los días del descubrimiento de Cuba no haya zarpado de la isla una sola nave que no llevara algún tabaco a bordo, en la carga, en las pacotillas o en los equipajes. El tabaco, descubierto en Cuba por los blancos, salió del Caribe para el mundo ultratlántico con el primer tornaviaje a España de Cristóbal Colón. El tabaco llega al mundo cristiano con las revoluciones del Renacimiento y de la Reforma, cuando caída la Edad Media empieza la modernidad con su racionalismo. Diríase que la razón, flaca y entorpecida por la teología, para fortalecerse y libertarse necesitaba del auxilio de estimulantes benevolentes, que no la embriagaran con entusiasmos y luego la embrutecieran con ilusiones y bestialidades, como ocurría con las milenarias bebidas alcohólicas que llevan a la beodez. Para eso, para ayudar a la razón de que adolecía, salió de América el tabaco. Y con éste fue el chocolate. Y de Abisinia y de Arabia por los mismos tiempos surgió el café. Y el té también acudió entonces desde el Asia Extrema.

No deja de ser interesante esta coincidencia en la Vieja Europa de esas cuatro sustancias exóticas, todas ellas estimuladoras de la sensualidad a la vez que de los espíritus, salidas entonces de los extremos mundos como enviadas por los demonios para reanimar a Europa cuando «llegó la hora», cuando ésta quería rescatar de consuno la prioridad de la razón y la licitud del sensualismo. A Europa ya no le bastaban para sus sentidos las especias ni los azúcares; los cuales, aparte de ser escasos y solo privilegio de poderosos, excitaban sin dar inspiraciones o fortalecían sin dar exaltación. Ni le eran suficientes a su espíritu los vinos y licores, que, si procuraban audacia y fantasía, a menudo ocasionaban abyección y desvarío y nunca meditación ni juicio. Hacían falta otras especies y néctares que fuesen animadores tenaces y profundos de los sentidos y de las ideas. Y los demonios proveyeron a ello, enviando para las contiendas mentales que en Europa abrieron la vida a la Edad Moderna el tabaco de las Antillas, el chocolate de México, el café del África y el té de la China, la nicotina, la teobromina, la cafeína y la teína; los cuatro alcaloides que se unieron al servicio de la humanidad para que la razón fuese más despierta.

El café (*Coffea arabica*), negro abisinio de cuna, de 1470 a 1500 se generaliza en La Meca y de allí se corre por toda la Arabia al mundo musulmán, hasta Constantinopla (Heinrich E. Jacob, *Sage und Siegeszug des Kaffees, die Biographie eines Welt wirtsdraftlich en Stoffes*, Berlín, 1934. W. H. Ukers, *All About Coffee*, Nueva York, 1935, pág. 22). Por 1510, de China llega hasta El Cairo el té (*Tea Sinensis*), de allí pasa a ser conocido en la Europa oriental (Ukers, *Ibidem*), y los mercaderes de las Indias Orientales lo importan por Inglaterra, Holanda y otras naciones.

Los españoles descubren el cacao en Yucatán y México y las bebidas que con él hacían los indios. «Cuando es nuevo, dice el padre B. de Sahagún, si se bebe mucho emborracha, y si se bebe templadamente refriega». Y los españoles propagan enseguida el chocolate, «a la española». Se cree que en Inglaterra y Francia, por 1528, ya hay chocolate, entrado desde España; por 1610 hay té, traído a Europa por dos jesuitas (según W. E. H. Lecky, *History of the Rise and Influence of the Spirit of Rationalism in Europa*, Nueva York, 1883, tomo II, pág. 322); pero sobre todo debido al comercio holandés; y por 1615 hay café propagado por los turcos a través de Venecia y las ciudades del Danubio. En Londres, por el siglo decimoséptimo, hubo sucesivamente «clubs de tabaco» (en 1618 hubo unos 7.000 en Londres y su comarca), «casas de café» (1650) y «casas de té» (1657).

Esos cuatro alcaloides, atracciones sensuales y sutiles estímulos nerviosos, llegaron todos a tiempo para prolongar el Renacimiento. Fueron refuerzos sobrehumanos para los revolucionarios de las ideas.

La introducción en Europa de las «bebidas calientes», como suelen decir los ingleses del chocolate, el té y el café, tuvo trascendencias sociales. Lecky (*Ob. cit.*, II, pág. 322) les atribuyó haber reducido las borracheras producidas por el hábito de beber vino. En la vida doméstica, sobre todo, elevaron la condición de la mujer. Y contribuyeron, en general, a refinar los gustos y maneras y a suavizar y mejorar el carácter de los hombres.

Jacob, en su saga del café, exagera la trascendencia histórica de esta bebida aportada a la civilización moderna por los semitas musulmanes. «El café ha transformado la faz de la historia mediante las estimulaciones cerebrales que él ha producido en el género humano», dice Jacob. Judea, Grecia y Roma, según él, fueron civilizaciones vínicas. El jugo de la vid anima sus mitologías. Noé, Dionisos, Baco, Sileno. La cristiandad que las hereda y culmina eleva el vino a la sublimidad de una esencia divina. El Islam surge religiosamente como una civilización antibáquica. El mahometano cierra las tabernas y destruye las viñas. Al entrar en Constantinopla y extenderse por el Danubio las sustituye con las «casas de café» para combatir la habitual beodez de los cristianos. También para el Islam el café es néctar de renacimiento. En las edades precedentes no había otras sustancias que actuaran sobre los nervios humanos que las narcóticas y depresivas, pues el alcohol para el fisiólogo es un tósigo estupefaciente. No había estimulantes puros que mantuvieran alerta a los espíritus contra la fatiga y el sueño y fueran capaces de intensificar la actividad mental dándole más agudeza y más duración. Para Jacob el café tuvo una trascendencia cultural como la del telescopio y del microscopio, que acrecieron las dimensiones de la capacidad del cerebro. El café ha dado genialidad analítica a muchas mentes, que en las civilizaciones clásicas eran distraídas por el vino y arrastradas a la síntesis retórica y al sueño beodo.

Algo de esto puede aceptarse, pero Jacob, aun cuando alude al tabaco diciendo que éste y el café «son los dos calmantes de la fatiga en la civilización moderna», olvida toda la prodigiosa historia del tabaco, lo frondoso de su literatura, su efectiva acción mental y su unánime y universal aceptación por todos los pueblos, de todos los continentes y de todas las culturas. También Lecky, quien se complace en señalar los benéficos influjos sociales del comercio de las «bebidas calientes», olvida los del tabaco, de su alcaloide y de su «humo caliente». Sin duda, el café ha sido y es un estímulo del pensamiento, como lo es el divino té de la China. Cuando por 1554 se establecen en Estambul las públicas casas de tomar café, reciben por el pueblo el nombre de *merktel-i-irfan* o «escuelas de los cultos», y el café es denominado «leche nutricia de los pensadores». Pero también el tabaco es gran amigo del pensamiento. «Desde el instante de tomar una pipa de tabaco el hombre deviene un filósofo», dijo el inglés Sam Slick. Según Thackeray, el tabaco «hace manar sabiduría de los labios del filósofo y cierra la boca del necio». Al considerar los influjos que en la vida intelectual de la edad moderna han tenido los citados alcaloides, todos ellos deben ser considerados como cooperantes, aun cuando en grado diverso, según las épocas y los países.

Acaso las sustancias tentadoras que hay en todos ellos sean efluvios de una misma retorta infernal. Ya era sabido que en el café y el té bulle un mismo alcaloide, el «trimethyloxipurin». Pero ha poco el profesor Nottbohm descubrió que aquellas plantas contienen además otro alcaloide, el «trigonellin»; y acaba de probarse por Hantzsch (citas de Jacob, *Ob. cit.*, capítulo III) que ese alcaloide precisamente es uno de los principales constituyentes de la nicotina, característica del tabaco. Es también notable que los citados cuatro alcaloides, o demonios, aun cuando diversos de apariencias, se asemejaron bastante en sus trayectorias sociales. Por sus oriundeces todos eran ultramarinos y exóticos, llevados a los blancos por las «gentes de color»: los cobrizos, los negros, y los amarillos. Por su naturaleza, todos avivaron apetitos sensuales. Por sus comienzos, todos tuvieron cuna religiosa y anatema de sacerdotes. Por sus propagandas, todos fueron medicinales. Por su difusión, todos estuvieron perseguidos, por gobiernos, moralistas y clerecías y defendidos por médicos, poetas y mercaderes. Y todos al fin ganaron su mundial y rápida victoria, no solo por sus favores a la sensualidad y sus promesas medicinales, sino por su temprana simbiosis con el capitalismo, que los hizo signos de elegancia, de rango y de dinero y fuentes de caudalosos medros y tributos. Acaso no sea ocioso decir que dichas sustancias vegetales fueron como «monedas» y sirvieron como sustitutivas de tales: el *tabaco* como moneda de uso al menos en Virginia y en África donde, según el abate de Choisy (*Journal en Voyage de Siam*, 1687, pág. 77) los holandeses iban penetrando el continente africano a medida que compraban las tierras a precio de tabaco. El *chocolate* fue moneda precolombina en México y en África, el *té* en pueblos del Asia. Del café no sabemos.

Es sorprendente cómo hoy día la vida económica de sendas comarcas, de grandes provincias y de naciones enteras depende básicamente del tabaco, del café, del té o del cacao.

En los siglos modernos esos cuatro demonios lucrarán juntos y juntos aparecerán en los altares de la sensualidad con los antiguos y medievales alcoholes, especias y almíbares; pero sobre todos ellos el tabaco predominará siempre, ya desde el mismo siglo XVI.

El concepto de la paternidad sobrenatural del tabaco informaba entonces toda la literatura. Había en ello metáfora, pero también había creencia. Unos dirán que el tabaco es envío de los demonios, otros proclamarán que es regalo de Dios. El tabaco es yerba divina o es yerba infernal; pero en el fondo perdura el mismo concepto básico de sus maravillas, de sus portentos, de sus sobre-naturales virtudes... de su sacralidad. Es la atracción del misterio. En Cuba diríamos que de su *cocorícamo*, con voz afrocriolla. Santidad o demonismo; ello es en el fondo igual y solo se ve distinto según el punto de fe desde donde se mira.

El originario concepto indio de la misteriosa sobrenaturalidad del tabaco tardará mucho en desvanecerse por los pueblos de Europa, tan dados a las lucubraciones de teología, mística y magia. Todavía el año 1648, en las *Exercitationes de Tabaco* que publicó el renombrado médico y profesor de la Universidad de Pavía Johann Chrysostomo Magnen, éste sostiene que el tabaco tiene una magia que le es inherente y que a los indios hacía profetizar; dedicando a ese empleo del tabaco en las artes adivinatorias una de sus disertaciones, refiriéndose a sus virtudes esotéricas, soporíferas e intoxicantes, y comparándolas con las de los antiguos oráculos.

En las letras europeas desde el siglo XVI abundan las referencias al tabaco. No solo en los numerosos escritos especialmente dedicados a esa yerba, de la que se decían tanto elogios como abominaciones, sino en la literatura propiamente dicha. En las letras españolas el tabaco no mereció los ataques violentos que en otros países de Europa, ni tuvo tan ardorosos defensores. Poetas y comediógrafos, moralistas y satíricos, en España trataron del tabaco con cierta benevolencia y en sus controversias más se critican los abusos del tabaco, que se acusan sus fantásticas malignidades congénitas. Cuando las musas de España «descubrieron» el tabaco ya éste se había apoderado de las gentes y lo tomaba con fruición hasta el clero, que era el elemento social más llamado a exorcisar a los diabólicos tentadores y a librar al Viejo Mundo de esa «infernal pestilencia». Sin embargo, el tema del tabaco como creación de los infiernos se halla también en las letras castellanas.

Un satírico español tan agudo como don Francisco de Quevedo y Villegas tuvo el tabaco como cosa de los demonios, por más que dudemos de si el travieso moralista no cayó a su vez en pecado por su afición. Cuando el sagaz escritor bajó a los infiernos, allí se encontró, entre muchos diablejos que poblaban las zahúrdas de Plutón, al *diablo del tabaco*, junto con el del chocolate, también indiano como él. Ambos angelitos caídos hubieron de decirle al mordiente autor que los *tabacanos*, o sean los fumadores o tomadores de tabaco, eran como «luteranos», caso que por los dominios de S. M. Católica era entonces tan abominable y ofensivo como ahora el decir comunistas, y llevaba seguramente a las hogueras purificadoras de la Santa Inquisición como el ser endomoniado, hechicero, judaizante, sodomita y hasta culpable de contrabando, cuando esto significaba trato con mercaderes herejes. Quevedo escribió así:

Allí llegaron el diablo del tabaco y el diablo del chocolate, que aunque yo lo sospechaba, nunca los tuve por diablos del todo. Estos dijeron que ellos habían vengado a las Indias de España, pues habían hecho más mal en meter acá los polvos y el humo y jícaras y molinillos, que el rey Católico a Colón y a Cortéz y a Almagro y a Pizarro; cuanto era mejor y más limpio y más glorioso ser muertos a mosquetazos y a lanzadas, que a moquitos y estornudos y a regüeldos y a vaguidos y a tabardillos; siendo los chocolateros idólatras del sorbo, que se elevan y le adornan y se arroban; y los tabacanos, como luteranos, si le toman el humo, haciendo el noviciado para el infierno; si en polvo, para el romadizo.
(F. de Quevedo, en *El entrometido y la dueña y el soplón*.)

También Quevedo vio en el tabaco un medio de anestesia, aludiendo al uso del polvo por los negros y aconsejándoles con ironía que en su controversia con los blancos racistas se consolaran con el tabaco (en *La hora de todos y la fortuna con seso*, capítulo XXXVII).

No es de extrañar que el moralista mostrase iracundia contra el tabaco que le llegaba de las Indias adoradas y prostituidas. Quevedo era sañudo contra las cosas de América, consciente de lo corrompido de la vida colonial y de sus influencias no menos nocivas que inficionaban el ambiente español. Por eso le hizo decir a uno de sus personajes:

Advertid que América es una ramera rica y hermosa. Los cristianos dicen que el cielo castigó a las Indias porque adoraban a los ídolos; y los indios decimos que el cielo ha de castigar a los cristianos porque adoran a las Indias.
(*La hora de todos y la fortuna con seso*, capítulo XXXVI.)

Otros clásicos españoles del siglo de oro se refirieron también al hábito de tomar tabaco entre los españoles, no solamente absorbiéndolo en polvo sino en humo y así en forma de cigarro como en pipa. Ya el inca poeta Garcilaso, en los *Comentarios reales* (Lisboa, 1609), trataba de «la yerba o planta que los españoles llamaban tabaco y los indios peruanos sayri», diciendo que «tomaban el polvo por las narices para descargar la cabeza».

Quiñones de Benavente habla en tono despectivo del chocolate y del tabaco, con esos versos de su personaje Melisandra en el entremés de *Don Gaiferos*:

Plegue a Dios que un indiano te maltrate,
Haciéndote beber el chocolate,
Y algún sucio bellaco,
Por fuerza te haga estornudar tabaco...

Lope de Vega, en el acto III de *La mayor desgracia de Carlos V*, escribe este diálogo:

Jorge. ¡Vive Dios!, si un palo cojo...
Marta. ¿Qué dice el hominicaco?
Martín. Tome un poco de tabaco,
Se le quitará el enojo.

También son de Lope de Vega estos versos de *La Gatomaquia*:

...porque de tu tabaco
me dé siquiera cuanto cubra un taco.

Rodríguez Marín, al glosar esas líneas, cree que el mismo Lope tomaba rapé para sus achaques de «corrimientos de cabeza». Todavía el gran Lope alude en otra obra suya, en *Amar, servir y esperar*, al tabaco de ingenios, o sea al tabaco molido en polvos, y al tabaco de humo, poniendo en boca de Andrés el gracioso, estos versos:

—¿Ya te deslizas en culto.—
—Por hablar con cascabeles
que es linda cosa el ruido,
aunque no se diga nada,
esta lengua disparada
que tan dilatada ha sido,

298

tabaco de ingenios es
que los hace estornudar:
toman humo para hablar
y es todo viento después.

También se conocía por el siglo XVII en España al fumar en pipa. Agustín Moreto y Cabaña alude a la pipa de tabaco, dos veces en su comedia *La ocasión hace al ladrón*. Al acabarse una cena, dice Beltrán (Jornada I, Escena 4.ª):

Y si en postres asegundas,
Caja hay de melocotón,
Y perada, y al fin saco
Una pipa de tabaco
Para echar la bendición.

Y en la Jornada II, Escena 3.ª, el personaje Pimiento dice:

Pimiento. ¿Toma usted tabaco de humo?
Porque traigo de las Indias

Polonia. Cien rollos. Pues, ¿para qué?

Pimiento. Para que si alguna ninfa
Me dice: —¡Váyase al rollo!
Voy luego y tomo una pipa.

Este vocablo rollo tiene aquí dos sentidos, con los cuales juega el autor. Rollo como «columna alzada en señal de señorío jurisdiccional y que servía de picota pública para ciertas penas a los malhechores», y rollo como «conjunto de hojas de tabaco para pipa que retorcía y preparaba en esa forma, a manera de cuerda» de la cual el fumador picaba cada vez la necesaria para su pipada.

Ya Tirso de Molina se había referido al tabaco por 1620, en su obra *La villana de Vallecas*[20] (Jornada I, Escena 4.ª) que sirvió de modelo a la susodicha de Moreto. Tirso, en ocasión de describir los postres de una cena, alude a «un *tubano* de tabaco», es decir a un tabaco o cigarro puro. Dice:

Un *tubano* de tabaco
Para echar la bendición.

Como se ve, no podía ser más cristianizada la evocación del tabaco, trayéndolo al final de la comida para que coincidiera con el acto, entonces usual, de «echar la bendición» y dar gracias a Dios por el ya recibido «pan nuestro de cada día». No había nada de sacrílego en ese empleo del tabaco, a modo de incensario que sahumara con su aroma la conclusión del rito. Y Tirso de Molina era sacerdote y supo lo que dijo.

En *El diablo cojuelo* de Luis Vélez de Guevara se anuncian algunas reformas de las costumbres, entre éstas «que a las Beatas se les venía a quitar el tomar tabaco, beber chocolate y comer gigote». Con lo cual se comprende cuán dadas a las tentaciones sensuales de Indias eran las beatas de aquellos días. Asimismo se cita otras veces al tabaco en *Estebanillo González*; pero no es cosa de alargar indefinidamente estas notas. No podemos sin embargo, excusar la tentación de referirnos a los ataques contra el uso del tabaco por motivo de su suciedad inevitable, sobre todo en polvo. A los gustadores de tabaco en polvo, llamábanlos «peones de la polvareda y obligados de embarrar las chimeneas, y obreros de caballerizas» (P. Vidal, pág. 45). «...pertenecían al paraíso de los puercos». «Aunque, en lugar de pañuelos blancos como los actuales, los tabaquistas usaban pañuelos de lana gris pintada, no se lograba disimular del todo tanta basura». Además del «traer las narices y mostachos con el polvo llenas, como chimeneas de ollín», se repudiaba «el introducir el mucho escupir, moquetear y gargagear en los corros y conversaciones, y el bocecar y estornudar con él». No procuraban cohibir o refrenar los estornudos. Antes, al contrario, creían que cuanto más francos e intensos fuesen, más se despejaban la cabeza. Con razón había de poner Tirso de Molina (en

---

20 Véase la edición de Linkgua, Barcelona, 2021. (N. del E.)

Quien se cae no se levanta, Acto II, Escena VIII), en boca de un lacayo esta amenaza:

   ...¡Vive el vino!
   que he de hacer un castigo más sonado
   que mocos con tabaco...

Ninguna censura tan dura, dice Pérez Vidal, sin embargo, ni tan sucia, de la suciedad del tabaco, entre las aparecidas en España durante la primera mitad del siglo XVII, como la *Sátira contra el tabaco*, del poeta valenciano Jacinto Alonso de Maluenda, en su *Tropezón de la risa*: (Valencia, págs. 40-42).

   Toda nariz esté alerta,
   que el tabaco satirizo, venid (si es que le teneys)
   venid (si es que le teneys)
   tabaquistas a juicio.

   Un tabaquista valiente
   salió ayer a un desafío,
   y en vez de sacar la espada,
   dio tabaco a su enemigo.

   Pues sucios resquicios busca
   un sodomita, imagino
   que andará por las narices,
   donde hay tabaco perdido.

   Ya, señores, como guantes,
   hay narices de polvillos,
   y con tabaco pañuelos
   como pañales de niños.

   Una nariz con hollín
   del tabaco oscuro nido

parece, con propiedad,
chimenea del abismo.

Si un tabaquista estornuda,
luego a sus narices miro,
y en vez de *cominus tecum*,
tabaqionis tecum digo.

El que es proto tabaquista
tiene muy gran regocijo,
si va barato el tabaco,
aunque cueste caro el trigo.

De castañas tabaqueras
hace un tabaquista mico,
por saber que las castañas
son alcahuetas del vino.

Yo pienso que a las narices
de un tabaquista precito,
un Joanelo de escrementos
le subió los intestinos.

Aunque secreta la juzgo,
una nariz dice a gritos
que de calle de Madrid
passar la plaza ha podido.

El tomar mucho tabaco
es peor que un sambenito,
pues con tabaco un olfato
no puede provar que es limpio.

La suciedad del rapé servía hasta para originar una «elegancia». «Entre las clases elevadas, no solo servía el uso del tabaco para lucir riquísimas cajas, sino también para otros refinamientos y ostentaciones. Existía cierto descuido elegante de dejar caer el tabaco en la chorrera de encajes, para luego sacudirlo con un movimiento gracioso. El descuido, en verdad muy estudiado, no era sino un motivo para exhibir magníficas sortijas y las finas proporciones de las manos al sacudir el polvo. La distinguida maniobra, propia del gran mundo, se conservó por los marqueses de la Comedia francesa hasta mucho después de ser abandonado el uso del tabaco en polvo» (P. Vidal, pág. 85).

Justo es que digamos, después de anotar las múltiples suciedades del dios *Tabaco*, algunas intimidades de muy peculiar cortesía. El ofrecimiento mutuo de tabaco como prenda de afecto cordial, a manera de medieval desguante para dar la mano o del posterior rito de salvas de cañones para mostrarse inermes y, si en confianza, se efectúa en todo el mundo hasta entre sujetos desconocidos, con motivos de fumar, ofreciendo cigarro, pidiendo y dando candela, etc.

Acaso la más refinada cortesía sea la usual en muchos países de encenderle a uno su cigarro poniéndole el encendedor en su propia boca, dándole así fuego y devolviéndoselo ya ahumado al fumador obsequiado. La moderna higiene ha ido aboliendo esa babosa forma; pero fue frecuente en varios países. Y en Cuba, como se observa en un romance de mediados del XIX, de Ignacio Valdés Medina:

¡Ay! Diérame un tabaco
Antonio el de la vega,
aquél de junto al río
que nuestra estancia riega.
Tomelo complacido
pedirle la candela,
y él con su propia boca
lo enciende y me lo entrega;
fumelo y desde entonces
no sé lo que desea
mi corazón cuitado...

Nos refieren J. Juan y A. Ulloa, en su *Relación histórica* (vol. I, págs. 52 y 53) que en ciertos pueblos suramericanos es usual que la mujer encienda por cortesía el cigarro de un hombre, poniéndolo ella en su propia boca, dándole allí candela y luego devolviéndoselo ya con fuego y ahumado.

En algún pueblo como el Dahomey, donde por inveterados ritos sacro-mágicos se usaba que los sujetos se cambiaran unos con otros la saliva, la práctica se extendió al humo del tabaco. Entre iguales uno lanzaba el humo en la boca abierta del otro y se separaban sin hablar. En la corte de ese país africano había un personaje *Fumador del rey*, quien durante los actos oficiales fumaba una gran pipa de tabaco e iba echando bocanadas, como de humo, a la cara de cada persona, como rito salutatorio de magia y mutua confianza. El *Fumador del rey* vestía su traje de color de tabaco, del cual colgaban unos trozos de tela que imitaban las hojas de la planta nicotiana, con lo cual venía a ser una personificación del tabaco como ente ultramundano, tal como ocurrió con el *diablito* o *irime* de la críptica sociedad de los *ñáñigos* de Cuba.

Esas citas prueban cómo el hábito del tabaco había prendido en las costumbres españolas y cómo el teatro castellano no le fue realmente hostil. En verdad que el tabaco no encontró gran enemiga en España a pesar de su diabólica fama. Hubo rey español que, como otros monarcas de países lejanos, impuso la pena de muerte para los contraventores de ciertas ordenanzas restrictivas del tabaco; pero no fue por saña contra esta yerba, ni por inspiraciones eclesiásticas y prejuicios fanáticos, sino por móviles fiscales, como luego habremos de decir. La Santa Inquisición, que mandaba a la hoguera a quienes tuvieran trato con Satanás, a los herejes y hasta a los contrabandistas y a los afeminados, no quemó en sus autos de fe a los tomadores de tabaco.

La profunda penetración de los españoles en las Indias, el prestigio social de los que retornaban a España como opulentos indianos, el sensualismo imperante en las costumbres de todas las clases, sin excluir al clero, y la picardía desaforada en las ciudades, fueron allí concausas de esa constante tolerancia española por el tabaco y de su temprana aprobación general. Pero, sobre todo, en esa época intervienen ya en la suerte del tabaco español dos nuevos factores sociales, ambos de carácter fundamentalmente económico; uno que se traduce en la comedia y otro que no se confiesa pero que es el más importante y decisivo. Es que entonces el tabaco adquiere un sentido de alto rango social y se convierte en un gran valor económico.

Fumar un tabaco o absorber sus polvos fue símbolo de señorío y de opulencia. Acaso el uso del tabaco ya tuvo algo de jerárquico entre los mismos indios, al menos en ciertas maneras ceremoniales. En algunos cronistas se apunta la categoría social de ciertos ritos del tabaco, atribuyéndolos a los caciques y a los sacerdotes. Entre los europeos, tomar tabaco era el goce de una riqueza exótica que se consumía totalmente en una vez, quemándola y reduciéndola a cenizas. Lo elevado de su costo no permitía tal dispendioso y fugitivo placer sino a los potentados. Su exotismo, añadido al subidísimo precio, le daba a tal lujo un carácter de distinción rara. Se fumaba con vanagloria como se alardeaba de poseer un esclavito negro, una jaula de loros parleros, una carroza de caoba o un bastón de carey. Estos no eran solamente signos de riqueza; pretendían ser símbolos de pompa cortesana, ganados en empresas lejanas y semifabulosas de guerra, autoridad y poderío. Y el anhelo del rango social estimulaba la apetencia del tabaco para la ostentación en su disfrute, tal como el *parvernú* quiere beber en público el *champagne máis* rico de sabor y de precio para satisfacción de su petulancia. Así, lo antes «mal visto en sociedad» vino a ser signo de «alta elegancia entre la gente distinguida». Aún hoy día, un sujeto que «fuma en pipa» es todo un personaje en el folklore. Por extensión metafórica, también de un problema muy importante, también se dice que «fuma en pipa». La simple categoría social que tenía el tabaco por aquellos tiempos se descubre en esas alusiones que se le hacen en el teatro español de costumbres. Se le saca a la mesa a sus postres, con la exóticas y ricas frutas de Indias y de Castilla, «para echar la bendición».

Pero, además, el tabaco en esa misma época alcanza una gran consideración económica por los mercaderes, por los estadistas y también por los eclesiásticos. Ya no es solo una fuente de placeres; ya lo es también de riquezas. Al caer el siglo XVI el uso del tabaco es ya tan aceptado que pasa a ser una mercancía siempre negociable y su cultivo es granjería muy provechosa. El producido en Indias es tan apetecido que se hace objeto de un codicioso comercio transatlántico, ya tan pingüe como lo fue el de las especias; y, en definitiva, su crecido valor, su inagotable demanda y el carácter suntuario que tiene su consumo lo convierten en una base económica excepcionalmente amplia y adecuada para sufrir tributos muy productivos, zarpazos fiscales de los más crueles y a la vez de los más consentidos.

Que los curas en Cuba se dedicaron con frecuencia a granjerías agrícolas es cosa bien sabida. No pocos párrocos rurales se enriquecieron en colonias de cañas, en potreros u otros negocios. Torrente, a mediados del siglo XIX, pretendiendo que por el Estado se aumentara la paga del cura y alegando que ésta era exigua, decía que éste «se ve precisado a ocuparse en alguna granjería, como la de cultivar en su nombre o en el de un testaferro, o asociado con otro, una vega de tabaco, una estancia o un cafetal, o a interesarse en la cría o tráfico de ganado, cuyas logrerías se saben, aun cuando no figure en todas ostensiblemente» (Mariano Torrente, *Bosquejos económicos políticos de la isla de Cuba*, Madrid, 1852, tomo I, pág. 194).

Por interés económico, triple, derivado del medro mercantil, del beneficio tributario y de la renta territorial, la clerecía española no se sintió propicia a hostilizar el tabaco. Los clérigos en sus conventos y solares debieron de sentir como otros pobladores la tentación de sembrar y cosechar en sus plantíos hortelanos esa yerba tan apetecida que ya iba siendo el tabaco.

Es lícito pensar que los clérigos también se procurarían buenos medros mercantiles con el tráfico del tabaco, cuando este producto fue ya muy codiciado; pues, pese a su misión profesionalmente apostólica, no fue raro que la olvidaran persiguiendo negocios monetarios como mercaderes y contrabandistas. Con frecuencia había frailes que solapadamente traficaban en continuos viajes transatlánticos entre Sevilla y las Indias, tanto que se expidieron bulas pontificias con censuras eclesiásticas para evitar tales abusos, prohibiendo que los frailes en sus viajes marítimos llevasen consigo oro, plata y otras cosas fuera de las indispensables para su matalotaje, y ordenando que ellos fuesen rigurosamente vigilados en los puertos por razón de sus contrabandos. En 23 de noviembre de 1562, el rey de España se dirige a su embajador ante el Papa pidiéndole que gestione nuevas bulas confirmatorias y más censuras. Felipe II se quejaba, por ser perjudicial «a los adelantos de la fe», hasta de «el comercio del vino que hacían los Superiores y otros, así seculares como eclesiásticos» (*Cartas antiguas*, en el Archivo de la S. Congregación de Propaganda Fide. Según Ayarragaray). Se entregan «a continuo comercio tanto seculares como seglares», sin desdeñar el horrible tráfico de esclavos «indios con cristianos que hacen todo, así laicos como clérigos, quienes compran indios aún siendo ya cristianos y los llevan de una a otra provincia». Y hubo curas que fueron negreros.

El año 1602, el gobernador de Cuba don Pedro de Valdés informaba a Madrid que no eran tan solo los seglares quienes hacían contrabando sino también los sacerdotes; que el párroco de Baracoa

...era uno de los mayores rescatadores con herejes y enemigos que había en todas las Indias, y que todos los demás religiosos y clérigos de la isla le imitaban públicamente y sin rebozo.

(Jacobo de la Pezuela, *Historia de la isla de Cuba*, Madrid, 1868, vol. I, pág. 543.)

Las penas canónicas no eran suficientes contra las granjerías, negocios y tráfico contrabandista que los sacerdotes en Indias hacían con los herejes y enemigos de su patria y de su religión, y con fecha 27 de septiembre de 1609 otro rey de España tiene que escribir de nuevo a su embajador en Roma expresándole que

...aunque por breve de Pío IV está prohibido el traer dinero, plata y oro de las Indias a los religiosos que vienen dellas... no se observa y guarda como conviene, y hay muchos excesos en traer los dichos religiosos hazienda de las Indias para negociaciones y otros usos, de que resultan grandes inconvenientes en deservicio de Nuestro Señor y rrelajación en las costumbres de los tales religiosos.

Por lo cual el rey ordena que se suplique al Papa que expida breve apostólico para impedir que siga ese desorden, el cual quebranta en los frailes su voto de pobreza, «tiene introduscida la propiedad de los rreligiosos y arruinados los conbentos». Por todo esto, decía el rey, en ciertas parroquias se originan desórdenes de la

...vida licensiosa, por haber a la vista transgresión del voto de pobreza porque se hacen todos propietarios y por medio de presentes y regalos hacen que los visitadores transijan con esta propiedad.

(*Cartas reales*, en el Archivo de la Embajada de España. Según Lucas Ayarragaray, *La Iglesia en América y la dominación española*, Buenos Aires, 1920, págs. 41 a 43.)

Siempre el tabaco ha sido materia propicia a los contrabandos, como lo es, por sus provechos muy remuneratorios de los riesgos, toda mercancía de gran valor y a la vez de escaso volumen, y de fáciles transportes y ocultaciones. Y es de presumir que quienes tanto defraudaban al real tesorero, quebrantando sus votos y abusando del respeto a su sagrado ministerio, con los rescates de los herejes y con la introducción de «oro, plata y otras cosas», también lo hicieran con el tabaco, que entonces llegaba a valer lo que su mismo peso en metal precioso.

El *negocio* del tabaco llevaba consigo la contemporaneidad del *contrabando*, el privilegio fiscal y su burla provechosa. Así en Cuba como en España y demás países que se hicieron agricultores, industriales y comerciantes. «El contrabando, dice Pérez Vidal (pág. 347), puede realizarse con innumerables productos; pero en España con ninguno se ha practicado tanto como con el tabaco. Harto elocuente resulta que el término *contrabando* se haya empezado a emplear en español, por los mismos años en que el tabaco fue estancado. Y tan rápidamente se desarrolló el ilícito tráfico, que solo diez años después de establecerse el estanco, se consideraba ya como uno de los mayores males de la monarquía. Justamente en 1646, el familiar del Santo Oficio don Jacinto de Alcázar Arriaza decía, sin ninguna clase de tapujos, en sus Medios políticos para el remedio único y universal de España (Madrid, 1646, f. 13). «Tocar en lo estancado, es lo mismo que en robo manifiesto, y para estos reynos tan costoso, que cualquiera rey quisiera de patrimonio, en renta fija, lo que importa.»

En España llegó a ser institucional el contrabando. Por las serranías y costas marinas de la Península los contrabandos eran un modo habitual de vivir; una forma específica del bandolerismo. El tabaco y sus contrabandistas forman un sector histórico en Andalucía, sobre todo en Sevilla, como personajes de las sierras y de las fábricas cigarreras de Sevilla. *¡Carmen!* «En el Pirineo catalán, dice Pérez Vidal (pág. 358): los contrabandistas eran tenidos por herejes y judíos, reñidos con la ley de Dios, leprosos e indeseables. Según parece constituían grupos, que apenas tenían contacto con los pueblos. Pernoctaban en cuevas y chozas, y solo frecuentaban las posadas que servían de guarida de ladrones, con los cuales alternaban; los posaderos les servían con frecuencia de intermediarios con los comerciantes, que acudían a comprar los géneros pasados de contrabando. La gente esquivaba al contrabandista, porque, según se decía, éste tenía cola, movía las orejas, escupía gusanos y no se sonaba por más que se constipase. Se creía, además, que el contrabandista no comía carne de cerdo, tomaba todo cocido, y no bebía vino, sino leche de las vacas y ovejas que encontraban por las montañas. El contrabandista pirenaico usaba como distintivo un bastón grueso, que le servía de defensa contra las alimañas, y que lanzaba contra los guardias con gran habilidad. También se servía de él para caminar por senderos difíciles y saltar barrancos, principalmente cuando iba cargado con el *paquet*, nombre que daban al fardo de contrabando, y que le valía el calificativo de *paquetería»*. Los contrabandistas catalanes y andorranos aún tienen patronos celestiales en las iglesias. *San Fausto* los de Cataluña y *San Ermengol* los de Andorra (Amadés, *Costumari català*, Barcelona, IV, pág. 264 y VI, págs. 93 y 671).

Pérez Vidal (pág. 351), al reseñar los contrabandos del tabaco llega a casos... pintorescos que se condenaban con pena de muerte. Artilugios del diablo. «De los utilizados para sustraer tabaco de las fábricas, merece recordarse uno, muy sucio, pero muy característico de la época en que dominaba el uso del tabaco en polvo: el del *tarugo*. Consistía éste en un trozo de tripa bien lleno de polvo o rapé, y bien atado, que, para pasarlo ocultamente, en especial por el registro de las fábricas, se introducía en él recto. Un bando del 21 de mayo de 1760, lo prohíbe y castiga en los siguientes términos: «que ningún dependiente u operario de dichas reales fábricas, ni persona de fuera de ellas cometa el gravísimo y atroz delito de robar tabaco con *tarugos* introducidos en sus vientres por los orificios, *pena de la vida*, ni de otros cualquier modo e inventiva; ni concurra con auxilio para ello, baxo la pena de seis años de minas del Almadén (en defecto de las Reales Galeras), además de las establecidas por las reales cédulas».

La importancia tributaria del tabaco debió de percibirla, antes que otra entidad social, la Iglesia católica en las Indias españolas, apenas los pobladores iniciaron privadamente el cultivo de tabacales para su aprovechamiento en los tratos mercantiles. La base económica de la Iglesia española, como en general de la católica, aparte de sus grandes feudos, fundos y otros pingües beneficios, estuvo en los diezmos, o sea en el impuesto que aquélla percibía del 10 % de toda la producción minera y agraria del país. El sistema legislativo de tal tributación eclesiástica ya estaba en vigor en la España peninsular antes que naciera la España colonial, y cuando surgió ésta no hubo más que hacer extensivo a los nuevos países ese viejo régimen fiscal de Castilla, lo cual hicieron los Reyes católicos por Real Cédula de 5 de octubre de 1501. Apenas el tabaco comenzó a ser objeto de la especulación agraria de los españoles en las tierras por ellos pobladas, por solo ser un producto cultivado, quedó *ipso facto* sometido al impuesto del diezmo, o sea de la décima parte, de su producción, a favor de las arcas eclesiásticas. Así los clérigos españoles de las Indias, donde comenzó a cultivarse el tabaco para su consumo por los pobladores y luego para la exportación, pronto sacaron directos provechos, económicos y utilitarios de la propagación de la planta diabólica, como los reyes pudieron beneficiarse con ella mediante los almojarifazgos, alcabalas, monopolios y toda suerte de gabelas que fueron impuestos sobre el tabaco bajo amenaza de los más draconianos castigos.

El tabaco producía a la Iglesia más que diezmos. A medida que el cultivo del tabaco se extiende, se va creando por las Indias españolas una nueva base de sustentación económica para el clero colonial. Las vegas de tabaco son pequeños cultivos hortelanos, establecidos en las riberas de los ríos donde se sitúan las villas del poblamiento, y sobre aquellas pequeñas fincas, de pingües ganancias y asientos de núcleos familiares de campesinos apegados a la tierra, se va creando para las instituciones religiosas un gran caudal de gravámenes rentísticos, como capellanías, censos, memorias, misas y otras imposiciones de carácter piadoso, cuyos proventos van principalmente a las órdenes monásticas. Las creencias místicas, y las presiones eclesiásticas tan corrientes entonces, hacían obligatorias las mandas o legados píos, estableciendo por testamento capellanías, censos y demás gravámenes reales con que la religiosidad humana trataba de conseguir, mediante el pago e inversión terrenal de una renta, la tranquilidad de un seguro de vida eterna y bienaventurada. Por otra parte, en los varios siglos de relativa inseguridad que tuvo en Cuba la propiedad inmobiliaria, especialmente la rústica, gravar una finca con un censo a favor de la Iglesia era en cierto modo robustecer la titulación del

310

propietario, haciendo a la Iglesia cointeresada de éste en el mantenimiento de la legitimidad y permanencia jurídica del hecho dominico o posesorio.

Por eso, cuando en 1682 el gobernador de Cuba quiere fijar un impuesto sobre las vegas, los molinos, la elaboración y la venta del tabaco habano y sufragar los gastos del sustento de dos piraguas para combatir a los piratas, protestan airados los conventos (*Carta del gobernador a S. M. de 6 de septiembre de 1683*). El gobernador, don José Fernández de Córdoba y Ponce de León, no puede ser más explícito en el informe a S. M. Se queja de los indisciplinados vecinos de La Habana, diciendo que

> ...es la naturaleza de esta gente que puebla esta Ciudad tan opuesta a todo lo que se les manda y tan hechos a su libertad, que todo cuesta no poca dificultad.

Y añade seguidamente:

> No siendo el menor embarazo para ello, los que se introducen debaxo del sagrado de sus órdenes, por diferentes caminos, en estas cosas; los clérigos y religiosos que por sus fines particulares se manifiestan zelosos, con pretexto de los pobres, en que no para poca mortificación...

Y los conventos celosos de sus intereses particulares (comercio, préstamos usurarios, contrabandos) «debaxo del sagrado de sus órdenes» vencieron en su protesta, pues el rey, si bien aprobó dichos impuestos locales, «exceptuó de la contribución a los eclesiásticos mandando restituirles lo que hubiesen dado» (Urrutia, *Ob. cit.* II, pág. 120).

La enemiga clerical contra los impuestos al tabaco no ceja. Y cuando en 1717 una Real Cédula manda estancar todo el tabaco de Cuba, los representantes de los frailes dominicos, franciscanos, agustinos, capachos, belemitas y la abadesa de las monjas de La Habana elevan a S. M. una protesta alegando que «en todas las tierras en que se siembra el tabaco» hay imposiciones redituales a favor de los conventos, las cuales a éstos sostienen y cesarían o menguarían mucho mediante el proyectado estanco. Según Pezuela, el movimiento subversivo, que llegó a un furioso motín contra el capitán general, fue ocasionado por los mercaderes o «especuladores» del tabaco en La Habana, quienes soliviantaron a los vegueros contra el monopolio que iba a establecer el Estado. No dudamos de que los «especuladores» tuvieron parte en la revuelta; pero también es indudable que entre los «especuladores» estaban los frailes y las monjas. La oposición eclesiástica fue tan violenta y pertinaz que un dominico, fray Salvador Suárez, fue acusado como el principal instigador, y el rey, con fecha 21 de noviembre de 1719, hubo de dictar una Real Cédula al «Venerable y Devoto Prior del Convento del Orden de Predicadores de Sto. Xptoval de La Habana», advirtiéndole que:

> siendo tan del servicio de Dios y mío que los eclesiásticos, así seculares como regulares, se contengan en los términos de la razón y de su estado, sin faltar a las obligaciones de él, ni esparcir voces perniciosas que suelen servir de fomento a las inquietudes y sublevaciones de que se siguen tan graves daños y perjudiciales consequencias...

le encarga al susodicho prior que

> ...pongáis vuestro especial cuidado en no permitir que ninguno de vuestros súbditos perturben la paz de esa república, ni sirba de ynquietud, ni embaraso al buen gobierno della y cumplimiento de mis Reales órdenes y que si alguno lo executare o fuere escandaloso, le contengáis, moderéis y echéis de esa Ciudad, a la parte donde tubiere por conveniente mi governador y capitán de esa Isla.

Y aún años después, por Real Cédula de Aranjuez, el 26 de mayo de 1721, el rey ordena que se destierre a dicho fray Salvador Suárez, «poniéndole en lugar y distancia que no pueda inquietar a los ánimos de esos moradores».

Durante tres siglos la propiedad cubana, así la rural como la urbana, va cubriéndose de cargas eclesiásticas, fuera de los diezmos. Como dijo Pezuela:

> La devoción de muchos habitantes por un lado y la influencia sacerdotal por otro, hicieron crecer con mucha superioridad sobre los diezmos los productos de las capellanías, mandas pías, legados y beneficios de los eclesiásticos.

Según los cálculos hechos por Jacobo de la Pezuela (*Diccionario geográfico, estadístico, histórico, de la Isla de Cuba*, La Habana, 1863, tomo II, pág. 242),[21] a mediados del siglo XVII el capital de las fundaciones eclesiásticas era en Cuba de 4.000.000 de pesos fuertes.

Absorbiendo la tercera parte del capital que podía tener entonces la riqueza pública. Así es que don Gabriel de Villalobos, marqués de Barinas, en un extenso informe que en 1690 presentó a Carlos II con el título de Grandezas de Indias, decía estas verídicas palabras: «No excuso representar a V. M. el gravísimo inconveniente y gravamen que padecen los vecinos (de La Habana), por cuya causa no se aumenta, antes va a menos, si no se remedia este desorden. Antes de cincuenta años serán todas las haciendas de los eclesiásticos, quedándole a los seculares solo una insoportable carga».

Los diezmos eclesiásticos fueron de hecho aliviándose por la resistencia pasiva de los contribuyentes, por la enorme dificultad de su cobro en especie y por la habitual corrupción de los diezmeros; pero las cargas pías de la riqueza inmobiliaria de Cuba continuaron siendo abrumadoras hasta el siglo décimo noveno. Durante ese largo tiempo, los clérigos acreedores procuraban que la productividad económica de las fincas agrícolas no fuese mermada por nuevos impuestos, los cuales redundarían en perjuicio de los gravámenes redituables, de derecho privado, y de los diezmos fiscales, de derecho público, que las tierras habían de pagar a la Iglesia. No es, pues, inverosímil que esa utilización tributaria y reditual del tabaco, iniciada en las Indias por los eclesiásticos españoles, debió de influir en la temprana tolerancia de éstos por el tabaco, a pesar de su indígena pestilencia satánica. Al fin y al cabo, el demonio, extendiendo sus tentaciones, venía de esa manera a aumentar también las rentas eclesiásticas. Y los intereses de los demonios y los de los clérigos, pese a sus íntimas contradicciones éticas, coincidían así en la difusión del tabaco entre los pueblos cristianos.

La yerba india no logró su definitivo injerto en la troncalidad de la cultura de los pueblos blancos, ni fue en ellos naturalizada, sino por esa novísima función

---

21 Véase la edición de Linkgua, Barcelona, 2021. (N. del E.)

económica se le encontró, la de servir para grandes cosechas y esquilmos tributarios con qué satisfacer las necesidades monetarias de los gobiernos. Y entonces ya el tabaco queda plena y socialmente institucionalizado en los pueblos blancos. Lo que entre los indios fue socialmente una institución de índole mágico-religiosa, entre los blancos deviene una institución de carácter económico; fenómeno característico de una completa transculturación.

La transición cultural del tabaco fue muy polémica. Se expresaron con sumo ardimiento las tendencias innovadoras y las estacionarias, se imaginaron ridículas generalizaciones, se hicieron persecuciones hasta la muerte y se mantuvieron con tesón las rebeldías; combatieron la teología y la ciencia, la ignorancia y la técnica; y, al fin, se impusieron los criterios económicos y hedonísticos, hasta el día de hoy en que sigue la brega, con otras ideas y propósitos y casi siempre por dineros.

Los demonios, muy sabichosos de las debilidades humanas, para lograr vencer más pronto entre los pueblos ultraamericanos unieron la original y fisiológica tentación sensualista del tabaco a la social tentación de la vanidad. Pero aún estas dos tentaciones no fueron bastantes. Entonces movilizaron también la de la codicia. Buscaron el modo de traducir tabaco en dinero. El original sentido del tabaco fue trocado en un interés económico de posibilidades capitalistas y tributarias. Y ya con la estimulación conjunta de tres pecados, capitales los tres (la gula, el orgullo y la avaricia) los demonios vencieron entonces rápidamente; diríase sin irreverencia que «en un santiamén», pues, al fin, hasta la alta clerecía los ayudó a que triunfara por todo el mundo el tabaco, ese archidiabólico y sutilísimo instrumento de sensualismo y celebración.

En la historia europea del tabaco se dieron con más pronunciados relieves estas fases de su transculturación. Es al mediar el siglo XVI cuando el tabaco deviene en una «mercancía internacional» y comienza a cultivarse en Europa. Es muy probable que las semillas del tabaco, siendo tan numerosas, diminutas y fáciles de transportar y de esconder, fueran llevadas a España por muchos de los marineros, mercaderes, clérigos y oficiales del rey posteriores a Colón, cuando ya se aficionaban los españoles de Indias al uso del tabaco, y que de aquella manera esta yerba se extendiera fácilmente por toda Europa a medida que las naves frecuentaban las costas americanas. Dice el *Diccionario Espasa*, con otros muchos errores en sus papeletas históricas sobre Cuba, que «el misionero Romano (sic) Pane, en 1518, remitió a Carlos V semilla de esta planta, que el emperador mandó sembrar y cultivar con sumo esmero, debiéndose contar desde esta época la introducción del cultivo del tabaco en Europa». Dejamos al citado diccionario la responsabilidad de esta afirmación, hasta ahora sin conocido fundamento. Se ha creído que el negocio de compraventa de tabaco se estableció en Europa pocos lustros después del descubrimiento; pero no hay dato alguno que permita sostenerlo. Se escribió hace años (J. B. Thacher, *Christopher Columbus, His Life, His Work, His Remains*, etc. Nueva York, 1903, vol. I, pág. 561) que en una cláusula del testamento de Diego Colón, fechado el 2 de mayo de 1523, se hacía un legado a un «mercader de tabaco en Lisboa»; pero ello es incierto, debiéndose el error a una defectuosa traducción de ciertas palabras del texto, que dicen: «Antonioto Baco, mercader», las cuales fueron mal traducidas así: «Antonio —Tobaco— mercader» (*Raccolta*, parte I, vol. III, pág. 207).

Jacobo de la Pezuela se equivocaba al decir del tabaco que «no aparece ninguna referencia de que se usase fuera de la Península, en Europa, hasta que en 1605 empezaron los turcos a fumarlo» (*Diccionario*, tomo IV, pág. 563). Los primeros datos documentales de la llevada de la planta de tabaco a Europa se encuentran en la citada obra del fraile francés A. Thévet (1556) y en la, también ya aludida, del médico español Francisco Hernández (1558-1559); pero no es posible dudar de que ya desde antes se conociera el tabaco y se fumara en algunas ciudades de Europa. El tabaco comienza a ser cultivado por 1554 en Bélgica (según Dodoens), por 1559 en Alemania (según Lewin), por 1561 en Holanda (según Schward) y en Inglaterra por 1570 (según Lobel), mucho antes de la fecha de 1584 o 1586 que se suele dar, aun cuando erróneamente, como la de la introducción del tabaco en aquella isla de Europa por el célebre Sir Walter Raleigh (cita del vicealmirante W. H. Smyth, en su traducción de la obra de Benzoni, en la Colección Hackluyt, pág. 82, nota).

A fines del siglo XVI ya en Inglaterra gozaba de gran fama el tabaco cubano; todavía aquella nación no tenía colonias en el Nuevo Mundo y ya el tabaco de la mayor isla de América era llevado a la mayor isla de Europa, clandestinamente por los barcos contrabandistas y corsarios. Ya por ese tiempo en Inglaterra se conocieron dos maneras de fumar el tabaco, en cigarro torcido o en pipa, y aquélla fue la primera, tomada de las Antillas. En los últimos años del XVI la costumbre de fumar se había extendido tanto en Inglaterra que un viajero alemán escribía: «los ingleses doquiera están constantemente fumando la yerba nicotiana, que en América se denomina Tabacá» (P. Hentzner, *Itinerarium of Journey to England*, 1598).

La afirmación hecha por algunos de que la planta del tabaco se introdujo en Europa por medio de España, pero que el uso de fumar fue allá conocido por medio de Inglaterra (W. G. Freeman, *The Encyclopaedia Britannica*), carece de fundamento y hasta de verosimilitud. Los españoles conocieron el tabaco de fuma en Cuba cuando no hacía un mes del descubrimiento de América, y ellos y los portugueses pronto supieron y captaron las virtudes de la planta *nicociana* por medio de sus polvos y humos, en varios países indianos, mucho antes de que los ingleses se apoderaran de Virginia y vieran fumar en pipa a sus indígenas. Se llegó a suponer que Walter Raleigh conoció el tabaco en Virginia; pero hoy se cree que lo aprendió en Francia de los hugonotes, y se observa que, a pesar de las conexiones de aquel favorito de la reina virgen con su colonia de Virginia, nunca estuvo en ésta ni pudo en América aprender a fumar.

Aunque fue un gran apasionado del tabaco, cuéntase que se fumó plácidamente unas pipas antes de ser decapitado el 29 de octubre de 1618.

Es seguro que el tabaco «ya se cultivaba en Inglaterra en 1573, un año antes de descubrirse Virginia» (Berthold Lauter, *The Introduction of Tabaco into Europe*, Chicago, 1924), pues W. Harrison en su *Description of England*, publicada en 1876 pero escrita en 1573, el mismo año en que volvió de las Indias Occidentales a Londres el célebre marino Francis Drake, el odiadísimo *Draque* o *Dragón* de los escritores españoles, ya describe allí la planta *Nicotiana tabacum* que se empleaba para curar catarros nasales. Pero no se sabe con certeza desde cuándo el tabaco fue conocido en Inglaterra, ni de dónde fue llevado a ese país.

John Spacke dijo que el tabaco entró en Inglaterra el año 1565, sacado de la Florida. El autor inglés, a quien pudiéramos calificar de «cronista de Indias», Richard Hakluyt, escribió en 1585 que «la semilla de tabaco fue traída a Inglaterra de las Indias Occidentales». Otros piensan que a Inglaterra llevó la planta del tabaco el marino John Hawkins al regresar de alguno de sus viajes a las Indias. Este capitán inglés vino de contrabando en 1563 con un barco cargado de negros esclavos y de tejidos de lino, seda y otras mercaderías de Inglaterra, y pocas horas estuvo en puerto. En los años siguientes volvió a la Española y corrió peripecias por los puertos de Costa-Firme.

Brooks, en su valiosísimo estudio (I pág. 44) sostiene que en 1560 ya se conocía el tabaco en Inglaterra, pero solo como panacea que encomiaban los médicos y herbolarios. Por esa época ya el tabaco se fumaba por los marineros de España, Portugal, Francia y Flandes, y antes de 1565 ello era habitual en toda la marinería de la carrera de Indias. Consta que antes de 1570 algunos de esos marineros fumaron públicamente en Londres (Pierre Penna y Matías de l'Obel, *Stirpivm Adversaria Nova*, Londres, 1570). Por 1590 en Inglaterra ya no era raro el fumar; pero escaseaba el tabaco, tanto que los aficionados rurales acudieron a una planta llamada *coltsfoot*, o «casco de potro», para sustituir el tabaco. Todavía se fuma ese llamado *tabac de pota* por los campesinos de la isla de Menorca, a donde lo llevaron los ingleses durante su dominación; y allí pudimos conocer su pestilencia, a veces nauseabunda. Cuando el último viaje de Drake y Hawkins a las Indias, en su entrada a Santo Domingo cargaron gran cantidad de tabaco para Inglaterra (Hackluyt, *The Principal Voyages*, Londres, 1599, 2.ª ed., vol. III). Y la planta *nicociana* fue cargamento apreciadísimo de los contrabandistas que en Indias burlaban las leyes españolas de acuerdo con los gobernantes, vegueros, y demás colonos.

Según Laufer, de Inglaterra sus soldados llevan consigo el tabaco a Bohemia, en la guerra de los treinta años, y luego sus marinos lo introducen en Turquía. Pero no parece que estas opiniones sean definitivas, pues Constantinopla, por el Mediterráneo y por el Danubio, comerciaba mucho con los puertos de Argelia, Ceuta y Marruecos y con las grandes ciudades fluviales de la Europa Central; no tenía, pues, que esperar a que los ingleses, u otros que no fueran sus propios marinos, les llevaran el tabaco. Más bien puede pensarse que fueron los grandes contrabandistas turcos y moros, en contacto con los andaluces y portugueses y organizados por los ricos mercaderes judíos expulsados de España, los que extendieron por el Mediterráneo, por el Mar Negro y por los ríos que en éste desembocan los productos de origen americano. Así puede observarse cómo algunos de éstos (el maíz, los higos de tuna y el pavo) recibieron y conservan el nombre de *turco* o de *moro* en Italia, Francia y Cataluña y hasta en Inglaterra. El pavo o guanajo, que unos españoles descubrieron en las islas Guanajas a donde iban de La Habana en rapiña de esclavos indios, aún hoy se llama *turkey* en la Gran Bretaña y en la misma América anglosajona. Al maíz se le dice *grano turco* en Italia; *blat de moro* en Cataluña, etc.

Todos los datos parecen comprobar que el cultivo del tabaco se introdujo en los países ultrapirenaicos de Europa por unos mismos años. Para ello hubo varias vías indirectas: la de España, la de Portugal y la de Marruecos y Berbería; pero la vía más rápida e inicial debió ser la directa, la que abrieron los corsarios franceses e ingleses en sus tempranas correrías por las Indias, ya desde la tercera década del siglo decimosexto.

En la historia ultrahispánica del tabaco, los pasos de transición que éste dio fueron más marcados que en España, en la medida en que la introducción de la yerba india y de su complejo de cultura representaba una más trascendente innovación económica. La aversión prejuiciosa que acompañaba en sus inicios al tabaco como una atmósfera metafísica más sutil que su propio humo, fuera de España inspiró las iras enemigas de los más poderosos magnates. Hasta hubo un rey de Inglaterra, Jacobo I, que en 1603, aunque el tabaco ya era conocido como moda distintiva de un encumbrado rango, no vaciló en acometer personalmente contra la solanácea americana, escribiendo por sí mismo un libro que tituló, sin eufemismos: *A Counterblaste to Tobacco*. El ataque del regio *Misocapnus* («enemigo del humo») fue de lo más agresivo e insolente. He aquí la traducción de algunos de sus párrafos:

Ciertamente el humo es más propio de una cocina que de un comedor; y sin embargo, convierte en una cocina las partes interiores de un hombre, ensuciándolas o infectándolas con una especie de hollín untuoso y grasosiento como el que ha sido hallado en los cuerpos de algunos grandes fumadores después de muertos. Una costumbre repugnante a la vista, dañosa al cerebro, peligrosa para los pulmones, y que con el apestoso humo que produce recuerda al horrible humo estigio del abismo sin fondo.

Ahí está la inevitable evocación del diabolismo. El viejo hijo de María Estuardo, olvidando las tolerancias que con el tabaco tuvo Isabel I, la reina virgen, hasta increpaba al gran marino Walter Raleigh, a quien creía introductor del tabaco en la Gran Bretaña, dedicándole esta andanada:

La corruptora bajeza del primer uso del tabaco se compagina muy bien con la manera necia y sin motivo con que fue introducido en este reino. No está muy lejano el día en que hizo su primera entrada y podemos recordar muy bien tanto el primer autor como la forma de la primera introducción entre nosotros. No fue aquí traído por un rey, gran conquistador, ni por ningún ilustrado doctor en medicina. Con el informe de un gran descubrimiento para una conquista, fueron traídos dos o tres salvajes junto con su salvaje costumbre. Lo sensible es que los pobres salvajes murieron, pero la bárbara costumbre vive todavía, sí, con renovado vigor, de manera que me parece un milagro cómo una costumbre salida de un medio tan vil, y traída por un padre tan generalmente odiado, pueda admitirse con tal débil garantía.

Las iracundias del rey inglés con motivo del tabaco se repiten y agravan en los más distantes países. Se dice que a Turquía fue el tabaco en 1605, pero Laufer (*Ob. cit.*, pág. 61) opina que fue antes, a fines del siglo XVI, desde Inglaterra y para fumar en pipas. En las *Mil y una noches*, cuya última redacción se atribuye al siglo XVI, nada se dice del tabaco ni de la pipa, a pesar de sus minuciosas descripciones de la vida oriental musulmana. De todos modos, cuando el tabaco comienza a conocerse allá, llevado por los mercaderes del Mediterráneo que lo compraban en España y la Morería, los sultanes imponen la pena de muerte a quienes lo usan. Al sultán de Turquía imitaron después en su barbarie el zar de Rusia y el sha de Persia. Antes de acabar el siglo XVI ya se encuentra el tabaco en el Indostán, la Indochina y Java, llevado por los traficantes y misioneros portugueses (Brooks, I, pág. 41). A China llegó el tabaco, ya en 1573 cuando la dinastía de los Ming, por la región de Fu Kien y llevado por los españoles desde Filipinas, junto con el maní, el boniato y otros dones agrícolas de América. Por 1638 allí se manda decapitar a quien hiciere plantar tabaco, no obstante denominarlo «yerba de la benevolencia», «humo revividor del espíritu» y «píldora de los cinco elementos». Pero un día se asegura que el tabaco cura los resfriados de los soldados del ejército y entonces ya se permite su siembra y su expendio... mediante el pago de un tributo. En el Japón entra el tabaco en 1605 por los tratantes portugueses, y apenas transcurren diez años cuando el emperador manda quemar los sembrados que se habían extendido sin su alto consentimiento (Berthold Laufer, *Tobacco and its use in Asia*, Chicago, 1924).

Se ha dicho que las persecuciones contra el tabaco tuvieron una razón política además de una religiosa. Con la moda de fumar se establecieron casas o «tavernas de tabaco», donde los aficionados no solo compraban la codiciada planta y las pipas y demás adminículos para fumar, sino que se sentaban a saborear el vicio y de ahí que se reunieran, tertuliaran y conversaran... y hasta hablaran demasiado contra las conveniencias de los gobiernos, poco gustosos de las críticas públicas y de las posibles conspiraciones subversivas. No es de extrañar, pues, que por Arabia, Turquía y Rusia se persiguieran las «casas de tabaco», como también las «casas de café», y que luego éstas se miraban de reojo por las autoridades de otros países europeos. En la misma Inglaterra, el rey Carlos II quiso prohibir todos los cafés, a mitad del siglo XVII. Ciertamente, los cafés hasta fines del siglo XIX fueron por toda Europa centros de política, como ocurrió antes con los «clubs de tabaco», que desaparecieron a medida que se extendió el uso de la *nicociana*, pues no eran necesarios para el consumo de esta planta los utensilios diversos y las complicadas operaciones que se requieren para el café y el té, tales como infusiones de hojas, vasijas, fogones, molinillos, tazas, platillos, cucharas, azúcares, y, por tanto, mesas donde posarlo todo, sillas donde acomodarse y, en fin, lugar donde prepararlo y sorberlo. Aquellas circunstancias provocaron vigilancias contra esos centros de opinión, como templos diabólicos; pero no justificaban los terribles castigos que sufrió el tabaco, no ya contra las habituales reuniones de los fumadores sino hasta contra todo acto de siembra, cultivo, comercio y consumo de aquella planta.

Las razones verdaderas de estas crueles persecuciones fueron radicalmente económicas. Entonces el tabaco es una mercancía muy codiciada que se produce especialmente en España, en Portugal y en sus Indias y cuyo cultivo no se conoce de antiguo ni ha sido emprendido todavía en los viejos pueblos del continente euroasiático. El tabaco era mercancía exótica e inesperada, sin memorable antecedente, que de pronto irrumpía en los pueblos, penetraba audazmente en las costumbres con furor novelero y despertaba un desaforado apetito, como de una especia suprema y jamás gustada. Este inopinado fenómeno comercial ocasionaba una grande y costosísima importación extranjera, incompensada y desequilibradora de la economía interna. Pero también trastornaba los grupos de los mercaderes matriculados haciendo que un nuevo y muy pingüe trato, fuera de sus manejos, se introdujera para medro privilegiado de otros tratantes, generalmente forasteros intrusos, navegantes que tocaban con sus buques en los lejanísimos puertos de las Indias Occidentales, en los monopolizadores de Cádiz y Lisboa o en los piráticos y contrabandistas de Marruecos y la Berbería. Dado el alto precio de la mercancía tabaquera y la relativa pequeñez de su volumen, sus provechosos tratos quedaban a merced de los capitanes de esas naves de largas travesías y, en parte, menor pero no despreciable, de aquellos de sus marineros que tuvieran pacotilla. Este comercio nuevo, muy valioso e intruso, enfureció a los acaudalados mercaderes localmente establecidos, aprovechadores únicos de las acostumbradas transacciones comerciales, conocedores de sus vías, de sus rutinas, de sus riesgos, de sus trucos y de sus medros. Los grandes comerciantes de la ciudad marítima, codiciosos e influyentes, no podían ver con buenos ojos aquella nueva y rica mercancía alteradora de hábitos y tan extravagante como apetitosa, que otros mercaban ahora fuera de sus almacenes. Y abogaron contra el tabaco hasta que éste entrara en sus provechos. Luego, cuando esto fue logrado y cuando las exóticas hojas de tabaco ya se produjeron en el reino, por la siembra de las semillas que algunos emprendieron privadamente o por los cultivos coloniales, calmóse la agitación opositora, aun cuando siempre fue buscado con elevados precios el tabaco de las Indias y particularmente el cubano, y quedó siempre un sector de hecho abierto para el tabaco contrabandeado, que se trataba por el comercio clandestino y pagaban los fumadores opulentos.

Al hacerse las siembras de tabaco en un país en éste quedaban como utilidades agrícolas las que antes se llevaban consigo los tratantes del tabaco extranjero. Pero esto no fue bastante para que el tabaco se acogiera plácidamente. Con el cultivo del tabaco entraba en el país un peligroso fermento de transformación social. Por sus condiciones peculiares el cultivo del tabaco no requiere una base económica capitalista, ni tampoco una base latifundiaria. Para el tabaco basta la *vega*; siempre la pequeña *vega* y nunca la gran *planta-*

ción. El tabacal es cultivo hortelano e intensivo más que de hacienda y extensión. Por esta condición agraria del tabaco, su producción era accesible a los humildes campesinos, entonces brutalmente subyugados, y ponía en manos de estos infelices la posibilidad de su rápida emancipación y quizás la esperanza o hasta la realidad de su enriquecimiento. Pero este posible trastorno de las respectivas y tradicionales posiciones económicas y sociales de los siervos y los terratenientes, que inopinadamente asomaba en el horizonte como un turbión venido de tierras ignotas, no podía ser consentido ingenuamente por la clase dominadora de los feudalescos propietarios rurales. La entrada del tabaco en una vieja plaza mercantil era una explosión de ambiciones y envidias, acaso la ruptura de privilegios; pero la entrada de la *vega* en un viejo país podía motivar una verdadera sacudida agraria.

Por otra parte, atendiendo a sus propios intereses, los gobiernos también se sintieron contrariados con la súbita presencia del tabaco, sin su permiso ni ventaja. Los gobiernos se sorprendieron de la intrusión de aquella yerba exótica, misteriosa y prestigiada de virtudes, casi suntuaria y contra las milenarias costumbres, y se alarmaron de que tan rápidamente, como movida en realidad por fuerzas sobrenaturales, se extendiera su apetito entre todas las clases, se gastaran riquezas en su inmediato consumo, se aventuraran fortunas en su tráfico, se apresuraran sus sembradíos y su presencia se convirtiera en un fenómeno económico de complicados intereses, factores y repercusiones sociales; y todo ello a espalda de los reyes, sin la intervención de su autoridad ni el provecho de sus erarios.

Aquella novedad del tabaco que parecía tan trivial provocaba varios problemas y un peligro. Había que dominarlos. Si al aparecer el tabaco en el viejo mundo eurásico inspiró sorpresa, curiosidad y apetencia, también despertó muy profundos recelos y codicias. Por algunos se temió que el siervo campesino, al hacerse pequeño cultivador de ricas cosechas, pudiera llegar a emanciparse. Se temió a las siembras libres del tabaco, a las *vegas*, porque la *vega* era una subversión del orden tradicional en los campos. Por esto, en los pueblos del Viejo Mundo, el tabaco fue perseguido apenas manifestó sus enormes potencialidades mercantiles y agrarias y en los pueblos absolutistas, de tiranía, feudo y servidumbre, como eran Turquía, Rusia, China, Japón y otros de idéntica contextura social, la persecución se hizo con violentísimo furor, hasta con la pena de muerte y con las más terribles execraciones.

Donde no se dan las contradicciones económicas de manera tan radical, el tabaco, aunque obstaculizado al principio hasta su reglamentación tributaria, no provoca medidas tan crueles. Por el siglo XVI, en Inglaterra, en Bélgica, en Holanda, en Francia, en Alemania, en Italia, se introducen las siembras de tabaco; pero en esos países el tabaco no es favorecido por el clima y es solo una producción más que no puede trastornar los niveles sociales de la población rural. Aún con eso, el tabaco es allí objeto de restricciones, impuestas por los temores de abrir la mano a una nueva riqueza agrícola, por los intereses mercantiles, ciudadanos y dominantes, más fuertes que los campesinos, por la perspicacia de los hacendistas, o para favorecer el desarrollo colonial.

En América se dan ciertos episodios en la historia del tabaco que confirman esta interpretación de las peripecias de la planta *nicociana* en el mundo ultraoceánico. Cuando se comienza a colonizar Virginia por los ingleses, allí se adopta el cultivo del tabaco como una base agroeconómica principal. Allí es casi imposible pensar en la vega tabacalera; no hay todavía suficientes pobladores libres y el cultivo del tabaco no amenaza a ningún interés preestablecido. Sobre todo, desde Londres apremia la codicia mercantil que ansia tener mucha importación del costoso tabaco para la demanda creciente, y dispone de abundantes capitales refaccionarios. Cuando se abre la colonización de Virginia ya el tabaco es una gran apetencia de Europa; ya es una mercancía preciosa, como la canela; ya es «negocio» y cebo de capitales. El tabaco es en Virginia el principal cultivo y llega a servir de moneda. Por esto, el cultivo del tabaco, que en Cuba desde sus comienzos fue hortelano, en Virginia se inicia por plantaciones, ocasionándose consecuencias sociales muy distintas de las producidas por la vega en los países antillanos.

En la misma Cuba aparecen, con magnitudes distintas pero con raíces idénticas y manifestaciones análogas, los aludidos episodios económicosociales que ocasionó el tabaco al introducirse en los pueblos vetustos de Europa y de Asia. Observamos que por las viejas ciudades de aquel continente, el tabaco fue recibido como la enemiga de la clase de los mercaderes ya establecidos, celosos de que esa nueva y rica mercancía de fácil producción, gran demanda y pingües provechos, pudiera ser mercada por forasteros o por villanos intrusos y personas humildes, ajenas a su clase y a sus contrataciones. Pues en la ciudad de La Habana, capital marítima de Cuba y de todo el imperio indiano de España, se dio un fenómeno equivalente y por las mismas causas sociales. Cuando el comercio del tabaco comenzó a ser un buen negocio para las negras mondongueras, las cuales lo expendían con grandes ganancias a las gentes de las flotas que recalaban en La Habana por largas estadías, un acuerdo del cabildo municipal, de fecha 14 de mayo de 1557, les prohibió expresamente seguir vendiendo tabaco y vino en sus bodegones, privándolas de ese modo de emanciparse. Y el pingüe comercio del tabaco habano fue desde entonces un negocio exclusivo de los monopolistas mercaderes españoles.

Desde los primeros tiempos de la conquista, como mercadería lícita o contrabandeada, va para Sevilla el tabaco de Cuba. Savary, en su *Dictionnaire universel de commerce*, señala que desde su aparición, a comienzos del siglo XVIII, «el tabaco de Sevilla, que era un tabaco en polvo muy fino y extremosamente estimado» y se recibía de las vegas de *Santo Espíritu y Trinidad*, en la isla de Cuba. En 1684, se decreta que en la fábrica de Sevilla «solo se fabriquen tabacos de manojos de La Habana, y de Trinidad, y de otras tierras de América que se puedan considerar de la misma calidad». Y junto a los cigarros sevillanos y gaditanos, figuran en los estancos los *cigarros habanos*, si bien pronto se menudean las diferencias referentes a sus oriundeces. Y allí y por doquiera que va el tabaco, sobre todo si *puro*, sin alifafes de aromas, engañifas y menjurjeces de drogas, arrastra consigo en sus diálogos sendos vocablos que son *cubanismos* porque nacieron en Cuba y con frecuencia aún son exclusivos de este país, del léxico y la jerigonza de los fumadores.

Advertimos también que el cultivo del tabaco había sido proscripto en los países donde dominaban los terratenientes feudalescos, para impedir que los siervos y labriegos pudieran mejorar su postura social con el trabajo hortelano de una cosecha rica; pues el mismo fenómeno de hostilidad entre el potentado de la gran *hacienda* y el campesino de la pequeña *vega* se presenta en Cuba. No se da en esta isla el conflicto con las mismas trascendencias que en las monarquías asiáticas y en Rusia; aquí no se llega a proteger al señor latifundiario proscribiendo los cultivos de tabaco, ni castigando a quien lo siembre con la pena capital; pero el conflicto también se da. Y a comienzos del siglo XIX aún continúa «la guerra» de hacendados y vegueros.

En Cuba y España se vieron drásticas persecuciones contra el tabaco; también hasta la pena capital. Por Real Cédula de 26 de agosto de 1606, el rey prohibió absolutamente por diez años las siembras de tabaco en las tierras de América, tan solo porque ellas perjudicaban a los mercaderes peninsulares y favorecían a los extranjeros que por estos mares contrabandeaban, y ocho años después (Real Cédula de 20 de octubre de 1614) el mismo monarca permitió otra vez las siembras pero ordenando que, una vez satisfecho el consumo interior de tabaco, las existencias sobrantes se llevaran directa y forzosamente a Sevilla, todo ello bajo una amenaza de castigo muy furibunda y digna de un sultán turco, «so pena de la vida». Y cuando más tarde el gobierno español establece el estanco, se siente tan airado contra sus defraudadores que en los años 1719 y 1726 se ordena castigarlos con pena de muerte, tal como si fueran monederos falsos, y la terrible penalidad contra el contrabandista de tabaco dura hasta 1830.

En España, pues, tal como en Turquía, Rusia y Asia, el verdugo tuvo su papel en el drama histórico del tabaco. Pero queda por explicar una curiosa discrepancia en el número y condición de los personajes según fue el teatro de sus episodios. En todas esas terribles persecuciones que en los pueblos del Viejo Mundo emprendieron los monarcas y sus gobiernos contra la planta infernal del tabaco, los respectivos sacerdotes fulminaron sus anatemas como intérpretes de la cólera de Dios. No ocurrió tal cosa en Cuba y en el resto de las Indias, ni en España y tampoco en los demás pueblos de clerecía católica. ¿Por qué esa diferencia del trato eclesiástico dado según los países a una misma yerba infernal? Los sacerdocios del Viejo Mundo se oponen, como era de esperar, a la innovación de costumbres que les llega de América. Corría la versión, que recogió Corti (Count Corti, *A History of Smoking*, Londres, 1936, pág. 50), de que Rodrigo de Jerez, al retornar de Cuba a su tierra de Ayamonte, se puso a fumar un tabaco de los indios y fue denunciado como poseso del demonio; añadiéndose que por esa causa aquél pasó luengos años en las mazmorras del Santo Oficio y que al salir de ellas, absuelto y liberado, encontróse con que sus vecinos ya se habían dado al hábito satánico de fumar. Probablemente este episodio fue creado por la fantasía; pero, de todos modos, podía revelar más bien la ignorancia del tabaco y de sus efectos que una directa enemiga contra él. En España, pese a las frenéticas intolerancias características de su clero, hubo lenidad con esa diablura de las Indias y nunca se llegó a las persecuciones que en otros países hubo contra ella.

No fue así entre los mahometanos. Al llegar el tabaco a Turquía los sacerdotes musulmanes se escandalizaron. Se propagó la leyenda de que Mahoma, habiendo sido mordido por una víbora, se chupó la herida y arrojó al suelo con su saliva el veneno del reptil, de cuyo salivazo ponzoñoso nació el tabaco. Los ulemas le hicieron a éste la misma guerra sañuda que al café, el cual, salido de la negra Abisinia, no hacía mucho que tentaba a los anacoretas y a los pueblos, comenzando precisamente por la Arabia, la tierra de Mahoma. Según los mahometanos, el tabaco y el café eran contrarios a la religión del Corán, libro sagrado que prohibía el uso del carbón. Carbón cuando se tostaba era el café; carbón cuando se fumaba era el tabaco. Contra el café y el tabaco hubo horribles penas y los sultanes cercenaron muchas cabezas, siguiendo la inspiración piadosa del gran muftí.

Cuando de Constantinopla el tabaco llegó a Rusia, los venerados sacerdotes denominaron al tabaco «yerba del diablo» (A. de Gubernatis, *La Mythologe des Plantes*, 1882, vol. II, pág. 327). Y corrieron la leyenda de que esa planta había brotado sobre el sepulcro de una adúltera y que el diablo manifiesta su real presencia mediante su olor y su humo. El Gran duque de Moscovia y luego los zares promulgaron sanciones aterrados contra los adeptos de la planta infernal y muchos desgraciados murieron en aquellos países de feroz absolutismo por un humo de tabaco o un sorbo de café.

No faltaron las diatribas antitabaqueras de los protestantes. Los pastores puritanos y calvinistas fueron los más hostiles. Unos luteranos del cantón de Berna fueron teológicamente tan rigurosos que añadieron un mandamiento a los de la ley de Dios, que se leyera diciendo: «No tomarás tabaco ni en humo ni en polvo», y condenaron el usar tabaco como el cometer adulterio. Todavía en los Estados Unidos existen agrupaciones protestantes que trabajan infructuosamente por acabar con el diabólico uso del tabaco, comparándolo con la intemperancia del alcohol.

La Iglesia Romana fue bastante tolerante con el tabaco. Ante todo, el sensualismo corrupto que dominaba a su clero cuando el descubrimiento de

América y durante buena parte del siglo siguiente, no podía reparar en esa nueva planta picaresca del Nuevo Mundo.

En las primeras décadas del siglo XVI la corrupción clerical de España era escandalosa. El rígido cardenal Cisneros quiso hacer su «reforma» en Castilla, comenzando por su propia orden franciscana, anticipándose a la Reforma general del protestantismo que en parte se originó de la protesta contra la corrupción eclesiástica que a todos los países se extendía. Varios millares de franciscanos huyeron de Castilla antes que reformarse, y se pasaron a Marruecos a pesar de su frailía, llevándose a sus barraganas y a sus hijos y renegando de su fe por la de Alá. Y Cisneros fue frustradamente estrangulado por su hermano, también fraile como él. Y la corrupción frailesca, siguió. Hubo perlas místicas en los conventos pero éstos fueron muladares de concupiscencia.

No eran muy tenidos en santidad los frailes a fines del siglo XVI en la misma España, según los dichos que puso Cervantes en boca del dicaz personaje de una de sus novelas que él denominó «ejemplares» porque debían servir de ejemplo y enseñanza. «Guárdate del buey por delante, de la mula por detrás, del fraile por todas partes», dice *El licenciado Vidriera*. Y también: «Si quieres pasar un mes bueno mata un puerco; si un buen año, toma estado; si vida envidiable, hazte fraile». El «sillón frailero» fue el más amplio y cómodo; «chocolate de fraile» el más espeso; «ciruela de fraile» la más sabrosa; y en Cuba aún llamamos «esquina de fraile» a la de más brisa, atestiguando así su amor a la pagana comodidad y a la profana frescura.

La corrupción del clero secular no le iba en zaga a la del regular. En las celdas conventuales se daban austeridades que no se veían entre los clérigos que vivían en el siglo. Y los pobladores de Indias se opusieron a que tales predicadores fueran encargados de dar ejemplo de vida cristiana a los indios, que eran más devotos de sus dioses y tocante a muchas virtudes hasta «más cristianos que aquéllos».

El clero que durante el siglo XVI vino a cristianizar las Indias no se distinguió por lo general por su ascetismo. En las Antillas, a los pocos años del descubrimiento ya el almirante y virrey se quejaba al monarca español, desde el virreinato insular, de que

En la isla ai gran disolución en los clérigos, porque an venido muchos de mala vida, e unos renuncian los ábitos haciendo cosas de seglares, jugando cañas, andándose por los montes con las mugeres que quieren. Es menester que no les dexen allá sin que sean ávidos y tenidos por buenos i suficientes.
(Duquesa de Alba, *Autógrafos de Cristóbal Colón*, Madrid, 1892, pág. 81.)

En Cuba la clerecía de las primeras décadas de su era hispánica parece haber sido enviada como misionera por los mismísimos demonios. Hasta algunos de sus obispos debieron de ser mitrados por Satanás, a juzgar por lo que cuentan documentos de aquella época que ahora se despiertan de su sueño de siglos en el polvo de los archivos. «El clero no se quedaba a la zaga en estas inmoralidades y abusos, atropellando y explotando también a los indígenas y provocando escándalos, disgustos y agitaciones en los poblados, a más del ejemplo pernicioso que ofrecía, impropio de su sagrado ministerio.»

En las biografías de los primeros obispos de Cuba, que publica Pezuela en su *Diccionario*, se manifiesta el bajo nivel moral de casi todos estos prelados y la participación directa que tuvieron en la corrupción de las costumbres privadas y públicas de su época. Fray Miguel Ramírez de Salamanca, dominico, primer obispo que ciñe efectivamente la mitra de esta Isla, se distinguió por su altivez y codicia, según se desprende de las cartas dirigidas al rey por el tesorero Lope Hurtado, y examinadas por Pezuela en la *Colección Muñoz*.

De su sucesor, por 1559, don Bernardino de Villalpando, dice Pezuela que fue «altivo e intolerante», y según dice la historiadora I. Wright (*Ob. cit.*, tomo I, pág. 35) del gobernador Mazariegos, basándose en documentos de la época, «cuando el clero censuraba su conducta, el gobernador negaba la castidad de todos ellos, señalando singularmente al obispo con sus reparos».

Las inmoralidades de los clérigos llegaron a adquirir caracteres de escándalo público. Así lo da a entender el gobernador Manuel de Rojas a la Emperatriz en carta de 13 de septiembre de 1535: «en el monasterio de Francisco (de Santiago de Cuba) convendría algunos ancianos, pues los que hay, son mancevos y no siempre recogidos como debieran». En esta carta, que glosa Rodríguez Ferrer (*Ob. cit.*, tomo II, págs. 524 y 525) se recogen otras corrupciones de los clérigos, en las que aparecían como víctimas las indias. A falta de mujeres blancas, se ayuntaban en aquella época los castellanos con las indocubanas, no eximiéndose de esta práctica, entre otros clérigos, uno nombrado Guerrero, quien, dice Rodríguez, «sin ser bastante fiel a la perfección de su estado y no más fuerte para sobreponerse a la tentación y castigarla con una piedra como San Jerónimo, quitaba la mujer que le parecía mejor a sus indios observados, y la tenía en su casa por manceba, según ha dejado escrito el bueno de Manuel de Rojas, en el tiempo de su gobierno» (Emilio Roig de Leuchsenring, *Historia de La Habana desde sus primeros días hasta 1665*, La Habana, 1938, págs. 216, 218 y 219).

En México, ya en los días de la conquista señalóse la intemperante codicia del fraile. Fray Bartolomé de Olmedo, el clérigo de Hernán Cortés «le dio de cintarazos por ciertas palabras que había dicho en un sermón» a otro cogullado, al franciscano fray Pedro Melgarejo de Urrea, quien «trajo unas bulas del Señor San Pedro» y con ellas y a cambio de venderlas por buenos dineros a los españoles pecadores de la conquista, «con ellas nos componían si algo éramos en cargo en las guerras en que andábamos por manera que en pocos meses el fraile se fue rico y compuesto a Castilla» (Mota y Bernal Díaz del Castillo. Citas de Manuel Orozco y Berra. *Los Conquistadores de México*, Apéndice a Sahagún. *Ob. cit.*, México, 1938, tomo IV, pág. 405).

Sabido es que ya Hernán Cortés le pedía a Carlos V que no le enviase clérigos, sino únicamente frailes que fuesen austeros, pues los sacerdotes de los indios eran tan rígidos en su conducta, modestia y castidad, que si éstos llegaban a darse cuenta de las pomposas y desordenadas vidas de los clérigos españoles, si «los vieran usar de la profanidad que agora en nuestros tempos en esos reinos usan», considerarían la cristiandad como una farsa y su conversión sería irrealizable. Los hermanos Coroneles le aconsejaron también a Carlos V que para la conversión de los indios «enviase ministros que no recibiesen dellos sino sola la simple comida y vestuario porque de otra manera no harían en ellos fruto alguno espiritual».

Fray Juan de Torquemada no quería que en las Indias los indígenas, que eran evangelizados a las buenas y a las malas, por el catecismo y por la tortura, conocieran las costumbres licenciosas de los clérigos peninsulares y «los vieran usar de la profanidad que agora en nuestros tiempos en esos reinos usan».

Pese a estas recomendaciones muy atinadas, de quienes conocían la gran corrupción sensual y codiciosa de la clerecía española de entonces, el clérigo secular siguió yendo a Nueva España, logrando una reputación poco envidiable (véase fray Juan de Torquemada, *De la monarquía indiana*, libro XV, capítulo 1.10). Y si no es exagerada la descripción de la vida de los frailes, hecha por su hermano fray Pedro Durán, en una carta al rey Felipe II en 1583, no parece que el clero regular fuese allí mejor que el del siglo (J. T. Medina, *Historia de la Inquisición en México*, Santiago de Chile, 1905, págs. 11 y 12).

El bien reputado virrey de México don Antonio de Mendoza decía en las instrucciones a su sucesor que «los clérigos que vienen a estas partes son ruines y todos se fundan sobre interés, y si no fuese por lo que S. Magestad tiene mandado y por el baptizar, estarían mejor los indios sin ellos» (Alfonso Toro, *La Iglesia y el Estado en México*, México, 1927, pág. 20).

En aquella mitad primera del siglo XVI, ni en las diócesis y conventos de España ni en el pontificado de Roma, había entonces la austeridad indispensable para resistir la propagación de esa «yerba mala» que para ciertos moralistas fue el tabaco. Contra el tabaco no hubo decretales que ordenaran ayunos ni abstinencias, como contra las carnes apetitosas.

Por esas y otras circunstancias el hábito del tabaco fue muy rápidamente extendido entre la clerecía española, la cual se dio a la absorción de sus polvos y humos con fruición más pagana que devota y, además, a sacar de su granjería grandes provechos. Sin embargo, hubo algunas medidas tomadas por la Iglesia contra el tabaco, pero más bien para remediar ciertos abusos y no para impedir su uso corriente. Fumar no es pecado, decía el eclesiástico, pero puede serlo su exceso; tal como será pecado mortal de gula atiborrarse de un sencillo manjar cualquiera hasta enfermar y morir de indigestión. La definición del *pecado* acaso sea la definición del *exceso*.

Por el siglo XVI, y después en América como en la Península, por igual se dieron al tabaco los clérigos que los seglares. En España a comienzos del siglo XVII ya se tomaba tabaco hasta en el interior de las iglesias, por hombres y mujeres, por laicos y sacerdotes. Tanto fue el abuso que en 1624 el papa Urbano VIII, a petición escrita del deán del cabildo catedralicio de Sevilla, promulgó una bula conminando con la excomunión a quienes tomaran tabaco en los lugares sagrados. Debió de ser inútil la amenaza pontificia porque, pocos años después, un sacerdote español trinaba contra el exceso en el uso del tabaco. Fray Tomás Ramón, en su *Nueva Pragmática de Reformación* (Zaragoza, 1635), era muy expresivo en su campaña moral. El que en los oficios de difuntos se dijera: «Pulvis eris et in pulveris reverteris» no era excusa, él escribía, para que el sacerdote pusiera los polvos de tabaco en sus narices. Ofende a Dios, decía el padre Tomás Ramón, que los sacerdotes con esa profana mala yerba toquen el pan y el vino de la Eucaristía. Y el mismo fraile exclamaba que era contra Dios que el clero despreocupadamente tomara polvo y fumara «*papeletes*» antes de celebrar misa. Por esa época, otro presbítero español sostuvo que el uso del tabaco reducía los hombres «al estado de bestias» (Bartolomé Ximénez Patón, en su edición de Hernando de Talavera, *Reforma de trajes*, Baeza, 1638).

No parece que las fulminaciones canónicas fueran muy efectivas, aun cuando se refiere por varios historiadores que, por 1692 y como consecuencia de esas bulas, fueron condenados a muerte y emparedados en Santiago de Compostela cinco frailes, por el delito de haber fumado en el coro durante los oficios divinos (Brooks, Loc. cit., pág. 81). Pero ese episodio tan cruel parece inverosímil en el ambiente de tolerancia que en España tuvo el tabaco, suave y bonachona como el canto llano que salmodiaba los rezos.

Desde las Indias y por España el tabaco pasó a Italia y de allí a los pueblos del Levante. Como la sífilis; por eso el padre Labat refiere que contra el tabaco hubo cierta desconfianza. El tabaco se extendía con esa lacra; si algunos decían que el tabaco servía para curarla, otros recelaban de su histórica concomitancia. Las costumbres peninsulares se difundieron por Italia, muy intervenida a la sazón por el imperialismo hispano, y con aquéllas fueron el uso y el abuso del tabaco. Según Antonio Nezi (*Vicende storiche di una piante conquistratrice*, pág. 466), los cigarrillos (o *spagnolette*) y los polvos de tabaco (*o pulviglio di Siviglia*) se pusieron de moda en todas las gentes. El vicio del tabaco (¿era vicio?) invadió, como la sífilis, hasta el solio pontificio de Roma. El papa Inocencio X, el año 1650, tuvo que castigar con la excomunión *ipso facto* a quienes profanaban la basílica de San Pedro tomando tabaco, «tabaco de España». Y este anatema también debió de ser poco escuchado cuando tuvo que repetirse por Inocencio XI, en 1681, y hasta se dice que por Inocencio XII. La memoria del hoy canonizado San José de Cupertino tuvo que ser defendida por sus letrados para desvanecer el cargo de ser un gran tomador de tabaco, según era acusado por el curialesco «abogado del diablo», encargado de impedir su beatificación. Y contra quien le negaba al candidato a santo la «virtud heroica», por no haberse resistido al vicio de fumar, sus sabichosos defensores argüían que precisamente el tabaco ayudaba a los clérigos a resistir las tentaciones de la carne y a perseverar en una tranquilidad piadosa (Brooks, *Ob. cit.*, pág. 81). También se le quiso negar la «virtud heroica», porque fumaba tabaco y tomaba rapé, a quien, a pesar de eso, ya es reverenciado como santo, a San Juan Bosco. Y se corre que, fue impugnada hace poco, igualmente sin éxito, la beatificación de aquel irascible padre Antonio M. Claret y Ciará, que en el siglo pasado fue arzobispo de Santiago de Cuba y confesor de la sensualmente famosa reina Isabel II, y del cual por aquí quedaron anécdotas en relación con sus aficiones al tabaco y al chocolate.

Este abuso del fumar y del rapé, hasta el extremo de profanar el sacramento de la comunión con las transustanciadas carne y sangre de Cristo, mediante las anticipaciones sensuales del tabaco en polvo y humo, fue muy extenso en aquellos tiempos. Antonio de León Pinelo (*Questión moral, Si el chocolate quebranta el ayuno eclesiástico*, Madrid, 1636), estudia 118 bebidas usuales y discurre con bastante pedantismo acerca de si el tabaco es comestible o potable o si se aparta de ambas condiciones, y opina contra el abuso del tabaco y del chocolate por los sacerdotes. Véase lo que indica en su *Política indiana*, el famoso jurisconsulto y sacerdote don Juan de Solórzano y Pereyra:

Como prudente lo advierte, y docto lo prueba, despúes de otros, Eduardo Vestono (*Vestonus en Theat, vitae civil*, libro II, capítulo 39, pág. 314, V. seqq.) reprehendiendo este vicio en todos generalmente, pero en particular en los clérigos y religiosos, que aún no reparan en tomarlo antes de celebrar. Siendo assí, que en opinión de Antonio de León, quebrantan con esto el ayuno natural, y en la mía y en la de todos cuánto bién sienten el Eucharístico; como se lo advierten con pena y censuras los Concilios Límense, Mexicano y el Canariense (*Concil. Limens. III, Act. 3, cap. 4. Mexican, libro 3, tit. 15, S. 13 & Canariense, anno 1629*); el qual añade que aún no lo tomen dos horas después de haver celebrado, assí por la indecencia que resulta de lo contrario como porque de tomarlo suele provocar vómito o demasiado escupir, o desflemar; cosas todas que en mi concepto son bastantes para no hacerle bueno a los que se dan a deleyte tan asquerosos.

Sin embargo, ahí están las casuistas opiniones de San Alfonso de Ligorio y las de Benedicto XIII y los teólogos que aquél cita en *Práctica e instrucción de confesores* (Tratado XV, punto III) sosteniendo que «no quebranta el ayuno el tabaco tomado por las narices, aun cuando descendiere al estómago alguna parte de él», ni «tampoco se quebranta con el humo del cigarro», ni siquiera con el tabaco mascado o «molido con los dientes siempre que se eche el jugo afuera». No obstante lo cual, cree el santo Ligorio que «es una cosa indecente hacer esto antes de comulgar».

«El polvo del rapé que se toma por las narices y el humo del tabaco que sigue las vías respiratorias no quebrantan el ayuno; tampoco el jugo del tabaco, que involuntariamente se trague con la saliva» (J. Berthier, M. S. *Consultor del clero. Manual de teología dogmática, moral y pastoral*, Barcelona, 1936, pág. 231). También en Cuba hubo que impedir el uso indecoroso del tabaco y del chocolate en las iglesias. La sínodo diocesana celebrada en 1684, por el obispo Juan García de Palacios, condenó en sus constituciones «chupar tabacos en humo en dichas iglesias y sus sacristías» (*Tit. nonus*, C. II), y que el «sacerdote chupe tabaco en humo antes de celebrar» (*Tit. decimus*, C. III). Todavía las vigentes *Constituciones Synodales Diocesis Habanensis*, de 1888, disponen que los clérigos se abstengan de fumar antes de misa, así como de hacerlo en público y sin cautela, de modo que se les ennegrezcan los dedos «quibus Sacratissimam Hostia tangere débant» (Libro Tit. I, C. V). De todos modos, y máxime en diócesis cubanas, esos pecados de fumar al alba y a todas horas son siempre *peccata minuta*, sin pena de infierno y borrables con la limpieza pía de unas indulgencias.

Como se ve, las disposiciones canónicas que fulminan penas contra el uso del tabaco se reducen a meros y muy recomendables preceptos de etiqueta litúrgica o de simple higiene edilicia y eclesiástica. No fueron, pues, los sacerdotes católicos quienes en Europa y América mantuvieron la acrimonia contra el tabaco, como lo hicieron los protestantes. El Santo Oficio, tan celoso en combatir las hechicerías y trapisondas de Satanás, estuvo quedo tocante al tabaco. Una noticia leemos de la Inquisición en Canarias, decomisando en

1677 unas tabaqueras de rapé a bordo de un buque inglés; pero no se trata de ir contra el tabaco ni siquiera contra el comercio con herejes. Es que una de las cajitas lleva pintada una cabeza cubierta con tiara y la leyenda *Eclesia perversa ten et faciem diaboli* (H. C. Lea, *The Inquisition in the Spanish Dependencies*, Nueva York, 1908, pág. 178). Se trataba de una propaganda antipapista y contra ella había que precaverse con el terror de la policía inquisitorial. En España el demonio no reparaba mucho en el contrabando irreverente. Leiva y Aguilar, en su *Desengaño*, dice que para tabaco en polvo «a lo disimulado se hazen varias formas de tabaqueras, *hasta en la figura de devocionarios*, porque ande el vicio con ropa de virtud» (P. Vidal, 139).

En España, aun cuando fueron también benévolos con los otros diablos compañeros del tabaco, Quevedo habló del mal que habían hecho trayendo de las Indias «las jícaras y el molinillo», y otros escritores satirizaron asimismo al chocolate; el clero tampoco lo combatió. Al contrario, el cacao se llamó *teobroma*, «manjar de dioses», y la bebida de los aztecas, bien espesa, «a la española», pasó a ser típica de las sacristías, como refrigerio después del ayuno de la misa, y de los conventos, donde fue proverbial la comida suculenta y la vida regalada.

Sin duda, el café es también un néctar diabólico. Todavía en el siglo XIX el estadista Talleyrand definía el café con metáforas infernales, diciendo: «Noir comme le diable, chaud comme Xenfer, pur comme un ange et doux comme Vamour». Pero esta adivinanza es errónea; el café no es dulce si no se le echa azúcar a su infusión. Del café lo típico y sabroso es su amargor. Si la «dulzura del amor» se cambiara en esa definición por la «amargura estimulante de la duda», igual podría decirse del cigarro de tabaco y del sorbo de café. Por eso, por camaradas de genio, ideas y faenas, el tabaco y el café al encontrarse en Constantinopla ya siguieron juntos en su misión de tentar al género humano, avivándole la duda y el pensamiento. Pero la clerecía tampoco excomulgó al «agua negra», a pesar de su oriundez mahometana y etiópica. La experiencia de lo ocurrido con el tabaco y lo sabroso del «vino moro», que así llamaron al café, no aconsejaban la excomunión de ese negro néctar inspirador, a manera de «tabaco líquido», para perder a los seres humanos y despertarlos de las austeridades y soñeras del ánimo. Del té asiático no tuvo que ocuparse la Iglesia, pues no se propagó nunca por las naciones dadas a su credo.

No es muy aventurado pensar que los monarcas enfurecidos contra el tabaco lo fueron por ser enemigos de España, por no contar ellos con dicha planta entre las producciones de sus reinos y por las inconveniencias económicas y muy humanas envidias que a sus gobiernos y comercios les provocaba la demanda creciente de la yerba de América.

No se puede asegurar, sin excesiva audacia metafísica, que fuese cierta la advertencia del dios Plutón a su ahijado el semidiós Tabaco cuando le recomendó que en la tierra buscara apoyo en los poetas; pero debió de ocurrir tal como se cuenta, pues los amigos de las musas generalmente defendieron al hijo de Baco. Ya dijo Cervantes, en su entremés *La cueva de Salamanca*,[22] que si todos los diablos son poetas, todos los poetas son diablos. «Divino Tabaco», decía el poeta inglés Spencer, ya en 1589 (*The Faërie Queene*, Libro III, canto 5). Y han sido muchos los poetas en todos los pueblos y razas que en el tabaco han encontrado un venero de inspiraciones, un solícito medianero para sonsacar a las musas esquivas; servicio este esencialmente diabólico, que los poetas a veces han estimado como un favor de la deidad. Por esto los poetas fueron cálidos defensores del semidiós *Tabaco* y de los ritos «tabáquicos». A comienzos del siglo XVII se llegó a imaginar la metáfora de que el poeta Chaucer pudiera sembrar tabaco en las laderas del Parnaso. Que los poetas hayan amado el tabaco parece consecuencia fatal de su propio genio. «La poesía viene del diablo» acaba de escribir Maximilien Rudwin (*Les Ecrivains Diaboliques de France*, París, 1938, pág. 19), recordando que, según Raymond de la Tailhade, «la poesía no es sino la revolución» y que el diablo es el padre de las revoluciones. Si Dante y Milton pintaron mejor los antros del Infierno que los ámbitos del Paraíso fue porque eran verdaderos poetas y, por lo tanto, del partido del diablo sin que ellos mismos lo supieran.

Pero, pese al consejo plutónico, no faltaron entre los poetas quienes, cortesanos aduladores y renegados de Apolo, cantasen himnos contra el apestoso demonio de las Indias, inspirados por musas estériles y de reseca austeridad. Véase la siguiente impresión lírica que escribiera Barclayo (*Sub nomine «Euphormionis», in satirico*), «con no menor elegancia que verdad»,

---

22 Véase la edición de Linkgua, Barcelona, 2021. (N. del E.)

según dice el padre Juan de Solórzano, quien la cita y transcribe en su obra de jurisprudencia:

> Dañosa y espantable planta
> cuyo pestilente vapor muertes exhala
> no en balde la natura piadosa
> te tuvo de nosotros apartada
> en tierras tan remotas. ¿Quién fue el necio,
> que en triste nave y hora,
> acá te traxo?
> Faltábannos acaso otros trabajos,
> guerras, hambre, venenos, que nos matan.
> ¿Mas quién podrá contar, los que ocasionas?
> Tus asquerosos aires inficionan
> el ayre puro, qual los del Averno,
> y a matar bastan todo quanto alcanzan.
> Las furias infernales no podrían
> atormentar con peor dolor los Manes,
> y si Caco, en la lucha con Alcides,
> este exhalara, luego le venciera,
> y el tiempo antiguo sin buscar Cicutas,
> se valiera de ti, como nacida
> de la Espuma Cerbera, y al maldito
> hijo, que de su padre violasse
> la vejez santa con sangrienta mano,
> en vez del fuego y Culeo (¡leves penas!)
> le diera, por más grave, el que bébiesse
> tus humosos nublados, Peto infame.

No cabe mayor desprecio: «...como nacida de la Espuma Cerbera»; es decir, de los espumarajos del Cancerbero, de ese mitológico perro tricéfalo que guarda la puerta de los infiernos donde reina el Cabrón Satánico, cuyo hediondo berrenchín aspiraban las brujas en las noches de aquelarre, según se averiguó en sendos y muy trabajados procesos del Santo Oficio, encargado entonces de la sanidad espiritual contra toda suerte de pestes diabólicas.

La *rabies theologia*, que en todo tiempo ha solido desatarse contra las novedades, no impidió que otros poetas, «no menos elegantes que veraces», escribieran himnos ditirámbicos al tabaco, exaltando las medicinales virtudes, ya experimentadas o supuestas, de la misteriosa planta. Ben Johnson en 1598 (*Every Man in his Humour*, Londres) dice que el tabaco es «la más soberana y preciosa semilla que la tierra ha ofrecido al uso del hombre». Si unos la maldijeron llamándola «yerba del diablo», otros la apellidaron con hipérbole «yerba divina». Marbecke en 1603 dice que el tabaco es «vino de Dios». El poeta Raphael Thorius o Torio, al pedir tabaco en su poema apologético, escrito antes de 1610, suplica «que pueda absorber a Dios en mi cabeza» (*Hymnus Tabaci*, Leyden, 1625).

Moliere dirá en 1683 que «Le tabac est divine, il'n est rien qui l'égale». En su *Don Juan* escribirá que «el tabaco inspira sentimientos de honor y de virtud», que es «la pasión de la gente honrada» y, en fin, que «quien vive sin tabaco no es digno de vivir». Y Cohausen conviene en que «el tabaco es el rey del mundo vegetal, señor que reina en todas las partes del planeta», y opina que en todas las naciones «las narices son sus esclavas». El tabaco, añade Cohausen, «está en el trabajo y en el reposo», es compañero de los príncipes en la corte y de los campesinos en la choza, va con los ejércitos a las campañas y con las musas a casa de los literatos.

Shakespeare calló acerca del tabaco, que ya era conocido en su país y en su tiempo; pero siglos después, Lord Byron será el primer poeta que cantará al tabaco-cigarro. En Inglaterra, porque en la literatura española ya el cura Tirso de Molina aludía con encomio a los tubanos de tabaco, «para echar la bendición».

El dios Plutón no pensó quizás en aconsejarle a su ahijado Tabaco que buscara el apoyo de los eclesiásticos; pero aquél lo tuvo enseguida en los altos dignatarios de la Iglesia. Acaso el rey de los infiernos así lo tenía previsto.

En Francia, el tabaco no fue introducido desde España. Las incesantes guerras entre ambas naciones no facilitaron su comercio y no eran íntimos sus contactos. Ya dijimos que un fraile luego renegado, A. Thévet, se atribuyó a sí mismo y muy ufano la introducción del tabaco en Francia desde las tierras del

Brasil, años antes que la hiciera el médico Juan Nicot, a quien se considera generalmente como el propagador del tabaco en la corte francesa de Catalina de Médicis, a cuya reina lo presentó después de haberlo conocido en Portugal (José Rivero Muñiz, «¿Quién fue el primero, Thévet o Nicot?», *Revista Tabaco*, La Habana, año VIII, n.º 81, pág. 9).

Por la italiana Catalina de Médicis, que allí reinaba, a la yerba la apodaron *Catalinaria* y *Medicea*.

De todos modos, en Francia debió de tener buena parte en la entrada del tabaco, según algunos tan solo en la del rapé, un clérigo tan encumbrado como el Gran Prior, o sea el cardenal Francisco, duque de Lorena, a quien Nicot envió semillas y plantas desde Lisboa (1560); y en su honor la planta americana fue denominada *herbe du Grand Prieur*. Este dignatario, según expresión de Brooks, fue «el misionero del tabaco».

En Italia el uso del tabaco debió de comenzar paulatinamente por Sicilia, Nápoles, el Milanesado y otras regiones que entonces sufrían el dominio español. Soldados, marineros y clérigos debieron de tener su parte en esa difusión del tabaco. Pero a los Estados Pontificios el tabaco llegó por obra de los cardenales. A Roma el tabaco fue llevado antes de 1585 por el cardenal Próspero de Santa Croce, quien aprendió a tomarlo en Portugal. Y por eso el tabaco allí se conoció por «erba Santa Croce», según Castore Durante, quien de esto informa en su *Herbario Novo* (Venecia, 1602). Se atribuye asimismo a otro purpurado, al cardenal Crescensio, el haber introducido en Roma el gusto de fumar y enseñado el hábito del rapé el Papa Urbano VI, cuando en 1590 aquél regresó a Roma desde Inglaterra (Antonio Nezi, *Vicente storiche d i una pianta conquistatrice*). Acaso sea a Urbano VI a quien alude J. J. Ampere (*Promenade en Amerique*, París, 1855, tomo I), cuando refiere que un Papa brindó su tabaquera al jefe de una orden religiosa para que con él tomara unos polvos de rapé y que, habiendo éste rehusado diciéndole: «Santidad, yo no tengo ese vicio», el Sumo Pontífice le contestó: «Si éste fuese un vicio, tú lo tendrías». La misma anécdota corre por Cuba, como atribuida al arzobispo Claret y a un canónigo de su catedral de Santiago, en relación con el rapé y a veces con el chocolate. También por Italia se le dijo al tabaco «erba Tornabuona» porque desde 1574 estableció su cultivo en los Estados de la Iglesia el cardenal Nicoló Tornabuoni. Como se ve, el tabaco fue yerba cardenalicia, lo cual es un gran elogio, pues de viejo en Roma y en toda Italia a los bocados más exquisitos y escogidos para satisfacer los apetitos sensuales se les ha calificado de *boccati di cardinali*, según consejo de la experiencia folklórica.

El tabaco va embrujando a todas las gentes.

De Cuba el tabaco mereció siempre los cantos de sus poetas. Francisco Poveda, Ignacio Valdés Machuca, Jacán, Manuel González del Valle, Plácido, Milanés, Miguel de Cárdenas, Orgaz, Nápoles Fajardo, Cucalambé, Teurbe Tolón, Luaces, García Nogueras, Fornaris, Balmaseda, Luis V. Betancourt, Diego V. Tejera, Hernández Miyares, Ricardo del Monte, Agustín Acosta, Marcelo Salinas... y otros versadores de Cuba hacen el coro ditirámbico del soñado y taumaturgo dios. Recomendamos la cuidadosa antología literaria de José Rivero Muñiz (*El tabaco en la poesía*, La Habana, 1946) y la de Ángel I. Augier (El tabaco, musa cubana «Policía», abril de 1943).

El autor de *El espejo de paciencia*, Silvestre de Balboa, inició la poesía en Cuba en la alborada del siglo XVII, y fue el primero que en sus versos mencionó el tabaco:

De los prados que cercan las aldeas
vienen cargadas de mehí y tabaco,
mameyes, pinas, tunas y aguacates,
plátanos y mamones y tomates.

Francisco Poveda, en su *A Cuba*, dirá que «El tabaco cubano eterna fama siempre tendrá por todo el universo.. Decía Plácido: «la planta, que hasta el confín del mundo preciosa llega».

Narciso Foxá canta al tabaco de Cuba, diciendo: «que es isu tesoro mayor, su mayor gloria!»

¡El tabaco! Su aroma delicioso
encanta al sabio y enloquece al necio;
al que prueba el amargo desengaño,
al que de un pueblo los destinos rige,
al poderoso a quien abruma el tiempo

que no cabe emplear, al que lamenta
la pérdida del ser que más amara,
al infelice que doliente llora
ausencia triste o desamor, a todos
consuela y calma, y en placer suspende;
y hasta el mísero esclavo su amargura
con él disipa y la esperanza alienta.
Don especial a Cuba concedido,
planta preciosa que jamás lograra,
en ninguna región, en ningún clima
la tierra producir; más envidiada
doquier y apetecida, el orbe entero
en mil naves de reinos diferentes
cuál tributario corre a estas arenas
en pos del fruto de mayor valía.

Las musas cubanas cantan al Tabaco como a un dios y lo honran más que a Cupido y a Baco. En el ocaso del siglo XVIII Manuel Justo Rubalcava, escribe que en Cuba

No se codicia a Baco
mientras reina la hoja ¿Leí tabaco.

Manuel González del Valle, en su Canción al tabaco, exclama:

Fumadores del orbe cantemos
con acento más digno que a Baco,
la delicia del rico tabaco
que produce el habano vergel.

Ya en el siglo XIX el gran nacionalista Domingo del Monte encomia con fervor al tabaco, en su poema El Veguero:

Al tabaco cantemos,

riqueza del cubano
y del mundo delicia apetecida,
consuelo del humano
que en amargos extremos
y de penas el alma combatida
a la pipa querida
se llega, y por encanto
al fumar deleitóse
cesa su doloroso
incómodo penar y triste llanto,
Del orbe fumadores,
al tabaco entonad dignos loores.

El poeta pide que otros canten al amor, el «dios ciego», y al vino,

que yo, mientras hubiere árbol divino
del preciado tabaco,
ni al ciego cantaré, ni al obvio Baco.

Del Monte no se exalta ni por la *caña de azúcar* ni por el café y exclama enfático:

de tabacos se encuentren
ni el café ni la caña allí se muestren

Muchos encomian, como un dios benéfico que amengua los dolores humanos, el tabaco, o sea «la hoja india, consuelo de meditabundos, deleite de soñadores, arquitectos del aire, como fragantes del ópalo alado», que dijera Martí-José Luis Alfonso en sus *Cantos de un peregrino* dedicó una oda *Al tabaco*, diciendo:

Al mágico poder de tus vapores
las punzadoras penas se adormecen,
y amainan los dolores

que el corazón tormentan, si perecen
honor, riqueza, libertad o amores.

...

y en feliz arrobamiento
siente henchirse el pecho, a guisa
de la antigua Pitonisa,
con profético furor.

Y acaba así la poesía:

Pues si todo es dolor en la vida,
y la dicha un fantasma dorado,
ven al labio, tabaco preciado,
ven, consuela mi triste razón.

Ven, y riega con bálsamo suave
las heridas de mi árido seno,
ven, y mata con dulce veneno,
la memoria de tanta aflixión.

De Diego García es esta invocación a la luz mental del cigarro:

Si entonces mis ideas son oscuras,
que oscuras suelen ser de vez en cuando,
con lumbre del cigarro me ilumino
y sigue el pensamiento su camino.

Al moderno poeta Agustín Acosta se deben estos versos filosoficantes a *El
cigarro*:

Mientras escribo, fumo
y el cigarro se va quemando,
así es lo que pienso: ceniza
de algo que en mí se está quemando.

¡Humo de no se sabe qué incendios interiores!
El alma es un cigarro
que piensa en humo blanco pensamientos de humo
de algo que sin cesar se está quemando...

Enrique Labrador Ruiz, que además de valioso novelista es poeta, en su libro *Grimpolario* (La Habana, 1937), publicó unos versos, *Humo cotidiano*, con emotiva filosofía. De ahí entresacamos estos versos:

Humo, humo, humo... Los ensueños son humo
y es el humo un beleño para el mal de soñar.

Humo, humo, humo... Son los años de crisis;
es el miedo a la vida y es el miedo a la muerte.

Humo, humo, humo... Es la vida que empieza
con sus nuevas potencias otra vida más alta.

Guillermo Villarronda ha escrito:

Que el tabaquero es un creador de sueños:
Benvenuto Cellini de la hoja...!

Por la poesía de Andrés de Piedra Bueno, el tabaco ha dicho de sí:

¡Yo soy la dicha de todos
porque yo soy la ilusión!

No han olvidado los poetas la patriótica mambisería del tabaco. Marcelo Salinas en unos versos alude a esa criptofalia del tabaco, que se une a la historia patriótica de Cuba, cuando en el seno de su puro habano vino a la isla la orden para el alzamiento independizador que en 1895 dio a los cubanos mambises José Martí. Salinas se inspiró así:

Enviar sabe a los bravos
que la libertad rescatan,
el mensaje enardecido
de su simpatía más amplia,
fundido en la excelsitud
de su joya *nicociana*...

Allí doquiera que floten
las volutas azuladas
de un tabaco o cigarrillo
torcido en tierra cubana,
vivo el espíritu está
de nuestra Perla Antillana.

Está el fuego de sus soles,
el murmurar de sus palmas,
de sus hombres el coraje,
de sus mujeres la gracia...
¡Están su honra y su prez,
están su vida y su alma!

Plácido en una letrilla a *La flor de la caña* alude a la frecuente costumbre de que el cigarro puro sirviera para la secreta correspondencia de los enamorados.

Un tabaco puro
de Manicaragua,
con un bello anillo
que ajusta la capa,
y en lugar de tripa
le encontré la carta
para mí más bella
que la flor de la caña.

De Guillermo Villarronda son estos versos:

Cuba es alta y es noble por su fragante hoja
¡y en esa hoja tiene su segunda bandera...!

No obstante las musas cariñosas de Cuba y lo arraigado que estuvo aquí el arte de fumar entre las mujeres criollas, hubo quejas de poetas enamorados contra la intrusión del tabaco en los apasionados quereres femeninos.

El poeta Milanés en sus quintillas a *El tabaco*:

¿Qué es esto?, dijo —¿Usted fuma?
Usted que es la nata, espuma
y flor de beldad y amor,
¿es posible que consuma
su pulmón en tal horror?
Petra, sin poder pensar
que lo que al joven le choca
es solamente fumar,
dijo: «No me puedo hallar
sin el tabaco en la boca.
Cuando coso y cuando lavo,
cuando me acuesto o acabo
de comer, como prefiero
un cabo a un tabaco entero
cojo al instante mi cabo».

Del citado García Nogueras en su *Adela y el tabaco* (La Habana, 1867) prefirió el tabaco a su amada, tema que luego trató igualmente Rudyard Kipling en su *The Betrothed* (1890).

Pues la mujer que huele a nicotina,
es porque el diablo sobre el mal la inclina.

De Rudyard Kipling son estos versos procaces:

Venga un habano que aclare mi cabeza.
Otro habano... No hay duda... Alta, la fortaleza
no rinde sus banderas... No me siento tirano:
una mujer no vale lo que vale un habano.

En Cuba y lejos de sus palmares todos se entregan a la «borrachera seca», como en aquellos siglos se decía. Era «la embriaguez del hombre sobrio» (*The Wandering Jew*, Londres, 1640). Reyes, gobernantes, teólogos y moralistas lanzaron en vano sus anatemas y sus verdugos contra los partidarios de aquella tentación acariciadora del ánimo que les entraba desde las Indias; otras mentes innovadoras y objetivas de médicos, naturalistas y navegantes, o simplemente idealistas de poetas y soñadores, defendieron con sus narraciones, consejos y poemas el humo cosquilleador del cerebro que les llegaba de la paganía del Nuevo Mundo. Fue un episodio más de la eterna lucha dilemática entre el error, que se obstina tras las teologías y estatismos, y la verdad, que se busca en las experiencias y libres razones. Véanse las finas traducciones de Andrés de Piedra Bueno (*Pequeña antología del tabaco*, La Habana, 1946) con versos de poetas extranjeros dedicados al encomio del tabaco, por Le Gallienne, Baudelaire, Browne, Rudyard Kipling, Mellen, Hood, Jule Diniz, Daniel Webster, Ella W. Wilcoux, Cats, Jones y muchos más *tabaquistas*.

Fueron los médicos quienes más defendieron el tabaco. A todas las virtudes terapéuticas que al tabaco atribuyó la magia curandera de los indios americanos, los galenos de Europa le sumaron otras, reales y fantásticas, sacadas de sus aplicaciones empíricas y de las referencias librescas. Los panaceístas no pusieron límite a sus lucubraciones apologéticas. Sería prolijidad detenernos a referir las incontables enfermedades a las cuales era aplicable el tabaco. No cabe dudar de que el tabaco tuvo aplicaciones medicinales, no solo para los indios sino para los blancos que en América las apreciaron; y éstos transmitieron sus conocimientos y entusiasmos acerca de las prodigiosas curas a sus paisanos peninsulares. Los mismos sacerdotes no tuvieron reparo en propagarlas. Fray Bernardino de Sahagún escribió un capítulo de su obra histórica titulado «El tabaco como medicina universal» fray

Toribio de Benavente o Motolinía, en su *Historia de los indios de Nueva España* (Ed. de Barcelona, 1914, pág. 78), cuando mediaba el siglo XVI se hizo eco de las virtudes medicinales de la yerba *picietl*, que así decían los aztecas al tabaco; y recuérdese el capítulo encomiástico que le dedicó el padre Bernabé Cobo, de la Compañía de Jesús, en su *Historia natural* publicada en Sevilla cuando aquel siglo se aproximaba a su fin (reproducido en el capítulo adicional V de este libro).

Entre los laicos de toda Europa, y más entre los médicos, se referían del tabaco maravillosas curaciones. Por ejemplo, cuando ocurrió la gran peste de Inglaterra, en 1665, se tuvo al tabaco como inmunizador y esto favoreció mucho su fama. El médico Monardes creía que ciertos untos de tabaco puestos en el ombligo y bajo vientre abreviaban los sinsabores de la preñez y del parto. Si entonces la medicina, así la facultativa como la folklórica, era pródiga en unturas portentosas, lo cual satirizó Cervantes en aquel célebre bálsamo de Don Quijote, el tabaco llegó a buen tiempo para entrar en tales ungüentos mágicos.

Por los médicos más entusiastas el tabaco se administraba en todo género de mejunjes, emplastos, cocimientos, sahumerios, mascadas, inhalaciones, polvos... Un médico sevillano escribía: «Querer agora contar las virtudes y grandezas desta sancta yerua, las enfermedades que con ella se curan y han curado, los males de que a millones de hombres preserva, será proceder en infinito; solo baste para su encarecimiento que si el tabaco por su mal olor no fuera aborrecible de muchos, ni la genciana, ni la aristolochia, ni el muy preciado eupatorio llegaran a competir con él, porque *es esta preciosa yerua tan general en todas las humanas necesidades*, que a sanos y a enfermos, en bayles y regozijos, en trabajos y enfermedades causadas de frialdad, agora se aplique por la boca, agora en *ayuda*, agora lo tome por defuera, agora por la parte de dentro, en hoja, en *çumo*, en *poluo*, en *cozimiento*, en forma de *ungüento*, de *untura* o de *emplasto*, de todas suertes y en todas coyunturas nos socorre» (Juan de Cárdenas, *Problemas y secretos maravillosos de los indios*, México, 1951, f. 141). Y seguía con interminables elogios.

En algunos países de Europa se produjeron curiosos fenómenos de transculturación del tabaco por la línea de la medicina. Algunos médicos llegaban a ordenar la introducción del humo del tabaco en el cuerpo, no por la boca sino por la entrada opuesta. En Suiza, Alemania y otros pueblos de Europa se conocieron jeringas de humo (Brooks, I, pág. 55), sugeridas probablemente por el vago recuerdo de ciertas prácticas indias. Todavía por 1844, en Escandinavia se usó para ciertas enfermedades llenar las narices del paciente, taponándolas con tabaco (Brooks, I, pág. 19, nota) tal como solían hacer los aztecas con polvos de la yerba *chilpanton*, al querer estancar las hemorragias nasales (Sahagún, tomo III, pág. 253).

Hay que convenir en que el tabaco fue descubierto por los europeos en una época propicia para su recepción como panacea. De la Edad Media no se habían perdido aún las supersticiones en los prodigios y las magias, y del Renacimiento ya se tenían las curiosidades experimentales, aun cuando sin haberse condensado en formulaciones científicas. Y el tabaco fue a la vez cosa de portento y cosa de ciencia; sustancia que atraía tanto por su exótico misterio y lo semifabuloso de su procedencia, como por lo extraño de sus métodos y lo inexplorado de sus eficaces aplicaciones, todo lo cual hacía incontables las posibilidades para la experimentación de los médicos noveleros y para las engañifas del charlatanismo y la curandería. Además, en cuanto a las maneras más vulgarizadas del tabaco, o sea en polvos o en humo, la medicina europea en aquella época era muy dada a los estornudatorios y a los lavados y fumigaciones nasales, para «purgar la cabeza»; *Caput purgia* como decían los doctores en latín. Los estornudatorios en polvo estaban muy en boga: polvos de pimienta, de mirra, de parietaria, de eléboro blanco, de euforbio, etc., y los polvos se absorbían mediante un tubito de pluma de ave o algo similar. Así se puede ver en las prescripciones del célebre Paré, médico del siglo XVI (J. F. Malgaine, *Oeuvres completes d'Ambroise Paré*, París, 1841, vol. III, pág. 586). El rapé y las ahumadas de las Indias llegaban a Europa a su hora.

Fue un médico español, el doctor Francisco Hernández de Toledo, quien recomendó el tabaco en España al rey Felipe II. Según algunos, él llevó consigo las semillas desde México. Fue también otro hombre de ciencia, el doctor Nicolás Monardes, médico del arzobispo de Sevilla, quien allí defendió el tabaco en su obra de terapéutica (*Segunda parte del libro de las cosas que se traen de nuestras Indias Occidentales que sirven al uso de la Medicina*. Sevilla, 1571). Acaso fue Monardes el médico más propagandista del tabaco. Sus opiniones fueron traducidas y adoptadas por numerosos galenos de otros países. Otro médico, cortesano y embajador, Nicot, fue quien lo introdujo en Francia y le dio su nombre, de donde se derivó la voz *nicotine*. Y un médico inglés, doctor Cheynell, fue quien lo defendió ante el rey Jacobo I, no a hurtadillas sino frente a frente en la visita que a la universidad de Oxford hizo aquel monarca. Habiendo el claustro de aquélla adulado al rey, declarándose contra el tabaco y recibiendo reverente su veredicto adverso y decisivo, aquel médico intrépido se alzó de su cátedra y, con una pipa en sus manos, habló exaltando las virtudes de la yerba americana. En Italia, el médico Castore Durante al encomiar la introducción del tabaco por el cardenal y nuncio Próspero di Santa Croce, dice que éste obtuvo gran mérito por ello, tanto como sus antepasados por haber llevado a Roma el madero de la Santa Cruz donde murió Jesucristo.

A los médicos no los asustaron con las diatribas de los reyes y teólogos que tachaban de infernales al tabaco y sus emanaciones. Cuando el doctor Guillermo Barclay publica su encomiástico trabajo *Nepenthes, or the Virtues of Tobacco*, en Edimburgo, 1614, lo dedica «a mi señor obispo Murray» y no solo defiende ante éste a la aromática yerba, sino que alude a la tierra donde ella se produce como «el país que Dios ha honrado y bendecido con esta feliz y sagrada planta».

Amigos o enemigos del tabaco predominaron según las ocasiones; pero sobre todos ha vencido hasta ahora el dinero, o sea ese espíritu «de todos los demonios», que por igual suele perturbar a los científicos y a los dogmáticos. Con razón decía el padre Labat:

...los médicos en ocasión del tabaco no se olvidaron de hacer valer el derecho que tienen adquirido de formar juicio de todas las cosas. Aun cuando ellos jamás hubiesen visto el tabaco ni hubieren oído hablar de él, no dejaron por eso de discurrir sobre su naturaleza, sus propiedades y sus virtudes... Verdad es (añade el irónico dominico) que razonando como hacen los médicos, sin principios, casi nunca se ponen de acuerdo.

(*Nouveau Voyage aux Isles de la Amérique*, París, 1713, tomo VI, pág. 276.)

Pero con igual razón pudieron los galenos haber redargüido a los sacerdotes, tan dados a predicar de lo que jamás vieron, sin exceptuar al mismo padre Labat, cuya narración contiene errores crasos.

En los médicos fue corriente declamar contra los abusos del tabaco y recomendar que no se aplicara la yerba «sana sancta» sin una previa prescripción facultativa; a lo cual replicaban los fanáticos de la yerba que eso era por egoísmo profesional. Y también, desde mediados del siglo XVII hubo sátiras contra los médicos que en la novelería del tabaco encontraban medro económico.

Dogmatistas y científicos cedieron ante el diabólico espíritu del tabaco cuando éste, pese a los martirios impuestos a sus devotos, logró extenderse por las altas y las bajas clases sociales y vino a ser fuente fiscal de pingües almojarifazgos, alcabalas, estancos y diezmos, así para los usufructuarios de la Corona como para los del Altar. Y, en esto también, todo fue consecuencia de la virtud del dinero, que en la corte del rey y en la de Roma ya había notado con su perspicacia y referido con sorna el padre Juan Ruiz, el arcipreste desenfadado. Cuando los regios arbitristas comprendieron lo fácil que era poner tributos al tabaco, como a un artículo de placer, se suprimieron las persecuciones, los moralistas fueron callados y las conciencias fueron dormidas, dejando que los endiablados tabacos de los idólatras de América fueran inficionando al mundo a cambio de pagar fuertes tributos a sus empinados gobernantes. Entonces el crudelísimo sultán de Turquía, convencido de las ventajas económicas del tabaco, derogó el *iradé* que mandaba empalar a los fumadores y la furia de los ulemas fue relajándose. Si antes un gran muftí a nombre de Dios inspiró las persecuciones, luego otro gran muftí cambió la doctrina, no se sabe si también por soplo de Alá. Tal como ocurrió con el café, condenado primeramente como contrario a la divina ley coránica y luego encomiado como «vino del Islam» para sustituir el «vino de los cristianos». Si antes el café fue tenido por leyenda como una bebida sacada de la cagarrutas de los cabrunos demonios, luego una nueva leyenda, de origen persa, explicó piadosamente cómo habiendo caído Mahoma en abrumador cansancio y somnolencia, Dios reanimó a su profeta enviándole con el arcángel Gabriel una bebida entonces desconocida, negra como la venerada piedra meteórica de la Kaaba en la Meca. Así el café bajó de los cielos como un don de Alá y Turquía pasó a figurar entre los pueblos más fumadores de tabaco y más bebedores de café.

Pero no fue solo en Constantinopla y en los reinos asiáticos donde se dieron esos cambios. Si el rey Jacobo I de Inglaterra publicó en 1603 su tremendo *Counterblast* o panfleto *Misocapnus, seu lusus reius de abusu tobacci*, él mismo cesó en sus maldiciones al tabaco cuando pudo crearle tributos. Y al poco tiempo, en 1628, contra el iracundo escrito del rey inglés, otro escrito fue publicado con el título de *Anti-Misocapnos*, a favor del tabaco, de su uso y propagación (R. Brunet, *De la Culture et Fabrication du Tabac*, París, 1903, pág. 6), por obra de los jesuitas polacos, o, al menos, de ciertos miembros de la internacional jesuítica que radicaban en Polonia.

Eran los jesuitas los que más propagaban ahora el consumo del tabaco *ad majorem Dei gloriam* y muy atentos a sus privadas granjerías, particularmente a las de América, que les proporcionaban enormes enriquecimientos por la explotación de grandes territorios con esclavos negros, con indios sometidos y con exenciones de las alcabalas, sisas y toda suerte de gabelas. Del reino jesuítico del Paraguay decía Ibáñez, un testigo de vista, que «desde que sale el Sol hasta que se pone no se les oye hablar (a los padres de la Compañía) más que de haciendas, estancias, vacas, rodeos y ganado, faenas, negocios de cueros, yerba, tabaco y algodón» (cita del padre Miguel Mir, *Historia interna documentada de la Compañía de Jesús*, Madrid, 1913, tomo II, pág. 230). El poeta jesuita alemán Jacob Balde publica una *Satyra contra abusum Tabaci Medicina Gloria* (Munich, 1651) y contra los médicos panaceístas; pero no contra el uso de esa yerba, a la cual tenía en tanta estima como su compañero español el padre Bernabé Cobo. Son precisamente los jesuitas, aquéllos que tanta conmoción causaron en los teólogos ortodoxos por sus heréticos «ritos chinos», los que introducen en el Imperio Celeste los polvos de tabaco y el fino arte del rapé, cuando la dinastía de los Manchús, allá por 1715 (Laufer, *Ob. cit.*, pág. 32). Los chinos neófitos del cristianismo fueron distinguidos entre sus paisanos, por su vicio, como los «tomadores de rapé». Al marcado favorecimiento del rapé por los miembros de la Compañía de Loyola, así como a la odiosidad que inspiraban por su entrometimiento en la política de las naciones, debióse la idea del misterioso «rapé de jesuitas», con el cual se envenenaba secretamente a los enemigos, según la leyenda que corrió contra los jesuitas de España (B. E. Hill, *A Finch of Snuff*, Londres, 1840, pág. 39; Fairholt, *Tobacco: Its History & Associations*, Londres, 1876, pág. 255). De esta idea, entonces corriente, de que muchos envenenamientos y hechizos se daban con polvos de tabaco y tazas de chocolate, se hizo eco Moratín, al referir lo ocurrido con la muerte de Carlos II el Hechizado. Según le declaró el demonio a un exorcista el embrujo se le dio al rey en chocolate; pero otro energúmeno le dijo a fray Mauro que fue la reina quien maleficó a su esposo «en un polvo de tabaco». El tabaco seguía entre sacerdotes blancos con vieja fama de mágico.

El tabaco era ya un poderoso instrumento fiscal y se habían organizado sendos monopolios tabacaleros para lograr fuertes ingresos a los famélicos erarios. Los Estados Pontificios no se quedaron atrás. En Ferrara la autoridad apostólica, por mandato de Alejandro VII, desde 1657 había establecido el monopolio del tabaco «in corda, in polvere», etc. El mismo Papa ordena por 1660 el monopolio en Bolonia; el año 1665 se establece en la misma Roma (Corti, *Ob. cit.*). En 1725, el Papa Benedicto XIII derogó con su *motu proprio* las inútiles prohibiciones contra el rapé. Su Santidad gustó de las cosquillas y estímulos de la yerba indiana, y hasta en la basílica primada pudo tomarse polvo, si no con el licencioso escándalo de antes, sí «con discreción» (Brooks, *Ob. cit.*, I, pág. 81). Los polvos de tabaco entraron tanto en las costumbres de los sacerdotes que éstos no prescindían de su uso ni en las ceremonias litúrgicas y hasta ponían las cajitas de rapé sobre el altar, según informan Brunet y otros (cita de Brooks, I, pág. 157). Los clérigos no dejaron de darse a la sensualidad del tabaco. El benedictino padre B. Feijóo, que en el siglo XVIII tanto se distinguió por combatir los milagros ficticios, las reliquias fraudulentas y las corrupciones clericales, no abominó del tabaco; antes al contrario (en sus *Cartas eruditas y curiosas*, tomo I, Carta 27) trató de la buena conservación del tabaco. Y los jesuitas siguieron cometiendo el «octavo pecado mortal», según luego el literato Pierre Louys calificaría al empleo sensual del tabaco. Cuando los jesuitas son expulsados en 1768 de Buenos Aires, por orden de Carlos III, en el equipaje de cada uno de los ochenta seculares de la Compañía ponen una libra y media de «polvillo», como para que no abandonaran el rito evocador de las inspiraciones infernales.

En 1779, Roma pone fábrica de tabacos y el Papa contrata con cierto negociante alemán un privilegio para que en los Estados de San Pedro se fabriquen cigarros puros, a estilo español, que allí denominaron *bastoni di tabacco* (Brooks, I, pág. 167). Desde el siglo XVIII, el tabaco en polvo es consuetudinario placer de la corte papal, al menos hasta León XIII, a quien cada año se enviaba una caja de café como regalo por la fábrica de Sevilla, aun en la época en que ya se había extinguido el uso general del *pulviscolo* y apenas se elaboraba en España (J. García de Torres, *El tabaco*, Madrid, 1875, pág. 92).

El padre Labat había escrito con acierto del tabaco que «jamás fue una cosa tan universalmente recibida, pese a las contradicciones, impedimentos y enemigos que parecían tener que ahogarla en su misma cuna» (*Ob. cit.*, pág. 286). Jamás hubo por el mundo mayor «propaganda» que para el tabaco, fuera de la apostólica «propaganda fide» que tuvo la religión católica. Ya a comienzos del siglo XVII decía un poeta inglés (Joshua Sylvestre, *Tobacco Battered*, Londres, 1616, pág. 17), que «Don Tobacco» tenía más discípulos que Cristo, y que los fumadores, o *tobaconists*, eran en su fanatismo como los jesuitas, «verdaderos idólatras y enemigos del Estado».

Se hizo en todas partes la paz con los demonios por la intervención imperiosa del dinero. Y reyes y sacerdotes fumaron exquisitos cigarros sin desdoro ni herejía, y seguramente que hasta sin pecado si aquéllos eran *puros habanos*, que por *habanos* siempre se tuvieron por «bondad suprema» y por puros parece que debían de ser tenidos como exentos de toda impureza. Antes de acabar el siglo XVII ya se hacían en las Indias «tabacos de sacerdotes», que eran los más costosos y preferidos (A. O. Exquemelin, *Bucaniers of America*, Londres, 1684). Los mejores tabacos de La Habana se reservaban para el rey de España (Fairholt, *Ob. cit.*, pág. 217). De ahí que fuesen llamados regalías, que quiere decir «privilegios del rey», y que en las marcas más favorables de la tabaquería cubana abunden los títulos de *regalías, coronas, cetros, imperiales, reinas, príncipes, royals, kings, queens, Isabelas* y otras análogas alusiones a las prerrogativas regias. Pero los clérigos no quisieron ser menos y también tuvieron vitolas especiales para ellos. «Los tabacos de La Habana», dice Fairholt en 1895 (*Ibidem*, pág. 217), «varían en tamaño y grueso; una clase particularmente gruesa y excelente se elabora para los sacerdotes, siendo hecha con hojas escogidas, destinadas a la gente de iglesia y manufacturada por monjes». Adviértase, sin embargo, que esos tabacos sacerdotales no tuvieron marcas peculiares ni expresivas de su destino. Si hubo *regalías* no hubo *pontificales*; si en las tabaquerías se compraron coronas no se vendieron mitras; si tuvimos vitolas *reinas* y *príncipes*, no se conocieron «boccati di cardinali» ni «brevas de canonjías». Esto debióse, indudablemente, como ya indicamos, al vergonzante influjo del originario demonismo que acompañó siempre al tabaco. Por ello, en las numerosísimas marcas comerciales creadas para distinguir sus productos, fábricas, clases y vitolas, no se han adoptado denominaciones católicas como ha ocurrido sin reparo en muchos otros artículos de comercio. Si tuvimos en La Habana unos «Polvos de San Agustín» que eran dentífricos, a los polvos de tabaco jamás les pusieron santinomia, pese al gran consumo y provecho que de ellos hacían los eclesiásticos y la gente devota.

Desde el año 1851, la corte papal renunció a todo resto de suspicacia contra esa yerba que unos conocieron por «yerba del demonio» y otros por «yerba santa». El cardenal Antonelli, muy celoso administrador fiscal de los Estados Pontificios, decretó que se condenase a una positiva prisión terrenal, no a penas ultraterrenas de temibilidad no siempre eficaz, a quienes diseminasen escritos y rumores de propaganda contra el uso del tabaco (Corti, *A History of Smoking*, Londres, 1931). Y así, al fin, los reyes, los clérigos, los mercaderes, los médicos, los poetas y los demonios quedaron todos satisfechos.

Todo lo cual bien pudo prevenirse por quienes sabían pensar a la vez con poesía y con realismo, con razón y con historia y no ocultaban lo que describían de las trapisondas de Lucifer cuando éste, desde hacía milenios, operaba entre los humanos con el infernalísimo dinero. El poeta y famoso moralista Juan Ruiz, arcipreste de Hita (1283-1350), uno o dos siglos antes de que la cristiandad descubriera la perfidia y artimaña del tabaco, escribió acerca de las potencias diabólicas del dinero, estos versos históricos que siguen:

Sy tovyeres dyneros, avrás consolación,
plazer e alegría e del papa ración,
comprarás par ay so, ganarás salvación:
Do son muchos dyneros, es mucha bendición.

Yo vy alia en Roma, do es la santidat,

que todos al dinero fazian omilidat,
grand onrra le faztan con grand solenidat:
Todos a él se omillan como a la magestat.

Ffazíe muchos priores, obispos e abbades,
arcobispos, dotores, patriarcas, potestades,
a muchos clérigos nescios davales denidades.

Ffazíe verdat mentiras e mentiras verdades,
ffazíe muchos clérigos e muchos ordenados,
muchos monjes e monjas, rreligiosos sagrados;
el dinero les dava por byen esaminados.

¡Qué habría dicho del tabaco el punzante Arcipreste si hubiese vivido en el siglo XVIII!

Sobreviven quizás ciertos rasgos de origen religioso en los usos del tabaco. Los simbólicos ofrecimientos de tabaco, que ya acostumbraban los indios precolombinos como ritos de paz y amistad, todavía se practican en los pueblos blancos y cristianos, particularmente en los de América, a manera de ese cambio de inciensos y de ósculos que en los templos católicos se administra con el portapaz y un ritual *pax vobis*. Los elegantes de las cortes europeas del siglo XVIII se brindaban muy cortésmente los polvillos de rapé. Aún hoy día, es rito de cordial acogida el ofrecimiento de un cigarrillo o de un tabaco. Y si es de un *tabaco habano*, entonces el rasgo alcanza cierta alta categoría y solemnidad simbólica, como el beber una copa de *champagne*. En las manufacturas del tabaco se siguen empleando mezclas de sustancias extrañas, no precisamente para mejorarlo sino para diferenciarlo, para singularizarlo y darle condiciones misteriosas y excitantes, que recuerdan las de aquellas mixturas de polvos, calizas y aromas que eran usuales en los ritos indios. Así, cuando hace siglos se fabricaba mucho rapé, a la *nicociana* molida se le añadían esencias, perfumes y especias; y cuando se hacía mucho tabaco para mascadas, cada fabricante tenía su fórmula, como secreto de magia, para asegurar a su andullo un especial sabor y efecto. El muchacho que fuma su primer tabaco lo hace con cierta emoción de solemnidad, como en la supervivencia de un rito de pasaje de la puericia a la hombría. En todo caso, en la catarsis nerviosa y psíquica que el tabaco procura hay el mismo elemento inefable de antaño que es esencia de religiosidad. Pero ya no hay anatemas contra el tabaco, ni se le relaciona con las potencias sobrenaturales, salvo en las fantasías poéticas y folklóricas. Solo quedan algunos opositores pertinaces en ciertas sectas rígidas y en algunos médicos alarmistas. Son precisamente éstos, los que antaño lo defendieron a ultranza, quienes ahora, de cuando en cuando, con igual libertad ejercen su derecho de prevenirnos contra sus malignidades, también efectivas o ilusorias como lo eran sus virtudes. Privilegio es de la ciencia, donde siempre está alerta la vigilancia y amparada la duda.

Ya el rey plutónico, su nombre y su figura, sirven como marcas de comercio para mercancías populares; para salsas picantes y jamones que son tentaciones de carne; para purgantes que son procesos catárticos de purificación corporal. Parece que le hemos perdido el miedo al diablo y este descrédito de sus malignidades acaso sea la obra mayor de su artería. Pero se dice que el diablo no ha muerto, que vive y hace, y que no puede hacer sino diabluras. No ha mucho tiempo que se inventaron en Hungría unos cigarritos que al ser fumados despiden humos de sendos colores, para que las damas fumadoras puedan armonizarlos con los tintes que a sus vestidos les impone la moda femenil. Así, la mujer elegante, según el color de su toilette, tendrá que escoger *comme il faut* el sombrero, los zapatos, la cartera, los guantes y el cigarrito que fumar. Indudablemente, ésta es una nueva ocurrencia de los demonios para que pequen más los mortales; pero ellos saben lo que hacen y están a su negocio. Y ya parece que han tentado a un escritor de cierta revista católica inglesa (D. W., «Talking at Random» en *Tablet*, copiado por la revista eclesiástica de Estados Unidos *Orate Frates*, octubre de 1939), quien sugiere que pudiera aprovecharse la novedosa idea de las humaradas polícromas de tales *cigarettes* para más embellecer las ceremonias de la Iglesia, haciendo que el incienso cambie de color, como las casullas, según las liturgias: de rojo en los días de los mártires, de blanco para las vírgenes, de morado en cuaresma y hasta de verde alguna vez. ¡Transculturación de la Iglesia! ¡Quién sabe a dónde puede llegar todavía la transculturación del tabaco! Con un poco más de imaginación e ingenuidad pronto pudiera quemarse tabaco habano en los cultos donde la ritualidad exige incensaciones. Acaso un día, por las diócesis del Amazonas o del Orinoco en vez de grumos de incienso se quemen hojas de tabaco sobre las ascuas del fuego nuevo para los ritos resurreccionales del sábado de Gloria. Y si la fe lo inspira, no habrá en ello sacrilegio sino adaptación sincrética de un aromático símbolo de reverencia, antes dedicado por los infieles a sus dioses; tal como ocurre desde hace tiempo en algunas misiones religiosas de África, donde los tambores del *bembé* sagrado tocan para cantos eclesiásticos ante el altar de la cruz y los *diablitos* bailan sus misterios para más solemnizar las ceremonias, que son las iniciaciones mágicas de los neófitos cristianos.

¡El tabaco en la mística! En España se dio el colmo religioso del tabaco; allí sirvió nada menos que para objeto de un *milagro*. Según lo refiere en 1738 fray Pascual Ortiz, en honra del venerable *fray Juan Gregorio*: «En una ocasión alargó una religiosa del Monasterio de San Sebastián al Siervo de Dios la *caja de tabaco*, que tenía llena, para que el hermano Juan remediara su necesidad, vaciando aquel tabaco en su caja. Hízolo así nuestro venerable a presencia de la religiosa, a la que tributando gracias, volvió su caja vacía. Despidióse el Siervo de Dios y de allí a poco, abriendo la religiosa su caja, vio con admiración que estaba otra vez llena de tabaco» (Marcos Antonio Arellana, *Valencia antigua y moderna*, 1923, I, pág. 321). Por otra parte, en España los estanqueros y tercenistas de tabaco eran llenos de privilegios y no podían ser judíos ni estar con mancha de religión (P. Vidal, pág. 338). El tabaco fue como cosa sacra.

Han vencido los demonios. El tabaco domina a todo el género humano. «Esa palabra indoantillana ha penetrado en todos los lenguajes del mundo y en todas partes es entendida» (Laufer, *Ob. cit.*, pág. 65). Hoy día el tabaco es universalmente un lujo de primera necesidad. ¡Paradoja diabólica! Hay pueblos que no comen pan ni conocen el trigo; pero no los hay que desconozcan el tabaco y que no sepan fumar. Y se ha visto que gentes hambrientas piden anhelosas tabaco, a menudo con más ansia que el comer. Así se ha escrito por quienes han presenciado la última guerra fratricida de España, donde se diagnosticó una «psicosis del tabaco». Los cristianos piden devotamente a la providencia sobrenatural «el pan nuestro de cada día»; pero los otros humanos, y aun ellos mismos por añadidura, suelen pedir con más fervor el tabaco cotidiano, como si un blasfemo padrenuestro fuese rezado en la subconciencia a un Nuestro Señor Demonio del Gran Poder. Todo lo cual, junto con lo ocurrido en estos últimos siglos, con el apegamiento de los soldados en guerra al uso frenético del tabaco, contradice rotundamente lo teorizado por el humorista inglés J. K. Jerome, en sus *Divagaciones de un haragán*: «El tabaco es para los holgazanes una bendición de Dios. ¿En qué diablos podrían ocupar el tiempo los empleados del Estado antes de que el uso de aquella planta fuera conocido entre nosotros? Yo atribuyo el carácter camorrista de la gente moza de la Edad Media a la falta de aquellas hojas de efectos tan sedantes. Careciendo de trabajo en qué emplearse, y no pudiendo fumar, la consecuencia natural es que anduvieran siempre armando bulla, buscando pendencias y tramando guerras para emplear las fuerzas de sus brazos» (Federico Villoch, «La última fumada», La Habana, *Diario de la Marina*, 11 de febrero de 1942). Pero la teoría de ese escritor inglés no pasa de una «humorada». Desde el siglo XV estamos cada vez con más furor infernal, en la edad de las «guerras de humo». Como Brooks piensa, en la humanidad «el tabaco es el más social de sus apetitos». Y el más igualitario. Ya en la época del rapé, decían unos populares versos ingleses:

What introduces Whig or Tory
and reconciles them in their story
when each is boasting in his glory?
A pinch of snuff.

Para el servicio del tabaco los desconocidos se aproximan y favorecen mutuamente, como hermanos de la masonería del humo. Dice Pérez Vidal (pág. 22): «Entre las cosas que más extrañeza causan a los extranjeros que visitan España se encuentra la costumbre de *pedirse fuego* unos fumadores a otros, costumbre que salva todas las diferencias sociales». Según el francés pintor Henri Regnault: «El grande de España no se cree deshonrado al permitir que el mendigo encienda un cigarro en el suyo. A mí me agradan mucho estas gentes; son de una cortesía exquisita» (María Brey Mariño, *Viaje a España del pintor Henri Regnault*, 1868-1870, Valencia, 1949, 70).

Los atropellos contra la democracia del tabaco se resienten más profundamente que otros, hasta la trascendencia histórica. A las iras despertadas en los pueblos contra los monopolios del tabaco, generalmente en manos de magnates aristócratas o de judíos, y contra los abusos de sus detentadores despóticos, hasta el punto que provocaron motines en varias capitales de Europa, se atribuyen las primeras conmociones antiaristocráticas del siglo XVII (Brooks, págs. 146 y 158). Steinmetz (*The Smoker's Guide*, 1878, pág. 13) dice que Jean Bart, el héroe naval francés, «al fumar ante Luis XIV realizó un acto de tan prodigiosa audacia y nivelador sentido que puede considerarse como el verdadero inicio de la Revolución Francesa». Desde ese punto de mira puede pensarse que, también por el siglo XVIII, los motines de los vegueros y frailes contra los monopolistas del tabaco fueron los precursores de la conciencia nacional y prepararon en el pueblo de Cuba la rebelión libertadora contra los monopolios mercantiles, políticos, eclesiásticos y sociales.

Hoy el tabaco es del pueblo; su uso es «un derecho individual inalienable». El poeta inglés Thomas Jones proclama esa congénita e igualitaria democracia del tabaco:

¿Quién, a través del mundo, no se siente tu amigo?
Para choza y palacio, eres cálido abrigo,
huésped universal.
Amigo de los hombres, no distingues las razas
y dejas paz dondequiera que pasas
y dejas paz.

Brander Mattews llega a la conclusión de que «...pese a toda la sabiduría, el hombre es el esclavo del tabaco...». Este poeta en rigor confiere la subyugación tabaquera del ser humano porque también hoy día está presa por las volutas del humo.

Tan extendido e imperioso es hoy día el tabaco por todos los países, razas, sexos, religiones y clases que Laufer, quien tanto ha contribuido al estudio histórico de esa planta, ha llegado a esta conclusión política:

De todos los dones de la naturaleza, el tabaco ha sido el más potente factor social, el más eficiente pacificador, el gran benefactor de la humanidad. El tabaco ha hecho a todo el mundo de un solo linaje y lo ha unido en un mismo lazo. De todos los lujos es el más democrático y el más universal; ha contribuido en gran parte a democratizar el mundo.

En la misma evolución de los tipos morfológicos del fumar parece que hay algo que es impuesto por el ambiente humano, aparte de los apremios económicos y de las creencias religiosas, como si el ritmo de la vida social influyese también en las costumbres de los fumadores. La pipa se da más por tierras frías y recintos cerrados, en ceremonias tradicionales de paz y de religión. El cigarro o puro es más bien compañía actual de caminantes por países cálidos y en magias operativas, esparcimientos y jolgorios. El cigarrillo, ya de papel, breve y liviano, es hijo del amestizamiento, tercería de culturas, engendro transcultural en tiempos y costumbres de más apremios y tensiones. «El automóvil es enemigo del fumar», ha dicho con razón José Aixalá (*Diario de la Marina*, La Habana, 9 de diciembre de 1939); pero el tabaco que ahora estorba en las tensas duraciones del presente ritmo social, llena todas sus pausas. Con la vida moderna, veloz y a ritmo de máquina, el tabaco se habría ahuyentado si el cigarrillo no lo hubiera sostenido, lubricando sus fricciones y válvulas y refrescando las energías. A la pipa se la denominó por un inglés: «sedentaria»; al cigarro *puro* se le dijo por otro autor: «ambulatorio». Ahora leemos que al cigarrillo se le llama: «impaciente». Esos adjetivos son muy expresivos. La pipa es más reposo y evocación del pasado; el cigarro es más vía y goce del presente; el cigarrillo es más premura, escape de nervios y esperanza del futuro. Por eso los tiempos que corren, de tantas inquietudes, apresuraciones, angustias y anhelos, son la edad del cigarrillo, que todos buscan como sedante y como estímulo a la vez.

Un tipo «tabáquico» de transición es el *tabaquito*. Tabaco por su estructura, «cigarrillo» por su tamaño. Se fabrica como puro. Una fábrica de La Habana enviaba tabacos enanos a un reino africano y se tuercen tabaquitos habanos de breve longitud para su bella reina, mientras los elabora de *vitola* enorme y ostentosa para su joven rey. ¿No cabría pensar en una futura revancha del tabaco habano sobre el cigarrillo extranjero, disminuyéndole a aquél su magnitud, su pompa, su costo, pero conservándole su contextura y la esencia insuperable de su habanía?

En estos años convulsivos se ha pensado que el tabaco es un «arma de guerra», como el petróleo y el lubricante que mueven las máquinas bélicas. El tabaco, se ha dicho, tonifica e impulsa el ánimo de los soldados y no hay ejército que ahora quiera pelear sin él. Pero no, el tabaco sigue siendo instrumento de paz, indispensable para conservar en cada soldado sometido a las enormes y terribles presiones nerviosas de la guerra aquel mínimum de independencia, personalidad, solaz, ensueño y esperanza sin el cual la sociedad se desintegra y el ser humano enloquece. El tabaco, que es rito social de paz y amistad, es el más constante amigo del soldado y en la guerra es siempre y en todo momento «su paz». Es un transitorio reducto donde su individualidad se defiende y conforta, cuando, prisionera de Marte, al fumar respira un hálito libre y cree recuperar por un instante, aunque sea «en humo», el goce de su soberanía personal.

Todo esto refleja la constante e íntima vigencia del tabaco, sus contemporáneas funciones sociales, su victoria, su transculturación universal.

X. De la copla andaluza sobre el tabaco habano

Encuéntrase esta copla laudatoria y expresiva de la cuna del tabaco por antonomasia en la obra de don Francisco Rodríguez Marín, *Cantos populares españoles*, Sevilla, 1882, tomo I, pág. 230.

XI. Del vocablo «cañal» y de otros del lenguaje azucarero

Hemos empleado adrede el vocablo *cañal*, como lo hemos hecho en algunas otras ocasiones, sin olvidar por un momento que *cañaveral* es hoy la palabra corriente en Cuba para significar el sitio poblado de cañas de azúcar. El vocablo *cañal* fue sustituido dos o tres veces por el cajista y el corrector de pruebas y, solo fue tras de una obstinada brega que al fin quedó impresa la palabreja como hubimos de escribirla: *cañal*. Ahora nos creemos obligados a justificar nuestra razón al escribir de vez en cuando *cañal* en vez de cañaveral.

Digamos ante todo que cañaveral es la palabra más corriente, impuesta ya por el uso inapelable, y no pretendemos alterar tal costumbre por un puro arcaísmo idiomático. Al fin, todas las palabras son convencionales y solo dicen lo que los interlocutores entienden por ellas y no lo que pensaron sus creadores, ni lo que los lingüistas quieren poner en ellas por razón de sus raíces, de su sentido originario, o de la simple lógica de su estructura. Pero, de otra parte, no es imperativo ni prudente que ante un uso generalizado y casi unánime tenga que rendirse el hablista o escritor cuando, llevado por impulso literario y en ocasión apartado del vulgo y del trato familiar o común, quiera usar el vocablo que crea mejor formado y más preciso de sentido por su exacta armonía entre las raíces que lo constituyen y su significación inequívoca.

Cañal es un vocablo aceptado por la Academia de la Lengua Española. De modo que ni siquiera es un neologismo. Si lo fuera, no sería por ello en mengua del lenguaje. El idioma español está algo dormido en los remansos casticistas de la historia y necesita un torrente de voces que le aviven su fluencia por los cauces que ha venido abriendo la cultura moderna. Pero, en este caso, *cañal* es un viejo vocablo castellano, derivado sin complicaciones del latín *canna*.

Caña significa el tallo de las plantas gramíneas y de ahí que haya venido a ser una palabra de sentido genérico, por razón de las diversas gramíneas que existen. Y *cañal* (así como *cañar*) es vocablo derivado de caña, con la regular adición de la desinencia abundancial, y quiere expresar «sitio poblado de cañas», bien fuere por acaso de la naturaleza o por razón de un plantío debido al arte humano. Y, por razón del consiguiente carácter, también genérico, se puede decir *cañal* o *cañar* de todo campo de cañas, cualesquiera que éstas sean por su clase específica.

Hay varias clases de cañas. El lenguaje reconoce la existencia de varias, bien añadiéndole al nombre sustantivo genérico de caña algún adjetivo o algún calificativo de procedencia. De este último orden tenemos *caña de Indias, caña de Batavia, caña de Bengala, caña de Otahiti, caña de Castilla*, etc.

Los adjetivos adicionados a la palabra caña para indicar alguna especificación han sido varios. Así tenemos, sin salimos del diccionario académico, *caña agria, caña amarga, caña borde, caña brava, caña santa*, etc.

Con frecuencia el adjetivo se adhiere al sustantivo fundiéndose en un solo vocablo. Así tenemos *cañacoro, cañafístula, cañaheja, cañaherba, cañajelga, cañarreja, cañarroya* y otras, entre las que está la palabra *cañavera*, de donde ha brotado el vocablo cañaveral, que en Cuba y fuera de este país suele aplicarse generalmente a los campos de cañas de azúcar.

Pero esta aplicación es intrínsecamente errónea. Por *cañaveral* no ha debido entenderse nunca, en el habla correcta, una plantación de *cañas de azúcar*, sino, simple y exclusivamente, un campo de *cañaveras*. Porque cañaveral viene precisamente de *cañavera* y estas cañas no son *de azúcar* sino *carrizos*, como indica con absoluta precisión el diccionario de la Academia, señalando la sinonimia entre ambos vocablos: *cañavera* y carrizo. Para mayor claridad digamos, la *cañavera* es esa pequeña caña o carrizo de un par de metros de largo que se suele poner en las imágenes católicas de Cristo, en el episodio del Ecce Homo, para simbolizar el cetro que le pusieron a Jesús como *Rex Judaeorum*, en el rito folklórico y precristiano del entronamiento con escarnio y después de una flagelación. La *cañavera* no es tampoco la caña larga, común en el Sur de Europa, ni la que por América llamamos *caña brava*, ni el *bambú*, de todas las cuales se construyen las cañas de pescar.

Ni es tampoco una de las «muchas cañas que nacen en este Nuevo Mundo no conocidas», según el padre Bernabé Cobo, quien asegura que «entre las cuales no se halló la caña común de Europa hasta que la trujeron los españoles». No es, pues, la caña *guadyna* de los quichuas, o *caña de Guayaquil*, ni la *ipa*, ni el *charo*, ni otra alguna de las cañas indígenas de Indias y en éstas empleadas para edificios, zarzos, barbacoas, bahareques, bordones y muebles.

La *cañavera*, pues, es una especie de caña o gramínea, corta, indígena de España, donde se usa para forraje. Y en nada se relaciona con la producción de azúcar. Por lo tanto, la denominación de cañaveral a un campo de *cañas de azúcar* es originalmente un disparate, aun cuando su difusión sea inveterada y su empleo casi unánime, habiéndose desterrado por el uso los vocablos castellanos más apropiados para expresar con precisión un campo de cañas sacaríferas.

Siendo indígenas de España la caña común y la *cañavera*, que tanto quiere decir como *caña-verdadera*, y no siéndolo la *caña de azúcar*, que procede de la India y fue introducida en Europa por los árabes durante la Edad Media, parece lógico inferir que cuando se fueron sembrando y conociendo por España las *cañas de azúcar* y sus plantíos, los españoles sintieron la necesidad de una palabra que denominara inequívocamente a las unas y a los otros. Así fue en verdad y la historia de la lengua nos enseña varias palabras castellanas para expresar las cañas de azúcar y sus plantaciones.

Probablemente la denominación *caña de azúcar*, que aún hoy se emplea como la más generalizada, fue de las primeras. Ha debido decirse siempre *caña de azúcar*. Pero adviértase que jamás se ha dicho *cañavera* a la caña sacarífera, a pesar de decirse *cañaveral*, con evidente antinomia, a su plantío.

Aunque se hablaba fácilmente de cañas de azúcar, era un tanto difícil formar el derivado colectivo directamente sacado de esa denominación compuesta de tres palabras. Y de ahí que se acudiera a un proceso impropio para formar el derivativo. O se decía *cañal* o *cañar*, recurriendo a la voz genérica y abandonando la especificación referente al azúcar; o bien se refería a otra clase de cañas que no eran las de azúcar. Todavía se aprovechó la voz específica *azúcar* y, por brevedad, prescindiendo del sustantivo genérico *caña*, se formó la palabra *azucaral*. Este vocablo no consta en el diccionario académico y jamás lo hemos oído por estas Indias; pero existió, sin duda, pues consta en la oda de fray Ambrosio Montesinos titulada *La visitación de María*, publicada en Toledo el año 1508 (cita de Vicente Lafuente en su *Vida de la Virgen María*, pág. 260), cuando aún no se había colonizado la isla de Cuba y en la Española comenzaba a implantarse la industria azucarera.

Esta palabra *azucarales*, con razón, no tuvo fortuna. Hubo otras mejor formadas, no ya por una alusión exclusiva del producto industrial sino por una combinación de la raíz botánica y de su específico carácter por razón de su apetecida sustancia mercantil. Lo que se hizo fue, con toda lógica, buscar una palabra equivalente a las tres de *caña de azúcar* y así surgieron las siguientes: *caña dulce*, convertidas en *cañaduz*, y *caña de miel*, refundidas en *caña melar* y en *cañamiel*. Y de esos vocablos se derivaron respectivamente estos otros, para significar las plantaciones: cañaduzal y *cañamelar.*

Aún hoy día por Andalucía y por ciertas regiones de la América Española tempranamente colonizadas, se sigue oyendo decir *cañaduzales* y *cañamelares* a las plantaciones de cañas de azúcar. También se dijo por Andalucía: *campo cañizo*, por «campo de cañas», y de ahí se pasó a *cañizal* o *cañizar*, vocablo que, en plural, fue apelativo del castizo linaje de los *Cañizares*, cuyo apellido se ha perpetuado por América en numerosas familias. Tal como de carrizo, nombre de la gramínea española, se derivaron *carrizal* y *carrizales* y fueron apellidos corrientes. Recuérdese *El celoso extremeño*,[23] llamado *Carrizales*, vejete engañado por su mujer, un guitarrista de sones y unos negros, a quien Cervantes inmortalizó haciéndolo protagonista de una de sus novelas, de las más ejemplares por lo más realistas.

Y del «campo de cañas» se dijo *cañal*, y también *Cañal* y *Cañales* hoy son apellidos españoles que se oyen en Cuba (como también *Cañas*, *Cañero*, *Cañarte*, *Cañete*, *Cañizo* y otros análogos) traídos de Andalucía, donde hubo toda laya de cañas y se cultivó la de azúcar desde antes del descubrimiento de las Indias por los castellanos. Pero en Cuba y en el resto de América hemos abandonado desde hace siglos esos vocablos bien formados y seguimos diciendo cañaveral, sin tener en tal plantación *cañaveras* y sí, tan solo, *caña de azúcar*. Ha debido de ser por la presión del lenguaje inculto de los campesinos y esclavos encargados de las faenas agrícolas, y hasta por el habla de los mismos hacendados, quienes, entendiendo poco de cultivos del campo, menos dados eran a los cultivos del idioma. Ha prevalecido en la locución el sentido económico sobre el sensorial. *Caña de azúcar* era el nombre de la caña aludiendo a su mercadería, cuyo granjeo traía el lucro y era base económico-social de muchas comarcas. *Cañaduz* era el nombre de la caña sacado de su apetito, la que se buscaba para lujo en los deleites sensuales del paladar. Y para los pobladores, hacendados, azucareros, mercaderes o piratas, la *caña de azúcar* fue la caña por antonomasia, la única *caña verdadera*, la *cañavera*

---

23 Véase la edición de Linkgua, Barcelona, 2021. (N. del E.)

(como de la cruz de Cristo salió la voz *Veracruz* y de su imagen la *Verónica*).
Y su plantaje fue el cañaveral. Análogamente ocurrió en las colonias inglesas
(*sugar cane*) y en las franceses (*canne a sucre*), etc.

Después de esta disquisición convengamos en que lo mejor sería quizás
decir como antaño se decía: cañaduz y *cañaduzales*, pues con tales palabras
no cabrían los equívocos. Y en que no hay impedimento para decir *cañales*
a las plantaciones de cañas de azúcar, reduciéndose a su base genérica. No
todos los *cañales* serán de cañaduces, pero todas las plantaciones de cañas
de azúcar son indiscutiblemente *cañales*.

En la historia de Cuba aparece solamente la voz *cañal* en un momento
trágico, cuando en 1896 Máximo Gómez, el generalísimo de los cubanos libertadores, desde el campo guerrero y en el batey del ingenio Mi Rosa prohíbe
a los azucareros de la colonia que hagan zafra bajo amenaza de quemar los
cañales. Quizás Máximo Gómez, que tenía gusto literario, recordó el bello uso
que hiciera de aquel vocablo su amigo José Martí.

Un lingüista tan consumado como José Martí debió de apreciar la impropiedad intrínseca de la voz *cañaveral* por no referirse a *cañaveras*, y, aun
cuando siguió el uso corriente, no vaciló en usar con igual objeto el vocablo
cañal, que mejor satisfacía el exquisito gusto de quien como él era un enamo-
rado de las palabras bellas de sonoridad y puras de sentido y las saboreaba
con placer. Por esto José Martí no tuvo inconvenientes en escribir *cañales*, y
no *cañaverales*, en este delicioso cuadrito de la vida rural guatemalteca:

En este grupo de pequeños indios, el uso se refresca con sabrosa caña; gusta
el otro con delicia un terrón de blanca azúcar; cata el otro un redondo trozo de
panela, lo que en México llaman piloncillo... Y tienen razón, que por aquí abunda
el azúcar. Hay palmas y cañales, refinería, trapiches, centrífugas.
(José Martí, Guatemala, en 1877.)

Y aducimos la autoridad de Martí como la de un maestro del lenguaje. Aun
sabiendo que habrá que seguir el uso corriente del vocablo impropio, de la
misma manera que, dentro y fuera del idioma, continuarán no pocos usos,
vulgares e igualmente corrompidos pero mucho más trascendentes y dignos

de abominación, a pesar de que también para evitarlos se invoque a veces y siempre inútilmente la excelsa autoridad del mismo Martí.

XII. De los comienzos de la industria sacarífera en América

Para que se puedan dilucidar algunos puntos concretos y dudosos acerca del comienzo de los ingenios de azúcar en las Indias Occidentales y particularmente en Cuba, reproduciremos unos textos muy importantes.

El primer texto es de Oviedo, donde se señala con claridad el carácter indispensablemente capitalista de la industria del azúcar y se reseñan datos interesantísimos de su establecimiento en la Española. Constituye el capítulo VIII del libro cuarto de la parte primera de la obra del capitán don Gonzalo Fernández de Oviedo y Valdés, *Historia general y natural de las Indias, islas y Tierra Firme del mar océano*, y fue redactado dicho capítulo el año 1546, según reza al pie del mismo:

> Que trata de los ingenios e trapiches de açucar que hay en esta Isla
> Española, y cuyos son y de que manera ovo principio esta rica
> grangería en aquestas partes, y primero en esta Isla.

Pues aquesto del açucar es una de las más ricas grangerías que en alguna provincia o reyno del mundo puede aver, y en aquesta isla hay tanta y tan buena y de tan poco tiempo acá assi exercitada e adquirida; bien es que aunque la tierra e fertilidad della, y el aparejo grande de las aguas e la dispusición de los muy grandes boscajes de leña para tan grandes y continuos fuegos, sean tan al propossito (como son) para tales haciendas, que tanto mas sea las gracias y el premio que se debe dar a quien lo enseñó e puso primero por obra.

Pues todos tovieron los ojos cerrados hasta que el bachiller Gongalo de Velosa, a su propia costa de grandes y excesivos gastos, segund lo que él tenía, e con mucho trabajo de su persona, truxo los maestros de açucar a esta isla, e hizo un trapiche de caballos e fue el primero que hizo hacer en esta isla açucar; e a él solo se deben las gracias, como a principal inventor de esta rica grangería. No porque él fuese el primero que puso cañas de açucar en las Indias, pues algún tiempo antes que él viniesse muchos las avian puesto o las criaban e facían mieles dellas; pero fué como he dicho, el primero que hizo açucar en esta isla, pues por su exemplo después otros hicieron lo mismo. El qual, como tuvo cantidad de caña, hizo un trapiche de caballos en la ribera del río de Nigua, e truxo los oficiales para ello desde las islas de Canarias, e molió e hizo açucar primero que otro alguno.

Pero la verdad desto inquiriendo, he hallado que dicen algunos hombres de crédito e viejos, que hoy viven en esta cibdad, otra cosa, e afirman que el que primero pusso cañas de açucar en esta isla fue un Pedro de Atiença en la cibdad de la Concepción de la Vega, y que el alcayde de la Vega, Miguel Ballester, natural de Cataluña, fue el primero que hizo açucar. E afirman que lo higo mas de dos años antes que lo hiciese el bachiller Velosa; pero junto con esto dicen que lo que hizo este alcayde fue muy poco, e que todo lo uno e lo otro ovo origen de las cañas de Pedro de Atiença. De esta manera, que de la una e de la otra forma esto que está dicho es el fundamento o principio original del açucar en esta isla e Indias; porque deste comienço, que a ello dió Pedro de Antiença, se multiplicó para llegar esta grangería al estado en que agora está, e cada día se aumenta y es mayor puesto que de quince años a esta parte algunos ingenios han quebrado e se deterioraron por las causas que en su lugar se dirá; pero otros se han per-feccionado. Tornemos al bachiller Velosa e su trapiche.

Assí como por aquel se fué mejor entendiendo esta hacienda, juntáronse con él el veedor, Chripstobal de Tapia, e su hermano el alcayde desta fortaleza, Francisco de Tapia, e todos tres hicieron un ingenio en el Yaguate, legua e media de la ribera del río Nigao; e desde algund tiempo se desavinieron, y el bachiller les vendió su parte a los Tapias. Después el veedor vendió la suya a Johan de Villoría, el cual después la vendió al alcayde, Francisco de Tapia, y quedó en solo él este primero ingenio que ovo en esta isla. Como en aquel tiempo o principios no se entendía tan bien, como convenía, la necessidad que tales haciendas tienen de muchas tierras e de agua e otras cosas que son anexas a tal grangería (de lo cual todo allí no avia tanto, como era menestera), despobló el alcayde, Francisco de Tápia, aqueste ingenio, e passó el cobre o calderas e pertrechos e todo lo que pudo a otro mejor asiento en la misma ribera de Nigua, a cinco leguas desde cibdad, donde hasta aquel dicho alcayde murió, tuvo muy buen ingenio, e de los poderosos que hay en esta isla.

Porque no se repita muchas veces lo que agora diré, ha de notar el letor en este ingenio para todos los otros por este aviso, que cada ingenio de los poderosos e bien aviados, demás e allende de la mucha costa e valor del edificio o fábrica de la casa, en que se hace el açucar, e de otra grande casa en que se purga e se guarda, hay algunos que passan de diez o doce mil ducados de oro o más, hasta lo tener moliente e corriente. Y aunque se diga quince mil ducados no me alargo, porque es menester tener a lo menos continuamente ochenta o cient negros e aun ciento e veynte e algunos mas, para que mejor anden aviados; e allí cerca un buen hato o dos de vacas de mil o dos mil o tres mil dellas que coma el ingenio; allende de la mucha costa de los oficiales e maestros que hacen el açucar, y de carretas para acarrear la caña al molino e para traer leña, e gente continua que lave el pan e cure e riegue las cañas, e otras cosas necessarias y de continuos gastos. Pero en la verdad el que es señor de un ingenio libre e bien aviado, está muy bien e ricamente heredado; e son de grandíssima utilidad e riqueza para los señores de los tales ingenios.

Assi que este fué el primero ingenio que ovo en esta isla; e es de notar que hasta que ovo açucares en ella, las naos tornaban vacías a España, e agora van cargadas della e con mayores fletes de los que para acá traen, e con más ganancia. Y pues esta hacienda se començó en la ribera del Nigua, quiero decir los demás ingenios que están a par del mismo rio.

Otro poderoso ingenio hay en la misma ribera del rio Nigua que es del tesorero, Estevan de Passamonte, e sus herederos, que es uno de los mejores e mas poderosos de esta isla, assi en edificio como en lo demás, de muchas aguas e montes y esclavos y todo lo que le conviene: el qual está siete leguas deste cibdad.

En la misma ribera de Nigua, mas baxo del que se dixo de suso, está otro ingenio muy bueno que hizo Francisco Tostado, a seys leguas desta cibdad, que quedó a sus herederos, e es muy gentil hacienda e tiene todo lo que le es necessario.

En esta misma ribera de Nigua hay otro ingenio de los mejores e mas poderosos desta isla, el qual está cerca de la boca de la mar, a quatro leguas y media desta cibdad de Santo Domingo; el qual es del secretario, Diego Caballero de la Rosa, regidor desta cibdad; heredad en verdad mucho de ver y de presciar, assí por su assiento, como por otras calidades que tiene.

Encima de la ribera de Nigua, en el río que llaman Yaman, ocho leguas desta cibdad, está otro gentil ingenio, que hizo Johan de Ampies, ya difunto, factor que fué de sus Magestades y regidor desta ciudad; el qual es agora de doña Florencia de Ávila e de sus herederos del dicho factor.

Otro ingenio y de los mejores desta Isla, tiene el duque almirante, Don Luis Colom. Pero porque esta grangería de açucar e ingenios della se començó en la ribera del rio Nigua, por decir todos los que hay en ella, e otro que con ellos confina, que son los cinco de suso nombrados, no se puso el del almirante al principio, como es razón que, en todo lo que toca a Indias, preceda su persona a todos, pues que cuantos tienen de comer en ellas e lo han ganado con ellas le deben el primero lugar; pues su abuelo fue causa de todo lo que en estas partes se sabe e lo enseñó e descubrió para todos los que lo gozan. Pero como he dicho, por llevar la materia ordenada, fué nescesario hablar primero en el ingenio del alcayde, Francisco de Tapia, e tras aquel proseguir en lo que está dicho, y porque quando este del almirante se hizo ya avia otros ingenios en esta isla. Aqueste fundó y edificó el segundo almirante, don Diego Colom, a quatro leguas desta cibdad, donde dicen la Isabela Nueva; y despues su muger la señora visoreyna, doña María de Toledo, lo passó donde agora está, que es en mejor assiento y más cerca desta cibdad, desde el qual en tres o cuatro horas, este rio abaxo, en barcas traen el açucar, e lo meten en las naos; que es muy gran calidad e ventaja a quantos ingenios acá hay.

Otro ingenio fundaron los licenciados Antonio Serrano, regidor que fué desta cibdad, e Francisco de Prado, que despues fué del contador Diego Caballero, regidor que fué desta cibdad, y al presente, por nueva merced de la Cesarea Magestad, es mariscal desta isla. El qual como acordó de se yr a España, desamparó el dicho ingenio e se perdió; porque como fué fundado por letrados legistas y de semejante materia el Bartulo no les dexó algún documento, erraron el artificio; porque no comprehendieron las calidades que avia de tener tal grangería, ni sus bolsas eran bastantes para la sostener ni aviar el ingenio. Quanto mas que por la incomoditad del assiento, era la costa mayor que la ganancia; e como el segundo señor desta hacienda la entendió mejor, la desbarató después que se aprovechó de lo que pudo della, assi de los negros e vacas, como de parte de los pertrechos, y como prudente, quiso mas perder la parte quel todo.

Otro ingenio se fundó a tres leguas desta cibdad, y un tiempo se pensó que fuera muy bueno, porque assi lo mostró e molió cantidad de açucar; pero también fué fundado sobre leyes, cerca de la ribera de Hayna, el que edificaron el licenciado Pedro Vázquez de Mella y Esteban Justinian, genovés; y después de la vida del uno e del otro, quedó a sus herederos, e se perdió a causa del acequia e agua que le faltó, e porfiando a la tornar a traer del río de Hayna, se gastaban mucho tiempo e hacienda. E assi acordaron los herederos de partir las tierras e los negros e las vacas e petrechos e todo aquello de que se podían aprovechar, e dexaron el exercicio del açucar por no se acabar de perder en tal grangería e compañía. Pero después Juan Baptista Justinian le tornó a reparar e quedó con la casa e ha fecho en ella un trapiche de caballos, en que al presente se muele açucar e cada día será aumentado e rica hacienda, si le dan recabdo de caballos. Otro ingenio fundó Chripstobal de Tapia, veedor que fué de las fundiciones del oro en esta isla e regidor desta cibdad, ya defunto; el cual quedó a Francisco de Tapia, su hijo, a quatro leguas de aquesta cibdad, donde dicen Itabo, que es un arroyo. E después de los días de Chripstobal de Tapia, su hijo Francisco de Tapia no le pudo sostener e lo desamparó, porque era más la costa quel provecho: assi que este ingenio se perdió como los susodichos.

Tiene otro muy gentil ingenio de los herederos del tesorero, Miguel de Passamonte, el qual está en la ribera del río Nigao, ocho leguas desta cibdad de Sancto Domingo; e es uno de los mejores desta isla y de los que permanecen; lo podemos contar por el octavo ingenio.

Alonso de Ávila contador que fué en esta isla por Sus Magestades, e regidor desta cibdad, hizo otro muy buen ingenio, a ocho leguas en la ribera de Nigao; el qual quedó a su hijo y heredero, Estevan Davila, e a su hermana, e es muy gentil hacienda.

Otro muy buen ingenio fundó e tiene Lope de Bardegia, vecino desta cibdad; el cual está en la ribera de Niga a nueve leguas desta cibdad de Sancto Domingo, y es de las muy buenas haciendas que acá hay desta calidad.

Otro ingenio y de los mejores de toda la isla y de los muy poderosos fundó el licenciado Çuaço, oydor que fué por Sus Magestades de la Real Audiencia que en esta cibdad reside; el qual está en el rio y ribera que llaman Oca, diez y seys leguas desta cibdad de Sancto Domingo; y es una de las buenas haciendas destas partes, y quedó después de los días del licenciado a su muger, doña Phelipa, e a dos hijas suyas, llamadas doña Leonor e doña Emerenciana Çuaço, con otros muchos bienes e haciendas. Y es opinión de algunos (que de aquesta grangería son diestros) que solo este ingenio, con los negros e ganados e petrechos e tierras e todo lo a él anexo vale al presente sobre cinquenta mil ducados de oro porque está muy bien aviado. E yo le oy decir al licenciado Çuaço que cada un año tenía de renta con el dicho ingenio seys mil ducados de oro o mas y aun pensaba que le de rentar mucho más adelante.

El secretario, Diego Caballero de la Rosa, demás del ingenio que se dixo de susu que tiene en la ribera de Nigua, tiene otro muy bueno a veynte leguas desta cibdad en termino de la villa de Agua; el qual ingenio está en la ribera del río llamado Cepiçepi, y es muy gentil heredamiento e provechoso. Jácomo Castellón fundó otro muy buen ingenio en término de la villa de Agua, en el rio o ribera que llaman Bia, a veynte y tres leguas desta cibdad de Sancto Domingo; e después que falleció Jácomo, quedó el ingenio e todos los otros sus bienes a su muger, doña Francisca de Isásaga, e sus hijos; y es muy buena hacienda e provechosa, no obstante que no ha andado este ingenio assi aviado como convenía, por la muerte de Jácomo de Castellón.

Fernando Gorjon, vecino de la villa de Açua, tiene otro ingenio de açucar en la misma villa, veynte e tres leguas o veynte y quatro desta cibdad de Sancto Domingo; el qual heredamiento es muy útil e provechoso a su dueño, e de mucha estimación.

Un trapiche de caballos hizo en la misma villa de Açua el chantre, don Alonso de Peralta, dignidad que fué en esta sancta iglesia de Sancto Domingo, e después de sus días quedó a sus herederos. Los tales edificios no son tan poderosos como los de agua, pero son de mucha costa porque lo que avia de hacer el agua, revolviendo las ruedas, para la molienda de açucar, lo hacen las vidas de muchos caballos que son necesarios para tal exercicio; y esta hacienda quedó a los herederos del chantre e a Pedro de Heredia, gobernador que es agora en la provincia de Cartagena en la Tierra Firme.

Hay otro trapiche de caballos en la misma villa de Agua que es de un hombre honrado, vecino de allí, que se llama Martin García.

En la villa de San Juan de la Maguana, cuarenta leguas desta cibdad de Sancto Domingo, hay otro ingenio poderoso, que es de los herederos de un vecino de allí, que se llamó Johan de León, e de la compañía de los alemanes Velgares que compró la mitad deste ingenio.

En la misma villa de Sanct Johan de la Maguana, está otro muy bueno e poderoso ingenio que fundaron Pedro de Vadillo, y el secretario Pedro de Ledesma y el bachiller Moreno, ya difuntos; y quedó a sus herederos y es muy gentil e rica hacienda.

Once leguas desta cibdad, a par de la ribera e rio que llaman Caçuy, hizo e fundó Johan de Villoría, el viejo, un muy buen ingenio, e su cuñado, Hierónimo de Agüero, ya defuntos; la cual hacienda quedo a los herederos de ambos, e assi mismo a los herederos de Agostin de Binaldo, genovés, que tiene parte en este ingenio assi mismo.

El mismo Johan de Villoría hizo e fundó otro ingenio de los muy buenos desta isla, en el rio e ribera que llaman Sanate, veynte e quatro leguas desta cibdad de Sancto Domingo, en término de la villa de Higuey; el cual quedó después de sus días a sus herederos e a doña Aldonça de Acebedo, su muger, y es rico heredamiento.

El licenciado Lucas Vázquez de Ayllon, oydor que fué en esta Audiencia Real de Sancto Domingo, e Francisco de Ceballos, ya defuntos, edificaron un muy buen ingenio, e poderoso en la villa de Puerto de Plata, que es quarenta y cinco leguas desta cibdad en la banda e costa del Norte; la cual hacienda agora tienen al presente sus herederos.

Dos hidalgos naturales de la cibdad de Soria, que se llaman Pedro de Barrionuevo e Diego de Morales, vecinos de la villa de Puerto de Plata, hicieron otro muy buen ingenio en aquella villa; y es muy gentil heredamiento.

En la misma villa de Puerto de Plata hicieron (e hay) un buen trapiche de caballos, Francisco de Barrionuevo, gobernador que fué de Castilla del Oro, e Fernando de Illiescas, vecinos de aquella villa, y es muy buena hacienda.

En la misma villa de Puerto de Plata tienen otro trapiche de caballos, Sancho de Monasterio, burgalés, y Johan de Aguilar; y es muy gentil heredad.

En la villa del Bonao, diez e nueve leguas desta cibdad de Sancto Domingo, está otro buen ingenio de açucar que tienen los hijos de Miguel Jover, catalán, e Sebastian de Fonte, e los herederos de Hernando de Carrión; y es buena hacienda.

El licenciado Chripstobal Lebrón, oydor que fué en esta Audiencia Real, hizo otro ingenio en muy gentil y provechoso asiento, diez leguas desta cibdad de Sancto Domingo, a donde dicen el Árbol Gordo; el qual heredamiento es muy bueno, y quedó a sus herederos.

Otro buen ingenio avian principiado en la ribera del rio Quiabon, a veynte e quatro leguas desta cibdad de Sancto Domingo, Hernando de Carbajal, e Melchior de Castro en muy gentil assiento; pero este edificio cessó, porque éstos deshicieron la compañía, e porque se les hizo lexos, e porque les pareció que la costa era mucha hasta lo tener aviado; enfin no permanesció.

Por manera que, resumiendo la relación destos ingenios e ricos heredamientos de açucar, hay en esta isla veynte ingenios poderosos molientes e corrientes e quatro trapiches de caballos. E hay en esta isla dispusición para edificar otros muchos, e no se sabe de isla ni reyno alguno, entre chripstianos e infieles, tan grandes e semejante cosa desta grangería del açucar. E continuamente las naos que vienen de España vuelven a ella cargadas de açucares muy buenos; e las espumas e mieles dellos que en esta isla se pierden y se dan de gracia, harían rica otra gran provincia. Y lo que es mas de maravillar destas gruesas haciendas, es que en tiempo de muchos de los que vivimos en estas partes, y de los que a ellas passaron desde treynta e ocho años a esta parte, ningún ingenio destos hallamos en estas Indias, y que por nuestras manos e industrias se han fecho en tan breve tiempo. Y esto baste cuando al açucar e ingenios della; y no es poco gentil notable para la comparación que hice poco antes desta Isla Española e su fertilidad, e las de Secilia e Inglaterra.

Otros ingenios hay, aunque son pocos, en las islas de Sanct Johan e Jamaica, e en la Nueva España, de los cuales se haran memorias en su lugar conviniente. El precio que vale al presente aquí en esta cibdad de Sancto Domingo es un pesso, y a tiempos algo más de un pesso e medio de oro, o menos, leal dado, por cada arroba de veynte e cinco libras, e las libras de diez e seys onças. Y en otras partes desta isla vale menos, a causa de las otras costas e acarretos que se han de pagar hasta lo conducir al puerto, en este año de mil e quinientos e cuarenta y seis años de la Natividad de Chripsto, nuestro Redemptor; con lo que se dá fin a este libro quarto, porque la historia se continué en otras cosas deste *Natural e general historia de Indias.*

El segundo texto de los aquí copiados acerca de los orígenes de la industria azucarera en la Española, es debido al famoso fray Bartolomé de las Casas en su obra *Historia de las Indias.* Dice así:

Entraron los vecinos desta isla en otra granjería, y ésta fué buscar manera para hacer azúcar, viendo que en grande abundancia se daban en esta tierra las cañas dulces. Y se dijo cómo un vecino de la Vega, llamado Aguilón, fue el que primeramente hizo azúcar en esta isla, y aun en estas Indias, con ciertos instrumentos de madera con que exprimía el zumo de las cañas, y aunque no bien hecha por no tener buen aparejo, pero todavía verdadera y cuasi buena azúcar. Sería esto por el año 1505 o 1506. Después dióse a entender en hacerla un vecino de la ciudad de Santo Domingo, llamado el bachiller Vellosa, porque era cirujano, natural de la villa de Berlanga, cerca del año de 1516, el cual hizo el primero en aquella ciudad azúcar, hechos algunos instrumentos más convenientes y así mejor y más blanca que la primera de la Vega, y el primero fue que ella hizo alfeñiques y yo lo vi; éste dióse muy de propósito a esta granjería y alcanzó a hacer uno que llaman trapiche, que es molino o ingenio que se trae con caballos, donde las cañas se estrujan o exprimen y se les saca el zumo melifluo de que se hace el azúcar.

...

Viendo los padres de Sant Hierónimo, que allí estaban, la buena muestra que el bachiller había mostrado para salir con aquella granjería y cómo sería muy provechosa, para animar a otras que se diesen a ella, ordenaron con los Oidores de la Audiencia y Oficiales del rey, que de la Real hacienda se prestasen 500 pesos de oro al vecino que se pusiese a hacer ingenio grande o chico para hacer azúcar, y después, creo, que les ayudaron con más préstito, viendo que los ingenios eran muy costosos.

...

Por este camino y deste principio se ofrecieron algunos vecinos a hacer trapiches, que muelen las cañas con caballos, y otros, que tenían y se hallaban con más grueso caudal, pusiéronse a hacer ingenios poderosos de agua, que muelen más cañas y sacan más azúcar que tres trapiches, y así cada día se dieron a hacer más, y hay hoy sobre treinta y cuarenta ingenios en sola esta isla, y algunos, en la de Sant Juan, y en otras partes destas Indias, y no por eso vale el azúcar más barato; y esta es cosa de notar que antiguamente no había azúcar sino en Valencia, y después húbola en las islas de Canaria, donde puede haber hasta siete o ocho ingenios, y creo que no tantos, y apenas subió la arroba de un ducado o poco más, y que con todos los ingenios hechos en estas Indias, valga la arroba dos ducados, y cada día suba en cantidad.
(*Historia de las Indias*, Ed. de Madrid, capítulo CXXIX, tomo III, pág. 249.)

Los textos de ambos cronistas, así como otros varios que pudieran aducirse, son algo confusos y en parte contradictorios. Necesitan una seria interpretación crítica, amén de algunas rectificaciones.

Diremos aquí tan solo que la cronología de los primeros azúcares en América es probablemente la que sigue:

1493 (en diciembre): Introducción y siembras de raíces de *caña de azúcar* en la Española. Por Cristóbal Colón.

1501 (aproximadamente): Se da el primer cañaveral. Por Pedro de Atienza.

1506 (o el año antes): Se producen los primeros azúcares. Por Miguel Ballester o por Aguilón o Aguiló.

1515 (o antes): La primera zafra del primer trapiche. Por Gonzalo de Velosa.

1516: La implantación del primer ingenio. Por Gonzalo de Velosa y los hermanos Francisco y Cristóbal Tapia.

Esta breve cronología necesita alguna explicación. Parece haber dado con la clave, o anduvo cerca de ella, el cronista Francisco López de Gomara, quien escribía en 1552 lo siguiente:

Lo que mucho ha multiplicado es azúcar, que hay al pié de treinta ingenios y trapiches ricos. Plantó cañas de azúcar, primero que otro ningún español, Pedro de Atienza. El primero que lo sacó fue Miguel Ballestero, catalán, y quien primero tuvo trapiche de caballos fué el bachiller Gonzalo de Velosa.

(*Hispania Victrix. Historia general de las Indias*, Biblioteca de autores españoles, tomo XXII, pág. 177.)

Suele haber cierta desorientación entre los historiadores de estas Antillas, que no se han dedicado a considerar todos los aspectos de la producción azucarera en aquellos tiempos, cuando tan pronto citan datos que se refieren a la temprana y efectiva producción de azúcares, como otros, igualmente atendibles, que niegan por entonces la existencia de ingenios; o bien cuando recogen los datos de los cronistas sobre funcionamiento de varios ingenios y, sin embargo, no aciertan a reconocer la realidad del comercio de azúcares.

En las Antillas españolas hubo producción de azúcares antes de que hubiese ingenios. Se decía «ingenio» por decir «industria, maña o artificio», fuera de los procedimientos que se tenían por naturales o inveterados, para producir algún nuevo efecto mecánico, como un molino para prensar caña, para sacar agua de un río, o para moler metales. Alonso de Suazo en 1518 le dice al Emperador: «Están los montes llenos de algodón, e ahora hago hacer ingenios para lo limpiar...», es decir hago montar «máquinas». Todavía en 1702 un don José Ruiz Guillén solicitaba una licencia para formar un «ingenio o instrumento de agua» que había discurrido para aserrar maderas con mucha facilidad y ahorro de tiempo en el Astillero de La Habana (Publicaciones del Instituto Hispano-Cubano de Historia. *Catálogo de los fondos cubanos del Archivo general de Indias,* tomo II, Sevilla, 1935, pág. 22).

Antes de que aquí hubiese tales ingenios mecánicos, de las cañas se extrajo el guarapo mediante una simple *cunyaya* india o por prensas de palanca. Así debieron de extraer el guarapo por 1505 o 1506 Miguel Ballester y también Aguiló. Es decir, que produjeron azúcares sin tener todavía *ingenios.* Lo atestigua así muy claramente Bartolomé de las Casas, al decir que Aguiló hizo azúcar «con ciertos instrumentos de madera con que exprimía el zumo de las cañas». También Gonzalo de Velosa o Vellosa hizo azúcar de este modo, pero después de «hechos algunos instrumentos más convenientes», hasta que él mismo, persistiendo en sus propósitos de fabricar azúcares, logró implantar un aparato, por el año 1515, con el cual se hizo la primera zafra de América.

Pero aún resta por hacer una aclaración fundamental. ¿Fue realmente el primer *ingenio* lo que estableció entonces por 1515, el bachiller Velosa? Hay que recordar que los primeros *ingenios* eran impulsados por fuerza de sangre, por esclavos, caballos o bueyes que movían una rueda central, tirando vuelta tras vuelta alrededor del aparato, como en las viejas norias que los árabes instalaron en España; o bien el rodaje de tales *ingenios* eran movidos por fuerza hidráulica, como el entonces famoso «ingenio o artificio de Juanelo», que en Toledo elevaba el agua del río Tajo. Oviedo refiere que el *ingenio* de Velosa era «un trapiche de caballos». Y Las Casas lo precisa de igual modo, al escribir que Velosa «alcanzó a hacer uno que llaman *trapiche,* que es un molino o *ingenio* que se trae con caballos», como se advierte por este párrafo de Las Casas, el vocablo *ingenio* era de sentido genérico y comprendía así los sencillos, llamados *trapiches,* «que muelen las cañas con caballos», y los «ingenios poderosos», que eran de agua.

Pero en breve tiempo el vocablo *trapiche* quedó en el lenguaje corriente para los ingenios de fuerza animal, y el vocablo *ingenio* se reservó, por antonomasia, para los de fuerza hidráulica. En ese párrafo de Las Casas ya se nota la distinción; pero en la extensa crónica de Oviedo que hemos copiado, se advierte con claridad esa división entre *trapiches* e *ingenios*, según su diversa estructura, fuerza motriz y capacidad de molida. Oviedo dice que en la Española se contaban «veinte ingenios y cuatro trapiches de caballos». López de Gomara, que jamás estuvo en la Española y tomó sus datos de Oviedo y de otras fuentes, empleó con exactitud esa terminología al decir que fue Velosa «quien tuvo trapiche de caballos».

Pudo López de Gomara decir también que fue el mismo Gonzalo de Velosa quien, además, tuvo el primer ingenio de América, el primero de los «ingenios poderosos de agua». Lo refiere con detalles el mismo Oviedo en el capítulo que hemos reproducido. Según refiere Oviedo, Velosa «fué mejor entendiendo esta hacienda» de hacer azúcar, y «juntáronse con él el veedor, Christobal de Tapia, e su hermano el alcayde desta fortaleza, Francisco de Tapia, e todos tres hicieron un «ingenio» en el Yaguate, legua e media de la ribera del río Nicao». Sigue Oviedo refiriendo las peripecias de esta sociedad hasta que Francisco de Tapia fue dueño único del «primero ingenio que ovo en esta Isla». De modo que ingenio quiso decir «ingenio de los poderosos», por cuya fuerza motriz hidráulica, muy superior a la de sangre, los «ingenios poderosos de agua muelen más cañas y sacan más azúcar que tres trapiches», según dijo Bartolomé de las Casas. Así, pues, Gonzalo de Velosa en sociedad con los hermanos Tapia estableció el primer «ingenio poderoso». Juan de Castellanos en sus Elegías contribuye a confirmar este extremo, pues alude a la «grande granjería que fué hacer ingenios poderosos para moler azúcar» y dice que:

El inventor primero de esta cosa,
Que primero lo dió perficionado,
Dicen que fuese Gonzalo de Velosa,
Varón por buena letra estimado.

Aún queda más claramente precisada la distinción entre *ingenio* y *trapiche* en una relación presentada al rey, en 1561 (*Cartas de Indias*, Archivo histórico nacional, Madrid, caja 2, n.º 12. Cita de Silvio Zabala, *Revista de Historia de América*, México, diciembre de 1938, pág. 214). Ahí le decía el licenciado Echagoian al rey que en la Española había más de treinta ingenios de azúcar, «algunos de los cuales eran trapiches que no molía la rueda con agua sino con caballos».

Queda, pues, puntualizado que si un catalán, Miguel Ballester, fue quien primero sacó azúcar en las Indias Occidentales, un extremeño (berlengueño) o castellano (berlenguense), «el sabio Velosa», como dice Castellanos, fundó el primer *trapiche* y luego el primer *ingenio*; o sean las primeras fábricas de azúcares de América. Digamos de paso que probablemente Ballester, Aguiló y Velosa fueron judíos por su linaje, como para muchos también lo fue Cristóbal Colón.

En cuanto a la diferencia de capacidad industrial entre un *trapiche* y un *ingenio*, fuera de ese cálculo de Las Casas de que un ingenio valía por tres trapiches, tenemos otro más preciso, tomado de la historia azucarera del Brasil, donde ocurrieron también diferencias mecánicas. Allí se ha calculado que en 24 horas un trapiche o ingenio de animales del siglo XVI podía moler de 25 a 35 carretas de caña y extraer unas 840 libras de azúcares; mientras un ingenio de agua molía de 40 a 50 carretas y sacaba de 1.120 a 1.960 libras (Herman Watgen, *O Dominio Colonial Holandés do Brasil*, Río de Janeiro, 1930, pág. 427). Dicho en términos cubanos de hoy día, el *trapiche* producía menos de tres sacos de azúcar (de 325 libras cada uno) y el *ingenio poderoso* llegaba a obtener cuando más una tarea diaria del doble o sea de solo seis sacos de azúcar. Adviértase con estos datos cuán parca debía de ser la producción azucarera durante el siglo XVI en la Española, pese a sus muchos y tempranos ingenios, y más en Cuba donde por falta de agua predominaron siempre los modestos *trapiches* hasta el siglo XIX, cuando se impone la máquina a vapor.

En los documentos legislativos se mantiene esa distinción entre *ingenios* y *trapiches*. En todas las reales cédulas que otorgan privilegios para el fomento de la industria azucarera se dice sin excepción que los beneficios de la gracia soberana son para quienes establezcan o posean *ingenios*, y nunca se refieren a *trapiches* (véanse las Real Cédula que se citarán más adelante, en el Capítulo adicional XVI, de este *Contrapunteo*).

A fines del siglo XVI, en la Real Cédula de 23 de diciembre de 1595 (Ley VIII, Título XIII, Libro VI de la *Recopilación de Indias*), por la cual se dispuso que no se emplearan indios sino negros en ciertos obrajes y en la industria azucarera, se dice textualmente: «*ingenios* y *trapiches* de azúcar». Y esta distinción llega hasta el siglo XIX, como puede verse en una Real Cédula de 1804 y en una R. O. de 17 de julio de 1848.

Con estos antecedentes se podrán aclarar las confusiones que suelen darse en la historia de Cuba, cuando se aprende que en una época temprana ya se hacían azúcares y que éstos «iban en acrecentamiento», y al propio tiempo se comprueba que aún no había *ingenios* y se pedía dinero al rey para instalarlos. La contradicción es solo aparente, pues se hacían azúcares con *trapiches* y a la vez se suplicaban las mercedes de tierras, dineros, esclavos y exenciones para fundar *ingenios* con qué fabricarlos más y mejor. En Cuba los ingenios de agua tuvieron que ser escasos, comparados con los de la Española, y lo fueron siempre por la relativa escasez de fuerza hidráulica. Por eso, cuando en Cuba se incrementó la producción azucarera casi todas las plantas de fabricar azúcar fueron trapiches y a éstos de nuevo se les dio indistintamente el nombre genérico de ingenios. Hay que llegar al advenimiento de la fuerza de vapor y de la gran maquinaria, para que los seculares trapiches volvieran a ser menospreciados y se llamasen *cachimbos*, mientras las fábricas sacaríferas dotadas de calderas de vapor, y por tanto mucho más poderosas, quedaron como ingenios; hasta que de nuevo surgió otra denominación para el *ingenio ultrapotente*, o «aún más poderoso» que es el central.

El *ingenio*, pues, ha sido siempre vocablo de acepción genérica, dentro de la cual cupieron, según las épocas, una acepción específica ya indicada y otras complementarias y variantes, como *trapiche, cachimbo* y *central*. Entenderlo así facilitará la comprensión de la historia azucarera cubana.

XIII. «Cachimbos» y «cachimbas»

Hemos empleado en estas páginas la palabra *cachimbo*. La voz *cachimbo* la encontramos en Cuba y en otras regiones latinoamericanas de nuestra economía agraria, en el tabaco y en el azúcar.

En el lenguaje del tabaco la voz *cachimba* significa *pipa*; en el del azúcar, la misma voz con desinencia masculina, *cachimbo*, quiere decir un pequeño ingenio de moler cañas. Se dice despectivamente, comparando la humilde maquinaria y su prominente chimenea humeante con una pipa o *cachimba*. No se confunda con la voz *casimba* ni con *cacimba*.

Cachimba, según la Academia Española es «voz africana», pero no es negra.

Todas esas voces provienen de cacimba que significa «balde o cubo que se emplea en los buques para sacar agua» y es por tanto voz de la jerga marinera. *Cacimba* se deriva de *cazo* y ésta del árabe caz, «vaso». De los árabes la aprendieron los marineros portugueses, quienes la llevaron a sus correrías y conquistas por el Congo. Negros y portugueses la aplicaron a la pipa de fumar, comparándola satíricamente a un cubo, y luego al ingenio pequeño, comparándolo con una pipa de fumar.

El titulado *Nuevo Diccionario de la Lengua Castellana*, de la Sociedad de Literatos, añadió las otras dos acepciones cubanas que siguen: *Cachimbo*: «Especie de cubo». Suponemos que se refiere a la acepción que trae Pichardo: «Pieza de metal que servía igualmente en los ingenios en lugar de *bombón*». Hoy ha caído en desuso. Y *Cachimbo*: «Apodo que se da a los negros arrogantes». Será la acepción que trae Pichardo: «Tratamiento o vocativo de desprecio», algo así como «perro» o «cachorro». También es una voz desusada.

XIV. Del inicio de la trata de negros esclavos en América, de su relación con los ingenios de azúcar y del vituperio que cayó sobre Bartolomé de las Casas

No será inoportuno que relacionemos aquí las primeras introducciones de esclavos negros en América, marcando su correlación con los negocios azucareros, y que de paso aclaremos la verdadera intervención que en ese negro asunto tuvo Bartolomé de las Casas, por la cual este clérigo ha sido objeto de sañudo e injusto vituperio.

Véanse primero los párrafos que, en el Capítulo adicional XII de este libro hemos transcripto de Las Casas, referentes a la introducción en América de los *cañaduzales*, de los azúcares y de los ingenios para fabricarlos. Y continúese la lectura con los documentos siguientes. Dice el mismo Las Casas de esta manera:

> La orden de la población della hizo desta manera: que el rey diese a cada labrador que quisiese venir a poblar en ella, desde que partiese de su pueblo hasta Sevilla, de comer, para lo cual señaló a cada persona, chico con grande, medio real cada día, y en Sevilla se les diese posada en la Contratación, y 11 o 13 maravedíes para comer cada día, de manera que tanto se daba al niño de teta como a sus padres; de allí, pasaje y matalotaje hasta esta isla, y en ella un año de comer, hasta que ellos lo tuviesen de suyo; y si la tierra probase tanto, que no estuviesen para trabajar más tiempo de un año, que lo que demás de un año el rey les diese, fuese prestado para que se lo pagasen cuando pudiesen; y porque el rey tenía ciertas granjas, que acá llamamos *estancias*, donde había indios y *algunos negros, aunque pocos negros*, para sus granjerías, que se les diesen a las labradores donde se fuesen a aposentar, con todo lo que en ellas de valor había, salvo los indios que se habían de poner en libertad, con que sustentasen los indios las dichas labores o granjerías algunos días; dábanseles también rejas y azadas las que hobiesen menester, y de las tierras cuantas y cuan largas las quisiesen. Habíanlos de curar y dar las medicinas a costa del rey, si adolesciesen; ítem, que los beneficios de los pueblos que poblasen fuesen patrimoniales, para que los hijos dellos se opusiesen y los llevasen por méritos en el obispado de Valencia. Otras muchas diversas mercedes se les prometieron, harto provocativas, a venir a poblar estas tierras, de los que las oían.

(*Historia de las Indias*, Madrid, III, pág. 147.)

...

Y porque algunos de los españoles desta isla dijeron al clérigo Casas, viendo lo que pretendía y que los religiosos de Sancto Domingo no querían absolver a los que tenían indios, si no los dejaban, que si les traía licencia del rey para que pudiesen traer de Castilla una docena de negros esclavos, que abrirían mano de los indios, acordándose desto el Clérigo dijo en sus memoriales que les hiciesen merced a los españoles vecinos dellas de darles licencia para traer de España una docena, más o menos, *de esclavos negros*, porque con ellos se sustentarían en la tierra y dejarían libres los indios.

Este aviso, de que se diese licencia para traer *esclavos negros* a estas tierras, *dió primero el clérigo Casas, no advirtiendo la injusticia* con que los portugueses los toman y hacen esclavos, el cual, después de que cayó en ello, no lo diera por cuanto había en el mundo, porque *la misma razón tuvo por injusta y tiránicamente hechos esclavos*, porque la *misma razón es dellos que de los indios*. Todos los avisos y medios que dió el clérigo Casas para que en estas tierras viviesen los españoles sin tener indios, de donde seguía ponerlos luego en libertad, plugieron y fueron gratos mucho al Gran Chanciller y al cardenal de Tortosa, Adriano, que después fué Papa, porque de todo se le daba parte, y a todos los demás flamencos que dello supieron.

Preguntóse el Clérigo qué tanto número le parecía que sería bien traer a estas islas de *esclavos negros*: respondió que no sabía, por lo cual se despachó Cédula del rey para los oficiales de la Contratación de Sevilla, que juntasen y tractasen del número que les parecía; respondieron que para estas cuatro islas, Española, San Juan, Cuba y Jamaica, era su parecer que al presente bastarían 4.000 *esclavos negros*. Así como vino esta respuesta no faltó quien de los españoles, por ganar gracias, dió el aviso al gobernador de Bressa, que era un caballero flamenco, según creo, muy principal, que el rey había traído consigo y que era de su Consejo, que pidiese aquella licencias por merced; pidióla, y el rey luego se la dió, y luego ginoveses se la compraron por 25.000 ducados, y con condición que por ocho años no diese otra licencia el rey alguna.

Fué muy dañosa esta merced para el bien de la población destas islas, porque aquel aviso que de los *negros* el Clérigo había dado era para el bien común de los españoles, que todos estaban pobres, y convenía que aquello se les diese de gracia y de balde, y como después los ginoveses les vendieron las licencias y los negros por muchos castellanos o ducados, que se creyó que ganaron en ello más de 280 y aún 300.000 ducados, todo aquello se sacó dellos, y para los indios ningún fructo dello salió, habiendo sido para su bien y libertad ordenado, porque al fin se quedaron en su captiverio hasta que no hobo más que matar. (*Historia de las Indias*, Madrid, III, pág. 148.)

En otro lugar de la misma obra su autor hace de nuevo la reseña de lo ocurrido con frases análogas, pero refiriéndose a los ingenios de azúcar:

Antes que los ingenios se inventasen, algunos vecinos, que tenían algo de lo que habían adquirido con los sudores de los indios y de su sangre, deseaban tener licencia para enviar a *comprar a Castilla algunos negros esclavos*, como vían que los indios se les acababan, y aún algunos hobo, según arriba se dijo en el capítulo 102, que prometían al clérigo Bartolomé de las Casas que si les traía o alcanzaba licencia para poder traer a esta isla *una docena de negros*, dejarían los indios que tenían para que se pusiesen en libertad; entendiendo esto dicho Clérigo, como venido el rey a reinar tuvo mucho favor, como arriba se ha, y los remedios destas tierras se le pusieron en las manos, alcanzó del rey que para libertar los indios se concediese a los españoles destas islas que *pudiesen llevar de Castilla algunos negros esclavos*. Determinó el Consejo con parecer de los Oficiales de Sevilla, como en el dicho capítulo 102 dijimos, que debía darse licencia para que se pudiesen llevar 4.000 por entonces, para las cuatro islas, desta Española, y las de Sant Juan, y de *Cuba* y Jamaica. Sabido que estaba dada, no faltó español de los destas Indias, que a la sazón estaban en la corte, que diese aviso al gobernador de Bresa, caballero flamenco que había venido con el rey, e de los más privados, que pidiese aquella merced. Pidióla, y luego concedida, y luego vendida por 25.000 ducados a ginoveses, con mil condiciones que supieron pedir, y una fue, que dentro de ocho años no pudiese dar licencia ninguna para traer *esclavos negros* a las Indias. Vendieron después cada licencia, los ginoveses, por cada negro a ocho ducados a lo menos; por manera, que lo que el clérigo de Las Casas hobo alcanzado para que los españoles se socorriesen de quien les ayudase a sustentarse en la tierra, porque dejasen en libertad los indios, se hizo *vendible a mercaderes*, que no fué chico estorbo para el bien y liberación de los indios.

(*Ibidem*, pág. 250.)

Aunque Las Casas dijera que él fue el primero en aconsejar que se diera licencia para traer esclavos negros a las Indias, eso es inexacto. Ya antes habían sido traídos negros a Cuba. José Antonio Saco en su *Historia de la esclavitud de la raza africana en el Nuevo Mundo y en especial en los países américo-hispanos* (La Habana, Ed. de 1938, I, pág. 95)[24] precisa estos antecedentes y nosotros lo seguiremos, adicionando a su narración sendos documentos aparecidos en tiempo posterior.

En 3 de septiembre de 1501, dice Saco, nombraron los Reyes católicos en Granada de gobernador de la Española, Indias y Tierra Firme, a Nicolás de Ovando, Caballero de la Orden de Alcántara y comendador de Lares. En las instrucciones que se le dieron, mandósele que no consintiese ir ni estar en las Indias judíos ni moros, ni nuevos convertidos; pero que dejase introducir en ella *negros esclavos* con tal que fuesen nacidos en poder de cristianos (Herrera, *Década I*, libro 4, capítulo 12). Esta condición suponía que ellos ya también lo eran, porque en aquel tiempo de profundas creencias religiosas, el hecho solo de haber nacido el esclavo en poder de cristianos indicaba que había recibido el bautismo, y por lo mismo pertenecer al gremio católico. Ovando no partió de San Lúcar para la Española sino el 13 de febrero de 1502 (Herrera, *Década I*, libro 5, capítulo 1), y por consiguiente la introducción de esclavos negros que él debía permitir en aquella isla no pudo efectuarse antes de dicho año. Ora en éste, como es casi cierto, ora muy al principio del siguiente, no cabe duda en que ya pasaron algunos a la Española.

Parece, pues, inevitable aceptar la fecha de esa Real Cédula de 16 de septiembre de 1501 como la de la *introducción del régimen legal de la esclavitud negra en estas Antillas*, así como fijar su responsabilidad en los Reyes católicos que a la sazón gobernaban. No cabe dudar de que en ese año o poco después

---

24 Véase la edición de Linkgua, Barcelona, 2021. (N. del E.)

comenzaron a llegar *negros esclavos* a la Española para ser sometidos a sus trabajos forzados, pues, como sigue diciendo Saco:

El mismo Ovando pidió al gobierno en 1503 que no se enviasen a ella *esclavos negros*, porque se huían, juntábanse con los indios, enseñábanles malas costumbres y nunca podían ser cogidos (Herrera, *Década I*, Libro 5, capítulo 12). Si los negros introducidos en virtud de las instrucciones de Ovando necesitaron de licencias particulares por las cuales debió pagarse algún tributo, punto es que no puedo afirmar, porque nunca he encontrado documento ni noticia que de tal duda me saque.

Por Real Cédula expedida en Zaragoza a fray Nicolás de Ovando, el 29 de marzo de 1503, se le contestó:

...en quanto a lo de los negros esclavos, que desís, que no se embien allá porque los que allá avía se han huydo, en esto Nos mandaremos se haga como lo desís.

Continúa diciendo Saco:

Mandóse pues suspender la importación de *negros esclavos* y por eso la licencia que desde Medina del Campo se había concedido a Ojeda en 5 de octubre de 1504, limitóse a que llevase solamente *cinco esclavos, no negros, sino blancos* (*Colección de documentos inéditos*, tomo 90). Pero aquella suspensión duró muy poco, porque muerta la reina Isabel en 26 de noviembre de 1504, y habiendo nombrado de gobernador del Reino a su esposo don Fernando, por el estado mental de su hija y sucesora doña Juana, renovóse la importación de negros.
Sin serle indiferente a don Fernando la conversión de los indios, no tuvo por ella el ardiente celo de su esposa; y como ésta le hubiese dejado en su testamento la mitad del producto de las Rentas Reales del Nuevo Mundo, su interés era aumentarlas con el trabajo de los negros, infinitamente más provechoso que el de los débiles indios. Así fue, que en enero de 1505 envió a Ovando una carabela con mercaderías, herramientas y diecisiete esclavos negros para el laboreo de las minas de cobre de la Española.

Conociendo Ovando la nueva situación, y queriendo agradar a su monarca, lejos de oponerse como antes a la entrada de negros en la Española, apresuróse a pedirlos al mismo don Fernando, quien contestándole en carta fechada en Sevilla a 15 de septiembre de 1505, le dice: «Enviaré más *esclavos negros* como pedís, pienso que sean ciento. En cada vez irá una persona fiable que tenga alguna parte en el oro que cogieren y les prometa alivio si trabajan bien».

No se guardaron por cierto las instrucciones que se dieron a Ovando cuando fue nombrado gobernador de la Española; y el gobierno, para corregir los abusos que se habían cometido, mandó por Real Orden de 1506, que se expulsase de la Española a todos los esclavos berberiscos, otras personas libres y nuevos convertidos, y que no se consintiese pasar a ella ningún *esclavo negro* levantisco, ni criado con moriscos (Herrera, *Década I*, Libro 6, capítulo 20). Las palabras *esclavo negro* no se refieren a todos indistintamente, sino tan solo a los que no hubieran nacido en poder de cristianos, según estaba mandado.

Por más esforzar aquella prohibición, los esclavos expulsados debían entregarse a la Casa de Contratación de Sevilla como esclavos del rey, pagar el introducir de ellos en la Española 1.000 pesos de multa divisibles por tercias partes entre juez, cámara y denunciador, y que si aquél era persona vil y no tenía con qué pagar, se le diesen cien azotes (*Ordenanzas reales para la Casa de contratación de Sevilla y para las otras cosas de las Indias y de la navegación, y contratación de ellas*). Todo esto prueba cuán temprano empezó en el Nuevo Mundo el contrabando de los esclavos prohibidos. Mas, ¿de dónde se llevaron? Lleváronse de España en donde abundan esclavos de varias razas y creencias y en donde se importan de África, ya directamente, ya por la vía de Portugal. Lleváronse de algunas islas del Mediterráneo, como Mallorca, Menorca y Cerdeña; y quizás lleváronse también de las Canarias porque desde que los españoles las conquistaron en el siglo XV, fueron el punto de donde se lanzaron sobre las vecinas costas africanas, y a sus invasiones aún no habían renunciado al principio del siglo XVI. No es, pues, aventurado creer que habiendo escala en Canarias las naves que de Sevilla y Cádiz salían para el Nuevo Mundo, tomasen en ellas algunos esclavos.

Volviendo a la Real Orden de que en el Nuevo Mundo solamente entrasen negros esclavos nacidos en poder de cristianos, no debe omitirse que ella se repitió con adiciones cuando fue nombrado gobernador de la Española don Diego Colón, hijo del descubridor. En la instrucción que el rey don Fernando le dio en Valladolid el 3 de mayo de 1509, mandóle: «Por cuanto Nos con mucho cuidado deseamos la conversión de los indios a nuestra Santa Fe Católica, como arriba digo, y si allá fuesen personas sospechosas en la Fe, podrían impedir algo a la dicha conversión, no nos consintáis ni deis lugar a que allá pueblen ni vayan moros, ni herejes, ni judíos, ni reconciliados, ni personas nuevamente convertidas a nuestra Santa Fe, salvo negros u otros esclavos que hayan nacido en poder de cristianos nuestros súbditos e naturales e con nuestra expresa licencia» (*Instrucción del rey católico don Fernando V, al almirante don Diego Colón, para ir de gobernador a la isla la Española*, Navarrete, tomo 2, *Colección Docum. Diplom.*, n.º 169). Estas últimas palabras «nuestros súbditos e naturales» cerraron enteramente las puertas de América a todos los esclavos nacidos en poder de extranjeros, aunque éstos fuesen cristianos.

Atendiendo el rey don Fernando a la flaqueza de los indios para el trabajo de las minas de la Española, mandó en Valladolid, el 22 de enero y el 14 de febrero de 1510, que se empleasen en ellas negros esclavos, y al efecto encargó a los Oficiales Reales de la Casa de Contratación de Sevilla que enviasen inmediatamente cincuenta esclavos (*Índice general de los Registros del Consejo de Indias desde 1509 a 1608*, tomo en folio, Ms. Academia de la Historia, Madrid) y más adelante otros hasta el número de doscientos, para que poco a poco se vendiesen en su real nombre a los vecinos de aquella isla (Muñoz, *Colección*, tomo 90). En cumplimiento de su palabra, el rey Fernando mandó que treinta y seis fuesen llevados a la Española por Diego Nicuesa en su nave «Trinidad» (*Índice general de los Registros del Consejo de Indias desde 1509 a 1608*); y en abril del mismo año se enviaron a dicha isla, a la consignación del almirante gobernador don Diego Colón y de los Oficiales Reales, más de cien negros comprados en Lisboa (Muñoz, *Colección*).

En la Real Provisión del 22 de enero de 1510 (publicada por José María Chacón y Calvo en su *Cedulario cubano*) ya consta oficialmente el propósito de sustituir los indios por los negros, basándose en el escaso valor económico de los primeros como trabajadores:

...que los dichos quincuenta esclavos son allá muy necesarios para romper las peñas donde el dicho oro se halla porque los indios diz que son muy flacos e de poca fuerza por ende yo vos mando que luego pongays toda la diligencia en buscar los dichos quincuenta esclavos que sean los mayores y más rrecios que podierdes aver y los enbieys a la dicha ysla Española...

Como sigue narrando Saco:

Con los ojos clavados en las minas de oro, recomendó el gobierno sus labores al referido almirante; y de los negros introducidos para este objeto pronto perecieron muchos, pues en una carta del rey a un Sampier empleado en la Española, escrita en Sevilla a 21 de junio de 1511, se leen estas palabras: «No entiendo cómo se han muerto tantos negros; cuidadlos mucho» (Muñoz, *Colección*, tomo 90).
Los primeros religiosos de la Orden de Predicadores o dominicos, que a la Española pasaron en 1510, abrazando la defensa de los indios con un fervor digno de los primitivos tiempos de la Iglesia, expusieron al rey la necesidad de aliviar la suerte de aquellos infelices. Dictáronse al intento varias providencias en 1511, y una de ellas fue que como el trabajo de un negro era más útil que el de cuatro indios, se tratase de llevar a la Española muchos negros de Guinea. (Herrera, *Década I*, libro 9, capítulo 5).

De estos antecedentes infiere Saco que en Cuba bien pudieron entrar los negros esclavos conjuntamente con los blancos conquistadores.

Muy fundado es pensar que si con la expedición de Velázquez no marcharon algunos amos seguidos de sus negros, éstos a lo menos llegaríanse a ella poco después. Equivocadamente creen algunos escritores cubanos que los primeros que entraron fué después de la muerte de Diego Velázquez acaecida en 1524. Para mí es casi cierto, aunque no puedo probarlo históricamente, que en 1512 a 1514 ya se habían introducido: 1. porque la Española era entonces la colonia que en mayor número los tenía, y su cortísima distancia a la costa oriental de Cuba, que fue cabalmente por donde empezó ésta a poblarse, facilitaba su transporte; 2. porque habiendo comenzado a fundarse cinco pueblos en 1514, sin contar a Baracoa que ya lo estaba, es muy improbable que todavía no hubiesen entrado negros, cuando tan cerca los había y tanto se necesitaban.

(*Ob. cit.*, tomo I, pág. 115.)

Según dice Urrutia: «Se trabajaban las minas de oro de Jagua, aunque con poco rendimiento, pues necesitaron la gracia de no pagar más que la veintena parte en lugar del quinto; y para que no trabajasen en ellas los indios que no estuvieren de guerra, se permitiese la introducción de negros bozales desde 1511» (*Ob. cit.*, II, pág. 87. Urrutia cita de Herrera, *Década I*, Libro 8, capítulo 9).

Amador de Lares, contador de Cuba, fue de los primeros en introducir negros esclavos en esta isla, según permiso que obtuvo por Real Cédula de 19 de junio de 1513 para hacerse de cuatro, y según poder que otorgó en Sevilla el 18 de octubre del mismo año a Juan de Oñate, para que los enviara en su nombre (*Catálogo de los fondos americanos del Archivo de Sevilla*, tomo III, pág. 21).

En el año 1515 las autoridades de Cuba pidieron algunos negros esclavos a la Española para las obras de fortificación del puerto de Santiago, ya entonces temeroso de los piratas enemigos de Castilla. Y el 22 de marzo de 1518 se le concedió real licencia a Andrés del Duero para que trajera a Cuba tres negros esclavos que eran cristianos. Los documentos oficiales atestiguan que ya entonces había negros esclavos en Cuba.

Por esos años también hubo negros en Tierra Firme o sea en los países que fue conquistando España en el continente americano. El primero de todos, el Darién; acaso desde 1511, pero con seguridad desde 1513, pues cuando Vasco Núñez de Balboa sale de allí para el Mar Pacífico lo acompaña un negro por lo menos, llamado Nuño de Olano; el cual por 1517 ya tenía unos treinta años a su servicio. Pero la entrada de los negros en Tierra Firme no es tema de este lugar.

En este asunto de la introducción de la esclavitud de los negros en América, poco o nada tuvieron que hacer la piedad ni la religión. Porque es innegable que aquí hubo esclavitud española de indios antes que de negros, que en Castilla la hubo de negros y de blancos siempre, antes y después del descubrimiento; y que el catolicismo no impedía por principio ni dogma la esclavitud, ni siquiera la de los cristianos.

No es ocioso recordar que a las Indias muchos fueron traídos en esclavitud, hasta mujeres blancas y cristianas, por el rey católico, mediante su

Real Cédula, datada en Burgos, el 23 de febrero de 1512 (Saco, citando a la *Colección Muñoz*). A ello se opusieron el gobernador de la Española don Diego Colón y los oficiales del rey, con fecha 2 de julio de 1512, alegando que en la Española había «muchas doncellas de Castilla conversas» o sea, judías de las numerosas familias hebreas que se hicieron cristianas para evitar las furias de la Santa Inquisición y los atropellos de los Reyes católicos. A esto el rey católico, en cuyas venas corría sangre judía, insistió, a fines del mismo año, por su Real Cédula de Logroño de 10 de diciembre (*Ibidem*, pág. 127); y por Real Cédula de 26 de septiembre de 1513 se concedió a la Española la merced de eximir de impuestos la *importación* de esclavas cristianas desde Castilla.

Tornando a los esclavos negros, éstos fueron aumentando en las Indias, tanto que de nuevo infundieron temores, como ya el gobernador Ovando en 1503 se lo había expresado al rey. Según advierte nuestro Saco (*Ibidem*, pág. 128):

El rey en carta de Madrid de 4 de abril de 1514, escrita a Miguel Pasamonte, Tesorero de la Española, le dice: «Proveeránse esclavas que casándose con los esclavos que hay, den éstos menos sospechas de alzamiento; y esclavos irán los menos que pudieren, según decís» (*Cartas del rey católico, 25 de noviembre, y 5 de diciembre de 1513, y 15 de enero y 4 de abril de 1514*, Muñoz, *Colección*, tomo 75). El 27 de septiembre del mismo año, escribió el rey en el mismo sentido a don Pedro Suárez de Deza, Obispo de la Concepción, en la Española: «Para más pronto acabar la iglesia podréis pasar diez esclavos. Decís que sí prueban los esclavos negros y que convendría fuesen más por ahora; siendo varones no, pues parece que hay muchos y podrá traer inconveniente».
(Muñoz, *Colección*, tomo 90).

También por 1514 ya había en las Indias *esclavos negros* introducidos de contrabando, pues por ese motivo ese año se formó proceso judicial en la Española a unos portugueses. En 1516 había ya tantos negros en la Española que Gil González Dávila, en memoriales al Consejo de Indias y al cardenal Cisneros, les pedía *que se evitasen los alzamientos negros* y que se fabricasen dos ingenios de azúcar (*Colección de documentos de América*, tomo I, págs. 335 a 347). Fuera por causa de dichas rebeliones o mejor, por otros motivos que se dirán, ese año fue prohibida la traída de esclavos negros a las Indias. Sigamos a Saco, quien explica ese interesante momento histórico:

Murió el rey don Fernando el 23 de enero de 1516, y en su testamento nombró de Regente del Reino, por ausencia de su nieto y sucesor Carlos I de España y V Emperador de Alemania, al cardenal Ximénez de Cisneros. Empuñadas por éste las riendas del gobierno, mandó suspender en el mismo año la introducción de esclavos negros en América. Si la ignorancia de los hechos es causa de errores en la historia, es mucho más de las causas que motivaron esos hechos. Autores nacionales y extranjeros han elogiado por aquella medida al cardenal Cisneros, suponiéndole enemigo del tráfico de esclavos, y atribuyéndole miras que no tuvo. Álvaro Gómez de Castro cree que la prohibición nació de haber temido el cardenal un levantamiento de negros contra los españoles. Fléchier, obispo de Nimes y uno de sus muchos biógrafos, el ilustre historiador Robertson y otros, suponen que aquella prohibición nació ya del odio del cardenal a la esclavitud, ya del temor de que aumentasen los negros, y que corrompiendo a los indios con su mal ejemplo, se coligasen con ellos para romper sus cadenas. Falsos motivos. El hombre que trabajó en los últimos años del reinado de don Fernando el Católico para esclavizar a los moros refractarios de Granada; el hombre que autorizó las expediciones para reducir a esclavitud a los indios caribes; el hombre que no dictó providencia alguna contra el comercio de esclavos que entonces se hacía dentro de la misma España, cuando era aún menos disculpable que en América; el hombre, en fin, que después de conquistada Orán tornó a España, conduciendo en su propia nave como esclavos algunos prisioneros, ese hombre, a pesar de su vasta capacidad, de la grandeza de su alma, de sus eminentes virtudes y de la merecida santidad de sus títulos, no puede figurar en la historia como enemigo del comercio de los negros africanos. Si él hubiera conservado la Regencia habríalo restablecido, porque la orden que dio de suspenderlo provino de que esperaba sacar provecho para la Real Hacienda, echando un tributo sobre aquel tráfico.

El cronista Herrera, cuyo testimonio es preferible al de cuantos extranjeros han escrito sobre esta materia, por su imparcialidad y el profundo conocimiento que de las cosas de Indias tenía, dice: «Como iban faltando los indios i se conocía que un negro trabajaba más que quatro, por lo cual había gran demanda de ellos, parecía que se podía poner algún tributo en la saca, de que resultaría provecho a la Real Hacienda; i de donde parecía que más se pedían era de la España i de Cuba» (Herrera, *Década II*, libro 2, capítulo 8). Con el testimonio de Herrera concuerdan el mal estado en que se hallaban las rentas públicas en los últimos días del gobierno del rey don Fernando; y muerto éste, el cardenal procuró mejorar la Real Hacienda, siendo el tributo sobre los negros uno de los arbitrios en que pensó.

Mas poco duró la suspensión de aquel tráfico, porque fue de hecho aun antes de la muerte del cardenal, acaecida el 8 de noviembre de 1517. Luego que murió el rey católico, acudieron a Flandes muchos castellanos para acompañar y servir al nuevo monarca en su viaje a España, quienes abusando de su inexperiencia, pues que solo tenía diecisiete años de edad, le arrancaron muchas mercedes para Indias y diversas licencias para introducir esclavos en ellas sin embargo, como dice Herrera, de la prohibición que sobre ello estaba hecha. (Herrera, *Década II*, libro 2, capítulo 16.)

Por esa fecha, de todas las colonias ya establecidas en América se pedían esclavos negros, como manera de atenuar la escasez de trabajadores producida por el aniquilamiento de los indios. Es solo entonces, ya en el gobierno de Carlos V, cuando aparece la intervención de Bartolomé de las Casas en cuanto a la traída de esclavos negros, de la manera que luego él mismo denunció y condenó. Veamos en qué circunstancias.

Apenas, en ausencia de Las Casas, llegaron a la isla Española los padres jerónimos que fueron encargados del gobierno de las Indias por el Regente cardenal Cisneros, inquirieron de los frailes franciscanos y dominicos, así como de los jueces y oficiales del rey, sus pareceres acerca del mejor régimen para el gobierno de los indígenas. El franciscano fray Pedro Mejía propuso sustituir el trabajo forzoso de los indígenas con el de esclavos negros, a razón de un negro por cada cinco indios. Con traer a la Española 2.000 negros bastaba (*Documentos inéditos de América*, tomo XI, págs. 147 a 152). También los frailes dominicos propusieron en un *Parecer*, firmado por nueve religiosos, la traída de esclavos negros, que el rey vendería al fiado a los pobladores (*Documentos inéditos de América*, tomo XI, págs. 211 a 215).

Los padres jerónimos escribieron desde la Española al cardenal, en carta de 22 de junio de 1517, lo que sigue:

Hay, lo tercero, necesidad como ya bien a la larga tenemos escrito, que V. S., mande dar licencia general a estas islas, en especial a ésta (la Española) y San Juan (Puerto Rico) para que puedan traer a ella negros bozales, porque por experiencia se ve el gran provecho de ellos, así para ayudar a estos indios, si han de quedar encomendados o para ayudar a los castellanos, no habiendo de quedar como para el gran provecho que a S. A. de ellos vendrá. Y esto suplicamos a V. A. tenga por bien conceder, y luego porque esta gente nos mata sobre ello y vemos que tienen razón.

Insistieron en pedir esclavos bozales y de África los frailes jerónimos. En carta de 18 de enero de 1518 decían:

En especial que a ellas se pueden traer negros bozales, y para los traer de la calidad que sabemos que para acá combiene, que V. A. nos mande enviar facultad para que desde esta Isla se arme para ir por ellos a las islas de Cabo Verde y tierra de Guinea, o que esto se pueda hazer por otra cualquiera persona desde esos Reynos para los traer acá. Y crea V. Alteza que si esto se concede, demás de ser mucho provecho para los pobladores destas Islas y rentas de Vuestra Alteza, serlo ha para que estos indios sus vasallos sean cuidados y relebados en el trabajo, y puedan más aprovechar a sus ánimas y a su multiplicación.

El jerónimo fray Bernardino de Manzanedo a comienzos de 1518 entregó un largo memorial de peticiones a Carlos V, donde le dice lo siguiente:

Todos los vecinos de la Española suplican a V. A. les mande dar licencia para poder llevar negros, porque dicen que los indios no es suficiente remedio para sustentarse en ella. Aquellos padres e yo, con los oficiales de V. A. y jueces, con algunos regidores de Santo Domingo, hablamos sobre este artículo, y vista la necesidad de aquella isla, nos pareció a todos que era bien que se llevasen, con tanto que sean tantas hembras como varones, o más, y que sean bógales, y no criados en Castilla ni en otras partes, porque estos tales salen muy bellacos.

396

(*Memorial de fray Bernardino de Manzanedo a Carlos V, año 1518*, Archivo de Indias, Est. 2, caja 1, leg. 1 /25.)

Como se advierte, ya no se piden negros cristianos y ladinos, o sea con el habla de Castilla y hechos a sus costumbres, ya en trance de transculturación, sino negros bozales, rústicos, sin asomo de adaptación cultural, dejados a su más humillada e indefensa condición, para evitar en ellos toda sacudida de inconformidad en las congojas de la servidumbre. El imperativo económico exigía tan solo aparatos de fuerza muscular. Y aún añade fray Manzanedo, más exigente aún en la sumisividad de los negros bozales que debían importarse, que:

...traigan negros de ciertas tierras donde son de mejores costumbres y condición y no de las otras, que comúnmente salen siniestros.

Fray Manzanedo se preocupaba mucho de los desórdenes que podrían ser promovidos por los negros que se trajeran, sobre todo en la isla de Cuba, por la gran copia de indios inquietos que entonces aquí había. El fraile economista aconsejaba que a los pobladores pobres de esta isla se les diera «gran limosna», ayudándolos con «esclavos fiados» y otros privilegios fiscales y mercedes para facilitar el poblamiento.

También a comienzos de 1518 pedían a Carlos V esclavos negros los otros dos jerónimos, aún residentes en la Española. Fray Luis de Figueroa y fray Alonso de Santo Domingo eran aún más precisos de lenguaje que su citado compañero; pedían «la trata». En su carta al Emperador le suplicaban para las Indias varias cosas:

En especial, que a ellas se puedan traer negros bozales, y para los traer sean de la calidad que sabemos que para acá conviene. Que Vuestra Alteza nos mande enviar facultad para que desde esta isla se arme para ir por ellos a las islas de Cabo Verde e tierra de Guinea, o que esto se pueda hacer por otra cualquiera persona desde esos reinos, para los traer acá.

(*Carta de los padres Luis de Figueroa y Alonso de Santo Domingo, 18 de enero de 1518, Colección de documentos de América*, 1, págs. 298 a 304.)

Peticiones análogas elevaron las autoridades civiles. El juez de residencia licenciado Alonso Zuazo también pedía negros esclavos en carta al Emperador de 22 de enero de 1518. Decía así:

Hay necesidad, así mismo, que vengan negros esclavos como escribo a S. A. y porque V. Señoría verá aquel capítulo de la carta de S. A. no lo quiero repetir aquí, más de hacerle saber que es cosa muy necesaria mandarlos traer, que desde esta isla partan los navíos para Sevilla a donde se compre lo que fuese necesario, ansi como paños de diversos colores, con otras cosas de rescate que se usen en Cabo Verde, donde se han de traer con licencia del rey de Portugal, a que por el dicho rescate vayan allí los navíos, e traigan todos los negros y negras que pudieran haber bozales de edad de quince a diez y ocho o veinte años, e hacerse han en esta isla a nuestras costumbres e ponerse han en pueblos donde estarán casados con sus mujeres, sobrellevarse ha el trabajo de los indios, sacarse ha infinito oro. Esta tierra es la mejor que hay en el mundo para los negros, para las mujeres, para los hombres viejos que por grande maravilla se vé cuando uno de ese género muere.

Zuazo insistía en que se debía

...dar licencia general que se traigan negros, gente recia para el trabajo, al revés de los naturales, tan débiles que solo pueden servir en labores de poca resistencia, cuidar los conucos o haciendas.
(*Colección de documentos de América*, I, pág. 292.)

Al pedir Zuazo que se trajeran muchos negros esclavos a la Española quiso disipar el temor de que éstos se sublevaran y acabaran con los blancos:

Es vano el temor de que negros puedan alzarse; viudas hay en las islas de Portugal muy sosegadas con ochocientos esclavos; todo está en cómo son gobernados. Yo hallé al venir algunos negros ladinos, otros huidos a monte; azoté a unos, corté las orejas a otros; y ya no se ha venido más queja.

Continúa narrando José Antonio Saco:

> Los Procuradores de la Española reunidos en 1518 en la junta que ya he mencionado, acordaron pedir al rey entre otras cosas, que diese licencia general para introducir en aquella isla negros bozales francos de todo derecho, y que socorriese a sus vecinos con mil al fiado.
> (Saco, *Ob. cit.*)

> Las indicaciones de los padres Gerónimos y de Zuazo acerca del modo de importar negros no fueron perdidas, porque negociantes de Andalucía, naturales o naturalizados en ella, empezaron a salir de España para África; en ésta tomaban negros, llevábanlos al Nuevo Mundo, y después volvían a España donde recibían nuevos efectos, y tornaban a tomar otros negros en África.
> (Bernardo de Ulloa, *Restablecimiento de las fábricas, tráfico y comercio marítimo de España*, parte..., capítulo 5, Ed. de Madrid, 1740. Cita de Saco.).

Ya en ese año de 1518, se dieron por Carlos V sendas licencias para mandar negros a las Indias. Las concedió a su capellán, a su limosnero, al sumiller de su oratorio, al escribano del concejo de la ciudad de Santo Domingo, al contador de la Española y a otros; entre éstos a dos personajes muy empinados y favoritos, o sea a don Jorge de Portugal, de la casa real, para 400 esclavos, y al gobernador de Bresa, por 4.000, etc.

Con la licencia de 21 de octubre de 1518 comienza la trata negrera en gran escala, la de negros bozales y directa desde África, tal como la habían pedido los frailes de las distintas órdenes que entonces había en las Indias.

Entre esas licencias de 1518, consta una de 27 de julio a favor de Gonzalo de Guzmán, vecino de la isla de Cuba, para que pudiere pasar a esta isla seis esclavos negros que fuesen cristianos. Pero es innegable que antes de esa fecha ya había copia de negros esclavos en Cuba y en los demás países conquistados. Esclavos negros llevó Hernán Cortés en 1518 a la conquista de México, a los cuales los nigrománticos y embajadores de Montezuma los creyeron «dioses negros» y por esto los llamaron *Teucacatzactli* (Sahagún, tomo IV, págs. 38 y 40). Un esclavo negro, llamado Juan Cortés, llevó consigo de cocinero aquel audaz capitán (Manuel Orozco y Berrea, *Los conquistadores de México*, Apéndice a la obra de Sahagún, tomo IV). Varios esclavos negros y como 200 indocubanos fueron los motores que arrastraron la artillería española por tierras mexicanas (*Memorial de Hernán Cortés a Carlos I, Colección de documentos inéditos para la historia de España*, tomo IV, n.º 3). Cuando en 1520 salió de Santiago la expedición de Pánfilo de Narváez contra Hernán Cortés, también fueron en ella negros sacados de Cuba. Uno, llamado Guidela, fue de bufón y divertía al ejército con sus chocarrerías; otro, Juan Guía, ganó fama por causa triste, por haber llevado las viruelas a México y ocasionado entre aquellos indios una terrible mortandad (Bernal Díaz del Castillo, *Conquista de la Nueva España*, capítulos 23 y 124; y Herrera, *Década II*, libro 10, capítulo 4). Otro de esos negros de Cuba, de nombre Juan Garrido, se hizo famoso por haber sido el primero en haber introducido, sembrado y cogido trigo en Nueva España. También fueron de Cuba con la tropa de Narváez, el mulato Sebastián de Ebora, probablemente portugués, y la parda Beatriz Palacios y acaso varios más, cuyos nombres no fueron conservados.

Los ya citados frailes jerónimos, gobernadores de la Española, insistieron en pedir esclavos negros y también esclavas de la misma raza; sin duda que para asegurar la reproducción y acrecentamiento de los esclavos negros por la vía más natural y barata, tal como se trajeron animales por parejas para asegurar su aumento mediante la fecundidad. Con motivo de una gran mortandad de indios, producida en 1518 por una epidemia de viruelas que acabó en la Española con casi la tercera parte de los indígenas, aquellos sacerdotes escribieron al Emperador, con fecha 10 de enero de 1519, suplicándole:

> Su Majestad mande remediar como a estas partes pasen esclavos negros e negras sin imposiciones, e hacer otras muchas mercedes a los vecinos de las islas, que quedan muy perdidos e destruidos desta pestilencia; que le certificamos a Vuestra Majestad que si la dicha pestilencia dura dos meses más, el año presente no se sacará oro ninguno en dicha isla Española... e Vuestra Alteza perderá en esta isla más de 53.000 castellanos e se acabará de despoblar la tierra. (*Colección inédita de documentos de América*, tomo I, págs. 366 a 368.)

El mismo tesorero Pasamonte, aunque fue opuesto a la política de los jerónimos en relación con los indios, convino con ellos en pedir en 1519 al

Emperador que permitiese la introducción en gran escala de negros esclavos, para que en la isla Española trabajaran no tan solo en las minas sino también muy particularmente, en la fabricación de azúcar que ya comenzaba a florecer (Herrera, *Década II*, libro 5, capítulo 2):

> En el mismo año de 1519, dice Saco, la Real Audiencia de la Española manifestó también al Gobierno la necesidad de que se importase en ella el número posible de negros, y para conseguirlo con brevedad se ajustase asiento con el rey de Portugal, porque sin ellos ya no era posible conservar las islas (Herrera, *Década II*, libro 5, capítulo 3).
>
> Negros pidió también desde Santo Domingo el licenciado Figueroa, presidente de la Audiencia de la Española, pues en su despacho del 6 de julio de 1520 decía a Carlos I que los negros eran allí muy deseados porque hacía casi un año que ninguno entraba, y que sin ellos no podía darse entera libertad a los indios, ni reducirlos a pueblos (*Documentos existentes en el Archivo de Indias de Sevilla*. Cita de Saco). Y negros, en fin pidieron otros muchos, así empleados como particulares.

Todavía en 1523, el mismo fray Luis de Figueroa, uno de los jerónimos que gobernaron las Indias, ahora en funciones de presidente de la Audiencia de la Española, hizo una presentación al Emperador para que se enviasen negros sin limitación de número, hembras la mayor parte y varones solo de quince años abajo. Esto, a juicio de aquel religioso esclavista, ofrecía menos peligros que siendo todos o casi todos los esclavos varones y de mayor edad.

> Sin estos servidores, añadía fray Luis de Figueroa, no puede darse entera libertad a los indios y reducillos a pueblos. Si ha inconveniente en lo de los negros ahora, por el privilegio concedido al Mayordomo Mayor el flamenco Lorenzo Garrebod, favorecido por Carlos V, mándese para cuando esté cumplido.
> (Cita de Saco.)

El argumento de base económica se impuso y la trata esclavera de negros africanos para las tierras y trabajos de América fue continuada hasta el siglo XIX sin condena del trono ni de la iglesia, pues ambas instituciones políticas se aprovecharon directa e indirectamente de la esclavitud, que fue la base sustentadora del régimen económico-social de este mundo americano y de sus clases dominadoras.

Es a mediados de la segunda década del siglo XVI cuando aparece personalmente Las Casas en esta cuestión de los esclavos negros. Veamos cómo:

Bartolomé de las Casas nació en Sevilla. Su padre, don Pedro, viene a las Indias con Colón en su segundo viaje, y al retornar a España le regala a su hijo un niño indiano como esclavo. *Bartolillo* crece, estudia jurisprudencia en la universidad de Salamanca o de Sevilla y en 1500 tiene que devolver a su esclavo indio, libre para su tierra. En 1502 se siente animado a la aventura transatlántica y parte con el gobernador Ovando para la isla *Española*, donde ya había negros esclavos que andaban en refriega por la libertad, unidos a los indios. Allí Las Casas se hace clérigo, ungido por Manso, el obispo de Puerto Rico. Es «el primer misacantano del Nuevo Mundo», si bien con la contrariedad de que en el cáliz de su primera misa no hubo vino para consagrar. Ya sacerdote entonces no rehúsa apetecer riquezas a costa de indios subyugados, y viene de Quisqueya a Cuba con Pánfilo de Narváez a seguir con el ambicioso Diego Velázquez la conquista de la isla. Pero antes de salir de la Española oyó un sermón que a poco le cambió la vida. La prédica fue de un dominico fray Antonio de Montesinos, si bien parece que la misión salvadora fue iniciada por el joven Prior fray Pedro de Córdoba, que a los veintiocho años abrió el fervor humanista en que luego habría de ser la estrella Las Casas, hasta sus noventa y dos años de vida.

En Cuba Las Casas recorrió la «invasión» y tuvo encomienda de indios, en tierras junto al río Arimao, en sociedad con un vasco que le administraba el negocio con los indios cubanos Andresino y Camacho. Hasta que un día «del cielo le tocaron el corazón» y renegó las empresas de hacer dinero y optó por las cristianas. Aquí le tocó a él ahora decir su sermón. Fue en la Pascua de Pentecostés del año 1514; el 4 de junio según unos, el 15 de agosto, según otros. Hubo de predicar en la rústica iglesia recién fundada de Sancti Spíritus, y leyó unos versículos del Eclesiástico: «Quién quita el pan ganado con el sudor es como el que mata a su prójimo»... «quien derrama sangre humana y quien defrauda al jornalero, hermanos son»... «la vida de los pobres es el pan que necesitan; aquél que le defrauda es hombre sanguinario»... «el que a Dios ofrece sacrificios tomados de la hacienda de los pobres, es como el que degüella a un hijo delante de su padre», y en fin, «el Altísimo no recibe los dones del impío, ni mira a los sacrificios que le ofrecen los malos, porque mancillada es la oblación que se hace de lo injusto». La meditación lleva a Las Casas contrito al arrepentimiento de su pecado, el de subyugar a otros para que le enriquezcan, y renuncia a los indios que tenía *encomendados*, demostrando de tal manera lo sincero y ejemplar de sus convicciones jurídicas y pías. Así Las Casas abandona a Cuba, para no volver a ella, va a Santo Domingo y de ahí pasa a España a abrir su campaña en la corte; pero lleva consigo sus primeros alegatos.

En 1515, apenas establecida la villa de La Habana y antes de que los españoles supieran algo de México, ni del Mar del Sur, ni del imperio de los Incas, ya aquél está en España peleando por los indocubanos y escribe a poco su primer alegato, la *Representación hecha al rey por el clérigo Bartolomé de las Casas*, en que se manifiestan los agravios que sufren los indios de la Isla de Cuba por los invasores. Y al año siguiente (1516) redacta su admirable *Relación de los remedios que parecen necesarios para que el mal y daño que han las indias cesen*, la cual presentó a Cisneros. Esta es la primera de las ingeniosas «utopías» originadas por el descubrimiento del Nuevo Mundo y el primer detallado proyecto americano de «planificación social» y «economía dirigida», inspirado parcialmente en criterios socialistas y regulaciones del trabajo que parecen actuales (Fernando Ortiz, Prólogo a Lewis Hanke, *Bartolomé de las Casas, pensador político, historiador, antropólogo*, La Habana, 1949, pág. XI). Nunca han sido publicados en Cuba esos documentos, que son los primeros escritos en la historia para libertades de los cubanos. Merecen su inserción casi total en este libro, pese a su extensión y estilo. Este manuscrito ha sido publicado ha poco como *Memorial de agravios hechos a los indios, llevado por Las Casas a los regentes Cisneros y Adriano en marzo de 1516*, según el extracto que de él se conserva en el archivo de Indias de Sevilla, por J. Pérez de Tudela, *Obras escogidas de fray Bartolomé de las Casas*, Madrid, 1958 (tomo V, pág. 4).

Los agravios e sinrazones que Bartolomé de las Casas, clérigo, dice que se hacen a los indios por los españoles que a aquella tierra han pasado son éstos:

Dice que cuando en la isla de Cuba los cristianos españoles que allá fueron, fueron muy bien recibidos por los indios de aquella isla, porque les salieron a recibir con mantenimientos e cosas de comer, e les dejaban e daban sus casas e iban al monte e que en la dicha isla, en guerra que justa fuese, no se mataron quince o veinte; e que en espacio de tres o cuatro meses que los españoles los trabajaron en las minas han muerto e hecho menos cient mili ánimas, a cabsa que los dichos indios no tenían mantenimientos, porque en el tiempo que fueron conquistados no pudieron hacer sus labranzas para sus mantenimientos, hasta año e medio e más, e después que la tierra estuvo segura y los indios se repartieron a los españoles, con el trabajo que les ficieron pasar por la codicia del oro, a cabsa de ser al principio, e como no tenían los indios aparejos de mantenimientos ni se los daban, e trabajando escesivamente, murieron los dichos cien mil indios.

Dice que con lo que traían en las minas se habían muy mal, porque antes que fuesen el día los sacaban a trabajar e los tenían cavando, rodeados de unas piedras muy grandes, lavando el oro; e habiendo así trabajado fasta medio día sin comer e sin beber cosa alguna, les daban a comer grano, e si les daban a comer algún cazabí era tan poco que no era nada, y con el grano bebían agua llena de tierra e de lodo, e tornábanlo luego al trabajo hasta la noche escura sin alzar la cabeza al cielo; e a las noches dábanles e comer o a cenar lo mesmo, e dormían en el suelo; e que a esta cabsa enfermaban muchos e morían, e dice que hubo hombres que cogieron a mili e a dos mili castellanos.

Dice que con los niños e mochachos e mujeres se han habido ansímesmo muy inhumanamente, porque como a sus maridos los llevaban encomendados, no tenían quién les diece mantenimientos, ni los que llevaban a sus padres e maridos las curaban de proveer de mantenimientos, e a esta cabsa murieron muchos dellos.

Dice que las bestias con que acarrean eran los mismos indios, a toda manera de carga e peso, e los llevaban cargados a 40, e 50, e a 100, e a 150 leguas con cargas de a dos arrobas e a dos e media e más, dándoles muy poco mantenimiento, o casi ninguno.

Dice que todo lo que SS. AA. han mandado guardar por sus leyes, no han guardado ni guardan cosa alguna, salvo las que a los españoles cumplen para haber más indios; antes diz que hacen ordenanzas e despensaciones contrarias a las leyes e ordenamientos que SS. AA. mandaron guardar, e declara muchas personas a quien fueron dados indios, los cuales, usando mal dellos e tratándolos ásperamente, los más dellos murieron.

Dice que les hacen trabajar las fiestas e domingo, porque aquellos días los envían cargados de herramientas a las minas, e que en los dichos días, que son de holgar, porque no les dan nada de comer, andan los indios aquella noche toda y el día a buscar de comer por el campo, de manera que el día que habían de holgar mueren e no pierden tiempo de los días que han de trabajar.

Dice que tienen a los indios sin les dar casas, comiéndose de mosquitos, que es un gran tormento, porque están en cueros, o que con la flaqueza de las hambres lo sienten más, o que cada e cuando algún español es penado en pena de cincuenta e de cient peones para adobar algún camino, entiéndese que ha de ser de los indios; e que para cincuenta a sesenta hombres les dan cuatro o cinco cargas de cazabí o maíz, para ocho días de estada o tres o cuatro de ida o venida; e que les hacen traer barbes por la mar, de cincuenta e cient leguas, a remos e por no les comprar ni dar de comer, mueren de hambre.

Dice que les toman sus mujeres e se las tienen por mancebas, e los azotan e prisionan muy cruelmente e les dan humo a narices, dándoles nuevos géneros de tormentos e azotes; e porque hallan menos piedad en los visitadores, no se osan quejar. (Siguen once párrafos, con denuncias de hechos análogos ocurridos en las islas Española, San Juan y Jamaica y el extracto termina como sigue.)

Dice que les es tan aborrecible el nombre de cristiano, que tienen por mejor ir al infierno, creyendo carescer de la conversación de los cristianos, que al paraíso, habiendo de estar con ellos.

Señala doce cabezas que han causado esta destrucción desde el principio, las cuales se reducen en dos: la primera, el trabajo demasiado que a los indios se ha dado por la mucha codicia de los que de España iban; la segunda, tratarles mal, no teniendo cuidado de los dar de comer ni vestir, como habían menester, según el trabajo pasaban.

(Fray Bartolomé de las Casas, *Opúsculos, cartas y memoriales*, Madrid, 1958, pág. 5.)

La anterior relación es el texto de un extracto del original de Las Casas que fue redactado por la secretaría de López Conchillos. La relación que sigue sí es toda ella autógrafa del padre Las Casas, la cual vamos a reproducir casi íntegramente.

Relación de los remedios que parecen necesarios para que el mal y daño que han las Indias cesen.

(Este documento ha sido publicado con el título de *Memorial de remedios para los indios al cardenal Cisneros en 1516*, por Pérez de Tudela en Las Casas, *Ob. esc.*, vol. V.)

Los *remedios* que parecen ser necesarios para que el mal y daño que han las Indias cese, y Dios y el príncipe nuestro señor hayan más servicio que hasta aquí y la república della sea más conservada y consolada, son estos:

Primer remedio: Que en tanto que S. A. manda ver y determinar lo que conviene, que manda en aquellas islas, para que lo sobredicho haya efecto, mande suspender todos los indios de todas las islas, que en ninguna cosa sirvan ni trabajen, que de trabajo sea; lo uno, porque siguiendo la mala e pestífera costumbre que los españoles en servirse de los indios tienen, matarán y darán causa a matar y morir en poco tiempo muchos dellos, especialmente sabiendo la muerte del rey, que Dios tiene en su gloria, porque pensarán que se debe mudar el tiempo que agora tienen y hallarse con menos como los pasados. Lo otro, porque ellos estarán tales en todas cuatro islas Española, Cuba, Jamaica e San Juan, y el poco tiempo que suspenso estuvieren, lo habrán bien menester para cobrar algunos fuerzas, recreándose, y engordarán, e al menos arreciarán algo, para de que los vuelvan al trabajo, que lo puedan sufrir; y que se les dé de comer, en tanto que estuvieren suspensos, de lo que han hecho a los españoles, si lo suyo no les bastare, pues todo lo trabajaron ellos. Lo tercero, porque después de tal suspensión y holganza, viéndoles la nueva merced que vuestra señoría les haga, y manera de buen tratamiento, consolarse han y esperan de ser *remediados* de mal pasado. Y que esta suspensión alcance a los *Lucayos*, que no se permita traer ninguno de ninguna isla, porque no conviene al servicio de Dios ni de Su Alteza, hasta que V. S. sea informado de lo que allá por traellos se hace, y mande dar remedio para que tanto número de ánimas no parezcan, porque son casi innumerables los indios que de allí han pasado. Y si vuestra señoría fuese servido de ser informado más por entero de toda la verdad en tanto que están suspensos, mande enviar una persona religiosa, de buena y sana conciencia, que no tenga cudicia ni parte alguna en aquellas Indias y le estorbe a escudriñar la verdad, así como de amistad o parentesco e otra alguna ocupación, ni hay de tener indios, ni parte en ellos; y que tome por acompañado un fraile en cada isla, que hay estado allá y sepa las cosas de la tierra y indios, porque no le engañen ni hagan entender lo que no es; y esta tal persona verá con sus mismos ojos los males que allá se hacen, especialmente si va encubierta, que no sepan a lo que va; así vuestra señoría sabrá más clara y sin sospecha la verdad.

Segundo remedio: Que porque el haberse muerto los indios, y morirse cada día, principalísimamente, ha estado y está en dallos y repartillos a singulares personas, que es a cada uno por sí para dellos se sirva, y a esta causa todas las otras de su muerte acompañan y asimismo della dependen; que vuestra señoría mande hacer una *comunidad en cada villa y ciudad de los españoles*, en que ningún vecino tenga indios conocidos ni señalados, sino que todos los repartimientos estén *juntos* y que hagan labranzas *juntos*, y los que hobieren de coger oro lo cojan *juntos*. Y para esto que haya mayordomos, los que fueren menester, y otros ministros necesarios para la dicha comunidad, que abajo se nombrarán, los cuales no tengan en ella ni en el provecho della parte alguna, así en las labranzas que hicieren con los indios, como en el oro que con ellos cogieren, salvo ciertos salarios y partido que se les dé en dineros a las fundiciones, cuando todos los gastos se pagaren, como más largo se dirá. Y sean, antes que en el oficio e cargo entren, juramentados, porque no hagan más de aquello que conviniere a la sustentación y conservación de la república. La cual comunidad tenga recuas para acarrear las cargas y lo demás en que las bestias suelen trabajar, y tengan hatos de vacas, de puercos, de ovejas y yeguas y de toda manera de animales domésticos de que los hombres suelen servir.

Y de todos los conucos o labranzas que hicieren en cualquiera parte y lugar que fueren menester hacerse, y de todo el oro que se cogiere, después de fundido en cada fundición, sacado del oro primero el quinto de S. A. y pagados todos los gastos que en la dicha comunidad se hobieren hecho, así de salarios a los oficiales, o ministros della, como de herramientas o otra cosa que se haya de pagar, den a cada vecino o otra persona que S. A. hiciere merced que tenga parte en la dicha comunidad, sueldo por libra, según los indios de que en ella lo hobiera hecho merced; de manera que si tuviere cien indios sacados los hicieren labranza o entendieren en otras cosas, pueden juzgar que de dos mil indios que anduvieron en las minas que echó la dicha comunidad a coger oro, le puede venir de su parte tantos castellanos cuantos cupieren, del oro cogido, a quince o veinte indios que podía allí tener suyo. Y asimismo en las labranzas, según el número de indios en ellas, que de toda la comunidad anduvieron, pueden haber de su parte tantos mil montones cuantos cabrían a cuarenta o cincuenta indios que allí podían tener suyos; los indios que faltan para ciento, puédense ocupar o por sus mujeres o muchachos o por estar enfermos, etc. De las labranzas entiéndese que lo que han de partir ha de ser sacado primero el diezmo para Dios, y lo que los mayordomos y procuradores vieron que han menester para sustentar la comunidad de comida; y lo que restare, *se haga partes* tomando bueno y malo igualmente, si en la labranza hobiere algo no bueno, así como algunas partes della que alcanza no ser buena tierra. Y si fueren doscientos indios los que a tal persona Su Alteza hobiere hecho merced, que se le dé parte más al respecto; y si fueren menos, que se le dé menos.

Esta comunidad, hecha con las condiciones que de ella se dirán que ha de tener, escusarse ha que los indios accidentalmente mueran como hasta aquí, y viviendo, haya lugar para ser *instruidos en la fe* y se salven, y no muriendo, S. A. tenga sus rentas ciertas y sus tierras pobladas y abundantes de vasallos; y multiplicando la gente, como en aquella tierra maravillosamente multiplica, aumentarse a cada día su auxilio y provecho, a gran utilidad y fijeza del reino, y lo que más es, no se cometerán tantos y tan diversos y abominables pecados, porque no se dará lugar desta manera a que cada cudicioso quiera henchirse en poco tiempo de muchos dineros, menguando y matando los vasallos de S. A., no mirando ni teniendo fin sino a su propio interés.

Las condiciones de la comunidad y lo que para ella se requiere irán en otro papel aparte.

Tercer remedio: Y porque la intención de S. A. siempre ha sido la que había de ser, que aquellas islas se poblasen y la gente dellas fuese conservada, y de saber, así de los indios si son capaces, como de la tierra si es hábil para llevar y dar el fruto que la de Castilla lleva y da, como es verdad que la dicha tierra y indios della son hábiles para lo dicho; porque esto se sepa, y sabiéndose, no se pierda ninguna cosa de las rentas reales, y los pocos indios que quedan por toda parte les pueda venir algún descanso y remedio del mal pasado, y la tierra sea labrada y arraigada y noblecida, y los vecinos españoles tengan pensamiento y voluntad de perpetuarse, y para siempre ellos y los que sucedieren dellos, vivir en ella y permanecer; que por ésta y otras muchas utilidades que dello saldrán, vuestra reverendísima señoría mande ir a cada villa o ciudad, de las que están y estuvieren en las dichas islas, cuarenta *labradores*, más o menos, según la dispusición de cada lugar, con sus mujeres y hijos, de cuantos en estos reinos hay sobrados y por ventura necesitados, para que siempre allá permanezcan. Y que den a cada uno cinco indios con sus mujeres y hijos *en compañía, para que sean compañeros* y trabajen de por medio; y sacada la parte de S. A., lo otro lo partan *hermanablemente* el tal labrador y los cinco indios. Y poseyendo dinero y tratándolos y lo demás en que entenderán, avisarse han y hacerse han sotiles y aguzárseles han los ingenios, como ha habido indios en Santo Domingo sabidos en estos y en todo, y los hay. Y estarán a su placer y no se morirán, y parecerá que son libres y no cabtivos, y del todo no estarán a su querer, porque los compañeros que tuvieron serán como sus ayos, que los inducirán al trabajo, y ellos *viendo que los cristianos trabajan ternán mejor gana de hacer lo que vieren, y asimismo se mezclarán* casándose los hijos de los unos con las hijas de los otros, etc. Y así multiplicarse ha la tierra de gente y de fruto, porque estos tales sembrarán todas las maneras de arboledas y legumbres, para ver para cuál será la tierra más hábil; y de todo S.A. será servido, y sus rentas crecerán y serán augmentadas, y las islas noblecidas y, por consiguiente, las mejores y más ricas del mundo.

Cuarto remedio: Que hecha la tal suspensión en el primer remedio dicha, vuestra reverendísima señoría mande pregonar y hacer entender, con lenguas de la tierra, a todos los indios de las islas, cómo les quiere hacer nueva merced en que no han de servir como solían, ni ser sujectos a los cristianos de la manera pasada, sino de otra que mejor puedan sufrir y cómo no mueran y vivan. Y este aprovechará para consolación dellas y para esperar que habrá su mal pasado remedio, porque, cierto, en pensar que nunca hasta que mueran han de salir de aquel pésimo tratamiento, como han visto sus pasados, según ellos son débiles de corazón, hasta para que desesperen, como muchos se han muerto con cierto rejalgar que tienen y gran cantidad dellos, e se *mueren de pensamiento*, como también ha acaecido.

El remedio quinto, se pide que en cada isla el rey ponga una persona religiosa *que tenga en custodia a los indios* para que nadie los maltrate. *El sexto y el séptimo remedio* insisten en prohibir que ninguna otra autoridad que la dicha tenga jurisdicción sobre los indios para que cesen los atropellos y expoliaciones. El *remedio octavo* impide que quienes en Castilla tengan cualquier cargo sobre las islas que no intervengan en casos de indios ni sus comunidades. El *remedio noveno* que se cumplan las leyes justas. El *décimo* que las penas impuestas a los españoles no se las hagan jugar a los indios. El *undécimo* pide que el rey tampoco tenga indios señalados para él.

Undécimo remedio: Que S. A. no tenga indios señalados ni por señalar en las comunidades ni por parte alguna, porque no haya ocasión de corromperse, porque alegando muchos el servicio de Su Alteza, diciendo que pierde algo de su parte, o porque se le acreciente, ternán buen achaque para hacer que se trabajen más los indios de lo que será razón, por lo que a los tales cumple y porque crezcan sus provechos, y este es su celo; pero que en lugar de los indios que había de tener «en» las dichas comunidades, sustente S. A. en cada una veinte *negros, o otros esclavos* en las minas, de comida la que hobiere menester, y será muy mayor servicio para S. A. y ganancia, porque se cogerá mucho más oro que se cogerá teniendo doblados indios de los que había de tener en ellas.

Este *undécimo remedio* es el primer texto histórico (1516) en que aparece fray Bartolomé de las Casas pidiendo a la vez *esclavos negros y blancos* para las Indias.

Décimo segundo remedio: Que vuestra reverendísima señoría mande que ningún clérigo sea allí cura de cristianos españoles, si no fuere letrado, porque sepa alumbrar y encaminarles las conciencias a todos cerca de los indios y en las otras cosas; y no sea como hasta aquí, que no haberles hecho hacer conciencia de los males que hacían contra los indios, ha sido mucha causa de su muerte; sino han los loado aquellos pésimos pecados, como si cometellos fuera ganar el cielo, por la gran seguridad de todo. Y asimismo que vuestra reverendísima señoría mande que *no esté en una villa de los españoles un cura solo, sino dos, porque se puedan confesar* cuando de celebrar hobieren; porque acaece estar un clérigo dos y tres años sin confesarse, diciendo misa por ventura cada día, que no sin alguna conciencia creo yo que se hace.

Estos remedios que siguen responden a diferentes islas cada uno.

Décimotercero remedio: Que *no se consienta ni permita sacar indios ningunos de una isla a otra* para servirse dellos ni para otra cosa, sino que los de cada isla estén en ellas en sus comunidades, de la manera ya dicha, escepto los *lucayos* de las islas que no fueren para ser pobladas de españoles: estos tales los traigan; finalmente, que en lo de traellos o dejallos, se haga de la manera que se dirá abajo en los remedios que se darán para los lucayos, en el primer miembro y segundo y los demás, porque si se traen de otra manera, será como ha sido gran causa de su muerte.

Décimocuarto remedio: Que vuestra reverendísima señoría mande ver unas obras que cerca de los indios el doctor Palacios Rubios, del Consejo Real, y maestro Matías de Paz, catedrático que solía ser en Valladolid, han hecho y las mande imprimir y publicar y llevar a las Indias, porque este negocio de indios no se ignore para condenación de tanta ánima, y se sepa cómo *aquellos indios son hombres y libres* y no se dé más lugar al demonio que ciegue a los que no quieren ver.

Remedios particulares: Que vuestra reverendísima señoría mande que *no vaya la licencia, que agora se envíe a Cuba, para que hagan el repartimiento,* porque en breve tiempo han de matar los más de los indios, especialmente sabiendo questá en la gloria el rey don Fernando, porque han de pensar que ha de haber mudanzas y que les han de quitar los indios que agora les dieren en el dicho repartimiento, y en tanto, trabajarán de darse priesa a adquirir su dañado provecho; y por enviar dinero a los que acá esperan que les favorecerán, han de matar, por esta causa y por la otra, los más indios que pudieren. Y suplico a vuestra reverendísima señoría por servicio de Dios, que la remedie muy presto, al menos con suspendellos al presente los indios, porque está agora algo próspera, que tiene algunos más indios que las otras islas, si no, muy poco tardarán en menguallos, y en las otras, como hay pocos, acaballos.

Item, es necesario y complidero al servicio de Dios y de S. A. y utilidad y vida de los indios dichos de la dicha isla, (Cuba) que un pueblo inútil, el primero que en ella se hizo, que se llama la *Asunción,* que vuestra reverendísima señoría *mande que se deshaga, porque es carnecería de indios,* porque está entre las más altas sierras que pueden ser, y de la otra parte, de costa de la mar brava, que está cercado, y ni pueden salir dél, ni en él entrar, si no es, o por las dichas sierras muy agras e altas, o por la mar muy brava, de manera que se han muerto en el dicho pueblo o villa muy muchos indios, yendo y viniendo a él por los despoblados, y con cargas grandes que por aquellas sierras les echen, e por la mar moliéndose de remar en los *barquetes* de un madero que allá hay, ahogándose. Así que en ninguna manera puede el dicho pueblo allí estar ni sustentarse si no es con sangre de indios, porque aunque ya quieran no cargallos, no podrán, porque ni entrar en él ni salir dél pueden bestias, si no las meten o sacan en naos por la mar, y otros inconvenientes que hay y se recrecerán.

Para *Jamaica*: En Jamaica es asimismo necesario que vuestra reverendísima señoría mande *deshacer una compañía que tiene hecha S. A. con uno que allí fué, que se llama Francisco de Garay*, la cual es en gran disminución de los indios; porque no podrá ser sino que por aprovechar o dejar de aprovechar a S. A., ha de aprovechar así, y no puede ser sin matar muchos indios, especialmente que dicen que lleva licencia para sacallos de la dicha isla y traellos a la de *Cuba* a coger oro, y luego son muertos desta y de otras maneras que de allí sucederán.

Remedios para Jamaica y para las villas o ciudades (Cuba) *que no tovieren minas cerca para coger oro:* Que porque las mismas comunidades las haya y se sustenten en Jamaica, que no hay oro, y en los otros pueblos de *Cuba* y la Española y otras islas si más hobiere desta manera, los cuales pueblos tienen lejos las minas, y por este inconveniente no se hallarían tan a mano los oficiales que las rigiesen, diciendo que, en no coger oro, les pagarían en ropas o ganados, o en otras cosas que tienen por de embarazo, aunque nunca con estas condiciones faltaría quien usase los tales oficios; que vuestra reverendísima señoría mande que sea desta manera, porque en todas partes haya comunidad y celo della. Que *todas las comunidades de la isla de Cuba, de las que cogeren oro, sean obligadas de pagar en dineros los gastos que la comunidad de la isla de Jamaica hiciere,* que para todas es poco y aun para una que la comunidad de Jamaica les pague en ropa, que allá hacen, para con qué se vistan los indios de las comunidades de Cuba, y en ganados y en bestias, y aves y cazabi, y *azúcar,* y en todas las otras cosas que ella toviere y granjeare, y las de Cuba tovieren necesidad, como hasta aquí Jamaica *ha proveído a Cuba de muchas cosas.* Y que se lo envíe a su costa, que bien terná para ello. La costa es poca, porque de Jamaica a Cuba se trae en carabelas y no se da más flete de 8 arrobas de cazabi, las dos, que es el cuarto, y el flete de las bestias es menos, y por un castellano traen veinte y cinco o treinta camisas, que valen a castellano cada una.

Y si las dichas comunidades de Cuba no tovieren necesidad de tales cosas de la de Jamaica, porque como es cierto ellas abundarán de todo y que los otros para que vendan a otras partes, que la dicha comunidad de Jamaica lo envíen a vender a la Española o a otras islas, y del dinero que dellos saliere, o lo pague a los dichos gastos, o lo dé a las dichas comunidades de Cuba; cuanto más que terná la dicha comunidad de Jamaica carabelas para que sin flete ni costa haga lo que cerca desto quisiere, de manera que estarán seguros los indios que, o de una parte o de otra, no les falte de comer ni mueran por falta dello, y de aquí saldrán grandes utilidades y provechos y rentas para S. A. como parece claro.

Y que desta misma manera se haya con las comunidades de los pueblos que en *Cuba* hay, que no tienen minas, así como con uno que se llama *Sant Cristóbal de La Habana* y otros si más hobiere, que las dichas comunidades les paguen los dichos oficiales, y haya en ellas en lo sobredicho, y en la Española se haga otro tanto, aunque ya en ella ni hay indios para uno ni para otro por habellos muy cruelmente muerto así donde había minas como donde no las había.

Remedios para los Lucayos y para otras islas donde no pudieren poblar cristianos españoles: Que porque es necesario que a todos los indios de cualesquier isla o tierras que sean, se les busquen maneras para traellos a la fe y para que se salven, que de las islas o tierras que no fueren hábiles para ser pobladas de españoles, especialmente las de los *Lucayos*, si indios en ellas hobiere, porque muchas han despoblado, *que los traigan a la isla de Cuba y no a otra*, porque está mejor comarca dellas y hay mejor apero de comida y de tierra y de las otras cosas que son para ellos menester, que abajo se dirán, que en las otras; y asi mismo que se prohíba que ninguno vaya ni pueda ir a traellos sino al rey nuestro señor, como abajo se dirá, porque mejor y más a salud de las ánimas y de los cuerpos se entienda en lo que acerca dellos se ha de hacer, y no como de antes, que engañaron a S. A. como en otras muchas cosas, suplicándole que les diese licencia para traellos, diciendo que era utilidad de la Española, y por traellos mataron en ella dellos más de treinta y cinco o cuarenta mil ánimas; de manera que no les bastó haber despoblado una tan gran isla y tan abundosa de gente, donde se contaron mal contados, un cuento y cient mil ánimas, sin los entonces alzados, que no han dejado sino doce mil dellos, que agora hay, sino quisieron despoblar todas las otras vecinas dellas de los dichos *Lucayos.*

Y asimismo que en la *isla de Cuba*, en la provincia de *Yumaisí*, al puerto que se llama del *Príncipe*, que es casi en el medio de la isla, tierra muy buena y de mucha caza y pescado, y de toda manera de comida abundosa, vuestra reverendísima señoría mande que una *villa de los españoles*, que estando yo allá querían hacer, que si no se ha hecho, que la hagan en un llano muy grande de más de diez leguas, que se llama allá *sabana*, que estará del dicho puerto, donde desembarcarán, cinco o seis leguas, para este efecto: para que los indios *lucayos* que los dichos frailes trujeren o enviaren tengan refrigerio y donde se recreen y engorden y reciban otros bienes que recibirán en tanto que se hacen a la tierra y los prueba y salen fuera de peligro y enfermedades, que por entrar en tierra nueva les pueden venir. Finalmente, porque no mueren, vuestra reverendísima señoría mande asimismo que junto con la dicha villa se haga una *casa que se diga del rey*, o como más vuestra señoría mandare, donde haya un *monasterio* de media docena de frailes Franciscanos y Dominicos, o todos Franciscos o Dominicos que della tengan cargo, para que en desembarcando los indios que los otros religiosos enviaren u trujeren, como dicho es, aquéllos, los reciban y allí los provean de comer y de lo demás que a sus ánimas y cuerpos fuere necesario, la cual casa vuestra reverendísima señoría mande que se haga, y al presente provea con cierta labranza que en el dicho *Puerto del Príncipe*, en nombre de la Corona Real se ha hecho, la cual allí no aprovecha nada y aprovechará para esto mucho; y esto para los primeros indios lucayos que luego desembarcaren, que venían flacos y fatigados del camino, que después, en arreciando, ellos harán para sí labranzas y para los demás que vinieren, al menos será para comenzar.

Item, que después de haber desembarcado los dichos indios *lucayos* y encargados dellos los dichos religiosos, desque estén ya recios y gordos y fuera de peligro y en dispusición para ser enseñados, *que los enseñen y doctrinen y instruyan en las cosas y principios de la fe*, y estén en ellos hasta que merezcan ser baptizados, y después de baptizados estén en la dicha casa con los dichos religiosos un año, que en todo este tiempo saldrán hábiles y conocedores de su Criador; y después del dicho año, les hagan campiña con labradores de la manera arriba dicha y vivan como vecinos dende adelante y a manera de policía. Y que los religiosos dichos les hagan moderadamente trabajar por ejercicio, estando para ello, en hacer labranzas y no en cosas de minas ni coger oro, así antes del baptismo como después dél y dentro del año. Y que de solo lo que dentro del año hicieren, sea la mitad para la comunidad de aquella villa y de españoles que allí estuvieren, por lo que con ellos y entre ellos habrá gastado, como abajo se dirá, *y la otra mitad sea para los indios lucayos que lo hicieron*; y con lo que comienzan ellos y los labradores a principiar su compañía y todo lo que hobieren antes del baptismo sea para la dicha casa donde los recebieren. Y que si a los dichos religiosos pareciere que es mejor ponello en la comunidad para que sean tratados y sirvan de la manera de las otras comunidades, que denlos por compañeros a los labradores, que así lo hagan, y vuestra reverendísima señoría les dé facultad para ello. Finalmente, que en todo lo que a este caso tocare, según a ellos placiere, así vuestra reverendísima señoría los mande que lo pongan por obra, y que ninguna justicia, de cualquiera calidad que sea, tenga que ver ni hacer con ellos, sino que ellos solos hagan y entiendan en ello, porque lo harán a más servicio de Dios y de S. A., y utilidad y salvación de los indios, según se debe creer, que otro alguno. Y conviene que sean, como dicho es, *frailes religiosos para esto*, porque todos los demás creo que se corromperán. Por lo que asimismo conviene que aquella villa se haga allí y que estén la comunidad y la casa dicha para recibir los indios lucayos juntas, es por esto; lo uno, porque de allí del dicho *Puerto del Príncipe* a las islas de los lucayos, donde agora puede haber indios, dícese que no hay más de treinta o cuarenta leguas; lo otro, porque estando juntas la dicha comunidad y casa, los indios así nuevamente venidos serán curados de los médicos y medicinas de la dicha comunidad, y de las otras cosas socorridas que en ella para ellos hobiere necesarias. Lo tercero, porque los españoles que fueren con los frailes a traer los indios sean pagados de la dicha comunidad en dineros y no en indios, ni que les den parte alguna en la dicha comunidad, ni en cosa que toque a que por alguna vía hayan de tener parte de los indios que trajeren, y asimismo les provean la comunidad de bastimentos para el viaje y de los bergantines que fueren menester para ello. Pero porque al presente no podrá la dicha comunidad proveer de los dichos bergantines, que vuestra reverendísima señoría les haga merced de mandar proveer de un par de ellos de los de S. A. prestados, pues tanta utilidad dello se seguirá, para con quien comience a traellos, y la dicha comunidad se los pague a la primera fundición del oro que se hiciere en la isla, según lo que hobieren costado puestos allá, que es bien poco el precio, y estos bergantines pueden ir cargados, desde Sevilla, de mercaderías, y con los fletes que darán los mercaderes, ahorrarse han toda la costa que hobieren hecho. Y que no se consienta que vayan a las dichas islas por indios en naos grandes, porque hacen mucha costa, y esta ha sido causa de matar muchos dellos por ahorrar la costa que habían puesto, sino que sean bergantines los que llevaren, donde puedan caber hasta cient ánimas con los cristianos que fueren por ellos.

Item, que los indios de los *Jardines*, que son el uno que se llama *del rey* y el otro el *Jardín de la reina*, questán el uno a la costa del Sur y el otro a la costa del Norte, junto con la tierra de la misma Cuba, y en cada uno son muy muchas isletas en la mar, y están llenas de indios, que no acostumbran comer sino pescado solo, los cuales siempre allí habitan, que los traigan a la dicha casa, y que allí sean tratados de la misma manera y instruidos y recreados, como está dicho de los *lucayos*, porque son casi de la naturaleza y uso dellos, y son holgazanes, que no trabajan en hacer labranzas ni en otra cosa, sino con pescado solo se mantienen, como dicho es. Y a éstos hanlos de meter en el ejercicio y trabajo más moderadamente que a otros, y aun en el comer de las viandas que los otros comen y comieren, los cuales en ninguna manera se consientan sacar de allí para otra parte, sino para la dicha casa, por S. A., con falsa relación que le hicieron, dió licencia para quellos llevasen a la Española.

Y asimismo, que todos los otros indios que hay manera fuera de la isla de *Cuba* o dentro, que los lleven a la dicha casa, como es dicho. Entiéndase también por unos indios que están dentro en Cuba, en una provincia al cabo della, los cuales son como *salvajes*, que en ninguna otra cosa tratan con los de la isla, ni tienen casas, sino están en cuevas contino, si no es cuando salen a pescar; llámanse *guanahatabeyes*. Otros hay que se llaman *cibuneyes*, que los indios de la misma isla tienen por sirvientes, y así son casi todos los de los dichos *Jardines*. Todos éstos conviene traellos al aprisco de la Santa Madre Iglesia, cuya puerta me parece que será aquella casa.

Y sobre todo, que vuestra reverendísima señoría haga una muy señalada merced y remedie a todos los españoles que en aquellas islas están y han estado, que hayan servidose de indios, en lo cual Dios y S. A. mucho se servirán, y sus ánimas serán remediadas, y es que vuestra reverendísima señoría mande enviar a hacer *relación al Papa* de cómo en aquella tierra se ha usado y exercitado tanto mal, y de cómo con tan universal daño de ánimas e cuerpos se han adquirido tantos dineros, y con derramar tan gran multitud de sangre, y por doctrina les daban la muerte. Finalmente, que se le haga particularizada relación para que el caso le conste y sea claro y manifiesto, como vuestra reverendísima señoría sabe que será menester; y hecha, se le suplique que conceda una especial *composición* para todos los que cargos de indios tuvieren e han tenido, que dando tanta cantidad de dineros, despense con ello de todo el cargo que dellos hasta entonces toviere. Porque aunque esto no sea del todo incierto, es casi incierto, porque los más de los indios son muertos, y ni de ellos ni parte dellos hay ningún vestigio, ni sería posible poderlos más haber. Para tres maneras de personas es la dicha *composición* menester: para los que han tenido encomendados indios, que son los principales en el cargo, y para los mineros que con los dichos indios sacaban el oro y para los estancieros y mozos de soldadas que hacían o andaban sobre los indios para hacer las labranzas, y que los llevaban cargados con cargas; y estos dichos sirvientes han sido por cuyas manos todos los indios son muertos. Finalmente, que han sido particulares verdugos otros verdugos (que) hay y ha habido públicos, en los lugares de los españoles, y son los *visitadores*, quien más crueldad con los indios han usado, que azotaban y empringaban y aumentaban lo que cada uno les traía, si por acaso alguna vez se iban de los excesivos trabajos en que los traían, que por otra cosa no creo que se hallará haber citado indio, si no fuese en algún caso muy particular, los cuales creo que tienen más necesidad de misericordia de Dios que otros. También hay unos *alcuaciles de campo* que iban tras los indios que se absentaban, y ganaban de cada indio que traían cierto salario. Todos tienen necesidad de la dicha *compusición especial*, porque ninguno ha ganado un maravedí sin mucha conciencia. Con esto se hará un gran servicio o sacrificio a Dios, según a mí me parece, y sacarse han hartos dineros para contra los moros, o en lo que a S. A. fuera servido gastallo de otras semejantes obras. Es necesario que la dicha *compusición* se extienda también para que los que estovieron fuera de aquellas islas así en Castilla como en otra parte, en tal que lo que tovieren con conciencia, sea adquirido de indios o con ellos o por alguna vía de las arriba dichas.

Y asimismo suplico a vuestra reverendísima señoría por Dios, en todo lo expuesto por su señalado ministro, que mande enviar a aquellas islas e Indias la *Santa Inquisición*, de la cual creo yo que hay muy gran necesidad, porque donde nuevamente se ha de plantear la fe, como en aquellas tierras, no haya quizás quien siembre alguna pésima cizaña de herejía, pues ya *allá se han hallado y han quemado dos herejes, y por aventura quedan más de catorce*; y aquellos indios, como son gente simple y que luego creen, podría ser que alguna malina y diabólica persona los trújese a su dañada doctrina y herética pravedad. Porque puede ser que muchos herejes se hayan huido destos reinos y pensando de salvarse se hobiesen pasado allá. Y la persona a quien tal cargo vuestra reverendísima señoría diere, sea muy cristiana y celosa de nuestra fe y a quien allá no puedan con barras de oro cegar.

Lo que conviene que en las *comunidades* haya y las condiciones que ha de tener, son éstas: primeramente, que después de haber holgado y descansado los caciques y indios lo que vuestra reverendísima señoría mandare que huelguen y descansen en la dicha suspensión, que lo primero que hagan sea hacer sus asientos desta manera: que de los indios que se repartieron a los lugares, villas o ciudades de los cristianos españoles que estovieron cerca de minas, junten cuatro o cinco o seis caciques con toda su gente, para que estén juntos, en que haya mil ánimas y les hagan *un pueblo* de la manera que S. A. mandó en la ley primera, a tantos indios, tantos bohíos o casas, (y) en él una iglesia, cual fuere menester; que esté el que más lejos de la villa o ciudad de los españoles distancia de quince o veinte leguas, poco más o menos, en el mejor lugar y sitio e tierra que en la comarca hobiere. Y juntados otros tantos caciques con sus gentes y hecho otro pueblo; lo asienten cinco o seis o siete leguas del primero, hacia la villa de los dichos españoles o hacia las minas, en la mejor tierra, como dicho es. De manera que todos los pueblos de los dichos indios estén alrededor de las dichas villas o ciudades de los españoles y de las minas y lugares donde hobieren de trabajar, los que más lejos la dicha distancia de quince o veinte leguas y no más, y apartados de la manera sobredicha, por estas consideraciones. Lo uno, porque si los trujesen todos a estar y morar cabe las villas de los españoles, los indios recibirían gran pena, porque al presente pensarían que los traían a trabajar más o tenellos más a mano para el trabajo, o por ventura a matallos, como son temerosos; y temiendo este o otro mal aquellos imaginarían, hacérseles hía muy grave, muchos se absentarían y se alzarían; y así, poniéndolos algo apartados, parecerles hía que tenían libertad, y que si les quitaban aquella tierra, les daban otra tan buena o mejor, y que no se hacía sino por su utilidad y provecho, lo cual después verían claramente el buen tratamiento y nueva merced que vuestra reverendísima señoría les hace tenellos así por muy bueno. Lo otro, porque todas las villas o ciudades de los españoles y estancias no son tan hábiles, ni de tan buena tierra, así de pan como de caza y pescado, para que los indios puedan vivir y morar cabe ellos. Lo tercero, porque si todos los indios, como dicho es, a los dichos lugares o villas de los españoles se juntasen, toda la tierra quedaría despoblada y no sería posible librarse de los criminantes, y muy pocos y con grandísimo trabajo irían y vendrían de una villa o ciudad a otra.

Por lo que conviene *hacer los dichos pueblos de los indios de tanta gente, y los unos de los otros estar a cinco o seis leguas y siete*, es porque mejor se puedan regir y un *clérigo los pueda enseñar y doctrinar mejor*, estando continuamente en la tal población con ellos; y en nacienda la criatura, la baptizarán; y cuando holgaren, asimismo los tengan juntos para doctrinallos, y también para consolación de los caminantes, porque hallarán por los caminos donde se puedan recoger. Y en las villas o lugares de los españoles que estovieren lejos de las minas, asimismo los traigan la dicha distancia de quince o veinte leguas dellas, y trabajen en las otras granjerías, perdiendo cuidado de coger oro.

Y esto hecho, que luego hagan un *hospital* en cada villa o ciudad de los españoles, el cual se llame, si vuestra reverendísima señoría mandare, el *Hospital del rey*, a manera de cruz, con cuatro ángulos cuadrados, que puedan caber en cada ángulo cincuenta lechos o camas; que sean doscientos, *para los indios enfermos*, y en medio de todos cuatro que esté un altar, para que todos desde las camas vean misa, y que sea el dicho hospital de muy buena madera, clavada con clavos de hierro, y cubierto de paja o de caña, que es como hojas de palmas y muy anchas, el cual esté proveído de la manera que abajo se dirá.

Item, que porque luego se puedan las dichas *comunidades* poner por obra y no sean al presente menester tantos gastos, que cada vecino y otra cualquiera persona, y especialmente de los que en las dichas comunidades hobieren de tener parte, *preste la mitad* de cuantos conucos y labranzas tuviere a las comunidades, y asimismo de los ganados, vacas, puercos, ovejas y bestias de todas especies y aves y herramientas, y de todas las otras cosas que él tuviere, necesarias a las dichas comunidades, así de las que tuviere en las minas, como en las estancias o en otra cualquier parte o lugar. Y si demás de la mitad de lo sobredicho fuere menester, que sacado lo que él para su casa menester hobiere, tenga hasta que las comunidades se lo paguen y con lo que han de ayudar a los labradores, todo lo demás preste como dicho es; y desta manera ponerse han luego en efecto las dichas comunidades, y darse ha remedio para todo el daño pasado. La paga desto así prestado, sea que las dichas comunidades paguen a cada uno lo que hobiere dado en dineros, precio justo y moderado, a la primera fundición o segunda, o cuando por vuestra reverendísima señoría o el oficial que allí su Alteza pusiese fuere tasado.

A estos todos se les hace mucho bien, porque venden su hacienda y dineros, y son ciertos y cierta la paga. Las cuales *dichas comunidades tengan siempre y estén proveídas* de hatos de vacas y puercos y ovejas y bestias de todas especies y aves y perros, y de todos los otros animales que hoy los vecinos de las islas poseen, y de todos los demás que para sustentar la gente fueren necesarios. Y que vuestra reverendísima señoría provea como Su Alteza les haga merced de los pastos mejores que en las islas hobiere, para todos los ganados y bestias, y que ninguno los pueda tomar ni gozar dellos, siendo señalados para las dichas *comunidades.* Y que aunque los vecinos o otras personas los posean, *que se los puedan las dichas comunidades tomar, habiéndolos menester,* y señalándolos los que dellas tuvieren cargo. Esto se entienda, que se los puedan tomar poseyéndolos la primera vez para poner sus primeros ganados.

Y que *ningún vecino ni otra persona* que en las dichas comunidades tuvieren parte, *haya de otra cosa parte sino del oro que cogieren y de las labranzas* que hicieren, porque no haya algún corrompimiento en el dar de comer a los indios, pues en ello está principalmente el vivir o morir dellos. Bien les debe bastar el tal provecho, de donde nada no ponen ni les cuesta, porque si quisieren alegar que pierden, no será justo, porque los indios no se los han dado sino para que los enseñasen y doctrinasen y por ello algún moderado provecho recibiesen; hánlos muerto y no enseñado; y porque no maten los que puedan, se los sacan de poder; y cesando el cargo, debría de cesar el provecho, así que harto bien se les hará, no debiéndoles nada.

Y aquí repite Las Casas la licencia del rey para los pobladores poder tener *esclavos negros y blancos, que los puedan traer de Castilla* (no de África ni de Portugal, sino cristianos), para que se puedan fomentar granjerías, hatos, ganado, *ingenios de azúcar y cañaverales,* coger oro, etc. Es decir, para que:

Mayormente que puedan entender en muchas granjerías, dándoles Su Alteza licencia para ello y haciéndoles merced de *que puedan tener esclavos negros y blancos, que los puedan llevar de Castilla,* y pueden tener *hatos de ganados y hacer por su parte ingenios de azúcar y cañaverales y coger oro y otras muchas cosas en que entenderán, por donde haya muy muchos ricos,* y la tierra, como dicho es, será muy noblecida.

Item, que esto hecho, lo segundo en que entiendan sea que en las minas y otros lugares donde hobieren de trabajar, y asimismo en las villas de los españoles, *hagan casas,* las que hobieren menester para las gentes que al tal lugar hobieren de ocurrir; de manera que *a ninguna parte vayan a trabajar, de primero no tengan hecho donde se metan,* porque muchas veces por faltas de casas perecen, y si del todo luego no mueren, es gran causa de su muerte, o al menos de mala vida, por los mosquitos y aguas del cielo y vientos y otros inconvenientes y estorbos para su vivir.

Las personas que son menester y necesarias para ser regidas y conservadas estas *comunidades* y república son estas: *una persona sola en toda una isla,* que sea sobre todas las otras en carge de los indios, así como solía ser el repartidor, de la manera y con las condiciones que en el quinto remedio es dicho; *clérigos* para que enseñen y doctrinen los indios; *bachilleres* de gramática, *físicos, zurgianos, boticarios, procuradores* que procuren por los indios, mayordomos que anden sobre la hacienda, *estancieros* para las labranzas, mineros para las minas, arrieros para las recuas, hospitaleros pata los hospitales, *vaqueros, porqueros, ovejeros, barqueros* para hacer barcas, que acá se llaman *gamellas,* para lavar el oro, y carniceros para cortar la carne, y *pescadores* para proveer de pescado las dichas comunidades.

Y los que cada comunidad ha de tener son *diez clérigos,* que estén repartidos en los pueblos de los indios y en las minas y en los lugares donde hobiere de haber labranzas y donde concurrieren más gentes. Un *bachiller de gramática* para que la enseñe a los muchachos que la hobieren de aprender, el cual esté en la villa o ciudad de los españoles en la comunidad; un *físico* y un *zurgiano,* y un *boticario* con una buena botica, que esté siempre en la villa o ciudad de los españoles, en la comunidad curando los indios enfermos que estuvieren en el hospital; un *procurador* que procure por los indios, que pueda pedir y responder y aclamar, si algún agravio o injusticia a los indios se hiciera en todas las cosas que con ellos se hobieren de hacer y proveer, y en todo lo que les tocare y conviniere, allegándoles el bien y apartándoles el mal, el cual siempre visite las minas y estancias y otros lugares donde indios hobiere, para ver cómo los mayordomos lo hacen, y si los clérigos los enseñan y todo lo demás, para ver si va en utilidad dellos, y si posible fuere, sea *letrado*, porque mejor sepa usar el tal oficio; cinco mayordomos que tengan cargo de toda la comunidad y den cuenta a la persona principal ya dicha de todo el oro y haciendas y de todas las granjerías que en cada demora se hobieren hecho, y tengan cuenta y razón de los gastos que asimismo se hobieran gastado, y libro para las soldadas de los que sirvieren y de todas las otras cosas que al oficio de mayordomo pertenecen. Y que cada uno por sí, de los cinco mayordomos, tenga por su parte de dicha cuenta e libro, y de los indios que nacieren y murieren, como S. A. lo manda en la ley veinte y tres a los visitadores. Y que cada un pueblo de los indios tengan su libro para ellos, y que tengan estos dichos cinco mayordomos de cada comunidad igual poder para todo lo sobredicho, los cuales sean de las mejores personas que se pudieran hallar, y los procuradores.

Diez estancieros que entiendan en hacer los comisos y labranzas, así en los pueblos de los indios, como en los otros lugares donde hobieren de labrar; veinte *mineros* para que cojan oro, etc.; cinco *arrieros* que anden con las recuas acarreando el pan y otros bastimentos, y muden el repuesto cuando se hobieren de mudar de una parte a otra en las minas. *Barberos*, los que fueren menester y que estén en todas las partes donde los indios hobiere, porque se tienen por gran remedio las sangrías para los indios pero que según los físicos vieren que son necesarios, que así haya de los dichos barberos. Y dos *hospitaleros*, que curen del hospital, y que les den para que les ayuden dos o tres o cuatro indios, o los que fueren menester; cuatro *vaqueros* para los hatos de las vacas, y seis *porqueros* para los hatos de los puercos. Y si ovejas hobiere, serán menester otros dos o tres *pastores* para ellas, y que se les den a estos pastores cada tres o cuatro indios que les ayuden, o los que menester fueren. *Dos pescadores españoles*, para que provean de pescado la dicha comunidad, y que haya buen apero de redes, etc., y que estén con ellos media docena de indios, o los que bastaren para que les ayuden. Dos *bateeros*, para que les hagan bateas para lavar oro, y dos o tres *carniceros* para cortar la carne en las minas y en el lugar donde labraren los conucos y labranzas. Séanos permitido anotar aquí de paso que en esta minuciosa especificación de *técnicos*, como hoy se diría, y de indios aprendices y jayanes, se incluye la posible presencia de *un letrado*, mejor que un *procurador*, para que intervenga en la mejor ordenación jurídica de las faenas y derecha de la comunidad y de los indios.

Este es el único caso de un reformador español en las islas pidiendo *abogados* para hacer mejor justicia, pues los demás, cuando son para lo contrarío, pedían que el rey prohibiera la venida de licenciados a Indias. Ya antes de la conquista de Cuba, el rey, por Real Cédula de 14 de noviembre de 1509, ordenó a la Casa de Contratación de Sevilla que no dejaran pasar a Indias más letrados abogados sin licencia real, pues así se lo recomendó el virrey don Diego Colón. Del año 1516 es otra Real Cédula por la cual, a petición de Pánfilo de Narváez y Antonio Velázquez, a nombre de los conquistadores de Cuba, se dispuso que en esta isla no pudiese haber ni hubiese abogados ni procuradores que abogasen; y esta orden fue ratificada por el rey en 1521.

Igual ocurrió por otros países de Indias. Esa misma demanda contra los abogados hicieron también los procuradores de Hernán Cortés al emperador Carlos V, pidiéndole que no mandare a México ni tornadizos, ni médicos, ni letrados. Y a ello accedió el monarca. Así inspirado por Cortés, el Ayuntamiento de México prohíbe el ejercicio de la abogacía, y en 1526 se aumentan la prohibición y su severidad contra los abogados, disponiéndose que «ni en secreto den favor ni ayuda». Fue, pues, regla general de los poblamientos de Indias el ostracismo de los abogados. Una ley de la *Recopilación de Indias* nos lo asegura: «Los que entran a descubrir nuevas tierras con nuestra licencia, suelen capitular que por cierto tiempo no pueden entrar ni entren en ella letrados ni procuradores, por no dar causa a pleitos y diferencias entre los vecinos» (Ley III, tit. XXVIII, libro II). El derecho estorbaba.

Porque en la *sucesión y multiplicación de los indios* está el durar dellos y no acabarse, y para estos se debe dar remedio, y porque los mayordomos y procuradores dellos tengan más cuidado, que de cada indio o india que naciere, *les dé la comunidad un tomín de oro*, hasta que las tales criaturas sean de diez años, porque hasta allí trabajan lo que en ello fuere de las conservar; y desde los diez años hasta que sean de quince, les dé la dicha comunidad *tomín y medio* por todos porque asimismo hasta los dichos quince años, como dicho es, sean conservados por los dichos mayordomos y procuradores con mucha más diligencia, porque hasta entonces pueden recibir algún peligro, del cual, como niños, no se podrán guardar, así como después de los dichos quince años, que comienzan ya a tener razón.

Item, *que los que fueren de veinte o veinticinco años arriba, los casen* y tengan sus mujeres, y las mujeres sus maridos, y que no les consientan estar amancebados, sino que vivan vida marital, siendo en ello primero instruidos, para que procreen hijos y multipliquen, *excepto aquellos que por ventura quisieren ser frailes o clérigos*, y que estos tales los den a los frailes, que les doctrinen en ellos. Y los que quisieren ser clérigos, los pongan a la Iglesia y después los hagan aprender gramática, etc. Y las niñas que se inclinaran a aprender a labrar, o a otras buenas costumbres, las pongan a ello y lo pague la comunidad.

Item, que *si por culpa de los mayordomos e procuradores muriere algún indio o indios*, así de los de las minas, como de las labranzas o de las criaturas pequeñas, o alguna mujer moriere, *que sean gravisimamente punidos* y castigados, y les sea quitado el oficio, y que nunca más lo tengan, y todo lo demás que conviniere para a ellos castigar y a los otros atemorizar, para que lo hagan bien o fielmente y en utilidad de los dichos indios y comunidad.

Item, que porque *en el bastimento está su vida*, y en la falta dél ha estado su muerte, *que coman los dichos indios*, así en las estancias como en las minas y en todos los otros trabajos en que trabajaren, *desta manera*: que se les dé pan y carne y pescado, y ajes y axí, dos veces al día, cuando hobiere menester para sus comidas, y en las mañanas se les den sendos pedazos de cazabi, e ajes, y ají para almorzar, porque con el calor beben muchas veces agua y échanse a ella, y porque no la beban en ayunas, esto de dalles dos veces al día carne o pescado abasto ni es mucho, ni mucha cosa ni pizca grave, porque teniendo las comunidades los ganados que han de tener y que Dios en aquellas tierras cría, y *pescadores* que pesquen, no solamente habrá para dalles de comer y que les sobre, más aun para vender y hacer muchos dineros dello para las dichas comunidades, pues *pescado hay más que en parte otra pueda haber*. Y asimismo a los indios que holgaren, se les dé de la misma manera el comer, porque cuando salieren a trabajar, salgan mejores y con más fuerzas para el trabajo. Y a las mujeres y niños que quedaren en sus casas, se les dé carne o pescado, aunque no en tanta abundancia como a los que trabajaren, porque también han menesterla para vivir. *Y que los enseñen a comer en mesas como a hombres*, que fácilmente allá se harán de cañas o varas, y sus bancos en que se sienten, y los pongan por manteles unos cañamazos en que se alimpien; y no como hasta aquí, que *comen en la tierra como perros*, peor que antes que los cristianos allá fuesen. Y que en las minas y lugares donde más gente dellos a trabajar concurrieren, haya carnecerías que siempre tengan carne fresca, lo cual es muy fácil y nada hay de temer y hacer segund la mucha carne habrá; y que no les den tocinos salados, pues dellos no habrá necesidad, porque totalmente los mata la carne salada; basta que los días de pescado lo coman salado, porque tan fácilmente como la carne, no se podrá haber fresco. Todo esto no debe parecer costoso ni grave, porque en fin *todo sale dellos y ellos lo trabajan y suyo es*.

Item, *que ningún indio salga a servir a parte alguna, que no lleve su hamaca consigo en que duerma*, y el que agora al presente no la tuviere, que se le haga un *cardalecho* con mucha paja, donde duerma, y la *hamaca* que se le dé de la manera y dentro del tiempo que S. A. manda en la ley diez y nueve. Y que las *hamacas* las pongan bien altas del suelo y los cardalechos, por la humidades, y que ningún indio consientan dormir en el suelo, sino que por ello le castiguen si fuera menester, especialmente en los de las minas se ponga mucha diligencia.

Item, que porque *los indios enfermos sean remediados*, socorridos y bien curados en sus enfermedades, y por falta de cura e medicina no perezcan, como hasta aquí han perecido, que vuestra reverendísima señoría mande que el dicho *hospital* esté proveído desta manera: que como dicho es, siempre haya en él *físico* y *zurgiano* y boticario con una botica muy bien proveída de todas las cosas que suelen tener para curar las enfermedades, a los cuales médicos se les encargue que con mucha caridad y diligencia los curen. Y haya en el dicho hospital muchas aves, gallinas y pollos, y las críen en todos los lugares que se hicieren estancias de la comunidad, y tengan las doscientas camas ya dichas; y son menester *para cada una un colchón* de brite que tenga diez varas, dos e media para cada lienzo, y al presente *sean llenos de paja menuda*, buena, de la que allá hay, y andando el tiempo, de que las *comunidades* tengan lana de sus ovejas, los hinchan della, la que hubiere menester, y tengan dos sábanas del mismo brite curado, que para cada uno son cuatro mil e cuatrocientas varas de brite. Y tenga cada cama una manta que echen encima, que serán menester doscientas.

Y asimismo esté proveído de *platos y escudillas de palo*, que puedan hacer los que hicieren las gamellas para coger oro, *y de barro* las que fueren menester; y hacellas han las indias muy buenas del barro de allá, y ollas y cazuelas, y todo lo que de barro fuere necesario. Y para esto haya indias en el hospital, señaladas olleras, a las cuales paguen el salario que fuere justo por ello, y el tiempo andando, si vieren que es menester enviar acá por *sartenes de hierro y ollas de cobre*, enviarán por ellas.

Y que haya en el dicho hospital *con los dos hospitaleros españoles otros cuatro o seis indios*, o los que fueren menester, para que sean bien servidos los enfermos. Y las mujeres que fueren menester para cocineras, sean mujeres de los mismos indios que sirven allí, y que se lo paguen lo que sirvieren, segund pareciere al administrador mayor, si así vuestra reverendísima señoría le mandare llamar. Y que los estancieros y mineros y todas las otras personas que cargo tuvieren en las dichas comunidades, sean obligados, so cierta pena, en cayendo malo algún indio o sintiéndose mal dispuesto, a lo enviar al hospital, o hacello luego saber a algún mayordomo o a los hospitaleros, para que luego envíen por él y lo traigan para lo curar. Y si fueren arrieros, que luego traiglan los tales indios malos o mal dispuestos, de donde quiera que lo hallaren, al dicho hospital, que les sea requerido o no. Y que de cualquier persona que les sea requerido o dicho que está algún indio malo o mal dispuesto, que luego lo pongan por obra en traellos sin ninguna dilación y sin entender en otra cosa alguna primero. Y que estén en el hospital siempre dos o tres bestias, o las que fueren menester, para que en sabiendo está algún indio malo, envíen por él, por si los arrieros estuvieron absentes.

Y porque *el fin principal* por quien todo lo que se ha ordenado y ordenare se hace, y a él se ha de dirigir y encaminar, *es la salvación de aquellos* indios, la cual ha de haber efecto mediante la doctrina cristiana que Su Alteza les mande dar, como mayor y mejor salario de sus trabajos; y en dársela ha habido y hay muy gran defecto por los españoles a quien se encomiendan los indios, que no saben lo que les han de enseñar, y si algunos lo saben, los más, por el poco amor caritativo que les tienen, no se lo muestran, *curando más de adquirir dineros que de salvar las ánimas*. Finalmente, que en ello ni en alguna parte dello lo que Su

Alteza manda en las leyes tercera, cuarta, quinta, sexta, séptima y octava, ni las otras que dello hablan, se emplee, y porque en darles la tal doctrina se remedie y por el contrario no se dé lugar. Lo cual se salva, hechas las comunidades, pero que en la manera que en ello se tenga, vuestra reverendísima señoría mande que sea esta: primeramente, que otra ninguna persona tenga cargo de enseñallos, si no fueran los dichos diez clérigos, y más si fueren menester, recibiéndolos en los dichos lugares, como dicho es; porque los clérigos sabrán lo que les han de enseñar mejor que los legos, y temán más cuidado dellos, porque sabrán que son sus curas y de quien han de dar a Dios cuenta, y dediles su misa y confesarlos, así como en las leyes se manda. Y estos dichos clérigos *que los paguen las comunidades* con los otros gastos, que para ellas será poco, y no los prelados, porque allá son sus rentas muy estrechas y pocas, y sentirlo han mucho, porque por ventura, pagando los dichos clérigos, no les sobraría nada.

Lo segundo, que vuestra reverendísima mande, porque mejor y más descansadamente puedan aprender y con mejor voluntad a la doctrina se lleguen, que la semana que no hobiere fiesta, *huelguen el jueves* y no trabajen; y que en aquel día y los domingos y fiestas, cuando cayeren, *sean obligados los dichos clérigos de les decir misa y enseñallos y doctrinallos* lo que Su Alteza manda en las sobredichas leyes, con lo demás que vuestra reverendísima señoría mandare y de que capaces los hallaren. Y esto, en los dichos días y no en otros, porque en éstos estarán descansados. Porque si en el día que trabajan los quieren enseñar, aunque les den el espacio en las tardes que Su Alteza manda y más para holgar el tiempo que sea, una hora o dos antes de la noche (y nunca se lo dan, y reciben mucha pena, porque el trabajo del día ha sido grande, y pocos hay de los españoles que dé cada día) a semejantes horas no holgasen de rezar, habiendo padecido en el día lo que ellos, especialmente no sabiendo los indios lo que es ni se les aprovecha ni daña, porque careciendo del conocimiento de la fe, mal podrían tener devoción. Y si es en la mañana, soy cierto que se les daría para ello poco tiempo, por ir presto a coger oro o a la labranza, como se ha hecho, y puesto que se les diese, sería de priesa, y los indios, con esperar el trabajo del día, pornían poca devoción y atención, y los españoles, porque no se hiciese tarde, temían menos, segund ha parecido, y por otros inconvenientes muchos que hay. Y desta manera habría en la tal doctrina poco fruto, como hasta aquí lo ha habido, *que se mueren en la incredulidad e ignorancia que hoy ha veinticinco años tenían, y por ventura en otros graves pecados que de los españoles han aprendido, que ellos antes no sabían.*

Item, *que en cada pueblo de los indios que se hicieren, enseñen a leer y escribir y gramática tres muchachos,* los que más hábiles para ello hallaren, los mayordomos y procuradores, y uno pongan a la iglesia, que serán cuatro, y éstos sin los hijos de los caciques que Su Alteza manda en la ley diez y siete que se den a los frailes y sin los que de su voluntad se inclinaren a lo aprender; para que *después de en ello instruidos, enseñen a los otros y les hagan entender mejor lo que se les enseñare,* y sigan si quisieren después la Iglesia para ser clérigos o frailes, como dicho es. Y que las dichas *comunidades* los mantengan de todo lo que hobiere menester.

Y porque para sustentar todo lo que a los dichos indios cumple y toca, y para que, con el servicio y rentas con que a la Corona Real son obligados de servir, la sirvan, es necesario que trabajen, y con tal moderación, que para ello no caigan de sus naturales sujetos ni mueran como hasta aquí, que la manera que en el tal trabajo se tenga, vuestra reverendísima señoría mande que sea esta: lo primero, que los indios que trabajaren en las labranzas y haciendas y otras cosas que no sea coger oro, *trabajen seis meses al año, los dos meses trabajando y los dos holgando, y que cada día les dejen,* al tiempo que han de comer, *holgar cuatro horas,* trayéndolos al trabajo después de las dos; y esto todo el año, porque todo el año hace grandísimo Sol, y es verano por el gran calor, del cual los indios reciben muy gran pasión y tormentos. Y si en los días de los meses de mayo, junio, julio y agosto se les dieren *cinco horas de recreación,* serles ha muy provechoso, por ser los días grandes y porque allá son de mucha fatiga, y con el trabajo siéntenlo mucho. Y para que mejor esto se haga, que *tengan relojes de arena,* porque no huelguen ni trabajen de más, pues allá no hay otros relojes. Y asimismo que vuestra reverendísima señoría mande que los indios sean partidos de tal manera que queden cierto número dellos, siempre los que fuessen menester, en sus pueblos, para que hagan las labranzas suyas. Y de los que fueren a servir a aquellos que allí en sus dichos pueblos se hobieren de hacer; porque desque vengan los que hobieren trabajado, huelguen sus dos meses, sin entender ni hacer cosa alguna de trabajo, y no como solía hacerse, que desque venían a holgar les hacían trabajar en sus haciendas, de manera que nunca les faltaba mucho y grandísimo trabajo, y así se morían. Y que los que quedaren para hacer las dichas sus haciendas huelguen los dos meses, según está dicho de los otros que fueren a las comunidades.

Item, que *queden y dejen ciertos indios*, tantos a cada bohío o casa, a vista del procurador, para *que traigan de comer a las mujeres y niños y viejos, y que los provean de caza y pescado y de lo demás que hobieren menester*, porque no se mueran de hambre, como hasta aquí se han muerto; que no quedándoles cosa alguna que comiesen las mujeres y niños y viejos, y no teniendo quien les fuese por ello, por causa de llevar todos los hombres a trabajar, sin dejar ninguno que de trabajo fuese, era forzoso que no comiendo ni podiendo ir a buscar la comida se habían de morir, especialmente no dejando siempre sino enfermos y mujeres paridas y viejos ya hábiles para la sepultura; así que, dejando algunos indios, como es dicho, y ayudándoles la *comunidad* con dalles alguna carne y pescado, habrá en esto remedio.

Item, *que de año a año muden los indios* así: que los que hogaño quedaren a hacer las labranzas suyas y de los que fuesen a servir, y los que quedaron para dar de comer a las mujeres, niños y viejos, que vayan otro año a servir a la comunidad de la manera sobredicha y queden aquellos que ya en la dicha comunidad sirvieron; porque desta manera trabajarán y holgarán igualmente.

Item, que porque será necesario *hacer camisas y hamacas de algodón para que se vistan y en que duerma la gente*, y para hacellas son menester mujeres, vuestra reverendísima señoría mande que o *enseñen a los indios hombres a hacer la tal ropa*, así como en Jamaica, o enviallas de otras islas que quieran granjear con ellas, o *a las mujeres se les pague su trabajo, queriendo ellas aceptar a hacello.* Y la paga sea que les den tanto a cada una por libra o por un arroba de algodón que hilen, y asimismo por cada camisa que hicieren o hamaca, porque lo hagan de su espacio y no les den priesa, como hasta aquí, que han muerto infinitas mujeres, haciéndolas hilar o tejer todo el día sin levantarse de un lugar, y no dándolas de comer. Y tengan libertad y ellas sepan que si no quieren no han de servir ni trabajar, como se manda en la ley primera de las cuatro últimas que dice la declaración... y que si poco o mucho hicieren, poco o mucho ganarán. Y que mande vuestra reverendísima señoría guardar en las *comunidades*, si quisieren hacer, la dicha ropa para la gente dellas.

Y *en cuanto a los indios que hobieren de trabajar en las minas*, vuestra reverendísima señoría mande que sea así: que de dos mil indios, más o menos, que cada comunidad puede echar a coger oro, partan la mitad dellos para que cojan oro dos meses, y acabados los dichos dos meses, se vengan a holgar otros dos, y la otra mitad de los indios que quede holgando vaya a trabajar y servir en dicho tiempo, de manera que estén en las minas continuo cogendo oro los indios dellos y los medios holgando, y esto hasta ocho meses. Y que pasados los dichos ocho meses se haya luego la fundición y se funda el oro, y en tanto que el oro se funde, huelguen todos los indios de las minas dos meses que la fundición pueda durar, y ella acabada, tornen a las minas la mitad de los indios, quedando la otra mitad holgando; y los primeros venidos, vayan los otros dos meses, de la manera que ya dicho es. Y que en el tiempo que holgaren los unos y los otros, así dentro de los ocho meses como en los dos que holgaron todos, mientras la dicha fundición se hace, que no trabajen en ninguna cosa de cualquier manera que sea, ni en alzar los montes de los conucos que convinieren, ni en otra cosa, sino que huelguen y tomen fuerzas y se recreen, porque bien lo habrán menester, que el trabajo es grandísimo. Y que les den de comer muy bien y no menos porque huelguen. Esta manera es tolerable para que no sientan tanto el trabajo como hasta aquí, ni perezcan por el gran exceso dél, y no como hasta aquí se ha hecho, que trabajaban en las minas cinco meses y dábanles para holgar cuarenta días y en ellos que alzasen los montones que comían, que para gente descansada y que estuviesen holgando era mucho, y otras cosas que no les faltaba en que trabajasen y entendiesen, según la perversa costumbre que se ha tenido. Y lo peor es que muchos, todo el año, oculta o descubiertamente, no sacaban los indios mineros de las minas, ni hoy los sacan, y con este tal tratamiento han habido al fin que perecer y han tan gran número de gentes perecido.

Item, *que ningún indio saquen a coger oro que sea de veinte o cinco años abajo, ni de cuarenta o cinco arriba*, porque el trabajo, como dicho es, muy grande y no conviene sino para hombres que sean de fuerzas y de buenos y recios sujetos. Y que no puedan echar en las dichas minas ni traer a coger oro cada *comunidad* más del tercio de los indios machos que tuviese de la dicha edad, porque podría ser que echasen muchos y no hobiese quien hiciese las labranzas y así padecerían algunas hambres. Guardándose esta orden en todo lo dicho, los indios vivirán y multiplicarán y habrá lugar para que se salven y no se dará para que los españoles y ellos se vayan al infierno, y S. A. terná muy mayores rentas y más ciertas que hasta aquí, y que sean perpetuas, y que sea señor de la mejor y más rica tierra del mundo; todo esto viviendo los indios.

Item, *que no saquen ningún indio ni indios a labrar ni a coger oro arriba de quince o veinte leguas de los asientos y pueblos suyos* donde los asentaren, como es dicho donde dice de la manera que los han de traer y poner sus pueblos; porque en esta distancia no los probará la tierra, y a la ida y a la venida no se queden muertos por los caminos, como se han quedado hasta aquí. Y que en las villas o ciudades de los españoles questán lejos de las minas o los pueblos de los indios de las comunidades de las tales villas que estuvieren asimismo más de la dicha distancia de las quince o veinte leguas, *que no cojan oro ninguno*, sino que en labranzas y en cañaverales para hacer azúcar, y en algodonales para ropa, y en criar ganados y en otras granjerías se ocupen, porque hasta ganancia y provecho sacarán dellas vendiéndolo a las otras villas que cogieren oro, como se hizo en la isla Española, aunque duró poco este uso que era algo provechoso, y en tanto que duró, vivieron los indios, y en sacándolos a coger oro, que los llevaron lejos de sus tierras, luego los mataron y destruyeron, y asimismo por esta causa en San Juan y *Cuba* se han muerto y ha habido otros daños que están dichos, donde se pusieron las causas de haberse muerto y disminuido los indios.

Item, que todos los indios que se hobieren de ir a holgar, asi de las minas como de las labranzas, *que vaya con ellos siempre un mayordomo*, y en las recuas de las comunidades les lleven bastimentos, porque hasta su tierra y sus pueblos no padezcan neccesidad de hambre ni les falte la comida.

Item, *que ni en las minas ni haciendas ni en otra ninguna cosa trabajen los indios con coas* de palo, que son unos palos de puntas agudas que ellos usaban para cavar y hacer sus haciendas y labranzas, con que agora también les hacen los españoles trabajar y *con otras hachas de piedra* asimismo que ellos tenían, les hacen talar los montes, *con lo cual reciben muy mayor trabajo que si con azadas y azadones y hachas de hierro trabajasen*; porque puesto que ellos las usaban, era por no alcanzar otras herramientas, y lo que agora hacen en una semana y los españoles les hacen hacer, hacían ellos en dos meses y en tres. De manera ques necesario que no trabajen con otros instrumentos que no fueren con los que de acá se llevan. Y que vuestra reverendísima señoría mande que en ninguna manera ni caso se eche carga a indio alguno, ni por mal camino ni por bueno, ni por donde puedan ir bestias y no puedan ir, sino *que del todo se prohíban las cargas chicas y grandes*; porque si en algún caso se da licencia para echar a indio carga, ternán ocasión de echársela cada y cuando que les ocurriese necesidad a los españoles, como ha parecido; que se les dió licencia en una ley, que por donde no pudiesen ir bestias llevasen los indios carga, y hánsela hecho llevar siempre, y de tierras arriba, ciento y doscientos leguas, y sin comer, como está dicho, y así han dado fin dellos. Y que no se consientan asimismo que los indios desagüen las naos, como lo han hecho en Cuba, porque se quebrantan los cuerpos y se muelen por los hígados.

Item, que porque han de tener necesidad las *comunidades* para andar por la mar y por los ríos de las canoas, que son unos barquetes, de un madero que les han tomado a los indios, que no les dejaron ninguna, sin las cuales no pueden vivir, que las vuelvan todas a las dichas comunidades, porque les serán mucho necesarias. Que vuestra reverendísima señoría haga merced a todos los que hoy tienen indios, que los hayan podido tener de razón, porque no padezcan necesidad al presente juntando todos los indios en las comunidades y tengan quien les guise de comer y ayuden en algo, de mandarles a cada uno *cuatro indios*, hombres y mujeres, de las *naborías* que tienen, las que escogieren. Llaman allí *naboría* a los indios que siempre tienen los españoles en sus casas, que no están registrados por indios de los caciques. Y que algunos den tres; algunos dos, según las personas fueren e la necesidad que tuvieren, ecepto los indios que fueren *lenguas*, los cuales sean todos para las *comunidades*, porque los que cargo dellas tuvieren, mejor los entienden y rijan.

Algunas personas, aunque creo que son muy pocas, hay que tratan muy bien indios; puédenseles a estas tales dejar *hasta seis indios*, porque los enseñarán muy bien y curarán, especialmente no teniendo más, y los tales los ternán como a hijos. Y estos que así dejaren, que sus amos les enseñen a leer e a otros oficios, siendo de edad de treinta años abajo, y que no los puedan llevar a las minas ni hagan labranzas de montones, ni los pongan en otros trabajos grandes, sino en hacer pan, cazabi y sembrar maíz, y que la tierra no la caven ellos, sino que sus amos la hagan arar o cavar a esclavos o mozos de soldadas, españoles. Finalmente, que no los pongan sino en ejercicios de poco trabajo, a los cuales traigan vestidos como cristianos, y que los procuradores de las comunidades procuren por ellos y vean si son tratados como conviene.

Que de los dineros que se hicieren, de los ganados y de otras cosas que sobraren, después de proveído los indios, y tomando dello la parte a los dichos indios necesaria, que los echen *en utilidad del hospital y de vestidos* para los indios, o en otras cosas que pareciere al administrador mayor ser más *necesarias a la utilidad de la república.*

Y porque *se vea lo que se ahorra en dineros de cada una comunidad* cada demora o fundición, pomanse los gastos aquí que puede hacer cada año y verse ha lo que quedará para repartir entre aquéllos y qué parte tuvieron en ella, sacado el quinto de S. A. Y primero se suponga que cada demora se sacará en Cuba de las minas cient mili castellanos al menos, en cuatro villas de españoles que puede haber que cojan oro; y es poco, según lo que en la Española se solía coger y segund el otro que hay en la dicha Cuba, que en tres o cuatro meses se cogieron y cincuenta o sesenta mili castellanos. Y segund el orden que en ella con las comunidades se dará, que cierto se cree que han de subir de más de doscientos, segund la muestra ha dado.

Los *gastos que cada comunidad ha de tener cada año son estos.* A la persona que tuviere sobre todos cuenta señalada en los remedios dichos, que se pueda llamar, si vuestra reverendísima señoría mandare, *administrador mayor de las comunidades,* se le pueden dar de salario e partido cuatrocientos castellanos; los cuales paguen todas las comunidades de la isla donde estuvieren; de manera que caben en Cuba a cada una cien castellanos.

Aquí sigue un detallado presupuesto de los gastos de cada comunidad india (puede verse en padre de Las Casas, *Obras escogidas,* I, V, pág. 25). Y en otros párrafos Las Casas va insistiendo en la conveniencia de sus *remedios* para bien material y espiritual de los indios, porque Dios no las redimió ni descubrió para que las echaran a los infiernos.

Son notables sus peticiones, también de 1516, de hospitales organizados que fueren fabricados «a manera de una cruz», o sea con naves radiales, como hoy se diría, y dotados cada uno con 200 camas provistas de dos sábanas, un colchón y un cabezal, y de un «físico», un «zurgiano», un «boticario» y seis «hospitalarios», dos de estos españoles y los demás indios; y también de tres bestias en establo para la conducción de enfermos, equivalentes al actual «servicio de ambulancias», además de una especie de «servicio obligatorio» de todos los arrieros para que en sus recuas llevasen al hospital a todo indio enfermo que le necesitara. Ello es un programa análogo al de las asistencias médicas, que hoy son la base más efectiva de las misiones catequistas en muchas colonias, y es además un auxilio de la medicina rural que, después de cuatro siglos, aún no ha podido lograrse en Cuba ni en el resto de Hispanoamérica, ni podrá ser alcanzado hasta que se establezca algún sistema que implique una reorganización total. Asimismo el fomento de la natalidad y la crianza mediante subsidios a los matrimonios, «un tomín de oro» por cada hijo, parece cosa de pueblos modernos. Se dirían igualmente sus deseos del siglo XX, su proyecto de regulación del trabajo de los indios, prohibiéndosele a los menores de quince años; concediéndoles a los trabajadores alternativamente dos meses de vacaciones por cada dos de labor, y turno en las faenas penosas; otorgándoles cuatro o cinco horas para comida y descanso, de las diez de la mañana a las dos o tres de la tarde, a causa del sofoco del clima; así como la prohibición de que fueran a las agobiadoras o insanas tareas de sacar oro, los indígenas menores de veinticinco años y de más de cuarenta y cinco, etc. Lo mismo acontece con la organización del trabajo doméstico para los españoles, aplicando el mismo sistema de las naborías que ya los indios prehispánicos tenían establecido como sirvientes; y con el aprovisionamiento y asistencia a favor de las mujeres, niños y ancianos, los cuales habían de permanecer en sus bohíos y conucos mientras los esposos, padres e hijos estaban ausentes en los meses de trabajo, etc. Su proposición de que se trajeran a estas islas labradores castellanos con azadones y hachas de hierro, para sustituir las coas de palo y las hachas pétreas de los indios, equivale a los proyectos actuales para mejorar la técnica de los «pueblos atrasados», abaratar su producción y elevar el nivel de su vida. Su consejo de que los españoles pobladores trabajasen todo por sí, en vez de querer vivir solo del esfuerzo de los inermes indígenas, pues según él dice «los indios viendo que los cristianos trabajan tendrán mejor gana de hacer lo que vieran», es todavía oportuno en toda la América indohispánica, donde el indio sigue opreso, al igual que otros indígenas en las colonias de África, Asia, Oceanía y doquiera que hay gentes sopeadas por extraños y se resisten a una cultura ajena que les trae despojos, vicios y extenuaciones y cuyos procesos mentales aquéllas no pueden comprender.

Es muy agudamente realista la idea de fray Bartolomé de que en esa política de la transición de una cultura a otra, para ir ajustando los indios insulares a la cultura de los castellanos había que «acodiciarlos». Es una de sus más penetrantes observaciones. Era indispensable infiltrarles el espíritu característico de la economía monetaria y competitiva, propia del capitalismo mercantil, basado en el individualismo adinerador, para sustituir al de la economía de consumo y comunitaria que practicaban los indios antillanos. Los frailes jerónimos del cardenal Cisneros, en su información recogida entre pobladores de la Española oyeron cómo éstos apuntaban repetidamente que en el complejo cultural de los indígenas la carencia de tal resorte económico era lo más decisivo: «no tenían sentido de los valores de las cosas», «no sabían guardar», «a veces dan por nada». Mucho tiempo después, el jurisconsulto Solórzano Pereira dirá lo mismo: «tienen poca codicia». Y esto aún es lo más importante para la transición de las culturas «primitivas» a las más «adelantadas». Sin embargo, apenas aquéllas se «acodician» con baratijas, relumbrones, utensilios, armas y alcohol, ya están dominadas... y perdidas... El proceso de la necesaria... ha de ser humanamente iluminado.

Hasta ciertas organizaciones indígenas comunales, o «comunidades», que hace siglos se proponían como autónomas o conexas con el régimen conquistador, tenían también sus análogas en la España de aquellos tiempos, sostenidas por fueros y costumbres seculares. Y por esa «singular florescencia», recordada por Altamira en su *Historia de España y de la civilización española*, «que durante los siglos XVI y XVII tuvieron en España las ideas contrarias a la propiedad individual, es decir al principio romanista. Representantes de ellas fueron, bajo diferentes formas y con más o menos radicalismo fray Alonso de Castrillo, comunista; Luis Vives, que en uno de sus escritos (1526) aboga por la igualdad en el goce de los bienes naturales y por una nueva distribución de ellos; el jesuita padre Mariana, que proclama la ilicitud de la propiedad individual y pide la intervención del Estado en la distribución de la riqueza natural y en otros particulares de la vida económica; Pedro de Valencia, que pide la reducción de los bienes particulares de modo que todos tengan un pedazo de tierra; Polo de Ondegardo, el padre Acosta y Murcia de la Llama, que recomiendan la adopción en España del colectivismo inca, y otros que proclaman ideas tendientes a desviar la dirección de las instituciones en un sentido antiindividualista y anticapitalista, que era ya el dominante en la legislación general y en la vida de los grupos importantes de población». Eran otras tantas floraciones de la germinación reformista, que luego se llamó *utopismo* por la resonancia del libro de Tomás Moro (hoy autor santificado) la cual llegó al mundo hispanoamericano, como eco, influyendo en su legislación. Había en el Nuevo Mundo y en muchos de los repobladores, la idea de que era una novedad revolucionaria que requiere una meditada experimentación. Hanke, *The first social experiment in America* (Cambridge, 1935), interpretó el curioso episodio de Cuba *La experiencia de Bayamo*, cuya originalidad de propósito sorprende aún, en estos tiempos en que la antropología y las ciencias sociales están penetrando en el reajuste de los regímenes coloniales. En *Memorial de remedios*, de 1518, Las Casas (*Obras escogidas*, V, pág. 31) sugiere varios remedios para las islas y entre otros, el tercero y torna a aludir al envío de esclavos negros. Dice así el texto: «Los terceros, que vuestra alteza haga merced a los cristianos que agora están en las islas, *que puedan tener cada uno dos esclavos negros y dos negras* y no debe de haber duda de la seguridad dellos, y darse han las razones para ello». Después de sugerir la recogida de seda, en la misma tierra de *cañafístola*, ya declarada «la mejor del mundo», de pimienta, jengibre, la creación de ingenios de azúcar y a pedir esclavos negros, diciendo así:

> Item, que cualquiera que hiciere ingenio para hacer azúcar, que vuestra alteza le mande ayudar con algunos dineros, porque son muy costosos, y les haga merced a los que los hicieron, que puedan llevar y tener veinte negros y negras, porque con ellos ternán otros treinta cristianos que han menester por fuerza y ansí estarán los negros seguros; desta manera, se harán muchos ingenios, porque la mejor tierra del mundo para azúcar, y ansí terná vuestra alteza maravillosas rentas y antes de tres años.

En otro *Memorial de remedios* (1518) análogo al anterior (Casas, *Ob. esc.*, V, pág. 39), propone que «las personas que presten al rey los dineros para los gastos de las islas se les haga merced que puedan tener y llevar hasta *quince esclavos negros*».

A 20 de enero de 1531 Las Casas, desde la ciudad de Puerto Plata, de isla Española, escribe una *Carta al Consejo de Indias* refiriéndose a las reformas aconsejables (Casas, *Ob. esc.*, V, págs. 43, 54 y 55) y allí repite su referencia a esclavos negros o moros o de otra suerte. Dice así:

El remedio de los cristianos es este muy cierto: que S. M. tenga por bien de *prestar a cada una de estas islas quinientos o seiscientos negros, o los que paresciere que al presente bastaren para que se distribuyan por los vecinos*, e que hoy no tienen otra cosa sino indios; e los que más vecinos vinieren, a tres e a cuatro, e a seis, según que mejor paresciere a la persona que lo hobiere de hacer e se los fíen por tres años, *hipotecados los negros* a la mesma deudam que al cabo del dicho tiempo será Su Majestad pagado; e terná poblada su tierra, e habrán crescidos muchos sus rentas, asi por el oro que se sacará de las minas, como por las aduanas e almojarifazgos e otros intereses que mucho crescerán. E tengan por cierto vuestras señorías e mercedes que no habrá millar de castellanos que el rey en esto gaste, que no tenga otro millar dentro de tres o cuatro años de renta, e si veinte mili o treinta mili gastare, veinte o treinta mili en sus rentas aumentará. E sobre esto pornía la vida...
Desta casa de Santo Domingo de Puerto de Plata desta isla Española, a veinte de enero de 1531 años.
Por tener tanto cuidado de abreviar en esta carta, aunque no he podido, dejo muchas cosas harto necesarias de decir en ello. E una es que en las fortalezas que se han de hacer se puedan también hacer pueblos de los cristianos que allí quisieren ir a vivir, no por sueldo del rey, sino de las granjerías de la tierra, e podrían *llevar esclavos negros o moros* (o) *de otra suerte*, para servirse, o vivir por sus manos, o de otra manera que no fuesen con perjuicio de los indios...
Una, señores, de las caudes grandes que han ayudado a perderse esta tierra e no se poblar más de lo que se ha poblado, a lo menos de diez o once años acá, *es no conceder libremente a todos cuantos quisieren traer las licencias de los negros, la cual yo pedí e alcancé de S. M. no, cierto, para que se vendiese a ginoveses ni a los privados questán sentados en la corte, e a otras personas que por no afligillas dejo de decir, sino para que se repartiese por los vecinos e nuevos pobladores que viniesen a estas tierras despobladas, e para remedio e libertad e resuello de los indios que estaban oprimidos, que saliesen de tal cati-*

verio; pues Dios me había puesto el remedio dellos, e la población desta tierra en las manos, a todo me lo concedió S. M. Pero poco aprovechó, por las causas dichas, e porque no entendí yo más en los negocios, tomándome Dios para mi mayor seguridad...

Tengan VV. SS. e mercedes por muy malos servidores del rey a quien pidiere *merced y licencia para negros*, si saben el daño que hacen, e si no lo saben, avísenles dello; e antes Su Majestad saque diez mili ducados de su Cámara e haga merced dellos a quien le pareciere darle *licencia de negros*; que menos daño verná a su servicio que si solamente concediese licencia de treinta negros; porque quitan treinta vecinos cristianos, e, por consiguiente, quinientos mili, andando por precio el repartir destas licencias. Abran la puerta a todos que no saben el daño que al rey hacen, e poblarse ha la tierra muy largamente, y verán el provecho que resultará de no vender las dichas licencias.

Bien advierte Las Casas en qué consistió su error, no en proponer al gobierno de la conquista que mandara a Indias así labriegos libres como esclavos, tal como los había en Castilla, y esto por licencia así de blancos como de negros de los de España, «no cierto para que se vendiere a ginoveses ni a los privados que están sentados en la corte». Las Casas no fue *racista*, ni siquiera se puede encontrar y leer el vocablo «raza» en sus escritos.

Saco señala así el origen del error propagado contra Las Casas:

Los traductores franceses de la *Colección de los viajes y descubrimientos de los españoles hasta fines del siglo XV*, por Martín Fernández de Navarrete, consultaron a este autor sobre el punto en cuestión, y él les contestó que: «Antes de la petición de Las Casas, ya se habían transportado negros a la América, pero esto fue de contrabando. *Las Casas es el primero que obtuvo una orden o permiso real autorizando este transporte*». Esta respuesta inexacta —añade Saco— prueba que Navarrete no conocía la historia primitiva del tráfico de esclavos negros en el Nuevo Mundo.

Pero Casas, añade Saco (*Ob. cit.*, tomo I, pág. 155), no se atuvo a estas explicaciones verbales, que para mejor lograr su objeto presentó dos importantes memoriales en el mismo año 1516: uno en que exponía los padecimientos de los indios y otro en que proponía algunos remedios a los males de América. En el último ya se encuentra la primera indicación de Casas relativa a negros, porque al proponer que los indios se juntasen para formar con ellos una comunidad en cada pueblo de españoles, propuso también que el rey no tuviese indios señalados ni por señalar, pues lo que más se debía permitir era que cada comunidad le mantuviese algunos negros. Pero aquí se ha de notar que Casas no pidió entonces que éstos se introdujesen en las Indias, sino que de los *ya existentes en ellas cada comunidad mantuviese cierto número para el rey.*

Debían otorgárseles ciertas franquezas y libertades, como antes lo había pedido durante la Regencia del cardenal Ximénez, y deseaba al mismo tiempo que de las estancias del rey en la Española, en las que tenía para sus labranzas indios y algunos negros, «se le diesen a los labradores donde se fuesen a presentar, con todo lo que en ellas de valor había, salvo los indios que se habían de poner en libertad» (Las Casas, *Historia de las Indias*, libro 3, capítulo 102).

Ya Las Casas asoma aquí claramente la idea de que se diesen esclavos negros, aunque en muy corto número, a los labradores que fuesen a poblar la Española. Pero esta indicación se refiere exclusivamente a los negros que el rey poseía en aquella isla, sin que fuese su intención que de otra parte se introdujesen.

El segundo medio propuesto por Las Casas y complemento del primero, fue que a los españoles residentes en las Islas se les permitiese la introducción de cierto número de *negros de Castilla*, para que se empleasen en lugar de los indios en el laboreo de las minas y en los trabajos de la agricultura. Esta fué la *primera vez que Las Casas pidió la introducción de esclavos negros en América*, y muy importante —dice Saco— es transcribir aquí las mismas palabras que él emplea al hablar de aquel medio: «Y porque algunos de los españoles de esta isla dijeron al Clérigo Casas, viendo lo que pretendía y que los religiosos de Santo Domingo no querían absolver a los que tenían indios, si no los dejaban, que si les traía licencia del rey para que pudiesen traer de Castilla una docena de negros esclavos, que abrirían mano de los indios, acordándose desto el Clérigo, dijo en sus memoriales, que le hiciese merced a los españoles vecinos dellas de darles licencia para traer de España una docena, más o menos, de esclavos negros, porque con ellos se sustentarían en la tierra y dejarían libres los indios».

Sigue diciendo Saco:

Teniendo a la vista el cronista Antonio Herrera el memorial en que Las Casas pidió algunos negros para la Española, exacto fué en la aseveración que estampó en la *Década II*, libro 2, capítulo XX. Este pasaje y no los opúsculos de Las Casas, impresos en Sevilla en 1552, ni sus obras, todavía inéditas, que no conocieron sus detractores, es la única autoridad que éstos han invocado para las apasionadas acusaciones que se han hecho contra él.

José Antonio Saco no esconde la verdadera responsabilidad de Las Casas:

Ni el testimonio de Herrera, ni el memorial presentado por Las Casas en 1517, ni el pasaje de su *Historia de las Indias*, ya por mí citado, son las únicas pruebas de que él pidió negros para América, pues hay otras y muy convincentes, sacadas de sus propios manuscritos. Cuando el Gobierno le mandó que propusiese los medios que convendría adoptar en Tierra Firme para su población, dijo entre otras cosas, que a cada vecino se le permitiese llevar francamente dos negros y dos negras. Deseoso de poblar en el continente desde la provincia de Paria hasta la de Santa Marta, presentó al Gobierno en 1519 una serie de proposiciones, de las que resultó la contrata que con él hizo en la Coruña a 19 de mayo de 1520. Uno de aquellos artículos dice: «Otro sí: Que después que en la dicha Tierra Firme estuvieren hechos e edificados algunos de los pueblos que conforme a este asiento habéis de hacer, que vos el dicho Bartolomé de las Casas e los dichos cincuenta hombres podáis llevar e lleveis destos nuestros reinos cada uno de vos otros tres esclavos negros, para vuestro servicio, la mitad dellos hombres, la mitad mujeres, que después que estén hechos todos los tres pueblos e haya cantidad de gente de cristianos en la dicha Tierra Firme, e pareciendo a vos el dicho Bartolomé de las Casas, que conviene así, que podáis llevar vos e cada uno de los dichos cincuenta hombres, otros cada siete esclavos negros, para vuestro servicio, la mitad hombres e la mitad mujeres, e para ello se vos den todas las cédulas de licencia que sean menester, con tanto que esto se entienda sin perjuicio a la merced e licencia que tenemos dada a gobernador de Bresa para pasar cuatro mil esclavos a las Indias e Tierra Firme».

(Copia del libro de Provisiones y Cédulas de París desde 1520 hasta 1554 existentes en el Archivo de Contratación de Cádiz, Las Casas, *Historia de las Indias*, libro 3, capítulo 122.)

Todavía en años posteriores, añade Saco, no había Las Casas conocido su error, pues en una representación que elevó al Consejo de Indias en 20 de febrero de 1531, habla así: «El remedio de los cristianos es éste muy cierto; que S. M. tenga por bien prestar a cada una de estas islas (las cuatro grandes Antillas) quinientos o seiscientos negros o los que pareciere que al presente bastaren, para que se distribuyan por los vecinos, que hoy no tienen otra cosa sino indios, e se los fíen por tres años, hipotecados los negros a la mesma deuda; que al cabo de dicho tiempo será S. M. pagado, eterna poblada su tierra, e habrán crecido mucho sus rentas...» Y en una post-data a dicha representación, añade: Una, señores, de las causas grandes que han ayudado a perder esta tierra, e no poblar más de lo que se ha poblado, a lo menos de diez a once años acá, es no conceder libremente a todos cuantos quieran traer las licencias de los negros; lo cual yo pedí e alcancé de S. M.» (Muñoz, *Colección*, tomo 79).

Como dice Saco:

Las Casas no necesita de mis razonamientos y excusas; que su mejor defensa está en su candor y recta conciencia. Luego que él conoció las maldades con que se esclavizaba a los negros en África, *ninguno ha condenado aquel comercio con más severidad.*

Véanse aquí los textos de la palinodia de fray Bartolomé:

Siguióse de aquí también que como los portugueses de muchos años atrás han tenido cargo de robar a Guinea, y hacer esclavos a los negros, harto injustamente, viendo que nosotros mostrábamos tanta necesidad, y que se los comprábamos bien, diéronse y danse cada día priesa a robar y captivar dellos, por cuantas vías malas e inicuas captivarlos pueden; item, como los mismos ven que con tanta ansia los buscan y quieren, unos a otros se hacen injustas guerras y por otras vías ilícitas se hurtan y venden a los portugueses, por manera que nosotros somos causa de todos los pecados que los unos y los otros cometen,

sin los nuestros que en comprallos cometen, sin los nuestros que en comprallos cometemos. Los dineros destas licencias, y derechos que al rey se dan por ellos, el Emperador asignó para edificar el Alcázar que hizo en Madrid e al de Toledo, y con aquellos dineros ambas se han hecho.
(*Historia de las Indias*, libro III, capítulo 129.)

Continúa Saco:

Con referencia concreta al «aviso» que hizo para que de Castilla se enviasen algunos negros a la Española, él mismo se confiesa pecador con una franqueza que le honrará eternamente.

Y copia de Las Casas este párrafo:

Este aviso de que diese licencia para traer esclavos negros a estas tierras, dió primero el Clérigo Casas no advirtiendo la injusticia con que los portugueses los toman y hacen esclavos, el cual, después de que cayó en ello, no lo diera por cuanto había en el mundo, porque siempre lo tuvo por injusta y tiránicamente hechos esclavos, porque la misma razón es dellos que de los indios.
(*Ibidem*, libro III, capítulo 102).

Agudamente advierte Saco que la palabra *primero* se refiere al año 1517, pero no al principio de la traída de negros que comenzó antes sin la más leve intervención de Las Casas. Luego se leen estas nobles palabras del fraile sevillano:

Deste aviso que dió el clérigo, no poco después se halló arrepiso, juzgándose culpado por inadvertencia, porque como después vido y averiguó, según parecerá, ser tan injusto el captiverio de los negros como el de los indios, no fue discreto remedio el que aconsejó que se trajesen negros para que se libertasen los indios, aunque él suponía que eran justamente captivos, aunque no estubo cierto que la ignorancia que en este tubo y buena voluntad lo excusase delante el Juicio divino.
(*Ibidem*, libro III, capítulo 129.)

En fin, reproduzcamos los textos de Las Casas donde éste expone las conexiones entre el negro esclavo y el ingenio de azúcar:

El rey ausente, y los del Consejo cada día nuevos e ignorantes del derecho, que eran obligados a saber como muchas veces por esta Historia se ha dicho, y como crecían los ingenios de cada día, creció la necesidad de poner negros en ellos, porque cada uno de los de agua ha menester al menos 80, y los trapiches 30 y 40, y por consiguiente la ganancia de los derechos del rey.
(*Ibidem*, pág. 250).
...

Había entonces en esta isla hasta 10 o 12 negros que eran del rey, que se habían traído para hacer la fortaleza que está sobre y a la boca del río, pero dada esta licencia y acabada aquélla, siguiéndole otras muchas, siempre, de tal manera que se han traído a esta isla sobre 30.000 negros, y a todas estas Indias más de 100.000, según creo, y nunca por eso se remediaron ni libertaron los indios, como el Clérigo Casas no pudo más proseguir los negros.
(*Ibidem*, pág. 250).
...

Antiguamente, antes que hobiese ingenios, teníamos por opinión en esta isla que si al negro no acaecía ahorcalle nunca moría, porque nunca habíamos visto negro de su enfermedad muerto, porque, cierto, hallaron los negros, como los naranjos, su tierra, la cual les es más natural que su Guinea, pero después que los metieron en los ingenios por los grandes trabajos que padecían y por los brebajes que de las mieles de cañas hacen y beben, hallaron su muerte y pestilencia, y así muchos dellos cada día mueren por esto, se huyen cuando pueden a cuadrilla, y se levantan y hacen muertes y crueldades en los españoles, por salir de su captiverio, cuantas la oportunidad poder les ofrece, y así no viven muy seguros los chicos pueblos desta isla, que es otra plaga que vino sobre ella.
(*Ibidem*, pág. 251.)

La opinión de Las Casas era la general y la realista. Por esa época ya era bien sabido que sin negros africanos esclavizados no era posible el establecimiento de ingenios en ninguna tierra americana. Cuando el factor de Cuba Fernando de Castro, en 1535, pide licencia para introducir cincuenta negros, el Consejo lo apoya por ser destinados al «primer ingenio» de la isla. Igual ocurre cuando, por 1538, se trata en el Brasil de establecer la industria azucarera. Con el mismo motivo. Pero de Gois allí pide sesenta negros que estima indispensables.

Cuando el padre Las Casas habla por primera vez de esclavos negros para América ya hay una bien establecida tradición española de esclavitud negra y de esclavitud india, y hasta de esclavitud blanca. Las leyes, las costumbres y la religión justificaban la esclavitud y todos se aprovechaban de ella, desde los monarcas y pontífices a los villanos y plebeyos. Todos tuvieron esclavos sin distingos de «raza». Hasta los negros, una vez horros, tuvieron también esclavos de su misma «raza». Millones de negros fueron esclavizados.

Véase lo severo que es Las Casas al juzgar la barbarie de los blancos portugueses y negros africanos en las rapacidades y crímenes de las guerras hechas adrede solamente para capturar esclavos y venderlos en la trata. Se opina, dice Las Casas, que «de cada cien mil, no se cree ser diez legítimamente hechos esclavos» (*Historia de las Indias*. Madrid, 1959, págs. 85 y 102).

La esclavitud no fue consecuencia de un racismo; sino viceversa, los racismos nacieron de los propósitos esclavizadores.

Toda la gestión contra la esclavitud fue baldía y a los pocos años tantos negros de África habían sido arrancados de aquel continente para que aquí trabajaran esclavos, que el cronista Oviedo podía escribir:

De los cuales (negros) hay ya tantos en esta isla, a causa de estos ingenios de azúcar, que parece esta tierra una efigie o imagen de la misma Ethiopia.
(*Historia general de las Indias*, libro 5, capítulo 4.)

Paradoja elocuente: la literatura del coloniaje, que siempre mostró empeño en defender la esclavitud de los negros, tuvo igual tesón en hacer olvidar la precedente esclavitud de los indios. La evocada esclavitud de los aborígenes era la negación de la doctrina que quería justificar la dominación indiana por un supuesto y alardeado apostolado de pura cristiandad. En cambio, la esclavitud de los negros, con la cual fue sustituida la de los indios al ser éstos exterminados, era todavía la base fundamental de la explotación colonial de España contra la cual era delictuoso atentar. Los argumentos alegados en pro y en contra de una y de otra esclavitud eran esencialmente los mismos. Sin embargo, las mismas razones que con el tiempo lograron triunfar para los indios fueron desoídas para los negros, y hubo en la doctrina y en la práctica del coloniaje dos criterios distintos y sucesivos, uno leve para el indígena de América y otro grave para el negro de África.

Aún hoy día, la existencia de la trata de esclavos indios, tan intensa como despiadadamente instaurada por el mismo Cristóbal Colón y luego seguida por otros conquistadores, suele ser ignorada, creyéndose por lo general que la trata de esclavos comienza en América con la traída de los negros. No fue así. En América, la esclavitud de los indios y su infame comercio precedieron a la trata negrera. Es cierto que la esclavitud del negro africano antecedió a la del indio en la historia económica de Castilla. En España y en Portugal ya antes del descubrimiento abundaban los negros, que se sacaban del Senegal, de Guinea y del Congo para trabajar en las despobladas regiones meridionales de la Península. Los Reyes católicos fueron negociantes de esclavos negros. El mismo Cristóbal Colón antes de venir al Nuevo Mundo ya había sido mercader negro, metido con los portugueses en andanzas de rapiña por Guinea; y apenas descubrió estas islas de América pensó en los grandes medros que se obtendrían por el negocio de sojuzgar indios y enviarlos como esclavos a vender a España, tal como allá se hacía con los negros arrebatados de la otra costa del Océano.

Si el Papa Inocencio VIII y sus cardenales aceptaban sin reparos el centenar de esclavos moros que les regalaron los Reyes católicos pocos años antes, en 1488, ¿por qué estos reyes no iban a poder recibir igualmente los esclavos indios que los conquistadores hicieran en el Nuevo Mundo? Si los Reyes católicos consentían y fomentaban la esclavitud y trata de los negros y hacían granjería con ella ¿por qué no iba a hacerse lo mismo con la de los indios? Así pensaba Cristóbal Colón; pero los intereses creados dispusieron diversamente a un lado y a otro del mar.

En este sentido, cierto es que en España la esclavitud negra precede a la indiana, fue aquélla la inspiradora. Pero no es menos cierto que en el Nuevo Mundo las primeras cargazones de esclavos se hicieron por los castellanos con indios, antes para cruzar el Atlántico y venderlos en Sevilla y luego transportándolos de unas islas a otras y de Costa Firme a las Antillas, cuando las poblaciones indígenas de este archipiélago iban huyendo y siendo aniquiladas. Primero, desde la Española se rapiñaron los indios de los cayeríos adyacentes y fueron tratados como esclavos; luego se trajeron de otras islas y de Tierra Firme. Los que no se sometían eran calificados de *caníbales* y cazados para ser reducidos «jurídicamente» a esclavitud. Pero cuando los mercaderes ultramarinos de Guinea y del Congo sintieron la codicia de vender sus esclavos negros a mejor precio en América que en los mercados de Lisboa y Sevilla, y cuando los intereses de los pobladores de las colonias continentales se opusieron a que se les arrebataran los brazos indígenas, la cacería y trata de caribes tuvo que cesar y la de negros africanos comenzó a hacerse en gran escala y con muy pingües ganancias. Si la trata afroespañola de esclavos fue el antecedente histórico de la trata indohispánica y de la interamericana, la trata de indios, por su fracaso, fue a su vez el antecedente que provocó, con otras complejas concausas, el inicio y desarrollo de la trata que durante siglos denigró el mar Atlántico y sus dos riberas.

Fray Bartolomé de las Casas, se ha dicho, fue «el hombre más odiado de América». Hubo empeño en dejar sobre su nombre solo el oprobio de la introducción de la esclavitud africana, pese a su honrosa retractación y aun cuando fueron otros y más altos magnates, así laicos como religiosos, los verdaderos responsables de la transatlántica esclavitud negrera, antes de surgir fray Bartolomé. Precisamente fue el mismo rey don Fernando V, apodado el Católico, quien, movido por su crueldad, su codicia y su habitual carencia de escrúpulos cristianos, inició por su cuenta el envío de esclavos negros desde el Viejo Mundo a las Indias Occidentales, antes que Bartolomé de las Casas apareciera en Cuba para la historia y antes que se metiera a fraile predicador. Las Casas tuvo esclavos negros y aceptó su esclavitud, pero después abominó de ella; también tuvo indios cubanos en encomienda, pero luego los libertó por impulso de su propia conciencia y convirtióse en el *primer libertador que tuvo América*.

Para comprender mejor la aureola de Las Casas hay que tener presente ciertas circunstancias históricas, sociales y políticas: 1.ª la esclavitud era institución jurídica universal. 2.ª La Iglesia, a la que él pertenecía como sacerdote, era esclavista. 3.ª La conquista de América fue despiadada. 4.ª Fue hecha sin derecho la conquista de las tierras y pueblos contra los indios. 5.ª Las Casas fue víctima precisamente por el contraste entre la negrura real y el idealismo humanista de su apostolado social.

Las Casas no atacó la esclavitud como institución social; entonces no había antiesclavistas. Pero combatía la esclavitud mal hecha fuera de ley y de justicia. España mantuvo siempre la institución de la esclavitud humana en América, sin reparo fundamental y con apoyo de la Iglesia. Desde que en Cuba se inició por don Cristóbal, en los mismos episodios de su descubrimiento, a solo catorce días de su arribo a esta isla, precisamente el 12 de noviembre de 1492, cuando aquél cautivó a siete pacíficos y desprevenidos indios cubanos, los primeros esclavizados en el Mundo Nuevo, para llevárselos a la Península, como si fueran caguamas, jutías o papagayos; «sin excusación», como comentó el padre Las Casas (*Historia*, capítulo XLVI). Y la esclavitud duró en América española hasta que fue acabada definitivamente, también en Cuba, el año 1886, solo unos nueve años antes de la guerra que independizó la última colonia americana de España (1895). Siendo en todo momento sostenida aquella institución nefasta contra las doctrinas lascasianas y con la peregrina teoría de que los esclavos hacían el gran negocio de poder quizás salvar sus almas, librándolas de los infiernos y ganándose, «si se portaban bien», la eterna buenaventuranza... póstuma.

En la época de Las Casas nadie impugnaba la esclavitud como institución jurídica, civil y divina. Se invalidaban a veces ciertos casos personales de esclavitud por ser ilícitamente considerados tales por mal establecidos contra la ley, o se cancelaba el estado jurídico del esclavo por cesación legal del mismo. El código castellano de Las Siete Partidas, del rey Alfonso X el Sabio, definía la esclavitud como «la mayor malandanza que los homes pueden haber en este mundo» pero la legitimaba y reconocía con vigor.

Jamás la Iglesia condenó la esclavitud. Aunque aquélla aconsejó el mejor trato y la supresión de la sevicia, como ya en la Roma precristiana habían hecho los estoicos Cicerón, Plinio el joven, Diodoro de Sicilia, Plutarco, Séneca y otros. La Iglesia prohibió que los mahometanos y judíos pudieran tener esclavos cristianos, les obligaba a emanciparlos donde podía imponer sus leyes. Atribuyéndose cierta jurisdicción mundial, la Iglesia hasta impidió que ciertas gentes practicaran como otras la trata negrera en determinados países, pero jamás combatió la esclavitud ni la trata en sí; aunque algunos atribuyen a San Pablo (I Timoteo I, 10) el excluir de entre los hombres justos a los tratantes de esclavos o mejor dicho «ladrones de hombres», que en rigor no eran sino los rapiñadores y plagiarios. La Iglesia hizo, tuvo, compró, vendió y explotó esclavos, bautizados o no, como cualquier cristiano. Ya Patrice Laroque (*De l'esclavage chez les nations chrétiénnes*. París, 1864) demostró cómo ni el mismo Jesús, ni los evangelios, ni la Iglesia fueron abolicionistas de aquel mal social. La reciente y eruditísima obra de Charles Verlinden, *L'esclavage dans l'Europe medievale*, tomo I, Peninsule Ibérique, France (Brujas, 1955), documenta ampliamente acerca del derecho, el comercio y la vida de la esclavitud en los susodichos católicos países. Todas las causas originarias y legitimadoras de la esclavitud se reconocían allí como vigentes: la guerra, la trata, el nacimiento, el matrimonio, el consentimiento voluntario o contractual (venta de sí mismo) y el plagio. El papa Nicolás V, en su bula de 3 de enero de 1454, para favorecer al rey Alfonso V de Portugal, se refiere a las muy dichosas consecuencias celestiales que se derivarían de su esclavitud para los africanos, moros y guineos, que el rey haga cautivos, y le autoriza para que ataque y prive de su libertad, esclavizando a todos los moros, paganos y demás enemigos de Cristo (*Algunos documentos de Terre de Tombo*, Lisboa, 1892, pág. 14. Cita de Verlinden, pág. 620). El papa recibió en regalo numerosos esclavos que le envió Jaime I de Aragón al conquistar a Murcia, y unos cien aceptó de la reina Isabel la Católica cuando la toma de Málaga. Los reyes repartieron muchos entre monasterios y prelados. «Tanto en los siglos XVII y XVIII como en el XVI, dice George Scélle, el papado no condenó la trata negrera ni la esclavitud, ni tomó partido contra esas instituciones» (*La traite négrière aux Indes de Castille*, 1906, I, págs. 709-724).

En el siglo XVI, consultados por el Consejo de Indias, los jesuitas encontraban legítima la esclavitud de los negros en América. La existencia de escritores dominicanos que pensaban de otro modo prueba que la Iglesia no tenía doctrina contraria a la esclavitud, ni aún entonces «en que ella misma explotaba gran número de esclavos en sus establecimientos religiosos de América» (Pedro Amado Inchausti, *Orígenes del poder económico de la Iglesia*, Madrid, 1932, pág. 111). Los jesuitas de La Habana y Camagüey, al ser expulsados por España, en el siglo XVIII, tenían en Cuba ingenios de hacer azúcar con muchos esclavos que trabajaban y a veces eran azotados por los mayorales, como en las demás plantaciones. Todavía en 1854, el Elenco del primer año del Colegio de Belén de los jesuitas en La Habana, dice textualmente. «No es injusto que un hombre funde un derecho exclusivo y permanente sobre las fatigas y trabajos de sus semejantes», lo cual agradó mucho a los dueños y traficantes de esclavos, entonces en controversia con los laicos abolicionistas de la esclavitud, que aún existían en Cuba (González del Valle, *Moral religiosa y moral laica, Cuba Contemporánea*, La Habana, 1914, junio).

Para la Iglesia, no obstante la predestinación del ser humano el trabajo y sus sinsabores, había que fundamentar de un modo especial, agravatorio, también divino y por tanto inexcusable, la institución de su esclavitud. La Iglesia, desde San Pablo y San Pedro, siempre sostuvo la esclavitud y aconsejó al siervo sumisión y obediencia para su amo, aun cuando trató de aliviar sus congojas con lo cual se facilitaba hacerla perdurar. Que la esclavitud nos vino de la providencia divina a los humanos por castigo del *pecado original* de Adán y Eva, era creencia dogmática. Ya lo aseguraron San Agustín y luego Santo Tomás. Este dice en la *Suma*: «Hay dos clases de sumisión: la una servil según la cual el señor se sirve de su súbdito para utilidad propia, y esta dependencia comenzó después del pecado; la otra *económica o civil*, por la que el jefe se sirve de sus subordinados en utilidad y provecho de los mismos, y ésta habría existido antes del pecado; pues habría faltado el bien del orden en la sociedad humana, si los más sabios no hubieran gobernado a los demás» (1.ª c. XCII, art.). Bien explícito está el texto paulino en la Epístola a Tito (Capítulo 2, vol. 9 y 10), cuando recomienda que los siervos obedezcan. «Exhorta a los siervos a que sean sujetos a sus señores, que les agraden en todo, no respondiéndoles ni defraudando, antes mostrando en todo lealtad, para que honren en todo la doctrina de nuestro Salvador Dios». En su Epístola a los Efesios (VI, 5) San Pablo dice: «Siervos, servid a vuestros amos, según la carne, con sencillez de vuestro corazón, como a Cristo». Igualmente inequívoco es el texto de Pedro (I, c. I, 18 a 20): «Siervos, sed sujetos con todo temor a vuestros amos; no solamente a los buenos y humanos, sino también a los rigurosos. Porque esto es agradable, si alguno a causa de la conciencia delante de Dios, sufre molestias padeciendo injustamente. Porque ¿qué gloria es, si pecando vosotros, sois abofeteados y lo sufrís? Mas si haciendo bien sois afligidos, y lo sufrís, esto ciertamente es agradable delante de Dios».

Pero además la esclavitud de los negros y luego la de los indios, como fatalidad de raza, tenían un remache religioso especial, sacado arbitrariamente de las Sagradas Escrituras. Aquélla la derivaban de una supuesta maldición del etnarca Noé contra toda la descendencia de su hijo Cam por los siglos de los siglos (Génesis, capítulo 9, vers. 25). Algunos católicos han atribuido la fábula a los protestantes. Por ejemplo el poeta cubano Emilio Ballagas, quien cita un autor de la Universidad de Fordham, el cual inculpa de esa idea a un pastor luterano. Pero ya corría esa teoría de la siguiente responsabilidad bíblica en los tiempos precolombinos, y se apoyaba en San Agustín, San Crisóstomo y San Ambrosio. Ya la alegaba contra los cautivos africanos, el célebre cronista portugués Azurara, en el siglo XV, antes de descubrirse América. La sostuvo, después en el siglo XVII hasta el célebre jesuita padre Alonso de Sandoval, llamado impropiamente por un biógrafo «libertador de una raza» y «apóstol de los negros». A quienes defendió y quiso aliviar, pero no libertó en manera alguna; pues ni siquiera combatió la esclavitud e insistió en que ésta le venía a los negros por la bíblica ira de Noé contra su hijo Cam, quien por eso fue «el primer esclavo que hubo en el mundo», según proclama en obra *De Instaurando Aethiopum salute* (Libro I, Capítulo II, Sevilla, 1627). En ella dice el padre Sandoval que de aquella maldición noémica le provino a los etiópicos hasta la *negrura de su tez.* Así de una sola fulminación patriarcal se originaban tres racismos: uno social, otro ético y otro somático. Los jesuitas San Pedro Claver y A. de Sandoval jamás atacaron la esclavitud de los negros africanos; aunque sí pedían su buen trato. Por humana piedad y por la egoísta conservación de aquellos caros y utilísimos aparatos musculares. Y cuando a este último autor se le planteó el problema de que los negros debían ser liberados por no ser legítimamente esclavos de guerra, se ampara en un informe del portugués P. Brandao, también jesuita, diciendo que los amos de los esclavos en América los habían comprado siendo ya éstos esclavos en África y que no tenían obligación de hacer más averiguaciones para su tranquilidad de conciencia. Véase su notable obra titulada: *De Instaurando Aethiopum salute* (Sevilla, 1627) «Que es decir: Tratado de cómo se ha de restaurar la salvación de los negros». Aún hace pocos años que el padre Constantino Bayle, S. J., sostenía que los españoles en América tenían muchas otras cosas en qué ocuparse. Por el XVIII aún propagaba ese absurdo en España y América el padre José Gumilla, S. J., en su libro conocido por *El Orinoco ilustrado*, pero titulado *Historia natural, civil y geográfica de las naciones situadas en las riberas del Río Orinoco* (Barcelona, 1882, I, pág. 68).[25] «Los nietos de Cam fueron los negros y esclavos». Esa pérfida tesis de racismo bíblico fue todavía mantenida ien 1898! contra los negros de Cuba y los cubanos libertadores en general, por el padre Juan B. Casas, canónigo provisor del obispado de la diócesis de La Habana, en un libro ignominioso, donde rehusó llamarse de Las Casas, por no compartir el mismo apellido familiar con fray Bartolomé.

Pero esa teoría del origen bíblico de la esclavitud de los negros y hasta de los indios era una pura pero cruel mentira, porque en el Génesis nada se dice para justificarla como verdad; y Sandoval, Claret, Brandao, Gumilla y otros teólogos resbaladizos la daban por cierta a pesar de su religiosa barbarie. Las Casas no cayó en la perversa leyenda de la maldición contra Cam y todos sus descendientes. Esta no está en ningún capítulo del Pentateuco y cuando Las Casas acude a sus referencias bíblicas en la *Apologética historia de las Indias* suprime toda referencia en lo absoluto a la fábula noémica y explica sin mitología la división de los hijos de Noé.

No parece que pueda dudarse de que la conquista fue terrible. Nos bastará con citar las mismas noticias de fray Bartolomé de las Casas, en sus cincuenta y dos años de trabajo, no solo en su *Historia de las Indias*, su *Apologética historia* y su *Brevísima relación de la destrucción de las Indias*, sino en sus numerosos *Opúsculos, cartas y memoriales*, que acaban de ser editados conjuntamente por J. Pérez de Tudela (Biblioteca de autores españoles, Madrid, 1958). Pero sin los escritos del cristiano Las Casas, sobran documentos para que la historia de la conquista y el poblamiento tenga que ser necesariamente muy sombría y lejos del Evangelio. ¿Cuál fue el fundamento teológico de ese dominico humanitario? Ya esas difamaciones aparecían desde antes de aparecer Las Casas en la conquista. El franciscano fray Francisco Ruiz, secretario de confianza enviado por el cardenal Cisneros a las Antillas para saber la verdad, informó de los indios que: «aunque es gente maliciosa para concebir ruindades en daño de los cristianos, no es gente capaz ni de juicio natural para recibir la fe, ni otras virtudes de crianza necesarias a su conversión y

---

25 Véase la edición de Linkgua, Barcelona, 2021. (N. del E.)

salvación...» Y añadía que «los indios *vivunt more secundum que nulla res nisi presenti agnoscitur* y han menester, así como un no cruelmente». Opinión dice Pérez Tudela que, había sido la mantenida regularmente por los franciscanos como era el cardenal (Juan Pérez de Tudela, «Estudio crítico preliminar» y ed. a fray Bartolomé de las Casas, *Historia*, Madrid, 1957, pág. LVII).

Los conquistadores, sedicentes propagadores de la religión de Cristo, maltrataban a los indios haciéndoles fuerzas, matándolos, supeditándolos arbitrariamente al trabajo y arrebatándoles hijos, mujeres, riquezas, patria y libertades, todo ello encubriéndolo con el pretexto de servir a Dios y salvarles sus almas, que en vez de ir a los infiernos podrían quizás, si bautizados y mansos, subir a los cielos después de morir. En todos los siglos de la dominación española en América esta última fue la principal defensa teológica de las conquistas y sobre todo de las esclavitudes, así la de los indios como la de los negros, que el padre Las Casas también impugnó por igualmente ilegítimas.

Otros clérigos, en cambio, como fray Tomás Ortiz, fray Domingo de Betanzos, etc., opinaban que los indios eran «Bestias incapaces de razón», a las cuales no se les debía ni bautizar. Esa bárbara doctrina se enfrentó siempre a Las Casas. La base de la política del padre J. Ginés de Sepúlveda, el famoso polemista era simplemente la más anticristiana, la supuesta y predestinada inferioridad racial de los indios, que, según él, justificaba la subyugación de éstos por los españoles. En su *Democrates alter*, el padre Sepúlveda despreciaba igualmente a los ya descubiertos indios de Yucatán, México y el Incario como a los insulares y a los selváticos de Tierra Firme. Los indios, decía el capellán cordobés, «son tan inferiores a los españoles como los niños a los adultos y las mujeres a los varones, habiendo entre ellos tanta diferencia como la que va de gentes fieras y crueles a gentes clementísimas, de los prodigiosamente intemperantes a los continentes y templados, y estoy por decir que de monos a hombres (...) hombrecillos en los cuales apenas encontraréis vestigios de humanidad». Lo mismo que, con otros, sostuvo en 1629 el benedictino fray Benito de Peñalosa, según el cual los indios eran «quando mucho un grado más que micos o monos y no formaban algunos escrúpulos de cebar sus perros con la carne de ellos, tratándolos como puros animales». ¿Por qué dicen que el delito de *genocidio* es una manera de criminalidad... moderna?

Como Las Casas explicaba: «la falta que más comúnmente han tenido y tienen y siempre tendrán los españoles que a estas tierras vienen, de aprender la lengua destas gentes, porque no vienen de España a ella, sino a ser ricos, les ha causado ignorar su prudencia, su habilidad, sus buenos entendimientos y los actos ejercitados dellos; su buen juicio y saber, sus buenas costumbres y su natural filosofía. Desta falta se ha seguido un error no muy chiquito (el cual perecerá cuán pernicioso haya sido, el día del universal juicio), conviene a saber, haberlos por bestias tenido. Ha ayudado mucho a ello ser todas en universal carecientes de armas defensivas y ofensivas, y de caballos, y desnudas, y de su naturaleza mansas, domésticas, simples, humildes y sobre todas las del mundo pacientísimas. Que tengan algunas dellas en un orbe tan grande como éste, todo rebosante de pueblos, algunos y muchos vicios, no impide lo susodicho, porque debemos considerar lo que nosotros éramos, y todas las otras naciones del mundo, antes que nos visitase Jesucristo» (Las Casas, *Apologética*, I, pág. 357).

Contra la sofistería del padre Vitoria en la placidez de su cátedra que basaba el supuesto derecho de ataque y conquista de los españoles contra los indios en la oposición que éstos mostraban a que los cristianos visitaran pacíficamente sus pueblos para cristianizarlos en nombre de Dios, Las Casas sostuvo siempre tesoneramente, que ninguna excusa podía haber, ni siquiera la de salvarles el alma *post mortem* a millones de seres humanos, para justificar la consciente realización de un solo acto pecaminoso en daño del prójimo.

El meollo de su doctrina le hizo constar reiteradamente en su *Historia de las Indias*. Censurando duramente a su amigo y admirado don Cristóbal Colón, ya por sus primeras tropelías en 1492 al esclavizar algunos indios cubanos para llevarlos a Castilla, escribió así: «pues como las leyes y reglas naturales y del derecho de gentes sean comunes a todas las naciones, cristianas y gentiles, y de cualquier secta, ley, estado, color y condición que sea, sin una ninguna diferencia, la misma justicia tenían y tuvieron los vecinos de aquella isla contra el almirante y sus cristianos a moverles justa guerra». A Colón, añadía el fraile, «no le excusa el buen fin que tuvo el almirante, cuanto bueno y provechoso para después quiera que fuese, porque nunca hemos de hacer cosa mala, por chica y mínima que sea, para que por ella o della haya de salir o hayamos de sacar inestimables bienes». Así le afirma San Pablo, «Non sant facienda mala ut bona aveniant» (Ad Romanos, 2. *Historia*, I, pág. 163). El fin bueno no justifica los medios malos, aunque muchos teólogos digan lo contrario. En otro lugar de su citada *Historia* (I, pág. 270), negándoles a los españoles el derecho de conquista contra los indios, aun cuando éstos se negaran violentamente a oír siquiera a los advenedizos transatlánticos, escribe que éstos «cuando no pudieran por todas vías, eran obligados a irse a otra parte y dejarlos, porque los indios tenían justo título y justicia para defender su tierra de toda gente, y nunca se ha de hacer mal alguno, por chico que sea, por fin que del hayan de salir cuán grandes bienes los hombres pretendieren». «Un pecado, arguye el moralista Las Casas, nos parece acá que no es nada o que no perjudica tanto, por nuestra ceguedad o costumbre o facilidad de pecarlo, o también por el bien que procede algunas veces dél; pero, delante de Dios es juzgado por muy grave y muy pecado, cuya consideración, si la alcanzásemos, nos haría temblar las carnes. Y no se debe lisonjear ni engañar nadie confiando que, por los bienes que salen algunas veces de los pecados, sean excusados, porque aquellos bienes no salen de la maldad humana, que de sí no es apta para que della salga bien alguno, sino sola y precisamente del mismo y profundidad de la bondad y providencia divina, la cual no permitiría que algún mal ni pecado se perpetrase, si antes quel pecador le cometa ni piense, no tuviese ordenado el bien, o de su justicia o de su misericordia, que ha de sacer dél; y así no quedará sin su debida pena el que lo comete, puesto que sean muchos y grandes los bienes que dél procedan o puedan proceder».

Las Casas por el año 1514, en las Antillas, se dio cuenta de los recios y terribles problemas humanos que se plantearon con la conquista de los españoles en el Nuevo Mundo. Fue el padre Las Casas el más amplio y radical en su doctrina cristiana de moral internacional, fue más riguroso que el padre Francisco de Vitoria, quien ya le encontró la aparente razón de la conquista por su fin teófilo, que según él justificaba fundamentalmente los medios bélicos. Las Casas luchó en plena brega de medio siglo; fue acremente combatido por sus compatriotas en la conquista, burlado y, no obstante ser obispo, hasta objeto de amenazas y befa de cencerradas.

Las Casas predica cristiandad social. Hoy día quizá le hubieran calificado de «comunista». Las Casas admiraba y defendía a los indios. «Por razón de su pobreza, la cual es tan voluntaria en ellos que no quieren tener ni poseer más de cuanto tengan para pasar y sustentar la vida lo necesario. Y esto en ellos no es vituperable ni por defecto de razón, si no fuere según el juicio corrupto de los hombres mundanos, pues es doctrina de Jesu-Christo no tesaurizar ni ser solícitos los hombres sobre lo superfluo antes nos manda dar a otros lo que nos sobrare, como parece por Sant Matheo y Sant Lucas (Capítulos 69 y 119). Todo aquello sobra que no es necesario para sustentar nuestra naturaleza humana, y esto es muy poquito, según Boecio (en el Libro 2.º y 5.º de *Consolación: Paucis enin minimis qued natura contenta est*) y también vemos que los santos varones y los que verdaderamente son cristianos curan poco de guardar lo superfluo y mucho atesorar» (Las Casas, *Apologética*, I, pág. 157).

La usura, o sea todo contrato de préstamo o mutuo con interés, era antes ilícita y pecaminosa, para Santo Tomás de Aquino y demás teólogos. El tomista padre Las Casas en una pastoral de 20 de marzo de 1545 a sus feligreses de Chiapas les decía: «Habéis de denunciar y decir si sabéis o habéis oído decir de algunos *renoveros, logreros o usuarios* y personas que dan o logro y usura, por claras o encubiertas y cautelosas maneras. O si sabéis de algunas personas que venden pan u otra cualquier mercadería fiada, y por la dar fiada y esperar por el precio, la venden muy más cara que luego pagar; o de algunos que dan los dineros adelantados en las compras, antes que se les haga la entera entrega de lo que compran cuando vean estar a su prójimo en mucha necesidad y que hará mal barato de su hacienda, por entonces comprar más barato e a menos precio; o si dan o ponen dineros en poder de mercaderes a ganancia solamente e no a pérdida; o si el que empresta dineros a otro hace con él pacto tácito o expreso que al fin la vuelva aquella o algo más; o si el que toma alguna posesión empeñada, en fin no recibe en descuento el usufructo que rentó el tal empeño; o si algunos arriendan heredades por más del justo precio, por dar aliños en dinero con ellas, a condición que se les haya de volver enteramente los tales usuarios o que tengan especie de logro o renueve». Todos estos preceptos normativos eran ya usualmente muy engorrosos en aquel tiempo de creciente mercantilismo.

El padre Las Casas, en su citada pastoral (1545), pedía a su diocesana grey que le denunciaran «Item, si sabéis o habéis oído decir que se venden los mantenimientos más caros notablemente de lo que se deben vender; o sí a la misma... han harina o otra materia o mistura que hagan no debida, o si venden el vino aguado o al precio de como si fuese bueno».

Sin duda, del *Sermón de la montaña* y del Evangelio ya venían preceptos contra la avaricia y la difícil salvación del rico; más difícil era que el paso de un camello por el ojo de una aguja, según la popularísima frase, de San Lucas (XVIII, 25), la cual jamás impresionó a los fariseos y escribas ni a los seudocristianos, a los «sepulcros blanqueados como hace milenios se decía. Ya ese apóstol de Jesús en América, fray Bartolomé de las Casas, advertía que es precepto de rigurosa doctrina cristiana el de «*no tesaurizar*; antes nos manda dar a otro lo que nos sobrare, como parece por San Mateo y San Lucas» (*Apologética*, I, pág. 157). Y por eso decía que los indios antillanos, salvo en la ignorancia de los dogmas, eran en sus vidas «más cristianos que los conquistadores». El padre Las Casas escribió entre los *Remedios* que propuso en 1542 al emperador: «El fin de haber riquezas no tiene jamás término». Dice el Eclesiastés: «Avarus non implebitur pecunia»... La Sancta Scriptura dice (Eclesiastés, X): «Pecuniae obediunt omnia». Porque por el dinero alcanzan los hombres todo cuanto temporal han menester y desean, como es honra, nobleza, estado, familia, fausto, preciosidad de vestidos, delicadez de manjares, delectación de vicios, venganza de sus enemigos, estimación grande de sus personas. Las cuales cosas, los amadores deste siglo, como suma facilidad desean y buscan y exponen sus vidas y salud y grandes trabajos y riesgos, y por ellas fácilmente cualesquiera crímenes y pecados cometen. Por lo cual dijo San Pablo, I, Thi., u It.: «Radix omnium malorum est cupiditas». Es un mal insanable, dice Las Casas, recordando unos versos de Juvenal: «Tantun crescit amor nummi quamtum ipsa pecunia crescit».

Esas doctrinas teológicas de San Pablo, Santo Tomás y (¿San?) Bartolomé de las Casas, jamás fueron inspiradoras de la dominación española en Indias, como no lo fueron de ninguna otra nación metida en hazañas de conquista por rumbo alguno del planeta. Es muy interesante examinar los textos del dominico padre Bartolomé de las Casas, basados en los evangelios y en Santo Tomás de Aquino, sobre todo aquéllos acerca de temas morales como la libertad, la guerra, la violencia, la esclavitud, el justo precio, la usura, el uso de lo superfluo, el *thesaurizar*, el fraude comercial, el uso de medios malos, etc., acerca de los mismos problemas y de sus interpretaciones éticas reblandecidas por el laxismo. En no pocas ocasiones se saca la conclusión de que se trata de dos religiones distintas, en épocas y doctrinas; ciertamente sus respectivas morales son a veces contradictorias.

El doctrinario de Bartolomé de las Casas no fue una nueva campaña, a estilo de fray Vitoria y de la mayoría del clero para legitimar la conquista, disculpar las tiranías, so capa de cristiandad y derecho divino y humano.

Nada le valió al Protector de los Indios su contrito arrepentimiento. Aunque ungido por la aureola de su afanosa vida contra la esclavitud de los indios, esclavitud que los apologistas del imperialismo hispánico se empeñan en olvidar; el padre Las Casas sigue injustamente con el estigma de haber sido él quien introdujo en las Indias los negros esclavos y su horrible trata, lo cual esos mismos olvidadizos se empeñan en repetir. No reparan éstos en quiénes y cuán muchos fueron los inspiradores de la trata de negros esclavos para las Indias; no reconocen que fueron aprovechadores de la misma trata de negros para Castilla hasta los mismos Reyes católicos doña Isabel y don Fernando; y no aprecian el alto valor ético del padre Las Casas cuando, cualquiera que fuere su culpa, se mostró después, cual nunca hicieron los otros, bien «arrepiso» de su error, escribiendo la más sencilla, espontánea y redentora palinodia. De tal manera que Las Casas, el pecador arrepentido, sigue cargando con toda la falsa responsabilidad, mientras que los pecadores primeros, decisivos y pertinaces (reyes, cardenales, frailes, jueces y oficiales), aparecen como borrados de toda imputación histórica ante la opinión general. Obra perniciosa de «propaganda», que es achaque viejo de la historia política y que en las Indias españolas fue durante siglos tenaz encubridora de las realidades con los mismos propósitos que ahora se tratan de revivir.

En América solo hay estatuas públicas y cívicas en Guatemala y en México. En Oaxaca tiene una la iglesia de los frailes Dominicos, como *ilustrísimo Señor de las Casas*, como si fuere un santo, pero sin la corona simbólica. En Cuba se alzan figuras marmóreas del gran sevillano en Cienfuegos y en hornacinas de las fachadas de las catedrales de Santiago y de La Habana, todas ellas erigidas ya en este siglo, una por un obispo de cuna italiana y otras dos por prelados criollos.

Contra Las Casas hubo un doble deseo: el de borrar el recuerdo de su nombre por ser evocador de la barbarie de la conquista y destrucción de las

Indias Occidentales, y, a la vez, cuando era inevitable sacarlo a la luz, el de denigrarlo, atribuyéndole la responsabilidad de la trata negra. Todavía hoy, a pesar de los esfuerzos y juicios de Lorente, de Humboldt, de Quintana, de Saco, de Armas, de Bachiller y Morales, de Hanke y de Pérez Tudela y de tantos otros pensadores, sigue corriendo contra Las Casas la imputación afrentosa que le arrojaron los defensores del esclavismo y del colonialismo para nublarle su gloria como «Protector de los Indios». Con razón escribió el mismo humanista (*Historia de las Indias*, Libro II, Capítulo VI) las reflexiones que siguen:

> Esta es averiguada costumbre del mundo y aun regla general que Dios en todo él tiene, o permitida o prestablecida, conviene a saber, que todos aquéllos que pretenden seguir y defender la verdad y la justicia sean desfavorecidos, corridos, perseguidos y mal oídos, y, como desvariados, atrevidos y monstruos, entre los otros hombres tenidos, mayormente donde interviene pelea de arraigados vicios; y la más dura suele ser la que impugna la avaricia y la codicia y, sobre todas, la que no puede sufrirse como terribilísima si se le allega resistencia de tiranía. Por el contrario, los que dan favor directo o indirecto, o por ignorancia y simplicidad o por agradar con buen o mal tiempo, o también quizá por su gran malicia, a los negocios temporales y útiles que los hombres pretenden para su crecimiento según lo que ellos en sí imaginan, aun cuando rebosen de falsedad y de injusticia, manifiesto es a todos, sin que se produzcan testigos, cuánto favor suelen tener en todo lugar y entre todas personas grandes y chicas, cuán estimados, cuán honrados y venerados, cuán tenidos por cuerdos y prudentes.

Esta es realidad manifiesta en todos los tiempos, lugares y órdenes de la sociedad humana; y la contemporaneidad nos renueva cada día esa tan elocuente lección.

XV. De las tres presencias del colonato en la escena azucarera de Cuba

No debe olvidarse el carácter esquemático de este *contrapunteo*, que impide los prolongados análisis. El *colonato* ha sido siempre una manera transitoria de resolver la economía azucarera, introduciendo en ella a la clase media. Tres veces sale a escena el *colono* en el teatro azucarero hispano antillano y tres veces se retira de ella dejando a solas en su diálogo trágico al hacendado, dueño de los instrumentos de producción que son la tierra y el trapiche, con el trabajador sometido, esclavo antaño y asalariado hogaño.

El *colonato* ya parece surgir en los albores de la industria azucarera. Se tuvieron cañas de azúcar antes de tener ingenios donde molerlas y quienes sembraron cañaverales no contaron con trapiches. Los que primero requieren la presencia social del colono cultivador de cañaduces son unos frailes de clara visión económica, quienes así lo propusieron el año 1523; y sobre todo uno dominico, en 1527, en alguno de los varios y hoy injustamente olvidados proyectos de economía planificada que tuvo la colonización castellana en sus albores desde los mismos días de don Cristóbal Colón, *el primer azucarero de América*.

Son varias las disposiciones legales de Carlos V, en la primera mitad del siglo XVI, que reconocen ser usual en las Indias la división de azúcares, mieles y remieles entre los labradores y los beneficiadores y dueños de ingenios. Pero la industria azucarera requirió la esclavitud y la trata y éstas fueron envileciendo el cultivo de los cañaverales. El *colono* desapareció casi del todo apenas hubo capitales para que cada ingenio tuviere comprada toda su maquinaria, desde el trapiche de mazas hasta los aparatos humanos de cortar y cargar caña y leña y alimentar los molinos y los fornallas.

Después reapareció el *colono* cañero cuando, ya al mediar el siglo XIX, la máquina de vapor se apodera de la industria azucarera (hornos, trapiches, tachos, centrífugas, ferrocarriles) e impone ineludiblemente la creación del *ingenio central*. En Cuba no hubo entonces capitales disponibles y suficientes para que el dueño del nuevo y titánico trapiche central se adueñara de los *cachimbos* o viejos ingenios desmantelados a su alrededor y de sus plantaciones cañeras comarcanas, y se acudió para resolver el problema a la introducción del *colonato*, que ya venía siendo recomendado por José Antonio

Saco, como medio de ir sustituyendo al africano negro esclavo con el inmigrante blanco y libre.

Cuando la «danza de los millones», en ocasión de la gran guerra de 1914, tampoco fueron suficientes los elementos disponibles para incrementar el cultivo de los inmensos cañaverales que eran necesarios para abastecer los ciclópicos molinos de los supercentrales modernos. Y también se recurrió a la creación de *colonos*, personajes intermediarios entre la compañía dueña capitalista del enorme ingenio y los centenares de braceros, también compañías, encargadas de las faenas en tumbas, siembras, cultivos, zafras y bateyes. Y de nuevo, en este tercer acto del drama del azúcar, el colono se está retirando de la escena, donde todo deviene masa, cosa informe, colectiva y anónima; la compañía, el azúcar y el sindicato; masa los capitalistas, masa los productos y masa los obreros.

XVI. Del capitalismo privilegiado que siempre ha sido el ingenio de azúcar

Las raíces de cañas de azúcar que Cristóbal Colón trajo en su segundo viaje a las Indias por él descubiertas retoñaron enseguida que fueron resembradas, suscitando el regocijo del almirante, cuya sagacidad previó el brillante porvenir que esperaba en estas tierras a las cañas de azúcar y a la industria azucarera. «Non farán mengua al Andalucía», escribió Colón a los reyes, con visión profética. Cuando, el día 20 de enero de 1494, Cristóbal Colón enderezaba a los reyes desde la Española un memorándum que debía llevarles Antonio de Torres, ya les hablaba con encomio que esperaba de «las cañas de açucar segund unas poquitas que se pusyeron han prendido».

Pero una cosa era tener cañas y otra tener azúcar en cuantía comercial. Entre la producción agrícola, que ya con esa experiencia no era sino cuestión de braceros, y la producción mercantil que en Europa tenía el mercado asegurado y anheloso en la demanda, se interponía la producción industrial, que requería maquinarias y técnicos que aquí no existían y los cuales tenían necesariamente que ser importados de Ultramar. En definitiva, se necesitaba capital para comprar esclavos, para traer maestros y oficiales de azúcar y para la maquinaria del molino, calderas, tachos y receptáculos para la decantación. Aún prescindiendo de la tierra, la producción azucarera era negocio necesariamente capitalista.

Colón y los reyes se preocuparon siempre de la granjería de los azúcares en las nuevas islas; pero tardáronse algunos años antes de que se organizara el negocio azucarero, primeramente en la Española.

El azúcar comenzó a ser negocio en la Española, e igualmente ocurrió en los otros países, cuando pudo ser vencido el mayor obstáculo que era la carencia de capitales. También se necesitaban «maestros de azúcar» o técnicos, como hoy se diría. La historia recuerda el nombre de algunos de esos maestros, tan importante era su oficio. Pero la carencia de expertos para «mañiñcar» el azúcar se podía suplir, si había dineros para sacarlos de Canarias o de las islas portuguesas y ofrecerles una remuneración halagadora. Por eso el negocio de azúcares debió de ser el primero de los iniciados por los europeos en América que requirió una articulada y expresa asociación de esfuerzos y dineros, es decir, de organización social y económica de una *compañía*. Con excepción de las empresas de las varias conquistas, pues casi todas se hicieron por pactos detallados de verdaderas compañías, así del tipo que hoy llamaríamos *colectivo* como del *comanditario*, amén de los tipos especiales ocasionados por las complejas peculiaridades de aquellas notables empresas de descubierta, conquista, poblamiento y explotación. Así consta, por ejemplo, que ya antes de 1515 había en América, precisamente en Tierra Firme, en la villa del Darién (Castilla del Oro), una «compañía de açúcares», integrada por tres socios: Francisco de Arcos, Luis Fernández y Pedro Hortís; según se deduce de una escritura notarial otorgada en Sevilla el 19 de abril de dicho año, en la escribanía de Mateo de la Cuadra (Papeleta 155 del *Catálogo de los Fondos americanos del Archivo de protocolos de Sevilla*, tomo III, pág. 44). Por otra parte, ya hemos visto que el primer ingenio establecido en América fue fundado en Santo Domingo, poco después de 1515, por una sociedad constituida por tres socios: Gonzalo de Velosa, que era el técnico ya experimentado, el fundador del primer trapiche en la Española, y los hermanos Tapia, veedor del oro el uno y alcaide de la fortaleza el otro, los cuales significaban la fuerza del dinero y la fuerza de la autoridad.

Sin embargo, fueron insuficientes las iniciativas de los particulares, ni siquiera por medio de «compañías de azúcares». Los «maestros» eran muy escasos y también lo eran los capitales al avío; y eran extraordinarias las tentaciones que en las Indias constantemente se ofrecían a los atrevidos promotores en aquella época temprana del siglo XVI, cuando doquiera se emprendían nuevas exploraciones, conquistas y granjerías. Escúchese, por ejemplo, la preparación económica de las empresas aventureras de Francisco Fernández de Córdoba (1517), de Juan de Grijalba (1518) y, sobre todo, la de Fernando Cortés (1519), hechas en Cuba para las expediciones a Yucatán y a México. Los capitales eran escasos y no se colocaban a interés, que ello entonces era pecado condenado por la Iglesia. Y los hombres no se conformaban con sueldos ni salarios, sino que iban a la parte y sobre todo a la gran aventura, pues, como dice López de Gomara: «en las Indias cada uno pretende un estado o grandes riquezas». En tales circunstancias era muy difícil encontrar capitales para su permanente inversión en empresas inmobiliarias y agroindustriales como eran los ingenios de azúcar. Y no pudiendo hallar capitales suficientes, ni en préstamo ni en compañía, hubo que pedírselos al erario del rey.

No vamos a reseñar ahora las vicisitudes y fases porque pasó la implantación del azúcar en América, como consecuencia de su carácter básicamente capitalista. En el Capítulo adicional XII se han transcripto y glosado unos textos de Oviedo y de Las Casas acerca del particular.

No es cierto, como aseguró Herrera y otros han seguido diciendo, que fueran los padres Jerónimos que gobernaron las Indias por el regente Cisneros, quienes instalaron en América los primeros ingenios de azúcar; pero en su época fueron muy favorecidos con auxilios de dinero los que quisieron fomentar ingenios, y lo hicieron los magnates de la Española, que con tierras mercedadas, indios encomendados y dineros del rey se convirtieron fácilmente en hacendados azucareros, en señores feudalescos, pues los ingenios fueron verdaderos señoríos territoriales con una servidumbre de su gleba.

Del año de 1517 y del siguiente son sendas cédulas reales, emitidas por los monarcas desde Castilla, concediendo favores fiscales a los hacendados y fundadores de *ingenios*, es decir, de «ingenios poderosos» o de agua.

De 1517 es una moratoria a los conquistadores y pobladores de Cuba, a cuyo efecto se expidió comisión a los jerónimos acerca de las deudas de los vecinos de aquella Isla (publicada en la *Colección de documentos de América*, 2.ª serie, *Documentos de Cuba*, tomo I). Su texto es como sigue:

La reyna y el rey. Reverendo e devotos padres, etc. Pánfilo de Narváez, en nombre de la ysla Fernandina, que antes se solía llamar de Cuba, nos hizo relación que la dicha ysla es nuevamente poblada, e los que la han conquistado se han adebdado comprando algunas cosas de nuestras haciendas e de otras personas, e como avían cogido muy poco oro esta van necesitados e alcanzados; suplícanos en el dicho nombre mandásemos que las dichas debdas que asy nos deviesen se cobrasen con alguna moderación de las personas que las deviesen, porque tambyen pudiesen pagar poco a poco lo que deviesen a otras personas, o que sobre ello proveyésemos como la nuestra merced fuese; e consultado con los nuestros gobernantes fué acordado que devíamos mandar esta nuestra cédula para vosotros sobre la dicha razón, e Nos tuvímoslo por bien; por ende Nos vos encargamos e mandamos que veades lo suso dicho, e conforme a la ynstrución nuestra que llevastes los prove ays e remedieys como vierdes que más convenga asy a nuestro servicio e al bien e pro e utilidad de la dicha ysla e pobladores della para que no sean muy fatigados. Fecha, en Madrid, a... dias del mes de... de MDXVII años. F. Cardinalis.

Del año siguiente, 1518, es otra Real Cédula conteniendo una instrucción al licenciado Rodrigo de Figueroa, con nuevos preceptos sobre préstamos y moratorias. Dice así:

Zaragoza, 9 de diciembre de 1518. Lo que vos, el licenciado Rodrigo de Figueroa, que vaya por nuestro juez de residencia a la ysla Spañola, aveys de saber:
De más de lo suso dicho sabed que la católica reyna, mi señora, e yo, tenemos mucha voluntad que la dicha ysla Española se pueble y ennoblezca de todas las cosas de plantas y otras granjerías, como lo son y están estos reynos, lo qual, segund somos ynformados de la fertilidad y bondad de la dicha ysla, lo sería sy los governadores y justicias que han seydo della, e los vezinos y moradores ovieran tenido cuydado dello e voluntad de permanecer e residir en ella, se oviera fecho, especialmente en el açucar que se ha hecho y haze; yo vos mando que con mucha diligencia entendays en que los vezinos de la dicha ysla hagan yngenios de açucar, e a los que tovieren voluntad para ello los favorescays e ayudeys en todo lo posible, así en hacerles prestar de nuestra hazienda para ayuda a hacer los dichos ingenios, como en darles libertades y de los provechos de la tierra, y lo mismo fagays en favorescer a todos los otros vezinos e pobladores que se aplicaren e tovieren voluntad de permanescer e hedifícar, poblar y plantar y las otras cosas nescesarias para el bien e noblecimiento y población de la dicha tierra.
Asy mismo, porque mi voluntad es que en todo lo que buenamente aya lugar sean relevados y no sean molestados, e soy ynformado que muchos dellos deben debdas unos a otros, e sy se les oviese de pedir y cobrar dellos por rigor recibirían mucho dapño e pérdida en sus haziendas, por ende yo vos encargo que si las personas que deben debdas en la dicha ysla no pudieren buenamente pagar, vos negocieys con sus acreedores que, dando cabción que pagarán dentro de un cierto término, les esperen, que en ello seré de vos servido.

Lo qual y lo que más vos vierdes que cumple a nuestro servicio vos encargo y mando hagays con aquella fidelidad, cuydado e diligencia que yo de vos confio. Fecha en Qaragoga. IX de diziembre de mil e quinientos e diez e ocho años. Yo el rey. Refrendada de Covos. Señalada del Chanciller e del Obispo de Burgos o del de Badajoz e de Zapata.

Estas cédulas han podido ser interpretadas como previas a la instalación de los ingenios de azúcar, o sea, de los ingenios hidráulicos. A comienzos del año 1518, casi un año antes de la transcripta Real Cédula con instrucción al licenciado Figueroa, ya un testigo de vista informa al Emperador Carlos V desde la Española, de hermosos cañaverales y de ingenios que se están instalando. Dice así un fragmento pertinente de la entusiasta epístola del licenciado Alonso de Zuazo, al Emperador tratando de la isla Española:

Hállanse atajos de vacas que se perdieron en número de treinta o cuarenta, señaladas con su hierro, e a cabo de tres o cuatro años parecen en los montes en número de trescientas o cuatrocientas. Otro tanto es de los puercos e ovejas e yeguas e en los otros ganados... Están los montes llenos de algodón, e ahora hago hacer ingenios para los limpiar... Hay asimismo cañaverales de azúcar de grandísima admiración, la caña tan gruesa como muñeca de hombre, e tan larga como dos estados de mediana estatura. Ya también se les consiente hacer ingenios para hacer el azúcar, que será una cosa de grandísima riqueza... Santo Domingo, 22 de enero de 1518.
(*Colección de documentos de América*, tomo I, pág. 292.)

Del mismo año 1518 (14 de septiembre) es una petición de la Española al rey para que del diezmo que a la Iglesia debían pagar los plantadores de caña y fabricantes de azúcar, solamente se pagara una trigésima parte, a lo cual se negó el gobierno (*Índice general de los registros del Consejo de Indias, de 1509 a 1608*. Cita de José Antonio Saco). Esta petición era muy importante porque el diezmo era realmente muy gravoso. Como indicaba Mariano Torrente (*Bosquejo económico político de la Isla de Cuba*, tomo II, La Habana, 1853, pág. 351): «toda finca afecta a la contribución del diezmo, pierde un valor igual al que representa dicho diezmo». El diezmo era un impuesto que se debía pagar a la Iglesia para que ésta lo invirtiera en sus fines. El diezmo era precisamente la décima parte de todos los frutos o productos vegetales de la tierra, así como de todas las aves y cuadrúpedos que se criasen, de la leche, de la manteca, del queso, de la miel de abejas y de la cera.

Para las Indias las contribuciones eclesiásticas de diezmos y primicias fueron establecidas y sujetas a un arancel por los Reyes católicos, mediante su Real Cédula de 5 de octubre de 1501, la cual muy luego pasó a ser la Ley II del Título XVI del Libro I de las *Leyes de Indias*. En ese arancel no estaba comprendida expresamente el azúcar, según algunas de las ediciones publicadas de la Recopilación. Es verdad que en esos textos se incluye el diezmo «del alcacer que se vendiere», y que en la copia de dicho arancel incluida en el *Cedulario cubano* de José Chacón y Calvo (pág. 35), a la palabra *alcacer* se le añade: «(sic) azúcar». Pero esta nota es un error, pues *alcacer* no es azúcar sino «cebada verde y en hierba», según el Diccionario de la Academia Española. Sin embargo, parece que en dicho primitivo arancel de 1501 fue incluido de modo expreso el diezmo del azúcar, según aparece de su copia inserta en dicho *Cedulario cubano*, en la cual está textualmente este párrafo: (Este texto fue tomado de un tomo inédito de la *Colección de documentos de la Real academia de la historia*, tomo V, pág. 23, según Chacón y Calvo):

> Páguese diesmo de alçucar en cañas, de diez cañas una se el que lo oviere de aver rrequería a los que tovieren cargo de las aduanas que les muelan las cañas que ovieren ávido de diezmo o sean obligados a çelas moler luego, e sy oviere discordia entre el que touiere el aduana e los que rrecojeren el diezmo diesmo (sic), que son más cañas las que dan a moler que las que ovieren de diesmo, que es el ajur° del dezm°. Hanse de moler las cañas syn que por ellas se lleue coza alguna.

Estos tributos eclesiásticos de diezmos y primicias tenían que ser pagados precisamente en especie, no en dinero. Y en cuanto al diezmo de cañas de azúcar, se ve por el referido texto que no solo había que dar el 10 por 100 de la caña sino que había que molérsela a la Iglesia gratuitamente. El diezmo de la caña era en rigor un impuesto equivalente al pago, en la correspondiente azúcar, del 10 % de toda la caña molida en una zafra, sin que pudiera descontarse o «llevarse cosa alguna» por el trabajo de la molienda y fabricación del azúcar. El diezmo eclesiástico era, pues, muy agobiador para los nuevos azucareros, quienes tenían además que pagar otros tributos, y por eso ellos protestaron al rey. Si a los hacendados de hoy día, aun a los más católicos, se les impusiera para fines eclesiásticos, además de las cargas para el erario del Estado, un tributo del 10 % de su producción en bruto, «de diez cañas una» como decía la Real Cédula, también «pondrían el grito en el cielo». Para los azucareros de hace cuatro siglos el cielo estuvo algo reacio en oír sus gritos. La Iglesia era entonces muy poderosa en España para que accediera a perder en las Indias tan opípara contribución; y el rey, a quien correspondía el ingreso de los diezmos de Indias «por concesiones apostólicas de los Sumos Pontífices» (Ley I, Título XVI, Libro I de *Leyes de Indias*), siguió exigiendo el pago de «todos los diezmos que son debidos, para de ellos proveer a las iglesias de clérigos, ornamentos y cosas necesarias al servicio del culto».

Pero los azucareros seguían quejándose y no pagaban los diezmos o defraudaban en ellos a la Iglesia y al rey, y la cordura fiscal impuso una transacción, teniendo que ceder la Iglesia ante los azucareros, que eran los magnates de las colonias, los cuales se vieron al fin beneficiados con ciertas reducciones. Así el emperador Carlos V con fecha 8 de febrero de 1539 dispuso lo siguiente:

Ordenamos y mandamos que por evitar fraudes contra las iglesias, antes que se haga ninguna división de las que se suelen hacer entre los labradores y beneficiadores del azúcar, y dueños de ingenios de los azúcares blanco, refinado, espumas, reespumas, caras, mascabados, coguchos, clarificados, mieles y remieles, y de toda la masa, se pague el diezmo en todas nuestras Indias e islas adyacentes, en esta forma: Que el primer azúcar blanco, cuajado o purificado, se pague de diezmo a razón de cinco por ciento; y del refinado, espumas, caras, mascabados, coguchos, clarificados, mieles y remieles, se pague a razón de cuatro por ciento, y esto de todos los demás, todos los años, y así sean obligados a diezmar y diezmen los que tuvieren ingenios de azúcar, salvo si en algún lugar hubiere costumbre en contrario.

Esta disposición legal fue luego la Ley III del título XVI del Libro I de las *Leyes de Indias*, con este epígrafe:

El Emperador don Carlos a 8 de febrero de 1539. Y en Madrid, a 19 de septiembre del mismo año. El Emperador y el cardenal gobernador, allí a 15 de julio de 1540. Y en Talavera, a 11 de abril de 1541. Y el Príncipe gobernador, en Madrid, a 31 de mayo de 1552.

Lo cual prueba las veces que tal privilegio fue ratificado por los reyes a los azucareros.

Esas referidas cédulas eran, pues, favores que el gobierno de Castilla otorgaba a sus súbditos de las Indias metidos en aventuras industriales. Las mercedes reales se siguieron una a otra. De 1519 es una Real Cédula mandando técnicos azucareros a la Española. Reza de esta manera:

Lope de Sosa, nuestro Lugarteniente general e gobernador de Castilla del Oro; sabed que los nuestros oficiales de la Ysla Española, me han escripto que en la dicha Ysla hay mucha falta de Maestros e Oficiales de hacer ingenios de azúcar, e de la manificar (manufacturar, fabricar) e porque cada día se van haciendo e edificando muchos ingenios, e han gran dispusición e aparejo para ello, e soy informado que en esas Yslas de Canarias hay hartos Maestros e Oficiales que irian a dicha Ysla, sino que algunas personas ponen en ello impedimento, e por que vos, mientras os disponeys para ir en buen hora vuestro viaje a Nos servir en el dicho oficio (cargo), podréis mucho hacer en atraer a los dichos Maestros e Oficiales, e podréis de camino, pues habéis de tocar en la dicha Ysla, llevarlos a ella; vos envió con la presente las Cartas que vereis, para que los gobernadores de esas Yslas no les pongan impedimento en su ida, antes para ello les ayuden e favorezcan, por ende Yo vos mando e encargo, les hagáis notificar las dichas Cartas, e procuréis por todas las vías que pudiéredes, que a la dicha Ysla vayan los mas Maestros e Oficiales que se pueda, etc.
De Barcelona, 16 de agosto de 1519. Yo el rey. Refrendada del Secretario Cobos, e señalada de los antes dichos.
(*Archivo de la casa de contratación*, Archivo de Indias, 139-1-6.)

Del 9 de julio de 1520 es otra Real Cédula, expedida en Valladolid por el príncipe, a nombre de su madre, doña Juana, y la cual dice como sigue:

Nuestros oficiales que residís en La Española (la dependencia allí de la Casa de Contratación sevillana), e los nuestros Almoxarifes, e recabdadores de las rentas del Almoxarifazgo de la dicha Ysla. Ya sabéis la voluntad que la Católica reina mi Señora, e Yo habernos tenido e tenemos al bien, poblacion, e multiplicación de la dicha Ysla, e los remedios que para ello se han buscado e procurado. E soy informado que uno de los principales es la granjería que en ella se ha comenzado a hazer e se haze de los ingenios açucar, los cuales a Dios gracias van en mucha abundancia, e el licenciado Antonio Soriano en nombre desa dicha Ysla me hizo relación que a causa de ser tan costoso el edificio de los dichos ingenios, e los materiales e herramientas para ellos necesarias, y que se llevan destos reinos e los reinos vecinos desta la dicha Ysla no tener posibilidad para los sostener, sería causa que la dicha granjería no pasase más adelante, suplicándonos mandase que de las herramientas, materiales e otras cosas que destos reinos llevasen, para el edificio e labor de los dichos ingenios, no se les pidiese ni llevasen derechos de Almoxarifazgo, ni otros algunos, o como la mi merced fuese. E Yo, por las dichas cabsas, tóvelo por bien. Por ende, Yo vos mando, etc.

Y a continuación se extiende la parte dispositiva de la Real Cédula disponiendo que no se cobren los tales derechos.

Del mismo año, 6 de julio de 1520, es una carta del licenciado Figueroa, juez de residencia de la Española, al Emperador, en la cual le dice:

...que están puestos por obra de se hacer cuarenta ingenios y más; y los más por obligaciones, por que se les han dado indios, y a otros emprestado dinero de V. M. por dos años. Mándese a Pasamonte que sea liberal en estos empréstitos, que esto es lo que ha de resucitar la isla, y esta isla sostiene todo lo demás de estas partes... Negros son muy deseados; ningunos han venido ha cerca de un año.

(*Colección de Muñoz*, tomo 76. Cita de Saco.)

En esta reseña de la condición privilegiada y protegida que tuvo siempre el azúcar en las Antillas hay que hacer referencia también a otro gran beneficio económico y social que a los azucareros otorgaron los reyes, cual fue el de permitirles y favorecerles durante tres siglos con la traída de esclavos negros. En el Capítulo adicional XIV se han consignado datos expresivos del nexo que hubo entre la trata negrera y el fomento de las plantaciones azucareras.

En aquel entonces, el poblador que quiere ser azucarero le pide todo lo necesario al rey, fuera de su audacia y empuje; pide tierras mercedadas para plantaciones, dineros para trapiches, subvenciones para traer oficiales, exenciones de gabelas, y sobre todo privilegios de importar esclavos negros. Casi siempre el azucarero obtiene cuanto pide, y cuando a pesar de todo fracasa, todavía es favorecido con moratorias y quitas y hasta con previas inmunidades de toda ejecución judicial por deudas.

Ya por marzo de 1522 se exportaban 2.000 arrobas de azúcar de la Española a Sevilla y su producción fue en aumento hasta ser, como decía el padre Bernabé Cobo, «la principal granjería de aquellas Islas (Santo Domingo y Puerto Rico), tanto se han dado los hombres al apetito de los dulces» (*Ob. cit.*, tomo I, capítulo XXXII).

El fraile y juez de residencia de la Española, licenciado Luis de Figueroa, en 1523

...pidió que se hiciesen a costa de la Real Hacienda, algunos ingenios de azúcar en aquella isla y en las de Cuba, Jamaica y San Juan de Puerto Rico, do acudirían a moler sus cañas los vecinos que no tenían facultades para fabricar ingenios, pagando por moledura lo que justo fuese. A esta última petición accedió el Gobierno, mandando que en cada una de las cuatro islas se hiciese un ingenio a costa de la Real Hacienda.

(José Antonio Saco, *Historia de la esclavitud de la raza africana en el Nuevo Mundo y en especial en los países américo-hispanos*, La Habana, 1938, tomo I, pág. 216.)

También pidió fray Luis de Figueroa que los moradores de estas islas pudieran vender libremente sus azúcares y otros productos donde quisieran, aun fuera de los reinos de Carlos V, pero a esta súplica no se accedió. Iba contra el monopolio del Estado español y de los «intereses creados» que lo usufructuaban y solo *tres siglos después* accederían a rendir sus privilegios, ante peligros más apremiantes.

De Carlos V es uno de los privilegios más importantes de que gozaron en Indias los ingenios, cual fue el de que éstos no pudieran ser embargados ni ejecutados o vendidos judicialmente por deudas. La Real Cédula es de 15 de enero de 1529, en Toledo, y pasó a ser la Ley IV del Título XIV del Libro V de las *Leyes de Indias* en esta forma:

> Que no se puede hacer ejecución en ingenios de azúcar. Mandamos, que en los ingenios de azúcar de cualesquier partes de las Indias, esclavos, y otras cosas necesarias a su avivamiento y molienda, no se pueda hacer ejecución, si no fuere la cantidad a Nos debida, y permitimos que se haga en los azúcares, y frutos de los ingenios, y este privilegio no lo puedan renunciar los dueños, ni valga la renunciación, si la hicieron de hecho. Y asimismo es nuestra voluntad que los escribanos en los contratos y escrituras no pongan cláusula de renunciación, pena de suspensión de oficio, y que las justicias no la puedan ejecutar.

Esta Real Cédula exime de ejecuciones a los ingenios y a todo su equipo, salvo por deudas al rey o sea por préstamos reales y por impuestos; permitiendo solamente que los embargos y remates se hicieran sobre sus productos industriales o sean los azúcares y las mieles. Ese privilegio era tan fuerte que ni siquiera se permitió que se renunciara legalmente por sus beneficiarios y fue ratificado reiteradamente por las siguientes reales cédulas: por el mismo don Carlos en Palencia a 20 de septiembre de 1534, por la emperatriz gobernadora en Valladolid a 4 de mayo de 1537, por Felipe II y la princesa gobernadora allí a 30 de marzo de 1557, y luego en Madrid a 3 de agosto de 1570, y en San Lorenzo a 28 de septiembre de 1588. Y todavía por el rey Felipe III en Olmedo a 2 de octubre de 1605.

Con este privilegio los hacendados azucareros se convirtieron en unos señores inmunes a toda acción judicial contra la fuente de su riqueza que era el instrumento productor de azúcares en su integridad industrial: la tierra, la máquina, los esclavos, los animales y los utensilios para la fabricación. Claro está que al hacendado aún le quedaban los productos industriales, o sean los azúcares, mieles y remieles, pero éstos eran de relativa poca monta y no siempre bastaban a garantizar los gastos de la refacción y de la producción del ingenio y los de la vida dispendiosa del hacendado. Fuera lo que fuere, al hacendado no se le podía embargar el ingenio; o, lo que es igual, no se le podía privar de su privilegiada posición económica, de su «gran heredamiento».

Pronto se comprendió que este privilegio era excesivo y, sobre todo, que impedía la creación de nuevos ingenios, si éstos tenían que levantarse con préstamos. Nadie que no fuese el real tesoro prestaría sus dineros a otro para construir un ingenio, si éste no quedaba gravado a favor del acreedor para garantizarlo y ni siquiera podía ser objeto de embargo. Por esto la susodicha Real Cédula de 1529 fue modificada por el mismo Carlos V por otra Real Cédula de 8 de noviembre de 1538, que fue la Ley V del Título XIV del Libro V de la *Recopilación de Indias*, la cual textualmente dijo:

Que se pueda hacer ejecución en todo un ingenio de moler metales o fabricar azúcar, si la deuda montare todo el precio. Nuestra intención en haber mandado que no se pueda hacer ejecución en ingenios, es que por esta causa no dejan de fructificar para el bien común de estos reinos y los de las Indias, pues de hacerse resultaba mucho perjuicio, y que el ejecutante y ejecutado no podía sacar provecho de este desavío. Y porque es necesario atender al privilegio de los acreedores: Declaramos y mandamos que si la deuda fuere tan grande que monte todo el precio del ingenio, con esclavos, pertrechos y aparejos de su avío, y no tuviere el deudor otros bienes de que el acreedor pueda ser pagado, se mande hacer y haga ejecución en todo el ingenio, esclavos y pertrechos, y pago de toda la deuda, dando la persona en quien se rematare, fianzas llanas de conservarlo entero, bien reparado, moliente y corriente, como lo tenía el deudor.

Esta Real Cédula fue reproducida por Felipe II en el Pardo, el 13 de marzo de 1572, y mediante ella cuando el hacendado llegaba a deber tanto o más que el valor de su ingenio, y no tuviese otros bienes, entonces podía ser privado de aquél.

También los pobladores de Cuba tuvieron mercedes reales para sus negocios de fabricar azúcares. La primera es del año 1523. Ya por esa fecha y por encargo de Diego Velázquez, primer gobernador de Cuba, el tantas veces citado cronista Gonzalo Fernández de Oviedo había llevado él mismo al rey varias muestras de cañamiel de la crecida en Cuba con provecho. Según Herrera, ya antes de esa fecha el azúcar cubano «iba en acrecentamiento».

De 13 de febrero de 1523 es una Real Cédula importante para Cuba por la cual se ordena que se favorezca con préstamos de dinero a quienes desearen implantar ingenios de azúcar en esta isla. La Real Cédula dispuso lo siguiente:

El rey: nuestros Oficiales de la Ysla Fernandina (Cuba), por que por experiencia se ha visto, que después que plugo a Nuestro Señor que la granjería del azúcar se comenzase, la dicha Ysla va en acrecentamiento, e abundancia, de que se espera redundará a los vecinos e pobladores della mucha utilidad, e ennoblecimiento, e perpetuidad, e que Juan Mosquera en su nombre, me hizo relación que en esa Ysla, muchos vecinos e moradores della querían hazer ingenios y darse a la dicha granjería, y que a cabsa de ser muy costoso el edificio de los dichos ingenios, e lo que se requiere para los sostener, la dicha granjería no se podría comenzar ni permanecer, si Nos no mandásemos prestar a algunas personas alguna cantidad de maravedises..., suplicándome mandase así proveer, e como la mi merced fuese. E por que Yo tengo mucha voluntad que los vecinos y pobladores desa Ysla (Cuba), reciban merced en todo lo que oviere lugar, y que en esto por ser cosa tan necesaria, sean favorecidos e ayudados, tóvelo por bien, por ende Yo vos mando vos informéis qué personas hay en esa Ysla que tengan manera, o comienzo para hacer ingenios de azúcar, y que no tengan posibilidad para por si solos hazer un ingenio, e que sean personas honradas, cual a vosotros pareciere, y a los que de esta cualidad hubiere, etc.
(*Historia del Nuevo Mundo*, Sevilla, 1891, tomo II, pág. 449.)

Después sigue la parte dispositiva, consonante con los citados motivos.

Para la traída de esclavos también fueron favorecidos los azúcares de Cuba. Acaso sea de 1526 la primera de ellas. En una Real Cédula dictada en Granada el 20 de junio de dicho año, el rey dispone que, además de los 700 negros esclavos que cupieron a la isla Fernandina o Cuba, de los 4.000 del asiento hecho con el gobernador de Bresa, se puedan llevar a dicha isla otros mil esclavos más, los cuales se repartirían de acuerdo con el gobernador y el Consejo. Y esta licencia regia para Cuba se otorgó atendiendo a las súplicas de sus vecinos y moradores «porque en dicha isla había y se hacían de nuevo algunos ingenios de azúcar y así para esto como para entender en sus haciendas y granjerías tenían mucha necesidad de los dichos negros» (*Academia de la historia de Cuba. Papeles del Archivo general de Indias relativos a Cuba y particularmente a La Habana*, tomo I (1512-1578), La Habana, 1931, pág. 98).

En 4 de abril de 1531, una Real Cédula datada en Ocaña autoriza que, de las rentas del rey en Cuba correspondientes a dicho año, se presten dineros a los pobladores por dos anualidades para que éstos puedan comprar esclavos con qué fomentar ingenios. El año 1532, habiendo ya en Cuba casi 500 negros, según carta del licenciado Vadillo, el cabildo habanero suplica a S. M. el envío de más esclavos. A fines de 1534 el factor Fernando de Castro pide al rey licencia para traer cincuenta negros con los cuales levantar un ingenio de azúcar. Ya en 1535 informa el cabildo que en la isla hay unos 1.000 negros, y Gonzalo de Guzmán pide a S. M. que le exima del pago de derechos por la introducción de cincuenta esclavos de que tuvo merced para un ingenio. Las peticiones no cesan; gobernadores, obispos, frailes, municipios, terratenientes y mercaderes piden esclavos y más esclavos. Y así pasan más de tres siglos.

Del año 1566 es una importante franquicia arancelaria concedida por el rey *a los azúcares de Cuba que fuesen exportados a Sevilla*. Dice textualmente como sigue:

El rey: Nuestros contadores mayores: sabed que por parte de la Ysla de Cuba nos ha sido hecha relación que la dicha Ysla y vecinos dellas están muy pobres y que si no le hiciésemos... merced se despoblaría y me fue suplicado les hiciese merced que de las cosas que tragesen de la dicha Ysla... de Sevilla no pagasen almojarifazgo por el tiempo... sernos servidos o como la mi merced fuese... de lo suso-dicho y la voluntad que tenga al bien y población que la dicha isla y habiéndoseme consultado hemos tenido y tenemos por bien de le hacer merced como por la presente se la hacemos que por término de ocho años primeros siguientes que comiencen a correr y contarse desde el día que esta mi cédula fuere presentada en la ciudad de Santiago de la dicha Ysla en adelante todos los cueros y azúcares que de la Ysla se trageren o enviaren los vecinos y moradores della a la dicha Ciudad de Sevilla y cualesquier mercaderes i tratantes y otros

personas no paguen ni se les pida ni llevan del almojarifazgo que se nos debía mas de solamente la mitad por que de la otra mitad, yo les hago gracia y merced y suelta por el tiempo de los dicho ocho años. Por ende yo vos mando que en virtud desta mi cédula sin pedir otro i ningún recaudo hagáis dar conforme a lo susodicho a la parte de la dicha Ysla de Cuba los despachos necesarios en la forma que convenga para que por el dicho tiempo gocen de la dicha merced y les sea guardada y cumplida. Fecha en Madrid a veinte e nueve de abril de mil e quinientos e sesenta e seis años. Yo el rey. Por mandado de Su Majestad Francisco de Eraso. Y en las espaldas de la dicha Real Cédula estaba escrito lo siguiente: asentóse esta cédula de su Magestad en los libros de la casa de la contratación desta ciudad de Sevilla en veinte e seis dias del mes de febrero de mil quinientos y sesenta y nueve años. Ortega de Melgosa. Dn. Antonio Manrique.
(Actas capitulares del Ayuntamiento de La Habana, tomo II, 1566-1574, La Habana, 1939, pág. 134-35.)

Reseñar las sucesivas mercedes reales referentes a los ingenios sería recorrer la vía central de la historia cubana durante la colonia. Citemos una sola, de las más radicales, y cuyo recuerdo no es del todo inoportuno en estos tiempos que corremos.

Aun cuando casi todas las reales cédulas indicadas se promulgaron en general para las Indias, particularmente las del privilegio de exención de embargo y ejecuciones, de 1529 y 1538, cuando al declinar del siglo XIV se quisieron establecer ingenios en la comarca habanera se reclamó para ésta igual beneficio. El cabildo municipal de La Habana y el gobernador pidieron en 1595 a S. M. que para fomentar la fundación de ingenios, quedaran libres de ejecución por deudas así sus tierras como sus máquinas, sus esclavos y sus animales. Y a esta instancia S. M. el rey accedió por Real Cédula que fue publicada en Cuba el día 23 de octubre de 1598, habiendo sido promulgada por el rey el 30 de diciembre de 1595.

Esta orden era esperada en Cuba; apenas conocida su firma y aún antes de publicada, Hernán Manrique de Rojas pide licencia al cabildo municipal habanero para levantar un ingenio y así lo hace «en el golpe del Cerro», es decir en uno de sus saltos o represas hidráulicas. Otros ingenios de azúcar, se fomentaron en las inmediaciones de La Habana; «algunos movidos por agua», según asegura Urrutia.

Además, por esos años el rey mandó prestar de sus cajas a los fabricadores de los ingenios hasta $ 40.000, con lo que aumentó este cultivo. Así consta de las actas del cabildo habanero de 3 de febrero de 1601, según el historiador Urrutia (II, pág. 96) quien asegura que con estos regios favores tanto «se aumentó este cultivo que obligó a limitarlo para que no decayesen los otros». Con lo cual ya se da, entonces, en la alborada del siglo XVII, apenas comienza la explotación del negocio azucarero en Cuba, el fenómeno persistente del desequilibrio de la producción económica insular por la prevalencia de un solo producto extractivo y de exportación y la necesidad de coartar sus excesos en pro de la variedad de recursos agrarios sustentadores del país.

Dichos privilegios fueron realmente eficaces, pues ya en 1610 consta por los documentos oficiales que se exportaban azúcares de La Habana. Ha sido enorme la trascendencia histórica de aquella franquicia en el pueblo cubano.

Aquellas reales cédulas de inmunidad fueron la *magna charta* de los hacendados con ingenios en Cuba, vigente durante siglos y sobre la cual se alzó toda la estructura jurídica y social del insular capitalismo azucarero. Es necesario ultramediar el siglo XIX, cuando los avances del liberalismo económico exigían cambios radicales, para que desapareciera esa franquicia de los hacendados, que fue base y sostén de la aristocracia azucarera de Cuba. Todavía en el año 1833, por una R. O. se declara expresamente que rigen sin alteración aquellas reales cédulas del siglo XVI, que logran durar por tres siglos. En 17 de julio de 1848, la Junta de Autoridades de la Isla de Cuba acuerda que el histórico privilegio de exención de ejecuciones sea renunciable; pero éste sigue en vigor hasta 1865, pues por R. D. de 2 de abril de 1852, dictado por Isabel II, todavía se ratifica su vigencia, aun cuando ya se inicia su reforma. Ya se ordena que los nuevos ingenios que se establezcan estarán sujetos al «derecho común», pero todavía se declara que aquellas triseculares cédulas de privilegios seguirán en vigor para los ingenios existentes hasta el año 1865.

Pocos años antes, en 1858, como para definir el problema socioeconómico que entonces estaba planteado en Cuba y que, según él, hacía previsible la revolución nacional y explicaba la amenaza socialista, un estadista cubano, tan sesudo y conservador como el conde de Pozos Dulces, refiriéndose al hacendado azucarero decía: «Tiene aquél importancia y riqueza donde ningún otro la tiene»; y aún añadía: «le sobran el derecho y desgraciadamente también el poder» («Carta desde París, el 18 de junio de 1858», al diario habanero *Correo de la Tarde*. En su *Colección de escritos*, tomo I, París, 1860, pág. 372).

Por esa época ya la opinión conservadora condena esas inmunidades extraordinarias y las califica de inmorales, y de fomentadoras de la disipación, de los fraudes, de la usura y de «la torpe logrería de algunos capitalistas» (M. Torrente, *Ob. cit.*, tomo II, pág. 355). Cae entonces el privilegio inmobiliario e industrial del hacendado, cae la trata, cae la esclavitud; el liberalismo se impone, impulsado desde afuera por la revolución industrial y por el capitalismo bancario. España no lo comprende y «se emperra» contra el progreso económico; niega las reformas y en 1868 estalla la revolución libertadora que, favorecida o dificultada según las contingencias internacionales, culmina en 1902 con la independencia. Y la república de Cuba entra en otra era de su historia económica, política y social que, según las previsiones más discretas, pronto habrá de terminar.

XVII. De la cañafístola o cañandonga

La *cañafístola* es el fruto de una leguminosa, en forma de vainas cilíndricas, de color oscuro y de pulpa negruzca, que antaño se usó mucho en medicina. En Cuba a la *cañafístola* de viejo la llamamos cañandonga. Esta palabra es una de tantas voces mulatas que andan metidas por el lenguaje vernáculo de Cuba, como *cojioca, sandunga, fruta-bomba, come-bolas, monifato, guarango, bullanga* y otras de igual progenitura blanquinegra.

Cañandonga es palabra mulata, descendiente de una blanca española y de abolengo latino (*caña*) y de un vocablo negro africano y de linaje bantú (*indonga*). *Indonga* fue quizás aplicado por los negros congos a la *cañafístola* para distinguirla de la *caña de azúcar* o *cañaduz,* de la *cañavera* y de la *cañambú* o *cañapalma.*

Indonga quiso decir «del reino de Angola» o *Dongo,* que así se llamó antaño esa importante y extensa comarca africana. *Caña-indonga,* pues, equivale a *caña de Angola* (Fernando Ortiz, *Glosario de afronegrismos,* La Habana, 1924, pág. 101).

Los negros y luego los blancos usaron en América de los nombres africanos para distinguir ciertas cosas de sus similares, según sus procedencias. Así se dice: *gallina de Guinea, yerba de Guinea, plátano guineo, plátano burro* (que es «maduro» en carabalí), *jutía arará,* etc.

Probablemente la palabra *cañandonga* se usó en Cuba primero para distinguir una de las dos clases de cañafístolas que se conocen por estas tierras; una indígena y silvestre o cimarrona y otra cultivada y traída de lejos. ¿A cuál de ambas se aplicó el vocablo? Parece que debió de ser a la importada porque la creían de Angola. Algunos piensan que no fue sino a la cimarrona, para distinguirla de la cultivada, precisamente por ser la indígena de Cuba similar a la africana. Ramón Martínez (*Oriente folklórico,* Santiago de Cuba, pág. 40), dice así:

Cañafístula. Así llamamos a la cañafístula de grano fino, color gris con vetas, y al árbol que la produce, el cual tiene hasta quince metros de alto. La dan de «ñapa» en las boticas. Creo que es la que llaman *cañafístula* cimarrona. A la cañafístula gorda le llamamos cañandonga.

El padre Bernabé Cobo nos da estas noticias de las dos cañafístolas que se conocieron en la Española:

Puesto caso que se halla en esta tierra una especie de *Cañafístola silvestre*, no sirve al uso de la medicina. El árbol de la *Cañafístola* oriental se sembró primero en la Ysla Española, de las pepitas de la *Cañafístola* que de la India se traía para las boticas, y desde allí se ha extendido por toda América. Nace solamente en tierras calientes, y en las que son más templadas, aunque se da, lleva muy poco fruto y desmedrado. Es el árbol de la *Cañafístola* de los hermosos y de buen parecer que yo he visto, tanto, que casi puede competir con el Naranjo; al cual es semejante en su tallo y grandeza, aunque algo más crecido; nunca pierde la hoja en todo el año, la cual se asimila a la del Nogal en su tamaño y figura. Produce en racimos gran cantidad de flor amarilla, muy parecida a la de la Retama. Las Cañafístolas, cuando pequeñas son verdes, y después que han llegado a la grandeza que han de tener, se ponen coloradas, y como van madurando, se van volviendo negras. En la Isla Española hacen dellas, cuando están pequeñitas y tiernas, una conserva muy preciada. En la misma isla se plantan y cultivan estos árboles como si fueran Olivares, y se coge gran copia de Cañafístolas, que se lleva en las flotas a España.

En 1532 había zarpado de Santo Domingo un buque cargado de azúcar, *cassia fistularia* y cueros (I. Wright, *The Early History of Cuba*, pág. 134).

Carecemos por ahora de más datos y de más competencia para dilucidar esta cuestión de nomenclatura.

XVIII. De los primeros embarques transatlánticos de azúcar

Consta que el día 29 de junio de 1517, en las naos de Juan Ginovés y Jerónimo Rodríguez, llegó al puerto de Sevilla una «caxeta» con la primera azúcar hecha en estas Antillas, en la isla Española, mandada por los padres jerónimos que entonces constituían la teocracia, o más bien la jerocracia, que gobernaba a las Indias por mandato del cardenal Francisco Ximénez de Cisneros, quien a su vez, aun cuando era regente por la reina doña Juana la Loca, gobernaba absolutamente en Castilla con todo el imperio de su primacía política, eclesiástica y feudalesca, de su opulencia económica y de su carácter tozudo y rígidamente autoritario.

De ahí se ha querido deducir que antes de esa fecha no hubo embarques de azúcar; pero pudo haberlos, aun cuando fueran, más que para Castilla, para el resto de las Indias hasta entonces descubiertas, las cuales se abastecían de vituallas desde la Española y Cuba. Recordemos lo ya dicho al final del Capítulo Adicional XVI sobre las diversas maneras de producir azúcar, y cómo pudo haber y realmente hubo azúcares en las Antillas antes que en ellas hubiese *ingenios*.

Se sabe que el famoso Alcázar de Toledo fue construido por Carlos V en parte con el dinero recaudado mediante un impuesto sobre el azúcar que de La Española llegaba a Sevilla. De todos modos, ya en marzo de 1522 una nao de Alonso de la Algaba cargó en La Española 2.000 arrobas de azúcar (hoy diríamos unos 154 sacos) para Sevilla, cayendo en poder de un corsario famoso, aquel Juan de Verrazzano, florentino al servicio de Francia, quien dos años después, en 1524, venía a la parte septentrional de América, tocaba al norte de la Florida y se remontaba bojeando más arriba hasta un río donde descubrió la isla de Manhattan, que hoy es la ciudad de Nueva York.

En 1525 ya se sabe de tres naves «cargadas de panes de azúcar». En la relación firmada en Valladolid el 2 de julio de 1527 por el bachiller Alonso de Parada, dirigida a S. M. sobre la población de las Indias, se le informaba al rey, entre otras cosas, de los ingenios de la Española y de que en la vida del Puerto de Plata había «tres ingenios que muelen, con dos o tres trapiches», y que en su puerto de mar «algunas veces van navíos de Castilla a cargar de azúcar» (*Papeles existentes en el Archivo general de Indias relativos a Cuba y muy particularmente a La Habana*. Academia de la Historia de Cuba, La Habana,

1931, tomo I, pág. 120). Así pues, antes de 1546 ya los buques españoles en su tornaviaje a Sevilla llevaban azúcar, que solía ser pagada a peso y medio la arroba, como atestigua Oviedo, al escribir por 1546, en la isla Española donde residía, que «continuamente las naos que vienen de España vuelven a ella cargadas de açucares muy buenos».

Por esos años ya había también ingenios en Puerto Rico, según Brau. En 1523 Tomás de Castellón fundó un ingenio en Añaszo, Jerónimo Lebrón otro en la región del Toa, y Antonio Sedeño un tercero, probablemente en la región de Utuado; y debido a ello fue tan grande el aumento en la introducción de esclavos, que por el 1530 el número de los negros allí era mucho mayor que el de los blancos.

También por esa época había unos pocos ingenios en Jamaica y México, como dice el mismo Oviedo. Lo cual no es inverosímil pues ya los portugueses habían introducido la industria azucarera en Sudamérica. Por 1533 ya cuenta el Brasil con el primer ingenio, en la Capitanía de San Vicente, hecho por su gobernador, según Robert Southey (*Historia do Brasil*, Río de Janeiro, 1862, pág. 64); Lucio de Acevedo (*Epocas de Portugal Económico*, Lisboa, 1929, pág. 252), y Roberto Simonsen (*Historia económica do Brasil*, Río de Janeiro, 1937, pág. 147).

Y así van cundiendo por América la producción azucarera y su comercio transoceánico a los naciones europeas, más allá de la Península Ibérica. Ya en 1610 se registran algunas exportaciones de azúcar desde el puerto de La Habana para Sevilla. Pero puede asegurarse que ya antes, en el siglo XVI, hubo algunas exportaciones de azúcares y meladuras desde varios puertos cubanos, especialmente para otras regiones de América que en sus comienzos se surtían en Cuba de casabes y salazones, y las cuales, por razones de clima y escasez de esclavos, no fueron tan propicias a la industria azucarera.

Esto ha de inferirse de lo que dice la ya citada Real Cédula de 13 de febrero de 1523 en relación a la isla Fernandina o Cuba. El rey expresa claramente que «por experiencia se ha visto que después que plugo a Nuestro Señor que la granjería del azúcar se comenzase, la dicha Ysla (Cuba) va en acrecentamiento e abundancia de que se espera redundará a los vecinos e pobladores della mucha utilidad, e ennoblecimiento e perpetuidad...». La fecha de esa cédula real es de comienzos de 1523 y del texto aludido resulta probado que antes de ese año ya se había experimentado en Cuba «acrecentamiento y abundancia» como consecuencia de la comenzada granjería del azúcar y que por ello se esperaban para los pobladores de esta isla muchos provechos y afincados encubrimientos. Y todo esto aún sin existir «ingenio», es decir con solo «trapiches» para moler. A esto hay que añadir lo ya señalado de Oviedo y de Herrera tocante al azúcar de Cuba.

Recuérdese también que en la Real Cédula de 20 de junio de 1526, al concederse a la isla de Cuba licencia para el envío de mil negros esclavos, además de los 700 que ya tenía otorgados, se declaró por el rey que ello era a súplicas de los vecinos y moradores de Cuba «porque en dicha isla había y se hacían de nuevo algunos ingenios de azúcar».

De todo lo cual hay necesariamente que deducir pese a opiniones contrarias, que antes de 1523 ya se había iniciado en Cuba la granjería del azúcar y que ésta significaba no tan solo la producción azucarera para el consumo interior sino para la exportación, sin la cual no podía haberse dado tan rápidamente esa nueva fuente de prosperidad económica, o sea de «acrecentamiento y abundancia» a que se refiere el rey. Entonces estaban en su apogeo las conquistas y empresas de Yucatán y de México y éstas eran avitualladas principalmente desde Cuba. De esta isla se proveían de casabes y de cecinas y con éstas irían, sin duda, los nuevos azúcares y las mieles.

Preguntémonos ahora: ¿dónde se alzó el primer *trapiche* de Cuba? ¿En Santiago, que era el asiento del gobierno? ¿En Trinidad, que era la villa próspera de la costa sur? ¿En La Habana, que ya comenzaba a figurar en la historia como centro marítimo importante? ¿Acaso en la Ensenada de Cortés o en alguna otra bahía de Guaniguanico, cerca del cabo de San Antón, la extremidad occidental de Cuba, donde los españoles establecieron conucos de yucales y criaderos de ganado para proveer a las expediciones que allí se abarrotaban, zarpando luego hacia el poniente para las tierras recién descubiertas y conquistadas? No se sabe dónde fue montado el primer *trapiche*, hecho seguramente (montajes, mazas, ruedas, canales, bateas y canoas) con las duras «maderas de corazón» de la entonces frondosa flora cubana. Tampoco se conoce dónde, tiempo después, se estableció el primer *ingenio*. ¿Por el Cauto o por el Casiguaguas? De todos modos parece forzoso creer que ya en 1523, aún sin existir ingenios, había en Cuba fabricación de azúcares y embarque de ellos, suficientes para haberse experimentado tales «acrecentamiento y abundancia» que ya inspiraban a los pobladores vecinos y al rey lejano fundadas esperanzas de que el azúcar fuese para Cuba la base de una grande prosperidad económica y de una estable estructura social.

XIX. Del «tabacano» y el fumador

Tabacano fue vocablo bien formado, como lo fueron *tabacal, tabacalero, tabaquero, tabaquería, tabacoso, tabaquista* y quizás algún otro, los cuales lograron sobrevivir; pero aquél resultó demasiado específico para cierta clase de fumadores, en una época en que el tabaco también se fumaba mucho en pipa (*pipar*). Por esto prevaleció con facilidad la voz *fumador*, la cual era genérica y por su raíz latina (*fumare*) ya tenía antecedentes en el lenguaje español.

Probablemente el vocablo más apropiado fue el de *tabaquista* y fue bastante usado, aun cuando luego se olvidó. Con igual criterio idiomático a comienzos del siglo XVII los ingleses llamaban a los fumadores *tobaconists*, vocablo hoy reservado allí a los vendedores de tabaco.

XX. De cómo el tabaco habano salió a conquistar el mundo

El tabaco fue algo más tardío que el azúcar como artículo del comercio transatlántico de América. Pero en lo que se refiere a Cuba, el tabaco y el azúcar aparecen casi contemporáneamente; más bien puede asegurarse que el tabaco precedió en importancia. Cuando el azúcar aún significaba poco en la exportación de Cuba ya el tabaco cubano tenía presencia y nombradía en Europa.

¿Quién exportó el primer tabaco cubano a Europa? Debieron ser Cristóbal Colón y sus compañeros al retorno de su primer viaje, dado lo que se sorprendieron de las «yerbas muy preciadas» por los indios y de los «mosquetes» encendidos que descubrieron en las islas de este archipiélago. Pero Colón no debió de prever entonces la potencia comercial del tabaco como sí anticipó la del azúcar en su viaje siguiente.

La noticia de que fray Ramón Pané remitió semillas de tabaco a Carlos V no tiene fundamento comprobado. Es verosímil que los frailes enviados años antes por Cisneros a conocer las gentes y cosas de las Indias, las posibilidades de su explotación y gobierno y las andanzas del almirante don Cristóbal Colón, informaran al poderoso cardenal castellano de las *cohobas, tabacos* y demás costumbres típicas de la indiada. Fray Francisco Ruiz le llevó a Cisneros cosas indias muy diversas, como pan *cazabí, jamacas* y «un arca o dos de ídolos de diversas maderas», todo lo cual puso el Regente en la Universidad de Alcalá por él creada, estableciendo así en Europa el *primer museo etnográfico de América*. Tiempo después, Alejandro Geraldini, obispo de la Española, donde murió en 1524, envió al papa León X muchos presentes de objetos indios, entre éstos varios ídolos de los usados por los *behíques* para sus cultos, curaciones y presagios. Es verosímil que con las imágenes, *caratonas* y *guaízas* de los templos taínos, llegaran también a Cisneros y a León X los «mosquetes», los tubos bifurcos y los platillos bruñidos para los ricos de la *cohoba* y de las ahumadas, que tanto interesaron a los descubridores y cronistas; pero nada puede asegurarse acerca de ello. Y menos puede decirse que ya desde entonces pasó a Europa el uso antillano del tabaco y su cultivo.

Del indio al negro y al blanco, la transculturación del tabaco en estas tierras indianas no fue tardía (véase lo explicado en el Capítulo complementario IX). Prueba la rápida propagación del tabaco entre los blancos conquistadores el hecho de que ya en 1535 ellos habían sabido distinguir entre las condiciones del tabaco usual en las Antillas y cierta otra especie hallada en el continente americano. En 1535 ya en las Antillas se comienza ostensiblemente la selección botánica de los tabacos; tiene lugar *la primera escogida* de la historia, trayendo de Yucatán la especie *Nicotiana tabacum* (Brooks, Loc., pág. 19), la de la florecilla roja y de corola gamopétala y de cinco puntas como una estrella, prefiriéndola a la que aquí en Cuba era corriente, la Nicotiana rústica, de menor tamaño, de más fuerte tósigo y amargor, con flores de bordes ondulados y de color amarillo verdoso. Esto comprueba, ciertamente, cuán pronto los europeos en Indias se dieron cuenta de los hechizos del tabaco y de cuán necesario era con él siempre escoger y rezagar.

Pero si el tabaco se fue difundiendo pronto en las colonias de América, del indio al negro y luego al blanco, es decir de abajo a arriba, no fue tan inmediata su consideración como mercadería que representara un interés económico y susceptible de un mercado ultratlántico. En realidad, hasta ya entrada la segunda década del siglo XVI no comienza la colonización económica de América. Hasta entonces los pobladores apenas han podido lograr otra cosa que afincarse en la Española, sacar oro, asegurarse el sustento, hacer excursiones exploradoras por Cuba y demás islas del archipiélago antillano y por unas pocas zonas de Tierra Firme. Después de esa época ya se va teniendo una base económica permanente para el comercio transatlántico, se extienden las conquistas por las islas y costas continentales y los marinos en sus tornaviajes y los indianos en su repatriación esparcen por los puertos del Viejo Mundo los exotismos de América.

En la segunda mitad del siglo XVI es cuando el tabaco adquiere categoría económica en el comercio internacional y en varias agriculturas, así americanas como europeas. Ya se explotaba y era rebuscado el tabaco en Cuba. En sus puertos, naturalmente cerrados a las tormentas del mar pero prácticamente abiertos e indefensos a las agresiones humanas, se obtenía el apetecido tabaco indígena por los corsarios y contrabandistas de acuerdo con sus pobladores, descontentos unos y otros con los monopolios de España. Fue grande el comercio clandestino. El puerto de La Habana llegó a ser el centro de difusión del tabaco indiano, por la circunstancia de ser en la rada habanera donde se juntaban las naos españolas, con sus tripulantes hampones y sus pasajeros adinerados, para su tornaviaje a las arenas del Guadalquivir. Muy importante fue La Habana durante siglos como centro de todas las flotas españolas de Cartagena, Nombre de Dios, Portobelo, Veracruz, Campeche y Santo Domingo, las cuales se reunían en su bahía, grande, defendida de huracanes y de piratas, y situada en la boca del canal de Bahama que era la vía de retorno forzada por las corrientes y los vientos; y de aquí zarpaban aquellas flotas en conserva y al amparo de las armadas para regresar a Sevilla. Tan grande era la población flotante que durante meses se estacionaba en La Habana, que era forzoso organizar sus expansiones y divertimientos para aquellos millares de personas, enriquecidas unas en todas las Indias y otras envilecidas en la chusma de galeotes al remo o en la soldadesca refertera y disipada. Por esa riqueza y dilapidación que llegaban con las flotas, en junio de 1581 pudo escribirse desde La Habana, por uno de sus gobernadores:

...ser este lugar (La Habana) el más caro de las Indias; es grande el gasto por el concurso de navíos que por aqui pasan y gentes que vienen en ellos que no se puede dejar de gastar aunque se procure.
(*Carta de Gabriel de Lujan a S. M. el rey. Papeles del archivo general de Indias*, Academia de la Historia de Cuba, tomo II.)

Por esas circunstancias tuvo rápido crecimiento la población de La Habana. El historiador Ignacio José de Urrutia dijo que: «Se aumentó, sobre todo los de la Isla, el vecindario de La Habana no porque hubiese entrada notable de pobladores, sino porque atraídos los de los otros pueblos con el comercio que en ellos solo hacían clandestinamente con extranjeros, y expelidos de ellos por los continuados insultos de piratas que no sufría ésta por su fortaleza y guardacostas, hallaban en ella más medios de ganar y seguridad de vivir. Así se considera que en esta época, apenas se aumentarían a catorce mil los habitantes de la Isla, y lo más de ellos en La Habana, donde empezaron a fomentar con la esperanza de la extracción, las siembras de *tabaco* y *caña*. Construyeron *molinos* para lo primero e ingenios para lo segundo, al impulso del agua del acaudalado río de la Chorrera y zanja abierta para su conducción a La Habana» (Academia de la Historia de Cuba, *Obras del doctor Ignacio José de Urrutia y Montoya*, tomo II, La Habana 1931, pág. 91).

Consta que por esa época ya era negocio en La Habana la venta de tabaco al público. Son de entonces las primeras disposiciones legales españolas acerca de esta planta. El tabaco cubano aparece en la historia legislativa por las prohibiciones de que fue objeto y no, como el azúcar, por los favores que se le brindaron. La primera prohibición es del año 1557 y contra su comercio local en La Habana; la segunda es de 1606 y contra su siembra en Cuba y parte de la América hispánica; la tercera es de 1614 y contra su comercio internacional. Penas de azotes, de confiscación y de muerte.

Por acuerdo del Cabildo de La Habana fecha 14 de mayo de 1557, se prohibió a las negras que tuvieran tabernas o bodegones, y expresamente venta de vino y tabaco, so pena de cincuenta azotes. Fue acto gubernativo de evidente discriminación racial. Las negras hacían pingüe negocio en La Habana durante los meses de estada de las naves y flotas de la carrera de Indias. Esas «negras mondongueras», que así las llamaban, esclavas u horras, entretenían a la gente marinesca en sus casas de comida, bebida, baraja, danza, canto, guitarreo y demás esparcimientos imaginables. En esos lugares de disipación, el tomar tabaco era otro placer obligado. Esos bodegones habaneros fueron sin duda escuelas de fumadores. Y mucho tabaco debían de vender las negras para el consumo inmediato, para la fuma del viaje y para llevar de pacotilla a Sevilla, cuando les fue quitada la pingüe granjería por los sesudos ediles habaneros, movidos por envidia y codicia. Desde entonces el negocio de *bodeguero* fue en La Habana privilegio de hombre blanco y peninsular. Y el negocio del tabaco fue muy típico de dicho puerto con los indianos, tropas y tripulantes de las flotas y armadas de Su Majestad Católica y aun con los demás puertos atlánticos del imperio hispanoamericano.

Por entonces ya entre las diversas tierras de España en las Indias se han establecido frecuentes relaciones mercantiles y hay un comercio interamericano del tabaco en el cual los intereses metropolitanos van interviniendo también con privilegios y restricciones. Aludamos a la Real Cédula de Felipe II dictada en El Escorial con fecha 16 de septiembre de 1586, por la que se dispuso, entre otras restricciones comerciales al «vino cocido», lo siguiente en cuanto al tabaco:

...que ningún pulpero ni otra persona, de cualquier estado y condición que sea, pueda vender, dar, ni llevar a la dicha ciudad (Panamá) ni otras ningunas partes de sus términos y jurisdicción, en público ni en secreto, ningún tabaco, en mucha ni en poca cantidad, sembrarlo, ni tenerlo, aunque diga que lo quiere para otras partes, pena de 50 pesos de oro, por la primera vez, y el tabaco perdido, y públicamente quemado como hierba prohibida y dañosa en la dicha ciudad y su tierra: y por la segunda vez, la pena doblada y destierro perpetuo del Reino; y si fuere negro o negra, libre o cautivo, cualquiera de las penas sea doblada, y más se les den doscientos azotes por las calles públicas. Y permitimos que cada boticario pueda tener en su botica 2 libras no más, con licencia de la justicia, cabildo y regimiento, manifestándolo ante ellos.

También fueron creándose corrientes comerciales fuera de La Habana, entre los demás puertos de Cuba y los mercaderes de los pueblos herejes y enemigos de España aun cuando, por su carácter clandestino, no dejaron muchos rastros documentales en el lado español. Abundante debía de ser ya el cultivo del tabaco en Cuba, que era visitada con frecuencia por corsarios y filibusteros, quebrantando el monopolio comercial de España. Ya en 1504 hubo corsarios franceses en la costa del Brasil y acaso por el Mar Caribe. En 1523 uno de aquéllos se apodera frente a las Azores del tesoro de Montezuma, que Hernán Cortés enviaba a Carlos V. Ya en 1527 se aparece en Santo Domingo el primer barco inglés que viene a América, probablemente mandado por John Ruth, el cual desembarcó en su costa y rapiñó las provisiones que quiso. Y poco después comienzan los ataques y saqueos de los puertos cubanos. Ya en 1531 se arma en Dieppe una armada de trece naos y 3.000 hombres para apoderarse de La Habana; pero la expedición se desvió contra los portugueses. En 1536 es saqueada La Habana por un francés; al año siguiente lo es Santiago de Cuba. En 1554 otra vez atacan los franceses a esta ciudad y hacen un botín de $ 80.000. En 1555 otro francés, el luterano Jacques de Sores, ocupa, rapiña y quema La Habana. En 1562 los hugonotes franceses con Gaspar de Coligny penetran en la Carolina y en 1564 en la Florida. Estamos ya en la época de los grandes corsarios franceses, ingleses y holandeses en las aguas del Caribe. En 1586 «el Draque» pone «a sacomano» la ciudad de Santo Domingo; poco después entra a saco en la opulenta de Cartagena de Indias, y las audacias de ese marino inglés lo llevan hasta al ataque de la ciudad peninsular de Cádiz, en 1587, como un preludio a la victoria sobre la «Armada Invencible» de Felipe II, que acontece en el año siguiente. En todos esos contactos de los agresores extranjeros debieron de figurar las hojas de tabaco, conocidas y ocupadas en los buques y ciudades «papistas» por los asaltantes «luteranos». Mas para la exportación del tabaco cubano fue más importante que «el pirataje extranjero» el comercio de contrabando, el cual no fue en Cuba algo esporádico y aventurero sino negocio normal y de mucho provecho. Como asegura Pezuela:

> El contrabando, casi continuo desde fines del siglo XVI y en todo el XVII, formó en el país más caudales aún que el establecimiento de las flotas en La Habana; y esos caudales, seguros ya de reproducirse y fomentarse por los mismos medios, sirvieron para extender poco a poco los cultivos.
> (Pezuela, en la Introducción a su *Diccionario*, pág. 31).

Por esas vías, lícitas e ilícitas, pacíficas y violentas, el tabaco habano fue yendo a Europa. Acaso no haya habido una sola nave salida de Cuba desde los días de su descubrimiento que no haya llevado algún tabaco en la carga, en las pacotillas o en los equipajes. El comercio del tabaco es ya transoceánico; de las Indias españolas por el Atlántico se lleva a Europa y por el Pacífico al Asia. Y el tabaco del Nuevo Mundo ya no es solo una codiciada mercancía; transmigra al Mundo Viejo y allí se siembra y es objeto de cultivo en todas partes donde pueda sentir algo del calor que le evoque su solariega cuna tropical.

La difusión universal del tabaco, tan sorprendente por lo rapidísima y por lo desafiadora de las más feroces restricciones oficiales, fue posible en su aspecto material por la condición de las semillas de dicha planta. Ya hemos aludido a cuán numerosas son éstas; una sola planta puede producir más de 1.000.000 de semillas según W. G. Freeman. Y tan pequeñas y numerosas son las semillas del tabaco que en el momento de sembrarlas son esparcidas por el guajiro cubano lanzándolas al voleo, pero sin necesidad de abrir la mano bien cerrada que las contiene. Esas semillas son tan diminutas que ellas se abren paso hacia afuera entre los intersticios de los dedos y van saliendo de la mano apuñada para volar y caer en los surcos. El tabaco se siembra a puño cerrado, como en un simbólico gesto de comunista. Se comprende, pues, cuán fácil era el transporte de tales semillas, aún en la forma más rigurosamente clandestina. Y un solo puñado de ellas bastaba para sembrar toda una huerta y en un par de años cubrir de tabaco toda una comarca.

Por todo el mundo se fue sembrando tabaco llevado de América. Pero persistió la demanda de tabaco cubano, a pesar de las terribles persecuciones de que fue objeto y aun después de extenderse mucho el cultivo por aquellos lejanos países que antes lo proscribieran. Es que por misteriosas circunstancias, el tabaco cubano fue y sigue siendo insuperable para el gusto de los fumadores. Porque, importa decirlo, ya a fines del siglo XVI en Inglaterra gozaba de buena fama el tabaco cubano cuando todavía aquella nación no tenía colonias en América. Sin duda, el tabaco de la mayor isla de América era llevado a la mayor isla de Europa clandestinamente por los barcos contrabandistas.

El tabaco cubano debió de llegar a Europa en las formas en que aquí se consumía por los indios y luego por los indianos; es decir, en polvo, en andullo y, sobre todo para la fuma, como lo descubrieran en 1493, en aquella típica forma torcida que Bartolomé de las Casas comparó a los «mosquetes». Así es forzoso inferirlo por la circunstancia de que estos indios antillanos no usaban la pipa de fumar, que los españoles conocieron después por Tierra Firme, particularmente por el Brasil y por Norteamérica. Por España se estiló fumar el tabaco tal como en las Indias Occidentales. Cuando los españoles se refieren a él lo denominan tabaco, genéricamente, o le dicen *tubano* y popularmente *cigarro*; y a los cigarrillos que ellos usan envolviendo la picadura en papel, imitando los usos de México, les llaman *papeletes* y otras palabras semejantes. Esas voces *tubano*, *cigarro* y *papeletes* aluden claramente, como ya se dijo, a la forma del tabaco torcido o enrollado para fumar. No hay pipas para tabaco en la España de entonces hasta que las difunden los portugueses.

Es también prueba de que por el resto de Europa, y particularmente en las naciones latinas, se comenzó a fumar tabaco en forma de torcido, el hecho de que las primeras veces que allí se escribe del exótico placer americano de fumar es refiriéndose a ese tipo de hojas enrolladas. Así lo vemos en Thevet, en Benzoni, en Lobel, en De Lery.

La obra de André Thevet (*Singularités de la France Antarctique*, París, 1558) y su anónima traducción al inglés (*The New Founde Worlde or Antarctike*, de

1568) se reputan como el primer texto publicado con la descripción gráfica del tabaco para fumar. Thevet se refería al Brasil. En esa obra se puede ver un grabado del artista Jean Cousin tratando de interpretar el texto de Thevet. Se advierte fácilmente que este dibujante, muy exacto en la anatomía humana y en otros detalles del paisaje, no resulta igual en algunos objetos exóticos que no debió de conocer visualmente, como ocurre con el tabaco que fuma uno de los indios de su diseño (véase figura 19), pero trata de representar gráficamente un tabaco de hojas enrolladas. En otra obra ya citada del mismo Thevet (*La Cosmographie Universelle*, 1575) se reproduce otro dibujo de unos indios fumando (véase figura A de este libro), y en éste se advierte una mayor fijeza de los trazos del dibujo, pero aún más desproporción en las dimensiones, de lo cual ya hemos tratado en otro lugar. De todos modos, aquí está aún más marcado el retorcido de las hojas.

En cuanto a la obra de Benzoni, quien residió cerca de un año, el de 1544, en La Habana, los dibujos del cigarro de fumar (véase figura 13 de este libro), no obedecen a sugestión alguna de la obra de Thevet. Las proporciones son más reales y el torcido está bien marcado. El detalle que aquí omitió el artista es el humo. Esta obra es de 1572 y se publicó en Venecia.

Figura 19. Acto de fumar un tabaco, según Lobel, *Nova Stirpium Adversaria* (Amberes, 1576).

El autor Matías Lobel, De l'Obel, o Lobelius, en la obra que escribió con Petro Pena titulada *Nova Stirpium Adversaria* (Amberes, 1576) insertó un grabado (figura 19) representando una cabeza fumando un gran tabaco enrollado en un tubo, con esta inscripción al lado: «Nicotiana inserta in fundibulo ex quo hauriunt fumum Indi et naucleri». Así era, dice Lobel, «tal como lo vio Colón en boca de los indígenas de San Salvador», y, sigue diciendo, cómo tiempo después lo usaron mucho los marinos de las naves en la carrera de las Indias Occidentales. «Podéis observar», decía Lobel, «cómo así los marinos como los demás que regresan de allí (o sea de América) usan pequeños tubos, hechos de hojas o paja de palmas, el extremo de los cuales ellos rellenan con hojas secas desmenuzadas de esta planta de que hablamos (o sea petum). Lo encienden luego y abriendo las bocas tanto como pueden chupan dicho humo con su aliento». Fairholt, quien reproduce dicho curioso dibujo (*Tobacco: its history and associations: including an account of the plant and its manufacture; with its modes of use in all ages and countries*, Londres, 1859, pág. 16), advierte en nota que «el lector ha de darse cuenta de que el original artista no paró mientes en el tamaño del tubo comparado con el de la cabeza del fumador, siendo el primero excesivamente largo». Hay, pues, que negar la exactitud de ese tipo de tabaco, que Lobel debió de dibujar por simple imaginación y sin haberlo conocido, en vista solo de las narraciones escritas y de los también imperfectos dibujos de Benzoni y de Thevet, sobre todo los de éste, que le sirvieron de modelo. Y también hay que rechazar la afirmación de que así fumasen tabaco los indios de Guanahaní, pues Lobel no tuvo fundamento alguno para afirmarlo, aun cuando debió de inferirlo con alguna aproximación si sabía cómo fumaban tabaco los indios de las Antillas, en forma de envoltorios de hojas retorcidas.

El francés J. de Léry (*Histoire d'un voyage fait a la Terre du Bresil, autrement dit Amérique*, Rochelle, 1578) con referencia a los indios brasileños, narra que éstos usan la planta *nicociana* o *petun* de esta manera: «Después de haber tomado pequeños manojos de hojas y de haberlas secado en sus casas, toman cuatro o cinco de ellas y las envuelven en otra hoja grande de árbol, como un cucurucho de especias. Este cono lo encienden por un extremo y absorben

493

su humo...» Hablando de ciertas ceremonias de los caribes del Brasil, el mismo De Léry refiere que los observó «tomando una caña de madera de cuatro a cinco pies de largo, al extremo de la cual había algo de la yerba *petun*, seca y encendida. Bailando y lanzando el humo de ésta en todas direcciones sobre los demás salvajes, les decían: —Recibid todos el espíritu de fortaleza para que venzáis a vuestros enemigos». Esta última descripción del autor francés no está muy clara, pues pudiera interpretarse más como la de una pipa que como la de un cigarro, de los ya reseñados por Thevet y De Lobel; pero la primera descripción coincide con las de estos otros autores, aun en el tamaño descomunal del cigarro, que bien puede ser la exageración del objeto exótico descubierto entre los salvajes de América, defecto de inexactitud en el cual caían entonces con frecuencia los cronistas y viajeros, como ya hemos señalado en otro lugar, o la referencia a un cigarro gigante propio de usos ceremoniales y colectivos, como supone Brooks (*Ob. cit.*, I, pág. 283).

La manera de fumar en pipa es conocida públicamente más tarde que el cigarro en los pueblos europeos por medio de los portugueses, que la descubren en el Brasil y por los ingleses, quienes la encuentran por Florida y Virginia. Acaso el primer dibujo publicado de un indio fumando en pipa fue el de la obra de De Bry, *Historia Brasiliana*, de 1590 (figura 20), si bien con anterioridad ya se tenían descripciones de la pipa de los indios de América, como, por ejemplo, en la historia del segundo viaje de Hawkins, ocurrido en 1565 y referente a la Florida (*Hakluyt's Voyages*, vol. X, pág. 57), si bien esta relación no se publicó hasta años después de la citada obra de Thevet.

Figura 20. Indios del Brasil. La mujer lleva hojas de tabaco y el hombre lo fuma en una larga pipa (De la obra de De Bry, *Historia Brasiliana*, 1590).

En Inglaterra se conocieron por el siglo XVI las dos maneras de fumar el tabaco, así en cigarro como en pipa, y aquélla debió de ser la primera, tomada de las Antillas. En los últimos años de aquel siglo ya la costumbre de fumar se había extendido tanto en Inglaterra que un viajero alemán escribía: «los ingleses doquiera están constantemente fumando la yerba nicotiana, que en América se denomina *Tobaca*» (P. Hentzner, *Itinerarium or Journey to England*, 1598). Al comenzar el siglo XVII ya no bastaban en Inglaterra las farmacias para vender el tabaco y se establecieron tiendas especiales para su negocio. En ellas se vendían la yerba y los adminículos para fumarla, y allí se juntaban los aficionados para tertuliar entregados sin estorbo a su vicio, como hoy ocurre en los clandestinos fumaderos de opio. En aquella época el tabaco «hacía furor» en Inglaterra. Se creó la voz *tobaccanalia*. Tomar tabaco era un signo de la más alta distinción social. El uso habitual del tabaco daba rango y prestigio. Aún hoy se pueden observar en las costumbres corrientes esos efectos psicosociales del tabaco en los fumadores noveles.

El adolescente imberbe tolera con estoicismo la desagradable iniciación del hábito de fumar. Cree ingenuamente que el tabaco, por arte de encantamiento, va a conferirle los atributos de la edad viril. El mismo fenómeno se observa frecuentemente en hombres endebles, de pequeña estatura y que, por este motivo, son víctimas de un marcado complejo de inferioridad. Estos hombrecillos acostumbran fumar cigarros grandes y fuertes; pues para ellos, igual que para el adolescente, el tabaco es símbolo de virilidad. Esto quizás también explique la afición de ciertas mujeres por el tabaco.
(Miguel A. Manzano, «Fumar», *Revista de agricultura, industria y comercio*, San Juan de Puerto Rico, 1940, pág. 237.)

En todos esos ejemplos el acto ostentoso de fumar es un intento de elevación social; se quiere demostrar que «se es hombre» o que se han superado los tabús sociales depresivos de la personalidad femenil. Algo análogo ocurrió en

Europa cuando llegó y se hizo público el extravagante, exótico, dispendioso y novelero placer de fumar. Fumar era entonces lo «distinguido», lo rebuscado por la gente más elegante. Los *dandies* londinenses iban a los teatros a que los vieran fumar, haciendo extravagantes sutilezas con el humo. Y, como suele ocurrir en esos noviciados de transculturación, no solamente el tabaco fue adoptado con fruición por los elegantes, sino por quienes, sin posición social elevada y sin poder pagarse tal lujo, eran noveleros y vanidosos y querían aparentarlo y lucir. «Quiero y no puedo» como dice la expresión popular cubana. El tabaco fue elegante, pero sus excesos lo hicieron ridículo y *picúo*, como también en Cuba decimos. En Londres hubo entonces «maestros de fumar», como había maestros de baile y de cualquier «arte liberal». También por Alemania se dieron análogos fenómenos de novelería ostentosa entre los fumadores, y los estudiantes de las universidades solían dedicar algún tiempo en aprender las maneras más «distinguidas» de fumar (Fairholt, *Ob. cit.*, pág. 54). Tanto fue el «furor» por el nuevo placer de América que la literatura satírica inglesa se apoderó del tema del tabaco y de las extravagancias de los petimetres «fumíferos» y de los *professors of whiffing. Whiffing*, digamos, significa «echar fumarada o bocanada de humo».

Debemos a esos satíricos ingleses las primeras menciones de la fuma del tabaco de Cuba. Tan cierta era esta fama que ya se conocía como *cubana* cierta moda o manera elegante de fumar. El año 1599 fue representada en Londres una obra teatral de Benjamin Johnson, *Every man out of his humor* (Londres, 1600). Varios personajes, entre ellos algunos que recuerdan los populares tipos de la italiana *Comedia dell' Arte*, como *Puntaruolo* y *Carlos Buffone*, discretean sobre las elegantes costumbres entonces de moda y particularmente acerca del tabaco. Aludiendo a los «misterios» o maneras más exquisitas y refinadas del arte de fumar, según lo enseñaban «los profesores», cita uno de los personajes de Johnson tres «misterios» o nuevos refinamientos, técnicamente titulados: *Cuban ebolition, Euripus y whiffe.*

Tocante al último vocablo hoy no hay tal misterio. *Whiffe*, hoy día *whiff*, quiere decir «fumarada» o «bocanada de humo». El vocablo debió quizás de significar echar el humo del tabaco de una vez, abriendo toda la boca. Se ingería el humo y luego se arrojaba como algo ya inútil, como se escupe el gargarismo después de utilizarlo.

496

Como dice Brooks, los dos primeros de estos «misterios» enseñados por los profesores del arte de *whiffing*, «han resultado enigmáticos para casi todos los escritores de la historia *literaria* de Inglaterra que han glosado ese pasaje». *Euripus*, dice Brooks, era «un antiguo canal, famoso por sus caudalosas corrientes y por la violencia de su flujo y reflujo», por lo tanto, ese vocablo aplicado al arte fumario sugiere una «rápida exhalación de humo». Esta evacuación del humo inhalado por el fumador debió de hacerse por las vías nasales, como por dos manaderos o fuentes de fluencia intermitente, como por dos espitas abiertas a una cuba de humos. Esta manera de fumar era como un desagüe. Era la forma más común de fumar. Asegura Laufer (*Ob. cit.*, pág. 34) que en Inglaterra entonces «era lo corriente que el humo del tabaco se exhalara por la nariz».

Pero ¿qué quería decir *Cuban ebolition*? Que la palabra *Cuban* significa «cubano» es indiscutible; pero ¿qué dirá la otra? *Ebolition* es en inglés la forma anticuada de *ebullition*, en castellano «ebullición» o «hervor». *Ebolition*, dice Brooks, «sugiere una agitada exhalación del humo», añadiendo que cierto diccionario explica la expresión de Johnson en ese sentido (*A New English Dictionary*, ed. by Sir James A. H. Murray et al. Oxford, 1888-1928).

Esta expresión, Cuba *ebolition*, no fue la caprichosa y pasajera metáfora de un poeta, sino que perduró en la jerga de los fumadores ingleses, al menos mientras duraron aquellas novelerías y exóticas modas del fumar. En una pieza de autor anónimo (quizás de John Day), representada por los estudiantes de Cambridge en 1602 (*The Return front Parnassus or the Scourge of Simony*, Londres, 1606), de nuevo se encuentra tal expresión, aunque un tanto desfigurada. Refiriéndose un actor a otro llamado Pródigo, dice que es una «excelente» persona porque toma de «excelente manera *the Guian ebullitio*». Y de nuevo se ha encontrado la expresión en otra obra satírica del año 1617, original de Richard Brathwait, *A Solemne Joviall Disputation*, etc. Londres, 1617). En esta obra se citan los modos típicos de fumar, titulados *the whiffe, the gulp, the retention* y *the Cuban ebolition*. El primero, *the whiffe*, ya es conocido; *the gulp* significa el «trago», y quizás la manera de fumar «a tragos» o sea poco a poco y por pequeñas porciones de humo; y *the retention* querrá decir la manera de retener el humo por el fumador.

Todavía se estilaban otras maneras elegantes de fumar, como la titulada *Receit Reciprocall*, la cual puede sugerir, como dice Brooks (*Ob. cit.*, pág. 376) «el ejercicio de expeler el humo del tabaco en anillos, creciendo o decreciendo cada uno de éstos en tamaño». Ese ejercicio a que alude Brooks era una de las maneras de soltar el humo del tabaco que entonces se aprendían y estilaban en Alemania. Tal moda caprichosa de los fumadores consistía en expelerlo suavemente formando la figura de un anillo y antes de que perdiese su forma, emitían otro anillo análogo pero en ángulo recto a través del primero. Según se puede leer en Dekker (*The Gull's Horn-book*, 1602). Acaso la *Receipt Reciprocall* fuese una manera propia de los fumadores en parejas, de manera que uno respondiera al echar su humo a cierto modal antecedente del compañero.

Falta una precisa explicación de esas caprichosas maneras de fumar, sobre todo de la *Cuban ebolition*. Por exclusión, puede asegurarse que la *ebolition* no será nada análogo a los otros indicados modos de fumar. No creemos aventurado opinar que la «ebullición» o «hervor» del humo debió de aplicarse a una manera de exhalar de la boca el humo en columna, con cierta presión y a borbotones, de la misma forma que sale el humo comprimido en una vasija cerrada de agua hirviendo cuando se libera a lo largo del pico o alzando un poco la tapadera. Que esta manera de despedir el humo debió de ser la de suprema elegancia y distinción parece indicarlo el hecho de que en la portada de algunos libros publicados en Inglaterra en defensa del tabaco, aparecen figuras de fumadores con la cabeza alzada, mirando hacia el cielo, soltando de su boca como un penacho de humo... en *ebolition* (véase la figura W). Ejemplo típico es el copiado; publicóse en ocasión de una sátira contra Sir John Suckling y sus secuaces (*The Sucklington Faction; or, Suckling's Roaring Boyes*, 1641). Los fumadores de hoy día no desconocen esas y otras maneras de lanzar fuera el humo del tabaco en las profundas horas contemplativas, cuando el cigarro les acompaña y escribe en el aire los signos crípticos de su fantasía.

Aludiendo a la *Cuban ebolition*, todavía ha pocos años se preguntaba, sin responderse, un historiador del tabaco: *Why Cuban?* (G. L. Apperson, *The Social History of Smoking*, Nueva York, 1916, pág. 49). ¿Por qué era cubana esa moda elegante de fumar? Parece que de los antecedentes señalados puede inferirse la razón. Esa manera tan típica de fumar la aprendieron los fumadores ingleses de los cubanos. Los marinos y filibusteros la tomarían de los mercaderes y vecinos de Cuba que ellos trataron, tal como los españoles del poblamiento la observarían en los ritos de los indios. Esa manera de fumar debió de ser una de las supremas liturgias de los *behíques*, acaso evocadora del dios Huracán, deidad de las tormentas terribles, de los truenos, de los vientos, de las lluvias y, en general, de la fecundación agraria, y con él debió de enlazarse el rito productor de rachas y «ebullición» de nubes que era el tabaco; así como entre los aztecas el tabaco era la diosa mujer de *Tlaloc*, el dios que fumaba y hacía nubes, el dios de las lluvias y de los ritos agrosexuales.

Fumar lanzando el humo por la boca como en una columna hirviente debió de ser la manera que los *behíques* tenían para dirigir el mágico humo de sus fumas a sus ídolos, a sus enfermos, a los cielos y a las cosas que deseaban impresionar con su magia. Esa simple o mixta manera exhalante de fumar es la única de expeler el humo de un propósito trascendente. En esa forma el humo del tabaco fumado no es al salir del cuerpo humano una mera excreción de algo que ya sobra después de realizada en éste la función que se procuró al ingerirlo, puesto que sigue siendo sustancia que aún no ha perdido su inefable eficacia y, si antes comunicó la gracia santificante de los númenes al creyente, ahora vuelve de éste hacia aquéllos con un mensaje místico, o es transmitida a las cosas circunstanciales para llevar hasta ellas la misteriosa sacripotencia. Así la eficiencia ritual del fumar se extiende grandemente; primero, con la aspiración del humo se logra que la esencia numinosa penetre hasta los recónditos meandros del cerebro y las más internas vísceras corporales, donde la individualidad se alebresta; y luego ésta recoge aquel estímulo sobrehumano y lo expide con propósito, para que actué esta vez sobre otros seres alrededor. En las otras y más simples maneras de fumar, el individuo es más pasivo; él solo recibe el misterio de los dioses y en él se extingue su efecto. Por la *Cuban ebolition* el fumador se adueña del humo sacripotente y lo «socializa», lanzándolo hacia los dioses, los prójimos o las cosas, con una función social de relación. Por los otros modos de fumar los meramente inhalantes, el sujeto que fuma es el único, que del tabaco absorbe para sí sus humos o sus polvos y los evacúa como desechos, con lo cual queda el rito terminado y en espera de sus efectos subjetivos. Por este otro modo, el rito no se extingue en el fumador; antes al contrario, tal parece que la aspiración del humo es solo inicial y el rito se consuma con una expiración de la esencia sagrada que ahora operará fuera del fumador. Fumar ya no será meramente la inhalación de una sustancia mágica por el fumador para la catarsis vomitoria y limpieza espiritual de sí propio, sino la preparación y dominio de la esencia sobrenatural por un individuo para luego administrarla litúrgicamente y hacerla operar con trascendencia en otro. De esta manera, el fumador deviene un activo oficiante del rito purificador. La *Cuban ebolition* debió de ser originariamente una liturgia muy típica de los indios cubanos y particularmente de sus sacerdotes o *behíques*. Y por esto esa ritualidad de tradición y sentido funcionalmente sacerdotales, aparte de su mejor expresión estética y de lo más complejo de su proceso catártico, tuvo que ser acogida por los fumadores europeos como la manera más refinada y aristocrática de fumar. Esa actitud del fumador, disparando su mensaje hacia lo alto, es la más hierática y religiosa. Es el rito de los sacerdotes de *Tlaloc* enviando a su dios la nube mágica del tabaco para implorar silenciosamente la lluvia de ese numen celestial. Es como el ya citado envío del soplo del alma a los cielos, que efectúa el *ecobio* de los negros ñáñigos de Cuba.

Es la manera de fumar del «pensador». Es la que hemos observado en la estatuilla de sacerdote huétar. Es la actitud del fumar meditabundo y pensativo. Como decía Eça de Queiroz, el gran novelista portugués que tan mal quiso a Cuba, donde fue cónsul, y a La Habana, que para él no era sino un «almacén de tabaco», los actos de «pensar y fumar son dos operaciones idénticas que consisten en lanzar pequeñas nubes al viento» (*Epistolario de Fadrique Mendes*, capítulo VIII). Si el tabaco, al decir del poeta Víctor Hugo, es «la planta que convierte al pensamiento en ensueño», esa manera cubana de fumar es la del pensador, deleitado con una melodía de volutas humosas que le expresan los pensamientos inefables como ensoñaciones.

Además, la *Cuban ebolition* exigía más amplitud y elegancia de modales en los fumadores; permitía en éstos más acentuación de la personalidad, como en el manejo de un abanico o de un pañuelo de encajes, o en la manipulación cortesana de una preciosa tabaquera de rapé. Y para la íntima trascendencia psíquica del fumar, por esas «ahumadas dirigidas» se abría un infinito mundo de creaciones a la fantasía en las cuales podía solazarse el espíritu y evadirse de su tensión.

De todos modos, esa terminología del lenguaje de los fumadores ingleses demuestra que ya a fines del siglo XVI la manera de fumar tabaco de Cuba era allí lo suficiente conocida, caracterizada de manera peculiar y tenida en alta estima, para convertirla en símbolo de superior elegancia. Y si era suprema la manera cubana de fumar, bien lógico es que lo fuera también el tabaco de Cuba.

Entre esos *dandies*, fumadores exhibicionistas de la *Cuban ebolition*, predominaba la pipa; pero también se tomaba tabaco en polvos y se fumaba *cigars* (Brooks, I, pág. 52). Para la *Cuban ebolition* no era preciso el cigarro puro o tabaco habano, bastaba para ello fumar la yerba *nicociana* en pipa. Y muchas figuras de los libros entonces publicados en Inglaterra sobre el tabaco muestran esa manera de fumar, ostentando los fumadores sendas pipas en sus manos. Pero si allí fue famosa esa peculiar manera de fumar que era y se denominaba *cubana*, ¿no es fácil inferir que en Inglaterra el tabaco procedente de la isla de Cuba sería también no solo conocido sino apreciado con mérito? ¿Y siendo todo esto así, no es verosímil aceptar que también fue entonces conocido el puro tabaco habano, el que los ingleses han llamado siempre *Havana cigar*?

No era el *Havana cigar* lo que entonces solía fumarse por los ingleses sino la pipa. Se sostiene que los ingleses se dieron al uso de fumar en pipa porque así lo aprendieron de los indios de Virginia, según Ralph Linton (*Use of tobacco among North American Indians*, Chicago, 1924, pág. 8). Sin embargo, los ingleses ya fumaban mucho antes de que establecieran aquella colonia. Los portugueses desde el Brasil fueron los que llevaron las pipas de tabaco a Europa, antes que los ingleses las conocieran de sus indios norteamericanos. Fueron ellos los que enseñaron esa manera de fumar a los negros africanos de Guinea, Congo, Angola y Mozambique durante sus correrías de tratantes de esclavos, y a los pueblos asiáticos en sus navegaciones y factorías de las Indias Orientales, también fueron los portugueses los que propagaron el tabaco y las pipas por Persia, Arabia y Turquía. Por otra parte, la gente marinera, que fue propagadora del fumar, se dedicó preferentemente a mascar andullo para lo cual no tenía necesidad de fuego. Su placer se satisfacía así de manera más simple y sin incurrir en los peligros que significaba la candela en un buque durante aquellas largas navegaciones veleras. Pero al bajar a tierra, y aun a bordo y con imprudencia, el marinero fumaba con la pipa, lo cual le era más hacedero que con un cigarro.

No es de extrañar que el tabaco puro o cigarro cayera en desuso en Europa y fuese generalmente sustituido por la pipa. Para fumar los típicos cigarros de los antillanos o había que contar con abundante provisión de ellos, cosa económicamente muy difícil salvo para los poderosos, o se tenía que disponer de hojas secas, enteras y sanas, para torcerlas y envolverlas con capa en cada caso, lo cual, aparte de seguir siendo muy costoso y requerir sobra de atenciones era muy trabajoso y nada fácil sin una destreza aprendida. Con la pipa esos y otros inconvenientes prácticos eran evitados. Sin embargo, los marineros ya fumaban cigarros por Europa antes de 1565 (Brooks, I, pág. 44). Las guerras casi constantes entre Inglaterra y España desde 1588 a 1604 no entorpecieron mucho el comercio del tabaco hispanoamericano con Londres, pues era transportado en naves francesas y flamencas (Brooks, I, pág. 87), y el enorme contrabando continuó en vigor si bien con gran aumento en los precios. No hay, pues, que excluir la posibilidad de que en Inglaterra se conociera el *cigarro* por aquella época, llevado de los países americanos que lo producían, aun cuando fuera con tal rareza que acrecentaba su apetito.

Otros datos, tomados de las mismas obras literarias inglesas, ayudan a confirmar la presencia en esa época del cigarro o tabaco cubano en Inglaterra. El citado autor B. Johnson se refiere a *making of the Patoun. Patoun* o *petun* era el nombre que se dio a la planta del tabaco entre los portugueses, y «hacer un *petun*» equivale a «hacer un tabaco» como luego se dijo. Pues para tomar el tabaco en polvo, mascarlo o fumarlo en pipa no había que «hacerlo». «Hacerlo» no podía aplicarse sino al cigarro, al cual había que torcer y enrollar. Así lo entiende Brooks (*Ob. cit.*, pág. 376), quien dice que la expresión «making of the *Patoun*» empleada por Johnson, significaba «hacer y fumar un cigarro, lo cual ciertamente era entonces un «misterio» para los elegantes de la corte isabelina, acostumbrados a la pipa».

Del otro autor ya citado, Richard Brathwait, el indicio es más expresivo. A la impresión de su obra, *The Smoking Age*, de 1617, se le puso una portada con un grabado (véase figura X), que comprende una estatua representando un negrito fumando un gran cigarro y llevando otro bajo el brazo. Esta era la insignia de los tenderos de tabaco. Prueba evidente de que la más típica o prototípica forma cubana de fumar, o sean los *tabacos* indios, era ya bien conocida en Londres, tanto de poder servir como el inequívoco símbolo del mejor tabaco para más atraer a los fumadores. No cabe duda de que el cigarro puro cubano entonces debía de ser raro en Londres y por eso aún más apetecido por los *dandies* elegantes y sibaritas.

No quiere esto decir que el cigarro fuese a Inglaterra tan solo de Cuba; quizás lo llevarían de otros países de Indias, particularmente de la isla de Trinidad y otras islas del Caribe, donde los marinos de la Gran Bretaña y de Holanda hacían el comercio clandestino.

Que el tabaco de Cuba y otros países de América era ya muy buscado por el comercio europeo nos lo dirá el mismo rey de España. Del 26 de agosto de 1606 es una Real Cédula dictada en San Lorenzo del Escorial, en la cual se señalaba la gran abundancia de tabaco que se cultivaba en las Indias «por ser la principal granjería que los naturales tienen», y los muchos navíos extranjeros que iban a sus puertos a su «rescate», pues era el tabaco «muy estimado y buscado de las dichas naciones»; así como por el deseo regio de que los naturales se dedicaran a otras siembras y a las minas. Por todo lo cual se prohíbe el cultivo del tabaco por diez años en Santo Domingo, Cuba, Margarita, Venezuela, Puerto Rico, Cumaná y Nueva Andalucía, Dice así la Real Cédula:

EL REY: Presidente e oidores de mi Audiencia Real de la Isla Española. Por cartas de don Luis Fajardo, mi capitán general de la Armada del Océano, y mis gobernadores de la provincia de Cumaná e Isla Margarita y otras personas de satisfacción y celosas de mi servicio, se ha entendido que a diversas partes y puertos de esas Islas de Barlovento acuden de ordinario muchos navíos de rebeldes holandeses, ingleses y franceses a rescatar tabaco, de que hay grande abundancia, por ser la principal granjería que los naturales tienen, respecto de la salida que de él hallan, siendo muy estimado y buscado de las dichas naciones, sin que haya sido posible que mis gobernadores pongan remedio en ello, de que demás del perjuicio que reciben los derechos a mí pertenecientes por la comunicación y contratación que desde algunos de dichos puertos y partes se tiene al Perú con la tropa de rescates y contrabando que los enemigos llevan y la pérdida de los mercaderes que de estos Reinos van con mercadurías, se siguen otros muchos inconvenientes dignos de remedio, pues el trato y grangería del dicho tabaco han tomado y tienen por la principal los naturales, pudiendo tener otras de más aprovechamiento, cultivando las tierras y sembrando otras semillas y labrando minas de oro de que hay abundancia en aquellas partes.

Que habiéndose visto en mi Consejo Real de las Indias y consultádoseme me ha parecido conveniente prohibir el sembrar tabaco en las dichas Islas por tiempo de diez años, para que con esto los naturales traten de labrar minas y en otras grangerías de más utilidad y beneficio para ellos y mis rentas y derechos reales. Para que esto se ponga en ejecución en esa Isla, he acordado dar la presente para vos, por la cual os mando que, luego que la recibáis, proveáis y deis orden que desde allí en adelante no se siembre tabaco en toda esa dicha Isla Española por tiempo de los dichos diez años, si ya no se os ofrecieren inconvenientes considerables para lo contrario, porque, ofreciéndoseos lo sobreseeréis y me informaréis muy en particular de todo lo que se os ocurriere y de la orden y forma que se podrá tener para excusar los dichos rescates y cultivar y beneficiar la tierra, y en caso que no se os ofrecieren los dichos inconvenientes y se haya de ejecutar esta mi cédula, haréis publicar en toda esa dicha Isla lo contenido en ella, en las partes y lugares donde os pareciere ser necesario, para que venga a noticia de todos y para que por el dicho tiempo tenga cumplido efecto lo susodicho, os encargo que tengáis muy particular cuidado y vigilancia en saber cómo se cumple mi mandado y hacer que se guarde y cumpla inviolablemente sin que haya ninguna disimulación, que de ello me tendré por servido, y de lo que hiciéredes me daréis aviso para que lo tenga entendido. Yo el rey. Refrendada de Juan de Ciriza.

Nota: Igual se despachó para la Isla de Cuba, Margarita, provincia de Venezuela, Isla de Puerto Rico, provincia de Cumaná y Nueva Andalucía.

La prohibición fue dirigida especialmente contra los holandeses. Los holandeses tenían su economía industrial basada en las salazones de pescado. Iban a las ricas pesquerías del Mar del Norte a buscar la pesca y a Portugal para obtener la sal que se daba con abundancia en las salinas que esa nación tenía entre Lisboa y Setubal. Pero este comercio de sal tuvo que cesar en 1598 a causa de haberse prohibido en Portugal. Por entonces se habían descubierto las grandes salinas naturales de la costa de Venezuela, especialmente las de Punta Araya, donde los cristales de sal se sacaban de las salmueras por negros esclavos que los cargaban a granel en las naves. Los holandeses acudieron a ese comercio y éste los puso en contacto permanente con los indios venezolanos y con los negreros de Guinea. En pocos años los holandeses lograron sobrepasar a ingleses y franceses en el tráfico ilícito contra el monopolio de España. De Este a Oeste traían contrabando de mercaderías europeas y de negros esclavos y de retorno cargaban sal y luego tabaco y otros productos de América. Tanto éxito tuvieron en el negocio tabacalero que dominaron el mercado europeo por sus bajos precios y causaron la primera crisis comercial del tabaco (A. P. Newton, *The European Nations in the West Indies. 1493-1688*, Londres, 1933, pág. 124).

Felipe III creyó posible contrarrestar el empuje de los holandeses promulgando dicha pragmática prohibitiva; pero ésta no debió de producir gran efecto o, mejor dicho, se observó que era sumamente nociva, y el mismo rey Felipe III la revocó, permitiendo entonces la siembra del tabaco pero reiterando bajo pena de muerte la ilicitud de su comercio con los extranjeros. Dice así la Real Cédula de Felipe III, en Ventosilla, a 20 de octubre de 1614 (*Recopilación de Leyes de Indias*, Libro IV, Título XVIII, Ley IV):

Que se pueda sembrar tabaco en las Islas de Barlovento, y otras partes y traiga a Sevilla directamente. Sin embargo de la antigua prohibición ocasionada del comercio con extranjeros enemigos de nuestra real corona: Es nuestra voluntad que los vecinos de las Islas de Barlovento, Tierra Firme y otras partes donde se siembra y coge tabaco, no pierdan el aprovechamiento que en él tienen, y nuestra real hacienda goce el beneficio que resulta de su comercio. Y tenemos por bien y permitimos que lo puedan sembrar libremente, con que todo el tabaco que no se consumiere y hubiere de sacarse de cada isla, o provincia a la ciudad de Sevilla; y los que contrataren en él por otras partes incurran en pena de la vida y perdimiento de sus bienes, como los que rescatan con enemigos, en que desde luego los damos por condenados, y aplicamos los dichos bienes mitad a nuestra cámara y la otra mitad al juez denunciador, por iguales partes. Y mandamos a los gobernadores que lo ejecuten inviolablemente, advirtiendo que se les pondrá por capítulo de residencia, con pena de privación perpetua de oficio, si hicieren lo contrario, y perdimiento de la mitad de sus bienes aplicados en la forma referida.

Esta real pragmática de Felipe III respondió, según Bennet (cita de Brooks, I, pág. 143), a la actitud de Jacobo I de Inglaterra creando impuestos sobre los tabacos forasteros para favorecer a los coloniales, y el rey español quiso así, reprimiendo rigurosamente el contrabando directo angloamericano, obligar a los ingleses a ir a Sevilla y pagar caro el tabaco más apetecido que era el de estos países de Indias.

Por esa época, dice Pezuela:

desde 1610 a 1620 empezó a cultivarse esta rica planta en muchas vegas junto a las márgenes del río Almendares, cerca de La Habana y del Arimao no lejos de Trinidad. Ese valioso renglón de agricultura se extendió en pocos años lo bastante para que se emprendiera su exportación ultramarina por contrabando en varias ocasiones, y se vendiese en La Habana a los transeúntes de las flotas que regresaban para España.
(De la Pezuela, *Diccionario de la Isla de Cuba*, 1863, tomo I, pág. 32.)[26]

Como bien dice el historiador español Pezuela, también se vendía el tabaco en la misma Cuba a los herejes contrabandistas, que en sus lejanas y frías tierras querían recalentarse gustosos y soñar despiertos con la *Cuban ebolition*. Puede, pues, asegurarse que el comercio intérlope del tabaco continuó, tal como venía haciéndose desde varias décadas atrás, sin que pudieran atajarlo las órdenes regias. Los historiadores de Cuba han podido referir que ya por el año 1580, mucho antes de la fecha indicada por Pezuela, comenzó a propagarse el cultivo del tabaco en las vegas de las cercanías de La Habana.

Empezaron a fomentar, con la esperanza de la extracción, las siembras de tabaco y caña. Construyeron molinos para lo primero e ingenios para lo segundo al impulso del agua del caudaloso río de la Chorrera y Zanja abierta para su conducción a La Habana.

---

26 Véase la edición de Linkgua, Barcelona, 2021. (N. del E.)

(Ignacio José de Urrutia y Montoya, *Compendio de memorias para la historia de la Isla Fernandina de Cuba*, 1791. *Teatro histórico, jurídico y político militar de la Isla Fernandina de Cuba*, parte II, La Habana, 1931, pág. 92.)

Acaso la vega tabacalera o el tabacal ya fue establecido por los indios, como sugiere La Sagra. Quizás los taínos antillanos sembraron tabaco en plantíos, como sembraron yuca en sus conucos; pero probablemente no fue así. Los cronistas nada dicen y a los indios debió bastarles asegurarse de ciertas matas de tabaco junto a sus caneyes, donde las cuidarían los *behíques* como yerbas de virtudes sagradas, como aún hacen los herbolarios con las plantas medicinales. De todos modos, la vega nació modesta, junto al bohío, como rinconcito jardinero donde se sembraban la ruda, la albahaca y la yerbabuena; después fue creciendo a cantón hortelano, sembrándose para el consumo casero como una «punta» de malangas. Aunque de modesta y rústica cuna, el tabaco pasó pronto a ser un personaje económico de gran importancia. En Cuba, dice José A. Saco, el tabaco fue su ramo más productivo en los siglos XVI, XVII y parte del XVIII.

Según Pezuela (Introducción a su *Diccionario*, tomo I, pág. 32) el fomento de las vegas de tabaco fue favorecido por los usufructuarios de las mercedes de tierras que desde 1577 otorgaban los municipios, dándolas a los inmigrantes blancos, campesinos de las Islas Canarias, por pequeñas rentas y aun sin ninguna,

...por el solo interés de que con su residencia comunicasen alguna vida y movimiento a localidades desiertas y casi ignoradas hasta entonces. Su siembra, en unos tiempos en que hasta para sembrar tal o cual planta había que estar autorizado, no fué permitida hasta 1614.
(Pezuela, Loc. cit.)

Pero, no obstante, el interés de los mercaderes locales favoreció la extensión de su cultivo. ¿Cómo no iba a crecer el cultivo del tabaco en La Habana, que ya era entonces «la llave de las Indias» y centro de las flotas armadas españolas, si a poco de mediado el siglo XVI ya se sembraba por varios países de Europa? Con bastante anterioridad debieron de practicarse con fines mercantiles las siembras de tabacales cerca de las ciudades marítimas de Cuba; y esas noticias referentes a La Habana solamente pueden expresar la actividad de los gobernantes en esa época por el incremento de los cultivos tabacaleros, en vista de la demanda de tabaco cubano que ya se hacía en Europa. Y por análogas razones también se fue extendiendo el cultivo del tabaco en las vegas de los ríos próximos a las otras villas cubanas que estaban en frecuente contacto con las naves extranjeras del trato contrabandista, como en las riberas del Cauto por los vecinos de Bayamo, en las del Agabama y Arimao por los de Trinidad, en Remedios, etc.

El tabaco de Indias entonces era pagado en Londres por «su peso en plata». Alfred Crowquill dijo que el tabaco se pagaba por «su peso en oro» (cita de Steinmetz y Brooks). La cantidad de tabaco que entraba en Inglaterra era ya muy considerable. Solamente de la isla de Trinidad (que no es la región de Trinidad de la isla de Cuba, dicho sea para evitar confusiones al lector europeo) y de la cuenca del Orinoco, por 1615 se importaba tabaco en Inglaterra por valor de más de 200.000 libras esterlinas, y su comercio «estaba casi enteramente en manos de los españoles». Por 1620 la demanda de tabaco español era tan creciente en Inglaterra, decía Edward Bennett, que ella había sido la causa del desarrollo de nuevos establecimientos coloniales en las Indias hispanas, lo cual motivaba la burla de los mercaderes, quienes solían decir que a los ingleses por sus mercancías «les pagaban en humo». También hay que tener en cuenta el tabaco que se cargaba ilícitamente y que, además del contrabando de tabaco que se hacía en Indias, otro nada leve se hacía también en la Península. Hasta los frailes solían allí ser acusados de contrabandistas y sus conventos tenían que ser registrados (Brooks, I, pág. 144).

En la segunda década del siglo XVII, ya el tabaco de Cuba y demás países hispánicos tiene que competir con los de Virginia y Bermuda, aparte del de las plantaciones hechas en otras Antillas y en Tierra Firme, y aun en ciertos países de Europa. El citado Brathwait, en la segunda parte de su obra, publicada en 1617 con el título de *The Smoking Age*, alude a los tabacos de la isla Bermuda, de la isla Trinidad y de Varinas. *Bermuda, Trinidad, Caracas, Varinum* son vocablos que suenan entonces entre esos mismos fumadores de Londres que se extasiaban con la *Cuban ebolition*. El uso en Inglaterra del tabaco de Barinas o Varinas, región muy tierra adentro de Venezuela, demuestra cuán

508

frecuente fue la burla del régimen monopolista que quisieron imponer las leyes españolas. En relación con ese contrabando digamos que como tabaco de Bermuda también debió de ir a Inglaterra mucho tabaco habano. Sabido es que la Bermuda es una pequeña isla, cerca de La Habana, a la salida del canal donde las flotas torcían su rumbo para Europa; que entonces aquella isla fue famosa en la navegación como lugar de mucho peligro, tanto que Shakespeare así la cita en *The Tempest*; y que lo era no solo por sus borrascas y bancos sino por ser uno de los más socorridos apostaderos de los corsarios ingleses, donde solían aguaitar a los galeones para caerles a la presa. La Bermuda, ya ocupada por los ingleses, y las Bahamas y sus desiertos cayeríos, fueron guaridas de contrabandistas, corsarios y raqueros que abordaban las naves españolas del comercio de Cuba y las que cruzaban los dos canales de Bahama; y, en cierto modo aunque con menor trascendencia, fueron para Cuba lo que la Tortuga para la vecina isla de la Española, el abrigo del enemigo en acecho. En aquella época el comercio de los heréticos ingleses con Cuba estaba rigurosamente prohibido, pero se hacía con frecuencia y con más o menos disimulo y se ocultaban las procedencias de las Antillas y sobre todo de Cuba y de La Habana, con cuya ciudad se contrabandeaba mucho por la bahía abierta de Matanzas y desde las islas próximas. La Bermuda no comenzó a exportar tabaco hasta 1614 y siempre fue escasa su producción (Brooks, I, pág. 87); pero sus clandestinos contactos con Cuba no debieron de ser raros. En 1616 ya se consume en Inglaterra el tabaco de Virginia, la colonia americana que los ingleses basaron económicamente en la producción tabacalera y cuyo monocultivo llegó a ser tan peligroso que se llamó la «colonia fundada sobre humo» (W. Bullock, *Virginia Impartially Examined*, Londres, 1649).

Es curioso observar cómo ni el tabaco habano ni el cubano figuran en una obra europea de propaganda tabaquista del año 1622. En la *Tabacología* de Johannes Neander, publicada en la holandesa ciudad de Leyda, se insertó una lista de dieciocho clases de tabaco, seriadas por el orden de sus respectivos méritos y denominadas por sus procedencias geográficas. No están entre tantas clases los tabacos de Cuba. La primera clase se llamó *Variniun*, indicando su origen en Barinas, población del interior de Venezuela, conocida por su buen tabaco. Parece que esta nomenclatura holandesa, que no reconocía el tabaco habano ni el de Cuba, hubo de deberse al hecho de que los holandeses no tuvieron entonces tráfico con Cuba y sí mucha guerra naval con los españoles, y también a su enemiga contra éstos por lo cual el autor se privaría de aludir siquiera al tabaco de las Antillas. Y si hace referencia a Barinas, poniendo su tabaco en el primer lugar, ello debióse a que los holandeses, que desde 1542 ya comerciaban clandestinamente con las colonias de Sudamérica y que desde 1598 venían a las salinas de Venezuela, especialmente a Punta Araya, desde allí y por la vía fluvial del Orinoco mantenían un fuerte y constante comercio intérlope de todo género con las comarcas agrarias de Venezuela, que cambiaban sus producciones por las mercaderías europeas. Y entre los productos principales allí contrabandeados permanentemente con el cacao y el azúcar, estaba el tabaco de Barinas que se llevaba a los Países Bajos y de allí, por el Elba y el Rin, se introducía en las regiones de Alemania. Holanda, con el tabaco de Barinas, o que por tal se mercaba, competía con el habano que era de España, y las guerras, los intereses y los odios religiosos separaban a las dos naciones. Además por dicha fecha de 1622 ya Holanda tenía desde hacía años plantaciones propias en Essequibo.

Conviene recordar aquí ese comercio de tabaco con las costas de Sudamérica porque tuvo una gran trascendencia histórica, pues debido a él iniciaron sus colonizaciones antillanas tres naciones europeas: Inglaterra, Francia y Holanda. Esas colonias tropicales de América fueron hijas del tabaco. Al mediar la primera década del siglo XVII sendos grupos de aventureros de esas naciones aparecen contemporáneamente por las costas de las Guayanas, tratando de hacer plantaciones de tabaco dirigidas por colonos blancos, con la esperanza de obtener de ellas más provechos que con los cultivos tabacaleros y tratos clandestinos que hacían con los indígenas de Venezuela. De ahí se originaron políticamente las tres Guayanas, que aún perduran como colonias europeas en América. Y fue de esas plantaciones tabacaleras de donde, para mejorar sus negocios, saltaron sus pobladores a las Antillas Menores, también con siembras de tabaco. El tabaco fue, pues, el principal inspirador de las iniciales colonizaciones que en las primeras décadas del siglo XVII acometieron en América las naciones enemigas de España, para las cuales nada sirvieron las solemnes bulas pontificias de Alejandro VI dando a los Reyes católicos y sus sucesores el señorío del Nuevo Mundo. En 1606, con el establecimiento de Jamestown, se inicia la verdadera colonización de

Virginia por Inglaterra. Por esa época los ingleses, franceses y holandeses se afincan por Surinam, Cayena y Essequibo. En 1623 Inglaterra se apodera de San Cristóbal, isla antillana que denomina St. Kitts; en 1624, de Barbados, etc. En 1632 Holanda ocupa las pequeñas islas de St. Eustatius y Tobago, y en 1634 otra más importante, la de Curazao. Francia echa mano de la Guadalupe y la Martinica en 1635. En todas esas colonias la base económica primordial de su poblamiento y riqueza es la plantación de tabaco.

Fueron unas décadas después cuando este cultivo decayó hasta perderse por no poder competir con los tabacos de las colonias españolas y con los ingleses de Virginia y Maryland. Por esto se inició en las Pequeñas Antillas la producción azucarera (Arthur P. Newton, *The European Nations in the West Indies. 1493-1688*, Londres, edición de 1933). Esta mercancía era de mucho más provecho. La historia de aquellas Antillas fue obligada a cambiar de rumbo (James A. Williamson, *The Caribbee Islands*, Londres, 1926, pág. 154. J. Sainteyant, *La Cólonisation Française sous l'Ancien Régimen*, tomo I, París, 1929, págs. 205 y siguientes).

De todas esas nuevas tierras tabacaleras se surtirán de tabaco sus lejanas metrópolis europeas. Pero, no obstante, persistirá la demanda de tabaco de Cuba. No cesa entre los buenos fumadores el supremo atractivo de la *Cuban ebolition*.

Los primeros textos referentes a grandes exportaciones de tabaco de La Habana aparecen por 1626 en unas denuncias secretas contra el gobernador Cabrera, a quien se acusaba de haber enviado a Canarias, de su cuenta y sin licencia de la Casa de Contratación de Indias, una nave cargada con 200.000 pesos de tabaco (Jacobo de la Pezuela, *Historia de la Isla de Cuba*, Madrid, 1868, tomo II, pág. 51). Canarias entonces, aun cuando sus puertos no eran libres como después lo han sido, significaba un lugar propicio a los grandes contrabandos por trasbordos, y por eso el envío de Cabrera era prácticamente un ilícito tráfico de tabaco con los extranjeros luteranos.

Entonces el rey de España ya ha descubierto que el tabaco de Cuba puede proporcionarle grandes ingresos a sus arcas y comienza el fisco a envolver la producción tabacalera con sus tentáculos. Ya por 1632 o 1636 no basta la imposición de un tributo aduanero al entrar en España y se declara que su cultivo es «regalía de la Corona»; por 1634 se establece en España su estanco;

por 1665 ya hay entidades tabacaleras arrendatarias; en 1670 ya se establece en Sevilla la fábrica de tabaco en polvo con la materia prima de ultramar. La presión fiscal irá creciendo. El estanco se defenderá desde 1719 y 1726 ihasta con la pena de muerte!

En el siglo XVII el tabaco de La Habana se extiende mucho con insuperable fama, después que en 1648 termina la guerra de los treinta años que ensangrentara a los pueblos de Europa. La Habana es ya el gran centro productor y embarcador de tabaco, no tan solo a España, sino a todo su imperio indiano, a México, a Costa Rica y a los países del Pacífico (A. O. Exquemelin, *Bucaniers of America*, Londres, 1684).[27] Del tabaco se decía que «no hay fruto de más entidad» en La Habana del siglo XVII, según se lee en documentos de la época (Julio Le Riverend, «Los molinos de tabaco hasta 1720», *Revista Habano*, 1940).

· Únanse a estos antecedentes los ya insertos en otro lugar con referencia a la transculturación del tabaco y se tendrá una idea esquemática de la guerra que para conquistar el mundo tuvieron que librar los tabacos de América y a su cabeza el invicto cacique de todos ellos, el tabaco habano. Pero son dos las guerras del tabaco habano: guerra internacional y guerra civil; guerra de fronteras, con recíprocas invasiones y tratados y guerra de clases, con tiranías y revolución.

La guerra civil del tabaco habano es otro aspecto del contrapunteo social del tabaco y el azúcar. Al tabaco se le combate y grava desde la vega; al azúcar se le favorece y privilegia desde el ingenio. Industria de pobres fue aquélla; de ricos lo fue ésta. Por la vega se fue alguna vez de la miseria a la pequeña burguesía; por el ingenio, de la burguesía acomodada se subió al gran capitalismo. Los mismos factores económicos que en el exterior se resisten primero al tabaco y luego le aseguran su estabilidad y difusión, actúan también en Cuba con cierta analogía. La economía mercantil lo impulsará y lo propagará por todo el mundo; pero no será sin que internamente los privilegios latifundarios traten de oprimirlo, sin que la usura lo agobie y sin que el fisco lo ponga preso en una tupida red de restricciones y tributos de la cual no podrá desasirse. Primero el tabaco es atracción que se extiende espon-

---

27 Véase la edición de Linkgua, Barcelona, 2021. (N. del E.)

táneamente entre los humildes. Estos lo consumen y cultivan y lo pasan a los dominadores, que lo van gustando y apeteciendo. Los negros lo cosechan en sus conucos y lo venden en sus bodegones; pero entonces el tabaco adquiere categoría económica en la vida social de los blancos y ya entre éstos no podrá dar más pasos sin permiso del mercader y del fisco y sin la hostil envidia del gran terrateniente.

Ya hemos indicado las prohibiciones de Felipe II y las rigurosas restricciones comerciales de Felipe III. No entremos a referir con detalle las varias medidas represivas a que someten el tabaco los sucesivos reyes, unas obligando al cosechado por Cuba a ser elaborado en Sevilla; otras, poniéndolo a competir en la tabacalera sevillana con las ramas de Virginia y de Kentucky; otras, estancándolo y reduciéndolo al monopolio de una sola factoría; y casi siempre abrumándolo con impuestos de toda laya, algunos tan inauditos como aquel creado el 25 de noviembre de 1817 por el cual «cada operario matriculado en el gremio de tabaqueros» debía pagar $ 30.00 al año (*Diario de La Habana*, 4 de mayo de 1825). Por los nuevos impuestos al tabaco en La Habana hay sublevaciones de labriegos, mercaderes y frailes, destituciones de gobernantes y ajusticiamientos en la horca. En 1717, al establecerse en Cuba el monopolio del tabaco por el gobierno de España, ocurre una revolución, la que podría llamarse «de la independencia del tabaco», segunda de las rebeldías burguesas de Cuba, la cual fue perdida como lo fue la primera, cuando en el siglo XVI se intentó en nuestros municipios sostener las libertades comuneras, como en las ciudades castellanas. Todavía en 1775 se renovará la rebeldía de los vegueros supeditados por el estanco, esta vez encabezada por la protesta de los ediles de Santiago de Cuba; pero también será estéril. El tabaco cubano llega entonces a sentirse tan perseguido en su tierra que en el país decaen mucho las vegas tabacaleras y el consumo interior de la isla tiene en parte que suplirse con tabaco importado de Santo Domingo y de Virginia (A. Bachiller y Morales, «Memoria sobre la exportación del tabaco», *Memorias de la Sociedad económica*, 1835-1836, N.° 4, febrero de 1836, pág. 337). Pero, en definitiva, los reyes defendieron a su modo el tabaco para ventaja de su real hacienda y en los abusos regios hubo más de ineptitud que de enemiga y más de malversaciones y privilegios engañosos contra el pueblo y el erario que de hostilidad directa y consciente.

El más temible enemigo del tabaco cubano fue interno; complicado a veces con la inepcia y la corrupción de los gobiernos. Estudiar ese conflicto es penetrar en uno de los más profundos problemas sociales de Cuba, el de la propiedad de la tierra, en una fase muy trascendente de su historia. Apenas la vega comienza a ser foco de producción económica, la combate el gran hacendado. No era por un simple problema de escasez de tierras. A los grandes hacendados, que eran entonces los ganaderos, no les faltaban terrenos para sus crías y pastoreos. Tampoco la industria de azúcares clamaba por hambre de tierras. El azucarero de entonces no era latifundista; propiamente, en el lenguaje legal, no era ni siquiera un «hacendado». Dada la pequeñez de cada ingenio hasta la segunda mitad del siglo XIX, cosa de unas 30 caballerías de tierra, nunca en Cuba faltaron extensos paños de buenos terrenos para sembrar cañaverales y poner trapiches.

El problema fue bastante complejo y en el fondo una cuestión de rivalidad social. Miguel Rodríguez Ferrer, pese a sus juicios frecuentemente atinados acerca de la historia de Cuba, se limita a señalar el conflicto y lo interpreta con error (*El tabaco habano y su historia, su cultivo, sus vicisitudes, sus más afamadas vegas de Cuba*, Madrid, 1851, pág. 30). Dice, tocante al negocio de sembrar tabaco en esa remota época, que «no se dedicaban a él sino personas que lo tomaban como pretexto para situarse en los despoblados y hacer en las haciendas daños a mansalva». Pero en esto se equivoca Rodríguez Ferrer; su visión es unilateral y corta. No hay que negar que algún montuno al meterse a veguero en tierras incultas lo hiciera quizá con intenciones perversas, acaso con la de dedicarse al abigeato si no al bandolerismo. No han escaseado en Cuba los cuatreros; los ha habido hasta muy afortunados y poderosos de dinero y autoridad; pero no se acierta a comprender por qué la vega era necesariamente una base para la delincuencia campestre. Ferrer apunta el hecho esencial: «situarse en los despoblados». Este era el peligro para los hacendados, pero no precisamente por las posibles agresividades del veguero, sino porque la vega venía a romper el absoluto monopolio de las tierras «despobladas» o rurales, que aquéllos de hecho tenían acaparadas para sus ganados desde el llamado «poblamiento».

Antes que Ferrer, ya alguien habló claro en un momento decisivo de la historia económica a favor de los vegueros, sin callar sus pecados pero tampoco los de los señores latifundistas. Fue en una memoria presentada a la Sociedad Económica de Amigos del País por Manuel de Soto y Quintanó (*Memorias de la Real sociedad patriótica de La Habana*, 1837, tomo X, pág. 89). He aquí sus ideas.

«El hacendado se reserva sus tierras para el abrigo y pasto de su ganado, y tiembla cuando ve acercarse uno de estos labradores a sus terrenos.» «Es cierto que la conducta de algunos vegueros ponen al hacendado... en el caso de estar en vela sobre sus intereses... por el destrozo de sus montes, el daño de su ganado que entra en las posesiones mal acotadas, el robo de sus animales y aun la usurpación de su tierra...» «Es cierto que muchas veces pide el veguero más tierra que la necesaria para el cultivo del tabaco, y aún puede decirse que hay en estos labradores una manía de apoderarse de mucho terreno, destinándolo a otros usos.»

Esto no era razón bastante para despojar a los vegueros de sus tierras de sembradío y para negarles otras nuevas. Había que favorecer los cultivos del tabaco, aun contra las haciendas de crianza. «Progresando la labor de un hoja tan preciosa, dice Soto y Quintanó, se aumentaría la población e irían desapareciendo las haciendas». Hace ahora un siglo, en el apogeo del liberalismo económico, no se ocultaba ya el propósito de favorecer la pequeña propiedad rural contra el privilegio latifundista. Soto y Quintanó no podía ser más explícito:

Es evidente que el sistema de haciendas impide el progreso de los pueblos. Reducida la riqueza que se conoce en tales puntos, a pocos individuos que la hacen consistir en las leguas de tierra que poseen, aunque no paste ganado, creen que se les disminuye si otro adquiere de ellas un palmo de tierra. Colocados así en medio de los montes, están en guardia contra el labrador para no dejarle adelantar a su descuajo. Los hacendados son como el pino de sus sabanas que no da sombra al caminante. De aquí la miseria en que yace mucha parte de la población, la falta de civilización y aún la inmoralidad. No incluyo en este número a algunos hacendados conocidos por su probidad y beneficencia que dan la mano al veguero hasta en la precisa subsistencia.

La Sagra poco después concreta los términos legales del problema:[28]

«Una antigua costumbre, anterior en muchos casos a la existencia de las haciendas de crianza y aún al descubrimiento de la isla, el apoyo de las autoridades y la terminante expresión de la voluntad soberana, parecen favorecer a los vegueros que se hallan en posesión de dichas márgenes (o vegas), de las cuales muchas han pasado de padres a hijos y otras pagan un censo anual a los propietarios. El intentar desposeer a estos vegueros de unos terrenos que hace tanto tiempo cultivan, sería una injusticia notoria que causaría la ruina de miles de familias y capaz de producir la del tabaco. Todos... se oponen a tan cruel e injusto despojo.» «En tiempo del estanco fueron declarados de dominio real y con destino al cultivo del tabaco todos los terrenos que bañan los ríos en sus ordinarias crecientes. Este sistema parece a primera vista atentatorio a la propiedad particular; pero si se reflexiona que las mercedes de los hatos y corrales (o haciendas) fueron concedidas bajo el supuesto de tenerlos en estado de cultivo, dotados de suficiente número de animales, bajo la pena de reversión, según consta de la Real Instrucción del año 1754; si se agrega a esto que el poseedor o el arrendatario de la hacienda era preferido para cultivar el tabaco en las vegas que contenía, y que solo se le privaba de su uso cuando no quería cultivarlas, conservándolas desiertas, se descubre el fundamento de la providencia real en el espíritu mismo de las antiguas concesiones. La Real Orden de 30 de agosto de 1815 concede a los dueños de los terrenos montuosos una absoluta libertad para hacer con ellos lo que mejor les pareciere, vendiéndolos, repartiéndolos o cultivándolos; pero siempre con la intención de que resulten beneficiosos a la agricultura y a la población. Por esto previene el art. 49 del decreto de la Intendencia de 27 de julio de 1818: "que los poseedores de más terrenos que los que pudieran beneficiar y aprovechar y no tuviesen otro título que el de prescripción, deberán venderlos, repartirlos e arrendarlos en el término de un año, y no haciéndolo se considerarán tales terrenos como sobrantes, en la clase de baldíos o yermos, para hacer merced de ellos a sus denunciantes o a otros que los pidieren, con la obligación de cultivarlos y beneficiarlos". Estas providencias, tenían por objeto,

---

28 Véase la edición de Linkgua, Barcelona, 2021. (N. del E.)

como dice el mismo decreto, la conveniente demolición de hatos y corrales y los repartimientos, de tierras a censo.»

Muy prudentes consideraciones eran éstas, cuya resonancia no debiera ser perdida, aún en los tiempos que corren, cuando se renuevan con acentuada gravedad los problemas sociales del latifundio. También La Sagra arremetía enérgicamente contra las haciendas:

...Los hacendados y la Junta consular se equivocaban cuando creían que no podrán surtirse los mercados de carnes si faltan las actuales haciendas. Lo que sí no podrá haber en la isla mientras ellas subsistan es un buen sistema de agricultura, fundado en el sostenimiento de animales en prados cultivados y unidos a las fincas de cultivo; lo que no puede haber mientras ellas continúen es una población compacta, laboriosa y feliz; lo que no podrá conseguirse mientras ella permanezca es la destrucción de la ignorancia que allí se fija, donde un sistema de industria estacionaria no exige la aplicación del talento ni el genio de las invenciones, arraigándose por el contrario la indolencia, la pereza y los vicios que la siguen.
(*Ob. cit.*, pág. 291.)

Fuera de los argumentos de Soto y Quintanó y de La Sagra, quedaba otro fundamental, que entonces no siempre podía exponerse con claridad. La historia económica y jurídica de la propiedad territorial en Cuba está por hacer a la luz de las interpretaciones modernas, y en estas páginas no cabe discurrir extensamente sobre sus muy peculiares características. Digamos que, fuera de los repartos de tierras para fundación de las poblaciones, con sus solares, ejidos y tierras comunales y de propios, y aparte de las licencias de los cabildos municipales para estancias, sitios o fincas hortelanas en las comarcas inmediatas, las cuales eran destinadas a la provisión de alimentos, las grandes porciones de tierra despoblada se mercedaron en Cuba exclusivamente para la explotación pecuaria y, aún así, generalmente condicionadas a la residencia, al poblamiento dentro de tres años y a determinados servicios públicos.

Por el siglo XVII, y aun mucho tiempo después, a nadie le era permitido en Cuba «tomar sitio para casa ni asiento en el campo para hato... ni otra cosa alguna, sin que tenga primero licencia» (*Ordenanza de Cáceres*, 62), la cual solo recaía a consecuencia de un expediente que acreditase la utilidad pública de dichas labores. Había una clara y precisa idea de función social para la propiedad, que luego ha sido olvidada completamente.

Por otra parte, los hacendados con mercedes de «hato» y «corrales» de ganado no eran verdaderos propietarios de las tierras sino usufructuarios de ellas para sus fines de ganadería; ni las tierras de sus mercedes estaban entonces cerradas, ni cercadas ni siquiera deslindadas; y, dada la peculiarísima costumbre de otorgar las mercedes territoriales en forma circular, resultaba que éstas no estaban delimitadas sino por el teórico radio o distancia nominal de una o dos leguas en relación a un solo centro o punto territorial, el cual solía ser un árbol de dura madera y larga vida o un simple mojón de piedra, movedizo y de poco arraigo. Esas circunstancias hicieron que la propiedad rural en Cuba fuese durante siglos muy insegura, así en lo jurídico como en lo material y económico; porque el afincamiento dependía de las condiciones de las mercedes, ya que el rey se reservaba el dominio eminente de las tierras; porque los cabildos mercedantes las hacían con dudosas facultades; porque el asiento central y único punto delimitador de la tierra mercedada era fácilmente alterable; porque entre merced y merced, todas ellas con territorios de áreas circulares, quedaban siempre espacios irregulares y realengos; porque las mercedes se solapaban en no pocos segmentos, ocasionando conflictos de titulación; porque no había linderos marcados, ni cercas limitantes; porque, aun dentro del terreno mercedado, podía la autoridad otorgar otras mercedes para aprovechamientos agrarios... tal como desde fines del siglo XVI las otorgaba para sembradíos de tabacales en las vegas de los ríos, que eran las tierras más propicias.

La aparición de la *vega* fue la entrada de un nuevo personaje en el teatro de la economía agraria de Cuba, que convertía el tradicional soliloquio del hacendado ganadero en un diálogo polémico. Al surgir la vega se agravaba la inseguridad territorial del hacendado. Ante todo, porque dado el origen pecuario de las haciendas, las autoridades podían mercedar tierras para usos agrícolas aún dentro del perímetro ya concedido para haciendas de ganadería o crianza. Así lo precisó muy bien el artículo 71 de las Ordenanzas de Cáceres:

...para estancias se puede dar asiento y licencia, aunque sea en términos de hatos de vaca concedidos a otras personas, o criaderos de puercos.

Las Ordenanzas de Cáceres, base jurídica importantísima de la vida colonial de Cuba, fueron aquí redactadas por el Oidor de la Real Audiencia de Santo Domingo y Visitador de esta Isla don Alonso de Cáceres y Ovando en 1574 y fueron promulgadas por voluntad regia en 1640. Sin embargo, hay que pensar, como hace muy sagazmente el doctor Manuel Pérez Beato («El curioso americano», *Revista Habana*, diciembre de 1939, año VIII, n.º 1, págs. 192 y sigs.), que las llamadas Ordenanzas de Cáceres no fueron principalmente sino una refundición de las viejas ordenanzas creadas por el cabildo de la villa de San Cristóbal de La Habana, cuyo organismo municipal tenía que suplir con frecuencia los inconvenientes de la ausencia a enormes distancias de los órganos superiores del gobierno y de la legislación, tal como hicieron otros municipios coloniales en aquellos siglos.

No cabe duda de que en el municipio habanero había *ordenanzas* viejas, anteriores a las de Cáceres. Las cita expresamente un acuerdo del cabildo secular de 1568; y en 1573 compareció ante el mismo cabildo Jorge de Martos, escribano de la Visita del Iltr. señor doctor Alonso de Cáceres y pidió «el libro de ordenanzas que tienen desta villa de las cuales usan y ejecutan».

Sin duda que por esta función legislativa, que en ocasiones se extendió a materias institucionales, fue necesario que los simples acuerdos del cabildo habanero, aún calificados en la categoría genérica de «ordenanzas», obtuvieran la consagración de la autoridad jurídica superior. Por eso debió de ser requerida la intervención del visitador Alonso de Cáceres, de la Real Audiencia de Santo Domingo, y se impetró para las ordenanzas que luego recibieron su nombre la confirmación por este supremo órgano de la gobernación insular y sobre todo la definitiva confirmación de S. M. el rey. Pero el hecho de que en estas Ordenanzas de Cáceres se regulara en parte el régimen fundamental de la propiedad agraria en Cuba, permite suponer que el oidor jurista tuvo una misión más profunda, cual la de definir establemente el derecho inmobiliario del país y las correspondientes atribuciones de sus cabildos. En dicho acuerdo del cabildo municipal, en 1568, se alude a una de las *ordenanzas viejas*, de 30 de septiembre de 1552 sobre corrales y monterías, es decir, sobre mercedes territoriales. El ya citado escribano de la Visita del Oidor Cáceres pidió al cabildo habanero «el libro donde se asientan... las mercedes que en esta villa se hacen e Isla».

Esa trascendencia social de las Ordenanzas de Cáceres puede quizás explicar más que otra causa cualquiera así la significativa y desusada intervención de la Real Audiencia, como la extrañísima demora de unos ¡sesenta y seis años! entre su redacción por el visitador jurisconsulto y su confirmación por el rey. En las famosas ordenanzas había disposiciones de gran trascendencia y de naturaleza muy dada a conflictos de intereses creados y de codicias de propiedad territorial. No es de extrañar si hubo intrigas e influjos poderosos para impedir la vigencia inapelable de un nuevo y preciso derecho inmobiliario consagrado por la autoridad soberana, que pusiera fin a las ambigüedades, deficiencias y sobre todo a los abusos cometidos a su nombre por los magnates de la colonia, y particularmente por los que eran miembros y dominadores de aquel cabildo legislador del municipio habanero. Baste recordar que uno de sus personajes más poderosos, Antón Recio, al morir en 1575 dejó para su mayorazgo, el primero de Cuba, además de numerosas casas y solares, nada menos que catorce haciendas ganaderas, todas ellas obtenidas por favor del cabildo donde ese magnate predominaba. Y que esas haciendas estaban prácticamente despobladas lo prueba que el mismo opulento Antón Recio solamente dejó cuarenta y siete negros esclavos, de los cuales trece eran para su servicio doméstico y cinco menores de edad; de modo que las catorce haciendas de su propiedad no contaban en total más que veintinueve esclavos para su atención. Eso era posible dada la primitividad de la ganadería cubana en aquel entonces, reducida casi totalmente a la faena espontánea de la misma naturaleza que proveía sin trabajo ni cuidados humanos a la alimentación y multiplicación de las reses, las cuales crecían en las inmensas haciendas vigiladas por unos cuantos escasos monteros y esperando el día en que tuvieran que ser desjarretadas y matadas por los negros esclavos para los mercados de carnes, para las salazones o simplemente para el aprovechamiento de sus corambres en el comercio ultramarino. En haciendas tan extensas, rústicas, lejanas y desamparadas de población, todo estanciero, sitiero o cultivador que se fijara en sus tierras era una perturbación de aquel régimen selvático o cuando menos un peligro. Al fin, era la penetración de la agricultura civilizada en un régimen privilegiado de economía tan simple que era real y meramente «extractiva», y más aproximada a la caza de animales en un coto reservado que a la verdadera producción pecuaria.

El veguero, pues, podía ser de hecho un intruso en el ámbito de la hacienda; quizás lo era casi siempre y sin poderlo evitar, dadas las peculiares condiciones con las cuales fueron repartidas las tierras en Cuba, sobre todo por su área circular y sin deslindes. Aun sin las estancias y las vegas, los hacendados tuvieron siempre conflictos entre ellos y contra todos los vecinos que de las poblaciones salían a montear por los inmensos campos selvosos de Cuba y cazar el ganado orejano y el jíbaro. El art. 77 de las Ordenanzas de Cáceres, exponía que

> ...de haberse dado y concedido asientos para hatos sin limites ni mojones, sino solo con señalarles el lugar donde hacer el asiento o buxios de hatos, se han seguido e causado muchos daños e pleitos sobre el montear el ganado por herrar o señalar.

El pequeño veguero, desde su paño de labor, le pedía al señorío los títulos de la hacienda que se alegaban en su contra, le discutía el valor de su merced y el cumplimiento de sus condiciones, le obligaba al gran hacendado a deslindar, amojonar y, en definitiva, a cerrar en todo o en parte su inmensa tierra. David y Goliath. La vega y la hacienda no podían convivir en paz sin una cerca por medio. El mismo Soto y Quintanó hace hincapié en «las posesiones mal acotadas» de los hacendados; en que se den al labriego «terrenos altos para sus casas y labranzas con calidad de cercarlas» (*Ob. cit.*, pág. 93). Poco después, Ramón de La Sagra precisará más el origen de ese mal:

> Ya queda indicado que la actual existencia de hatos y corrales casi desiertos sirve de obstáculo para los progresos de los cultivos, especialmente del tabaco; porque los dueños de aquéllos no quieren permitir el establecimiento de vegas a las márgenes de los ríos que pasan por sus haciendas, bajo pretexto de que los vegueros se aprovechan de los bosques, matan furtivamente reses menores para su alimento y causan otras extorsiones que bien considerado traen su origen del defecto mismo de las haciendas sin cercas ni vigilancia competente.

(Ramón de la Sagra, *Historia física, política y natural de la isla de Cuba*, París, 1838, tomo I, pág. 256.)

El problema fundamental estaba en la necesidad de una cerca, o lo que es igual, de una limitación, deslinde de tierras, de dominios y de derechos sociales. Y nadie quería cercar, por el grave costo de hacerlo y por la trascendencia restrictiva, así jurídica como económica, que el deslinde y acotamiento material podía acarrearle. ¿Quién era el obligado a cercar? Si lo era el hacendado, ¿debía éste cercar todo el gran perímetro circular de su hacienda, que tenía un radio de una o de dos leguas? Si lo era el pobre veguero, ¿cómo podía hacerlo, dada su pobreza? ¿Podía éste aprovechar los montes circunvecinos para cortar sus estacas y sus cujes? ¿Qué porción colindante de tierra alta podía ocupar junto a la ribereña, que era la vega propiamente tal? La colocación de esa cerca, como signo real e inexpugnable del señorío territorial, no solo perturbaba la quietud, aislamiento y tradicional predominio de los hacendados sino que en rigor marcaba también el cese de una época histórica de la propiedad rural, la cual de una base posesoria, condicionada y pecuaria iba a pasar a conceptuarse jurídicamente sobre una base dominica, absoluta y agrícola. En otros países también se advirtió la crisis de ese tránsito de una economía rural a otra, y de las tierras abiertas a las cerradas. Recuérdense la cuestión de las enclosures en Inglaterra, y los problemas que hubo en la misma España, en algo similares a éstos de Cuba. En España, donde los privilegios de la mesta, o sea de la producción pecuaria, prevalecieron durante siglos sobre los de la agricultura, de la industria y del comercio, el problema de los «cerramientos» fue uno de los más debatidos por los estadistas españoles que, con el advenimiento del *iluminismo* de Carlos III, comenzaron a combatir los viejos sistemas económicos parasitarios y estancadores, como eran la mesta, las «manos muertas» eclesiásticas y las vinculaciones señoriales y amayorazgadas, y prepararon la implantación del liberalismo económico entonces propulsado por la revolución industrial. Por los «cerramientos» abogaron en aquella época los más destacados estadistas españoles, tales como Cicilia en 1777, Jovellanos en 1784, Floridablanca en 1789, Pérez Quintero en 1798 y otros más; pero el derecho dominico de cerrar y acotar los terrenos agrarios no se proclamó en España hasta las cortes de Cádiz, con fecha 8 de junio de

1813 (Manuel Colmeiro, *Historia de la economía política en España*, Madrid, 1863, tomo II, pág. 100).

La agitación revolucionaria de los «cerramientos» en Cuba está representada principalmente por el conflicto entre la hacienda y la vega. Y el conflicto estaba en ese «situarse en los despoblados» a que aludía Ferrer. En rigor, era la libertad del «sitio», del cual la vega no era sino una de sus especies más típicas y la más importante: el «sitio de tabaco».

Este debate de intereses repercutía claramente en la estructura social de Cuba. Acaba de señalarlo en la historia insular Julio Le Riverend («Interés social de la vega de tabaco en el siglo XVIII», *Revista Habano*, enero, 1940, pág. 23). Apenas la vega comienza a ser núcleo agrícola de importancia económica, la combate el hacendado, que era ganadero. Pero el veguero no era meramente un agricultor que rivalizaba en el campo con la ganadería; la vega era un «disolvente enérgico de las haciendas porque desarrollaba un producto de mercado exterior, creciente y destinado a lograr una capacidad sin precedentes en la historia económica de América», como bien dice Le Riverend. La vega era más que todo eso; era un disolvente del régimen social de esclavitud en que se basaba la economía del hacendado, con su ganado y luego con su ingenio; era la puerta que se abría para el advenimiento de una activa y prolífica burguesía rural de pequeños agricultores, libre de los señoríos absentistas y de las servidumbres aniquiladoras.

No es ocioso recordar que fueron los hacendados los primeros que en Cuba pidieron y lograron del rey sendos títulos nobiliarios de Castilla, con propio y exclusivo señorío jurisdiccional en sus tierras y población. Así en 1715 se creó por real gracia el título nobiliario de marqués de San Felipe y Santiago como señor de Bejucal; en 1721 el Condado de Casa Bayona, con autoridad en Santa María del Rosario; y en 1769 el Condado de Jaruco con igual jurisdicción civil y criminal en esa población y su comarca. Pero fueron «treinta labradores de tabaco unidos en el paraje nombrado Santiago de las Vegas», quienes pidieron al rey «licencia y gracia para formalizar una población realenga con aquel nombre». Y la suplicada merced fue concedida por Real Cédula de 26 de agosto de 1740 (Urrutia, *Ob. cit.*, tomo II, n.º 127, 133, 144, 180 y 188). Así mientras, ya en el siglo XVIII, los hacendados fundaban en Cuba señoríos feudales y nobiliarios con jurisdicciones privilegiadas de resabio medieval, los vegueros de la burguesía tabacalera establecían una villa libre y con jurisdicción realenga.

Sin duda, los labriegos metidos a vegueros eran humildes de posición, no tenían capital y debían pedir refacciones generalmente usurarias a los prestamistas «mercaderes de tabaco», y a veces pagar rentas a los terratenientes y siempre cargas redituales a la Iglesia. Cuando los priores y abadesas de los conventos de La Habana se oponen en 1717 al estanco del tabaco en Cuba, en su alegato al rey pintan con precisos perfiles a los vegueros, diciendo que esos «labradores»...

...son hombres pobres y no tienen otra hacienda ni efectos que el tabaco que cojen, a cuyo crédito y quenta los mercaderes que entienden en este trato les pagan adelantado las cosechas y les hacen otros suplementos con que también nos pagan a nosotros y se sustentan a si propios y a sus familias.

Cuando, un siglo después, el rey de España concede la libertad comercial a Cuba, todavía se dice en el texto oficial que las vegas eran cultivadas por «familias pobres». A veces la pobreza del veguero era absoluta y obligábalo a la sustentación casi parasitaria. Véase este cuadro del veguero mísero, que nos dejó Soto y Quintanó:

Un veguero sin otros brazos que los suyos en una corta posesión regularmente es en la Nueva Filipina un vago disimulado. Muchos de éstos levantan una choza donde pueden, y siembran una o dos mesanas de tabaco, un platanalito y alguna pequeña punta de yuca, con que pretenden encubrir a los ojos de la justicia su vagancia, mientras que no dejan al vecino reses, cochinos y aun viandas que no se le hurten o destrocen. Cansados de estos daños, casi siempre difíciles de averiguar, llegan a denunciarlos por vagos, en cuyo concepto es tan atendida la nota 6.ª de la Real Ordenanza de 7 de mayo de 1775 y aún se les procesa; pero pocas veces se logra declararlos tales y darles destino, al favor de aquel disimulo con que pueden probar aplicación al trabajo por medio de parientes, o los mismos que los receptan. Este labrador, las veces careciendo de los animales y aperos necesarios, está limitado al escaso número de matas de tabaco que puede cultivar; vive bajo una barraca, cuando más de embarrado y guano, con una mujer que por lo común no es legítima, rodeado de seis ú ocho hijos, propagados con la fecundidad que parece inherente al ocio a que está entregado; su campo salpicado, digámoslo así, de una que otra labranza de las viandas más comunes, manifiesta una pequeña área sembrada de malezas; cría una ú otra ave, uno ú otro animal doméstico, que no le bastan para el alimento de su familia durante el año, que por lo regular consiste en la carne de cochino; no hay en todo el fundo otras prendas de más valor que una o dos bestias para conducirse a los pueblos cercanos, a las haciendas o a otras vegas más distantes, el machete, un paraguas y los arreos de montar, si no es que esta pareja es transportada en una misma cabalgadura; y el aspecto de tal familia indica en sus semblantes el hambre que suelen pasar los individuos que la componen y que a veces satisfacen con frutas en sazón o cocidas, si están verdes.

¿Qué resulta de este miserable estado? Obligado de la necesidad para dar de comer carne a su familia se introduce en los montes del hacendado más cercano, que de ordinario suele ser el dueño de la tierra que posee, para hurtarle algún cochino, cuando no le mata los que no puede conducir y beneficia allí mismo dejándole los despojos. Esta operación se repite cuantas veces instiga el hambre, al favor de la impunidad que brinda la soledad de un bosque, la oscuridad de la noche y la dificultad, no solo de descubrir, sino aún de justificar esos hurtos. Las labranzas de los vecinos más proporcionados o industriosos no están menos sujetas a pagar este forzado tributo a su ociosidad, y regularmente un veguero de esta especie en algún punto poblado de vegas es un azote del vecindario. Para los hacendados es una plaga la reunión de muchos de éstos, asi blancos como de color, que no teniendo dónde vivir invaden sus tierras por lo más solo y espeso de los montes, y se establecen clandestinamente con una posesión solo en el nombre.

(*Ob. cit.*, págs. 104 y sigs.)

Indudablemente, no faltaban vegueros que penetraban en las tierras de los hacendados, aprovechando sus árboles, haciendo desmontes para semilleros y hasta para conucos de «viandas», acaso para usurpar tierras con artimañas leguleyas... a veces para matar una res con que acallar el hambre de su miseria. En el veguerío había una plebe rural, humilde y con frecuencia menesterosa; pero sin yugo de servidumbre personal, independiente, incoercible, irrespetuosa del secular señorío de aquella hacienda enorme y sin poblado ni acotamiento, supervivencias territoriales del régimen semifeudalesco que los reyes de España intentaron plantar en estas tierras americanas como en otras Castillas ultramarinas. Es evidente la gravedad del problema social que esta situación representaba. Ramón de La Sagra lo concretaba a sí:

> De la discusión severa e imparcial de esta grave cuestión, resultan probados dos hechos notables, dignos de fijar el pensamiento del gobierno: 1.º, que existe un vicio radical en la distribución de la propiedad rural que puso en manos de ricos hacendados porciones considerables del territorio, cuyo repartimiento aconsejan la razón y la conveniencia pública; 2.º, que un gran número de labradores carecen de terrenos donde ocuparse, y que están decididos a emplear sus fuerzas industriales en cuanto se le proporcione paraje dónde establecerse con sus familias. Estos dos hechos pueden traducirse del modo siguiente: que hay acumulación improductiva de propiedad y paralización de fuerzas de una parte, y de la otra un laudable deseo de trabajo y actividad industrial.
> (*Historia física*, etc., tomo 1, pág. 293.)

Aquella crisis era la de un régimen social que se caía. La propiedad latifundiaria, insegura, siempre sin acato de los extraños y a menudo sin cumplimiento de las obligaciones propias que pretendía ser «sagrada» sin ser fecunda, y se resistía a que en la tierra los hombres libres engendrasen nuevas riquezas fuera de sus vínculos seculares. El veguero era el pequeño agricultor, el sitiero que podía independizarse con el tabaco mientras se sostenía con las viandas que la ley le autorizaba a sembrar entre las matas de tabaco al comienzo de sus plantíos (Zamora, *Biblioteca de Legislación Ultramarina. Tabaco*, tomo VI, pág. 3). La vega tabacalera contra la hacienda de crianza era el sembradío contra el monte, la cosecha contra el rebaño, el caserío contra el despoblado, el arraigo contra el absentismo, el trabajo contra la herencia, el individuo contra el linaje, el plebeyo y su futuro contra el patricio y su pasado. La hacienda era como un castillo de privilegios enfeudados, la vega era una célula de revolución agraria. Aún siendo los vegueros totalmente insolventes, su mera posición de pequeños agricultores en fundo por ellos poseído, y la posibilidad de una contingencia dichosa en la cotización de los precios a pesar de la presión de los intermediarios, les daba una positiva ventaja social. La vega podía ser camino hacia la burguesía, significaba libertad y ascenso social de labriegos; también por esto la combatieron los hacendados, mantenedores de la esclavitud en que se basaban las ventajas de su régimen. La tesis de Pezuela de que las vegas de tabaco fueron fomentadas por los mercedarios de las haciendas por medio de inmigrantes canarios, gratuitamente o con poca renta, y con el solo objeto de que éstos comunicaran «alguna vida y movimiento» a las tierras desiertas, peca de ingenua. Bien pudo suceder que algún hacendado concediera tierras a censo o aparcería por las vegas para fomentar el valor rentístico de sus terrenos entonces despoblados; pero esto no obsta a que apenas el veguero adquiriera importancia económica, el hacendado pretendiera supeditarlo, reduciéndolo a arrendatario o precarista y hasta desalojándolo de las tierras. A lo cual tuvo que oponerse el gobierno, interesado como estaba en los diezmos y demás tributos que el tabaco le producía y en el grave problema social que aquel despojo significaba.

Son varias las provisiones legales que se dan contra las vegas, emanadas del cabildo habanero donde dominaban los magnates hacendados. El 25 de septiembre de 1654 se prohíbe abrir vegas en hatos y corrales; mas no a los dueños de estas fincas sino a los meros arrendatarios y precaristas de las tierras y a los otros pequeños terratenientes cuyos predios por su escasa magnitud no alcanzaban la categoría agronómica, jurídica y social de «haciendas». Sin embargo, el acuerdo del cabildo no se cumple, los tabacaleros persisten en sus labranzas, los hacendados reclaman para ellos el derecho de cultivar el tabaco «por su cuenta». Y ganan los vegueros porque el interés del rey está de su lado y el gobernador lo impone; precisamente porque el fomento de las vegas coincidía con el del comercio transatlántico y de éste sacaba el rey más provechos que de las tierras hacendadas por municipales o regias mercedes. Con fecha 15 de octubre de 1659, se tuvo que confirmar el derecho de los vegueros a la explotación rural de las vegas de los ríos Arimao y Caracusey mediante sembradíos de tabaco y luego junto a los ríos Almendares y Catalina y otros de la comarca habanera y, más tarde, en las riberas de Pinar del Río y otras zonas de Vuelta Abajo.

La lucha entre el gran hacendado y el pequeño veguero no cesa. Los hacendados, socialmente más poderosos, no cumplen con las órdenes soberanas y abruman a los vegueros con persecuciones y con pleitos. Durante el período de los estancos y monopolios regios parecen ganar los hacendados. Estos a veces se entienden con los gobiernos, engañándolos o corrompiéndolos, y los vegueríos van desapareciendo hasta tener que importarse tabaco forastero para el consumo cubano. Pero los monopolios se atenúan o desaparecen y los mercaderes y la Real Hacienda tienen que seguir defendiendo a la plebe veguera, sin cuyo esfuerzo personal no se producían las buenas cosechas de tabaco, ni éste proporcionaba los grandes tributos que el rey pedía. Todavía en el Reglamento de 16 de febrero de 1786 ha de sostenerse por el gobierno que los terrenos que en las orillas de los ríos ocupan las vegas de tabaco son del «dominio privativo de la soberanía y no de los hacendados como lo intentan» y han de proveerse disposiciones para que los hatos y corrales se amojonen y cierren con cercas «de manga», si para ganado mayor, o cercas «de pie», si para cerdos. Una R. O. de 11 de marzo de 1798 dispone, como ya se hizo más de un siglo antes, que hay que amparar a los vegueros de Puerto Príncipe y Trinidad para que no sean despojados de sus tierras ribereñas. Pero sigue la contienda del hacendado contra el veguero hasta el siglo XIX. Lo demuestra una Circular de la Superintendencia, de fecha 15 de septiembre de 1817, muy importante, además, porque refleja los elementos sociales más característicos del tabaco cubano. Dicha circular decía textualmente como sigue:

Entre las costumbres locales debe colocarse por ahora el establecimiento de labradores de tabaco en vegas, que la factoría desde su erección ha considerado como realengas y las ha repartido y concedido en concepto de tales, para la exclusiva agricultura de esta planta. Son una multitud de familias pobres que tienen posesión y título formal o que han heredado sus pequeñas suertes a las márgenes de los ríos. Si de improviso fuesen expelidas de ellas, se quebrantarían todas las máximas de la justicia y de la política, y se perjudicarían en gran manera los mas esenciales fines de nuestra agricultura y población. Siendo de muy grave importancia este punto, he procurado examinarlo desde su origen; he contribuido a que se examine por las principales corporaciones de esta ciudad. Una memoria instructiva deberá demostrar si las vegas de los ríos son o no realengas y, de consiguiente, si son o no bien hechos los repartimientos y concesiones de la factoría en los términos que se han venido practicando; o si perteneciendo las vegas a los dueños de los fundos bañados por los ríos, deben recobrar su pleno dominio en el actual sistema para aprovecharlas por sí, expeler a los vegueros o entrar con ellos en pactos convencionales. En cualquiera de ambos casos debe la autoridad interponerse protectivamente; o a favor del hacendado para que el veguero no abuse de su precario derecho, o a favor del veguero para no dejarle en la mendicidad ni expuesto tal vez a la prepotencia o al rencor de pasados sentimientos. Interesa también en este punto el cultivo de la primera clase de tabaco, pues se opina que requiere el cuidadoso esmero de las familias pobres, y que decaería la planta, o no se lograría de tan exquisita calidad, con las labores en grande, en las cuales no es fácil aplicar a cada mata una atención tan continuada y prolija. Materia es ésta que, con todas las relativas al tabaco habano y a los métodos de labrar y beneficiar el de país extranjero, deberá tratarse completamente en otra memoria para la cual la Sociedad Económica ha ofrecido un premio que se anunciará en los papeles públicos. Pendientes estas investigaciones, cuya importancia no puede desconocerse, dictan la razón y la prudencia que en el presente estado de los vegueros, labradores de tabaco, no se haga novedad alguna precipitada y menos violenta. Subsistan por ahora, como se hallan, no solo en posesión de las márgenes de ríos que tengan aplicadas a este cultivo, sino también del cortísimo terreno adyacente o lateral que se les hubiese concedido para sus conucos y viandas (se componía de 120 varas, medidas desde la orilla del agua, conforme a la prevención del Art. 27 de la Instrucción de 14 de abril de 1817). Pero no abusen de esta concesión, perjudicando voluntariamente a los dueños de las haciendas en que se hallen situados. De esto solo cuidarán por ahora los jueces a quienes ha correspondido este conocimiento, dándome cuenta de cualquier ocurrencia para que se haga la debida justicia. Y los hacendados por su parte no es de dudar se atemperarán a esta explicación, persuadidos por su ilustración y patriotismo de lo que importa no aventurar el acierto y de que la final resolución de este asunto será dictada por el sincero e imparcial deseo de conciliar los derechos públicos con los privados y de sostener y de afianzar el de propiedad, de cuya sólida firmeza depende la prosperidad general, como se asentó por esta Intendencia en las reglas citadas de 1816, sobre terrenos realengos.

(En la *Legislación Ultramarina*, de Rodríguez San Pedro, Madrid, 1865, tomo IV, pág. 618.)

Seguirá aún la brega contra el veguero que cultiva tabaco, al cual se le piden más y más cosechas para de éstas sacar más y más tributos que nutran el real tesoro. Entonces se puede decir en Cuba que «el tabaco produce la renta mayor de la monarquía y en la que descansan las obligaciones más sagradas de la corona». El fisco y el liberalismo dan la batalla en Cuba y defienden al veguero contra el hacendado. Las haciendas tienen que legitimarse, que deslindarse, que dividirse y que «demolerse», como se dijo en la jerga forense (Ramón de la Sagra, *Historia física, política y natural de la Isla de Cuba*, París, 1838, tomo I).

No quiere esto decir que los vegueros fuesen una clase de labriegos económicamente privilegiados por una especial protección del Estado, de tal modo que les fuese asegurado el enriquecimiento y la estabilidad de una posición burguesa. La humildad económica no abandonó al veguero y la pobreza fue la frecuente compañera de los vegueríos. Todavía en la última década del siglo XIX, el periodista Tesifonte Gallego, peninsular y alto empleado del gobierno, decía:

> Allá (en España) se cree que por el hecho de tener en su seno el mejor tabaco del mundo, es Vuelta Abajo una zona que nada en oro; y sin embargo, es la provincia cubana donde quizás se trabaja más y hay mayor miseria.»
> (*Cuba por fuera*, pág. 38.)

En rigor, los gobiernos, atentos al fisco, protegían las cosechas de tabaco más que el beneficio de los tabacaleros; la seguridad económica de la vega y del fisco más que la del veguero.

En la circular de 1817 está aclarado el fondo del problema; que los vegueros eran «multitud de familias pobres», pequeños propietarios con posesión y título formal o hereditario de tierras en «las márgenes de los ríos» sobre las cuales alegaban dudosos derechos «los dueños de los fundos bañados por los ríos», que existía entre los vegueros y los hacendados un conflicto social en el cual «la autoridad debe interponerse protectivamente», no tan solo para evitar graves males privados y públicos, sino por un interés económico supremo, para favorecer «el cultivo de la primera clase de tabaco», pues «sin el cuidadoso esmero de las familias pobres decaería la planta o no se lograría de tan exquisita calidad con las labores en grande, en las cuales no es fácil aplicar a cada mata una atención tan continuada y prolija».

Ahí está, en síntesis, el principal secreto de la exquisitez o «primera clase» del tabaco cubano: en el cuidadoso esmero a cada mata, dado por familias pobres, con atención continuada y prolija en la pequeña vega. La gloria del tabaco habano se debe ante todo a las virtudes de su madre, que es la vega. El primer secreto del tabaco habano está en ese peculiarísimo y virtuoso complejo de planta, tierra, familia, pobreza, artesanía y tradición que en Cuba llamamos la vega. La supremacía del habano está primero en ser «bien nacido»; y luego en ser «bien criado», por la constante individualidad y manualidad de todo su trato técnico. Aún fuera del trato mimoso en la vega,

> ...la curación, acondicionamiento y manipulación del tabaco requiere en Cuba nada menos que noventa y seis distintas operaciones. Y lo más curioso es que todas ellas se realizan exclusivamente a mano.
>
> (José Rivero Muñiz, *Revista Tabaco*, La Habana, año VIII, n.º 82, pág. 33.)

No ha ocurrido esto así en las otras tierras de América donde el tabaco fue plantación capitalista desde su primera cuna, «con las labores en grande».

Sin duda, hay que añadir las insuperables condiciones geoquímicas a las agrícolas e industriales para determinar la secular nombradía suprema del tabaco habano. Cuando en 1717 el gobierno de Felipe V establece el estanco del tabaco de Cuba ya la Real Hacienda dice que por la calidad superior de su hoja prefiere para España el tabaco que se cosecha «en las seis leguas del contorno» de La Habana, aun cuando también se apropiará de la rama que produzcan las vegas de Trinidad, de Sancti Spíritus, de Bayamo, de Santiago, etc., la cual se embarcará para los puertos de los virreinatos. Por todas estas razones fue siempre famoso el tabaco cubano, particularmente en su forma típica de *cigarro puro* o de *tabaco* como en Cuba decimos por antonomasia, o simplemente de *habano* como, por antonomasia aún mayor dice el mundo entero.

La fama mundial del tabaco habano es la de ser *el mejor*; es decir la de su calidad. Pero el capitalismo, meramente cuantitativo, que solo aspira a las desaforadas ilimitaciones del dinero y desprecia las éticas y estéticas limitaciones esencialmente cualitativas de la individualidad humana, pretende en Cuba que el tabaco habano gane en cantidad aun a riesgo de su calidad. Ya por los ochentas del siglo pasado se notaba ese fenómeno del incremento de la cantidad sobre la calidad en el desarrollo industrial del tabaco. James A. Froude (*The English in the West Indies*, Nueva York, 1906, pág. 218) refiere cómo lo observó ante las mejores vitolas de un famoso fabricante de La Habana, e hizo este comentario:

> Ocurre con el tabaco como con casi todas las demás cosas. La democracia impera; y la mayor felicidad del mayor número es la regla de la vida moderna. El promedio de cada cosa es mejor que antaño; pero la alta cualidad que sobresale por sobre las mediocridades es hoy rara o no existe.

Injusta imputación a la democracia. Esta creciente nivelación de las calidades en la línea de la cantidad no ha cesado, pero tiene que ver menos con la democracia, salvo por el aumento cuantitativo de los deseos humanos, que con las irresistibles presiones de una economía solo movida por el interés del provecho pecuniario, que es de suyo acumulativo y cuantitativamente sin limitación. «Dinero por honra», habrían dicho antaño, pensando que esto era prostitución. Hoy se piensa con más frialdad y solo se descubre en ello un efecto más de la universal monetización de la vida, de la peculiar y creciente dolarización de Cuba.

En todo este desarrollo del comercio tabaquero de Cuba hay que considerar que de aquí no solo se exportó tabaco en cigarros, sino también torcidos en cuerda o rollos para la pipa, en panes o andullos para la mascada y en polvo para las narices. Y esos tipos industriales de tabaco tuvieron sus alternativas en los gustos de los consumidores. Así, por ejemplo, mientras en Francia predominaba el rapé, en Inglaterra se prefería la pipa, y en España el cigarro puro para los ricos y el cigarrillo, *papeleta* o *pitillo* para los pobres. El tabaco de Cuba surtía en sus manufacturas para satisfacer todos estos tipos, aun cuando su tipo más característico fuese el puro habano. Tiempo hubo cuando se trató de que en La Habana se produjeran también cigarros envueltos en hoja de maíz. La factoría colonial decidió mandar a buscar a países del continente algunos obreros especializados, que en Cuba no había, para que aquí hicieran dichos cigarros «como en Guatemala» (expediente en el Archivo Nacional de La Habana, Cita de Le Riverend). Pero no sabemos el resultado que dio esa iniciativa que debió de fracasar.

Un episodio fortuito, que acontece en 1702, populariza el rapé de La Habana en Inglaterra. Una escuadra británica captura en Vigo varios millares de bocoyes conteniendo polvos de tabaco habanero, unas 50 toneladas, y llevando el botín a Londres allí es vendido en subasta a precios forzosamente ínfimos, dada la gran cantidad que de repente inunda el mercado, con lo cual el polvo de tabaco habano entra en la posibilidad de las bolsas modestas y cunden su afición y su demanda.

El típico tabaco *cigarro* ha sido desde hace siglos el modo de fumar más corriente en las Antillas. El padre Labat escribía:

No se usan sino escasamente las pipas en América. Los españoles, muchos franceses e ingleses, casi todos nuestros negros y todos nuestros indios fuman en bouts, o sea, como dicen los españoles, en cigales. *Cigales o bout de tabac*, dice Labat, es un pequeño cilindro de seis a siete pulgadas de largo y de cinco a seis líneas de diámetro, compuesto de hojas de tabaco cortadas a esa longitud, envueltas en un trozo de hoja que se llama la robe («capa»), arrollada propiamente alrededor de aquellas otras que componen el medio y del cual se ata la punta con un hilo. Esta parte es la que se tiene en la boca mientras que la otra es la encendida.
(*Ob. cit.*, tomo VI, pág. 121.)

De todos modos, por los siglos XVII y XVIII el cigarro puro estuvo casi restringido a las Antillas, a las demás colonias españolas, a la Península y a ciertas comarcas del Asia y las Filipinas, a donde era llevado por los españoles. A medida que Inglaterra fue colonizando en Norteamérica y surtiendo a sus fumadores del tabaco de Virginia y luego de las Carolinas y de Maryland, el tabaco habano fue gravado con más y más impuestos y relegado para las personas opulentas, únicas que podían pagarse tan costoso lujo. La generalidad de las gentes europeas no conoció otros usos del tabaco que en andullo, o pan para mascarlo, en cuerda o picado para fumarlo en pipa y en polvo para sorberlo. Cuando en el siglo XVIII los autores ingleses usaban la palabra *cigarro*, se creían obligados a explicar su sentido a los lectores. J. Cockburn, refiriéndose en 1735 a tres frailes de Nicaragua, habla de los *seegars* que fumaban, y decía:

> Estos caballeros nos dieron para fumar algunos cigarros. Estos son hojas de tabaco enrolladas de manera que sirven lo mismo para una pipa que para fumarlo solo; no conocen otra forma aquí, pues en toda Nueva España no se hallaría una pipa.

Con la conquista de La Habana, lograda el año 1762 por los ingleses, el cigarro habano conquista a su vez a la tropa de los barcos y regimientos británicos y norteamericanos que por un año ocupan la ciudad, y se esparce por los puertos de Inglaterra y sus colonias de América, al retorno del millar de buques que durante aquel año de libertad comercial visitan La Habana con cargamentos de mercaderías de Europa y América y esclavos de África. Pero los ingleses evacúan La Habana, y pocos años después estalla nueva guerra que determina la independencia de los Estados Unidos, en la cual intervienen los españoles y los criollos; los de La Habana ayudando a los rebeldes y aprovisionando varias expediciones guerreras en su favor, sin exceptuar la de los franceses de Rochambeau que tanta parte tuvieron en la derrota definitiva de los ingleses en Yorktown. Se acaba la guerra, pero surgen nuevos conflictos y otros tratados de paz que perturban las relaciones comerciales de Cuba con los pueblos anglosajones (Herminio Portell Vilá, *Historia de Cuba en sus relaciones con los Estados Unidos y España*, tomo I, La Habana, 1938, capítulos II y III).

En todo ese largo período, los cigarros habanos se fueron conociendo por el extranjero; pero siguió clandestino su comercio. Es curioso notar cómo en los documentos de la estadística comercial de Cuba, el tabaco apenas figura exportado sino para España y sus virreinatos de América. Es que entonces el comercio del tabaco era doble contrabando, prohibida su saca de Cuba por España y prohibida su entrada por las otras naciones a causa de la producción propia o de su estanco fiscal.

Antes que finalice el siglo XVIII ya los cigarros de tipo habano se van conociendo por Inglaterra y por el continente de Europa, fuera de España donde siempre se usaron. Por esa época se había perdido mucho en Inglaterra la costumbre de fumar. El doctor Samuel Johnson en 1773 atestiguaba que el fumar había desaparecido; pero esto era exagerado si bien el polvo de tabaco había prevalecido mucho sobre las pipas. Ya en 1779 el gobierno papal concedió al alemán Peter Wendler el derecho de fabricar en Roma «bastoni di tabacco». También se abrieron fábricas de cigarros en Francia según el modelo de Sevilla. Y al extenderse el hábito de fumar cigarros puros fabricados en Europa, más crecía la apetencia de los auténticos tabacos habanos.

En Alemania el cigarro o tabaco puro tipo habano pronto tuvo buen mercado. El año 1788 un tal Schlottmann establece una fábrica de ellos en Hamburgo con rama que le va de Cuba. Y con el tiempo Hamburgo llega a ser un gran centro del comercio tabaquero, que envía factores a La Habana y aquí arraigan abriendo almacenes de rama, fábricas de ricas vitolas y hasta casas de banca para financiar su negocio. Pero por toda Europa el tabaco habano encontró entonces grandes obstáculos, pues cuando el cigarro puro comenzaba a extenderse por aquel continente se desencadenó desde 1789 la era de las grandes revoluciones y guerras que conmovieron a esa parte del mundo durante un cuarto de siglo.

Se dice que es ya el año 1801, en Connecticut, cuando en los Estados Unidos comienza la fabricación de *cigars* tipo habano, y que por 1810 los *Havana cigars* se importaron por primera vez (Carl Werner, *A Textbook on Tobacco*, Nueva York, 1914, pág. 22); aun cuando lo verosímil es que las cosas sucedieran en orden inverso, primero la importación de habanos y luego su fabricación... falsificada. Es probable que esa fecha solo se refiera a la importación oficial, pues ya antes debieron de introducirse clandestinamente en Angloamérica los *Cuban cigars.*

No obstante las guerras de Europa, si éstas impidieron la prosperidad económica y la normalidad de los intercambios mercantiles durante varios lustros, en cierto sentido acrecentaron el conocimiento del tipo de tabaco habano a causa del papel que los españoles y portugueses jugaron en ciertos episodios de aquéllas. En Austria se introdujo el *cigarro* puro por 1805, gracias a un diplomático español que así obsequió al mariscal Windischgratz. El regalo debió de ser un tabaco habano, dada la categoría de tales personajes. Para Inglaterra, y en general para el resto de Europa y aún fuera de ella, hay que llegar a las guerras napoleónicas y a las civiles del pueblo español, para que de ellas salga victorioso el *tabaco habano*. En esos años bélicos España, cuyos monárquicos y absolutistas han solicitado una y otra vez la invasión de su país por tropas extranjeras, fue cruzada y recruzada por ejércitos ingleses y franceses, por los de Wellington, los de Bonaparte y los de Angulema, y los soldados retornaron llevándose con los laureles, heridas y recuerdos de sus campañas la costumbre española de fumar los cigarros y cigarrillos hechos en aquel país y en sus colonias.

Las guerras de independencia realizadas por los pueblos hispánicos de América también contribuyen a extender el consumo de los tabacos entre los ingleses y los irlandeses. De Inglaterra vienen voluntarios para las tropas rebeldes de los republicanos de América, de Irlanda vienen soldados aventureros para reforzar los ejércitos malhadados de España. Unos y otros al retorno se llevan consigo los cigarros y el hábito de fumarlos. Con respecto a Colombia, donde se daban buenos cigarros, se refiere una curiosa anécdota de transculturación. De las señoritas colombianas se dice que «vivas y apasionadas, hermosas, blancas y bien formadas, no tienen en jeneral austeridad de costumbres ni inclinación a lo serio. Pasan la vida entre los placeres y las prácticas de devoción». Y de estas típicas criollas se añade que «la costumbre de fumar está sumamente jeneralizada, aún entre las mujeres. Sin embargo, aunque éstas no dejan casi nunca el cigarro de la boca, parece que se las prepara una reforma. Cuando la guerra de la independencia, hubo muchos matrimonios mixtos por razón del gran número de voluntarios ingleses que llegaron al país. «Nuestras inglesas no fuman, y por esto las queremos», dijeron los rubios oficiales. Y estas palabras solas bastaron para poner el cigarro en el índice en toda la sociedad de las señoritas» (Alcide D'Orbigny y Jean-Baptiste Benoît Eyriès, *Viaje pintoresco a las dos Américas, Asia y África*, Barcelona, 1842, tomo I, pág. 78). Sin embargo, no debió de extenderse mucho este tabú de la «sociedad inglesa» puesto a las elegantes de la «sociedad hispanoamericana».

Como consecuencia de esas guerras de la Península y de América en Inglaterra, a partir de 1814, renace con furor el fumar cigarros puros. Era un lujo muy caro, y ésta fue una razón más para su renacer. Los moralistas de nuevo combaten el «vicio español»; la morigerada reina Victoria, que sube al trono en 1837, odia el tabaco como Jacobo I y lo prohíbe en la corte. Wellington, a su presión, tiene en 1845 que reprimirlo en los oficiales de su ejército; pero el tabaco se impone contra la regia hostilidad. En 1823 Inglaterra solo importa 26 libras de *cigars*; un año después ya son 15.000, y de año en año los tabacos habanos van penetrando más en la Gran Bretaña.

También por los países continentales las tropas que han estado en España van divulgando el cigarro tipo habano. Napoleón no fuma, pero toma mucho rapé, y sus oficiales aprenden a fumar cigarros «a la moda española» y la moda se va corriendo por el resto de Europa. Pero aún hay un grave inconveniente para la victoria del tabaco de Cuba o de estilo habano.

Con la difusión del uso del cigarro puro, se extendió la costumbre de fumar en la calle. El tabaco se hizo «ambulatorio», y se tomó por las autoridades como un signo revolucionario y de liberalismo contra la conservadora pipa, que prefería el ámbito cerrado, la quietud y la sedentariedad (Corti, *Ob. cit.*, pág. 246). Por eso fue prohibido por las regias cortes absolutistas de Europa el fumar callejero hasta que las revoluciones del 48 conquistaron para los pueblos ese nuevo «derecho individual». Primero por los países anglosajones, y luego por las monarquías constitucionales de Europa, entra a reinar el cigarro puro haciendo desaparecer casi del todo las pipas y el rapé, que se recogen a ciertos ambientes. A medida que triunfan las libertades ciudadanas y se aseguran las constituciones políticas, triunfa también el cigarro puro, coincidiendo con el advenimiento a Cuba del liberalismo económico que abre el puerto de La Habana a todas las naciones. Y es en ese ambiente de libre competencia industrial y mercantil cuando el *tabaco habano*, por plebiscito unánime de los pueblos, deviene el cetro imperial del mundo tabaquero. El *tabaco habano* es desde entonces el símbolo de la burguesía capitalista triunfadora. El siglo XIX fue la era del cigarro puro. Ahora lo va venciendo la democracia del popular cigarrillo. Pero cigarros y cigarrillos ya van siendo a máquina, como a máquina se van reordenando las economías, las políticas, los gobiernos y las ideas. Acaso muchas gentes y pueblos, ahora vencidos por los poseedores de las máquinas, solo puedan encontrar en el tabaco el único refugio transitorio para su personalidad oprimida.

XXI. De los «tubanos» de tabaco

En su obra *La villana de Vallecas*, que fue escrita por 1620, Tirso de Molina describe (Jornada 1.ª, Escena 4.ª) una cena opípara y señala los postres suculentos, de Castilla y de Indias. Tirso de Molina recuerda la *piña*, los *mameyes* y los *cipizapotes*, y, al final de la comida, como aún suele ser deleite de los fumadores sibaritas, saca «un *tubano*». Dicen así los citados versos del poeta conocedor de las cosas de Indias:

> Y si en postres asegundas,
> en conserva hay piña indiana,
> y en tres o cuatro pipotes,
> mameyes, cipizapotes;
> y si de la castellana
> gustas, hay melocotón
> y perada, y al fin saco
> un *tubano* de tabaco
> para echar la bendición.

El *tubano* de tabaco era el típico tabaco torcido en forma de cigarro, o sea el preparado con un manojo de hojas picadas o tripas enrolladas y envueltas en un «tubo» externo de hoja o capa. La palabra rollo nunca fue aplicada al tabaco en forma de «tubo» como supone un comentario de *El diablo cojuelo* de Luis Vélez de Guevara, sino al enrollado para luego ser consumido en pipa.

En esos versos de Tirso, que era clérigo y sabía echar bendiciones, se advierte toda la intensidad de su entusiasmo de fumador, tratando del fumar como de un rito propiciatorio. No sabemos si el vocablo *tubano* fue invención de Tirso; pero más bien parece que debió tomarlo del lenguaje común entre los indianos de entonces, así como tomó de éstos las palabras usuales para denominar las frutas exóticas por él aludidas. Parece que esta voz *tubano* debió de ser corriente en la isla Española, pues siglos después aún lo era. La emplea José Martí a fines del XIX como usual en Santo Domingo (*Apuntes de un viaje*, pág. 49). Y bien sabido es que el presbítero Tirso de Molina estuvo tiempo en la Española y de allí pudo conocer la palabreja y gustarla junto con su significado.

A muchos parecerá inverosímil que en aquellos tiempos de largas navegaciones a la vela, cuando los buques tardaban numerosas singladuras en sus travesías del Océano Atlántico, a veces varios meses enteros, pudieran catarse las ricas y frescas frutas antillanas en las mesas de Castilla. Sin embargo, así fue, aun cuando no debieron abundar tales frutas forasteras, ni aun en los banquetes de la aristocracia opulenta. Consta que Fernando el Católico saboreó con entusiasmo real y regio una rica piña que le fue llevada de estas islas, con otras muchas que se pudrieron, según Pedro Mártir de Anglería creyó interesante escribírselo al papa León X. Decía así este clérigo a su pontífice:

El invictísimo rey Fernando ha comido otra fruta que traen de aquellas tierras. Esa fruta tiene muchas escamas, y en la vista, forma y color, se asemeja a las piñas de los pinos; pero en lo blanda al melón, y en el sabor aventaja a toda fruta de hueso, pues no es árbol, sino hierba muy parecida al cardo o al acanto. El mismo rey le concede la primacía.
(*Década II*, Libro IX.)

También, según refiere el padre Joseph de Acosta (*Historia natural y moral de las Indias*, Libro IV, Capítulo 19):

Al Emperador don Carlos le presentaron una de estas piñas, que no debió de costar poco cuidado traerla de Indias en su planta, que de otro suerte no podía venir; el olor alabó; el sabor no quiso ver qué tal era.

De todos modos, no fueron las frutas, ni siquiera en conserva, los productos indianos que prevalecieron en las mesas europeas y llegaron a influir extensamente en las costumbres. Fueron el tabaco y el chocolate, y luego la papa, el maíz, el pimiento, el tomate, el maní...

De las frutas acaso la que más se extendió haya sido la *tuna*, también llamada *higo chumbo, nopal, higo de Indias* o *higo de Moros*. Doquiera el clima y la tierra favorecieron su arraigo allí se propagó esa higuera cáctea, tanto que los tunales han llegado a ser característicos de muchas zonas del paisaje marroquí y berberisco y del meridional de España.

XXII. De la manufactura del tabaco habano en 1850

El carácter doméstico, casero y urbano de la original industria tabaquera en Cuba fue bien señalado a mediados del siglo XIX por un viajero francés, Xavier Marmier, quien escribió de sus correrías por los países americanos. Ya entonces la industria del tabaco habano había logrado gran apogeo; pero se conservaban aún vivas todas las gradaciones de su ascenso, desde la producción familiar para el consumo propio y el taller casero para la manufactura barata, hasta los talleres de artesanos o *chinchales* y las grandes fábricas con división del trabajo organizado. Aun entonces las fábricas de tabacos, o sea de cigarros puros, apenas pasaban de cuarenta trabajadores la que más, según Marmier, y no empleaban máquinas. La fabricación de cigarrillos tardó más en salir de la fase domiciliaria de la producción que la de los tabacos. El cigarrillo, que es el cigarro niño, no salió a la calle sino mucho después que su papá, el *puro habano*. Pero ya por esa época la producción de cigarrillos se había ido extendiendo y contaba con fábricas. Es en 1853 cuando ya se le aplica la máquina de vapor al cigarrillo, mucho antes que al cigarro o tabaco puro.

He aquí lo observado por el viajero francés:

Una parte (del tabaco) se fabrica en las casas particulares de la isla, para el uso de aquellos que no curándose de la elegancia de la forma, hallan una notable economía en esa manipulación doméstica; es el pan casero que reemplaza los panes de moda, introducidos en nuestras mesas aristocráticas.

Difícil sería decir cuánto tabaco se fabrica así en las haciendas; únicamente se sabe que el que se fabrica en las tabaquerías, que por término medio son mil seiscientos millones de cigarros por año.

No hay calle en La Habana donde no se encuentre alguna tabaquería; en cada una de ellas hay veinte, treinta, cuarenta o más trabajadores, divididos en varias secciones, cada una de las cuales tiene su ocupación especial.

(Xavier Marmier, *Cartas sobre la América*, trad. castellana, México, 1851 (?), tomo II, pág. 85.)

En La Habana se contaban por el año 1863 no pocas tabaquerías, nada menos que 516, con 15.128 tabaqueros, según se informaba en un documento oficial. En cambio, había 36 cigarrerías, además de los talleres a cargo de los presos del Arsenal, del Presidio, de la fortaleza de la Cabaña y de la Cárcel, y 700 soldados metidos a cigarreros.

En la fabricación de cigarrillos de papel se emplea cierto número de individuos colectivamente, unos de la población, otros del ejército permanente, ya rebajados, ya sean los que aprovechan las horas desocupadas del instituto de sus deberes, y muchos reclusos de la cárcel de los presidios diferentes de la plaza, que con su entretenimiento lucrativo bastantes llevan el pan a la boca de sus hijos, y este trabajo útil contribuye a economizar los haberes de algunos y disipar las penas de otros, mientras sirve para mejorar sus costumbres pasadas.
(*Informe Ilustrado y Estadístico, que de orden del ilustrísimo señor Intendente general del Ejército y Real Hacienda de la Isla de Cuba, conde Armildez de Toledo don Isidro Wals, redactó y dio sobre los elementos de riqueza del tabaco en el año 1861 y lo publica en el presente don Valentín Pardo y Betancourt*, La Habana, 1863.)

XXIII. De la primera rebelión de negros que hubo en América

Cuando los blancos trajeron a las Américas varios millones de esclavos, como máquinas musculares y autodinámicas para explotarles su fuerza de trabajo, no pudieron arrancarles sus almas y dejarlas en sus tierras de África. En la trata de esclavos los desalmados no fueron los negros, aun cuando entre éstos hubo también negreros y socios de la trata.

No debe, pues, extrañar si los esclavizados, teniendo cada uno «el alma en su almario», según reza el modismo castellano, repelieran con frecuencia la injusticia y el sofoco de su mísera condición. No siempre fueron los negros sumisos y resignados, como se ha dicho repetidamente. Fueron impotentes para defenderse y se sintieron abatidos, «con el alma a los pies»; pero a menudo hallaban ocasión de libertarse y entonces se «echaban el alma atrás» o «la daban al diablo», y arremetían contra sus explotadores, o bien se escapaban por la huida a la libre vida cimarrona o, por la vía del suicidio, a la insubyugable vida de ultratumba. Alboreaban el siglo XVI y el poblamiento de la Española y ya el gobernador de esta isla le pedía a los reyes que no enviasen de España más negros esclavos. Por Real Cédula del 27 de marzo de 1503 se le dice a Ovando:

> En cuanto a lo de los negros esclavos que dezís que no se embíen allá porque los que allá había se han huido, en esto Nos mandaremos que se faga como dezís.

Apenas se implanta la industria azucarera en América con sendas dotaciones de negros de África, ya hubo sublevaciones de esclavos, que hoy llamaríamos huelgas revolucionarias. Así ocurrió en la isla Española el año de 1522 y en varios ingenios, incluyendo el del visorrey, almirante y gobernador don Diego Colón, el hijo del don Cristóbal el descubridor.

Pueden leerse dos textos muy importantes para documentar ese acontecimiento histórico: uno de Juan Castellanos y el otro, anterior en fecha, de Gonzalo de Oviedo.

Estimamos de interés documental reproducir el siguiente fragmento de Juan de Castellanos, publicado por primera vez en 1589. Este autor, dicho sea para los que no lo saben, y éstos son muchos, fue uno de los bravos conquistadores de Indias... y de indias. Y ya viejo se metió a clérigo, como hizo

Bartolomé de las Casas, después de ser conquistador de Cuba y encomendero. Pero Castellanos, en vez de convertirse en apóstol de las Indias, agitador de conciencias y reformador de costumbres bárbaras, valido de la incontrastable fuerza moral y cívica que entonces tenía el cargo de sacerdote de la Iglesia, aprovechó la seguridad económica de su clerecía, propiciadora de su reposo, haciéndose el más extraordinario poeta que ha escrito en América. Lo fue no precisamente por haberse dedicado a escribir las *Elegías de varones ilustres de Indias*, ni tampoco por haber escrito sus elegías en verso, pues la poesía épica no ha sido cosa de mérito superior al de las otras inspiraciones de las musas, sino por haberles dado una extensión de ciento cincuenta mil endecasílabos, hasta ser la obra de versificación más extensa de todos los tiempos. Diríase que escribió una *Americanada*; sin duda, *the greatest in the world*. Sus *Elegías* no están huérfanas de valor objetivo, si no por la catarata de su versificación, por los numerosísimos y a veces únicos datos históricos acerca de los conquistadores de América, que flotan en las desbordadas estrofas de su lírica. La lectura de sus versos es bastante cansona y ello ha sido causa de que las *Elegías* sean una de las fuentes documentales menos frecuentadas en el estudio de la historia americana.

El texto que reproducimos es fragmento del Canto II de la Elegía V y se refiere a los sucesos ocurridos durante el gobierno de Diego Colón en la isla Española, y, más concretamente, a la industria de los ingenios de azúcar, a su dependencia de la esclavitud de negros africanos y a la gran sublevación de éstos, la primera de las muchas ocurridas en América.

El texto de Juan de Castellanos dice así:

Canto II de la Elegía V
(Fragmento)

El caso sucedió por esta vía:
Los hombres de riquezas cudiciosos,
Visto lo que la tierra prometía,
Para mejor hacellos caudalosos,
Dieron una grande granjería,
Que fué hacer ingenios poderosos

Para moler azúcar, y el intento
Ha venido después en crecimiento.

El inventor primero de esta cosa.
Que primero lo dió perficionado.
Dicen que fuese Gonzalo de Velosa,
Varón por buena letra estimado;
De la cual granjería provechosa
Fué rico de caudal multiplicado,
Y en este nuevo reino tiene nietas,
En ser, valor y lustre muy perfectas.

Doña Luisa, otra Castinaira,
A quien Homero pinta soberana,
La segunda se dice doña Elvira,
Y la menor de todas doña Ana;
Virtud, bondad, honor, aquí se mira:
Belleza, discreción, vida cristiana,
Casadas con ilustres caballeros,
Y cada cual con muchos herederos.

Sus maridos, varones singulares
Doquier que se mostró bélica mano,
Señalados por tierras y por mares
Con virtud y renombre soberano
Son Avendaño y Gregorio Suárez,
Y Antón de Castro, noble lusitano:
Cuyas proezas grandes, Dios mediante
Confío que diremos adelante.

Pues el sabio Velosa persevera
Haciendo dos ingenios escogidos,
En Niguayen, y Aguate y su ribera,
Del cual ejemplo mucho son movidos,

Queriendo caminar por su carrera,
Orillas de los ríos conocidos:
Como fue Pasamonte, tesonero,
Y el secretario Diego Caballero.

Otro mucho mejor y más pujante,
Abajo del que tengo ya nombrado,
Es del señor Colón, el almirante;
Otro hizo también Francisco Prado;
Y no quiero pasar más adelante
Contando los que se han edificado,
Porque, ponellos todos por escrito
Sería proceder en infinito.

Destos cada cual es un señorío,
Gentil y principal heredamiento;
Tienen necesidad de gran gentío
Para tener cabal aviamiento;
Faltaba ya de indios el avio
Por el universal acabamiento,
De suerte que hay en estas heredades
Negros con escesivas cantidades.

Tienen la tierra tal cual se desea
En templo y abundancia cosa rica,
En grande aumento va cada ralea,
Y con grande vigor se multiplica,
Tanto, que ya parecen ser Guinea,
Haití, Cuba, San Joan y Jamaica.

Destos son los Gilosos muy guerreros
Con vana presunción de caballeros.

Movidos estos desde lozanía

Y sobre gran acuerdo, se juntaron
De la Natividad segundo día,
Año de veinte y dos que se contaron;
Y luego con soberbia valentía
Hacienda poderosa solaron,
Tanto que casi no dejaron rastro
En la que fue de Melchior de Castro.

La furia destas furias más se ceba
Sin que dejen mamante ni piante;
El riguroso trance desta nueva,
Con nuestros españoles por delante,
Con la priesa posible se le lleva
A don Diego Colon el almirante,
El cual con el calor que convenía
Partió tras la poderosa compañía.

Por atajar con brevedad los males,
Recogió de soldados hasta ciento,
Mas luego caballeros principales
Fueron por le servir en seguimiento;
Hallaron luego rastros y señales,
Envueltos en rigor sanguinolento;
Siguieron las pisadas aquel día,
Hasta que ya la noche se venía.

En Nizao paró la compañía
Por causa de la noche tenebrosa,
Mas Melchior de Castro no dormía,
Que por lo que llevaban no reposa;
Hurtóse del real, siguió la vía
Que llevaba de gente belicosa,
Con un criado suyo, que llevallo
Quiso, por ser buen hombre de a caballo.

Colon, que luego supo la demanda
Del que llevaba vivo los aceros,
A Francisco de Ávila le manda
Que le siga con ocho caballeros;
Con tal que si topasen con la banda
De los viles y bárbaros guerreros,
Se los entretuviesen cuerdamente
En tanto que llegaba con la gente.

En camino ancho, bien hollado,
Se juntaron los once que ya digo,
Y brevecillo trecho caminando
Sienten el escuadrón del enemigo,
De todas armas bien aderezado,
Y no de centinela sin abrigo,
Con cuya grita cada cual despierto
Se pusieron en orden y concierto.

Hacen ostentación de su presencia,
Diciendo «Viles, no tenemos miedo,
Pues pensamos hacer la resistencia
Como valientes hombres a pie quedo».
Paitóles a los once la paciencia,
Rompiendo con grandísimo denuedo
Por aquel escuadrón embravecido,
Dejando cada cual uno tendido.

Con todos sus pertrechos y resguardos
Se rehizo muy pronto la campaña,
Con infinitas flechas, lanzas, dardos,
En que se daban todos buena maña;
Fue la breve batalla bien reñida,
Y al cabo los pusieron en huida.

El recuento concluso y acabado,
Y el escuadrón ele negros ya vencido,
El don Diego Colon llegó cansado,
Con presurosos pasos al ruido;
Uno destos salió descalabrado,
Y el Melchior de Castro mal herido,
Pasada de los dardos una mano,
Pero no tardó mes en verse sano.

Remediados-aquestos desatinos,
Tan necesariamente remediados,
Poblaron las calzadas y caminos
De negros por justicia castigados
Sosegáronse todos los vecinos
Que estaban de temor sobresaltados,
Y otros hubo después, aunque no luego
Que causaron mortal desasosiego.

(Biblioteca de autores españoles, desde la formación del lenguaje hasta nuestros días, ordenada por don Buenaventura Carlos Aribau, *Elegías de varones ilustres de Indias*, por Juan de Castellanos, 3.ª edición, Madrid, 1874, págs. 48-49).

El otro texto aludido del Capítulo IV del Libro IV de la ya citada *Historia general y natural de las Indias, islas y Tierra Firme del Océano*, debida a Gonzalo Fernández de Oviedo (En la edición de la Real Academia de la Historia consta en el tomo I, págs. 108 y sucesivas).

En que se tracta de la rebelión de los negros e del castigo que el almirante, don Diego Colom, hizo en ellos, etc.

Fue un caso de mucha novedad en esta isla, e principio para mucho mal (si Dios no lo atajára) la rebelión de los negros; y no sería razón que cosa tan señalada se dexase de escrebir, porque si se callasse la forma de como passó, también se callaría el servicio que algunos hombres de honra de aquesta cibdad en ello hicieron. Y porque esta culpa no se me pueda dar ni se crea que queda por mí de inquerir la verdad del fecho, diré lo que en este caso he podido saber de personas que en ello pussieron las manos; y tenga por cierto el que lee, que si algo se dexa de decir, que será por falta de los que informan y no del que escribe. Assi que diré lo sustancial de este movimiento y alteración de los negros del ingenio del almirante, don Diego Colom; que por sus esclavos fue principiado este alzamiento (y no por todos los que tenía); e diré lo que del mismo almirante e de otros caballeros e hombres principales supe desta materia; y es aquesto.

Hasta veynte negros del almirante, y lo más de la lengua de los *jolophes*, de un acuerdo, segundo día de la Natividad de Chripsto, en principio del año de mil e quinientos e veynte dos, salieron del ingenio e fuerons ea juntar con otros tantos que con ellos estaban alidado en cierta parte. E despues que estovieron juntos hasta quarenta dellos, mataron algunos chripstianos que estaban descuydados en el campo, e prosiguieron su camino para delante, la vía de la villa de Agua. Súpose luego la nueva en esta cibdad, por aviso que dió el licenciado Chripstobal Lebrón que estaba en un ingenio suyo; y sabido el mal propósito e obra de los negros, luego cabalgó el almirante en seguimiento dellos, con muy pocos de caballo y de pié. Pero por la diligencia del almirante e buen provehimiento desta Audiencia Real, fueron tras él todos los caballeros e hidalgos, e los que ovo de caballo en esta cibdad e por la comarca; y el segundo dia despues que aquí se supo, fué a parar el almirante a la ribera del río Nigao, e allí se supo que los negros habían llegado a un hato de vacas de Melchior de Castro, escribano mayor de minas, e vecino desta cibdad, nueve leguas de aquí; donde mataron a un cripstiano, albañir que estaba allí labrando, e tomaron de aquella estançia un negro e doce esclavos otros indios, e robaron la casa; y hecho todo el daño que pudieron, passaron adelante, haciendo lo mismo y pesándoles de lo que no se les ofrecía, para hacerlo peor.

Despues que en discurso de su viaje hubieron muerto nueve chripstianos, fueron a asentar real a una lengua de Ocoa, que es donde está un ingenio poderoso del licenciado Çuaço, oydor que fué en esta Audiencia Real; con determinación que al día siguiente, en esclareciendo, pensaban los rebeldes negros de dar en aquel ingenio e matar a otros ocho o diez chripstianos que alli avia, e rehacerse de mas gente negra. E pudiéranlo hacer, porque hallaran más de otros cientos e veynte negros en aquel ingenio; con los cuales si se juntáran, tenían pensado de yr sobre la villa de Agua y meterla a cuchillo y apoderarse de la tierra, juntándose con otros muchos más negros que en aquella villa halláran de otros ingenios. E sin dubda se juntáran a su mal intento, si la Providencia Divina no lo remediára de la manera que lo remedió.

Assi que, llegado el almirante a la ribera de Nigao, como he dicho, e sabidos los daños ya dichos que los negros yban haciendo por el camino que llevaban, acordó de parar allí aquella noche, porque la gente que con él yba reposasse, e los que atras quedaban le pudiesen alcanzar para partir de allí a otro día al quarto del alba, en seguimiento de los malfechores. Es de saber que entre los que allí se hallaron con el almirante estaba Melchior de Castro, vecino desta cibdad, al cual habían fecho en su hacienda y estancia el daño que se dixo de suso; e cómo le dolía su propio trabajo (demás e allende del general de todos que se aparejaba), acordó de se adelantar con dos de caballo, sin deçir cosa alguna al almirante: porque creyó que si le pedía licencia, no se la daría ni le dexaria yr tan solo adelante, quedando el almirante e gente donde es dicho. El secretamente se salió del real e fué a su estancia e hato de sus vacas, y enterró el abañir que alli avían matado los negros, e halló su casa sola e robada; allí se juntó con el otro chripstiano de caballo, e determinó de yr adelante; e desde allí envió a decir al almirante que él se yba en seguimiento de los negros con tres de caballo que con él estaban, y que le suplicaba que le enviase alguna gente, porque él yba con determinación de entretener los negros, en tanto que los chripstianos con su señoría llegassen, puesto que él y los que con él yban eran pocos. Sabido esto por el almirante le envió luego nueve de caballo e siete peones, los quales le alcanzaron; e juntados con Melchior de Castro, fueron por todos doce de caballo, e siguieron a los negros hasta donde es dicho que estaban. Entre esta gente de caballo que el almirante envió a tener compañía a Melchior de Castro, para detener los negros rebelados, fué el principal Francisco Dávila, vecino deste cibdad (que agora es uno de los regidores de ella); e prosiguiendo su camino, al tiempo que el lucero del día salía sobre el horizonte, se hallaron a par de los negros; los quales, assi como sintieron estos caballos, se acaudillaron e con gran grita, fechos un esquadron, atendieron a los del caballo. Los caballeros, viendo la batalla aparejada, sin atender al almirante por las causas que es dicho, e no esperar que los negros se juntassen con los de aquel ingenio, determinaron de romper con ellos, e embargaron sus adargas, e puestos sus lanças de encuentro, llamando a Dios y al apóstol Sanctiago, todos doce de caballos fechos un esquadron, de pocos ginetes en numero, pero de animosos varones, estribera con estribera, a rienda tendida, dieron por medio del batallón contra toda aquella gente negra, que los atendió con mucho ánimo para resistir el Ímpetu de los chripstianos; pero los caballeros los rompieron, e passaron de la otra parte. El deste primero encuentro cayeron algunos de los esclavos; pero no dexaron por esso de juntarse encontinente, tirando muchas piedras e varas e dardo, e con otra mayor grita atendieron el segundo encuentro de los caballeros chripstianos. El qual no se les dilató, porque no obstante su resistencia de muchas varas tostadas que lanzaban, resolvieron luego los de caballo sobre ellos con el mismo apellido de Sanctiago e con mucho denudo dando en ellos, los tornaron a romper passando por medio de los rebelados: los quales negros, viéndose tan emproviso apartados unos de otros e con tanta determinación e osadía de tan pocos e tan valientes caballeros acometidos e desbaratados, no osaron esperar el tercero encuentro, que ya se ponía en execuçion. E volvieron las espaldas, puestos en huyda por unas peñas e riscos que avia cerca de donde este vencimiento passó, e quedó el campo e la victoria por los chripstianos, e allí tendidos muertos seys negros, e fueron heridos dellos otros muchos; y al dicho Melchior de Castro le passaron el braco izquierdo con una vara y quedó mal herido. E los vencedores quedaron allí en el campo hasta que fué de día, porque como era de noche y muy escura e la tierra áspera e arborada en partes, no pudieron ver a los que huían, ni por donde yban; pero sin se apartar del mismo lugar donde esto avia passado, hizo llamar Melchior de Castro, por voz de un vaquero suyo, al negro e indios suyos que le avian robado los negros de su estancia; e luego como conoscieron la voz del que los llamaba, los recogió e se vinieron todos, porque estando ahy cerca escondido entre las matas e de oirle, e conoscerle en la voz se aseguraron, y se fueron e su señor con mucho placer.

Assi como fué de dia claro, Melchior de Castro e Francisco Dávila e los otros pocos de caballo que en este trance honrosso se hallaron, se fueron al ingenio del licenciado Alonso Çuaço a reposar. E llegó el almirante, e la gente que con él yban aquel dia quasi a hora de vísperas; y de lo que hallaron fecho todos los chripstianos dieron muchas gracias a Dios, nuestro Señor, por la victoria avida: porque aunque estos negros rebeldes no eran de mucho numero, yvan encaminados con su mala intención e obra donde dentro de quince días o veynte, no yéndoles a la mano, fueran tantos y tan malos de sojuzgar, que no se pudiera hacer sin gastarse tiempo y muchas vidas de chripstiano. Sea Dios loado por el buen subceso desta victoria, que en calidad fué grande.

El almirante mandó a Melchior de Castro que se viniese a esta cibdad de Sancto Domingo para que se curasse, como lo hizo; y quedando el almirante en el campo, hizo buscar con tanta diligencia los negros que avian escapado de la batalla y eran culpados, que en cinco o seys días se tomaron todos, e mandó hacer justicia dellos e quedaron sembrados a trechos por aquel camino, en muchas horcas. Pero como los que escaparon de la batalla se avian metido en partes ásperas, fué necesario que los siguiessen gente de pié, de la cual fué por capitán Pero Ortiz de Matienço, el qual los siguió e peleó con ellos e mató a algunos e prendió a aquellos de quien se hizo la justicia que he dicho. Y en la verdad este hidalgo se ovo como muy varón en esto, segund la dificultad e áspereza de la tierra, donde los alcanzó e desbarató a los fugitivos. Por manera que la diligencia de Melchior de Castro, mediante Dios y el esfuerzo dél y de Francisco Dávila, que fué en su ayuda e socorros, por capitán, como es dicho, de aquellos ocho caballeros que juntados con Melchior de Castro todos fueron doce de caballo, salió el vencimiento a tan buena victoria, como es dicho, y el castigo hubo perfecta execución por el animoso executor que siguió los negros e mató parte dellos e prendió los restantes, para colocallos en la horca e horcar. Y fecho este castigo, el almirante se tomó a esta cibdad, en lo qual él cumplió muy bien con el servicio de Dios y de sus Magestades y con quien él era; y desta manera quedaron los negros que se levantaron penitenciados, como convino a su atrevimiento e locura, e todos los demás espantados para adelante y certificados de lo que se hará con ellos, si tal cosa les passare por pensamiento, sin que se tarde más en castigarlos de quanto se tardare la ventura suya en descubrir su maldad».

Después de esta rebelión de los negros contra las condiciones de su esclavitud, otras muchas se sucedieron en el transcurso de los siglos en Santo Domingo, en Cuba y en el resto de América. Nos permitimos remitir al lector a nuestro libro *Los negros esclavos* (La Habana, 1916), en el cual se dedica un capítulo al tema de las insurrecciones de los negros en Cuba.

XXIV. De la remolacha enemiga

Es curioso notar cómo la remolacha, la gran enemiga de la *caña de azúcar*, vino también a las Indias con los españoles.

Ello fue bastante después de la caña, ya en el siglo XVI, cuando por las Españas había cundido la plaga de flamencos que las esquilmaron desde Carlos V y la economía española quedó bajo la presión de los Fúcares, Belsares y demás banqueros extranjeros que a éstos fueron sucediendo.

El naturalista padre Bernabé Cobo narra haber visto en una huerta de la ciudad de México una planta que describe así:

> Otra casta de acelga, que me dixeron se llamaba *betábes*, y que eran traídas de Flandes, cuyas hojas se comen, y juntamente sus raíces, que son gruesas y coloradas como zanahorias.
>
> (*Historia del Nuevo Mundo*, tomo II, pág. 434.)

Betabel y *betarraga* son nombres antiguos de la remolacha en España, ambos derivados del francés *betterave*. El vocablo recogido por Cobo, *betabe*, tenía el mismo sentido e igual procedencia flamenca. Esa raíz flamenca puede advertirse en el apellido del sublime Beethoven, que vulgarmente no significa otra cosa que «huerta de remolachas».

Pero en las Indias hispánicas la remolacha no se declaró contra la cañamiel. Hay que llegar a Napoleón y encontrarlo desprovisto del azúcar que controlaba Inglaterra para verlo acudir a la intensificación de la industria azucarera derivada de la remolacha. Mientras se pudo disponer por los mercados consumidores de azúcares hechos de caña en las colonias tropicales, nadie pensó en hacerla de remolacha. Fue cuando las guerras napoleónicas que los capitalismos francés y alemán iniciaron la producción sacarífera de la remolacha como un sustitutivo, como un transitorio *ersatz* del azúcar cañera. Esto no se hizo sino con la autoridad, protección y financiamiento de los remolacheros por parte del Estado y para defenderse contra el «bloqueo continental» que entonces se realizaba por Inglaterra.

La industria sacarífera remolachera es también capitalista desde su origen. Más aún que la cañera. Lo es por las grandes inversiones capitalistas que requiere y, además, por lo indispensable de la protección aduanera, que no es sino un impuesto gravoso al pueblo, creado solamente para hacer posible en climas ingratos la permanencia de una industria agraria antieconómica e incapaz de competir libremente con el azúcar de caña producido en los trópicos. Pasadas las guerras napoleónicas, los intereses creados por el capitalismo continental impusieron la continuación y agravación del régimen privilegiado del azúcar remolachero para mantener la artificialidad de su existencia contra su rival histórico el azúcar de caña.

Sin duda, la industria remolachera fue y es de las más privilegiadas del mundo. Parece indudable que en un sistema de verdadero librecambio universal todo el azúcar del mundo se fabricaría en los países tropicales y la costosa remolacha de las tierras frías no tendría que ser producida. Ni su azúcar sería protegida hasta el punto de que en todos esos países el pueblo tiene que pagar precios enormes por un producto que, en buena lógica económica solo debiera costar un precio varias veces menor. Por eso los pueblos sufridores del privilegio remolachero y de sus altos precios se ven privados de comer azúcar y de aprovecharse de sus excelentes condiciones nutritivas, de antaño bien conocidas, tanto que ya Cristóbal Colón, que tenía ideas muy claras sobre el azúcar, decía de éste que «es el mejor mantenimiento del mundo y el más sano». Así se observa, por ejemplo, que algunas revistas ilustradas de Italia inserten anuncios propagando las virtudes alimenticias del azúcar y estimulando al pueblo a que acreciente su consumo, sin advertir que es Italia donde el azúcar cuesta más. Lo mismo ocurre en España y otros países europeos. ¿Pero cómo van a comer azúcar aquellos desnutridos pueblos si es prohibitivo el precio que les es impuesto por la artificialidad económica de la industria remolachera y por la presión de los beneficiarios de tales monopolios, sostenidos por la fuerza coercitiva del Estado, que al consumidor le exigen altos precios e impiden la importación de los libres azúcares cañeros de los pueblos tropicales, los cuales serían muchísimo más baratos y accesibles al gasto popular? Solamente en los Estados Unidos, gracias a su economía ubérrima, sustentada por el esquilmo agrario y minero de todo un continente, y también a la competidora proximidad tropical de los azúcares cañeros, ha podido sostenerse el privilegio de remolacheros y refinadores sin restringirse el consumo del azúcar por la población; tanto que si en Europa se excita a los habitantes a que compren más y más azúcar, en los Estados Unidos no faltan quienes opinen que su pueblo la consume en demasía, basando su juicio en que allí el promedio anual de azúcar por persona equivale en libras a las de su propio peso corporal. Y ya el gobierno (*Department of Agriculture. Varmers Bulletin*, n.º 1.762) propaga la enseñanza ahorrativa de que las frutas y demás vegetales pueden conservarse en su propio jugo sin adición de almíbar ni azúcar alguna, y los higienistas recomiendan comer menos azúcar y no exigir la blanca y refinada sino la morena, que dicen es mejor.

La industria azucarera, así de caña como de remolacha, ha sido siempre capitalista por su propia índole agraria, industrial y mercantil, y, por lo tanto, ha gozado siempre de la protección política de los magnates. Ya en la Española todos los grandes personajes del gobierno, desde el virrey hasta los alcaides, tesoreros, veedores y jueces, fueron hacendados que hicieron azúcar con privilegio y para su medro. La del azúcar es de las industrias más intervenidas, protegidas y reguladas por el Estado; pero nunca con un propósito equitativo de proteger por igual al fabricante, al colono, al obrero y al consumidor.

Hoy día, con azúcar de caña o con azúcar de remolacha, el problema va siendo igual. Una misma estructura económica, mecanizada, monetizada y deshumanizada, determina fenómenos análogos para las dos, en las llanuras frías como en las sabanas tropicales. En los campos remolacheros como en los azucareros es una misma la angustia. Las tierras que producen los azúcares no son de quienes las labran y los provechos se van lejos, muy lejos, a tierras desconocidas y a gentes que, lejanas y ocultas por las acciones anónimas, ni siquiera se pueden llegar a conocer.

Esta condición se agrava en países como Cuba, por su economía de armazón colonial, siempre sometida a producir materias primas para exportar a mercados metropolitanos, y con su industrialidad nacional muy embrionaria, incapaz de satisfacer el sustento propio. Ni siquiera puede el azucarero cubano emplear la totalidad de la potencia productora de sus cañaverales e ingenios, castrados por un foráneo régimen de cuotas que restringe su producción de azúcar. Aquél no ha podido fabricar los múltiples productos derivados de las sustancias extraídas de la caña dulce; ni siquiera el alcohol, tan útil como carburante para los motores de transporte y máquinas industriales, el cual nos aliviaría la carencia de combustibles nacionales y la supeditación al petróleo extranjero. Cuba no hace ni lo que pueden hacer casi todas las demás naciones del mundo que no tienen gasolina propia, o sea mezclarla provechosamente con alcohol indígena; lo impiden intereses extranjeros. (Véase el concluyente estudio de Ángel C. Estapé, «Alcohol como carburante». En *Revista de la Sociedad Cubana de Ingenieros*, La Habana, vol. XXXIV, 1940, págs. 236 y sigs.)

Un sociólogo norteamericano ha podido decir con precisión: «La situación de las Antillas, resulta particularmente cruel. Allí los ingleses y los norteamericanos impusieron la creación de la gran industria del azúcar y luego ellos mismos han alzado barreras arancelarias contra la misma industria. No faltan escritores americanos que afirman la grave responsabilidad de los Estados Unidos en las dificultades económicas y políticas de Cuba. Los «americanos» hicieron de Cuba un país monocultor de azúcares. Después le crearon tales dificultades arancelarias que causaron su ruina y la revolución de su pueblo. Y luego le mandaron la infantería de marina... para la intervención» (A. Grenfell Price, *White settler in the tropics*, Nueva York, 1939, pág. 230).

Una economía dirigida y planeada con una estructura intercontinental, libre de las abusivas restricciones nacionalistas y monopolistas, e inspirada por las realidades climáticas, agrarias y sociales, haría de nuevo que Cuba y las demás Antillas volviesen a ser, como decía Flanklin al caer el siglo XVIII, «las islas del azúcar», las «azucareras del mundo». Acaso llegue una época en que una economía más razonable, de más científica distribución del trabajo internacional y con verdadera reciprocidad en el intercambio de sus producciones naturales, nos endulce de nuevo la existencia antillana poniendo nosotros los necesarios esfuerzos, al par de los aportes de la naturaleza marginalmente tropical que aquí es privilegio nuestro, al servicio de vigorizarles la nutrición a los demás pueblos y de transmitirles las energías que deposita en nuestros cálidos cañaverales la potencia cósmica del Sol. Al menos, una reestructuración intrahemisférica de la economía de todas las Américas haría humanamente aconsejable esa urgente y lógica división del trabajo productivo entre sus diversas regiones ecológicas, atendiendo a la variedad de sus potencialidades agrarias; pero no hay que pensar demasiado en tamaña solución, a menos que las enseñanzas y consecuencias de la guerra ahora desatada por el mundo (1940) nos hagan cambiar los arraigadísimos criterios que nos agobian. La vida de los pueblos ahora va desbocada y por muy distintos rumbos, y todo hace pensar que estas generaciones son condenadas a vivir sin sosiego ni ventura.

Acaso la misma ciencia, que fundó la industria azucarera y quiso contar con los excelentes laboratorios naturales de las islas del trópico y con las inagotables substancias de sus riquísimas tierras, un día nos lleve el azúcar, cuando haya inventado otros medios y recursos mejores para obtener la sacarosa y ya el trópico no le sea tan necesario ni barato. Ya se anuncia que en los países de nieve se pueden sembrar cañas de azúcar, cañas especialmente aclimatadas y selectas para no sufrir en las invernadas; ya se dice que se han inventado cañas de doble tamaño, gracias a ciertas taumatúrgicas estimulaciones de la función genética de los cromosomas, que les hace duplicar su número (poliploidismo) y acrecer ciertos caracteres orgánicos de las plantas...

Todo parece conjurarse contra el azúcar de Cuba, y todo en ella contra el porvenir cubano. Se llevaron los provechos y hasta se llevan las tierras: por su creciente y empobrecedora erosión, sin resguardo ni reparo; por el aniquilamiento de los bosques, ya reducidos a solo una décima parte del suelo nacional; y, en fin, por la posesión dominica del mejor territorio agrícola, con área ya mayor que la de dos provincias o como la cuarta parte del suelo nacional, en señoríos anónimos, ausentes y desvinculados. Y el pueblo de Cuba en su tierra rica apenas tiene con qué comer. Debiera ser el inmediato y primordial empeño del cubano que se produjera en Cuba y por su gente toda su comida; y que de la tierra a la boca nadie le cortara el camino. Cuando el pueblo cubano sea menos esclavo del azúcar, le será más dulce su alimento y más sabroso su vivir.

XXV. Del «tabaco habano», que es el mejor del mundo, y del «sello de garantía» de su legitimidad

Es proverbial en todas las gentes que *Cuba es la tierra del mejor tabaco del mundo*. Cuando, por R. D. de 23 de junio de 1817, se establece para Cuba la libertad mercantil y se suprime el estanco del tabaco después de más de tres siglos de exclusivismo comercial, se alude al «privilegio exclusivo que la naturaleza ha dado al suelo de la Isla de Cuba de producir el tabaco de la más exquisita calidad del mundo». Sobre ese *privilegio natural* los reyes de España establecieron los más abusivos y absurdos privilegios fiscales y mercantiles, desde las primeras resoluciones restrictivas del siglo XVI hasta aquella del siglo XVIII que otorgaba el monopolio del tabaco y de «todo el comercio de la isla de Cuba» a la Real Compañía de Comercio de La Habana, creada por Martín Aróstegui bajo la advocación piadosa de Nuestra Señora la Virgen del Rosario. Y no a beneficio de Cuba ni siquiera de España. Esta, según fue proverbial, era «la nación que en el mundo tenía el mejor tabaco y donde se fumaba peor».

El *tabaco habano* es el prototipo de todos los demás tabacos, que lo envidian y se esfuerzan por imitarlo. Esta opinión es de vigencia universal. La *Enciclopedia Británica* (11.ª ed., vol. 26, pág. 1.040) dice:

Los tabacos de La Habana son, con respecto al sistema de clasificación, método de acondicionarlos y nomenclatura, el modelo que siguen los manufactureros de todas las clases de dichos artículos. Los genuinos («legítimos») tabacos habanos son solo los hechos en la Isla, pero los tabacos hechos en Europa y otras partes con genuino tabaco cubano, son clasificados como *habanos...*

En la página 1.038 del mismo volumen, se dice:

...Desde hace tiempo se ha reconocido, especialmente por los envasadores de tabaco, la superioridad de los tabacos *habanos* en sabor y aroma; pero exactamente no se sabe a qué condiciones son debidas tales cualidades. La hoja conocida como de Vuelta Abajo, producida en la provincia de Pinar del Río, es quizá la mejor hoja de tabaco del mundo...

La *Enciclopedia Americana* (vol. 6, 1929, en la pág. 674), dice:

El clima húmedo, el carácter del suelo y las peculiares cualidades preservativas de la tierra hacen de *Cuba el verdadero hogar del perfecto tabaco*. Solo hay una media docena de valles, la mayor parte en el extremo occidental de la Isla, en la provincia de Pinar del Río, donde se produce el mejor tabaco, siendo la región más importante el distrito de Vuelta Abajo. En esta sección el suelo es de origen volcánico. Es del color del chocolate y de una gran profundidad. Año tras año son cuidadosa y científicamente fertilizados los campos para conservar la apropiada proporción de ingredientes químicos necesarios para la producción del mejor tabaco. Se ha dicho con razón que la confección de un tabaco empieza con el cultivo de la hoja. El aroma del tabaco depende esencialmente de que se coseche la hoja exactamente en el momento propicio. El tabaco habano... es de un oscuro color castaño, sin puntos o manchas. La mejor calidad se paga hasta $20 la libra. La excelencia del tabaco habano no depende solamente de la calidad del tabaco, sino que en parte es debida a la habilidad del tabaquero cubano, que sabe cómo hay que combinar el material para obtener el mejor aroma...

La misma *Enciclopedia Americana* (vol. 6, 1929, en la pág. 661), dice:

...En una pequeña área de Cuba localizada en la provincia de Pinar del Río y en la vecindad de San Juan y Martínez, es donde se produce la *hoja de tabaco mejor del mundo*, notable por su exquisito aroma. Este distrito es conocido como Vuelta Abajo y el territorio más distante productor también de tabaco es designado como Semi-Vuelta.

En el vol. 30, pág. 763, la misma enciclopedia dice:

Las manufacturas de La Habana están dedicadas principalmente a productos tabacaleros; sus fábricas de tabacos, entre las que se cuentan unas cien de primer rango, son las mayores del mundo, cubriendo algunas una cuadra completa.

Arthur Edmund Tanner, en su obra *Tobacco from Grower to the Smoker*, pág. 60, dice hablando de los tipos y calidades de tabaco:

La mejor calidad de tabaco se cosecha en Vuelta Abajo, distrito de Cuba, no lejos de la ciudad de La Habana, y los tabacos hechos con dicha clase de tabaco se han vendido siempre al más alto precio.

Dice Carl Werner en su *Textbook on Tobacco* (pág. 32):

Tabaco Habano. El tabaco habano, término que se aplica a todo el tabaco cultivado en la Isla de Cuba, posee peculiares cualidades que le convierten en el *mejor del mundo...* La mejor calidad del tabaco habano procede en gran parte de la sección de Vuelta Abajo, aunque da algún buen tabaco la sección llamada de Partidos...

Morton R. Edwin, en su *Half Century of Tobacco*, págs. 12 y 13, dice:

Aunque todas las naciones hicieron rápidos avances en el cultivo del tabaco, que permitieron y estimularon el desarrollo de la nueva industria, la isla de Cuba logró producir las cosechas del mejor tabaco del mundo», siendo no obstante de notar que América produce las más finas variedades conocidas en el comercio. Sin embargo, no cabe siquiera discutir el hecho de que «el tabaco cubano es el aristócrata entre todos». Para todo fumador de cualquier parte del mundo hay algo de mágico en las palabras «Cuba» y «La Habana» cuando están enlazadas con pensamientos de un buen tabaco.

Por esa razón se ha escrito por Gerhard Freysoldt:

Cuando se habla de La Habana se piensa en el tabaco y cuando se habla del tabaco se piensa en La Habana.
(Cita de *Revista Tabaco*, La Habana, Año VIII, n.º 81, pág. 19.)

El nombre de habano y no el de cubano fue dado por los naturalistas a la planta de tabaco más cultivada en Cuba. La mayor parte del tabaco que hoy se cultiva en Cuba es de la planta *Nicotiana tabacum Lin. var havanensis* (Juan Tomás Roig y Mesa, *Diccionario botánico de nombres vulgares cubanos*, La Habana, 1928. Voz «tabaco».). El tabaco cubano es también havanensis, por su adjetivo botánico.

Es tan asegurada la universalidad de la fama del tabaco de La Habana, que el vocablo *habano* ha pasado al vocabulario de todos los pueblos civilizados no tan solo de su primera acepción de «natural de La Habana», sino para significar «el mejor tabaco del mundo», y además con otras acepciones, derivadas del característico color de este famoso producto. De igual manera que la palabra *Champagne*, además de significar una hermosa región francesa, es nombre del vino espumoso que allí se fabrica y ha venido a ser la expresión de un color de muy delicado tipo o matiz. El color del tabaco de Cuba es muy universalmente conocido como *habano* y sus tonos figuran entre los sutiles distingos cromatológicos de pintores y modistos y hasta en el lenguaje general. Así se da el caso extraño de una raza de perros, que hace años nos mostraron en Italia, designados como *cani avanesi*, totalmente desconocidos en Cuba pero con su pelo de un bello color de tabaco claro. Y por Sudamérica se crían unos conejos de pelambre atabacado que se llaman conejos *habanos*, y en Cuba jamás se criaron ni conocieron. Leemos en la prensa norteamericana que una de las más elegantes tiendas de modas neoyorquina *Fifth Avenue* acaba de lanzar un nuevo color moreno para las telas y objetos de consumo femenil, al cual titula *Cuban brown*, sin duda por recuerdo del tabaco habano y de su color bien conocido.

En ese campo de la pintura el tabaco habano obtuvo un elogio inesperado, no ya por el bello colorido moreno de sus hojas sino por el perlino de sus cenizas. En el pasado siglo, el gran pintor Isaac Ostade usó mucha ceniza de tabaco como material de color para los famosos tonos grisáceos de sus cuadros. Y el anónimo autor de cierto muy curioso anecdotario inglés sobre la historia del fumar (*Tobacco Talk and Smokers*, Londres, 1884, pág. 138), pensó al saberlo:

¡Si ese pintor hubiese tenido a su alcance cenizas de tabaco habano! ¡Cuáles no habrían sido sus matices de perlas!

Son muy numerosas las publicaciones que concreta y expresamente se refieren a las excelencias del tabaco habano como la suprema expresión de ese «lujo democrático» que es hoy día el fumar. Extendernos en ese tema sería prolijo. Citemos tan solo, del exterior, la obra de Maurice des Ombiaux, *Traité du Havane* (París, Le Duran, 1924), y del interior el libro reciente de Ricardo A. Casado, *Nuestro tabaco* (La Habana, 1939), y el folleto de Humberto Cortina, *Tabaco* (La Habana, 1938), publicado por la Comisión Nacional de Propaganda y Defensa del Tabaco Habano.

Acaso uno de los documentos más interesantes, por su procedencia y su resonancia, sea la resolución adoptada por la Convención Nacional de Tabacaleros, que tuvo lugar bajo los auspicios de The Tobacco Merchants Association of the U.S.A., en el Hotel New Willard, Washington, D. C., en 19 y 20 de mayo de 1920. Dice así:

RESOLUCIÓN: Que es procedente de parte de esta Convención el declarar que la rama cosechada en Cuba es esencial para el comercio de fabricación de tabacos de los Estados Unidos, por cuanto que la liga de la rama de Cuba con la doméstica y otros tipos de rama, mejora la calidad de los tabacos hechos en este país.

Esto explica hasta qué grado el tabaco habano tiene preeminencia en el mundo y cuán solícitos han sido siempre los fabricantes extranjeros y los especuladores sin escrúpulos en fabricarlo, engañando con frecuencia al consumidor. Es cosa vieja, pudiera decirse que congénita, esa práctica de los tabaqueros de los países angloamericanos de adquirir tabaco de Cuba en rama para aprovecharlo en sus «ligas», dándole a éstas ciertas virtudes que de otro modo no tendrían. Los ingleses acostumbraron cuando le era posible, y por el contrabando habitual que mantenían con Cuba y ello les era siempre hacedero, sacar hojas de tabaco cosechado en este país para mezclarlo con el suyo de Virginia. Ya el siglo XVII, que vio el origen de aquella gran colonia inglesa y de sus plantaciones de tabaco con semillas llevadas de estas Antillas, vio también el constante cuidado que tenían aquellos mercaderes de obtener buena «rama» de Cuba para sus mezclas y falsificaciones. Y el negocio intérlope del tabaco continuó por el siglo XVIII y hasta que, ya entrado el XIX, fue extinguido el régimen mercantil de monopolio hispano. (Véase *Dictamen Fiscal acerca de la Carta del gobernador Severino de Manzaneda y el Cabildo de La Habana a S. M., de 14 de julio de 1690* y Julio Le Riverend, «Los molinos de tabaco hasta 1720», *Revista Habana*, 1940.)

Una insuperable fama fue siempre la característica del tabaco habano. Tan apetecida fue la planta del tabaco por los pueblos de Europa cuando conocieron sus misteriosas virtudes, y a la vez fue tan escasa y costosa que apenas el tabaco indiano entró en el comercio tras él siguió el fraude y ya nunca lo abandonó. La honradez de la vega se cambió en el mercado por la adulteración, la estafa y el contrabando.

Las falsificaciones del tabaco legítimo eran tan intolerables para los fumadores ingleses, ya antes de caer el siglo XVI, que se proponían en 1595 la formación de una sociedad cooperativa de fumadores que las evitara, importando así ellos mismos y directamente la buena mercancía, sin peligro de corrupciones por móviles de insano lucro mercantil (A. Chute, *Tabac*, Londres). Armin, en su *Nest of Ninies* (1608), habla del tabaco «fuertemente adulterado». Poco después, un doctor Williams Barclay, de Edimburgo, es más explícito y en sus *Nepentes or the Virtues of Tobacco* (Edimburgo, 1614), nota que

...la avaricia y afán de lucro han movido a los mercaderes a dar a algunas plantas de Europa la apariencia de americanas, con Indian coats, y presentarlas en sus establecimientos como verdadero y legítimo tabaco. Otros tienen tabaco procedente de la Florida, pero sea que se halla exhausto de su espiritualidad, o que se ha desvanecido su aroma, o que le ha perjudicado la humedad durante la travesía, o que el Sol lo ha secado demasiado, o que ha sido transportado sin las debidas precauciones, lo adulteran y mezclan de varias maneras, con especia negra, galanga, agua vítate, vino español, semillas de anís, etc.

Y por eso, añade Barclay, para evitar esas mixtificaciones, para los fumadores, «el mejor tabaco es el que se vende en hoja, no enrollado». Otro folleto, debido a T. C. proponía en 1615 que se sembrase tabaco en Inglaterra no solo para evitar las ganancias del comercio importador «casi enteramente en manos de los españoles», sino por ser éstos unos «falsificadores». Parece que el tabaco antillano se salvaba un tanto de esa malquerencia, pues «todo el tabaco, exceptuando las hojas de la Española, que llamamos tabaco de Santo Domingo, donde los españoles no han aprendido el arte de sofisticar», estaba untado, teñido y aromatizado con sales, melazas, pimientas, heces de vino, semillas de onoto o bija, etc., es decir, falsificado por los españoles, quienes, según el autor, hacían eso para fastidiar a «los perros luteranos», no importándoles si los envenenaban con las sustancias que empleaban en sus coloridos y aromas para engañar a los ingleses, los cuales gustaban sobre todo escoger el tabaco por su color y su olor. Pero los tenderos de tabaco en Inglaterra no debían ser más honorables entonces que los mercaderes de Indias, a juzgar por su infame reputación, según la literatura de la época, la cual los ponía al bajo nivel de prostitutas, rufianes, tahúres, usureros y quebrados fraudulentos (Brooks, I, pág. 54). Era la época cuando en Londres se anunciaban los burdeles con la insignia de una pipa de fumar (*Ibidem*, I, pág. 537).

Es fácil comprender que el excelente tabaco de Cuba también sería objeto de habituales falsificaciones, no solo en Indias sino en los mercados europeos. Ya el padre Labat en su obra *Noveau Voyage aux Isles de l'Amerique*, escrita en el siglo XVII, alude expresamente a las falsificaciones del «tabaco de La Habana». Bien claramente expone Labat el mérito del aromático tabaco habano:

La bondad del tabaco consiste en no tener otro perfume que el recibido de la naturaleza y por eso hay que cuidar muchísimo que no adquiera otro distinto. (*Ob. cit.*, pág. 323.)

Pero todos envidiaban el prestigio insuperable del tabaco habano y trataban de imitarlo. Labat refiere cómo eran frecuentes las falsificaciones del tabaco en las *Isles de l'Amerique*, y después de exponer el uso de ciertos menjurjes, dice:

El tabaco así preparado puede pasar por tabaco de España, o por de La Habana, sobre todo si se cuida de darle el color apropiado si no lo tuviere, lo cual se hace fácilmente pues basta colorear la última agua con que sea lavado durante su

preparación con un poco de cochinilla o de *roucou* (bija) extraído sin fuego, o de jugo de *pommes de raquettes*.
(*Ob. cit.*, VI pág. 323.)

Por esas causas, de viejo hubo interés en comprobar la oriundez de los sendos tabacos producidos en las colonias españolas para que no se confundieran con los producidos en otros países o con los de procedencias depreciadas o supuestas. Y dentro de cada país exportador todo mercader celoso de sus embarques Lavo empeño en acreditar su marca para mantener la buena fama y la legitimidad de sus mercancías. Así surgieron los marquistas del negocio del tabaco en los cuales se contaban así los mercaderes exportadores de tabaco en los países de América como los importadores que en los emporios de Europa recibían al por mayor el tabaco y lo distribuían a los consumidores. Ya por el siglo XVIII había en Europa numerosas *marcas* bien acreditadas, las cuales consistían en nombres y en dibujos puestos en los paquetes de tabaco, cigarros y picaduras. Tan varios fueron esos diseños para la identificación mercantil de los productos que hubo coleccionistas de ellos (véase E. M. Schranka, *Tabakanekdoten*, Colonia, 1914).

Con referencia a este arte colaborador, defensor y exaltador del tabaco cubano, podrían escribirse libros profusamente ilustrados. Los fabricantes o se valían de los envases especiales de sus mercancías para escribir no solo sus *marcas* sino todos los detalles decoradores, exhibicionistas y llamativos para distinguir sus productos, además del color, olor, sabor y *vitola* de los tabacos y cigarros o cigarrillos. Ya dijimos que, al revés del azúcar, el tabaco en el prurito de sus individuaciones creaba un arte, un arte fecundísimo, que comprendía todos los momentos de la vida del tabaco, desde que salía al mercado hasta que se extinguía en humo y cenizas. Vitola, anillo, jaca, filetes, bofetones, etiquetas, marcas comerciales registradas, ilustraciones polícromas y multiplicadas en colecciones de figuras (letras, paisajes, flores, animales, personajes y personillas, sátiras, caricaturas, chascarrillos). Sobre todo los cigarros y cigarrillos en las cajetillas con sus innumerables diseños y contraseñas dieron origen a una rica producción litográfica. No era tan rica como la barroca decoración de las cajas y petacas de tabaco, pero más rica en fracción para la imaginación del artista dibujante. Las colecciones que ahora se hacen, llamadas

566

malamente de vitofilia, generalmente de típico barroquismo, no representan el caudal ingenioso de los dibujos de las cajetillas de cigarros, que cubrió todo los campos desde la geografía, la realeza y el ejército hasta la ironía y la picaresca pornografía. Un tesoro demopsicológico había en esas colecciones de *arte complementario del tabaco*. ¡Nadie lo ha estudiado todavía! Pocos libros conservan muestras de esas grafías folklóricas, tan ricas y originales del pueblo de Cuba. ¿Quién las estudiará? Su estudio será más rico que el de las tabaqueras, petacas, cajas de rapé, boquillas, tenacillas, ceniceros y demás adminículos sociales del arte del fumar. En La Habana podría haber un rico *museo tabaquero*. ¿Cuándo se creará?

Las falsificaciones del tabaco habano jamás cesaron; siguen todavía. Hay varios capítulos por escribir acerca de la *criminología del tabaco*. Una de las más persistentes protervias del comercio criminal es la de usurpar el buen nombre de *habano* para aplicarlo a verdaderas *mabingas*, como en Cuba decimos; o a *tagarninas*, como se dice por la España que sufre las pestilencias de su privilegiada empresa tabacalera. Con capas de tabaco de Cuba salen por esos mundos y a sus encrucijadas muchos tabacos de pésimas tripas, infames como hampones traicioneros y de mala entraña pero con disfraz engañoso de hidalguía; tabacos medianejos y cobardes para que los crean fuertes y con valor de cubanos; y hasta algunos tabacos forasteros, discretos y tolerables, los cuales quieren aventajarse con que los crean habanos y con *vitola* «de la mejor sociedad».

El gobierno colonial ya tuvo que tomar medidas contra la adulteración incesante del tabaco cubano. Muchos que se vendían por el extranjero se amparaban con marcas cubanas, que entonces eran legales pero que no representaban la fabricación de tabacos en Cuba y ni siquiera con capa del país. Había marcas expedidas a favor de mercaderes *marquistas*, pero sin tener éstos fábrica alguna. Y por el Bando de Buen Gobierno y Policía de la R. O. de 11 de febrero de 1843 se prohibió que hubiese *marquistas* sin tabaquería, y se dispuso que cada tabaquería o cigarrería no tuviese más que una sola marca.

No insistimos ahora en la historia de la defensa del tabaco cubano; pero citaremos su situación actual (1940). El gobierno de Cuba se ha visto forzado a defender el prestigio histórico del tabaco de La Habana, garantizando su legitimidad y persiguiendo la falsa indicación de procedencia habanera doquiera ésta se produzca en el extranjero. Para ello se ha creado un «sello de garantía» emitido oficialmente por la República de Cuba, el cual se fija obligatoriamente en todo envase de legítimos tabacos habanos. Por si estas páginas van a manos de fumadores extranjeros y amantes del buen tabaco, nos complacemos en dar referencia de las condiciones legales del «sello de garantía», que es defensa segura de los puros *tabacos habanos*.

Por Real Orden de 13 de febrero de 1889, del gobierno de España, se autorizó a la Unión de Fabricantes de Tabacos de La Habana para inscribir a su nombre una precinta que fijada en los correspondientes envases pudiera garantizar la procedencia legítima de los *tabacos habanos* contra las falsificaciones y competencia que se hacía a las marcas cubanas en el extranjero. Dicha Real Orden se publicó en la «Gaceta» de 26 de marzo del propio año 1889. De acuerdo con esa autorización, se inscribió la precinta en cuyo diseño figuraban el escudo de España y el sello del Gobierno general de la Isla. Esa precinta se estuvo usando hasta la independencia de Cuba e instalación de la primera república. Entonces se pidió autorización al Presidente, señor Tomás Estrada Palma, para variar el diseño de la precinta a causa de los cambios políticos ocurridos en Cuba y el permiso fue concedido, inscribiéndose la precinta reformada con un nuevo diseño en el cual se sustituyó el escudo del reino de España con el de la república de Cuba y el antiguo sello del Gobierno general con una efigie de Cristóbal Colón.

Ese sello fue usado hasta que se votó la ley Valdés Carrera, en 16 de julio de 1912, por la cual se autorizó al Presidente de la República para crear un *sello oficial* de garantía para los tabacos, cigarros y picaduras que se exporten de Cuba, con la misma finalidad de amparar la industria en el extranjero contra las falsificaciones e imitaciones de marcas y del producto. El diseño de este sello de garantía fue modificado posteriormente por el Decreto n.º 165, de 27 de enero de 1931, en la forma en que actualmente se está usando.

Bibliografía

I. Obras de Fernando Ortiz

—*Principi y prostes. Folleto de artículos de costumbres en dialecto menorquín*, Ciudadela, Impr. Fábregas, 1895, 56 pág.

—*Base para un estudio sobre la llamada reparación civil. Memoria para optar al grado de doctor en Derecho*, Madrid, Librería de Victoriano Suárez [1901], 110 pág.

—*Las simpatías de Italia por los mambises cubanos; documento para la historia de la independencia de Cuba*, Marsella, 1905, 72 pág. ilus.

—*Los negros brujos (apuntes para un estudio de etnología criminal), con una carta prólogo del doctor C. Lombroso. Con 48 figuras dibujadas por Gustavino*, Madrid, Librería de Fernando Fe, 1906, 432 pág. ilus.

—*Para la agonografía española; estudio monográfico de las fiestas menorquinas. Con un prólogo por Juan Benejam y trece fotografías y dibujos del natural*, La Habana, Impr. La Universal, 1908, 41 pág. ilus.

—*Los mambises italianos; apuntes para la historia cubana*, La Habana, Impr. Cuba y América, 1909, 64 pág. ilus.

—*El caballero encantado y la moza esquiva. Versión libre y americana de una novela española de Benito Pérez Galdós*, La Habana, Impr. La Universal, 1 tomo, 1910, paginación varia.

—*Las rebeliones de los afrocubanos*, La Habana, 1910, 112 pág.

—*La reconquista de América; reflexiones sobre el panhispanismo*, París, Librería P. Ollendorff, [pról. 1910], 352 pág.

—*Entre cubanos... (Psicología Tropical)*, París, Librería P. Ollendorff, [Impr. E. Aubin], 1913, 230 pág.

—*La identificación dactiloscópica. Informe de policiología y de derecho público, seguido de las instrucciones técnicas para la práctica de la identificación y del decreto orgánico n.º 1.173 de 1911*, La Habana, Impr. La Universal, 1913, 282 pág. ilus.

—*Seamos hoy como fueron ayer. Discurso leído el día 9 de enero de 1914 en la Sociedad Económica de Amigos del País*, La Habana, Impr. La Universal, 1914, 13 pág.

—*La filosofía penal de los espiritistas; estudio de filosofía jurídica*, La Habana, Impr. La Universal, 1915, 126 pág.

—*La identificación dactiloscópica; estudio de policiología y de derecho público*, 2.ª ed., Madrid, Daniel Jorro, Editor. (Biblioteca Científico Filosófica), 1916, 380 pág. ilus.

—*Los negros esclavos; estudio sociológico y de derecho público*, La Habana, *Revista Bimestre Cubana*, 1916, 536 pág. ilus.

—*Bases para la organización internacional de la solidaridad de los Estados ante la delincuencia. Informe leído ante la Segunda Sesión del «Instituto Americano de Derecho Internacional», celebrada en La Habana en enero de 1917*, La Habana, Impr. La Universal, 1917, 8 pág.

—*Italia y Cuba*, La Habana, 1917, 32 pág.

—*Las actuales responsabilidades políticas y la nota americana. Carta al señor Ministro de los Estados Unidos*, La Habana, 1918, 16 pág.

—*Discurso sobre el proyecto de ley acerca del servicio militar obligatorio: sus aspectos político y diplomático, pronunciado en la sesión celebrada el 11 de julio de 1918, en la Cámara de Representantes*, La Habana, Impr. de Ruiz, 1918, 47 pág.

—*Elogio de los Estados Unidos por Francisco Pi y Margall. Discurso... en defensa de la libertad de las naciones, pronunciado en el Centre Catalá con motivo del 204 aniversario de la pérdida de las libertades catalanas*, La Habana, 1918, [16] pág.

—*Las actuales responsabilidades políticas y la nota americana*, La Habana, Impr. La Universal, 1919, 16 pág.

—*La crisis política cubana; sus causas y remedios*, La Habana, Impr. La Universal, 1919, 22 pág.

—*Las fases de la evolución religiosa. Conferencia de vulgarización sociológica pronunciada en el Teatro Payret, de La Habana, el día 7 de abril de 1919 a petición de la «Sociedad Espiritista de Cuba»*, La Habana, Tip. Moderna, 1919, 16 pág. ilus.

—*Cuba en la paz de Versalles; discurso pronunciado en la Cámara de Representantes en la sesión del 4 de febrero de 1920*, La Habana, Impr. La Universal, 1920, 30 pág.

—*Los Cabildos afrocubanos*, La Habana, Impr. y Papelería La Universal, 1921, 37 pág.

—*Historia de la arqueología indocubana*, [La Habana, 1922], [76] p. Separata de la revista *Cuba Contemporánea*, La Habana, año 10, tomo 30, n.º 117, sept. 1922.

—*Historia de la arqueología indocubana*, La Habana, Impr. El Siglo XX, 1922, 107 pág.

—*Un catauro de cubanismos; apuntes lexicográficos, (Colección cubana de libros y documentos inéditos o raros, vol. 4)*, La Habana, 1923, 270 pág.

—*En la tribuna, discursos cubanos; recopilación y prólogo por Rubén Martínez Villena*, La Habana, Impr. El Siglo XX, tomo 2, 1923.

—*La decadencia cubana; conferencia de propaganda renovadora pronunciada en la Sociedad Económica de Amigos del País la noche del 23 de febrero de 1924*, La Habana, Impr. La Universal, 1924, 32 pág.

—*La filosofía penal de los espiritistas; estudio de filosofía jurídica*, Madrid, Ed. Reus (Biblioteca Jurídica de autores españoles y Extranjeros, vol. 66), 1924, 144 pág.

—*Glosario de afronegrismos; con un prólogo de Juan M. Dihigo*, La Habana, Impr. El Siglo XX, XXVIII, 1924, 554 pág.

—*Personajes del Folklore afrocubano. Quinmebo*, 1924.

—*La fiesta afrocubana del «Día de Reyes»*, La Habana, Impr. El Siglo XX, 1925, 56 pág. ilus.

—*El derecho internacional en el nuevo proyecto de código criminal cubano*, La Habana, Impr. Siglo XX, 1926, 20 pág.

—*Proyecto de Código Criminal Cubano (Libro primero o parte general). Ponencia oficial con un proemio del autor, un juicio de Enrique Ferri y un apéndice con los primeros comentarios*, La Habana, Librería Cervantes, 1926, 168 pág.

—*Projet de code criminel cubain*, París, Claseurs, 1927, 194 pág.

—*Las Relaciones Económicas entre Cuba y los Estados Unidos. Discurso en Washington,*

La Habana, 1927.
—*La creación de colegios panamericanos*, La Habana, Impr. La Universal, 1928, 12 pág.
—*Pedro J. Guiteras y sus obras*, La Habana, Impr. El Universo, 1928, 23 pág.
—*Los afrocubanos dientimellados*, La Habana, Cultural, 1929, 24 pág.
—*José Antonio Saco y sus ideas cubanas*, La Habana, Impr. El Universo. (Colección cubana de Libros y Documentos Inéditos o Raros, vol. 8), 1929, 248 pág.
—*Ni racismos ni xenofobias. Discurso en la sesión solemne del 9 de enero de 1929, conmemorando el 136 aniversario de la fundación de dicho patriótico instituto*, La Habana, Impr. El Universo, 1929, 21 pág.
—*El cocorícamo y otros conceptos teoplásmicos del Folklore Afrocubano*, La Habana, Cultural, S. A., 1930, 27 pág.
—*Proyecto oficial de código criminal cubano. Ponencia presentada el 20 de febrero de 1926*, La Habana, Soane y Fernández, 1930, 102 pág.
—*Recopilación para la historia de la Sociedad Económica habanera*, La Habana, Impr. y Libro El Universo, 2 tomo ilus., 1930.
—*American Responsibilities for Cuba's Troubles*, Nueva York, 1931, 16 pág.
—*Lo que Cuba desea de los Estados Unidos. Discurso pronunciado en Washington el día 10 de diciembre de 1932*, [La Habana], 1932, 12 pág.
—*De la música afrocubana; un estímulo para su estudio*, La Habana, Cultural, 1934, 15 pág.
—*Una nueva forma de gobierno para Cuba. Manera de terminar con la serie de dictaduras. Conferencia que iniciando un ciclo de ellas acerca de las Orientaciones Nacionales y bajo los auspicios de la Institución, dio en el Colegio Provincial de Arquitectos de La Habana la tarde del 20 de junio de 1934*, La Habana, Impr. P. Fernández, 1934, 17 pág.
—*La «clave» xilofónica de la música cubana; ensayo etnográfico*, La Habana, Molina, 1935, 44 pág.
—*Contrapunteo cubano del tabaco y el azúcar; advertencia de sus contrastes agrarios, económicos, históricos y sociales, su etnografía y su transculturación. Prólogo de Herminio Portell Vilá; introd. por Bronislaw Malinowski*, La Habana, J. Montero. (Biblioteca de Historia, Filosofía y Sociología, vol. 8), 1940, 478 pág. ilus.
—*Los factores humanos de la cubanidad*, La Habana, Molina, [1940], 30 pág.
—*Por la Escuela cubana en Cuba Libre. Discurso pronunciado en el mitin del Teatro Nacional de La Habana el día 22 de junio de 1941*, [La Habana], 1941, 25 pág.
—*Por las libertades de Cataluña y de Cuba, por el triunfo de la democracia universal; discurso en el Centre Catalá, el 11 de septiembre de 1941*, La Habana, Imp. La Milagrosa, [1941]. 26 pág.
—*Martí y las razas*, La Habana, Molina, 1942, 35 pág.
—*Las cuatro culturas indias de Cuba*, La Habana, Arellano y Cía. (Biblioteca de estudios cubanos, 1), 1943, 176 pág. ilus.
—*La hija cubana del Iluminismo*, La Habana, Molina. (Recopilación para la Historia de la Sociedad Económica Habanera, 5), 1943, 72 pág. ilus.

—*On the relations between blacks and whites*, Washington, División of Intellectual Cooperation, Pan American Union. (Point of View n.º 7), [1943], 12 pág.

—*Las cuatro culturas de los indios de Cuba. Sobretiro de Actas americana. V. II, n.º 1 y 2, Enero-junio, 1944*, [Los Angeles, U. S.], 1944, [79]-84 pág.

—*Italia y Cuba*, La Habana, Ed. Atalaya, 1944, 52 pág.

—*El Engaño de las razas*, La Habana, Páginas, 1946, 428 pág.

—*El huracán, su mitología y sus símbolos*, México, Fondo de Cultura Económica, 1947, 686 pág. ilus.

—*Momento actual de América... Conferencia dictada en el Ateneo de Matanzas, el Día de las Américas*, Matanzas, 1948, 33 pág. ilus.

—*La música y los areítos de los indios de Cuba. Estudio presentado al VIII Congreso de Historia Nacional de Santiago de Cuba, de 1948*, La Habana, Lex, 1948, 79 pág. ilus.

—*La africanía de la música folklórica de Cuba*, La Habana, Ministerio de Educación, Dirección de Cultura, 1950, 477 pág.

—*La filosofía penal de los espiritistas; estudio de filosofía jurídica*, Buenos Aires, Ed. Víctor Hugo, (Biblioteca de Filosofía y Doctrina, 2), 137 pág.

—*Paz y luz*, La Habana, Impr. P. Fernández, 1950, 15 pág.

—*La «tragedia» de los ñáñigos*, México, 1950, [79]-101 pág.

—*Wifredo Lam y su obra vista a través de significados críticos*, La Habana, Ministerio de Educación, Dirección de Cultura, 1 vol. (Cuadernos de Arte, 1), 1950. (Sin paginar) ilus.

—*Los bailes y el teatro de los negros en el folklore de Cuba*, La Habana, Ministerio de Educación, Dirección de Cultura, 1951, 466 pág. ilus.

—*Los instrumentos de la música afrocubana...*, La Habana, Publicaciones de la Dirección de Cultura del Ministerio de Educación, 5 tomo, 1952-1955. Ilus.

—*La transculturación blanca de los tambores de los negros*, Caracas, 1952, 33 pág.

—*Martí y las razas*, La Habana, Comisión Nacional Organizadora de los Actos y Ediciones del Centenario y del Monumento de Martí, 1953, 33 pág.

—*Los primeros técnicos azucareros de América. Disertación ante la Asociación de Técnicos Azucareros de Cuba, en la noche del 4 de noviembre de 1955, con motivo del Día de la Caña de azúcar*, La Habana, [Imprenta Universitaria], 1955, 21 pág. ilus.

—*La secta conga de los «matiabos» de Cuba*, México, Universidad Nacional Autónoma, 1956, 309-325 págs.

—*La zambomba, su carácter social y su etimología*, México, D. F., 1956, 423 pág.

—*El primer ingenio azucarero que hubo en América. Tirada aparte del «Libro jubilar de Emeterio S. Santovenia en su cincuentenario de escritor»*, La Habana, [Ucar, García, S. A.], Cubierta, 1957, 15 pág.

—*Historia de una pelea cubana contra los demonios. Relato documentado y glosa folklorista y casi teológica de la terrible contienda que, a fines del siglo XVII y junto a una boca de los infiernos, fue librada en la villa San Juan de los Remedios por un inquisidor codicioso, una negra esclava, un rey embrujado y gran copia de piratas, contrabandistas, mercaderes, bateros, alcaldes, capitanes, clérigos, energúmenos y miles de diablos al mando de Lucifer*, Universidad Central de Las Villas. Dpto. de Relaciones Culturales, XXI, [La Habana], 1959, 614 pág. ilus.

—*La antigua fiesta afrocubana del «Día de reyes»*. Ministerio de Relaciones Exteriores. Dpto. de Asuntos Culturales, La Habana, 1960, 43 pág. ilus.

—*Contrapunteo cubano del tabaco y el azúcar. (Advertencia de sus contrastes agrarios, económicos, históricos y sociales, su etnografía y su transculturación). Introducción de Bronislaw Malinowski*, [La Habana], Universidad Central de las Villas, Dirección de Publicaciones [XX], 1963, 540 pág. [6] h. ilus.

—*La africanía de la música folklórica de Cuba*, Editora Universitaria, La Habana, 1965, [5] h. x-XIX pág. [I]-486 pág. [3] ilus.

—*La fama póstuma de José Martí*, La Habana, 1965, 28 pág.

II. Estudios sobre Fernando Ortiz

Agüero García, Ángel, «El hampa afrocubana. Los negros brujos», *La Policlínica*, Camagüey, año 1, n.º 8, septiembre, 1906.

Aguirre, José G., «Hampa Afro-cubana», *La Unión Española*, La Habana, noviembre 5, 1906.

Aguirre, Tiburcio, «Consecuencias de una falta», *El Pueblo Libre*, La Habana, agosto 15, 1906.

Alcántara, Juan, «El armiño-La brea; para el doctor F. O.», *La Traducción*, Tampa, Florida, agosto 4, 1931.

Álvarez, Francisco Fe, «El engaño de las razas, de F. Ortiz», *El Heraldo*, Chihuahua, México, septiembre 15, 1946.

Alliegro, Anselmo, «Enérgica refutación de Anselmo Alliegro a Fernando Ortiz», *Heraldo de Cuba*, La Habana, noviembre 12, 1931.

Amezua, Agustín F., «Impresiones Cubanas», *La Vanguardia Española*, Madrid, marzo 28, 1954.

Amorim, Deolindo, «Educação e Repressão», *Brasil Policial*, Río de Janeiro, marzo 9, 1951.

Aramburu, Joaquín, «Derecho y Sociología», *Diario de la Marina*, La Habana, febrero 10, 1906.

—«El velo de Temis», *Diario Español*, La Habana, mayo 24, 1907.

—«Los mambises italianos. Baturrillo», *Diario de la Marina*, La Habana, mayo 15, 1909.

—«Revista Bimestre. Baturrillo», *Diario de la Marina*, La Habana, abril 2, 1910.

—«Sobre los negros curros. Baturrillo», *Diario de la Marina*, La Habana, marzo 11, 1911.

—«Sobre la Reconquista de América. Baturrillo», *Diario de la Marina*, La Habana, marzo 25, 1911.

—«Colección cubana de libros y documentos inéditos o raros. Baturrillo», *Diario de la Marina*, La Habana, septiembre 11, 1913.

—«Entre cubanos... Baturrillo», *Diario de la Marina*, La Habana, octubre 31, 1913.

Arciniegas, Germán, «El tambor de don Fernando», *El Tiempo*, Bogotá, mayo 26, 1951.

—«Los tres viejos formidables», *El Tiempo*, Bogotá, noviembre 20, 1953.

Ardura, Ernesto, «Ciencia y fe», *El Mundo*, La Habana, diciembre 4, 1955.

Armas, José de, «Impresiones», *La Discusión*, La Habana, diciembre 31, 1913.

Augier, Ángel, «Las cuatro culturas indias de Cuba de Fernando Ortiz», *Gaceta del Caribe*, La Habana, año I, n.º 2, abril, 1944.

Barnet, Miguel, «Fernando Ortiz. En Cuba, arte y literatura», *Bohemia*, La Habana, año 56, n.º 3, enero 17, 1964.

—«Bibliografía de Fernando Ortiz», *Gaceta de Cuba*, La Habana, año 4, N° 42, enero-febrero, 1965.

—«Don Fernando Ortiz», *Revolución*, La Habana, febrero 3, 1965.

—«La segunda africanía. Ciencia ficción cubana», *Unión*, La Habana, año 5, n.º 3, julio-septiembre, 1966.

—«Don Fernando, no me trate de usted», *Casa de las Américas*, La Habana, año X, N° 55, julio-agosto, 1969.

Becerra Bonet, Berta, «Biografía de la *Revista Bimestre Cubana*», *Revista Bimestre Cubana*, La Habana, vol. LXIX, 1952-1954.

—«Bibliografía de Fernando Ortiz», *Revista Bimestre Cubana*, La Habana, vol. LXXIX, n.º 1, enero-junio, 1958.

Berenguer, Fernando, «El azúcar. Proyecto de ley del representante señor Fernando Ortiz», *El Comercio*, La Habana, febrero 15, 1918.

Bracker, Milton, «Cuban Asks Study of Freedom Here», *The New York Times*, Nueva York, octubre SO, 1954.

Bueno Menéndez, Salvador, «Don Fernando Ortiz, Doctor Honoris Causa de la Universidad de Columbia», *Carteles*, La Habana, año 35, n.º 48, noviembre 28, 1954.

—*Temas y personajes de la literatura cubana*, Ediciones Unión. Ensayo, La Habana, 1964.

—«Una pelea cubana contra los demonios», *Gaceta de Cuba*, La Habana, año 4, n.º 42, enero-febrero, 1965.

Campoamor, Fernando G., «Don Fernando Ortiz, el maestro fuerte», *Alerta*, La Habana, octubre 17, 1951.

Cárdenas, Armando de, «José Antonio Saco», *El Diluvio*, Barcelona, España, octubre 31, 1930.

Carpentier, Alejo, «Desde París. Temas de la Lira y del Bongó», *Carteles*, La Habana, V. XIII, n.º 17, abril 28, 1929.

—«Este gran don Fernando», *Repertorio Americano*, San José, Costa Rica, año XXXII, n.º 15, marzo 15, 1952.

Carrasquel, Fernando, «Marginal, una revista centenaria. Revista en revista», *Revista Bimestre Cubana*, La Habana, vol. XXVII, n.º 3, mayo-junio, 1931.

Carricarte, Arturo R. de, «Sobre el libro del doctor Fernando Ortiz (Carta al señor José Manuel Carbonell)», *Letras*, La Habana, año VII, n.º 16, abril 30, 1910.

Carrión, Miguel de, «El Doctor Ortiz Fernández», *Azul y Rojo*, La Habana, año II, n.º 24, junio 14, 1903.

Castellanos, Israel, «El doctor Fernando Ortiz y las diversas facetas de la mala vida cubana», *La Saeta*, La Habana, año 6, n.º 100, mayo 2, 1914.

—«Etnología del hampa cubana», *La Revista, Semanario Ilustrado*, La Habana, año I, n.º 9, junio 6, 1914.

—«Instrumentos musicales de los Afro-Cubanos», *Archivos del Folklore Cubano*, La Habana, vol. II, n.º 3, octubre, 1926.

—«El Diablito ñáñigo (Acotación de etnografía afrocubana)», *Archivos del Folklore Cubano*, La Habana, vol. III, n.º 4, octubre-diciembre, 1928.

Castellanos, Jesús, «Sobre un libro de ciencia», *La Discusión*, La Habana, agosto 12, 1906.

—«Los dos peligros de América. A propósito de dos libros nuevos», *El Fígaro*, La Habana, año XXVII, n.º 26, junio 25, 1911.

—«La Reconquista de América», *El Tiempo*, Boletín de la revista *Cuba y América*, La Habana, junio 19, 1911.

Castillejo, Roberto, «Toponimias y términos del lenguaje popular de origen africano», *Divulgaciones etnológicas*, Barranquilla, Colombia, vol. VI, 1957.

Catalá, R., «Del lejano ayer», *Diario de la Marina*, La Habana, agosto 2, 1933.

Claro, Juan (seud.), «Granitos de sal», *Diario de Cuba*, Santiago de Cuba, noviembre 10, 1941.

Coll y Tosté, Cayetano, «Adivinanzas antillanas (Carta al señor doctor Fernando Ortiz)», *Archivos del Folklore Cubano*, La Habana, vol. II, n.º 1, enero, 1926.

Comas, Juan, «La obra científica de Fernando Ortiz», *Revista Bimestre Cubana*, La Habana, vol. LXX, n.º 1, enero-diciembre, 1955.

—«Las Casas y los esclavos negros en América», *El Nacional*, Caracas, diciembre 12, 1955.

Correa Wilson, Roberto, «Don Fernando Ortiz», *Vida Universitaria*, La Habana, año XIX, n.º 211, mayo-junio, 1968.

Costa, Octavio R., «El Ensayo en Cuba», *El Libro de Cuba*, La Habana, 1954.

Cuéllar Vizcaíno, Manuel, «Ochún y Yemayá», *Bohemia*, La Habana, año 40, n.º 38, septiembre 19, 1948.

Chacón y Calvo, José María, «Fray Bartolomé de las Casas y las investigaciones de Lewis Hanke», *Diario de la Marina*, La Habana, agosto 6, 1950.

Chase, Gilbert, «Crónica sobre los 7 tomos de música afrocubana del doctor Ortiz», *Revista Interamericana de Bibliografía*, Washington D. C., vol. VII, n.º 1, enero-marzo, 1957.

Deschamps Chapeaux, Pedro, «Fernando Ortiz, palparlo todo, olerlo todo, saborearlo todo», *Gaceta de Cuba*, La Habana, año 4, n.º 42, enero-febrero, 1965.

Díaz, Ruy, «Serpentinas», *El Comercio*, La Habana, julio 10, 1906.

Diplomaticus (seud.), «Sobre un interesante contrapunteo», *Diario de la Marina*, La Habana, enero 15, 1941.

Dollero, Adolfo, *Cultura Cubana (Cuban Culture)*, La Habana, 114 págs., 1916.

—«Las simpatías de Cuba por Italia. Con motivo de la reimpresión del folleto del doctor

Fernando Ortiz, Los Mambises Italianos En *Revista Bimestre Cubana*, La Habana, vol. XII, n.º 5, septiembre-octubre, 1917.

Dorado Montetio, Pedro, «Crítica de un libro cubano. Hampa Afrocubana, Los negros brujos...», *Diario Español*, La Habana, mayo 24, 1907.

Echevarri, Luis, «Ni racismos ni xenofobia», *Revista Bimestre Cubana*, La Habana, vol. XXIV, n.º 4, julio-agosto, 1929.

El Conde Kostia, *Mi linterna mágica*, Instituto Nacional de Cultura, Ministerio de Educación, 236 págs, La Habana, 1957.

Enríquez, Hernán de, «Fiesta medieval. Al paso», *El Triunfo*, La Habana, abril 4, 1908.

Entralgo, Elias, «Fernando Ortiz, polígota y especialista», *Carteles*, La Habana, año 27, n.º 30, julio 26, 1936.

Esquenazi Mayo, Roberto, «Dos maestros», *La Prensa*, Nueva York, febrero 27, 1925.

Fernández Arrondo, Ernesto, «Al margen de los discursos de Fernando Ortiz», *Heraldo de Güines*, Güines, La Habana, febrero 9.

Fernández, David, «Vidas paralelas del Tabaco y el Azúcar», *Revolución*, La Habana, abril 6, 1964.

Ferrara, Orestes, «Una sesión de la Cámara», *Heraldo de Cuba*, La Habana, abril 9, 1920.

Ferrer Gutiérrez, Virgilio, «¡Que no nos madruguen, cubanos...!», *Prensa Libre*, La Habana, diciembre 14, 1941.

—«Fernando Ortiz y el Premio Nobel», *Información*, La Habana, noviembre 21, 1956.

Fonseca, J. B. de Paula, «Espiritismo e Direito Penal», *Brasil Policial*, Río de Janeiro, marzo 9, 1951.

Gálvez, Napoleón, «La Reconquista de América», *La Prensa*, La Habana, mayo 28, 1911.

González Acosta, Antonio, «Notas», *La Revista, Semanario Ilustrado*, La Habana, año I, n.º 25, octubre 30, 1914.

González del Valle, Francisco, «Sociedad del Folklore Cubano», *El Libro de Cuba*, La Habana, 1925.

González, Manuel Pedro, «Libros y Autores cubanos. Hispania. Revista en revista», *Revista Bimestre Cubana*, La Habana, vol. XXXI, n.º 1, enero-febrero, 1933.

—«Cuba's Fernando Ortiz», *Books Abroad*, Oklahoma, año 20, n.º 1, 1946.

González Peraza, Carlos, *Defectos y virtudes de hombres grandes de América*, La Habana, Cultural S. A., 165 págs., 1942.

Grau, Mariano, «Apasionantes estudios de Fernando Ortiz sobre fenómenos del Huracán», *El Mundo*, La Habana, julio 27, 1947.

Guerra, Ramiro, «Libros del Doctor Fernando Ortiz», *Diario de la Marina*, La Habana, mayo 20, 1958.

Guillén, Nicolás, «Don Fernando», *Juventud Rebelde*, La Habana, abril 4, 1969.

Gutiérrez, Tomás Servando, «La exposición de arte español». El *Rebelde, Diario Liberal*, La Habana, febrero 6, 1907.

Hallett, Robert M., «African culture threads unraveled in Cuba», *The Christian Science Monitor*, Boston, marzo 26, 1955.

Henríquez, María Antonieta, «Lo permanente en nuestra música», *Nuestro Tiempo*, La

Habana, año V, n.º 22, marzo-abril, 1958.

Inman, Samuel Guy, «Los Estados Unidos y Cuba», *Surco*, La Habana, enero, 1931.

—«La encrucijada cubana. Actualidades», *La Traducción*, Tampa, Florida, abril 27, 1932.

Insúa, Alberto, «Fernando Ortiz. Mis amistades cubanas», *Diario de la Marina*, La Habana, abril 10, 1927.

Ivy, Waldo, «Afro-Cuban musical Instruments», *The Crisis*, Nueva York, vol. 63, n.º 5, mayo, 1956.

Jarnés, Benjamín, «Raza, grillete», *América*, Quito, n.º 37, junio, 1929.

Labrador Ruiz, Enrique, «Las Erikundes», *Alerta*, La Habana, septiembre 21, 1955.

Latcham, Ricardo A., «Fernando Ortiz o la libertad del espíritu», *La Nación*, Buenos Aires, junio 4, 1952.

León, Argeliers, «El aporte de Fernando Ortiz a la etnomusicología en Cuba», *Gaceta de Cuba*, La Habana, año 4, n.º 42, enero-febrero, 1965.

Le Riverend Brussone, Julio, «Palabras de apertura en el homenaje nacional a Fernando Ortiz», *Revista Bimestre Cubana*, La Habana, vol. LXX, n.º 1, enero-diciembre, 1955.

—«Fernando Ortiz cumple 80 años», *INRA*, La Habana, año 2, n.º 8, agosto, 1961.

—«Nota sobre la obra de Fernando Ortiz», *El Mundo*, La Habana, julio 16, 1966.

—«El personaje de sus propios libros», *Bohemia*, La Habana, año 61, n.º 16, abril 18, 1969.

Lugo Viña, Ruy de, «Mr. González se va...», *Heraldo de Cuba*, La Habana, junio 24, 1919.

—«Correspondencia de Ruy de Lugo Viña», *Heraldo de Cuba*, La Habana, enero 25, 1920.

Malinowski, Bronislaw, «La transculturación, su vocablo y su concepto», *Revista Bimestre Cubana*, La Habana, vol. XLVI, n.º 2, marzo-abril, 1940.

Mañalich, R., «Un artículo. La deshispanización de la enseñanza, por el doctor Fernando Ortiz. Actualidades», *La Prensa*, La Habana, enero 4, 1928.

Mariasch, Sulema, «A propósito de la Hispanocubana de Cultura, Tribuna Libre», *El Mundo*, La Habana, octubre 17, 1947.

Marinello Vidaurreta, Juan, «Don Fernando Ortiz. Notas sobre nuestro tercer descubridor. Arte y Literatura», *Bohemia*, La Habana, año 61, n.º 16, abril 18, 1969.

Martín, Edgardo, «El factor español en la música cubana», *Nuestro Tiempo*, La Habana, año V, n.º 22, marzo-abril, 1958.

Martínez Bello, Antonio, «Instituciones de cultura privadas», *El Libro de Cuba*, La Habana, 1954.

Martínez Fure, Rogelio, «Ciencia, conciencia y paciencia», *Revolución*, La Habana, febrero 3, 1965.

Martínez Villena, Rubén, «Don Fernando», *Bohemia*, La Habana, año 61, n.º 16, abril 18, 1969.

Melis, Antonio, «Fernando Ortiz e la Cultura-Italiana», *Ideologie. Quaderni d'istoria contemporánea*, Florencia, Italia, n.º 5-6, 1968.

Mesa, Domingo, «Hablemos de don Fernando», *Atenas*, La Habana, vol. II, n.º 5, septiembre, 1951.

Mestre, Arístides, «La Antropología en Cuba», *Diario de la Marina*, La Habana, junio 6, 1925.

Mintz, Sidney Wilfred, «La obra etnomusicológica de Fernando Ortiz», *Revista Bimestre Cubana*, La Habana, vol. LXXI, n.º 2, julio-diciembre, 1956.

Miscelánea de estudios dedicados a Fernando Ortiz por sus discípulos, colegas y amigos, con ocasión de cumplirse sesenta años de la publicación de su primer impreso en Menorca en 1895, 3 tomo ilus, Sociedad Económica de Amigos del País, La Habana, 1955-1957.

Monto, José, «Más ciencia en la fe», *El Mundo*, La Habana, diciembre 7, 1955.

Montoya, Mario, «El problema de la deshispanización», *Letras*, La Habana, Época II, año X, n.º 29, agosto 2, 1914.

Muñoz Bustamante, M., «Hampa Afro-Cubana», *El Mundo*, La Habana, julio 16, 1906.

Muñoz, Honorio, «*Historia de una pelea cubana contra los demonios*», *Hoy del Domingo*, La Habana, febrero 7, 1960.

Nascentes, Antenor, «Glosario de Afronegrismos», *Archivos del Folklore Cubano*, La Habana, vol. IV, n.º 2, abril-junio, 1929.

Nicéforo, Alfredo, «¿Se hacen todavía sacrificios humanos?», *El Mundo*, La Habana, octubre 8, 1906.

—«Triunfo de un cubano», *El Mundo*, La Habana, noviembre 25, 1906.

—*Le genie de l'argot. Essai sur les langages speciaux, les argots et les parlers magiques*, París, Mercure de France, 277, págs. 1912.

Noble, Enrique, «Instrumentos musicales afrocubanos. Libros», *Américas*, Washington, vol. 6, n.º 4, 1954.

Novas Calvo, Lino, «Don Fernando, su azúcar y su tabaco», *Claridad*, Buenos Aires, año 19, n.º 345, diciembre, 1940.

—«Cuba en pessoa», *Américas*, Río de Janeiro, vol. II, n.º 7, julio, 1950.

Nuila, Luis, «Cuba quiere libertad», *El Imparcial*, Guatemala, febrero 27, 1933.

Orta Nadal, R., *El folklore afrocubano en recientes estudios de Fernando Ortiz*, tirada aparte de revista Universidad, Santa Fe, Argentina, 8 pág., 1953.

Otero, Juan, «La ciencia espiritista en la Universidad Nacional», *El Sol*, Marianao, La Habana, agosto 22, 1915.

Otero Masdeu, Lisandro, «Mentiras y ficciones en la historia de los indios cubanos», *Bohemia*, La Habana, año 40, n.º 33, agosto 15, 1948.

Peraza, Fermín, «Cosas de Cuba en Letras Extranjeras», *El Mundo*, La Habana, marzo 15, 1941.

Pérez del Castillo, V., «¿Mutila sus dientes el afrocubano, por estética, tradición, o acepta como profilaxis de las caries los cortes dados sobre las caras mesiales y distales?», *Archivos del Folklore Cubano*, La Habana, vol. IV, n.º 1, enero-marzo, 1929.

Pérez, Luis M., «La Revista Bimestre Cubana», *El Fígaro*, La Habana, año XXVI, n.º 16, abril 10, 1910.

Pittaluga, Gustavo, «La música y la forma», *Información*, La Habana, junio 10, 1952.

Pompa y Pompa, Antonio, «Presentación y glosa de fray Bartolomé», *El Nacional*, Caracas, mayo 24, 1957.

Portell Vilá, Herminio, «Dos épocas», *Bohemia*, La Habana, año 51, n.º 29, julio 19, 1959.

Porter, James A., «The journal of negro education», *Ultra*, La Habana, vol. XIX, n.º 127, marzo, 1947.

Portuondo, José Antonio, *Bosquejo histórico de las letras cubanas*, La Habana, 77 págs., 1960.

R. A. C. (seud.), «Conceptos de Fernando Ortiz sobre el azúcar y el tabaco», *Habano. Revista tabacalera*, La Habana, vol. VI, n.º 12, diciembre, 1940.

Ramos, José Antonio, «Laboremos... La Colección cubana de libros y documentos inéditos y raros...», *La Prensa*, La Habana, noviembre 9, 1913.

Reid, John T., «Conociendo a Cuba por sus libros», *Ultra*, La Habana, vol. XIX, n.º 126, febrero, 1947.

Riaño Jauma, Ricardo, «Don Fernando Ortiz», *El Mundo*, La Habana, octubre 18, 1951.

Rivera, Atanasio, «Comidilla», *Diario de la Marina*, La Habana, julio 17, 1906.

Roig de Leuchsenring, Emilio, «El Día de Reyes o de Diablitos», *Carteles*, La Habana, vol. VIII, n.º 2, enero 11, 1925.

—«La Raza, no, la cultura», *Carteles*, La Habana, vol. XII, n.º 53, diciembre 30, 1928.

—«Vida y costumbres de los negros esclavos y horros en La Habana hasta 1565», *Carteles*, La Habana, año XXX, n.º 37, septiembre 12, 1937.

Román, Marcelino, *Sentido y alcance de los estudios folklóricos*, Paraná, 62 pág., 1951.

Romero, Fernando, «Los Estudios Afrocubanos y el negro en la patria de Martí», *Revista Bimestre Cubana*, La Habana, vol. XLVII, n.º 3, noviembre-diciembre, 1941.

Rytlainm, V. (seud.), «La filosofía penal de los espiritistas», *Heraldo de Cuba*, La Habana, julio 6, 1915.

Salazar, Adolfo, «El instrumental de los negros cubanos», *México en la Cultura*, México, D. F., enero 31, 1954.

Sánchez, Luis Alberto, «Comentarios al libro Negros Brujos», *Ultra*, La Habana, vol. X, n.º 63, noviembre, 1941.

—«El modernismo y la autonomía espiritual de América», *Ultra*, La Habana, vol. XIX, n.º 127, marzo, 1947.

—«Fernando Ortiz», *Nuevo Zig Zag*, Chile, año 48, n.º 2452, 1952.

Santovenia y Echaide, Emeterio S., «Africanía en Cuba», *Información*, La Habana, julio 12, 1951.

—*Vidas humanas*, La Habana, Editorial Librería Martí, 648 págs., 1956.

Sayán Vidaurre, Alberto, «¿Qué es Panamericanismo?», *Información*, La Habana, enero 23, 1949.

Seigle, Octavio, «Miami Skies», *Havana American-News*, La Habana, enero 30, 1932.

Stingl, Miloslav, «Los negros esclavos de Fernando Ortiz», *Gaceta de Cuba*, La Habana, año 4, n.º 42, enero-febrero, 1965.

Tornberg, Gerda, «Musical instruments of the Afro-Cubans», *Ethnos*, Estocolmo, n.º 1-4, 1954.

Torre, José M. de la, «La Habana antigua y moderna», *Gráfico*, La Habana, vol. II, n.º 27, septiembre 13, 1913.

Torriente, Loló de la, «Don Fernando Ortiz, En *Bohemia*, La Habana, año 58, n.º 50, diciembre 16, 1966.

Trelles, Carlos M., «Notas bibliográficas acerca del folklore cubano», En *Archivos del Folklore Cubano*, La Habana, vol. I, n.º 2, abril 1924.

Unamuno, Miguel de, «Carta de Unamuno. La vida de las ideas», *El Mundo*, La Habana, julio 28, 1906.

Valdés Rodríguez, Manuel, «La identificación dactiloscópica por el doctor F. O. Bibliografía», *Diario de la Marina*, La Habana, julio 3, 1913.

Valle, Franco G. del, «La nochebuena de los africanos. Carta al señor don Fernando Ortiz», *Archivos del Folklore Cubano*, La Habana, vol. II, n.º 1, enero, 1926.

Viñas, Rodolfo, «El ilustre cubano don Fernando Ortiz y su obra», *El Sol*, Madrid, noviembre 9, 1928.

Vitier, Medardo, «El aliento cubano y el espíritu científico en la obra de Fernando Ortiz», *Revista Bimestre Cubana*, La Habana, vol. LXX, n.º 1, enero-diciembre, 1955.

Weiss, Marcelino, «Comentarios al artículo Los Afrocubanos dientimellados», *Archivo del Folklore Cubano*, La Habana, vol. IV, n.º 1, enero-marzo, 1929.

Wilford, Heriberto, «El ejército revolucionario y el ejército esbirrista», *La Traducción*, Tampa, Florida, octubre 9, 1931.

Wilford, John T. «What do the cubans desire of tbe United States. Current events as viewed from the office chair», *Havana American-News*, La Habana, diciembre 14, 1932.

Zaydín, Ramón, «Carta a Pancho Moreira», *La Nación*, Buenos Aires, enero 18, 1920.

Zaldumbide, Gonzalo, «En La Habana», *El Día*, Quito, abril 29, 1928.

Libros a la carta

A la carta es un servicio especializado para

empresas,

librerías,

bibliotecas,

editoriales

y centros de enseñanza;

y permite confeccionar libros que, por su formato y concepción, sirven a los propósitos más específicos de estas instituciones.

Las empresas nos encargan ediciones personalizadas para marketing editorial o para regalos institucionales. Y los interesados solicitan, a título personal, ediciones antiguas, o no disponibles en el mercado; y las acompañan con notas y comentarios críticos.

Las ediciones tienen como apoyo un libro de estilo con todo tipo de referencias sobre los criterios de tratamiento tipográfico aplicados a nuestros libros que puede ser consultado en Linkgua-digital.com.

Linkgua edita por encargo diferentes versiones de una misma obra con distintos tratamientos ortotipográficos (actualizaciones de carácter divulgativo de un clásico, o versiones estrictamente fieles a la edición original de referencia).

Este servicio de ediciones a la carta le permitirá, si usted se dedica a la enseñanza, tener una forma de hacer pública su interpretación de un texto y, sobre una versión digitalizada «base», usted podrá introducir interpretaciones del texto fuente. Es un tópico que los profesores denuncien en clase los desmanes de una edición, o vayan comentando errores de interpretación de un texto y esta es una solución útil a esa necesidad del mundo académico.

Asimismo publicamos de manera sistemática, en un mismo catálogo, tesis doctorales y actas de congresos académicos, que son distribuidas a través de nuestra Web.

El servicio de «libros a la carta» funciona de dos formas.

1. Tenemos un fondo de libros digitalizados que usted puede personalizar en tiradas de al menos cinco ejemplares. Estas personalizaciones pueden ser de todo tipo: añadir notas de clase para uso de un grupo de estudiantes, introducir logos corporativos para uso con fines de marketing empresarial, etc. etc.

2. Buscamos libros descatalogados de otras editoriales y los reeditamos en tiradas cortas a petición de un cliente.